बीसवीं सदी में भारत-चीन संबंध
कितने पास, कितने दूर

बीसवीं सदी में भारत-चीन संबंध: कितने पास, कितने दूर

केशव मिश्रा - प्रवीण भारद्वाज

genNEXT Publication

बीसवीं सदी में भारत-चीन संबंध कितने पास, कितने दूर

ISBN: 978-93-8022-289-9

मूल्यः ₹ 990

भारत में सन् 2016 में प्रकाशित

प्रकाशक

जेन नेक्सट पब्लिकेशन

5, अंसारी रोड, दरियागंज,

नई दिल्ली - 110002

Phone : 9811692060

ई-मेल : gennext@hotmail.com

मुद्रितः जी. प्रिंटिंग, दिल्ली

विषय सूची

आमुख 7

धन्यवाद ज्ञापन 11

1. भारत-चीन संबंध-एक ऐतिहासिक आकलन 15
2. भारतीय राष्ट्रवादियों के संग चीनी क्रांतिकारियों का सहयोग 47
3. चीन में गांधीवादी आंदोलन की गूँज 67
4. ऐतिहासिक पृष्ठभूमि (1947-1962) 91
5. गतिरोध की अवधि (1963-1975) 117
6. मैत्री की ओर (1976-1991) 137
7. दक्षिण एशियाई संबंध (1963-1991) 175
8. अंतर्राष्ट्रीय समायोजन (1963-1991) 217
9. मैत्री करना (1992-1997) 253
10. संक्षिप्त भंग (1998) 277
11. उपसंहार 301
12. इक्कीसवीं सदी में मैत्री 313

आमुख

विश्व इतिहास में बीसवीं सदी अतिमहत्त्वपूर्ण तथा कई मायनों में उथल-पुथल से भरा रहा है। प्रथम दशक से ही सबसे महत्त्वपूर्ण महाद्वीप यूरोप में एक ओर इन्गलैंड, फ्रांस और रूस तथा दूसरी ओर जर्मनी, आष्ट्रिया तथा ऑटोमन तुर्क साम्राज्य में आपसी तनाव बढ़ रहा था, जो 1914 में प्रथम विश्व युद्ध में तब्दील हो गई। प्रथम विश्वयुद्ध के ही दौरान, लेनिन के नेतृत्व में पहली बार साम्यवादी क्रांति रूस में हुई। 1920 के दशक में सकारात्मक एवं नकारात्मक दोनों प्रवृत्तियों को समेटते हुए अंत में अमरीका में महामंदी, जर्मनी में नाजीवाद, इटली में फासीवाद और जापान में सैन्यवाद ने विश्व व्यवस्था को उथल-पुथल से भर दिया। इस बीच, एशियाई महाद्वीप में यूरोप के साम्राज्यवाद के विरुद्ध व्यापक क्रिया-प्रतिक्रिया पनप रही थी। भारत और चीन भी इससे अछूते नहीं थे। यदि एक ओर डॉ सन यात सेन और माओ जे दौंग चीन में तो दूसरी ओर भारत में गोखले, तिलक, लाला लाजपतराय और महात्मा गांधी साम्राज्यवाद के विरूद्ध संघर्षरत थे, साथ ही अपनी सभ्यता और संस्कृति, समाज एवं अर्थव्यवस्था को सुदृढ़ करने के प्रयास में संलग्न थे।

1930 का दशक जहां चीन में चीनी-जापानी तनाव से भरा था तो दूसरी ओर महात्मा गांधी के नेतृत्व में भारतीय राष्ट्रीय कांग्रेस जनचेतना को विकसित कर रहा था। तीसरी ओर, भारतीय क्रांतिकारी सोवियत संघ की बोल्शेविक क्रांति से प्रभावित होकर भारतीय स्वंतत्रता एवं परिणामस्वरूप आधुनिकीकरण के नए मापदंड और नए मानक निर्धारित करने में लग गए थे। इसी बीच 1937 में जापान ने चीन पर हमला कर दिया और दूसरी ओर 1939 में वैश्विक स्तर पर द्वितीय युद्ध की शुरूआत हो गई।

चर्चिल-रूजवेल्ट-स्टालिन के नेतृत्व में मित्रराष्ट्रों ने यद्यपि धुरी राष्ट्रों (जापान-इटली-जर्मनी) को पराजित किया और संयुक्त राष्ट्र संघ तथा विश्व बैंक एवं अंतर्राष्ट्रीय मुद्रा कोष की स्थापना हुई। लेकिन 1945 में युद्ध की समाप्ति के बावजूद विचारधाराओं के मतभेदों के कारण शीतयुद्ध युग का आगाज हो चुका था। विऔपनिवेशीकरण और स्वतंत्रता प्राप्ति के कारण तृतीय विश्व का उदय हो चुका था और भारत पंडित जवाहरलाल नेहरू के नेतृत्व में ट्रिस्ट विद डेस्टिनी प्राप्त कर चुका

था और चीन माओ एवं चाउ के सह नेतृत्व में साम्यवादी देश के रूप में विकसित हो चुका था। दोनों राष्ट्रों के समक्ष चुनौतियां एवं अवसरों की पर्याप्त संभावनाएं थी, लेकिन शीतयुद्ध जन्य तनाव तथा आपसी समझ की कमी के फलस्वरूप कई मुद्दों के कारण भारत चीन संबंधों में मिठास नहीं घुल सकी। अंतर्राष्ट्रीय घटनाक्रमों, तिब्बत और सीमा विवाद ने भारत-चीन के आपसी संबंधों को निम्नतम स्तर तक इस प्रकार पहुंचा दिया कि दोनों देशों के सैनिकों ने हिमालय की उंचाइयों में युद्ध की ठान दी। जिसके फलस्वरूप भारत ने चीन को दगाबाज मित्र के रूप में चित्रंकित किया और चीन का पाकिस्तान का हर मामले में पक्षधरिता को संदेह की दृष्टि से देखा जाने लगा। इस समय तक आते-आते भारत-चीन के संबंध अमूमन खटास भरे या करीब-करीब टूट चुके थे। ऐतिहासिक परिदृश्य से चीन के साथ मित्रता एवं कारोबारी संबंध होने के साथ-साथ मध्य काल एवं आधुनिक काल में उन्नीसवीं सदी के अंत एवं बीसवीं सदी के आरंभ तक और साथ ही स्वतंत्रता आन्दोलन के दौरान चीनी राजनीतिकों के सहयोग आदि के कारण जो भारत और चीन के आपसी मित्रता और मधुर संबंध थे, उसे देखते हुए यह सोचना काफी कष्टकर लगता है कि भारत पर चीन ने हमला कर दिया। यहां यह भी उल्लेखनीय है कि सुभाष चंद्र बोस एवं पंडित जवाहर लाल नेहरू ने चीन को जापानी आक्रमण के समय चिकित्सा दलों के माध्यम से सहायता पहुंचाने का काम किया था और डॉ कोटनिस के योगदान को माओ जे डौंग ने स्वयं लिखित रूप से प्रशंसा की थी। ज्ञात हो कि रेड आर्मी के सैनिकों की सेवा करते हुए अत्यधिक कार्यभार लेने के फलस्वरूप डॉ कोटनिस की असामयिक मृत्यु 9 दिसम्बर 1942 को यानान प्रांत में हो गई।

1970 की दशक के मध्य से ही दोनों देशों ने टूटे हुए धागों को फिर से जोड़ने की कोशिशें शुरू कर दी। 1976 में के. आर. नाराणयन को चीन में भारत के राजदूत के रूप में नियुक्त किया गया। प्रत्युत्तर में चीन सरकार ने भी चेन चाओ युआन को भारत में चीनी राजदूत के रूप में नियुक्त कर दिया। आगे चलकर फरवरी 1979 में भारत के तात्कालीन विदेश मंत्री अटल बिहारी वाजपेयी ने चीन दौरा किया और द्विपक्षीय संबंधों पर विचारों का आदान-प्रदान किया। 1980 का भारत-चीन संबंध कूटनैतिक-राजनैतिक संबंधों के लिहाज से और भी महत्त्वपूर्ण बन गया, जब जून 1981 को चीनी उप प्रधानमंत्री एवं विदेश मंत्री हुआंग हुआ ने भारत का दौरा किया। दोनों पक्ष इस बात पर सहमत हुए कि दोस्ताना एवं गंभीर बातचीत से आपसी समझ बढ़ेगी, मतभेद कम होंगे और पारस्परिक समझौते के बिन्दु बढ़ेंगे।

दिसम्बर 1988 में तात्कालीन प्रधानमंत्री राजीव गांधी का चीन दौरा सामान्यीकरण की दिशा में एवं सुस्त प्रक्रिया को तेज करने के लिए उठाया गया एक कारगर कदम था। यह 34 सालों में किसी भी भारतीय प्रधानमंत्री का पहला चीनी दौरा था। उस

यात्रा के दौरान राजीव गांधी के इस पहल से आह्लादित शीर्ष चीनी नेता डेंग शियाओ पिंग ने कहा-''चीन और भारत को अपने पुराने बुरे दिन को भूल जाना चाहिए और अपने भविष्य को ध्यान में रखना चाहिए।''

पुनः इसके प्रत्युत्तर में चीनी प्रधानमंत्री ली पेंग ने दिसंबर 1991 में भारत का आधिकारिक भ्रमण किया और यह पिछले 31 सालों में किसी भी चीनी प्रधानमंत्री का पहला आधिकारिक दौरा था। दोनों देशों के नेताओं यह बात दोहराई कि दोस्ताना बातचीत द्वारा सीमा के मामले को पारस्परिक रूप से स्वीकार्य हल निकालने का प्रयास किया जाए।

अब भारत-चीन के बीच में आर्थिक और व्यावसायिक संबंध भी बढ़ने लगे। शीतेतर युद्ध काल में दोनों राष्ट्रों के आपसी संबंधों में उत्तरोत्तर सुधार हो रहा था और सोवियत संघ का विघटन होने के कारण दोनों राष्ट्र अमेरिका के एक ध्रुवीय विश्व व्यवस्था से चिंतित होकर अपने संबंधों को उंचाइयों पर ले जाने के लिए कटिबद्ध हो गए। 1993 और 1996 की संधियों के कारण कुछ मात्रा में विवादित सीमाक्षेत्रों में स्थायित्व आ रही थी और शीर्षस्थ राजनैतिक यात्राएं भी एक-दूसरे के विचारों को जानने के लिए अबाध रूप से चल रही थी। इस दशक में भारत ने आर्थिक क्षेत्र में उदारीकरण तथा वैदेशिक नीति में पूरब की ओर देखो की नीति को अपनाया, जिसे चीन ने भी संज्ञान में लिया। इस कारण, एशियाई सामरिक परिदृश्य में भारत लगातार गतिशील हो रहा था और दूसरी ओर विश्व व्यवस्था में चीन अमरीका के बाद सबसे बड़ी शक्ति के रूप में उभर चुका था। इस कारण से दोनों राष्ट्र राज्यों की क्षमताओं में लगातार अभिवृद्धि हो रही थी।

बदले हुए समय में यह भी कहा जाने लगा कि इक्कीसवीं सदी एशियाई सदी होगी और चीन और भारत की इस संबंध निर्णायक भूमिका होगी। इसी के कारण भारत-चीन संबंधों का खास महत्त्व है। भारत ने चारों ओर बढ़ रही सामरिक खतरों से बचने के कारण एवं अपनी महत्त्वाकांक्षा को बढ़ाते हुए 1998 में परमाणु विस्फोट कर चीन को सकते में ला दिया। अब दोनों राष्ट्रों की महती जिम्मेदारी थी कि एशियाई भू-राजनैतिक व्यवस्था में स्थायित्व लायी जाए।

यह पुस्तक हमारे द्वारा बीसवीं सदी के बदलते संबंधों की प्रक्रिया को समझने का एक तुच्छ प्रयास है, ताकि आने वाले भारतीय-चीनी लोग इस बात से रूबरू हो सकें। क्योंकि भूमंडलीकरण की प्रक्रिया हमें यही संदेश देती है कि दोनों राष्ट्रों एवं इसके लोगों को मिलजुलकर प्रगति के मार्ग को और दोस्ती के डोर को संवर्द्धित करना है। उम्मीद है कि यह पुस्तक युवा एवं छात्रों, अकादमी, प्रशासन और साहित्य से जुड़े लोगों के लिए लाभदायी होगा।

केशव मिश्रा एवं प्रवीण भारद्वाज

धन्यवाद ज्ञापन

कहा गया है कि किसी भी अवधारणा का जन्म सबसे पहले मानव मस्तिष्क में होता है और उस सोच को मूर्त रूप देने के लिए प्रयास करना पड़ता है। उस अवधारणा को जमीन पर उतारने के लिए सबसे पहले कदम हमें उठाना ही पड़ता है। इस प्रक्रिया के जितने भी चरण होते हैं, इस दौरान उन सभी का महत्त्व बराबर का होता है।

यदि हम बात करें भारत और चीन की तो, पिछली सदी में ये दोनों देश अपनी जीवटता के कारण फीनिक्स की तरह घूरे से उठकर आसमान में छा गए और वैश्विक पटल पर चर्चा में बने रहे। साथ ही, वर्तमान इक्कीसवीं सदी के आने वाले दशकों में भारत और चीन का दबदबा बना रहेगा। इसके कई आयाम हैं, जोकि भूत-वर्तमान-भविष्य को कई प्रकार से प्रभावित करते हैं और जिसके बारे में हमें इतिहास की गर्भ में पल रहे इसके बीजों से पता चलता है। भारत-चीन के संबंधों पर लिखी गई इस पुस्तक और इस जैसे कई पुस्तकों की अभी भारत को जरूरत पड़ेगी। चीन के उपर लिखी गई पुस्तकों का हिन्दी में तो अकाल ही है, अंग्रेजी में भी अपेक्षाकृत बहुत ज्यादा पुस्तकों की रचनाएं नहीं हुई हैं। इसके कई कारण हैं। सबसे पहला कारण तो यही है कि चीन में प्रजातंत्र नहीं है और दूसरे चीन के इतिहास-समाज-अर्थ आदि के मूल में प्रवेश करने की इजाजत दशकों से विद्वानों अध्येताओं शोधार्थियों को सम्पूर्ण या विस्तृत रूप से नहीं मिली है। जिन कुछ विशेष विद्वानों को यह लाभ मिला वे अतिभाग्यशाली साबित हुए और उनका काम इतिहास में मील का पत्थर साबित हुआ। ऐसे ही कुछेक विद्वान लेखकगण शोधार्थीगण अध्येतागण हमारे भी प्रेरणा के स्रोत रहे हैं।

इस पुस्तक की अवधारणा का जन्म काशी हिन्दू विश्वविद्यालय के पावन परिसर में हुआ और बाबा विश्वनाथ की नगरी में हमें इस पुस्तक को लिखने की प्रेरणा मिली, इसलिए पहला धन्यवाद और नमन बाबा विश्वनाथ को। उनके साथ ही, हमारा हार्दिक धन्यवाद महामना मदन मोहन मालवीय द्वारा स्थापित इस महान विश्वविद्यालय को जाता है। काशी हिन्दू विश्वविद्यालय के इतिहास विभाग के सभी वरेण्य प्रोफेसरों

एवं सहयोगियों के उत्साहवर्द्धन के बिना इतना बड़ा काम संभव नहीं था, अतएव सभी सहयोगियों को सादर धन्यवाद।

हमारे शोध-अध्ययन के दौरान हमारी सुपरवाइजर रहीं एवं जवाहरलाल नेहरू विश्वविद्यालय की प्रोफेसर नैन्सी जेटली का हम हृदय से आभार प्रकट करते हैं। उनके मार्गदर्शन के बिना हमारे लिए यह कार्य हिमालय पार करने से भी दुष्कर होता। मैं अपने उन सभी शिक्षकों का आभारी हूँ जो दक्षिण एशियाई अध्ययन केन्द्र, जवाहर लाल नेहरू विश्वविद्यालय से संबंध रखते थे। अपनी शैक्षणिक-अकादमिक जीवन यात्रा के दौरान निम्नलिखित विश्वविद्यालयों जवाहर लाल नेहरू विश्वविद्यालय, नई दिल्ली, इलाहाबाद विश्वविद्यालय, इलाहाबाद, काशी हिन्दू विश्वविद्यालय, बनारस, फुदान विश्वविद्यालय, शंघाई तथा रक्षा अध्ययन एवं विश्लेषण संस्थान (आईडीएसए), नई दिल्ली का विशेष रूप से आभारी हूँ। इस दौरान, हमारे कार्य में कई उतार-चढ़ाव आए और हमारा परिवार इस अनुसंधान अवधि में हमारे साथ खड़ा रहा। इसके लिए मैं अपनी धर्मपत्नी वाणी तथा अपनी पुत्रियों भाविनी और कोंपल को हृदय के अन्तरतम से धन्यवाद ज्ञापित करना चाहता हूँ।

–केशव मिश्रा

दूसरे लेखक के रूप में मैं अपने अल्मामाटा हिन्दू कॉलेज, दिल्ली और दिल्ली विश्वविद्यालय, दिल्ली के प्रति आभार जताना चाहता हूँ। हमारे दृष्टिकोण का परिमार्जन करने एवं संतुलित दृष्टि प्रदान करने के लिए देश के दो समाचार पत्रों द हिन्दू एवं जनसत्ता का भी उनसे प्राप्त योगदान के प्रति आभार जताता हूँ।

अपने पिता स्व. वेणी माधव ब्रह्मचारी, चाचा गोविन्द माधव भारद्वाज एवं संस्कृत के विद्वान दादाजी पं. बृजमोहन झा, दादी शकुन्तला देवी को स्मरण करते हुए उन्हें भावभीनी श्रद्धांजलि अपित करता हूँ। मैं अपनी माँ रीता रानी झा के प्रति आभार जताता हूँ, जिनके उत्साहवर्द्धन के कारण आज हमारे लिए इतना गहन कार्य संभव हुआ है। हमारे पितासमान बड़े चाचाजी मोहन भारद्वाज ने सर्वदा हमारी लेखकीय प्रतिभा को कदम-कदम पर निखारा है, हम हृदय के अन्तरतम से उनके आभारी हैं। अपनी धर्मपत्नी पूनम भारद्वाज एवं पुत्र प्रबुद्ध विनायक को विशेष धन्यवाद देना चाहता हूँ क्योंकि उनके बहुमूल्य समय में से कुछ पल चुराकर हमने इस कार्य में लगाया। इस महती कार्य के लिए उन्होंने सदैव हमारा उत्साहवर्द्धन किया इसके लिए भी उन्हें हार्दिक धन्यवाद।

बचपन से हमारी लेखन क्षमता को धार देने वाले व प्रेरणापुञ्ज रहे मैथिली एवं हिन्दी के वरिष्ठ लेखक एवं अनुवादक हरेकृष्ण झा को हमारा हार्दिक धन्यवाद कि उन्होंने इस दौरान हमेशा मेरे लेखकपन को जगाए रखा। गुवाहाटी से दैनिक पूर्वोदय

के संपादक रहे तथा मैथिली एवं हिन्दी के लेखक सत्यानंद पाठक का उत्साहवर्द्धन एवं योगदान हमारी जीवन-यात्रा में अमूल्य रहा है, उनको भी हृदय से धन्यवाद देता हूँ। पुस्तक के प्रणयन से लेकर इसे मूर्त रूप देने में डालीगंज, लखनऊ निवासी हमारे मित्र पूर्णेश कुमार त्रिपाठी का योगदान कई प्रकार से इनपुट देने में बहुमूल्य रहा है, हम लेखकद्वय की ओर से उन्हें कोटिशः धन्यवाद।

–प्रवीण भारद्वाज

1

भारत-चीन संबंध-एक ऐतिहासिक आकलन

भारत, विश्व का एक महान राष्ट्र और चार महान जीवित वैश्विक सभ्यता का सर्वाधिक वरेण्य प्रतिनिधि राष्ट्र। एशिया में ही नहीं विश्व के पटल पर भारत का सांस्कृतिक-आध्यात्मिक रूप से सदियों तक दबदबा रहा। चीन विश्व का एक और महान राष्ट्र। साथ ही, महान जीवित वैश्विक सभ्यता का एक अन्यतम प्रतिनिधि राष्ट्र। चीन का भी विश्व पटल पर अपना रूतबा रहा है। जैसा कि उपर लिखा हुआ है, एशिया के ये दो महान राष्ट्र, संसार की सर्वाधिक प्राचीन एवं जीवित मानव सभ्यताएं हैं। और इनका योगदान विश्व के ज्ञान-विज्ञान, साहित्य-संस्कृति, कृषि-उद्योग से लेकर भाषा-आविष्कार आदि सभी महत्त्वपूर्ण क्षेत्रों में अभूतपूर्व रहा है। ये दो राष्ट्र विश्व के मानचित्र पर काफी प्रमुखता से दर्ज हैं।

सिन्धु एवं गंगा ने भारतीय मानव सभ्यता को जन्म दिया और इसने दक्षिण एवं दक्षिण-पूर्व एशियाई हिस्से को प्रभावित किया। इसी प्रकार, हुआंगे (पीली नदी) तथा चांगजियांग (यांगजे नदी) नदी ने चीनी सभ्यता को जन्म दिया, जिसने अपने हिस्से की ओर के उत्तर-पूर्वी एवं दक्षिण-पूर्वी एशियाई हिस्से को प्रभावित किया। पड़ोसी मुल्क होने के नाते हजारों वर्षों से भारत एवं चीन ने आपस में व्यापार एवं सांस्कृतिक संबंध स्थापित किए।

यदि हम हजारों वर्षों पुरानी प्राचीन भारत-चीन सांस्कृतिक संबंध के बारे में बात करते हैं तो इस संबंध के शुरूआत की कोई तो वजह रही होगी और उसका कुछ न कुछ प्रस्थान बिन्दु रहा होगा। यहां हमारा काम होगा कि उन क्रांतिकारी घटनाओं की वजहों के पीछे न जाते हुए और उस परिवर्तनीय घटना को न आंकते हुए, शुरूआत वहां से करें जहां से विश्वसनीय ऐतिहासिक अभिलेखीय आंकड़े मिलने शुरू होते हैं।

प्राप्त अभिलेखों से यह साबित हो जाता है कि भारतीय-चीनी संबंध हमेशा से दोतरफा रहा है और इस आदान-प्रदान में दो तत्त्वों को प्रमुखता से वर्गीकृत किया जा सकता है और वे हैं- भौतिक आदान-प्रदान एवं आध्यात्मिक आदान-प्रदान। इन दो तत्त्वों के आदान-प्रदान को निम्नलिखित चार रास्तों से वहन किया गया:-

क. मध्य एशिया पथ या प्रसिद्ध रेशम पथ या सिल्क रूट

ख. असम-बर्मा एवं यून्नान पथ या प्रसिद्ध दक्षिण सिल्क रूट

ग. तिब्बत-नेपाल पथ

घ. समुद्री रास्ता या समुद्री सिल्क रूट

मध्य एशियाई सिल्क रूट या रेशम पथ मुख्य जमीनी रास्ता था। हालांकि इसका इजाद सबसे पहले नहीं हुआ था। यह रास्ता चीन के कारोबारियों तथा मिशनरियों के लिए बहुत अहम था ही। यहां यह भी उल्लेखनीय रूप से कहा जा सकता है कि यह रास्ता भारतीय कारोबारियों तथा मिशनरियों के लिए भी बहुत ही अहम था। यह शुरू होता था चांगन (वर्तमान में झियान) से और दुनहुआंग एवं कशगर होकर गुजरता था। दुनहुआंग से यह दो रास्तों में बंट जाता था एक रास्ता उत्तरी हिस्से की ओर जाता था और दूसरा दक्षिणी हिस्से की ओर। उत्तरी रास्ता तकलामकान रेगिस्तान तथा तिएनशन पहाड़ी रेंज के बीच स्थित मरूद्यान के बीच होकर गुजरता था। दक्षिणी रास्ता कुनलुन पहाड़ तथा रेगिस्तान के दक्षिणी सिरे के बीच से गुजरता था। ये दो छोटे रास्ते झिनजियांग स्वायत्त क्षेत्र के कशगर में जाकर मिल जाते थे। यह रास्ता पुनः कशगर से दो रास्तों में बंट जाता था- एक उत्तरी ओर से कोकंद तथा समरकंद (किर्गिजिस्तान) होकर जाता था और दूसरा दक्षिणी रास्ता आधुनिक बेक्ट्रिया होकर जाता था और तुर्कमेनिस्तान में जाकर मारजियाना के मर्व नामक स्थान के उत्तरी रास्ते से मिल जाता था। बेक्ट्रिया से यह रास्ता कपिसी तथा काबुल होते हुए पेशावर और तक्षशिला की ओर जाता था। तक्षशिला से यह रास्ता मथुरा और उज्जैन (दोनों उत्तरी भारत) से जुड़ा हुआ था। कशगर से एक रास्ता कश्मीर के गिलगित की ओर भी जाता था।

असम-बर्मा तथा यून्नान वाला रास्ता चीन के सिचुआन राज्य स्थित चेंगदू से शुरू होता था तथा यून्नान राज्य के डाली, बाओसान तथा तेंगचोंग में प्रवेश करता था। यून्नान से यह पथ बर्मा के उत्तरी हिस्से से होकर गुजरता था और भारत के उत्तर-पूर्वी हिस्से में (अभी अरूणाचल प्रदेश होकर) असम में प्रवेश कर जाता था। यह दक्षिणी रेशम पथ (सिल्क रूट) आगे बंगाल होते हुए अंत में मध्य एशियाई पथ में मिल जाता था। यह माना जाता है कि यह रास्ता चीनी-भारतीय संबंध के लिए सर्वाधिक प्राचीन पथ रहा होगा।

मध्य एशियाई तथा दक्षिणी रेशम पथ के मुकाबले तिब्बत-नेपाल पथ पर आवागमन करना ज्यादा मुश्किल रहा होगा। यह रास्ता थोड़ी देर से यानी सातवीं शताब्दी के दौरान चलन में आया। जहां तक समुद्री रास्ते का सवाल है, तो हान राजवंश (206 बीसी - 220 एडी) के दौरान चीनी लोग इन रास्तों के बारे में जानते थे। हान्सू (हान लोगों के भौगोलिक अभिलेखों के स्रोत के अनुसार) वॉल्यूम 28 भाग-II में भारत के बहुत सारे तटीय शहरों के नाम उल्लिखित हैं। समुद्री रास्ता सीलोन (श्रीलंका), सुमात्रा, जावा (इन्डोनेशिया), कम्बोज (कम्बोडिया) तथा अंत में चीन के केन्टोन होकर गुजरता था। कभी कभी यात्री सुदूर शेन्डोंग तट पर उतरते थे जैसे कि फाहियान।

पुरातन तथा मध्यकालीन अवधि

भारतीय-चीनी संबंध के विश्वसनीय साहित्यिक अभिलेख हान राजवंश (206 बीसी-220 एडी) से मिल सकते हैं। प्रथम जानकारी महान चीनी इतिहासकार शी माक्विएन (145 बीसी -90 बीसी) के अत्यंत ही उत्कृष्ट किताब शीजी में प्रदान किया गया है। अभिलेख यह कहते हैं कि हान राजवंश के पश्चिमी क्षेत्र का प्रतिनिधि झांग क्वियान 122 ई. बीसी में राजदरबार लौटकर आया। उसने हान सम्राट वु डी (140 बीसी -87 बीसी) को आकर बताया कि वह जब बेक्ट्रिया में था तो उसने (शिचुआन राज्य का दूसरा नाम) में बने कपड़े देखे और टहलने वाली बांस की छड़ी भी देखी। उसने जब लोगों से यह पूछा कि ये सामान कहां से आए हैं, तो लोगों ने जवाब दिया कि ये सामान यहां से हजारों ली (आधा किलोमीटर के बराबर) सुदूर दक्षिण स्थित शेन्डु (भारत में सिन्धु) से आए हैं और इसे उन्होंने शु के कारोबारी बाजार से खरीदा है।

अतएव, उपर्युक्त तथ्य से यह बात स्थापित की जा सकती है कि भारत और चीन के बीच में बहुत पहले दूसरी शताब्दी इ.पू. से ही व्यापारिक संबंध थे। बाद में बान गु(32 एडी- 92 एडी)अपनी पुस्तक क्वियान हान्शू (प्रारंभिक हान अभिलेख) जुआन 95 में कश्मीर (जिबिन राज्य) के बारे में लिखते हैं और वहां की स्थिति का विवरण देते हुए मौसम के बारे में बताते हैं और मोती, मूंगा और जवाहरात आदि उत्पादों के बारे में भी बताते हैं। इसी किताब में चीन को भारत से जोड़ने वाले समुद्री रास्तों के बारे में भी बताया गया है।

हान लोगों के भौगोलिक अभिलेखों के स्रोत में एक उल्लेख आया है कि हुआंगझी के राजा ने हान सम्राट पिंग डी (1 एडी-5 एडी) को एक गेंडा भेंट किया था। इसके अनुसार, चीनी प्रतिनिधि के हुआंगझी में आगमन तथा उसकी यात्रा के पथ

का उल्लेख है। कई भारतीयवेत्ताओं के अनुसार, हुआंगझी भारत के तमिलनाडु राज्य के वर्तमान कोंजेवरम को कहा जाता था।

उपर्युक्त तथ्यों के मद्देनजर यह स्थापित होता है कि चौथी पांचवीं शताब्दी तक आते-आते भारत-चीन के बीच में एक समुद्री रास्ते का आविष्कार काफी अरसा पहले से हो चुका था। सम्मानित भारतीयवेत्ता झांग झिंगलियांग के मुताबिक-यह हमें समझाने के लिए काफी है कि हान अवधि के दौरान चीनी जहाज हिन्द महासागर को पार करने लगी थीं और दक्षिण में रहने वाले चीनी लोगों की नौवहन गतिविधियों का विस्तार होने लगा था, जोकि चीन एवं बाहरी देशों के आवागमन इतिहास के लिए एक महत्त्वपूर्ण परिघटना थी।

जहां तक भौतिक वस्तुओं की आपूर्ति का सवाल है तो भारत केवल उन चीजों को चीन भेजता था, जो केवल भारत में मिलती थी और चीन में जिनकी मांग थी। लिखित स्रोतों के अनुसार, भारत से चीन निर्यात किए जा सकने वाले महत्त्वपूर्ण चीजों में मोती, मूंगा, शीशे, इत्र आदि शामिल थी। दूसरी ओर, चीन से भारत निर्यात किए जा सकने वाले चीजों की सूची में रेशम सबसे महत्त्वपूर्ण चीज थी। मूंगा, बिलिओली (जवाहरात या सजावटी रत्न) एवं मोती का उपयोग पहले पहल राजाओं के महल में सजावटी कामों में उपयोग में लाई जाती थी, बाद में जाकर यह शासक-वर्ग में भी लोकप्रिय हो गया। हान राजवंश के बाद से चीनी लोग भारत और रोमन साम्राज्य दोनों को बिलियोली के उत्पादक मानने लगे थे। बिलियोली जोकि कश्मीर के जिबिन नामक स्थान का उत्पाद था और दक्षिणी भारत में हुआंगझी में भी पाया जाता था। हान लोगों के प्रारंभिक अभिलेखों के स्रोत के वॉल्यूम 28 भाग II के अनुसार ये रत्न चीनी लोगों द्वारा सोना और रेशम के बदले में खरीद कर लाए जाते थे।

तान्ग राजवंश (618-907), सोंग राजवंश (960-1279) तथा युआन राजवंश (1279-1368) के दौरान कारोबारी संबंध और आगे बढ़े। इस समय तक आते-आते समुद्री गतिविधियां बहुत बढ़ गई और विभिन्न स्रोतों के माध्यम से यह बताया गया कि गुआंगझो (केन्टन) में भारतीय, मिस्र तथा श्रीलंका के कारोबारियों के जहाज आते-जाते रहते थे। दक्षिण एशिया के देशों भारत, नेपाल एवं श्रीलंका के चीन के साथ गर्मजोशी भरे कारोबारी एवं सांस्कृतिक संबंध थे। यह भी सूचना थी कि सारे देशों के बीच श्रीलंकाई जहाज सबसे बड़े होते थे।

इस दरम्यान, भारत की ओर से भारतीय ज्योतिषविधा, कैलेंडर, दवाएं, संगीत एवं नृत्य, चीनी बनाने वाली तकनीक, आदि ने चीन की ओर रूख किया। चीनी रेशम (सिल्क) उत्पाद कारोबारी चीजों में सबसे लोकप्रिय रहा। इस अंतराल में कागज बनाने की तकनीक दक्षिण एशियाई देशों में फैल गया। रेशम भारत के माध्यम

से रोमन साम्राज्य में भी भेजा जाता था, जिसमें भारतीय कारोबारी मध्यवर्ती की भूमिका निभाते थे। भारत में रेशम का उपयोग शासक-वर्ग के लोगों द्वारा तथा मठों द्वारा धार्मिक कामकाज के दौरान किया जाता था।

जहां तक भारत में कागज के आविष्कार की बात है, परंपरागत दृष्टिकोण के अनुसार कागज भारत में अरब देशों से 12वीं शताब्दी में आया। हालांकि चीनी भारतीयवेत्ताओं द्वारा कराए गए शोध के अनुसार कागज भारत में 8वीं शताब्दी में मौजूद था। प्रमुख चीनी भारतीयवेत्ता प्रो. जी. झियानलिन यही विचार रखते हैं। अपने दावों को साबित करने के लिए वे रेशम पथ के पुरातात्विक खोजों को आधार बनाते हैं। वे जगह हैं- लौलान, तुफान, गाओचांग, कुचे, यारकंद एवं खोतान आदि, जहां पर कागज के अवशेष प्राप्त हुए हैं। इनमें से कुछ (गाओचांग) कागज तो तीसरी शताब्दी से पहले के हैं। उक्त अध्ययन से यह बात खुलकर सामने आती है कि जब यिजिंग (635-713) भारत में था तो कागज का प्रचलन यहां पर पहले से था।

भारत-चीन के बीच दोतरफा सांस्कृतिक आदान-प्रदान के उत्तम उदाहरण के रूप में चीनी (कच्चा चीनी) है। चीन पुरातन काल से गन्ना का उत्पादन करता रहा है। लेकिन उसके पास चीनी बनाने की तकनीक नहीं थी। चीनी नामक मीठे पदार्थ का जिक्र 100 ई. में झुशेन द्वारा संकलित चीन के प्रथम शब्दकोश शुवोवेन जीझी (लिपि एवं गुण के बारे में) में नहीं था। चीनी बनाने की तकनीक जरूर ही उत्तरी एवं दक्षिणी राजवंश (420 एडी - 589 एडी) के दौरान भारत से चीन गया होगा क्योंकि चीनी नामक शब्द उपर्युक्त शब्दकोश के सहायक परिशिष्ट में पाया गया है। इस संबंध में झिन तांग्शु (नया तांग इतिहास उल्लेख) का अधिक विश्वसनीय साक्ष्य कहता है- झेनगुएन युग के 21वें वर्ष में (647 एडी) सम्राट ताइजोंग (626-649) ने एक मिशन (प्रतिनिधिमंडल) को चीनी बनाने की तकनीक हासिल करने भारत भेजा। उक्त तकनीक यांगझो कार्यशाला में लाया गया और वहां यह प्रयोग सफल रहा। यहां बने चीनी का रंग एवं स्वाद भारत में बने चीनी के स्वाद और रंग से बेहतर था।

केन्टन के अलावा, इस युग में यांगझो और क्वांगझो दो प्रमुख बंदगाह बनकर उभरे। विदेशियों ने अपनी अपनी कॉलोनियां भी वहां बनाई। पुरातत्त्ववेत्ताओं ने क्वांगझो में दो सौ से ज्यादा हिन्दू मूर्तियों के सांस्कृतिक प्रमाण प्राप्त किए हैं। पुरातात्विक सर्वे के दौरान 1984 में क्वांगझो के झियावेई गांव में तोंग्घाई-मेनगुआन के नगर दीवार से एक शिवलिंग भी मिला। इसी प्रकार, इधर भारतीय बंदरगाह शहरों में चीनी कारोबारी भी बसने लगे। युआन राजवंश (1279-1368) के वांग दायुआन जो दाओयी झिलुए (विदेशी जमीन का हिसाब-किताब) के लेखक रहे हैं उन्होंने कहा है कि दक्षिण भारत के नागपट्टम में उन्होंने चीनी स्तूप (चीनी मठ) देखा था। उस पर चीनी आकृति उभरी हुई थी, जिस पर लिखा था-इसका निर्माण तीसरे

झियानझियांग वर्ष के आठवें महीने में पूरा हुआ (दक्षिणी सोन्ग के 1267वें वर्ष के दौरान)।

मिन्ग राजवंश (1368-1644) के दौरान, कालीकट एवं कोचीन के रूप में भारत के दो नए बंदरगाह उभरकर सामने आए। अन्य समुद्री बंदरगाहों जैसे महाबलीपुरम, गोवा, नागापट्टम्, क्विलोन, निकोबार, मुम्बई, मालाबार, कोलकाता एवं अन्य कई बंदरगाहों का नाम आप विभिन्न चीनी साहित्य स्रोतों में पढ़ सकते हैं। उनमें से प्रमुख हैं- झि लान का झूफांगझी (विदेशी देशों की कहानी), वांग दायुआन का दाओयी झिलुए (विदेशी जमीन का हिसाब-किताब), मा हुआन यिंगया शेंगलान (सीमाहीन समंदर में विजेतापूर्ण यात्रा), फेई झिन का झियांग फांग्घोझी (हिन्द महासागर के देशों की कहानियां) आदि।

ऐतिहासिक साहित्यों तथा पुरातात्विक खोजों की मानें तो यह स्थापित हो जाता है कि भारत और चीन में अंतर सांस्कृतिक धाराएं बहती रही हैं। इस भौतिक संबंध के अलावा, भारत और चीन के बीच एक और संबंध था और वह था आध्यात्मिक संबंध-बौद्ध धर्म के रूप में। यद्यपि आवागमन और संचार के जड़ों ने पहले ही अपना स्थान बना लिया था, लेकिन इस नए संबंध के कारण कई धार्मिक यात्राएं भारत से चीन तथा चीन से भारत की ओर हुईं, जिसने कई कारोबारी केन्द्रों को जन्म दिया। बौद्धवाद भारत में 5वीं एवं 6ठी शताब्दी ई. पू. में फला-फूला। भारत और चीन की आध्यात्मिक ज्ञान की एकात्मकता का भान हमें महात्मा बुद्ध एवं बर्धमान महावीर तथा लाओ त्से एवं कम्फ्यूशियस की शिक्षाओं से भली-भांति हो जाता है।

भगवान बुद्ध ने विश्व के सबसे बड़े धर्मों में से एक बौद्ध धर्म की नींव डाली। कई साल तक वैशाली, राजगीर, नालंदा में भटकने के बाद उन्हें बोधिवृक्ष के नीचे वर्तमान गया जिले के बोधगया में सत्य की अनुभूति हुई और बुद्धत्व की प्राप्ति हुई। उन्होंने कहा-संसार में दु:ख ही दु:ख है, दु:ख का कारण है, दु:ख का निवारण है और वह है-अष्टांग मार्ग।

अष्टांग मार्ग के नामकरण किए। अष्टांग मार्ग या अष्टांगिक मार्ग महात्मा बुद्ध द्वारा प्रतिपादित आठ उपदेश हैं जो मानव-विकास एवं सामाजिक विकास में सहायक हैं। ये आठ मार्ग निम्नवत् हैं:-

1. सम्यक दृष्टि (अन्धविश्वास तथा भ्रम से रहित)।
2. सम्यक संकल्प (उच्च तथा बुद्धियुक्त)।
3. सम्यक वचन (नम्र, उन्मुक्त, सत्यनिष्ठ)।
4. सम्यक कर्मान्त (शान्तिपूर्ण, निष्ठापूर्ण, पवित्र)।
5. सम्यक आजीव (किसी भी प्राणी को आघात या हानि न पहुँचाना)।

6. सम्यक व्यायाम (आत्म-प्रशिक्षण एवं आत्मनिग्रह हेतु)।
7. सम्यक स्मृति (सक्रिय सचेत मन)।
8. सम्यक समाधि (जीवन की यथार्थता पर गहन ध्यान)।

उनके उपदेशों का संग्रह बहुत ही बृहत और वैविधयपूर्ण है। उन्होंने जानने के बारे में लिखा है- जो तुमने सुना उसके बारे में विश्वास मत करो। परंपरा में विश्वास मत करो क्योंकि ये कई पीढ़ियों से चली आ रही हैं। उन चीजों के बारे में भी विश्वास मत करो, जो कई बार बोले जा चुके हों। यह भी विश्वासयोग्य नहीं है कि कोई लिखित विवरण पुरातन काल से संबंधित है। अविश्वसनीय या अपूर्ण जानकारी पर भी विश्वास मत करो। बड़े, बुजुर्ग, शिक्षकों या प्राधिकारी का भी विश्वास मत करो। लेकिन सावधानीपूर्वक विचार करने तथा विश्लेषण करने के उपरांत, जब यह लगे कि यह तर्क की कसौटी पर परखा हुआ सत्य है तथा यह हरेक एवं प्रत्येक को फायदा पहुंचाएगा, तो इसे स्वीकार करो तथा इसके साथ अंत तक जीओ।

जैसा कि बुद्ध-नाम से ही स्पष्ट है कि वह जगे हुए हैं, वे प्रकाशवान हैं। सिद्धार्थ गौतम नामक राजकुमार ने जब ज्ञान की प्राप्ति की तो उन्हें बुद्ध की उपाधि प्राप्त हुई। यह कहा गया कि उन्होंने अपने सभी समकालीनों एवं पूर्ववर्तियों के उपदेशों को खारिज कर दिया तथा ध्यान मार्ग अपनाकर अप्प दीपो भव (आत्म दीपो भव) का उद्घोष करते हुए आत्मत: प्रकाशित हो गए और परम ज्ञान या चरम सत्य और उच्चतम समझदारी के अधिकारी बन गए। उसके बाद से उन्होंने शिक्षक की भूमिका अपना ली और अपने अनुयायियों को धर्म या सत्य की शिक्षा देने लगे।

उनकी शिक्षा बौद्ध धर्म के दैनिक अभ्यास का आधार बन गई, जिसने एशिया सहित कई महादेशों के कई देशों में आध्यात्मिक एवं सांस्कृतिक रूप से आम लोगों के जीवन को सजाने संवारने में अपनी महती भूमिका निभाई। भगवान बुद्ध का जीवन ही उपदेश था। उपर्युक्त आध्यात्मिक संदेश में कई बातें अन्तर्निहित हैं-अपने विश्वास का आधार मजबूत करो, तुम्हारे विश्वास की कितनी बातें तुम्हारे जीवन के अनुभवों से प्रदीप्त हुई हैं, कितनों को तुमने सीधे देखा-समझा या जाना है।

जिन बातों में तुम्हारा विश्वास नहीं है, उन चीजों को अपनी उर्जा मत सौंपो और वाद-विवाद में मत उलझो। यानि जिन चीजों में तुम्हारा पूर्ण विश्वास हो जाए, उसके प्रति अपना मन क्या पूरा जीवन सौंप दो। भगवान बुद्ध ने कहा था-हम जो भी हैं अपने पुराने विचारों के कारण हैं। इसका बृहत् अर्थ है कि हम आगे जो भी होंगे वह आज के विचारों के कारण होंगे। यदि तुम कुछ आगे बनना चाहते हो या कुछ बदलना चाहते हो तो अपने पूर्व के विचारों को बदल दो तो तुम्हारा भविष्य बदल जाएगा।

भगवान बुद्ध करुणा, दया, अहिंसा, क्षमा के प्रमुखतम प्रवक्ता हुए। उनके तेजोमय प्रदीप्त मुख से एक अत्युच्च प्रेरणास्पद आभा निकलती थी, जिसके आलोक ने संपूर्ण संसार में एक आलोड़न पैदा किया। श्रीमद् आदिशंकराचार्य ने बौद्ध धर्म के सभी तत्त्वों को खंगाला और जाना और उन सभी को समझा। फिर एक निष्कर्ष निकाला कि अनात्मा वाले बिन्दु पर जाकर बौद्ध धर्म वास्तव में स्थिर हो गया। यानि अनात्मा क्या है यह पूछने पर पाया कि वह तो आत्मा ही था।

दूसरी ओर चीन में लाओ त्से का जन्म भी छठी शताब्दी ई.पू. में हुआ था। उन्होंने ताओवाद नामक धार्मिक सम्प्रदाय विकसित किया। उन्होंने ताओ ते चिंग नामक ग्रंथ लिखी जिसका अर्थ है पथ। यही ग्रंथ ताओ धर्म के धार्मिक अभ्यास का आधार बना। लाओ त्से एक बहुत बड़े विचारक और धार्मिक नेता थे। उन्होंने नेतृत्व या लीडरशिप पर अपने ग्रंथ में लिखा है-

यदि आप विश्वास नहीं देते हैं तो विश्वास नहीं मिलना तय है।

जब कोई भी काम सही प्रकार से बिना किसी हील-हुज्जत के हो जाता है, तो आम आदमी कह उठता है- देखो, हमने कर दिखाया। सच्चे नेता अपने अनुगामियों द्वारा कम ही जाने जाते हैं। उनके बाद के स्तर में जो होते हैं वो नेता होते हैं, जिनको लोग जानते हैं और प्रशंसा करते हैं। उसके बाद, वो लोग होते हैं, जिनसे आम लोग डरते हैं, सबसे आखिर में वे लोग होते हैं, जिनसे आम लोग घृणा करते हैं।

उपर्युक्त विचार के कई स्तर हैं। पहला स्तर है विश्वास। जरा रूककर याद कीजिए एक ही शताब्दी के दौरान एक-दूसरे को बिना जाने और करीब तीन से पांच हजार किलोमीटर की दूरी पर होते हुए भी भगवान बुद्ध भारत में और चीन के भगवान लाओ त्से एक ही बात पर चिंतन कर रहे होते हैं और कहते हैं कि विश्वास न देने से विश्वास मिलता भी नहीं है।

बदलाव के बारे में लाओ त्से ने कहा था- यदि तुम दिशा में बदलाव नहीं लाते हो, तो तुम वहीं पहुंच जाओगे जहां की दिशा पहले तुमने तय कर दी थी। बदलाव अपने आप नहीं आती, उसके लिए दिशा में बदलाव लाना जरूरी होता है।

लाओ त्से ने मौन के बारे में भी कहा था- मौन महानतम शक्ति का स्रोत है।

इसी प्रकार, उसी कालखंड में चीन में कन्फ्यूशियस नामक एक शिक्षक और दार्शनिक हुए जिनकी शिक्षा का असर चीन पर दो हजार सालों से पड़ती चली आ रही है। उनकी शिक्षा से हम आज भी बहुत कुछ सीख सकते हैं। उन्होंने धैर्य को परिभाषित करते हुए एक बार कहा था-

यह इच्छा त्याग दो कि तुम्हारा काम जल्दी से जल्दी हो जाए। छोटी सी बढ़त पर खुश मत होओ। काम के जल्दी हो जाने की इच्छा के कारण काम को पूर्णता

के स्तर तक पहुंचने में विराम लग जाता है। छोटी सी बढ़त के आग्रही होने के कारण बड़े और महत्त्वपूर्ण काम को पूर्णता तक ले जाने से हम चूक जाते हैं।

छोटे-छोटे लाभ लेने की मानसिकता को बदलने की सीख देते हुए कन्फ्यूशियस कहते हैं- अनंत धैर्य जल्द परिणामदायक होता है और एक दिन ऐसा आता है कि समय आंतरिक सफलता प्रस्तुत कर देती है। शुद्धता की हद तक यानि यदि शुद्धता से कोई काम पूरा करना हो तो हमें छोटे छोटे लाभ को लेने की जिद छोड़ देनी होगी।

भारत में भगवान बुद्ध और भगवान महावीर, तो चीन में कन्फ्यूशियस और लाओ त्से चारों धार्मिक प्रणेता के साथ-साथ समाज सुधारक थे, चिंतक थे। उनकी कही गई एक-एक बात आज भी उतनी ही खरी हैं जितनी 2600 वर्ष पूर्व थी। बुद्ध के उपदेशों का असर इतना पडा कि भारतीय उपमहाद्वीप से लेकर पूर्वी एशिया के कई देशों ने बौद्ध धर्म को अपना धर्म बना लिया। विपश्यना ध्यान के रूप में एक ऐसी ध्यान पद्धति का विकास बौद्ध धर्म में हुआ, जिससे आज भी दुनिया लाभ लेती रहती है। बहुत ही गहन विचार हमें भारतीय-चीनी दर्शन में मिलते हैं जिससे हमें प्रेरणा मिलती है। इस हिसाब से भारत भी वही है जो चीन है। उसकी आध्यात्मिक-दार्शनिक चेतना भी वही है, जो हमारी है।

भारत के शाक्यमुनि बुद्ध, चीन के कन्फ्यूशियस (551 बीसी-479 बीसी) के समकालीन थे। लेकिन, बौद्ध धर्म चीन में कब घुसा और कब समाहित-प्रवाहित हुआ, इसकी ठीक-ठीक जानकारी किसी को नहीं है और इस बारे में कई तरह के विचार प्रचलित रहे हैं। हान सम्राट मिंग डी (58 एडी-75 एडी) के स्वर्ण बुद्ध वाला सुप्रसिद्ध सपना ही सबसे प्रभावी विचार बिन्दु है। साम्राज्यवादी मंत्री काई यिन तथा साम्राज्यवादी अकादेमिक क्विन जिंग के नेतृत्व में एक खोजी दल को भारत भेजा गया। काई यिन की मुलाकात भारत में काश्यप मतंग तथा धर्मरक्ष से हुई और काई यिन उन्हें चीन ले गए। उनके सहयोग से ल्वोयांग में एक मठ बैमासी (श्वेत अश्व मठ) नाम से बनाया गया और उन्हें चलाने को दिया गया। इन दो भारतीयों का नाम छठी शताब्दी में चीनी बौद्ध विद्वान साधु हुई जिआओ द्वारा संकलित गाओसेंग्झुआन (प्रमुख साधुओं की जीवनी) नामक पुस्तक में भी मिलती है। इस संकलन में 67 एडी से लेकर 519 एडी के दौरान 257 चीनी एवं भारतीय बौद्ध साधुओं की गतिविधियों का चित्रण किया गया है।

आरंभ में राजशाही, शासक वर्ग तथा अन्य उच्च अधिकारियों ने बौद्धधर्म का अनुपालन किया, न कि सामान्य जनता ने। क्रमशः तीसरी से नवीं शताब्दी तक आते आते चीन में बौद्ध धर्म का प्रभाव बढ़ गया और इस बीच कई विद्वान साधु

सांस्कृतिक दूत बनकर हजारों की संख्या में चीन से भारत तथा भारत से चीन गए। उनमें से कुछ प्रमुख नाम हैं –

भारतीय साधु- काश्यप मतंग, धर्मरक्ष, विघ्न, धर्मकला, चियू, फोटूडेंग, बोधि सिंग, संघदेव, संघभद्र, कुमारजीव, धर्मयासस, प्रज्ञातर, बुद्धयासस, प्रेमरक्ष, बुधभद्र, धर्मक्षेम, बुधजीव, गुणवर्मा, गुणभद्र, गुणवृद्धि, रत्नमति, बोधिरूचि, बोधिधर्मन, परमात्र, जिनरत्न, जिनगुप्त आदि

चीनी साधु-फाहु, फालिंग, फाहियान, यू फालेन, यू दाउसुई, कांग फालन, हुईजुन, झिमेंग, तान वुजिए, दाउपू, हुईलान, झियान, झियु, झियुआन, बाओयुन, हुईदा, तानकुआन, फायोंग, दाओताई आदि।

उन सभी का नाम यहां पर उल्लेख करना संभव नहीं है। लेकिन, इतना उल्लेख उनके लिए अवश्य होना चाहिए कि भारत-चीन के सांस्कृतिक आदान-प्रदान में उनका स्वर्णिम योगदान रहा है, इस बात से कोई इन्कार नहीं कर सकता है। प्रमुख साधुओं की जीवनी नामक किताब में युन्के जियालुओ संभवत: मध्य भारत के धर्मकला, कान्ग सेन्गुई वेई झिनान एवं झु हुयान (भारतीय साधुओं के चीनी नाम) 224 एडी में चीन पहुंचे। संघभद्र एवं संघदेव दोनों कश्मीर से चौथी शताब्दी में चीन पहुंचे।

सभी भारतीय साधुओं में कुमारजीव (343-413) सबसे प्रमुख थे। चीन में बौद्धधर्म के प्रति उनका योगदान सभी भारतीय साधुओं और यहां तक कि चीनी साधुओं से भी अत्यधिक रहा। झुआन्झांग नामक साधु से भी ज्यादा, जो सातवीं शताब्दी में भारत पहुंचा था। कुमारजीव, कश्मीरी मूल के थे और 382 ई. में चालीस साल की अवस्था में चीन पहुंचे और चीनी भाषा में महारत हासिल की और संस्कृत पुस्तकों को चीनी भाषा में अनूदित किया। कुमारजीव प्रथम भारतीय विद्वान थे जिन्होंने सूत्रों का अनुवाद करने वाले ब्यूरो की अध्यक्षता की थी।

दूसरे भारतीय जिनकी लोकप्रियता चीन में बहुत अधिक थी वह थे बोधिधर्मन। बोधिधर्मन छठी शताब्दी में चीन गए थे और उन्हीं को चीन में शाओलिन मार्शल आर्ट के संस्थापक के रूप में जाना जाता है। ल्योयान्ग स्थित शाओलिन मठ हमें उन जैसे महान भारतीय सांस्कृतिक दूत के बारे में स्मरण कराती है। आज भी, क्विगोंग चीन में बहुत लोकप्रिय खेल है, जो हमें भारत के योग की याद दिलाता है। इसी से समझा जा सकता है कि बोधिधर्मन ने न केवल भारत की योगशिक्षा को चीन में फैलाया बल्कि आयुर्वेद की जानकारी को भी चीन के लोगों को दिया।

दूसरी ओर, फाहियान (342-424), हुआनझांग (600-664) तथा यिजिंग (635-713) आदि जैसे चमकदार सितारे भारत में चीन के सांस्कृतिक दूत के

रूप में विभिन्न समय में चमकते रहे हैं। फाहियान विश्वसनीय साहित्यिक स्रोतों से बौद्धधर्म के सूत्र की खोज में भारत आने वाले प्रथम चीनी यात्री रहे हैं। फाहियान 399 एडी में चांगन से भारत की ओर आए। उन्होंने मध्य एशियाई पथ या विश्व प्रसिद्ध रेशम पथ का सहारा लिया और भारत के उत्तरी, मध्य, पश्चिमी, पूर्वी तथा दक्षिणी हिस्से का दौरा किया और 412 एडी में समुद्री रास्ते से चीन वापस लौट गए। 414 ई. में उन्होंने अपना बृहत् साहित्यिक कार्य फोगोउजी (बौद्ध देश का विवरण) लिखा। फाहियान ने अपनी यात्रा की शुरूआत से लेकर अंत तक कई मुसीबतों का सामना किया। जब वे अपने देश की ओर वापस जा रहे थे, तो उनका जहाज एक बहुत बड़े चक्रवात में घिर गया। उस जहाज मे सवार 200 लोगों ने समझा कि यह साधु ही इस तूफान का कारण है और उन लोगों ने उन्हें समुद्र में फेंकने की योजना बना ली। संयोग से, उनके बचाव में उसी जहाज में यात्रा कर रहा एक कारोबारी कूद पड़ा और जोर से चिल्लाया–सुनो यदि तुम फेंकना ही चाहते हो तो इस साधु के साथ मुझे भी समुद्र के हवाले कर दो, मैं जानता हूं कि चीनी सम्राट बौद्ध धर्म के अनुयायी हैं और बौद्ध साधुओं की बहुत इज्जत करते हैं। मैं उन्हें इस घटना की जानकारी दूंगा और इस घिनौने कृत्य के लिए दोषी करार देते हुए राजा से सजा भी दिलवाउंगा। तब जाकर उन्होंने यह योजना टाल दी और उनकी जान बची।

हुआनझांग और यिजिंग को फाहियान से ज्यादा सुख-सुविधाएं प्राप्त थीं। हुआनझांग को तांग सम्राट् ताइजोंग (626-649) का और यिजिंग को साम्राज्ञी वु जेतियान (690-704) का वरदहस्त प्राप्त था। हुआनझांग 29 साल की अवस्था में 628 एडी में पश्चिमी हिस्से की ओर से भारत के लिए निकल पड़ा। वह पूर्व सोवियत यूनियन के झिनजियांग होते हुए अफगानिस्तान तथा पाकिस्तान होते हुए अंततः कश्मीर पहुंचा। उन्होंने नालंदा में 632-636 के दौरान कुछ वर्षों तक पढ़ाई की और संस्कृत में प्रवीण हो गए। हुआनझांग एक सच्चा सांस्कृतिक दूत था। उसने भारतीय राजा हर्षवर्द्धन के सामने चीन की राजनैतिक-आर्थिक स्थिति का चित्रण किया। हर्षवर्द्धन बहुत ही प्रभावित हुए और उन्होंने चीन की राजधानी चांगन में एक राजदूतावास को भेजा जो तांग साम्राज्य के दरबार में 641 ई. में पहुंचा। चीनी सम्राट् ताइजोंग ने सकारात्मक रूप से प्रतिक्रिया दी और अपना दूत वांग हुआंस को भारत भेजा। हुआनझांग 645 ई. में 46 साल की अवस्था में चांगन वापस लौटा और सूत्रों के अनुवाद के काम में जुट गया। हुआनझांग ने अपनी भारत यात्रा का विवरण पुस्तक दातांग हियुजी (पश्चिम की यात्रा) में दिया है। यदि हमारे पास फाहियान एवं हुआनझांग के लिखे विवरण नहीं होते तो भारतीय पुरातन इतिहास के बड़े हिस्से के बारे में जानना मुश्किल होता।

यिजिंग हुआनझांग के समकालीन थे और वे 39 साल की अवस्था में समुद्री रास्ते से 673 ई. में भारत के तामरलिप्ति पहुंचे। अगले वर्ष वे नालंदा पहुंचे और बौद्ध धर्म लेखन को पढ़ा। 18 साल भारत में बिताने के बाद वे चीन वापस आए और चार साल बाद अपनी किताब दातांग झियु कियुफा गाओसेंगझुआन (तांग राजवंश के दौरान धर्मलेखों की खोज में पश्चिमी क्षेत्रों को जाने वाले साधुओं की जीवनी) लिखी।

बौद्ध संबंधों के अलावा, हिन्दू धर्म ने भी उन्हीं रास्तों से होकर चीन में अपना कदम रखा। इस तथ्य की पुष्टि चीन के झिनजियांग में लोपनोर, किजिल गान्शू के दुनहुआंग गुफाओं, यून्नान के डाली तथा गुआंगडोंग राज्य के क्वानझाओ आदि जगहों पर प्राप्त हिन्दू सांस्कृतिक अवशेषों की खोजों से हो जाती है। किजिल तथा दुनहुआंग के मकानों के दीवारों पर कई हिन्दू देवी-देवताओं के उभारे हुए चित्र भी मिले हैं। किजिल के गुफा सं. 179 में रामायण के प्रमुख पात्र बानर राजा हनुमान की मुखाकृति तथा दुनहुआंग मोगाओ गुफा सं. 285 में गणेश और विनायक की आकृति मिले हैं। इसके अलावा, गुफा सं. 3 में देवी लक्ष्मी तथा गुफा सं. 423 में माँ शक्ति की प्रतिमा पाई गई है और गरूड़ तथा मयूर भी पाए गए हैं। जैसाकि पूर्व में उल्लिखित है कि क्वांगझो और डाली में भगवान कृष्ण और भगवान शिव की मूर्तियां जमीन के अंदर से निकलीं।

भौतिक एवं आध्यात्मिक-सांस्कृतिक आदान-प्रदान के कारण, भारत और चीन साहित्य के क्षेत्र के अलावा विज्ञान एवं तकनीक के क्षेत्र में भी एक-दूसरे से लाभान्वित हुए। भारतीय कहानियां, नैतिक कहानियां, कला, नाट्य कला तथा दवाइयां चीन पहुंची। तांग राजवंश के दौरान, चीनी साहित्यिक रूप जैसे चुवांगक्विवेन तथा बियानवेन भारतीय पंचतंत्र तथा बौद्ध जातक कथाओं से काफी प्रभावित दिखीं। इस बीच, कागज निर्माण तकनीक, रेशम, कम्पास तथा बारूद ने चीन से भारत का रास्ता पकड़ा। सबसे बड़ी बात यह थी कि भारत से चीन एवं चीन से भारत जाकर दोनों देशों के सांस्कृतिक दूतों ने आपसी समझदारी को बढ़ाया और मजबूत किया, जिसने भारत एवं चीन के आधुनिक इतिहास में उत्प्रेरक की भूमिका निभाई जिससे भारत और चीन के राष्ट्रीय स्वतंत्रता संघर्ष के दौरान आपस में सहयोग एवं सहानुभूति की भावना को बल दिया। मध्यकाल तक भारत और चीन का आदान-प्रदान एक संतुलित और आदरणीय रवैये के कारण स्पष्ट रूप से बहुत ही उच्च कोटि का था, लेकिन आधुनिक काल में आकर आपसी भाइचारा-आदर आदि के भाव में कमी आती चली गई।

युआन एवं मिन्ग राजवंश के काल में और उसके बाद भारत और चीन ने अपनी स्वतंत्रता आन्दोलन की शुरूआत की। इस दौरान, उनके बीच के अंतर सांस्कृतिक

संबंधों की अनदेखी हुई। गजब के घरेलू बदलावों के कारण बातचीत और आवागमन का दौर थम गया और इसका कारक बना पश्चिमी ताकतों का पूर्व में हुआ विस्तार। इसके अभ्यन्तर भारत पूरी तरह से पश्चिमी ताकतों यानि ब्रिटेन की गिरफ्त में आ गया और चीन अर्द्ध-सामंती अर्द्ध साम्राज्यवादी समाज के रूप में बंट गया यानि चीन में शासन तो वहां के राजाओं का ही रहा लेकिन बाहर बाहर से अंग्रेजों का हस्तक्षेप शुरू हो गया, इस कारण से चीन में अंग्रेजों का कहर धीमा जहर बनकर टूटा और भारत में सीधा कहर के रूप में बरपा। हालांकि साम्राज्यवाद के कारण भारत और चीन का मैत्री संबंध पूरी तरह से टूट नहीं पाया, लेकिन इसकी गति थोड़ी धीमी और मंद जरूर पड़ गई। साथ ही, अपने लंबे जुड़ाव के कारण तथा एक ही तरह के दुर्भाग्य से ग्रसित होकर उपनिवेशवाद एवं साम्राज्यवादविरोधी आंदोलन के दौरान दोनों ने एक-दूसरे को समर्थन एवं सहानुभूति देना जारी रखा।

आधुनिक काल

भारत और चीन का सौभाग्य और दुर्भाग्य करीब-करीब एक जैसा रहा। अंग्रेजों ने भारत और चीन दोनों जगहों को आर्थिक रूप से लूटने के लिए कुचक्र-जाल का सहारा लिया। भारत में पहले अप्रत्यक्ष बाद में प्रत्यक्ष शासन अपने हाथ में ले लिया, वहीं दूसरी ओर चीन में राजा के साथ मिलकर कारोबार के बहाने अप्रत्यक्ष शासन करने लगा। जनता दोनों ओर बराबर की मात्रा में पिस रही थी और विद्रोह की सुगबुगाहट शुरू हो गई। भारत में भारत का आजादी की पहली लड़ाई (1857-59) तथा चीन में ताईपिंग उभार (किसान विद्रोह) (1850-1864) के दौरान पहली बार भारतीय तथा चीनी लोगों का उपनिवेशीय व्यवस्था के खिलाफ साम्राज्यवादविरोधी आंदोलन के रूप में उभार के रूप में दिखाई दिया। भारतीय एवं चीनी लोगों का अपने संयुक्त शत्रु के खिलाफ एक जैसा वर्ताव था।

प्रथम बार चीन में रह रहे भारतीय सिपाहियों ने भी ताइपिंग में अपनी भूमिका बदलकर साम्राज्यवादियों तथा क्विंग सरकार के खिलाफ चीनियों के साथ कंधे से कंधा मिलाकर मुकाबला किया। भारतीय सिपाहियों के ताइपिंग में शामिल होने की खबर क्विंग सेना के जनरलों, राजा के अन्य अधिकारियों या इस किसान विद्रोह के उन विदेशी सिपाहियों के लिखे संस्मरण या यादगारियों में दर्ज हुई हैं, जो सीधे तौर पर इस विद्रोह से जुड़े हुए थे। झेंग गुओफान (1811-1872) और ली होंगझांग (1823-1901) इस समय के केन्द्रीय पात्र थे। 1861 ई. में झेंग गुओफान ने राजा के एक स्मारक में दर्ज किया- झेंग वान्ग (राजा जैसा) वेई युशान के नेतृत्व में हेएई (गहरे बादामी रंग के विदेशी- यानि भारतीय) ताइपिंग की सेवा में थे और उनके कंधा से कंधा मिलाकर लड़ रहे थे।

ए.एफ. लिन्डले, जो एकमात्र ब्रिटिश एवं विदेशी था और ताइपिंग सेना में था, को ताइपिंग सेना के मुख्य सेनानायक झोंगवांग (राजभक्त राजा) लि झियुचेंग ने शत्रु के खिलाफ लड़ने के लिए सेनाधिकारी बनाया था और सेना बनाने के लिए तथा ताइपिंग साम्राज्य से इस उद्देश्य के लिए निधि जुटाने की आज्ञा प्रदान की थी। उसने कई उदाहरणों के द्वारा 1866 मे लिखे अपनी किताब ताइपिंग तिआनक्वोह में यह समझाया है कि भारतीय सिपाही बड़े पैमाने पर ताइपिंग सेना में भर्ती हुए थे।

भारतीय सिपाहियों को एक गंदे एवं घिनौने लड़ाई में लड़ने के लिए मजबूर किया गया था। यह अफीम लड़ाई या सुप्रसिद्ध ओपियम वार उनकी इच्छाओं के विरूद्ध था। वे ताइपिंग की सेना में सहानुभूति की वजह से शामिल हुए थे, क्योंकि उन्हें लगता था कि उनकी और चीनियों की दिक्कतें और मुश्किलें एक जैसी हैं। उनके अंदर साम्राज्यवाद-विरोधी नामक तत्त्व एक समान थे, वे अपने लक्ष्यों की एकरूपता को पहचानने में बुरी तरह असफल रहे और संगठनात्मक स्तर पर संबंध स्थापित नहीं कर पाए। हालांकि, वस्तुनिष्ठ रूप से दोनों सशस्त्र विरोध ने एक महत्त्वपूर्ण भूमिका निभाई और इससे ब्रिटेन को बहुत आर्थिक नुकसान उठाना पड़ा। जहां तक ताइपिंग विद्रोह में भारतीय सिपाहियों की संलिप्तता का सवाल है, तो कोई निश्चित गुप्त योजना या पूर्वनिर्धारित योजना नहीं थी। यह कुछ कुछ 1857 विद्रोह की तरह ही स्वत: स्फूर्त विद्रोह था। ताइपिंग विद्रोह में भारतीय सिपाहियों की भूमिका भारतीय एवं चीनी लोगों के द्वारा उनके साझे संघर्ष के लिए आपसी सहयोग एवं सहानुभूति साझा करने की महज एक शुरूआत थी। यह समायोजन भारतीय एवं चीनी लोगों द्वारा राष्ट्रीय आजादी के लिए अधिक योजनाबद्ध तरीके से संघर्ष की शुरूआत करने तक जारी रही।

यह भारतीय और चीनी लोगों के बीच दोनों देशों के राष्ट्रवादियों एवं क्रांतिकारियों के बीच इन दोनों देशों की सांस्कृतिक एकरूपता के कारण पनपे गहरे आपसी ताल्लुकात के विकास के कारण संभव हुआ जो साम्राज्यवाद विरोधी आंदोलन के दौरान दोस्ती में बदल गई। वे प्राकृतिक रूप से साथी बन गए और घुसपैठियों को अपने देश से बाहर निकालने के विभिन्न रास्तों की तलाश करने लगे। बाल गंगाधर तिलक, उग्रपंथी विचारधारा के राष्ट्रवादियों के अगुआ, के शिष्यों ने जापान की राजधानी तोक्यो में वीर शिवाजी की याद में सभाएं करनी शुरू कर दी, ताकि उनकी साम्राज्यविरोधी भारतीय आवाज जापान से बाहर पूरे विश्व में सुनाई दे और लोग उस पर ध्यान दें। इस प्रकार की गतिविधियों को डॉ सन यात सेन तथा झांग ताईयान जैसे चीनी राष्ट्रवादियों का मुखर समर्थन प्राप्त था। डॉ सन यात सेन ने भारत के राष्ट्रवादियों और क्रांतिकारियों के साथ गहरे ताल्लुकात विकसित किए और उन क्रांतिकारियों को अपनी जान-पहचान का उपयोग करते हुए जापान के कई ऊंची व

बड़ी शख्सियतों-हस्तियों से परिचित कराया, जिससे उन्हें अपनी साम्राज्यवादविरोधी गतिविधियां जारी रखने में मदद मिली। बोरोहान, सुरेन्द्रमोहन बोस, एम.एन.राय, रासबिहारी बोस, बरकतुल्ला, लाला लाजपत राय तथा भारतीय स्वतंत्रता आन्दोलन के कई अन्य वरिष्ठ और वरेण्य नेताओं ने सन यात सेन के साथ दोस्ती एवं गहरे ताल्लुकात रखे और सन यात सेन ने हार्दिक रूप से भारतीय स्वतंत्रता संग्राम का समर्थन देना जारी रखा तथा सभी प्रकार से मदद भी की।

जापान से अपनी कार्यवाही जारी रखने के अलावा, भारतीय क्रांतिकारियों ने अपनी ब्रिटेनविरोधी गतिविधियां जारी रखने के लिए चीन को भी अपना एक अन्य केन्द्र बनाया। कुछेक को छोड़कर, उनमें से तकरीबन सभी गदर पार्टी के सदस्य थे। इनकी गतिविधियां हानकाओ, चूंकि यह कोमिन्तांग (केएमटी) सरकार का केन्द्र था और शंघाई और हॉन्गकॉन्ग, जहां पर भारतीय सिपाही और सैनिक सर्वाधिक रहते थे, के इर्द-गिर्द केन्द्रित था। सियाम-बर्मा योजना के दौरान गदर पार्टी की गतिविधियां बिना किसी बाहरी सक्रिय मदद के अमेरिका से संचालित हो रही थीं। दूसरे दौर में जो गतिविधियां थीं, उनके कारण चीन की कम्यूनिस्ट पार्टी तथा चीन के कोमिन्तांग सरकार या केएमटी के साथ जबर्दस्त संबंध विकसित हुए।

गदर पार्टी का चीनी राष्ट्रवादी आन्दोलन को दिया गया समर्थन और बदले में उनका समर्थन प्राप्त करने के कारण चीन की कम्यूनिस्ट पार्टी (सीपीसी) और केएमटी के बीच प्रथम संयुक्त मोर्चा को बनाने में मदद मिली। यह गतिविधि 1927 में इस मोर्चे के टूट जाने के कारण अचानक से रूक गई, हालांकि कुछेक शख्सियतों ने इन गतिविधियों को 1931-1932 तक चलाया।

गांधीजी के भारतीय स्वतंत्रता आन्दोलन में कूदने की वजह से भारतीय स्वतंत्रता आन्दोलन अहिंसक जनान्दोलन में बदल गया। उन्होंने आन्दोलन में विश्व की सार्वजनीन दार्शनिकता और आध्यात्मिकता के बीज बो दिए और समाज में आध्यात्मिक प्रबन्धन की बात पहली बार की। उन्हीं के कारण सत्याग्रह (सत्य के प्रति आग्रह) और अहिंसा को आन्दोलन के एक सभ्य हथियार के रूप में मान्यता मिली। वे चाहते थे कि लोग सत्य और अहिंसा के पथ पर चलें और इसका पालन अपने जीवन और आन्दोलन में करें। इस विचार को आगे बढ़ाने के लिए उन्होंने हिटलर और जापानी सैन्य प्रतिष्ठान को भी पत्र लिखे। उन्होंने अहिंसा को अपना सिद्धांत और विश्वास बनाया और इस पर कभी लचीला रूख नहीं अपनाया। चीनी लोगों ने उनकी इस सैद्धांतिक स्थिति को पौर्वत्य सभ्यता के प्रतीक के रूप में परिगणित किया, जिससे यह लगा कि उन्होंने इस सभ्यता के विभिन्न रूपों एवं प्रतीकों में काफी उंचा स्थान दिला दिया है।

महात्मा गांधी–खादी के कपड़ों एवं खादी टोपी में एक दुबला पतला आदमी, जो सड़कों पर एक भिखारी की तरह खाली पैर चलता था, ने पूर्वी सभ्यता के संयमी एवं आध्यात्मिकता का प्रतिनिधित्व करने वाला कट्टर धार्मिक आदमी के रूप में अपनी पहचान बनाई। चीनी मीडिया ने विभिन्न समाचार-पत्रों तथा पत्रिकाओं में गांधीजी के नेतृत्व में लड़े जा रहे भारतीय स्वतंत्रता संग्राम को सर्वाधिक महत्त्व दिया और इसे काफी कवरेज दिया। डोंगफान्ना झाझी (पूर्वी विविध समाचार) ने इस मामले में अगुवा बनते हुए गांधीजी और गांधीजी के आन्दोलन से चीनी लोगों को परिचित कराया। इसने असहयोग आन्दोलन (1929–22) तथा नागरिक अवज्ञा आन्दोलन (1931–34) को विस्तारपूर्वक कवर किया। 1920–1926 के दौरान इस पत्रिका ने कुछ 20 लेख लिखे और भारतीय स्वतंत्रता संग्राम को चीनी लोगों के समक्ष रखा। 1905–1948 के दौरान डोंगफान्ना झाझी (पूर्वी विविध समाचार) ने भारतीय स्वतंत्रता संग्राम के विविध पक्षों पर करीब 65 लेखों को प्रकाशित किया। गांधीजी के असहयोग आन्दोलन एवं नागरिक अवज्ञा आन्दोलन का नेतृत्व करने पर कुछेक चीनी लोगों ने छींटाकशी की और कुछेक चीनी लोगों ने प्रशंसा भी की। डॉ सन यात सेन ने गांधीजी के अहिंसा के हथियार का कभी समर्थन नहीं किया क्योंकि उनका मानना था कि राष्ट्रीय स्वतंत्रता के लिए सशस्त्र संग्राम बहुत जरूरी होता है। लेकिन, साथ ही, सन यात सेन ने गांधीजी के इन दो अप्रत्यक्ष आन्दोलन असहयोग आन्दोलन एवं नागरिक अवज्ञा आन्दोलन की भूरि-भूरि प्रशंसा की। गांधीजी ने इन तकनीकों और खासकर अहिंसा के इस्तेमाल पर चीनी लोगों को बहुत समझाया, लेकिन जब उनकी समझ में आया कि वे चीनी लोग जापानी सेना से सशस्त्र संघर्ष में भिड़े हुए हैं, तो उन्होंने अपने विचार वापस ले लिए।

वॉर ऑफ रेसिस्टेंस तथा द्वितीय विश्व युद्ध के दौरान हिन्द-चीनी संबंधों के इतिहास में नया अध्याय लिखा गया। जब तक चीनी लोग जापानियों के हाथों मार खाते रहे, भारत पर इसके परावर्तन का प्रभाव पड़ता रहा। 1938 में भारत ने चीनी लोगों के वॉर ऑफ रेसिस्टेंस में सहायता प्रदान करने के लिए एक चिकित्सा दल डॉ. कोटनिस के नेतृत्व में चीन भेजा। यह चिकित्सा दल काफी बड़ा और काफी समर्पित था और इसकी परिणति डॉ कोटनिस की शहादत के रूप में हुई। डॉ कोटनिस की शहादत चीनी लोगों और आठवें पथ के घायल सैनिकों के इलाज करते हुए हुई। भारत के नेता जवाहरलाल नेहरू ने 1939 में चीन का दौरा करके चीन के साथ मैत्रीपूर्ण संबंधों को और पुख्ता व मजबूत बनाया। चीन ने आरंभ में भारत के इस विचार का समर्थन किया कि स्वतंत्र घोषित होने से पहले भारत को विश्व युद्ध में हिस्सा नहीं लेना चाहिए। बाद में जाकर, जब भारत-चीन-बर्मा के बीच युद्ध का मैदान बन जाने के कारण पूरा का पूरा दृश्य ही बदल गया, तो उन्होंने मित्रराष्ट्रों

(एलाइड पावर) के युद्ध प्रयासों के लिए भारत से समर्थन मांगा। राष्ट्रपति चियांग काई शेक ने ब्रिटिश एवं कांग्रेस के बीच चल रहे गतिरोध को तोड़ने के लिए विशेष रूप से प्रयास करने हेतु 1940 में भारत का दौरा किया।

इस प्रकार, हम देख सकते हैं कि विश्व इतिहास में 1900 से लेकर 1947 के दौरान, भारत एवं चीन के लोगों ने अपने साझा स्वतंत्रता आन्दोलन के दौरान एक दूसरे को समर्थन एवं सहानुभूति का संबल प्रदान किया। यह जवाहरलाल नेहरू की दूरदृष्टि थी और वे अक्सर ये कहते पाए गए कि भविष्य में भारत और चीन के लोग विश्व युद्ध के बाद नए विश्व परिदृश्य के लिए विशाल एवं प्रचूर आर्थिक सहयोग की संभावनाओं के लिए अत्यावश्यक रूप से एक-दूसरे के नजदीक आएंगे। राजनीतिक रूप से भी किसी बाहरी हस्तक्षेप के विरूद्ध दोनों एक हो जाएंगे और ये दोनों वैश्विक कारोबार में महत्त्वपूर्ण भूमिका निभाएंगे। लेकिन, हमने देखा कि प्रथम विश्व युद्ध के खात्मे के तुरंत बाद, चीन में गृहयुद्ध छिड़ गया। इस दरम्यान भारत, चीन की एकता के लिए दुआएं मांगता रहा और आशा की कि चीन अपनी समस्याओं को शांतिपूर्ण ढ़ंग से हल कर लेगा। यह देखने में आया कि कांग्रेस पार्टी, जो भारत की प्रमुख राजनीतिक पार्टी थी, के राजनीतिक नेतृत्व के मन में चीन के गृहयुद्ध से पहले एवं बाद की स्थितियां बहुत साफ नहीं हो पाई थी। इसके नेताओं ने चीन की कम्यूनिस्ट पार्टी की वहां की आम जनता के उपर जबर्दस्त पकड़ को समझ पाने में भयानक चूक की। यह इस कारण से था कि नेहरू एवं अन्य कांग्रेस नेताओं के संबंध सत्ताधारी कोमिन्गतांग पार्टी से प्रगाढ़ थे, जिसकी पकड़ चीन के 27 प्रतिशत भाग से अधिक कभी नहीं रही। दूसरा कारण था, जब नेहरू ने 1939 में चीन का दौरा किया तो भारतीय कांग्रेस पार्टी एवं चीन के कोमिन्गतांग (केएमटी) दल ने साझा लक्ष्य एवं रूचि के कार्यक्रमों की एकरूपता निर्धारित किए। वास्तव में, जापान से लड़ाई नहीं करने और कम्यूनिस्टों का सफाया करने के कोमिन्गतांग के अभियान चलाने की नीति ने उसे जनता के खिलाफ कर रखा था। डॉ सन यात सेन के आदर्शों से स्थापित कोमिन्गतांग सरकार सबसे भ्रष्ट सरकार साबित हो रही थी और कोमिन्गतांग के अधिकारियों के प्रत्येक स्तर पर भ्रष्टाचार अपने सभी कीर्तिमान तोड़ रही थी। यही भ्रष्टाचार कोमिन्गतांग पर इतनी भारी पड़ी कि अमेरिकी सहयोग के बावजूद कोमिन्गतांग की सुसज्जित सेना को चीन से भागकर ताइवान में शरण लेनी पड़ी और आज तक ताइवान को चीनी कम्यूनिस्ट पार्टी की सरकार की जलालत झेलनी पड़ रही है।

गृहयुद्ध में राष्ट्रवादियों की हार के बावजूद, भारत ने चीन के साथ अपना विश्वास जमाए रखा। नेहरू ने चियांग काई शेक तथा उसके भ्रष्ट सेना की नाकामी को भी स्वीकार कर लिया। वह इस बात से सहमत थे कि भारत में जनता की राय

कोमिन्गतांग के खिलाफ थी और चीन की दीवालिया सरकार का समर्थन जारी रखने पर भारत में उलटी राय बन सकती थी। अतएव, उन्होंने प्रतीक्षा करो और देखो की नीति अपना ली और कहा–हम केवल पूर्व की दोस्ती के कारण कोमिन्गतांग के साथ अब और आगे दोस्ती नहीं बढ़ा सकते। हम तथ्यों की अनदेखी नहीं कर सकते हैं। कुछ भी हो, चीन की जमीनी सच्चाई को जानते हुए तथा चीनी कम्यूनिस्ट पार्टी की केवल आठ महीने के भीतर कोमिन्गतांग सरकार को उखाड़ फेंकने के साहस को देखते हुए, भारत ही वह पहला देश था जिसने 01 अप्रैल, 1950 में ही चीन की गणतांत्रिक सरकार को चीन की वास्तविक सरकार घोषित कर दी। यह भारत द्वारा की गई एक भयानक भूल साबित हुई, इस मायने में कि भारत जब पहले प्रतीक्षा करने की रणनीति पर पहले से चल रहा था तो उसे चीनी कम्यूनिस्ट की सरकार को मान्यता देने की जल्दबाजी क्या थी? इस जल्दबाजी की कीमत हमें 1962 के भारत-चीन लड़ाई के रूप में देनी पड़ी। भारत को एक-दो साल और प्रतीक्षा करनी चाहिए थी और चीनी सरकार के रंग ढ़ंग देखकर ही फैसला लेना चाहिए था।

समकालीन अवधि

स्वतंत्रता पश्चात् चीनी-भारतीय संबंध दोस्ती, धोखा तथा सामान्यीकरण के दौर से गुजरता रहा। गैर-कम्यूनिस्ट देशों में भारत पहला ऐसा देश था जिसने चीन की सरकार को मान्यताप्रदान की और उसके साथ कूटनीतिक संबंध स्थापित किए। 1947 के बाद से चीनी-भारतीय संबंध को मुख्यतया तीन दौर में बांटा जा सकता है–

प्रथम दौर- 1947-1959

दूसरा दौर- 1959-1988

तीसरा दौर- 1988-1998

चौथा दौर- 1999-अब तक

प्रथम दौर 1947-1959

कूटनीतिक संबंध स्थापित करने के बाद भारत और चीन दोनों ने प्रारंभ में मुख्य-मुख्य अंतर्राष्ट्रीय मुद्दों पर साझा चिन्ता एवं समझदारी विकसित की और विभिन्न कूटनीतिक मोर्चों पर सहयोग एवं संयोजन किया। चीन ने भारत के किसी भी पक्ष के साथ खड़े होने की नीति की सराहना की और शांति, निष्पक्षता एवं निरपेक्षता की नीति को आदर के साथ देखा, हालांकि माओ भारत के निष्पक्ष रहने के विचार से सहमत नहीं थे। एक गलती भारत पहले कर चुका था और उसने चीन की कम्यूनिस्ट सरकार को बहुत जल्दी मान्यता दे दी। इसी प्रकार की गलती वाजपेयी सरकार ने भी बाद में जाकर कारगिल लड़ाई के पैरोकार कुख्यात जनरल परवेज मुशर्रफ की सरकार को मान्यता देने में की थी। इससे भी भारत का कोई भला नहीं

हुआ, बल्कि सारा श्रेय का बगूला मुशर्रफ लूट कर ले गए। इस बीच, दूसरी गलती फिर से हड़बड़ी में भारत ने कर दी कि उसने संयुक्त राष्ट्र में चीन की सदस्यता बहाल करने पर मजबूती से अपना पक्ष रखा। संयुक्त राष्ट्र साधारण सभा में भारतीय प्रतिनिधि बी.एन.राउ ने 19 सितम्बर, 1950 को दो बार चीन की गणतांत्रिक सरकार को संयुक्त राष्ट्र में एक वैध सीट बहाल करने की आवश्यकता पर प्रमुखता से जोर दिया। कोरियाई युद्ध (1950-1953) के कुछ ही दिन बाद, भारत ने संयुक्त राष्ट्र के उस प्रस्ताव के खिलाफ अपना मत दिया, जिसमें चीन को एक आक्रांता कहा गया था और जब चीन को रोकने से संबंधित उस ड्राफ्ट प्रस्ताव के उपर मत देने की बारी आई तो भारत ने इससे अलग रहकर चीन की मदद की।

अपनी ओर से, चीन ने इस सदाशयता का जवाब कोरियन युद्ध के बाद युद्ध-बंदियों के लिए पुनर्वापसी के अध्यक्ष के नाम हेतु भारत का चयन करके दिया। लेकिन यह एक बहुत छोटी सी भेंट थी। भारत के इन कदमों ने भारत-चीन संबंधों को बढ़ाने में मदद की तथा इसने तिब्बत जैसे कठिन मुद्दे पर भी बातचीत करने में उत्प्रेरक की भूमिका अदा की। 29 अप्रैल, 1954 में दोनों देशों ने चीन-तिब्बत के बीच कारोबार एवं संपर्क से संबंधित चीन-भारत करार पर हस्ताक्षर किए जिसमें दोनों देशों ने प्रसिद्ध पंचशील-शांतिपूर्ण सहअस्तित्त्व-नामक अवधारणा को प्रथम बार उच्चारित किया। दोनों देशों के नेताओं ने सद्भावना दौरे किए। चीनी प्रधानमंत्री चाउ एन लाई (1898-1976) ने 25-28 जून, 1954 में भारत का दौरा किया और भारत के प्रधानमंत्री जवाहरलाल नेहरू (1889-1964) ने लौटती यात्रा (28 नवम्बर से 10 दिसम्बर, 1956) की। 1958 में प्रधानमंत्री चाउ एन लाई तथा ही लोंग (उप प्रधानमंत्री) ने भारत का पुनः दौरा किया। दोनों देशों के बीच हुए इन दौरों ने भारत एवं चीन दोनों देशों को काफी करीब ला दिया।

जबकि, इतिहास द्वारा कई समस्याओं को छोड़ दिया गया और इन अनसुलझे मुद्दों के आधार पर ही आगामी तीन दशकों तक भारत-चीन संबंध की दिशा तय होती रही। इन मुद्दों में सर्वोपरि था सीमा-विवाद एवं तिब्बत समस्या। देखा जाए तो 1954 में ही भारत द्वारा तिब्बत से संबंधित प्राप्त ब्रिटिश विशेषाधिकार को चीन के पक्ष में छोड़ते हुए तिब्बत मुद्दे को सुलझा लिया गया और तिब्बत को चीन का अभिन्न अंग मान लिया गया। इसके बावजूद, तिब्बत में चीन द्वारा की गई दमनात्मक कार्रवाई के उपर भारत ने अपनी नाराजगी जताई और चीन से मामले को शांतिपूर्ण तरीके से सुलझाने की अपील की।

दूसरा दौर 1959-1988

तिब्बत में विद्रोह के फूटने के बाद और दलाई लामा के भागकर भारत आ जाने और भारत द्वारा उनको राजनीतिक संरक्षण प्रदान करने के कारण भारत-चीन संबंध

बहुत खराब हो गए। द्विपक्षीय संबंध तब तक बिलकुल ही खराब रहे जब तक कि 1988 में राजीव गांधी ने चीन का दौरा नहीं कर लिया। 10 मार्च, 1959 में जब तिब्बत में विद्रोह फूटा तो चीन ने उसे दबाने के लिए अपनी सेना भेज दी। भारत सरकार ने इसे सशस्त्र हस्तक्षेप करार दिया और उसने तिब्बत पर चीन की स्वायत्तता पर सवाल खड़े किए। नेहरू ने विद्रोहियों के साथ अपनी सहानुभूति प्रकट की और बगावत को विद्रोह करार दिया। चीन ने भारत के इस कृत्य को अपने आंतरिक मामले में दखल माना और भारत पर विद्रोहियों को समर्थन देने के फलस्वरूप इस संकट को और बढ़ाने में सहयोग देने का आरोप लगाया। यह कहा गया कि यह एक सोच-समझी साजिश थी, नहीं तो क्यों 31 मार्च, 1959 को भारत के उच्चाधिकारी दलाई लामा को भारतीय सीमा से दिल्ली तक मार्गरक्षण करते हुए ले जाते। इसी बीच, दोनों के बीच सीमा विवाद बढ़ते गए और अक्सरहां सीमा पर झड़पें शुरू हो गई। विवाद इतना बढ़ा कि पूरे भारत-चीन सीमा पर युद्ध शुरू हो गया। इसके कई समसामयिक कारण थे-अमेरिका द्वारा चीन को घेरने की कोशिशों के बाद में पाकिस्तान का इसमें कूदना बल्कि कहें कि अमेरिका का साथ छोड़ पाकिस्तान का चीन के नजदीक आना, इससे सम्भलते हुए चूंकि पाकिस्तान के साथ भारत के आंतरिक-विवाद थे अतएव भारत का सोवियत रूस के नजदीक जाने का विचार करना, चीन-सोवियत रूस संबंधों में गिरावट, 1958-1960 के बीच लांग मार्च या ग्रेट लीप फॉरवार्ड के कारण चीन का आर्थिक दिवालियापन के कगार पर पहुंचना और अंत में इसके बाद चीन में हुए भयानक अकाल ने 1962 में सीमा पर लड़ाई की शक्ल ले ली। उपर कहे हुए सारे कारण सहित दलाई लामा का भागकर भारत आने और अनसुलझे सीमा विवाद ने चीन को एकतरफा तौर पर अत्यंत क्रोधोन्मत्त बना दिया और उसने 20 अक्तूबर, 1962 को भारत पर युद्ध थोप दिया।

सीमा युद्ध के कारण भारत-चीन संबंधों को गहरा आघात लगा। कुछ ही समय में दोनों देशों के बीच विश्वास और सहानुभूति की भावना खत्म हो गई। 1965 एवं 1971 के भारत-पाक संघर्ष ने इस आग में और घी डालने का काम किया, क्योंकि चीन अब कश्मीर सहित कई मुद्दों पर पाकिस्तान के साथ खड़ा था बल्कि कहें कि चीन बहुत दिनों से यह कोशिश कर रहा था कि पाकिस्तान उसकी गोद में गिरे। हालांकि, दोनों ओर से आपसी संबंध को पटरी पर लाने के काफी प्रयास भी इस बीच किए गए। भारत की तात्कालीन प्रधानमंत्री इन्दिरा गांधी ने चीन के साथ संबंधों को सुधारने के लिए भारत की इच्छा जताई। 1 मई, 1970 को थिएनमन चौक पर विभिन्न देशों के राजनयिकों का स्वागत करते हुए माओ-त्से-तुंग (1893-1976) ने भारत के प्रतिनिधि का हाथ बहुत ही गर्मजोशी के साथ मिलाया और कहा-भारत एक महान देश है और इसके लोग भी महान हैं। हम एक दिन जरूर अच्छे दोस्त बन

जाएंगे। हम इस प्रकार लड़ते-भिड़ते न रहें। ये तथ्य इस ओर इशारा करते हैं कि दोनों देशों की ओर से संबंधों को सुधारने की एक बलवती इच्छा का प्रकटीकरण हो रहा था। माओ के वक्तव्य पर प्रतिक्रिया देते हुए दस दिन बाद भारत ने चीन के विदेश मंत्रालय को संदेश देते हुए कहा कि यदि चीन चाहता है तो भारत चीन के साथ संवाद शुरू कर सकता है और द्विपक्षीय संबंधों को सामान्य बनाने के लिए बातचीत की शुरूआत कर सकता है।

1976 से इन संबंधों में क्रमिक रूप से सुधार हुआ जब राजदूत के स्तर पर राजनयिक संबंध बहाल हुए। तब से लेकर अब तक दोनों देशों के बीच सांस्कृतिक आदान-प्रदान भी जोरों से चलता आ रहा है। 1978 में, वांग बिन्नान भारत में चीनी जनता सद्भावना संघ नामक प्रतिनिधिमंडल लेकर आए। इसके बाद, भारतीय छात्रों का प्रथम दल एक सांस्कृतिक आदान-प्रदान कार्यक्रम के तहत चीन गया। 1979 ई. में भारतीय विदेश मंत्री अटल बिहारी वाजपेयी ने चीन का दौरा किया। हालांकि, दोनों देशों के अधिकारियों ने अनसुलझे सीमा विवाद को सुलझाने में अपनी पूरी ताकत झोंक दी। लेकिन, 1981 से लेकर 1988 तक नौ दौर के बातचीत के बावजूद दोनों पक्ष किसी भी नतीजे पर नहीं पहुंच पाए। चूंकि मामला बहुत ही पेंचीदा और संजीदा था, इसलिए कोई भी पक्ष पीछे हटने को तैयार न था। हालांकि, दोनों ही पक्ष इस बात के पक्षधर थे कि सीमा विवाद दोनों ही देशों के बीच अन्य कई मुद्दों पर आगे बढ़ने में आड़े नहीं आना चाहिए। 1984 के अक्तूबर में चीनी उप प्रधानमंत्री याओ यिलिन इन्दिरा गांधी की हत्या के बाद उनके दाह-संस्कार में शामिल हुए। दिसम्बर, 1981 से ही भारत और चीन दोनों ही उप विदेश मंत्री स्तर के दौरों का आयोजन करते रहे और संबंधों में सामान्य स्थिति की ओर आगे बढ़ने लगे।

तीसरा दौर 1988-1998

दिसम्बर, 1988 में राजीव गांधी की चीन यात्रा के बाद से भारत-चीन संबंधों में गति आई। तीन दशकों के दौरान यह अपने आप में यह पहला मौका था जब किसी भारतीय प्रधानमंत्री ने चीन की यात्रा की हो। 21 दिसम्बर, 1988 को राजीव गांधी के साथ हुए अपनी प्रथम बैठक में चीन के केन्द्रीय सैनिक कमीशन के अध्यक्ष डेंग शियाओ पिंग ने कहा कि- "आइए हम अपने पिछले संबंधों के बुरे दौर को भूल जाएं और भविष्य पर नजरें टिकाकर वो सबकुछ करें जो हमें करना चाहिए। दोनों पक्षों ने कई मुद्दों पर एक साथ मिलकर सहयोग करने की आशा जताई।" इसे ध्यान में रखते हुए वैज्ञानिक एवं प्रौद्योगिकी सहयोग, नागरिक उड्डयन, आदि पर करार एवं वर्ष 1988, 1989, 1990 के लिए सांस्कृतिक आदान-प्रदान एवं सहयोग के लिए योजनाओं पर हस्ताक्षर किए गए। सीमा विवाद को सुलझाने के लिए संयुक्त कार्यदल

बनाया गया। इस प्रकार, हम देख सकते हैं कि राजीव गांधी द्वारा किए गए चीन की यात्रा भारत-चीन संबंधों में मील का पत्थर साबित हुआ।

राजीव गांधी के दौरे के बाद चीन के प्रधानमंत्री ली पेंग ने 1991 में भारत का दौरा किया। 1960 ई. में चाउ एन लाई के बाद किसी चीनी प्रधानमंत्री का यह पहला दौरा था। राजीव गांधी के चीन दौरे को याद करते हुए ली पेंग ने कहा-"मैं समझता हूं कि उनका चीन दौरा एक बहुत ही बुद्धिमत्तापूर्ण एवं काफी साहसभरा कदम था। और मैं राजीव गांधी को और उनके उस दौरे को याद करते हुए गौरवान्वित एवं भावुक महसूस कर रहा हूं।" उल्लेखनीय है कि राजीव गांधी की निर्मम हत्या के बाद देश में कांग्रेस की नरसिम्हा राव की सरकार आई। उनके उस दौरे के दरम्यान ली ने पांच समझौतों पर दस्तखत किए। उन करारों में महत्त्वपूर्ण था-चीन एवं भारत का राजदूतावास संधि, मुम्बई एवं शंघाई के बीच राजदूतावास को पुनः शुरू करना, सीमापार से कारोबार शुरू करना, 1992 के लिए भारत-चीन कारोबार प्रोटोकॉल जारी करना, भारत-चीन के नागरिक उड्डयन मंत्रालयों द्वारा शांतिपूर्ण उपयोग के लिए खगोलीय या बाहरी उपयोग हेतु वैज्ञानिक एवं प्रौद्योगिकी सहयोग पर करार। इसके अलावा, पुनः एक बार दोनों पक्षों ने यह सहमति जताई कि दोनों देशों के द्विपक्षीय संबंधों की बेहतरी में सीमा विवाद को बहुत बड़ा मुद्दा या बाधा नहीं मानना चाहिए। चीनी प्रधानमंत्री ली पेंग द्वारा किए गए इस भारत दौरे को इतना महत्त्व मिला कि चीनी सरकार का मुखपत्र पीपुल्स डेली ने इस दौरे को भारत-चीन संबंधों के विकास में एक मीलस्तंभ बताया। यह भी कि यह दौरा दोनों देशों के बीच भावनाएं समझने, सहयोग बढ़ाने, दोस्ती को मजबूत करने के लक्ष्य की ओर बढ़ने में सफल रहा है। अगले साल मई, 1992 में राष्ट्रपति आर. वेंकटरमण तथा फरवरी, 1993 में मानव संसाधन मंत्री अर्जुन सिंह के चीन दौरे से भी द्विपक्षीय संबंध काफी मजबूती की ओर बढ़े।

प्रधानमंत्री नरसिंहा राव का 6 सितम्बर, 1993 का चीन दौरा द्विपक्षीय संबंधों को और भी मजबूत प्रदान करने वाला साबित हुआ। यदि राजीव गांधी ने शुरूआत करने में सफलता पाई थी, तो नरसिम्हा राव के दौरे से भारत-चीन संबंधों में एक जबरदस्त उत्साह एवं उछाल आया, जब भारत-चीन ने वास्तविक नियंत्रण रेखा (एलएसी) समझौते पर हस्ताक्षर किया और सीमा विवाद को संपूर्णतः या अंतिम रूप से सुलझाने की दिशा में एक कदम आगे बढ़ गए। भारत-चीन सीमा के वास्तविक नियंत्रण रेखा (एलएसी) पर शांति एवं सद्भाव बनाए रखने के लिए किए गए इस करार में सीमा विवाद को शांतिपूर्ण एवं दोस्ताना बातचीत के जरिए सुलझाने पर जोर दिया गया। साथ ही, इसमें कहा गया कि कोई भी पक्ष एक दूसरे के खिलाफ सेना के प्रयोग

या सेना के प्रयोग की धमकी नहीं देगा, जब तक कि सीमा विवाद सुलझ नहीं जाता है दोनों पक्ष वास्तविक नियंत्रण रेखा (एलएसी) का सम्मान करेंगे और वास्तविक नियंत्रण रेखा (एलएसी) के दोनों ओर के देश अपनी न्यूनतम स्तर का सेना बल रखेंगे। बीजिंग विश्वविद्यालय में दिए गए अपने भाषण में नरसिम्हा राव ने कहा कि दोनों देश लंबी अवधि के अविश्वास और नासमझी के दौर से गुजरे हैं और अब दोनों देश आपसी विश्वास एवं समझदारी के दौर में प्रवेश कर रहे हैं।

चीन में राष्ट्रपति राष्ट्राध्यक्ष होने के साथ-साथ सरकार के मुखिया या सर्वप्रमुख हस्ती होते हैं, उनके बिना चीन की सरकार का एक पत्ता भी नहीं हिलता। चीनी राष्ट्रपति जियांग झेमिन के 1996 में किए गए भारत दौरा ने द्विपक्षीय संबंधों को और मजबूत किया। इस प्रकार, चीन की सर्वप्रमुख सत्ता, जो जियांग झेमिन में निहित थी, का यह प्रथम भारत दौरा था। नवम्बर, 1996 को भारत में प्रथम आगमन पर जियांग ने कहा- "हालांकि हमारे बीच इतिहास के कुछ बकाया समस्या सुलझाने हेतु बचे हुए हैं, लेकिन इतना मैं जरूर कह सकता हूँ कि हमारे मतभेदों को हमारे साझे हितों ने दरकिनार कर दिया है, चूंकि हम दोनों ही एक दूसरे के लिए कोई खतरा उपस्थित नहीं करने वाले हैं।"

उनके दौरे के दौरान भारत-चीन ने चार महत्त्वपूर्ण करारों पर हस्ताक्षर किए- (1) वास्तविक नियंत्रण रेखा (एलएसी) के दोनों ओर भारत-चीन सीमा रेखा पर सेनाओं के बीच विश्वास बहाली प्रक्रिया (सीबीएम) पर करार, (2) चीनी गणराज्य के हांगकांग विशेष प्रशासनिक क्षेत्र में भारत का वाणिज्य दूतावास को बहाल करने से संबधी समझौता, (3) नारकोटिक्स ड्रग्स तथा मनोविकारी सामानों तथा क्राइम के अवैध आवागमन को रोकने के लिए सहयोग पर करार, और (4) समुद्री यातायात पर करार। इन सभी में, विश्वास बहाली प्रक्रिया (सीबीएम) पर करार सबसे महत्त्वशाली था। इस समझौते में यह कहा गया था कि सुझाए गए मुद्दों के अनुसार सीमा विवाद जैसे एक अत्यंत उलझे हुए मामले में एक समुचित, सम्यक् एवं आपसी सहमति पर आधारित निपटारा ही समाधान है। करार का पहला ही अनुच्छेद बहुत महत्त्वपूर्ण है, जो कहता है- कोई भी पक्ष अपनी सैन्य क्षमता का इस्तेमाल एक दूसरे के खिलाफ नहीं करेगा। उस समय के कुछ राष्ट्रीय दैनिक ने उस करार को एक किस्म का युद्ध न करने की कसम खानेवाला समझौता के रूप में परिगणित किया। हालांकि, इस युद्ध न करने की कसम खानेवाली स्थिति को 1993 में नरसिम्हा राव के चीन दौरे के समय बहुत जोर नहीं दिया गया। विश्वास बहाली प्रक्रिया (सीबीएम) करार पर बोलते हुए भारत के विदेश सचिव सलमान हैदर ने कहा- "1993 में हस्ताक्षरित शांति एवं सद्भाव संधि की नींव पर ही यह विश्वास बहाली प्रक्रिया

(सीबीएम) का कदम उठाया गया है और इसका पूर्ण कार्यान्वयन तभी हो सकेगा जब भारत-चीन सहयोग की साझी कार्यनीति पर आगे बढ़ा जाए।"

कुछ भी कहा जाए, चीनी राष्ट्राध्यक्ष का संदेश, चाहे वो कश्मीर का मुद्दा हो या कुछ और, काफी साफ और स्पष्ट था। यह पाकिस्तान के लिए एक कड़वे घूंट और बड़े झटके की तरह था जब जियांग ने पाकिस्तान को कहा कि वो कश्मीर मुद्दे को अलग रखकर भारत के साथ एक मुकम्मल तौर पर सामान्य रिश्ते बनाने की ओर ध्यान दे। जियांग झेमिन का कथन पाकिस्तान के सबसे बड़े खैरख्वाह की ओर से सुझाव था कि वो अपने पुराने और घिसे-पिटे रूख कि भारत जबतक कश्मीर नामक मुख्य मुद्दे को पाकिस्तान से मिलकर सुलझाने के लिए तैयार नहीं होता है, तब तक इस क्षेत्र में कोई सहयोग की बात नहीं हो सकती और इस प्रकार की भावना का जन्म नहीं हो सकता, के बिलकुल ही उलट था। चीन ने कश्मीर पर किसी तीसरे पक्ष की मध्यस्थता की संभावना से भी इन्कार किया और कहा कि यह इन दो एशियाई देशों को सोचना है कि वो कैसे इस मसले का हल शांतिपूर्ण बातचीत के द्विपक्षीय प्रयासों से कर पाते हैं। सिक्किम के मुद्दे पर चीन ने भारत के रूख को समर्थन करते हुए कोई स्पष्ट वक्तव्य नहीं दिया। हालांकि, चीन ने इस तथ्य की मान्यता एक तरह से दी कि वास्तविक धरातल पर सिक्किम भारत का अभिन्न अंग है। यह उल्लेखनीय है कि भारतीय पक्ष ने जोर देकर कहा कि सिक्किम के भविष्य के ऊपर कोई बातचीत नहीं हो सकती और चीन ने इस वक्तव्य का विरोध नहीं किया।

चीनी राष्ट्राध्यक्ष जियांग झेमिन की भारत यात्रा को बहुत ही सकारात्मक रूप से दोनों देशों के बीच विश्वास बहाली की ओर मजबूती प्रदान करने वाले एक बड़े कदम के तौर पर देखा गया। दोनों देशों के बीच हुए इन उच्चस्तरीय दौरे-दौरां का फल यह हुआ कि दोनों देश आपसी समझदारी और विश्वास की बहाली करने में कामयाब हो गए। द हिन्दू अखबार को दिए गए साक्षात्कार में उन्होंने कहा था- भारत के मेरे दौरे के दौरान हमने शांतिपूर्ण सहअस्तित्व के पंचशील सिद्धांत पर आधारित रचनात्मक एवं सहकारी भागीदारी के निर्माण के लिए भारतीय नेताओं के साथ बातचीत की। हमारी यह कोशिश 21वीं शताब्दी में भी प्रतिफलित होगी ताकि भारत-चीन संबंधों को वर्तमान आधारशिला पर आगे बढ़ाया जा सकेगा या इसे एक महल उपर की ओर खिसकाया जा सकेगा।

चौथा दौर 1999 से अब तक

भारत और चीन के बीच संबंधों में आई यह गरमाहट बढ़ती ही जा रही थी कि 11 और 13 मई, 1998 को भारत ने पोखरण, राजस्थान में अपना तीसरा एवं लगातार पांच परमाणु विस्फोट कर दिया। इसने चीन को सतर्क कर दिया। चीन ने भारत के

इस प्रयास पर चिंता जताते हुआ कहा–भारत का यह प्रयास अंतर्राष्ट्रीय ढ़र्रे के खिलाफ है और यह दक्षिण एशिया क्षेत्र की शांति और स्थिरता के लिए खतरा है। अब सवाल यह है कि चीन के परमाणु विस्फोट से एशिया के या विश्व के किसी भी देश पर कोई खतरा नहीं होता, लेकिन भारत के ऐसा करने से किस प्रकार होता है, यह तो चिंतन का विषय है। उसने आगे कहा–चीनी सरकार भारत के परमाणु परीक्षण करने से बहुत चिंतित है। भारतीय परमाणु परीक्षणों पर चीन की शुरुआती प्रतिक्रिया बहुत हल्की थी, लेकिन बाद में चीन ने अपने तल्ख तेवर दिखाए, जब भारत के प्रधानमंत्री अटल बिहारी वाजपेयी ने अमेरिकी राष्ट्रपति बिल क्लिंटन को पत्र लिखा जिसमें 11 एवं 13 मई, 1998 के अपने परमाणु परीक्षण के बचाव में चीनी खतरे का जिक्र आया था और इसने मीडिया में काफी बावेला मचाया था। दरअसल बात ये थी कि यह चीनी खतरे वाली बात सबसे पहले भारत के रक्षा मंत्री जार्ज फर्नान्डीस ने 11 मई के परमाणु विस्फोट से काफी पूर्व कही थी। उस समय चीन जार्ज फर्नान्डीस के पीछे पड़ गया और उनके विचारों को निराधार बताया और उनके द्वारा लगाए गए इल्जाम को गैर-जिम्मेवाराना करार दिया। बहुत सारी अग्रणी पार्टियों ने जार्ज के बयान को निराधार, गैर-जिम्मेवाराना, जंगली और बेतुका बताते हुए उनके इस्तीफे की मांग इस आधार पर की कि वे दोनों देशों द्वारा सुनिश्चित एवं सहमति के आधार पर सकारात्मक दिशा में आगे बढ़ाए जा रहे रिश्तों की डोर को काटने का काम किया है। इस परिघटना के उपर अपने संपादकीय में लिखते हुए द हिन्दू नामक अखबार ने जार्ज फर्नान्डीस को अनावश्यक तौर पर गलतफहमी फैलाने वाला करार दिया और पिछले दो सप्ताह के दौरान उनके इन गैर जिम्मेवाराना हरकतों और बयानों से भारत की विदेश नीति के भविष्य को काले दौर में पहुंचाने का एक पछतावा करने लायक गलत प्रयास बताया। उनके बयान ने भारत-चीन संबंध को एक खतरनाक स्थिति तक पहुंचा दिया और आपसी भरोसे को तोड़ दिया। इससे भारत का चीन के साथ संबंध खटाई में पड़ता दिखाई देने लगा।

इसके बावजूद, भारत ने दक्षिण एशिया पर प्रभुत्व करने के प्रयासों के चीनी आरोप को सिरे से नकारते हुए यह कहा कि भारत के इस कार्रवाई से क्षेत्रीय और विश्व की शांति और सुरक्षा पर खतरे की कोई बात नहीं है। चीन द्वारा इस मुद्दे को गुब्बारे की तरह फुलाने की बात कहते हुए भारत ने सौम्यता के साथ संभलकर एक वक्तव्य और दिया जिससे कई बातें स्पष्ट हुई। वह था–भारत के समक्ष कई प्रकार के वैध सुरक्षा के प्रश्न खड़े हो गए हैं, जिनसे इसे निबटना है। दक्षिण एशियाई एवं प्रशान्त क्षेत्र में प्रहारक परमाणु हथियारों एवं मिसाइलों का होना तथा पड़ोस में बड़े हथियारों का जखीरा का खड़ा हो जाना चिन्ता का विषय है। भारत ने ऐसा कहकर परोक्ष रूप से चीन के परमाणु कार्यक्रम पर उंगली उठा दी और चीन का पाकिस्तान

को दिए जा रहे शस्त्रास्त्रों के मदद की ओर भी इशारा कर दिया गया। 1996 में चीन द्वारा किए गए परमाणु विस्फोट के समय चीनी वक्तव्य की ओर ध्यान दिलाते हुए भारत के प्रवक्ता ने कहा–चीन ने कहा था कि विश्व में बहुत बड़ा परमाणु हथियारों एवं मिसाइलों का भंडार जमा हो गया है और प्रथम प्रहार का परमाणु विस्फोट का खतरा तो हमेशा से मौजूद रहा है। इस परिप्रेक्ष्य में राज्य और राष्ट्र के सर्वोपरि हितों की रक्षा के लिए चीन आवश्यक एवं न्यूनतम परमाणु विस्फोट करेगा ही। हमने कहा कि हम परमाणु विस्फोट करने में हिचकते रहे हैं और उतनी संख्या में परमाणु विस्फोट जरूर करेंगे जितनी हमारे लिए आवश्यक है।

इन उदाहरणों को बताते हुए भारतीय प्रवक्ता ने आगे कहा कि चीन ने अपने पहले विस्फोट से लेकर आज तक कुल 45 विस्फोट किए हैं, जबकि भारत ने मात्र छह विस्फोट किए हैं। इसके साथ ही, अपनी जिम्मेदारी मानते हुए भारत ने अपने प्रयोगात्मक विस्फोटों पर रोक लगा दी और कहा कि गैर-परमाणु राष्ट्रों पर परमाणु हथियारों के प्रथम उपयोग न करने की नीति का पालन किया जाएगा। भारत ने विश्व से परमाणु हथियारों की समाप्ति के लिए अपने प्रयासों की प्रतिबद्धता दोहराई और सीटीबीटी (कम्प्रीहेन्सिव टेस्ट बैन ट्रीटी) के बहुतेरे प्रावधानों का पालन करने की कसम खाई। जिन देशों के पास परमाणु हथियार मौजूद थे, उन देशों को भारत के परमाणु हथियार परीक्षण के लिए दोषी ठहराना चाहिए, क्योंकि इन परमाणु शक्तिशाली देशों ने अपनी परमाणु जखीरे को कम न करने की बात इतिहास में कई बार दोहराई है। परमाणु बम मसले पर चोंच मारने और मूंछ ऐंठने की लड़ाई कई माह तक चलती रही और इसने भारत-चीन के संबंध को बीच चौराहे पर लाकर खड़ा कर दिया। हालांकि, भारत ने विश्व के तमाम देशों व शक्तियों के साथ बातचीत करके चीन के सामने ये तथ्य रख दिया कि वो भारत को ज्यादा दिन तक अलग-थलग करके नहीं रख सकता। 9 महीने के अंतराल के बाद ही फरवरी, 1999 में चीन ने भारत के साथ बातचीत शुरू कर दी। चीन अपने बहुत बड़े बाजार यानि भारत को अपनी पहुँच से दूर या अलग-थलग करके रखने की स्थिति में नहीं था। अब ये उसकी राजनैतिक-कूटनैतिक मजबूरी थी या अर्थिक यह स्पष्ट नहीं था। भारत-चीन ने संयुक्त कार्य दल बैठक की शुरूआत की जो 1998 में निरस्त हो गई थी। विदेश मंत्री जसवंत सिंह की जून 1999 में चीन दौरे ने भीरत-चीन संबंध में नवीन प्रकार की गर्माहट ला दी। चीन ने गर्मजोशी दिखाते हुए भारत के सुरक्षा चिंताओं के किसी भी मुद्दे पर बातचीत करने की इच्छा जताई। चीन के संयुक्त विदेश मंत्री वांग यी ने कहा- ''मैं जानता हूं कि भारत की लोगों के मन में सुरक्षा के मुद्दों पर कई प्रकार की चिंताएं हैं। सभी प्रकार के प्रश्नों पर बातचीत के टेबल पर विचार-विमर्श किया

जा सकता है। चीन भारतीय लोगों के साथ सुरक्षा मामलों पर किसी भी प्रकार की बातचीत के लिए तैयार है।''

जसवंत सिंह ने अपने दौरे के दौरान कहा कि भारत चीन को किसी प्रकार का खतरा नहीं मानता। इसी वर्ष के शुरूआत में करमापा लामा के भागकर भारत आ जाने के मुद्दे पर तथा डब्ल्यूटीओ में चीन के प्रवेश के लिए करार पर हस्ताक्षर करके भारत ने यह दिखा दिया कि चीन के साथ भारत भी द्विपक्षीय मुद्दे को सामान्य करना चाहता है।

IV

भारत-चीन–सामाजिक आर्थिक प्रदर्शन

डेंग शिआओ पिंग 1960 और 1970 के दशक की ज्यादतियों और गलतियों को सुधारना चाहते थे और उन्हें लगा कि सुधार एवं अर्थव्यवस्था को बाहर के लिए खोलने से ही चीन को बचाया जा सकता है और यह पुनः पटरी पर लौट सकता है। सत्ता में आने के बाद 1978 में डेंग ने सुधार शुरू किए और मुक्त अर्थव्यवस्था को अपना लिया। चीन की कम्यूनिस्ट पार्टी को दशकों तक समझा कर उन्होंने इस अर्थव्यवस्था की पुरजोर वकालत की और इसे सहारा दिया। दो दशकों तक लगातार किए गए प्रयासों के कारण 1999 तक आते आते चीन में कुल 330000 विदेशी पूंजी उद्यम स्थापित हो गए और उन विदेशी पूंजी का देश में निवेश 278 बिलियन डॉलर हो गया। विदेशी पूंजी उद्यम देश में शक्तिशाली स्रोत बन गए और चीन की अर्थव्यवस्था में महत्त्वपूर्ण भूमिका निभाने लगे। हालांकि कुछ अर्थशास्त्री का यह भी कहना है कि इस प्रकार के आर्थिक वृद्धि के कुछ दुष्प्रभाव भी हैं और उनका दीर्घजीवि बनना काफी मुश्किल है।

दूसरी ओर भारत ने अंग्रेजों की संस्थाएं उनके राजनीतिक, प्रशासनिक, पुलिस न्यायिक, विधिक प्रणालियां विरासत में ले ली, यह सोचकर कि इनमें बाद में काफी कुछ सुधार कर अपने उपयोग लायक बना लिया जाएगा। आर्थिक स्तर पर इसने नेहरू की मिश्रित अर्थव्यवस्था को अपना लिया। इसका परिणाम हुआ कि गरीब और अमीर के बीच खाई और चौड़ी हो गई। भारत ने चीन से एक दशक बाद मुक्त अर्थव्यवस्था अपना ली।

चीन के चारों ओर एशिया के दिग्गज आर्थिक खिलाड़ी जैसेकि जापान, हॉन्गकॉन्ग, ताइवान, दक्षिणी कोरिया, सिन्गापुर आदि हैं और यही इसकी सफलता का कारण बना, ऐसा कई विद्वान मानते हैं। जबकि भारत इस प्रकार के गरीब पड़ोसियों से घिरा हुआ है जिनमें से कई आंतरिक एवं अनावश्यक अंतरराष्ट्रीय कलहों में संलिप्त हैं, जिसके कारण इस क्षेत्र में विदेशी निवेश की मात्रा बढ़ने के बजाय घट

जाती है। भारत में राजनीतिक उठापटक के कारण भी कई निर्णय बदल दिए जाते हैं या उलट दिए जाते हैं जबकि चीन में एकदलीय सरकार है और यह अपनी नीति पर अड़ी रहती है। आइए देखें कि भारत और चीन वर्ष 2000 तक किस प्रकार किन आर्थिक पादानों पर खड़े थे।

भारत और चीन के बीच एक तुलनात्मक आंकड़ा प्रस्तुत है–

तुलनात्मक आंकड़े	भारत	चीन
जनसंख्या वर्ष 1998 में	98 करोड़	123.9 करोड़
सकल राष्ट्रीय उत्पाद (जीएनपी) (बिलियन डॉलर 1998)	421.30	928.0
औसत राष्ट्रीय विकास दर (:) 1997-98 (जीएनपी)	6.1	7.4
प्रति व्यक्ति (यूएस डॉलर) 1998	430	750
औसत राष्ट्रीय : जीडीपी का वृद्धि दर 1990-98	6.1	11.1
पीपीपी पर जीएनपी की गणना (बिलियन यूएस डॉलर) 1998	1,660.9	3983.6
सकल घरेलू बचत (जीडीपी का :) 1998	18	43
निर्यात (बिलियन यूएस डॉलर) 1998	33210	187757
आयात (बिलियन यूएस डॉलर) 1999	42850	140165
विदेशी प्रत्यक्ष निवेश (मिलियन यूएस डॉलर) 1997	3351	44236
विदेशी मुद्रा आरक्षित (मिलियन यूएस डॉलर) 1998	30647	152843

स्रोत–विश्व बैंक रिपोर्ट 1999-2000

कृषि अर्थव्यवस्था

जैसा कि हम अपने अनुभवों से जानते हैं कि भारत और चीन दोनों ही देश कृषि प्रधान देश है। सदियों बीत गए और दोनों ही देश में 70 प्रतिशत आबादी अभी भी गांवों में निवास करती है। लेकिन, आधुनिक काल में स्वतंत्रता पश्चात 50 वर्षों के बाद आकर दोनों ही देशों के बीच खाद्यान्न उत्पादन में बहुत बड़ा अंतर देखने को मिल रहा है। चीन में जहां एक ओर कृषियोग्य जमीन भारत की अपेक्षा कम ही उपलब्ध है (चीन में बहुत बड़ा भाग पहाड़-जंगल-रेगिस्तान और बर्फ से अंटा पड़ा है), लेकिन खाद्यान्न के उत्पादन के मामले में वह भारत से 2.5 गुना आगे हो गया है। तथ्य ये भी है कि प्रति हजार किसान मजदूर लोगों पर ट्रैक्टर की संख्या भारत में 5 है, जोकि चीन के 1 से बहुत ज्यादा है। एक नजर इन आंकड़ों पर डाल लेते हैं, तो हमें चीन और भारत के बारे में एक तुलनात्मक जानकारी उपलब्ध हो जाएगी–

भूमि उपयोग एवं कृषि उत्पादकता	भारत	चीन
1996 में भू-क्षेत्रफल का स्थायी फसल की भूमि प्रतिशत में 1996	2.4	1.2
फसल भूमि के प्रतिशत के रूप में सिंचित भूमि 1996	32	37
कृषि योग्य भूमि (हेक्टेयर प्रति व्यक्ति) 1996	0.17	0.10
प्रति हजार किसान मजदूर पर ट्रैक्टर 1996	5	1
खाद्यान्न उत्पादन लाख टन में 1998	1940	4900

स्रोत-विश्व बैंक रिपोर्ट 1999-2000

भारतीय अर्थव्यवस्था पर दिल्ली विज्ञान फोरम द्वारा किए गए एक स्वतंत्र सर्वे के अनुसार, 1990 के दशक में खाद्यान्न उत्पादन की मात्र में तब भी बहुत गिरावट आई, जबकि मानसून अधिकांश सामान्य ही रहा। इस दौरान, जनसंख्या वृद्धि दर की अपेक्षा खाद्यान्न उत्पादन दर बहुत कम रहा। जनसंख्या दर में वृद्धि के हिसाब से देश की बहुत बड़ी आबादी रात को भूखे पेट सोती है। खाद्यान्न एवं कृषि में कम वृद्धि दर आठवीं पंचवर्षीय योजना में सार्वजनिक निवेश-मात्र 6 प्रतिशत-के कम होने के कारण हुआ है। अन्य कारणों में नहरों का खराब रखरखाव, खेतों को बिजली की कम उपलब्धता, बीजों का असंतोषजनक नवीनीकरण, कम खाद की उपलब्धता आदि रहे हैं।

औद्योगिक उत्पादन

भारत और चीन दोनों देशों में हाल के दिनों में अंतरराष्ट्रीय प्रतिस्पर्धा की चुनौती को देखते हुए उद्योगों का आधुनिकीकरण एवं विकास रहा है। चीन की अपेक्षा भारत में औद्योगिक रफ्तार देर से वर्ष 1999 में पकड़ पाई जब अप्रैल-अगस्त 1999 तिमाही

उद्योग एवं सेवाएं	भारत	चीन
औद्योगिक क्षेत्र विकास दर 1990-98	6.7	15.4
सेवा क्षेत्र औसत विकास दर 1990-98	7.9	9.3
वस्तु एवं सेवाओं के निर्यात का औसत विकास दर 1990-98	12.40	14.90
उद्योग (जीडीपी का प्रतिशत) 1998	30	49
उत्पादन (जीडीपी का प्रतिशत) 1998	19	37
सेवाएं (जीडीपी का प्रतिशत) 1998	45	33

स्रोत- विश्व बैंक रिपोर्ट 1999-2000

में उपभोक्ता वस्तु क्षेत्र में वृद्धि दर 14 प्रतिशत तथा पूंजीगत वस्तु यानि बड़ी मशीनरी क्षेत्र की वृद्धि दर 10.50 प्रतिशत हो गई। उधर वर्ष 1997 में चीन की वृद्धि दर 14.90 प्रतिशत तक हो चुकी थी। इस बात का अवलोकन ऊपर के तालिका से हम कर सकते हैं-

शिक्षा एवं स्वास्थ्य

विकसित देशों में अर्थव्यवस्था के विकास में शिक्षा का योगदान 60 प्रतिशत है। चीन ने अपनी प्राथमिक एवं माध्यमिक शिक्षा पर बहुत व्यय किया लेकिन उच्च शिक्षा पर व्यय करने में असफल रही। भारत में स्थिति इसके ठीक उलट है। भारत ने उच्च शिक्षा पर ज्यादा व्यय किया लेकिन, प्राथमिक और माध्यमिक शिक्षा पर कम व्यय किया। चीन की स्वतंत्रता से पहले 80 प्रतिशत आबादी अशिक्षित थी। 20 प्रतिशत बच्चे ही केवल स्कूल जाते थे। लेकिन 1998 में 99 प्रतिशत बच्चे स्कूल जाते थे। दूसरी ओर भारत में 1997 में स्कूलों में बच्चों के जाने का प्रतिशत 62 था।

शिक्षा एवं स्वास्थ्य	भारत	चीन
सकल राष्ट्रीय उत्पाद का शिक्षा पर सार्वजनिक व्यय 1998	3.4	2.8
साक्षरता दर 1997	62 प्रतिशत	85 प्रतिशत
1990-97 के दौरान सकल राष्ट्रीय उत्पाद का स्वास्थ्य पर सार्वजनिक व्यय	0.7 प्रति.	2.1 प्रति.
1995 में सुरक्षित जल की उपलब्धता	85 प्रति.	83 प्रति.
1997 में बाल मृत्यु दर प्रति हजार बच्चों में	71	32
प्रति महिला कुल जन्म दर 1997	3.3	1.9
1990-97 के दौरान मातश्त्व मृत्यु दर (प्रति 1,00,000 शिशु जन्म)	440	95
1998 में जीवन आशा दर (साल में)	62	70

स्रोत - विश्व बैंक रिपोर्ट 1999-2000

आर्थिक सुधारों के बाद चीन में जीवन स्तर नाटकीय तौर पर बदल गया है। आज, औसत चीनी का जीवन स्तर औसत भारतीय के जीवन स्तर से काफी ऊंचा हो गया है। आजादी के सड़सठ सालों के बाद भी हम एक देश के रूप में खराब स्वास्थ्य एवं खराब शिक्षा के स्तर से जूझ रहे हैं। दूसरी ओर चीन ने शिक्षा एवं स्वास्थ्य क्षेत्र में काफी तरक्की की है और अपना स्तर सुधार लिया है। एक और तालिका देखते हैं जिसमें दोनों देशों की गरीबी स्तर की तुलना की गई है-

गरीबी स्तर	भारत	चीन
गरीबी रेखा के नीचे रहने वाली आबादी	35% (1994)	6% (1996)
अंतर्राष्ट्रीय गरीबी रेखा के नीचे रहने वाले 1 डॉलर प्रति व्यक्ति प्रतिदिन आय वाले लोग	47% (1994)	22.20% (1996)
अंतर्राष्ट्रीय गरीबी रेखा के नीचे रहने वाले 2 डॉलर प्रति व्यक्ति प्रतिदिन आय वाले लोग	87.50% (1994)	57.80% (1996)
देश पर बाहरी ऋण (मिलियन डॉलर में) 1997	94,904	146697

स्रोत- विश्व बैंक रिपोर्ट 1999-2000

उपर्युक्त आंकड़े इस बात को रेखांकित करते हैं कि चीन को पकड़ने में भारत को अभी (जिस वक्त हम इस पुस्तक की रचना कर रहे हैं) भी एक दशक तक एड़ी-चोटी का जोर लगाना पड़ेगा। भारत को अपने बुनियादी ढ़ांचा पर सरकारी तौर पर या विदेशी निवेश के तौर पर बहुत व्यय की जरूरत है, जिससे विदेशी पूंजी निवेश का प्रवाह और बढ़ सकता है। दूसरी ओर, विभिन्न प्रकार की विचित्रताओं के बीच भी चीन में निवेश का प्रवाह स्वाभाविक रूप से बहुत तेज रहा है। इसलिए चीन की स्थिति भारत से बेहतर रही है।

संक्षेप में कहें तो भारत एवं चीन के बीच पुरातन काल से लेकर आधुनिक काल तक अंतर सांस्कृतिक आदान-प्रदान रहा है। दोनों ही देशों ने साम्राज्यवादी दमन को झेला लेकिन दोनों ने अपनी साझी सांस्कृतिक विरासत को भुला दिया और सीमा विवाद के बहाने आपस में भिड़ बैठे। यह दोनों ही देशों के हित में है कि एशिया महादेश में तनावमुक्त राजनीतिक माहौल बनाने के लिए ये दोनों ही देश अच्छा दोस्ताना संबंध बनाएं और एक दूसरे के हितों का ख्याल रखें। एक बार शांति और विश्वास का माहौल तैयार हो जाए तो भारत और चीन अंतर्राष्ट्रीय स्तर पर एक दूसरे को मानवाधिकार, परमाणु जमावड़े तथा धार्मिक उन्माद पर सहयोग प्रदान करें। अब जबकि अंतर्राष्ट्रीय परिदृश्य बदल चुका है और भारत-चीन का संबंध तेजी से सामान्य हो रहा है, तो भारत और चीन को सहस्राब्दियों पुरानी अपनी दोस्ती एवं भावनाओं को नए उत्साह से भरकर आगे बढ़ाना चाहिए जिसमें आर्थिक सहयोग के नए विश्व परिदृश्य में साथ-साथ आगे बढ़ने का संकल्प हो। चीन के नवसुधारवाद के प्रणेता डेंग शिआओ पिंग ने कहा था-"यदि भारत और चीन विकसित राष्ट्र बन जाते हैं तो हम यह कह सकते हैं कि हमने विश्व मानवता को अपना बड़ा योगदान समर्पित कर दिया। हम दोनों ही देश किसी के लिए खतरा नहीं हैं और आर्थिक क्षेत्र में प्रगति

करके शांति और समृद्धि लाने के लिए कृतसंकल्पित हैं। भारत और चीन को पश्चिमी देशों से प्रौद्योगिकीय निर्भरता घटाने के क्रम में आपसी साझेदारी से खगोल विज्ञान, परमाणु उर्जा का शांतिपूर्ण इस्तेमाल, कम्प्यूटर सॉफ्टवेयर, जेनेटिक इन्जीनियरिंग, कृषि, पनबिजली उर्जा आदि के क्षेत्र में एक दूसरे का सहयोग करने पर जोर देना चाहिए और 1.9 बिलियन डॉलर की व्यापारिक साझेदारी को बढ़ाकर 10 बिलियन से भी अधिक करने की योजना पर काम करना चाहिए।" यह आशा की जानी चाहिए कि एशिया के ये दो दिग्गज राष्ट्र अपनी साझी विरासत एवं स्वतंत्रता के दौरान किए गए साझे संघर्ष एवं आन्दोलन को याद करते हुए एक दूसरे को विकास, शांति, दोस्ती और सह-अस्तित्व के मार्ग में आगे बढ़ाने में आने वाले दिनों में सहयोग करेंगे।

संदर्भः

1. हिस्टोरिकल डाटा ऑफ चाइनीज सोर्सेज, गेंग यिनजेंग- बीजिंग युनिवर्सिटी प्रेस, 1990
2. कलेक्शन ऑफ साउथ एशियन हिस्टोरिकल मैटेरियल फ्राम चाइनीज सोर्सेज - शंघाई गुजी पब्लिशिंग हाउस, शंघाई 1994
3. इन्स्टीच्यूट ऑफ साउथ एशियन स्टडीज बीजिंग यूनिवर्सिटी, 1994
4. सेलेक्टेड वर्क्स ऑफ जवाहरलाल नेहरू, एस. गोपाल
5. इन्डिया चाइना रिलेशन्स , नैन्सी जेचली, (1947-77) नई दिल्ली
6. चाइना-साउथ एशियन रिलेशन्स (1947-1980) आर.के.जैन, नई दिल्ली
7. इन्डियन इकॉनॉमी
8. द हिन्दू
9. द टाइम्स ऑफ इन्डिया

2

भारतीय राष्ट्रवादियों के संग चीनी क्रांतिकारियों का सहयोग

बीसवीं सदी के आरंभिक वर्षों में भारतीय राष्ट्रीय आन्दोलन के दौरान देश के भीतर एवं बाहर दोनों जगहों पर क्रांतिकारी गतिविधियों का उभार हुआ। इस आन्दोलन का लक्ष्य अंग्रेजी सत्ता से मातृभूमि भारत को आजाद कराना था। इस उग्रविचार वाले दल का विचार कांग्रेस के शांतिपूर्ण आन्दोलन से भिन्न था। उन्हें कांग्रेस के संविधानवादी आन्दोलन एवं अंग्रेजों की न्याय व्यवस्था में कोई विश्वास नहीं रह गया था। 1905 में अंग्रेजों द्वारा बंगाल के विभाजन ने आग में घी डालने का काम किया। उन्होंने कांग्रेस से राष्ट्रीय स्वतंत्रता प्राप्त करने के लिए वैकल्पिक साधनों को खोजने के लिए दवाब बनाना शुरू कर दिया। इसी साल एक और घटना ने क्रांतिकारियों का हौसला बढ़ा दिया और वो था कि जापान जैसे छोटे से देश ने रूस जैसे विशालकाय देश के शासन को अपने देश से उखाड़ फेंका। स्वतंत्र हुए जापान से सारे क्रांतिकारी प्रेरणा लेने लगे। उधर दक्षिण अफ्रीका में रंगभेद से संघर्ष में उलझे महात्मा गांधी भी इस बात से बहुत प्रभावित हुए और लिखा-''जापान के गरीब हों या अमीर, सभी लोग जब आत्मसम्मान के लिए खड़े हो गए, तो देश आजाद हो गया। इसने रूस जैसे अहंकारी देश के मुंह पर जोरदार तमाचा मारा और आज देखिए जापान का झंडा उंचा फहरा रहा है। इसी प्रकार से आज हमें भी अपने आत्मसम्मान की भावना को जगाना होगा। पिंजड़े में बंद तोते की तरह सदियों से रहते हुए हमें स्वतंत्रता एवं सम्मान का ज्ञान ही नहीं हो रहा है।" लाला लाजपत राय एवं बाल गंगाधर तिलक ने बायकॉट एवं स्वदेशी की वकालत करके देश में क्रांति की भावनाएं भड़कानी शुरू कर दीं।

आंदोलन को और अधिक पैना बनाने तथा उसे आमलोगों में ले जाने के लिए राष्ट्रवादियों ने भारतीय आध्यात्मिक धरोहर से प्रेरणा ग्रहण की और पश्चिमीकरण पर हमला तेज कर दिया। इस प्रकार वे आम लोगों के दिलों में प्रवेश कर गए और इस प्रकार अपने आन्दोलन को जन आन्दोलन में परिवर्तित कर दिया। पारंपरिक उत्सवों को प्रचार का साधन बना दिया गया। इन नए तरीकों ने आन्दोलन को फायदा पहुंचाया। साथ ही इस आन्दोलन में किसानों की भागीदारी ने भारत में जन राजनीति की नई शुरूआत की। इसी समय बंगाल से एक नए किस्म की राजनैतिक धारा का सूत्रपात हुआ और वह था व्यक्तिगत हीरोगिरी की विचारधारा जो मातृभूमि के लिए सर्वोच्च व्यक्तिगत बलिदान यानि प्राणोत्सर्ग करने की थी।

यूरोप और अमेरिका में स्थापित गदर पार्टी की क्रांतिकारी जनचेतना केन्द्र सर्वज्ञात जैसे ही थे। लेकिन चीन एवं जापान में भारतीय स्वतंत्रताकामियों एवं क्रांतिकारियों की चीनी राष्ट्रवादियों के साथ संपर्क के बारे में ज्यादा जानकारी प्राप्त नहीं है। जैसे भारत में राष्ट्रवादियों एवं उदारवादियों में मतभेद जगजाहिर थे वैसे ही चीन में लियांग क्विचाओ (1873-1929) के नेतृत्व में सुधारवादियों (संविधान वादियों) तथा सन-यात-सेन (1866-1925) के नेतृत्व में अतिवादियों के बीच मतभेद थे। लियांग का लक्ष्य था संविधानयुक्त राजशाही की चीन में स्थापना और सन-यात-सेन का लक्ष्य था तीन शतक पुराने क्विंग या मान्चू राजवंश (1644-1911) को जड़मूल से समाप्त करना।

भारत के राष्ट्रवादियों की तरह ही डॉ. सन-यात-सेन को संविधानवादियों ने अलग-थलग करना चाहा था। अपने लक्ष्य को प्राप्त करने के लिए डॉ सेन ने झिंग झोंग हुई (रिवाइव चाइना सोसायटी) की 1895 में स्थापना की। बहुत सारे उत्साही जंगजू युवाओं ने इस सोसायटी में भर्ती लिया और कैन्टन में क्रांतिकारी आधार तैयार किया। उन्होंने एक विद्रोह की रूपरेखा भी तैयार की लेकिन उसका भंडाफोड हो गया और लोग पकड़े गए। डॉ सन यात सेन को भागकर जापान जाना पड़ा। वहां जापान में बहुत सारे चीनी छात्रों ने क्रांतिकारी अभियान जारी रखा हुआ था और डॉ सेन ने जाकर उन्हें संगठित किया और जापान में 1905 में एक क्रांतिकारी पंच सतोंगमेन्ग हुई (चाइन यूनिटेड लीग) की स्थापना की। वहां के चीनी क्रांतिकारी गुओमिन बाओ (सिटिजन ट्रिब्यून) और एरशिशिजी झोंगुओ (ट्वेंटिएथ सेंचुरी चाइना) नामक अखबार निकालते थे। 1905 में जापानी सरकार ने इस अखबार पर प्रतिबंध लगा दिया। फिर क्रांतिकारियों ने मिन बाओ (द पिपुल्स ट्रिब्यून) निकालना शुरू कर दिया। इन्हीं अखबारों ने भारतीय स्वतंत्रता आन्दोलन और क्रांतिकारियों के समर्थन में लिखना जारी रखा और भारतीय एवं चीनी स्वतंत्रता आन्दोलन के बारे में विचारपूर्ण लेख भी लिखे।

एशिया के राष्ट्रवादियों एवं क्रांतिकारियों के लिए जापान एक ऐसा केन्द्र बना हुआ था जिसके माध्यम से वे साम्राज्यवाद-विरोधी संघर्ष को जारी रखने के लिए सभी प्रकार के समर्थन एवं सहानुभूति प्राप्त करते हुए उभरते हुए एशिया की परिकल्पना पर काम कर रहे थे। ओकुमा नामक एक जापानी विचारक राजनयिक थे, जो पहले भारतीय स्वतंत्रता संग्राम के समर्थक थे और बाद में जाकर ब्रिटिश समर्थक बन गए। उनके इस कदम से भारत के स्वतंत्रता संग्राम के उन सिपाहियों को, जो जापान में रह रहे थे, बहुत निराशा हाथ लगी। हालांकि अंग्रेज अधिकारी डी.पेट्री, निदेशक, फौजदारी जासूसी विभाग ने 1919 में टोक्यो से ब्रिटिश सरकार को सूचना भेजी कि जापान भारतीय क्रांतिकारियों के लिए सेतु का काम रहा है। साथ ही जापान में रहकर ये भारतीय क्रांतिकारी चीनी क्रांति के वीरों के साथ संपर्क में भी हैं। लेकिन अंग्रेज इन जानकारियों का या इन स्थितियों का लाभ उठाने में कामयाब नहीं हो सके।

टोक्यो में झांग ताइयान के साथ संबंध-संपर्क

झांग ताइयान (1869-1936) को एक क्रांतिकारी राष्ट्रवादी तथा चिंतक के रूप में जाना जाता है। उनके कैरियर की शुरूआत सुधारवादी आन्दोलन (1898) में उनकी सहभागिता से हुई। 1902 ई. में बॉक्सर क्रांति के बाद वे एक क्रांतिकारी बन गए और जापान चले गए। वहां जाकर क्विन लीशान के साथ मिलकर कई प्रकार के क्रांतिकारी प्रयास किए। झांग 1903 में वापस चीन गए और 1906 में पुनः जापान आकर डॉ सन यात सेन से मुलाकात कर तोंगमेंग हुई के सदस्य बन गए और पीपुल्स ट्रिब्यून का संपादकत्व स्वीकार कर लिया। 1911 के झिनलाई क्रांति के बाद झांग वापस चीन चले गए।

चीनी स्रोतों की मानें तो झांग ताइयान तथा सन यात सेन इन दो चीनी राष्ट्रवादियों के साथ दो भारतीय क्रांतिकारियों के संपर्क थे। 1906 में बोरोहन नामक क्रांतिकारी अमेरिका से जापान आया और बाओसी (सत्येन्द्रनाथ बोस) से मिला। बोरोहन जो एक बैरिस्टर था 1907 में भारत आया। भारतीय स्रोतों की माने तो जो राष्ट्रवादी और क्रांतिकारी 1905 से 1915 के बीच जापान गए उनके नाम थे- सुरेन्द्रमोहन बोस (1906) तारकनाथ दास (1906) धनगोपाल मुखर्जी (1908) बरकतुल्ला (1909) भगवान सिंह (1913) नारायण मराठे (1914) अबनिनाथ मुखर्जी (1915) रासबिहारी बोस (1915) लाला लाजपत राय (1915) हेरम्बलाल गुप्ता (1915) तथा एम.एन. राय (1915)। तो साक्ष्यों के आधार पर पाए गए क्रांतिकारी बाओसी क्या यही सुरेन्द्र नाथ बोस थे।

झांग ताइयान ने भारतीय क्रांतकारियों के दृष्टिकोण की सराहना करते हुए कई लेख लिखे। उन्होंने भारत-चीनी गठजोड़ की वकालत करते हुए एक लेख लिखा-

भारतीय-चीनी गठजोड़ की प्रक्रिया (झिना यिन्दु लियाने फांगफा)। इस लेख में झांग साफ-साफ उल्लेख करते हुए लिखते हैं- भारत और चीन दोनों को एक पड़ोसी देश होने के नाते और सदियों से दोस्ताना संबंध रहने के नाते एक-दूसरे को भरपूर समर्थन देना चाहिए।

डॉ सन यात सेन (1866-1925) एक बहुत ही सुलझे हुए क्रांतिकारी और राजनेता थे। वे चीन के 1911 में हुए उस झिनहाई क्रांति के जनक माने जाते हैं, जिस क्रांति ने तीन शतकों से चले आ रहे आतताई क्विंग साम्राज्य को चीन से उखाड़ फेंका। क्विंग साम्राज्य ने 1644 से 1911 तक चीन पर राज किया था। डॉ. सेन के क्रांतिकारी और राजनीतिक बनने की कहानी उनके हांगकांग में 1892 में मेडिकल डिग्री प्राप्त करने के बाद मेडिकल प्रोफसन को छोड़ते हुए या अपने मेडिकल कैरियर की कुर्बानी देते हुए एशियाई देशों में हो रहे साम्राज्यवाद विरोधी क्रांतिकारी गतिविधियों से जुड़ाव तथा गुआंगझोऊ, चीन में 1895 में हुए विद्रोह की अगुवाई करते हुए जापान भाग जाने तक जाती है।

यहां यह उल्लेखनीय है कि झांग ताइयान और डॉ सन यात सेन दोनों ही भारत के साथ दोस्ताना संबंध चाहते थे। ये दोनों या इनके साथ के साथी क्रांतिकारी गतिविधियां चला रहे थे, इसलिए एक दूसरे का साथ मांगना और मदद की आस रखने में कोई बुराई नहीं समझते थे। वे यह समझते थे कि जिस प्रकार चीन में राजतंत्र ने प्रजा को जकड़ा हुआ है और परोक्ष रूप से अंग्रेजों के चंगुल में फंसा हुआ है एवं प्रजातंत्र लाने देने के लिए तैयार नहीं है, उसी प्रकार अंग्रेजों ने भारत को भी गुलामी की जंजीरों में जकड़ा हुआ है और भारत में प्रजातंत्र को नहीं आने देने के क्रम में प्रजा को बुरी तरह कुचल रही है।

बरकतुल्ला के बाद जो सबसे महत्त्वपूर्ण भारतीय क्रांतिकारी जापान पहुंचे वो थे रास बिहारी बोस (1886-1945)। सन यात सेन ने उनकी भरपूर मदद की। बोस भारत के गवर्नर जनरल हार्डिंग को जान से मारने की एक असफल कोशिश के बाद कोलकाता से फरार होकर जापान पहुंचे थे। लाला हरदयाल (1884-1939) की जीवनी लिखते समय धर्मवीर लिखते हैं कि हार्डिंग को उड़ाने की असफल कोशिश के बाद रास बिहारी बोस शंघाई पहुंचे। शंघाई में ब्रिटिश प्राधिकारियों ने उनके सर पर उस जमाने के हिसाब से बहुत बड़ा रु. 7500 का इनाम घोषित कर रखा था। शंघाई में रास बिहारी बोस को अंग्रेज एवं चीनी प्राधिकारियों से डॉ सन यात सेन ने बचाया। वहां के क्रांतिकारियों के साथ मिलकर बोस ने चीन से कुछ हथियार भारत भेजने की भरपूर कोशिश की। चीनी क्रांतिकारियों ने मदद का आश्वासन तो दिया, लेकिन हथियार की आपूर्ति वास्तविक रूप से नहीं पूरी कर पाए। इसका कारण था

कि वे लोग खुद मुक्तिकामी थे और क्रांतिकारी गतिविधियों में बुरी तरह लिप्त थे और समय समय पर उन्हें हथियारों की सख्त जरूरत पड़ती रहती थी।

प्रथम विश्व युद्ध के दौरान पंजाब एवं बंगाल की कुछ गुप्त सोसायटियां देश से बाहर चीन-जापान में सक्रिय थीं और उनके आपसी संबंध काफी पुख्ता थे। शंघाई में बने एक प्लान के मुताबिक भारत में सन् 1915 में पहले 21 फरवरी और बाद में 19 फरवरी को एक विद्रोह की आग भड़काने की कोशिश योजना बदलकर की गई थी। लेकिन अंग्रेजों की खुफिया संस्था को इस विद्रोह की भनक लग गई। अंग्रेजों ने चीनी अधिकारियों के साथ मिलकर दबिश दी, किंतु रासबिहारी बोस फिर शंधाई से भागने में कामयाब रहे और जापान पहुंच गए। वहां वे पुनः प्रवासी बने और चीन में जनक्रांति की योजना बनाने में लगे डॉ सन यात सेन से मिले। डॉ सेन युआन शिकाई (1859-1916) के खिलाफ 1913 के असफल आन्दोलन के बाद पुनः जापान चले आए थे।

यहां यह समझना जरूरी है कि ब्रितानी लोगों के जापानी सरकार के साथ अच्छे संबंध थे और उन्होंने जापान की सरकार को रास बिहारी बोस के खिलाफ सबूत दिखाते हुए उनसे अनुरोध किया कि बोस को पकड़कर उनके हवाले कर दिया जाए। इस मुश्किल हालात में डॉ सन यात सेन ने पुनः बोस की भरपूर मदद की। रास बिहारी बोस अपनी पुस्तक में इस बात का जिक्र करते हैं- जब मैं जापान पहुंचा, मैंने डॉ सेन से संपर्क किया और मिला। उस समय डॉ सेन ने जो मेरी मदद की वह बहुत बड़ी मदद थी। भारत में प्रत्येक रेलवे स्टेशन से लेकर महत्त्वपूर्ण सड़कों-भवनों पर मेरी तस्वीर लगे पोस्टर चिपका दिए गए थे और पुलिस मेरे पीछे पड़ी हुई थी। जापान सरकार का सहयोग लेकर ब्रिटिश सरकार मुझे जापान से उठाकर भारत ले जाना चाह रही थी। एक बार यदि मेरी पहचान जापान में खुल जाती और मुझे पहचान लिया जाता तो मेरा बचना मुश्किल था। डॉ सेन को मेरी बहुत चिंता हो रहा थी। उन्होंने मितशुरू तोयामा से मेरे लिए मदद मांगी। डॉ सन यात सेन और मियाजाकी टोटेन के प्रयासों से मुझे मितशुरू तोयामा से परिचित कराया गया। मितशुरू तोयामा उस समय जापान की राजनीति में बहुत बड़ी हस्ती थे और तोयामा ने मेरी भरपूर मदद की, जिसके कारण मैं जापान में छिपा रह पाया और जापानी पुलिस से लेकर ब्रितानी सरकार भी मुझ पर हाथ नहीं डाल पाई।

1915 में लाला लाजपत राय भी जापान गए थे और वहां उनकी मुलाकात डॉ सन यात सेन से हुई। लाला लाजपत राय की जीवनी के लेखक फिरोज चंद ने उनकी जीवनी में लिखा है- लालाजी की एक उल्लेखनीय दोस्ती डॉ सन यात सेन नामक चीनी क्रांतिकारी से जापान में पनपी, जो 1913 के असफल द्वितीय चीनी

क्रांति के बाद जापान में रह रहे थे। लालाजी की मुलाकात डॉ सेन से नियमित रूप से होने लगी और दोनों में एशियाई देशों की साझेदारी के बारे में एक अच्छी समझदारी विकसित हुई। लेकिन उन दोंनों में क्या बातचीत होती थी या विचार-विमर्श का मुख्य मुद्दा क्या होता था, उसका कोई ऐतिहासिक प्रमाण हमारे पास उपलब्ध नहीं हो पाया है, जिसके आधार पर पुख्ता तौर पर यह कहा जा सके कि दोनों किन-किन बिन्दुओं पर सहमत थे और किन किन बिन्दुओं पर असहमत।

1914 में सत्येन्द्रनाथ सेन और विष्णु गणेश पिंगले चीन आए और डॉ सेन से मिले तथा शंघाई में भारतीय देशभक्तों के सबसे बड़े नेता तहल सिंह से मुलाकात की। सियाम-बर्मा योजना के दौरान, गदर क्रांतिकारी पार्टी के डी. चेन्चैया, स्टीमर से सियाम जाने के क्रम में कुछ दिनों के लिए जापान भी रूके थे। उन्होंने डॉ सन यात सेन से मुलाकात की। डॉ सेन के पुत्र और डी. चेन्चैया दोनों कैलिफोर्निया विश्वविद्यालय में एक साथ पढ़ते थे। चेन्चैया लिखते हैं - डॉ सेन की अंतर्राष्ट्रीय राजनीति पर की गई पढ़ाई और गणना बहुत ही गहन एवं विस्तृत तथा आंखें खोल देने वाली थी। डॉ सेन के अनुसार - ब्रिटिश साम्राज्यवाद स्वतंत्रता की दुश्मन थी और न केवल भारत बल्कि विश्व के सैंकड़ों देशों की आजादी इसके कारण खतरे में थी। इसलिए भारत को जरूर से जरूर इसके पांव अपने यहां से जल्द ही उखाड़ फेंकना चाहिए, नहीं तो विश्व के सैंकड़ों देशों की आजादी खतरे में पड़ जाएगी। भारत को स्वंतत्र कराना हरेक भारतीय का परम कर्तव्य एवं धर्म है, इससे संपूर्ण विश्व की मानवता के प्रति उसका दायित्व पूरा होगा। चेन्चैया आगे लिखते हुए प्रसन्नता जाहिर करते हैं और कहते हैं - डॉ सन यात सेन के इस प्रकार के संबोधन ने मेरे अंदर के दिव्य भाव को जगा दिया और मैंने सोचा कि मैं जो भी कर रहा हूं वह देश और विश्व के लिए उचित है तथा मैं ठीक रास्ते पर चल रहा हूं।

एम.एन. रॉय (1887-1954) नामक एक अद्वितीय क्रांतिकारी भी 1915 के दौरान इस उद्देश्य के साथ जापान गए कि वे भारत के क्रांतिकारियों के लिए जमीन के रास्ते से हथियार भारत ला सकें। चीन पहुंचने से पहले ही क्रांतिकारी रॉय जापान में डॉ सन यात सेन से मिलकर इस अभियान की नींव डाल चुके थे। वहां उन्होंने डॉ सेन से मिलकर हथियारों की खरीद की प्रक्रिया क्या होगी इस पर विस्तारपूर्वक बातचीत की। रॉय का कहना था कि कि यदि चीन युन्नान एवं शिचुयान राज्यों के मार्फत हथियारों के कुछ खेप भारतीय क्रांतिकारियों के लिए भिजवा देता है, तो भारत और चीन के बीच में वास्तविकता एवं दीर्घावधि के आधार पर एक साझेदारी विकसित हो सकती है।

डॉ सेन ने एम.एन. रॉय से कहा कि वे शंघाई जाकर वहां स्थित जर्मन दूतावास के अधिकारियों से संपर्क करें और उनसे पांच मिलियन डॉलर की मांग करें, जिससे

यूनान और शिचुआन स्थित क्रांतिकारियों के जिम्मे जितना बड़ा हथियार का भंडार है, उसे खरीद लिया जाए। जर्मन दूतावास के अधिकारियों की धोखाधड़ी के कारण भारतीय क्रांतिकारियों की इस नेक योजना पर पानी फिर गया।

एम.एन. रॉय कहते हैं–यह स्थिति भारतीय सशस्त्र संग्राम के लिए सर्वथा उपयुक्त थी। प्रथम विश्वयुद्ध छिड़ने ही वाला था। लेकिन इस महत्त्वपूर्ण क्षण में जर्मनी के लोगों ने अपना वादा तोड़ दिया और तब हमने यह अनुभव किया कि जर्मनी हमारे प्लान की महत्ता को जानता भी था और उसकी प्रशंसा भी करता था लेकिन उनके मन में हमारे लिए कोई बहुत बड़ी सहानुभूति नहीं थी।

लेकिन, बाद में हुए कई अध्ययन के अनुसार जर्मनी कई ओर से हमें समर्थन देने में जुटा हुआ था। हो सकता है ये एक गलती उसकी ओर से हो गई हो, जिसके परिणाम का अनुमान लगा पाने में जर्मनी वाले असफल रह गए। शिकागो में हेरम्बलाल गुप्ता एवं जर्मन राजदूत ने मिलकर तीन लोगों के समूह को सियाम में भारतीय लोगों को मिलीटरी प्रशिक्षण देने के लिए भेजा। ये तीनों लोग बोहेम, हेनरी सुल्ट तथा अल्बर्ट वेहडे भारतीय लोगों को प्रशिक्षण देने के लिए सियाम के लिए निकले, लेकिन रास्ते में 20,000 यूएस डॉलर की नकद रकम के साथ अंग्रेज अधिकारियों ने इन्हें सिंगापुर में पकड़ लिया। उस समय सिंगापुर पर अंग्रेजों का कब्जा था और जिस मेवेरिक जहाज को लेकर ये तीनों एनी लारसेन नामक जगह पर हथियार लादने वाले थे, वह जहाज भी सिंगापुर में ही जब्त कर लिया गया।

वहीं दूसरी ओर, एम.एन.रॉय ने एक बार फिर हथियारों की खेप की तस्करी करने के लिए चीन में डोंग शइतांग एवं वू वेंगझिंग नामक भारतीय क्रांतिकारियों के सच्चे दोस्तों की मदद ली। जर्मनी ने 130 पिस्तौल एवं 21000 कारतूस की मदद भारत को की और इन दो चीनियों को इसे भारत पहुंचाने का भार दिया गया। लेकिन अक्तूबर 1915 में ये दोनों चीनी अधिकारियों द्वारा सन्देह के आधार पर पकड़े गए और इन्हें जेल एवं आर्थिक सजा हो गई। बाद में जाकर इसका भेद भी खुल गया कि इन हथियारों से भारत में ब्रिटेन के खिलाफ आन्दोलन चलाया जाने वाला था।

इस प्रकार, देखा और समझा जा सकता है कि विपरीत परिस्थितियों में देशनिकाला में जापान में रहकर भी डॉ सन यात सेन ने अपने भारतीय मित्रों की भरपूर सहायता की। यह अलग बात है कि जिन-जिन कार्यों के लिए उन्होंने पहलकदमियां कीं वे सभी असफल हो गए। लेकिन, उनका भारतीय स्वतंत्रता आन्दोलन के लिए किया गया योगदान एवं समर्थन अतुलनीय, अनिर्वचनीय, अद्भुत, दोस्ताना एवं सन्देह से परे था तथा सभी लोग उनकी सलाह एवं परामर्श को सर्वोपरि मानते थे।

1916 में डॉ सन यात सेन ने चीन वापसी की और उत्तरी चीन के लड़ाकुओं से जंग ठान दी। उसके बाद से किसी भारतीय को जापान में चीनी भाइयों से किसी भी प्रकार के मदद की बात नहीं सुनी गई। 1918 में सियाम, चीन एवं हॉन्गकांग में ऑस्ट्रियाई एवं जर्मन दूतावासों के बंद हो जाने के कारण भी इस आन्दोलन को ध क्का पहुंचा और सुदूर पूर्व में जर्मनी द्वारा भारतीय आन्दोलनकारियों के किसी भी प्रयास को मदद मिलनी बंद हो गई। 1921 में डॉ सनयात सेन ने चीनी गणराज्य की सरकार के कार्यवाहक राष्ट्रपति के रूप में कार्यभार संभाल लिया और जापान से अपने उत्तरी इलाके के लड़ाकुओं के खिलाफ जंग लड़ने के लिए मदद मांगी, लेकिन उन्हें जापानियों ने मदद नहीं की।

दरअसल, चीन के उत्तरी लड़ाकुओं की मदद ब्रिटेन जैसे आततायी देश कर रहे थे और इसके साथ ही वे जापान को चीन की मदद करने से रोकते भी थे। इसके बाद डॉ सेन दबे कुचले हुए एशियाई देशों और खासकर उनके नेता के रूप में उभर रहे भारत की ओर देखा। 1923 में डॉ सेन लिखते हैं- साम्राज्यवादियों के आतंक को खत्म करने के लिए दबे-कुचले हुए लोग एकजुट होकर खड़े हो जाएंगे और भारत एवं चीन एशिया के इन दबे-कुचले हुए लोगों का संयुक्त रूप से प्रतिनिधित्व करेगा। डॉ सेन स्वाभाविक रूप से स्वतंत्रकामी एशियाई लोगों एवं देशों में से भारत एवं चीन को संघ बनाकर काम करने के लिए प्रेरित कर रहे थे। हालांकि डॉ सन यात सेन ने जीवन भर क्रांतिकारियों एवं स्वतंत्रता संग्राम का नेतृत्व किया लेकिन कहीं न कहीं वे संपूर्ण रूप से चीनी जनमानस एवं एशियाई देशों को झकझोर पाने में सफल नहीं हो सके।

डॉ सेन जापान से चीन पहुंच चुके थे लेकिन उनकी एक नजर भारत के स्वतंत्रता संग्राम पर टिकी हुई थी। 1921 ई. में मोहनदास करमचंद गांधी के उभार एवं उनके नेतृत्व में भारतीय स्वतंत्रता संग्राम की नई लहर के बारे में डॉ सेन ने टिप्पणी की-भारत ने अंग्रजों के दमन को सहा है लेकिन उसका जमकर प्रतिकार भी किया है। आज भारत के क्रांतिकारी सिद्धांत को गांधी ने बदलकर रख दिया है और अंग्रेजों ने भारत के 600 लोगों को पकड़कर जेल में ठूंस दिया है। यह भली-भांति देखा जा सकता है कि भारत के लोगों में क्रांतिकारी भावनाएं उबाल मार रही हैं और लोग बड़ी संख्या में जेल जाने को तैयार हो रहे हैं। ऐसा प्रतिवाद जब किसी भी दमित-पददलित देश में शुरू होता है तो क्रांति की शुरूआत मानी जाती है। लगता ऐसा ही है कि अब भारत के लोग ब्रिटेन की साम्राज्यवादी सत्ता को भारत से समूल नष्ट करके ही दम लेंगे।

मृत्यु से पूर्व डॉ सेन ने चीनी क्रांतिकारी पार्टी को पुनः गठित किया और बाद में चीनी राष्ट्रवादी पार्टी या झोंगुआओ कोमिंगडांग या केएमटी की नींव रखीं जिसने

चीन के कुछ हिस्से को बाद में जाकर स्वतंत्र किया। क्रांति के प्रति समर्पित सिपाही डॉ सन यात सेन की कई कोशिशों के बावजूद भारत एवं चीन के बीच बीसवीं शती के प्रथम दो दशकों के दौरान कोई गठबंधन या संघ का निर्माण नहीं हो पाया तो इसमें ऐतिहासिक कारण तो थे ही आम जनों में एक स्वाभाविक सी नासमझी भरी दूरी भी थी। उनके एशियाई देशों की एकजुटता एवं भाईचारा तथा सामंजस्य के लिए किए गए प्रयासों एवं स्वप्नों पर तुषारापात हो गया क्योंकि उनकी दूरंदेशी का किसी ने उस समय अंदाजा नहीं लगाया होगा।

1925 में जब डॉ सन की मृत्यु हुई तो भारत के क्रांतिकारियों ने उनकी मृत्यु पर उनको कृतज्ञता से याद किया और अपनी श्रद्धा सुमन अर्पित की। भारतीय स्वतंत्रता संग्राम में डॉ सन यात सेन के किए गए योगदान को भारत कभी नहीं भूल पाएगा। डॉ सन यात सेन जैसे क्रांतिकारी एवं मित्र को भारतीय मित्र की तरफ से नमन।

गदर पार्टी का विश्वव्यापी अभियान में चीनी संपर्क की कहानी

गदर पार्टी का गठन 1913 ई. में लाला हरदयाल (1884-1939) और उनके साथियों ने अमेरिका में किया गया। गदर का अर्थ होता है विद्रोह। इस पार्टी का मुख्य उद्देश्य था भारत में क्रांतिकारी गतिविधियां चलाना और भारत से अंग्रेजी सत्ता को उखाड़ फेंकना। गदर पार्टी में हिन्दू मुस्लिम सिख सभी थे, लेकिन यह मुख्यत: सिखों द्वारा संचालित रहा। इस पार्टी का मुख्य आधार भारतीय आप्रवासी-मजदूर, लघु कारोबारी, सुरक्षा प्रहरी तथा ब्रिटिश सशस्त्र सेना के भारतीय सिपाही आदि थे।

भारत की स्वतंत्रता के लिए क्रांतिकारी भावनाओं को भड़काने के उद्देश्य से 'गदर' नामक समाचार पत्र का प्रकाशन शुरू किया गया और कई पर्चे लाखों की संख्या में छपवाकर बांटे गए, जिनमें से कुछ के नाम हैं- गदर की गूंज, ऐलान-ए-जंग, नया जमाना, ब्रिटिश रूल का बैलेंस शीट आदि। गदर पहले पहल नवम्बर 1913 में उर्दू में छपकर बाहर आया और दिसम्बर 1913 में गुरूमुखी में छापा गया। मई 1914 में इसे तीसरी भाषा गुजराती में छापा गया। इस समाचार-पत्र के उद्देश्य के बारे में लिखा गया कि इसे छापने का उद्देश्य भारत के लोगों की जनभावना में उबाल लाना होगा, जो ब्रिटिश सत्ता की दमनकारी नीतियों से आजिज आ चुकी है और इसे उखाड़ फेंकने के लिए जद्दोजहद कर रही है।

ये रिसाले और पर्चियां भारत के साथ-साथ विश्व के उन-उन भागों में भी भेजी गई जहां भारत के लोग और खासकर सिख लोग रहते थे। उल्लेखनीय है कि ब्रिटिश सेना में सिख सिपाही काफी संख्या में थे और हांगकांग, चीन के हानकोऊ, तिआनजिन, कैन्टन, शंघाई आदि जगहों पर तैनात थे। गदर पार्टी की आरंभिक

गतिविधियां शंघाई और हांगकांग में शुरू हुई और बाद में जाकर हानकोऊ, नानजिंग, तिआनजिन, कैन्टन तथा बीजिंग आदि जगहों पर फैल गई। विश्व के कई हिस्सों में गदर पार्टी की शाखाएं खुलने के बाद वहां पर संगठनात्मक काम शुरू किया गया, ताकि भारत के क्रांतिकारियों के साथ संपर्क बनाकर भारत में अंग्रेजों को उखाड़ फेंकने के लिए विद्रोह किया जा सके।

गदर पार्टी की शाखाओं की बैठक विश्व के कोने-कोने में होती रहती थी। जैसे लॉस एन्जिलिस, ऑक्सफोर्ड, विएना, वाशिंगटन, शंघाई आदि। 1914-15 ई के दौरान गदर पार्टी के हजारों-हजार कार्यकर्ता भारत में क्रांति की शुरूआत करने के लिए देश लौट आए और इसी प्रकार हजारों कार्यकर्ता विश्व भर में फैल गए। सोहन सिंह भाखना उस समय योकोहामा, जापान में थे। वे आनन-फानन में शंघाई गए और वहां पर डॉ मथरा सिंह और भाई गुज्जर सिंह भाखना आदि से मुलाकात की। गदर पार्टी की शंघाई में बहुत ही सशक्त ऑफिस थी। उनके आह्वान पर तीस से अधिक सदस्यों ने अपनी अपनी नौकरियां छोड़ दी और भारत जाने के लिए तैयार हो गए। उन लोगों को हांगकांग के रास्ते भारत भेजने के लिए जहाज पर रवाना किया गया।

इस बीच, आन्दोलन को और गति देने के लिए हेरंबलाल गुप्ता को भी चीन जाकर वहां के अधिकारियों से हथियार खरीदने के लिए कहा गया। चीन में उन्हें सहायता नहीं मिल पाई तो वे जापान गए और फिर जापान में अंग्रेजों को उनकी भनक लग गई और गिरफ्तारी से बचने के कारण उन्हें जापान छोड़ देना पड़ा। इसी प्रकार की अन्य गतिविधियां अन्य जगहों पर चलती रहीं और लोग गदर पार्टी के लिए चंदा जुटाते रहे और संगठित होते रहे।

लोगों को संगठित करने के लिए गदर पार्टी के स्वयंसेवक ब्रिटिश आर्मी के सिख सिपाहियों को उकसाने का काम कर रहे थे- 'आप अभी गोरों के लिए दूसरे देशों से लड़ते हैं, आप जाओ और अपनी मादरेवतन के लिए गोरों से लड़ो और अपने देश को आजाद करवाओ। क्यों नहीं आप लोग अपने देश की कमान अपने हाथों में ले लेते हैं। जागो और अपने आपको अंग्रेजों की गुलामी से मुक्त करो। आप चाहो तो एक पल में आप यूरोपियों को धूल चटा सकते हो। कब तक गुलाम रहोगे।'

इस प्रकार की अपीलों ने प्रवासी सिख समुदाय खासकर ब्रिटिश सेना के सिपाहियों पर गहरा असर किया। प्रथम विश्व युद्ध ने अपने दुश्मनों पर हमला करने का एक सुनहरा अवसर भारतीय क्रांतिकारियों को दे दिया। युद्ध छिड़ने के तुरंत बाद भारतीय प्रवासियों की बैठकें आयोजित होने लगी और देश को विदेशियों से आजाद कराने के लिए लोग जहाज पकड़कर देश वापस आने लगे।

इस दौरान कई प्रकार की योजनाओं के उपर गदर पार्टी के लोगों ने काम किया और अंजाम देने में लगे रहे। लाहौर के निकट मियां मीर में 15 नवम्बर, 1914 को सेना के हथियारों पर हमला करने की एक योजना बनी। दूसरी योजना माझा जत्था नाम से लाहौर कैंट के 23वीं कैवेलरी के विद्रोह के रूप में बनी और तारीख 26 नवम्बर 1914 तय किया गया। 30 नवम्बर को निधान सिंह और उनके साथियों ने फिरोजपुर में आर्मी मैगजीन पर हमला करने की योजना बनाई, लेकिन यह योजना परवान नहीं चढ़ पाई और बंगाल से कुछ साथी रास बिहारी बोस के नेतृत्व में आगे आए और 21 फरवरी 1915 को सशस्त्र विद्रोह करने की ठानी, लेकिन फिर किसी भेदिए ने राज फास कर दिया। तारीख बदल कर 19 फरवरी किया गया, लेकिन कई क्रांतिकारी पकड़े गए और कइयों को छिपकर निकल जाना पड़ा।

'सियाम-बर्मा योजना' के दौरान चीन के गदर क्रांतिकारियों ने चीन में काफी सक्रियता दिखाई। बर्मा पूरी तरह से अंग्रेजों के चंगुल में था, इसे पूरी तरह से मुक्त कराने की योजना बनाई गई, ताकि बर्मा पर अधिकार जमाकर वहां से भारत को मुक्त बनाने का आधार मिले। सियाम (थाइलैंड) में भारतीय क्रांतिकारियों को जर्मन सरकार की मदद से मिलिटरी प्रशिक्षण देकर बर्मा को अंग्रेजों से मुक्त कराने की योजना पर जोर शोर से काम शुरू हुआ। यह भी तय हुआ कि भारतीय क्रांतिकारी जर्मन सरकार से ऋण लेंगे और भारत की मुक्ति के बाद यह ऋण जर्मनी को चुका दिया जाएगा। इस क्रम में जर्मनी ने तुर्की के सुलतान को अंग्रेजों के खिलाफ पवित्र लड़ाई या जेहाद घोषित करने के लिए जोर दिया। विदेश में कार्यरत भारतीय सिपाहियों को 1915 के विद्रोह के लिए तैयार किया जाने लगा, ताकि बर्मा पर कब्जा करने के बाद अंग्रेजों पर अंतिम चोट मारा जा सके। हेरंबलाल गुप्ता एवं शिकागो के जर्मन राजदूत ने जर्मन सेना के पूर्व सिपाहियों को सियाम जाकर मिलिटरी प्रशिक्षण देने के लिए योजना बनाई। इस योजना की भनक भी अंग्रेजों को रंगून में दो लोगों की गिरफ्तारी से लग गई। और दूसरी तरफ सिंगापुर में बर्मा-सियाम जाकर मिलीटरी प्रशिक्षण देने वाले जर्मन सेना के तीन पूर्व सिपाही पकड़े गए।

शंघाई में गदर पार्टी अपना समाचार पत्र हिंद जगावा नाम से निकालने लगी और लोगों में क्रांतिकारी चेतना फैलाने में लगी रही। इस बीच पेकिंग में गदर आश्रम की स्थापना अक्तूबर 1926 में की गई। शंघाई में नींव मजबूत करके गदर पार्टी के लोग कैन्टन, होनकोऊ में भी सक्रिय हो गए। तिब्बत और काबुल में महेन्द्र प्रताप के नेतृत्व में गदर कार्यकर्ताओं ने आधार मजबूत कर लिया था। होनकोऊ में एक महत्त्वपूर्ण परिघटना में दशवन्धा सिंह ने 1927 में ओरियंटल ओप्रेस्ड पीपुल्स एसोसिएशन की स्थापना की। इस संस्था ने के एम टी सरकार से अच्छे संबंध विकसित किए और उनसे कई प्रकार की मदद प्राप्त की। केएमटी की सरकार से कहकर कुछ भारतीयों

को मिलिटरी प्रशिक्षण दिलाने की और एक प्रिंटिंग प्रेस लेकर गुरुमुखी में 'हिन्दुस्तान गदर ढिंढोरा' नामक अखबार निकालने की व्यवस्था करवाई। आप दोनों के बीच के संबंधों का अंदाजा इस बात से लगा सकते हैं कि शंघाई में ओरियंटल ओप्रेस्ड पीपुल्स एसोसिएशन का कार्यालय केएमटी मुख्यालय में था और उनका सक्रिय सहयोग इन्हें मिलता रहता था। गदर पार्टी ने प्रस्ताव किया कि केएमटी सरकार होनकोऊ में भारतीय सेना की एक टुकड़ी की स्थापना करे और भारत के संघर्ष से इसे जोड़ा जाए। होनकोऊ में गदर पार्टी की भावनाओं को प्रचारित प्रसारित करने के उद्देश्य से उन्होंने द्वैमासिक पत्रिका इन्डिया का प्रकाशन करना प्रारंभ किया।

इतिहास के पन्नों को पलटकर यदि हम देखें तो हम पाते हैं कि गदर पार्टी के आन्दोलन ने भारतीय स्वातंत्र्य संग्राम में अपना महत्त्वपूर्ण योगदान दिया है। साथ ही, चीन-भारत संबंधों को मजबूत करने में एक नया आयाम जोड़ा था। चीनियों पर जापानी हमला को निबटाते समय जवाहरलाल नेहरू ने भारतीय सैनिकों को चीन में अंग्रेजों का साथ देना बंद करने की अपील की। गदर पार्टी भी इसी बात की वकालत शुरूआत से करती रही थी। गदर पार्टी ने चीन के लोगों एवं चीन स्थित भारतीय लोगों को स्वतंत्रता की लड़ाई के लिए एकता बनाने में सर्वप्रथम प्रयास किया। गदर पार्टी ने अखबार, रिसालों के अलावा कोई लिखित दस्तावेज नहीं छोड़ा जिससे कि उनकी गतिविधियों का मुख्यत: अंदाजा बाद में हो सके। वे कर्तव्यपरायण और सेवाभावी लोग थे। भारतीय स्वतंत्रता इतिहास की तरह ही भारत-चीन संबंध में भी गदर पार्टी के नेताओं का योगदान अविस्मरणीय रहेगा।

जापान के खिलाफ संघर्ष की लड़ाई (1937-1945) तथा चीन को भारतीय समर्थन की कहानी

1905 ई. में रूस की भारी-भरकम सेना को धूल चटाते हुए रूसी आधिपत्य से मुक्ति के बाद जापान सैन्य बल के मामले में बहुत सशक्त होता चला गया। जापान ने विश्व राजनीति में आए बदलाव जैसेकि जर्मनी में नाजीवाद एवं इटली में फासीवाद के उभार, के बाद मंचूरिया को जीतते हुए अपने विस्तारवादी नीति पर अमल करना शुरू कर दिया। मंचूरिया को 1931 में जीतकर वहां लौटते हुए जापान ने 1932 में चीन के शंघाई पर हमला कर दिया।

हुआ यह था कि 18 सितम्बर, 1931 को उत्तर पूर्व चीन में स्थापित जापानी सेना ने चीन के शेनयांग के साथ-साथ जिलिन एवं हेइलोंगजियांग शहर पर भी बमबारी कर दी। इस बीच चियांग काई शेक के नेतृत्ववाली सरकार ने कम्यूनिस्ट आन्दोलनकारियों को मजा चखाने के लिए जापानियों से लड़ाई न लड़कर आंतरिक सिविल वार ठान दी और सेनापति झांग झुएलियांग और उनकी सैन्य टुकड़ी को

जापानियों से लड़ने के बजाए पीछे हटने के लिए कह दिया। फरवरी 1932 आते-आते पूरा का पूरा उत्तर-पूर्व चीन जापानियों की गिरफ्त में आ गया। इसी गुरूर में जापानियों ने 28 फरवरी 1932 की रात को शंघाई पर हमला कर दिया। शंघाई की रक्षा के लिए तैनात 19वीं रूट की सेना ने एक महीना तक जापानी सिपाहियों का जमकर लोहा लिया। पहली बार जापानियों को जान-माल का भारी नुकसान उठाना पड़ा। इस लड़ाई को शोंग हे लड़ाई अभियान के नाम से जाना जाता है। मार्च, 1932 में विश्व के कई देश फ्रांस, इटली, ब्रिटेन और अमेरिका ने युद्धविराम के प्रयास शुरू किए और 5 मई, 1932 को केएमटी सरकार के साथ जापान सरकार का युद्धविराम समझौते पर हस्ताक्षर हुआ।

चीन की चियांग काई शेक की कमजोर सरकार तथा अन्य घटनाक्रमों को ध्यान में रखते हुए चीन की कम्यूनिस्ट पार्टी ने जापानी हमले का जवाब देने के लिए एक संयुक्त मोर्चा बनाने की वकालत कर दी। इसके जवाब में चियांग काई शेक ने चीन की कम्यूनिस्ट पार्टी को पहले नेस्तनाबूत करने की पहल करने की बात कहकर आग में घी डालने का काम किया। इस बात को लेकर चीन में जनभावनाएं भड़क उठी और चीन की सरकार को कोसते हुए लाखों लोग चीन की कम्यूनिस्ट पार्टी को मन ही मन समर्थन देने लगे।

उधर चियांग काई शेक जापानियों से पहले कम्यूनिस्टों को निपटाने पर बल देने के क्रम में उत्तर पूर्वी सेना के मुखिया झांग झुएलियांग तथा उत्तर पश्चिम सेना के मुखिया यांग हुचेंग को संयुक्त रूप से कार्रवाई करने को कहा। चियांग काई शेक के दवाबों एवं आंतरिक कलह से त्रस्त आकर इन दोनों जनरलों ने चियांग काई सेक को झियान में दिसम्बर 1936 में नजरबंद बना लिया और उन्हें राष्ट्रवादी सेना के साथ मिलकर जापानियों के खिलाफ अनथक लड़ाई करने के लिए मजबूर कर दिया। जापानियों के खिलाफ इस लड़ाई में कम्यूनिस्टों ने भी बाद में जाकर चियांग विरोधी रवैये का त्याग कर जापान विरोधी रवैया अपना लिया। संयुक्त मोर्चा ने जापानियों का जमकर लोहा लिया और 1937 से आरंभ हुए इस लड़ाई का अंत जापान की हार के साथ द्वितीय विश्व युद्ध के खात्मे पर ही हुआ।

जापान के खिलाफ संघर्ष की लड़ाई के दौरान भारत ने चीन की जमकर मदद की। यह कोई पहली बार नहीं था कि भारत ने चीन की मदद की हो। सनद रहे कि भारत ने 1925 से 1927 के दौरान चीन को समर्थन नामक आन्दोलन का सूत्रपात किया था और इसे जवाहरलाल नेहरू का सक्रिय समर्थन प्राप्त था। न केवल नेहरू का बल्कि जापान के खिलाफ चीनी संघर्ष में कांग्रेस अध्यक्ष सुभाष चंद्र बोस, महात्मा गांधी एवं गुरूदेव रवीन्द्र नाथ टैगोर का समर्थन चीनियों के साथ था। जवाहरलाल नेहरू ने 1937 में अंग्रेजों द्वारा भारतीय सैनिकों की टुकड़ी को हांगकांग

रवाना करने की जमकर मुखालफत की और इस संबंध में कई लेख लिखे। लीग ऑफ नेशन्स का सदस्य होने के कारण जापान बहुत ही ज्यादा उग्र भूमिका निभा रहा था और चीन में कई प्रकार की कठपुतली राज्य जैसेकि मांझुगुवो की स्थापना की। लीग ने इसे अवैध ठहरा दिया, लेकिन इसके अलावा चीन के उपर उसकी ज्यादतियों के लिए किसी भी प्रकार का प्रतिबंध नहीं लगाया गया। नेहरू ने कई लेख लिखकर लीग ऑफ नेशन्स की जापान प्रेम की नीति पर जमकर प्रहार किया।

सुभाष चंद्र बोस ने डॉ तान युनशान के हाथों जून 1938 में चिट्ठी लिखकर चीनी नागरिकों को अपनी संवेदनाएं, प्रेम, सद्भाव एवं दोस्ती का पैगाम भेजा और सहानुभूति व विश्वास दोहराया। बोस चीन की जापान पर जीत के प्रति आश्वस्त थे और उनके संदेश के साथ महात्मा गांधी के संदेशों को भी चीनी लोगों तक पहुंचाया गया। चीन पर जापानी प्रहार के खिलाफ चीनी लोगों के साथ एकजुटता प्रदर्शित करने के लिए पहला चीन दिवस 26 सितम्बर, 1937 को को आयोजित किया गया। इस प्रकार के और भी चीन दिवस पटना, गुवाहाटी, इलाहाबाद, मुम्बई आदि जगहों पर आयोजित किए जाने लगे, ताकि अंग्रेजों के प्रति विद्रोह की भावना भड़काने के साथ-साथ चीन के लोगों के प्रति मित्रता का भाव प्रदर्शित होता रहे। यहां तक कि भारत में जापान की बनी सामग्रियों का बहिष्कार भी किया जाना शुरू हो गया। जापानी वस्तुओं का बहिष्कार को एक मनोवैज्ञानिक हथियार के रूप में जापान एवं अंग्रेजों के बरखिलाफ इस्तेमाल किया जाने लगा।

नवम्बर, 1937 में 8वीं रूट आर्मी के मुख्य सेनानायक झू डे (1886-1976) ने नेहरू को चिट्ठी लिखकर भारत द्वारा नैतिक समर्थन एवं सहयोग के लिए आभार जताया। झू डे उसी सेना के मुख्य कमांडर थे जिसने 8000 मील लंबी लौंग मार्च का नेतृत्व किया था और उनके साथियों में माओ त्से तुंग भी शामिल थे। इसमें जापानियों से लड़ने के लिए 30000 बहुत ही मजबूत इरादों वाले जांबाज रेड आर्मी सिपाही शामिल थे। इसी 8वीं रूट को बाद में 18वीं रूट आर्मी कहा गया। नेहरू ने झू डे की चिट्ठी का जिक्र इलाहाबाद में आयोजित चीन दिवस समारोह में 9 जनवरी 1938 को किया। इसी बीच एक बंगाली युवक मजुमदार का पत्र झिन्हुआ रिबाओ (न्यू चाइना डेली) नामक अखबार में छपा, जिसमें उस युवक के चीन जाकर अपने कांग्रेस अध्यक्ष के अनुशासित सिपाही के रूप में चीन के संघर्ष में हिस्सा लेने संबंधी इच्छा का जिक्र किया था।

पहले भी चीन के आन्दोलन को समर्थन देने के क्रम में कांग्रेस कई बार अपने चिकित्सा सेवा दल को चीन भेजने की कोशिश कर चुका था, लेकिन इस बार उसने इसे जीवन-मरण का प्रश्न बना लिया। कांग्रेस के 52वें सत्र में सुभाष चंद्र बोस की अध्यक्षता में इस विषय का प्रस्ताव पास हुआ कि चीन में एक मेडिकल मिशन भेजा

जाएगा और इसके लिए रूपये 32000 का संग्रह किया जाएगा। इसके लिए एक चिकित्सा दल का चयन किया गया जिसमें इलाहाबाद के डॉ अटल को इस दल का मुखिया बनाया गया। उनके साथ इस मिशन में शामिल होने वाले अन्य डॉक्टरों के नाम हैं- डॉ एम.चोलकर, नागपुर, डॉ देवेश मुखर्जी एवं डॉ बिजय बसु, दोनों कोलकाता, डॉ डी.एस.कोटनिस, शोलापुर।

यह चिकित्सा मिशन 1 सितम्बर, 1938 को मुम्बई से चला और 17 सितम्बर, 1938 को चीन की धरती पर इसने गुआंगडोंग (कैन्टन) में कदम रखा। 29 सितम्बर, 1938 को इसने कोमिंगतांग सरकार के वुहान स्थित मुख्यालय में रिपोर्ट किया। उल्लेखनीय है कि जापानियों के साथ संघर्ष के कारण कोमिंगतांग सरकार को अपनी राजधानी को उनकी पहुंच से दूर रखना होता था। इस चिकित्सा दल के साथ सैंकड़ों बक्से दवाइयों के साथ एक बुलेटप्रूफ एम्बुलेंस गाड़ी भी थी। उतरते ही डॉक्टरों ने 64 रेयर हॉस्पीटल में कार्य आरंभ कर दिया। वुहान डेली में उनके स्वागत में रिपोर्टें छापीं गई। वुहान डेली ने डॉ बसु का एक साक्षात्कार भी छापा, जिसमें डॉ बसु ने यह कहा था कि उनके आने से पूर्व महात्मा गांधी ने उनसे चीन जाकर लोगों की खूब सेवा करने के लिए कहा और चीन की सरकार को संदेशा देने के लिए कहा कि जब तक चीन जापान के साथ युद्धरत है भारत उसे सहायता देना जारी रखेगा।

डॉ बसु एवं डॉ चोलकर को 64 रेयर हॉस्पीटल में प्रभार सौंप दिया गया, जबकि डॉ अटल, डॉ कोटनिस और डॉ मुखर्जी को दूसरे हॉस्पीटल में भेज दिया गया। 30 सितम्बर, 1938 को चीनी कम्यूनिस्ट पार्टी के डोंग बिवू (1885-1975) और ये जियांगयिंग (1897-1986) आदि नेताओं ने मिलकर चिकित्सा मिशन के स्वागत करने के उद्देश्य से होटल सिचुआन में प्रीति भोज का आयोजन किया। पुनः 1 अक्तूबर, 1938 को सीसीपी एवं आठवीं रूट आर्मी ने वुहान के अपने कार्यालय में उनके सम्मान में भोज का आयोजन किया। पांचों भारतीय डॉक्टरों का स्वागत कॉमरेड माओ त्से तुंग और मुख्य सेना नायक झू डे ने अपने हाथों से किया। काई फेंग ने एक जोरदार स्वागत भाषण दिया। भारतीय दल की ओर से डॉ अटल ने संबोधित किया और कहा कि हमें केवल पांच न समझें, हमारे साथ पूरे देश की भावनाएं और सहयोग जापान के खिलाफ लड़ाई के दौरान आपके साथ जुड़ा रहेगा। इसके अगले दिन न्यू चाइना डेली के सभी स्टाफ ने भी चिकित्सा दल के सम्मानार्थ एक जोरदार भोज दिया।

अक्तूबर के अंत तक कोमिंगतांग सरकार ने वुहान और गुआंगझोउ को खाली कर दिया। चिकित्सा दल के डॉक्टरों ने पश्चिमी हुबेई राज्य के यिचांग शहर की ओर रूख किया और वहां जाकर नं. 1 मिलीटरी बेस हॉस्पीटल और 86, रेड क्रॉस हॉस्पीटल में जाकर सेवाएं प्रदान की। इस शहर पर बमबारी भी हुई और मिशन के

लोग चोंगक्विंग की ओर चले गए। लेकिन चोंगक्विंग में कोमिंगतांग सरकार ने उनके प्रति उपेक्षा का बरताव किया। अपने प्रति बरताव से क्षुब्ध होकर 14 फरवरी, 1939 ये लोग झियान से चलकर यानान शहर पहुंचे। वहां पहुंचने पर स्वयं माओ त्से तुंग ने उनका जोरदार स्वागत किया। इस दल के सभी सदस्यों के साथ माओ की व्यक्तिगत जान-पहचान हो गई थी। अपने स्वागत भाषण में वांग मिंग (1904-1974) ने कहा- ''हम अपने अंतर्राष्ट्रीय मित्रों, जो भारत से आए हैं, का स्वागत करते हैं। भारत के इस मेडिकल दल की मदद हमारे लिए बहुत ही अंतर्राष्ट्रीय महत्त्व का विषय है। यह इमदाद एक दमित-शोषित देश की तरफ से दूसरे दमित-शोषित देश को अनुपम उपहार से भी बढ़कर है।''

स्वास्थ्य कारणों से डॉ चोलकर एवं डॉ मुखर्जी क्रमशः मई एवं अगस्त 1939 में भारत लौट आए। इसके कुछ महीने बाद ही, डॉ अटल भी फरवरी, 1940 को भारत वापस आ गए। दिसम्बर, 1940 में डॉ मुखर्जी ने पुनः चीन वापसी की कोशिश की लेकिन वे अपनी दवा समेत रंगून में पकड़ लिए गए और अंग्रजों ने उनपर केस चलाया। अब केवल डॉ बसु एवं डॉ कोटनिस ही चीन में बचे रह गए। 13 अक्तूबर 1940 को माओ त्से तुंग ने एक तार भेजकर दोनों डॉक्टरों को वापस भारत जाने के लिए कहा। यह भी कहा कि कांग्रेस ने उन दोनों डॉक्टरों की चीन की सेवा अवधि पूरी होने की सूचना भेजी थी। डॉ बसु और डॉ कोटनिस ने यह कहते हुए कि चीन की पवित्र लड़ाई अभी भी जापानियों के खिलाफ जारी है और मुझे चीनी लोगों और उनके जुझारुपने से प्यार हो गया है तथा बीच रास्ते उनको मैं मरने के लिए नहीं छोड़ सकता, भारत लौटने से इन्कार कर दिया। उनके इस निर्णय ने डॉ कोटनिस को माओ त्से तुंग के एकदम से और नजदीक ला दिया।

डॉ बसु यानान प्रांत में रहे। डॉ कोटनिस चीन की युद्धरत व्यवस्था में बहुत गहरे तक पैठ चुके थे। इसलिए उन्हें शांगसी-कहर हेबेई मिलिटरी क्षेत्र के बेथुन अंतर्राष्ट्रीय शांति हॉस्पीटल का प्रमुख बना दिया गया। दिन भर थका देने वाले ऑपरेशन, ओपीडी से लेकर प्रशासनिक कामकाज आदि सभी कुछ देखने के बाद बेड के चादर तक बदलने का काम डॉ कोटनिस करते थे। इतना काम करने के बाद भी उन्हें अपने हाथों से खाना बनाना पड़ता था, चूंकि चेयरमैन माओ त्से तुंग भी यही करते थे।

जनवरी 1941 में जापान से लड़ने के बजाय कोमिंगतांग की सरकारी सेना ने घेरकर लाल सेना के न्यू फोर्थ आर्मी के 9000 सैनिकों को मौत के घाट उतार दिया। पूरे देश में उदासी छा गई। डॉ बसु और डॉ कोटनिस ने चेयरमैन माओ से मिलकर फिर से कहा कि हम वापस नहीं जाएंगे और यहीं रहकर सेवा करेंगे। डॉ कोटनिस का हृदय चीनी लोगों के हृदय से जुड़ चुका था। दिन-रात की थका देने वाली

मेडिकल ड्यूटी ने डॉ कोटनिस को कमजोर बना दिया और वे मिरगी के मरीज बन गए और इसी मिरगी ने उनकी 9 दिसम्बर 1942 को जान ले ली। चीन के लोगों ने उनकी तेरहवीं पर यह गीत गाकर उन्हें श्रद्धांजलि दी-

हे डॉ कोटनिस...
तुम आए हिन्द महासागर के गर्म किनारों से
उत्तरी चीन की सर्द हवाओं के थपेड़े सहने को
तुमने पांच शरद हमारे साथ बिताए
दुनिया की भविष्य के लिए
आह, एक लंबी रात के बाद
तुम्हारे जीवन का झरना सूख गया
हमारे प्यारे कॉमरेड कोटनिस
आपकी छवि हमेशा रहेगी साथ हमारे
आपकी स्मृति हमारे हृदय के अंतरतम में कैद रहेगी हमेशा के लिए।...

डॉ कोटनिस की याद में 30 दिसम्बर 1942 को यानान में आम जनों ने एक श्रद्धांजलि सभा का आयोजन किया। डॉ कोटनिस के साथ माओ के व्यक्तिगत मित्रतापूर्ण संबंध थे और माओ उनसे बहुत ही प्रभावित थे। माओ ने खुद अपनी हाथों से उनकी याद में एक स्मरण पत्र लिखा- "हमारे भारतीय मित्र डॉ कोटनिस सुदूर भारत से चीन हमारे संघर्ष में मदद करने के लिए आए थे। उन्होंने उत्तरी चीन और यानान में पांच वर्षों तक घायल सैनिकों की चिकित्सकीय सेवा की और वे लगातार काम में लगे रहे। उनके निरंतर काम में लगे रहने के कारण हुए कार्याधिक्य के कारण वे बीमार पड़ गए और हमसे बिछुड़ गए। लाल सेना ने अपना सबसे विश्वस्त डॉक्टर और देश ने अपना सबसे भरोसेमंद साथी को आज खो दिया। हमें सदैव उनकी विश्वबंधुत्व की भावना का याद रखना होगा।'' झू डे ने भी उनके स्मरण में भावनाएं व्यक्त की और उनकी याद में एक लंबा-सा लेख लिखा।

अप्रैल, 1943 में डॉ बसु भारत लौट गए। माओ ने अपनी लिखी चिट्ठी उनके हाथों से डॉ कोटनिस के घरवालों को भेजी और उनके भाई को देने के लिए कहा। उस चिट्ठी में माओ ने अपनी कृतज्ञता ज्ञापित की थी। माओ और झू डे ने भारतीय राष्ट्रीय कांग्रेस को भी एक पत्र लिखकर डॉ कोटनिस की मृत्यु पर दुख जताते हुए फासिस्ट विरोधी ताकतों के खिलाफ लड़ाई को जारी रखने की कसम दोहरायी और भारत के प्रति अपनी संवेदनाएं भेजी थी। झोउ एन लाइ और सोंग क्विंगलिंग ने भी अलग से डॉ कोटनिस के परिवार को चिट्ठी लिखकर दुख और अफसोस जताया।

डॉ कोटनिस का बलिदान रंग लाया और जापान की गिरफ्त से चीन 1945 को द्वितीय विश्व युद्ध की समाप्ति पर छूट गया।

संदर्भ

1. सेलेक्टेड वर्क्स ऑफ महात्मा गांधी, वॉल्यूम ट. सूचना एवं प्रसारण मंत्रलय, भारत सरकार, 1973।
2. पॉलिटिकल ट्रबुल इन इन्डिया (1907-17) जेम्स कैम्पबेल करे, ओरियंटल पब्लिशर्स, दिल्ली, 1973।
3. मिन बाओ, पीपुल्स ट्रिब्यून
4. द फ्री हिन्दुस्तान, सिएटल, जुलाई 1908।
5. एम.एन.रॉय स्मरण चित्र, एलाइड पब्लिशर्स, मुम्बई 1964।
6. सन यात सेन की जावनी, शान्ग मिन्गान।
7. इन्डियन रिवोल्यूशनरी एब्रॉड (1905-1922) ए.सी.बोस, भारती भवन, पटना।
8. लाला हरदयाल एवं उनके समय का क्रांतिकारी आन्दोलन, दिल्ली
9. द इन्डियन हिस्टोरिकल रिव्यू, दिल्ली 1986 में ए.सी.बोस का छपा लेख- जापान एवं भारतीय राष्ट्रवादी 1901-41
10. लाजपत राय जीवन एवं कृति- फिरोज चंद, नई दिल्ली 1978
11. गदर पार्टी के संस्थापक की जीवनी दृ सोहन सिंह जोश एवं बाबा सोहन सिंह भाखना पीपुल्स पब्लिशिंग हाउस, दिल्ली 1970
12. द रोल ऑफ गदर पार्टी इन द नेशनलिस्ट मूवमेंट दृ जी.एस.देओल, स्टर्लिंग पब्लिशर्स, दिल्ली 1969।
13. इन्डिया एण्ड कम्यूनिज्म 1933- एच. विलियमसन, भारत सरकार प्रेस, कोलकाता 1933
14. हिन्दुस्तान गदर पार्टी- सोहन सिंह जोश, पीपुल्स पब्लिशिंग हाउस, दिल्ली 1978
15. डॉकुमेन्ट्स ऑफ द कम्यूनिस्ट पार्टी ऑफ इन्डिया, जी. अधिकारी 1923-25
16. सेलेक्टेड वर्क्स ऑफ जवाहरलाल नेहरू, एस. गोपाल
17. इन्डिया एण्ड कम्यूनिज्म 1924-27- डेविड पेट्री, भारत सरकार प्रेस, कोलकाता 1972
18. चाइना इन्डिया एण्ड वार, तान युनशान
19. सेलेक्टेड वर्क्स ऑफ महात्मा गांधी, वॉल्यूम ट, सूचना एवं प्रसारण मंत्रालय, भारत सरकार, 1973।
20. गांधी एण्ड एनार्की दृ श्री शंकरन नायर, मद्रास 1923
21. इन्डिया टुडे दृ आर.पी.दत्त दृ बम्बई 1947
22. डोगफान्ग झाझी
21. ए हिस्टरी ऑफ इन्डिया- स्पीयर पर्सीवल, पेंगुइन बुक्स, दिल्ली 1990
22. एन ऑटोबायोग्राफी - जवाहरलाल नेहरू, ऑक्सपोर्ड यूनिवर्सिटी प्रेस, नई दिल्ली, 1996
23. आधुनिक भारत 1885-1947- सुमित सरकार, मैकमिलन इन्डिया लि., दिल्ली, 1983
24. द इन्डियन स्ट्रगल दृ सुभाष चंद्र बोस, बम्बई 1964
25. इन्डियाज स्टरगल फॉर इन्डिपेन्डेंस दृ बिपिन चंद्रा, पेंगुइन बुक्स, दिल्ली, 1989
26. चाइना इन्डिया एण्ड वार, तान युनशान
27. सेलेक्टेड वर्क्स ऑफ जवाहरलाल नेहरू, एस.गोपाल

28. कलेक्टेड वर्क्स ऑफ महात्मा गांधी, अहमदाबाद, 1973
29. इन्प्रेशन इन लाइफ, सुभाष चंद्र बोस, लाहौर, 1947
30. सेलेक्टेड स्पीच ऑफ सुभाष चंद्र बोस, नई दिल्ली, 1983
31. गांधी, अहमदाबाद, 1971
32. चाइना इन्डिया एण्ड वार, तान युनशान
33. द राइज ऑफ मडर्न चाइना- हशु इशी, ऑक्सफोर्ड यूनिवर्सिटी प्रेस, न्यू यार्क 1990

3

चीन में गांधीवादी आंदोलन की गूँज

मोहनदास करमचंद गांधी (सन् 1869 - सन् 1948), जिन्होंने स्वतंत्रता की लंबी लड़ाई में भारत का नेतृत्व किया था, भारतीय स्वतंत्रता आंदोलन के इतिहास की उपज थे। वह ऐसे क्रांतिकारी थे, जो इस बंदूक की नोक से आजादी नहीं प्राप्त करना चाहते थे, बल्कि वे इसे अपने अहिंसा, असहयोग और सत्याग्रह (सत्य का पालन) नामक हथियारों से हासिल करना चाहते थे क्योंकि उनका दृढ़ विश्वास था कि हिंसा निरर्थकता और नफरत की अभिव्यक्ति है। इसके अलावा, यह गांधी जी के दक्षिण अफ्रीका से वापस लौटने के बाद भारतीय वास्तविकताओं के प्रति उनके संयोजन का एक हिस्सा भी था। गांधी जी ने भारत के अतीत की पुनः खोज करने और उन सामाजिक बुराइयों का उन्मूलन करने का प्रयास किया, जो भारतीय समाज में बुरी तरह से फैली हुई थीं और जिसके लिए उन्होंने जनसाधारण से तत्काल अपील की। इसी कारण से, गांधी जी भारत की स्वतंत्रता की लड़ाई में जनसाधारण को एकजुट करने में सफल हुए। ''वह आम जनता के सभी वर्गों के लोगों को अनुसरण करने के लिए राजी कर सके क्योंकि वे उन्हें अच्छा हिंदू, महान आत्मा मानते थे। वह सभी वर्ग के लोगों को हिंदू धर्म स्वीकार करने के लिए राजी कर सके और कई लोग इसे उनकी आदिमवादी आदत मानते थे क्योंकि इससे उन्होंने आम जनता का दिल जीत लिया था।''[1] दूसरी तरफ वह हिंदू धर्मांध नहीं थे। जब उन्होंने हिंदू धर्म में भेदभाव देखा तो उन्होंने केवल अपने भाषणों या लेखों में ही नहीं बल्कि व्यवहार में भी उसकी आलोचना की। उदाहरण के तौर पर, उन्होंने अपना जनेऊ उतारकर फेंक दिया जब उन्होंने देखा कि चौथा वर्ण इस परंपरा से वंचित है। अन्य धर्मों के लोग भी गांधी जी को समान रूप से बहुत ज्यादा सम्मान देते थे।

यह गांधी जी का सत्य का अनुसरण ही था कि उन्होंने अपने अहिंसा और सत्याग्रह रूपी शक्तिशाली हथियार से ब्रिटिश पर आक्रमण करने के लिए अगुवाई

की जो कई आकारों और रूपों जैसे असहयोग और सविनय अवज्ञा के रूप में देखी गई। यह नई तरह की क्रांति थी। पूरा संसार बहुत ही उत्सुकता और दिलचस्पी से इसे देख रहा था। कवियों विशेष रूप से आदर्शवादियों और मानवतावादियों की कोई कमी नहीं थी जिन्होंने पूरे विश्व और भारत में गांधी का गुणगान किया। फिर भी उनकी उतनी ही आलोचना भी होती थी जो कभी-कभी शत्रुतापूर्ण हो जाती थी। उदाहरण के तौर पर, कुछ लोगों ने उनकी सफलता का "प्रतिक्रियावादी ताकतों की सफलता और भारत में प्रतिक्रियावादी नीतियों की विजय"[2] के रूप में वर्णन किया और उनके आंदोलन को "मध्यमवर्ग का शुभंकर"[3] बताया जिसने "जमींदारी और उद्योगवाद दोनों ताकतों" का बलिदान कर दिया। इसमें कोई भी संदेह नहीं है कि गांधीजी जटिल व्यक्तित्त्व वाले थे लेकिन वह जनसाधारण के बीच खड़े होते थे, उनकी भाषा बोलते थे और उनकी मानसिकता को समझते थे। गांधीजी की जनसाधारण के बीच यही पहचान थी जिसे उनके आलोचक नहीं समझते थे। जिससे वे उस समय भारतीय वास्तविकताओं तक गांधीजी की पहुँच का मूल्यांकन नहीं कर सके और अतः यह समझने में असफल रहे कि किस चीज ने लंदन से पढ़कर आए इस बैरिस्टर को भारतीय संत की जीवनशैली को अपनाने के लिए प्रेरित किया।

सन् 1919 से सत्य और अहिंसा की गांधीवादी धारणा के आधार पर आजादी की लड़ाई ने जोर पकड़ा। बीसवीं सदी के बीसवें और तीसवें दशक के दौरान हमारी आजादी की लड़ाई में जो दो बड़ी लहरें उठीं वह सन् 1920-22 का असहयोग आंदोलन और सन् 1930-34 का सविनय अवज्ञा आंदोलन था। भारत और विश्व के अन्य हिस्सों की तरह चीन में भी गांधीवादी आंदोलन पर बहस हुई जहाँ पर गुणगान और आलोचना दोनों तरह से इसकी गूँज सुनाई दी। अपनी निजी मान्यताओं की परवाह किए बिना वे सभी चीनी व्यक्ति जिन्होंने साम्राज्यवाद के विरुद्ध भारतीय देशभक्तों और आंदोलनकारियों से हाथ मिलाया था, उन्होंने महात्मा गांधी के नेतृत्व में भारतीय स्वंतत्रता आंदोलन की प्रगति में अपना सबसे ज्यादा ध्यान लगाया।

चीनी व्यक्तियों से गांधी का शुरूआती संपर्क

चीनी लोग गांधीजी के संपर्क में तभी से थे जब वह दक्षिण अफ्रीका में थे। हालांकि उनमें से अधिकांश मजदूर थे और उनका गांधीजी से ग्राहक और वकील का ही संबंध था। यद्यपि चीन में बहुत दिनों तक इनके नाम पर ध्यान नहीं दिया गया। केवल कुछ ही शिक्षित व्यक्ति और राष्ट्रवादी थे जो दक्षिण अफ्रीका में गांधीजी को ऐसे भारतीय के रूप में जानते थे जिसने चीनी मजदूरों के प्रति अपना लगाव दर्शाया था। सन यात सेन का करीबी सहयोगी झांग ताइयान, जिसने टोक्यो में भारतीय क्रांतिकारियों से हाथ मिलाया था, ने एक बार एक प्रवासी चीनी से पत्र प्राप्त किया

जिसमें "द होप ऑफ इंडियाज अपसर्ज" नामक एक लेख का उल्लेख था। झांग लिखता है: "जोहान्सबर्ग में रहने वाले हमारे स्वदेशवासियों ने टिप्पणी की है कि जब ब्रिटिश लोगों ने चीनी मजदूरों को पंजीकरण कराने का आदेश दिया तो कोई एक भारतीय वकील क्रुद्ध हो गया और चीनी मजदूरों से कहा कि यदि किसी भी स्थिति में कोई भी चीनी गिरफ्तार होता है तो यह मेरे लिए बहुत बड़े अपमान की बात होगी। आवश्यकता पड़ने पर मैं आप सभी लोगों से एक वकील के रूप में वादा करता हूँ कि मैं अपनी पूरी बुद्धिमानी और ऊर्जा एवं इच्छाशक्ति से आप लोगों को न्याय दिलाऊँगा एवं इसके लिए मैं आपसे कुछ भी नहीं लूँगा।"[4] चीनी लोगों ने इस व्यक्ति की भावना को भारत के पुनरुत्थान के रूप में देखा और भारत का इसके लिए अभिवादन किया। यद्यपि वे जानते थे कि यह व्यक्ति एक भारतीय वकील है लेकिन वे उसका गांधी नाम नहीं जानते थे।

गांधीजी ने भी अपने लेखों में कई स्थानों पर दक्षिणी अफ्रीका में चीनी व्यक्तियों के साथ अपने संपर्क के बारे में उल्लेख किया था। यहाँ पर इसके कुछ उदाहरण दिए जा रहे हैं। 19 दिसंबर 1907 को ट्रांसवाल में स्थित चीनी एसोसिएशन ने वहाँ पर एशियाई समुदाय द्वारा झेले गए संकट में गांधीजी द्वारा प्रदान की गई सेवाओं के लिए उन्हें धन्यवाद देने के लिए एक बैठक आयोजित की। इस बैठक में अन्य लोगों के अलावा लगभग 400 स्थायी चीनी निवासियों ने भाग लिया। इस चीनी एसोसिएशन के कार्यवाहक अध्यक्ष श्री जे.एल. वेंगसी ने इस बैठक की अध्यक्षता की।[5] 27 नवंबर, 1907 को उन्हें एक चीनी व्यक्ति चाउ क्वाई को सेवा प्रदान किए जाने की याद में आमंत्रित किया गया जिसने पंजीकरण के लिए प्रस्तुत होने में अपमान महसूस करते हुए आत्महत्या कर ली थी। गांधीजी को चीनी एसोसिएशन के अध्यक्ष श्री क्विन ने वहाँ एकत्रित होने वाले लोगों को संबोधित करने के लिए आमंत्रित किया था। गांधीजी ने स्वयं एशियाई अधिनियम के विरुद्ध लड़ाई में परामर्श देने की जिम्मेदारी ली। गांधी ने दक्षिणी अफ्रीका में चीनी मजदूरों की मदद भी की। जून 1942 में च्यांग काई शेक को भेजे गए एक पत्र में उन्होंने लिखा था: "बहुत समय पहले सन् 1905 से लेकर सन् 1913 तक जब मैं दक्षिण अफ्रीका में था तो मैं जोहान्सबर्ग में स्थित छोटी चीनी कालोनी के लगातार संपर्क में था। मैं उन्हें पहले ग्राहक के रूप में तथा बाद में सहयोगी के रूप में जाना। दक्षिण अफ्रीका में भारतीय निष्क्रिय प्रतिरोध संघर्ष में मैं मारीशस में भी उनके संपर्क में आया। उस समय मैंने उनकी मितव्ययिता, परिश्रम, कुशलता और आंतरिक एकता की प्रशंसा करना सीखा।"[6]

जैसे ही गांधीजी ने भारतीय राजनीति में प्रवेश किया वह तुरंत लोकप्रिय हो गए। उनकी स्वतंत्रता के आंदोलन में अपनाई गई तकनीकों ने भारत और विदेश के लोगों

को समान रूप से तुरंत आकर्षित किया क्योंकि ये केवल अलग ही नहीं थीं बल्कि भारतीय आंदोलन जैसे बड़े स्वतंत्रता आंदोलन में बेमिसाल भी थीं। चीन में भी गांधीवादी आंदोलन बहस का मुद्दा बन गया और इसे कई पत्रिकाओं और समाचारपत्रों में बहुत बड़ा कवरेज मिला।

चीन में असहयोग आंदोलन की गूँज

दक्षिण अफ्रीकी सरकार की जातिगत नीतियों के विरुद्ध सफलतापूर्वक सत्याग्रह शुरू करने के बाद गांधीजी जनवरी 1915 में भारत वापस आ गए। तभी से गांधी जी के नेतृत्व में भारतीय राष्ट्रीय आंदोलन ने एक नया आकार और नया मोड़ ले लिया। जब गांधीजी ने राष्ट्रीय आंदोलन का नेतृत्व सँभाला और विशेष रूप से सन् 1920-22 के असहयोग आंदोलन तथा सन् 1930-34 के सविनय अवज्ञा आंदोलन के दौरान चीनी लोग गांधी नाम से परिचित हुए। भारत और चीन दोनों के लिए दोनों तरफ सहयोगी के रूप में गतिविधियों पर नजर रखना स्वाभाविक था क्योंकि दोनों ही विशेष रूप से प्रथम विश्व युद्ध के बाद से एक ही समस्या से पीड़ित थे जब सहयोगी के रूप में लड़ाई करने के बावजूद भी उन्हें उनके वैध अधिकारों से दूर रखा गया था। भारत में ब्रिटिश ने उन्हें मायूस किया जब चर्चिल ने घोषणा की कि अटलांटिक चार्टर भारत में नहीं लागू होगा। इसी प्रकार, चीन में सहयोगी शक्तियों ने सफलतापूर्वक चीनी क्षेत्र के अंदर प्रभाव डालने का प्रयास किया। इस समस्या से ग्रस्त होते हुए इन दोनों के लिए दोनों तरफ से राष्ट्रीय विकास के बारे में गंभीरतापूर्वक विचार करने की आवश्यकता महसूस करना स्वाभाविक था।

चीनी मीडिया ने भारत की तरफ पूरा ध्यान लगाया और व्यापक रूप से विविध समाचारपत्रों और पत्रिकाओं में भारतीय स्वतंत्रता को कवर किया। डांगफैंग झाझी (ईस्टर्न मिसेलेनी) ने आगे बढ़कर गांधी और गांधीवादी आंदोलन को चीनी लोगों के समक्ष पेश किया। इसने व्यापक रूप से सन् 1920-22 के असहयोग आंदोलन और सन् 1931-34 के सविनय अवज्ञा आंदोलन को कवर किया। सन् 1920 से सन् 1926 तक इस पत्रिका में 20 लेख प्रकाशित किए गए। मोटे तौर पर, सन् 1905 से लेकर सन् 1948 तक ईस्टर्न मिसेलेनी ने भारतीय राष्ट्रीय आंदोलन के विभिन्न पहलुओं को कवर करते हुए 65 से ज्यादा लेख प्रकाशित किए। शुरूआत में इसने *गांधी- द लीडर ऑफ इंडियन नेशनल मूवमेंट* (यिंडू मिंजुयुंडोंग लिंगक्यू गांदी), *"वाट इज गांधीज्म?* (गांदीझुई शी शेम?), *बायोग्राफी ऑफ गांधी* (गांदी ल्यूझुआन), *इंडियन मूवमेंट फॉर सेल्फ-रूल* (यिंडू जिझीयूडोंग) आदि लेखों को प्रकाशित किया। इनमें से कुछ लेखों में उन्हें संत कहा गया है[7] जबकि अन्य लेखों में इन्हें 'भारत का टालस्टॉय'[8] और कई अन्य में इन्हें 'भारत का शासक'[9] आदि कहा गया

है। जबकि एक समकालीन समालोचक हुआ लू ने असहयोग और अहिंसा पर लिखा है कि 'बुरी ताकतों का विरोध करने और लुटेरों को समाप्त करने' के क्रांतिकारी कार्य को पूरा करने के लिए हिंसक क्रांति का सहारा लेने के बजाए गांधीजी द्वारा एक अन्य उदारवादी अहिंसात्मक उपाय का समर्थन किया गया है।[10] लेखक सन यात सेन के दृष्टिकोण से संतुष्ट हो गया जब उसने असहयोग और अहिंसा पर अपने विचार व्यक्त किए। जब सन यात सेन ने गांधीजी द्वारा शुरू किए गए असहयोग आंदोलन का समाचार सुना तो वह आनंदित और प्रेरित हुए। सन् 1921 में एक भाषण में उन्होंने उल्लेख किया: "भारत ने ब्रिटिश लोगों के अत्याचारों को सहा है। यद्यपि भारत के लोग नए क्रांतिकारी विचारों से ब्रिटिश का कड़ा विरोध कर रहे हैं फिर भी भारतीय लोगों की प्रगतिशील क्रांतिकारी भावना तब तक फलित नहीं होगी जब तक वहाँ पर ब्रिटिश शासन का अंत नहीं हो जाता है।"[11] जहाँ तक इस आंदोलन का संबंध है सेन चीनी लोगों को भारतीय रास्ते पर ले जाना चाहते थे। उन्होंने असहयोग को निष्क्रिय प्रतिरोध की विधि के रूप में माना और उल्लेख किया कि यह विदेशी शासन का विरोध करने की एक महत्त्वपूर्ण विधि है। उन्होंने उल्लेख किया, "यदि हम किसी भी देश में विरोध की बात करते हैं तो इसकी दो विधियाँ होती हैं। पहली विधि कट्टरपंथी विरोध की होती है जो राष्ट्रीय भावना को भड़का देती है और इसमें लोगों के लोकतांत्रिक अधिकारों और आजीविका की समस्याओं को सुलझाने के लिए विदेशी शासन से संघर्ष किया जाता है। दूसरी विधि निष्क्रिय विरोध होती है जिसमें असहयोग शामिल होता है। इस विधि में देश की राष्ट्रीय अखंडता कायम रहती है और राष्ट्र विनाश से बचा रहता है।"[12]

डा. सन यात-सेन ने असहयोग आंदोलन को बहुत ज्यादा पसंद किया और वह इस बात से सहमत थे कि यह आंदोलन साम्राज्यवादी अर्थव्यवस्था पर आक्षेप करेगा। हालाँकि वह स्वयं सशस्त्र आंदोलन के पक्षधर थे और उनको पक्का विश्वास था कि केवल सशस्त्र आंदोलन से ही विदेशी शासन को उखाड़ फेंका जा सकता है। इसे उन्होंने वास्तव में चीन की स्थिति के संदर्भ में कहा था क्योंकि चीन में भारत के असहयोग आंदोलन के दौरान सेनापति अपने प्रभाव वाले क्षेत्रों की लड़ाई में व्यस्त थे। अब चीन के लोगों ने समर्थन किया कि सेनापतियों के प्रकोप से त्रस्त चीन को गाँधीवादी विचार से कुछ सीखना चाहिए। गाँधीजी पर लिखते हुए एक समकालीन विद्वान फैन झोंगियन ने लिखा, "उनका (गाँधीजी) आविर्भाव बहुत ज्यादा दिलचस्प हो गया है क्योंकि वह आध्यात्मिक बल से भारत की मुक्ति की बात करते हैं। आज के संसार में लोगों का आध्यात्मिक सहज ज्ञान निरंकुश इच्छाओं के कारण समाप्त हो गया है। बिना कोई संदर्भ बनाए बेतहाशा जीवन को नष्ट करते हुए इस क्रांति को लाने की वकालत की गई है कि गाँधीजी का उत्थान हम चीनी लोगों के लिए बहुत

ही महत्त्वपूर्ण है जो वर्तमान में घरेलू के साथ ही विदेशी सेनापतियों के दमन की शिकार हैं।''[13] अतः चीन में कई लोग गाँधीजी के नेतृत्व में भारतीय स्वतंत्रता आंदोलन की सफलता के आकांक्षी थे। उन्हें ऐसे स्वतंत्र भारत की तलाश थी जो ''अपनी स्वतंत्रता के बाद चीनी क्रांति के लिए बहुत ज्यादा सहायक होगा। कम से कम वह चीन को नैतिक समर्थन देगा और चीनी लोगों के क्रांतिकारी उत्साह को मजबूत करेगा।''[14]

कुछ लेखों में प्रथम विश्व युद्ध के बाद ब्रिटिश नीतियों के विरुद्ध गाँधीजी के असहयोग आंदोलन की सफलता को विशेष स्थान दिया गया और यह इशारा किया गया कि ''त्रुटिपूर्ण ब्रिटिश नीति का परिणाम युद्ध के बाद निकलेगा।''[15] कुछ ने बताया कि असहयोग का विचार और गाँधीवादी सिद्धांत गाँधीजी के परिवार की पृष्ठभूमि, धर्म और पश्चिमी मानवतावाद का मिश्रण है। दूसरे ने टिप्पणी की, असहयोग ''आत्मसम्मान, अंतरात्मा के आधार पर स्थापित व्यावहारिक नीति उपाय है और समाज में लोगों के सामाजिक और आर्थिक फायदों पर आधारित है।" दूसरे समकालीन समीक्षक यु झी ने गाँधीवादी क्रांति को रूस की अक्टूबर क्रांति (1917) से तुलना की और यह टिप्पणी की कि यह क्रांति सामाजिक समस्याओं को सुलझाने के लिए रूस में ''केंद्रीकृत हिंसा" के प्रयोग से अलग है। वास्तव में ''पूर्वी और पश्चिमी समाज के सामाजिक परिवर्तन के विचार अलग हैं।''[16]

पान गोंझान के लेख में युद्ध के बाद की त्रुटिपूर्ण नीति उपायों को मोंटेग चेम्सफोर्ड सुधारों और कठोर रौलेट एक्ट को स्पष्ट रूप से इंगित किया गया है जो सरकार को किसी भी व्यक्ति को न्यायालय में बिना विचारे और बिना दोषसिद्धि के बंदी बनाने के लिए अधिकृत करता है। सन् 1919 का जलियाँवाला बाग नरसंहार इसी एक्ट का परिणाम था।

अपने एक लेख *"वाट इज गांधीज्म?* में हुआ लू ने गाँधीजी को 'संत' और ''भारतीय बुद्धिजीवियों का नेता" कहा था। उन्होंने लिखा था, ''यह गाँधीजी की सलाह पर ही हुआ है कि हजारों मुस्लिमों और हिन्दुओं ने अपने बैर भाव को भुलाकर सामंजस्य स्थापित किया है, और यह उनकी प्रेरणा से हुआ है कि भारतीय लोगों ने विदेशी कपड़ों को आग के हवाले कर दिया है तथा हाथ से बुने हुए खादी के कपड़ों को अपना लिया है।" उनका विचार था कि गाँधीजी ''अदृश्य क्रांति" का तूफान खड़ा करने में सक्षम थे।[17] "वाट इज गांधीज्म का उत्तर देते हुए इस लेख में बताया गया, ''साधारण शब्दों में, गाँधीवाद पूर्वी सभ्यता की अखंडता को प्रदर्शित करता है। गाँधीवादी विचारधारा टैगोर के जीवन के लिए प्रेम के समर्थन के समान है जिसकी जड़ें धर्म में समाहित हैं और उसने ज्यादा मौलिक रूप से आत्मा की शुद्धता और आदर्शवादी क्रांति का समर्थन किया है।''[18] लेखक आगे लिखता है, यह

आदर्शवादी क्रांति सत्याग्रह और अहिंसा के साधनों से अमल में लाई जाती है। उसने इस प्रचलन को 'अहिंसावाद' माना। टीकाकार आगे कहता है कि भारतीय लोगों के बीच आदर्शवादी क्रांति के विचार का प्रसार करना सफल कार्य था।

ब्रिटिश सरकार ने दमन का सहारा लेकर इसका जवाब दिया। इस क्रांति को दबा दिया गया और सन् 1921 के अंत तक गाँधी जी के अलावा सभी महत्त्वपूर्ण नेता जेल में थे। गाँधी ने इस बात पर बल दिया कि आंदोलन शांतिपूर्ण होना चाहिए। फरवरी 1922 में उत्तर प्रदेश के गोरखपुर जिले में स्थित चौरी-चौरा नामक स्थान पर क्रोधित किसानों ने 22 पुलिसवालों को जिंदा जला दिया। जैसे ही यह खबर गाँधीजी तक पहुँची, उन्होंने इस आंदोलन को 11 फरवरी को वापस ले लिया। गाँधीजी के शब्दों में इस निर्णय का कारण यह था, ''मैं हिंसा से बचना चाहता था। मैं हिंसा से बचना चाहता हूँ। अहिंसा मेरे विश्वास का पहला विषय है। यह मेरे संप्रदाय का अंतिम विषय भी है। लेकिन मुझे अपना विकल्प चुनना था। मैंने कभी भी ऐसी व्यवस्था की अधीनता स्वीकार नहीं की जिसने मेरे विचार से मेरे देश को अपूरणीय क्षति पहुँचाई है या मेरे लोग गुस्से से फूट पड़े हैं जब उन्होंने मेरे होंठों से सच्चाई को जाना।''[19] 10 मार्च, 1922 को उन्हें गिरफ्तार कर लिया गया और छह साल के लिए जेल भेज दिया गया। अत: असहयोग आंदोलन अचानक खत्म हो गया।

जब भारतीय स्वदेशवासियों ने शंघाई में गाँधीजी की गिरफ्तारी के बारे में सुना तो वे 6 अप्रैल को प्रार्थना के लिए एकत्र हुए और उनके जल्दी रिहा होने के लिए प्रार्थना की। भारतीय दुकानदारों ने उस दिन ''बंद" (सांकेतिक हड़ताल) का आयोजन कर रखा था। वे अपने हाथों में पर्चे लेकर आए थे और अपने सभी भारतीयों से ब्रिटिश के लिए कोई भी सेवा करने से स्वयं को अलग रखने और ब्रिटिश वाणिज्य दूतावास में अपने पंजीकरण की अवहेलना करने की सिफारिश कर रहे थे। उस दिन पुलिस ने गाँधी के दो अनुयायियों को गिरफ्तार किया और दूसरों के खिलाफ वारंट जारी किया। आधी रात में तीन भारतीय अंग्रेजी में लिखे दूसरे पर्चों के साथ बाहर निकले जिसमें अपने स्वदेशवासियों से ब्रिटिश का दास न बनने की सिफारिश की गई थी।[20] हैरत की बात यह है कि भारत में गाँधीजी के जेल जाने पर कहीं भी विरोध की लहर देखने को नहीं मिली।[21]

चीन में सविनय अवज्ञा आंदोलन की गूँज

सन् 1922 में गाँधीजी द्वारा असहयोग आंदोलन के वापस लेने के बाद खामोशी बनी रही और यह अंत में सन् 1927 में जाकर टूटी। ब्रिटिश सरकार ने यह सुझाव देने के लिए साइमन कमीशन नियुक्त किया कि सन् 1919 के एक्ट के बाद सरकार की व्यवस्था में कोई और सुधार किया जाना है या नहीं। इस कमीशन के सभी सदस्य

ब्रिटिश थे और सन् 1927 में मद्रास में आयोजित कांग्रेस के वार्षिक सत्र में इस कमीशन का बहिष्कार करने का निर्णय लिया गया। सन् 1929 में लाहौर सत्र के बाद भारतीय राष्ट्रीय स्वतंत्रता आंदोलन ने नए चरण में प्रवेश किया जब कांग्रेस ने पूर्ण स्वतंत्रता का संकल्प लिया। 26 जनवरी 1930 को पूरे भारत में सार्वजनिक रूप से स्वतंत्रता का संकल्प लिया गया और गाँधीजी के नेतृत्व में सविनय अवज्ञा शुरू किया गया, उसी समय 26 जनवरी की तिथि को स्वंतत्रता दिवस के रूप में घोषित किया गया। 12 मार्च, 1930 को गाँधी ने दांडी मार्च करके नमक कानून तोड़ा और सविनय अवज्ञा आंदोलन का सूत्रपात हुआ। यह नोट किया जाए कि अन्य राष्ट्रीय नेताओं जिसमें नेहरू शामिल थे, ने नमक कानून को तोड़ने और अपना नमक बनाने के लिए गाँधीजी के आमंत्रण पर संदेह किया। नेहरू ने कहा था, ''हम सांभ्रांत हैं और नमक के साथ राष्ट्रीय संघर्ष करने के लिए बिल्कुल भी फिट नहीं हैं।''[22] फिर भी दांडी मार्च के बाद लोगों की प्रतिक्रिया जबरदस्त थी और यह आंदोलन जंगल की आग की तरह फैल गया। यही समय था जब नेहरू और अन्य नेता गाँधीजी के आह्वान से प्रभावित हुए। नेहरू के शब्दों में, ''जब हमने लोगों के भरपूर उत्साह को देखा तथा जिस प्रकार से नमक बनाने की घटना जंगल में आग की तरह फैल गई, हम इस विधि के प्रभाव पर संदेह करने के लिए थोड़े शर्मिदा और लज्जित हैं जब इसे पहले गाँधीजी द्वारा प्रस्तावित किया गया था।''[23]

सन् 1928 में जब साइमन कमीशन भारत आया, चीनी लोगों ने भारत के प्रति अपनी संवेदना व्यक्त की और भारत को पूरा सहयोग दिया। गुओवेन झोऊबाओ (राष्ट्रीय दैनिक समाचार पत्र) ने लिखा, ''भारतीय लोगों का लक्ष्य पूर्ण स्वतंत्रता प्राप्त करना है। उनका साइमन कमीशन का बहिष्कार करने का यही कारण भी है। यदि ब्रिटिश अभी भी अपने तरीकों में सुधार नहीं करते हैं और अपनी अत्याचार और विश्वासघात की पारंपरिक नीति पर कायम रहते हैं तो वे केवल अपनी कब्र ही खोदेंगे।''[24] जब चीनी लोगों को गाँधी के नेतृत्व में शुरू किए गए ऐतिहासिक दांडी मार्च और सविनय अवज्ञा आंदोलन की शुरूआत की खबर मिली तो यह चीनी मीडिया में तुरंत गूँज उठी। ईस्टर्न मिसलेनी ने अकेले ही सविनय अवज्ञा आंदोलन पर 30 से भी ज्यादा लेख प्रकाशित किए। यू झी ने इंडियन रिवोल्यूशनरी थ्योरी नामक एक लेख में लिखा, ''इस समय का असहयोग आंदोलन (सविनय अवज्ञा आंदोलन) भी अहिंसा के सिद्धांतों का पालन कर रहा है लेकिन कानून और कर आदि के प्रति इसकी अवज्ञा से इसका प्रभाव स्वाभाविक रूप से जबरदस्त पड़ने वाला है। इतना ही नहीं, असहयोग आंदोलन की वापसी का प्रयोजन इसे जनता के बीच गहराई तक पहुँचाना है और (नरमपंथियों द्वारा शुरू किए गए) संवैधानिक आंदोलन की कमियों को सुधारना है।''[25] ब्रिटिश सरकार ने पिछले वर्षों की भाँति दमन का सहारा लिया।

सभी मुख्य नेताओं को कैद कर लिया गया जिसमें गाँधी और नेहरू भी शामिल थे। इस आंदोलन के एक साल के अंदर लगभग नब्बे हजार व्यक्तियों को कैद किया गया।

जब गाँधीजी की गिरफ्तारी का समाचार चीन पहुँचा तो चीनी लोगों को यह सुनकर झटका लगा तथा उन्हें बहुत दुख हुआ। उन्होंने इस कार्य के लिए ब्रिटिश सरकार की निंदा की। सुप्रसिद्ध राजनीतिक समीक्षक यू रेन ने अपने एक लेख में कहा, ''गाँधी महान हैं क्योंकि पूरा भारत राष्ट्र उनसे गहरा प्यार करता है और उनका बहुत ज्यादा सम्मान करता है, फिर भी ब्रिटिश ने उन्हें गिरफ्तार करने का दुस्साहस किया है। यह बिल्कुल स्पष्ट है कि ब्रिटिश सरकार गाँधीवादी क्रांतिकारी आंदोलन को रोकने के लिए सभी दमनात्मक साधनों को अपना रही है।''[26] इसके अतिरिक्त एक अन्य लेख में उसी लेखक ने कहा कि गाँधी को केवल प्रबुद्ध वर्ग और सामान्य लोगों की संवेदना ही नहीं प्राप्त है बल्कि उन्हें व्यापारी वर्ग का समर्थन भी प्राप्त है। यद्यपि ब्रिटिश का सामना करने के लिए विविध राजनीतिक पार्टियों द्वारा अपनाए गए उपाय भिन्न हैं, लेकिन उनका उद्देश्य एक है।[27] उन्होंने आगे टिप्पणी की कि ''पूरा भारत जाग गया है और इस क्रांति में कूद पड़ा है। इस समय महिलाओं का एक नया मुकाबला बल भी क्रांति में शामिल हुआ है। वे महत्त्वपूर्ण भूमिका निभा रही हैं और इस आंदोलन में बहुत ज्यादा योगदान दिया है। हम देख सकते हैं कि भारत राष्ट्र की जागृति दिल को छूने वाली है और साथ ही आत्मा को झकझोरने वाली कहानी है! यह भी स्पष्ट है कि इस क्रोधमिश्रित क्रांति की लहर बहुत दूर-दूर तक फैल रही है, जितना ही ज्यादा लोग इसमें शामिल हो रहे हैं उतना ही यह आक्रामक होती जा रही है। यह लहर कहीं पर भी टूट नहीं रही है जिसका बल अटल है। मुझे विश्वास है कि इस प्रकार की महान क्रांतिकारी भावना किसी भी सशस्त्र शक्ति से कभी भी नहीं दबेगी।''[28]

एक दूसरे प्रसिद्ध चीनी विद्वान प्रो. टैन युनशैन जिसने कलकत्ता में रवींद्रनाथ टैगोर के साथ साइनो-इंडियन कल्चरल सोसायटी की स्थापना की थी, ने चीनी मीडिया में भारतीय स्वतंत्रता आंदोलन का और ज्यादा सुस्पष्ट वर्णन किया क्योंकि वे स्वयं भारत में स्वतंत्रता आंदोलन के विकास के साक्षी थे। इस आंदोलन में महिलाओं की भागीदारी पर लिखते समय, उन्होंने लिखा, ''बूढ़े और जवान, महिलाएँ और पुरुष, लगभग सभी प्रतिभागी हैं। कई जगहों पर औरतें समूहों में शामिल हो गई हैं, नमक की दुकानों, विदेशी कपड़ों का निरीक्षण कर रही हैं और विदेशी कपड़ों की होली जला रही हैं।''[29] टैन ने देखा कि विशेष रूप से भारत जैसे पारंपरिक समाज में जहाँ पर औरतें दबी हुई हैं, ऐसे समाज में औरतें सभी बंधनों को तोड़ रही हैं और स्वतंत्रता के आंदोलन में कूद रही हैं, यह वास्तव में असाधारण परिवर्तन है।

यथाशीघ्र सन् 1931 में, वायसराय इरविन (1881-1959) द्वारा दूसरे गोलमेज सम्मेलन में भाग लेने के लिए कांग्रेस को राजी करने का प्रयास किया गया। गाँधी और इरविन के बीच एक समझौता हुआ जिसके अनुसार ब्रिटिश सरकार सभी राजनीतिक कैदियों को रिहा करने के लिए राजी हो गई जबकि सविनय अवज्ञा आंदोलन को निलंबित किया जाना था। इस समझौते को सितंबर 1931 में कांग्रेस के कराची सत्र में मंजूर किया गया और गाँधी सम्मेलन में भाग लेने के लिए लंदन रवाना हो गए लेकिन यह समझौता नहीं हो सका। गाँधी खाली हाथ लौट आए। यह आंदोलन फिर से जीवित हो उठा लेकिन अंत में मई 1933 को यह आधिकारिक रूप से समाप्त हो गया।

सविनय अवज्ञा आंदोलन की चीनी आलोचना

चीनी समाचार पत्रों और प्रत्रिकाओं में सविनय अवज्ञा आंदोलन की गूँज की तीन मुख्य प्रतिक्रियाएँ मानी जाती हैं। प्रथम, चीनी लोगों ने इस आंदोलन का समर्थन किया और इसके प्रति संवेदना व्यक्त की और गाँधी को उच्च सम्मान दिया तथा उन्हें भारत राष्ट्र का योद्धा माना। यू झी ने *गाँधी एंड द ट्रांसफारमेशन ऑफ इंडियन सोसायटी* नामक लेख में टिप्पणी की, ''यदि हम भारत में सामाजिक क्रांति की बात करते हैं तो हम शाक्यमुनि के बाद गाँधी से ज्यादा महान किसी भी व्यक्ति को नहीं पाते हैं।" इस लेखक ने इन दो श्रेष्ठ पुरुषों के बीच केवल यही अंतर बताया कि ''बौद्ध आंदोलन का शुरूआती हिस्सा धार्मिक मकसद था जबकि आज भारत में नए सामाजिक आंदोलन का निचोड़ राजनीतिक और आर्थिक है।''[30] लेखक ने इसे अनन्त जीवनी शक्ति और विचार से युक्त 'नया धर्म' कहा है, जिसका अंतिम उद्देश्य विदेशी शासन को उखाड़ फेंकना है।

दूसरे इस समय योगदानकर्ताओं ने भारतीय स्वतंत्रता आंदोलन के विकास और भावी संभावनाओं का सूक्ष्म रूप से अध्ययन और विश्लेषण किया। कुछ आलोचकों ने लिखा कि गाँधी ने केवल नमक कानून को ही मुद्दा क्यों बनाया? प्रो. टैन ने असहयोग आंदोलन का विश्लेषण करते समय टिप्पणी की, ''असहयोग आंदोलन कई पहलुओं को छूता है, वास्तव में एक ही प्रहार से सभी को कार्यान्वित करना बहुत ही मुश्किल है। औपनिवेशिक अधिकारियों द्वारा विनियमित कठोर और भारी नमक कर भारतीय लोगों के लिए अनकही पीड़ा लाया है। गाँधी का नमक बनाने तथा इसे स्वतंत्र रूप से बेचने के लिए लोगों का नेतृत्व करने और सरकारी नमक को न खरीदने की उनकी लोगों से अपील का उद्देश्य अधिकारियों के नमक कानून को तोड़ना और लोगों को लामबंद करना तथा उसका फायदा उठाना है। एक बार जब नमक कानून टूट जाएगा तो दूसरे नियम और एक्ट के साथ भी यही होगा। हकीकत

में नमक कर का भुगतान न करना और सरकारी आदेशों का उल्लंघन करना ही 'असहयोग आंदोलन' है।''[31]

टैन युन्शान और झैंग मिंगियांग के लेखों में सविनय अवज्ञा आंदोलन को दूसरे एशियाई देशों जैसे कोरिया, वियतनाम, फिलीपींस आदि के चल रहे राष्ट्रीय आंदोलनों से संबंध जोड़ा गया। उन्होंने ब्रिटेन में मैकडोनाल्ड की अध्यक्षता वाली लिबरल पार्टी के ढोंग की भी आलोचना की और टिप्पणी की कि ''सत्ता में आने से पहले लिबरल पार्टी ने परंपरावादियों की भारतीय नीति की आलोचना की और भारतीय स्वतंत्रता से सहमत होने के विचारों का प्रसार किया। लेकिन सत्ता में आने के बाद वे अपनी बात पर कायम नहीं रहे और अत्याचार की नीति से भारतीय लोगों को दबाना जारी रखा।''[32] जब गाँधी लंदन से खाली हाथ वापस लौट आए तो कुछ लेखकों ने कहा कि यह ''ब्रिटिश की जीत थी" और उन्होंने गाँधी की भारतीयों की क्रांतिकारी माँगों को एक तरफ धकेल देने की आलोचना की।[33]

अंत में चीनी मीडिया में सविनय अवज्ञा आंदोलन के प्रभाव से विशेष रूप से चीन में घरेलू राजनीति और सामान्य रूप से अंतर्राष्ट्रीय कम्युनिस्ट बच नहीं सका। असहयोग आंदोलन (1920-22) के दौरान चीन में कम्युनिस्टों और सन यात-सेन की अध्यक्षता वाली केएमटी ने यूनाइटेड नेशनल फ्रंट का गठन किया और सेनापतियों के विरुद्ध एक साथ मिलकर लड़ाई की। इसके विपरीत सविनय अवज्ञा आंदोलन (1931-34) के दौरान सीसीपी और केएमटी गृहयुद्ध में व्यस्त थे इसलिए चीन में प्रजातंत्रवादियों ने गाँधीजी को 'दक्षिणपंथी' कहा और उनकी अहिंसा की नीति की आलोचना की। उनके लिए भारत में कांग्रेस भारतीय पूँजीपति वर्ग का एक राजनीतिक संगठन था, जिसने जमींदारों तथा पूँजीपतियों के हितों का प्रतिनिधित्व किया। चीन में केएमटी को उसी वर्ग और उन्हीं हितों का प्रतिनिधित्व करने वाला माना गया। यद्यपि दोनों दल जनता की आजादी की बात करते थे लेकिन हकीकत में दोनों पूँजीपतियों के हितों का प्रतिनिधित्व करते थे। उन्होंने इस हद तक कहा कि दोनों दल साम्राज्यवादियों के हाथों की कठपुतली थे। कम्युनिस्ट इंटरनेशनल का भी यही विचार था। जनता को इन दलों का विरोध करने और उन्हें बेनकाब करने के लिए कहा गया।

प्रजातंत्रवादियों ने लिखा कि गाँधी ने ''जमींदारों और उद्योगपतियों" के हितों का प्रतिनिधित्व किया है, वह जो भी माँग कर रहे हैं वह भारत के लिए स्वराज्य है स्वतंत्रता नहीं! और वह ''इस लक्ष्य को राजनीतिक सुधार द्वारा प्राप्त करना चाहते हैं।" इसके विपरीत वह ''समाज में आर्थिक सुधार के लिए बहुत कम चिंतित हैं।" यह ठीक है क्योंकि इस प्रकार वह ''जनता के क्रांतिकारी आंदोलन के जोर पकड़ने

से डरते हैं।" यू झी ने भारतीय 'क्रांति' पर एक राजनीतिक समीक्षा में लिखा, "ब्रिटिश अपने इस्तेमाल के लिए इस प्रकार के 'समझौता तत्त्व' को खोज रहे थे; और यही एक कारण है जिससे भारतीय क्रांतिकारी आंदोलन को सभी पूर्ववर्ती वर्षों में विघ्न का सामना करना पड़ा।"[34] गाँधीवादी तकनीक ने भारतीय समाज के उत्थान के बारे में सोचा। उनका कार्यवाही कार्यक्रम 'सर्वोदय' प्रत्येक व्यक्ति के कल्याण के लिए गाँधी के प्रयासों के बारे में बहुत ज्यादा बताता है। इसके अतिरिक्त 'सर्वोदय' का आशय समाज का सर्वांगीण विकास है।

गाँधीवाद पर चीनी वाद-विवाद

असहयोग आंदोलन (1920-22) और सविनय अवज्ञा आंदोलन (1929-34) दोनों को एक ही नियति का सामना करना पड़ा। गाँधी ने पहले आंदोलन को चौरी-चौरा में हुई हिंसा के बाद वापस लिया था और दूसरे आंदोलन को गाँधी-इरविन संधि के मद्देनजर वापस लिया। ब्रिटिश द्वारा आंदोलन का दमन और गाँधी द्वारा जारी किए गए वापसी के आदेश ने विशेष रूप से उत्साहित राजनीतिक कार्यकर्ताओं के नैतिक पतन को बढ़ावा दिया। सुभाष चंद्र बोस ने लिखा: "जब जनता का जोश अपने उबाल पर था उस समय पीछे हटने का आदेश देना राष्ट्रीय आपदा से कम नहीं था। महात्मा गांधी के मुख्य सहयोगी, देशबंधु दास, पंडित मोतीलाल नेहरू और लाला लाजपत राय (ये सभी जेल में थे) ने लोकप्रिय असंतोष को साझा किया।"[35] कई लोगों का विचार था कि गाँधी आवश्यक नेतृत्व प्रदान करने में असफल हो गए हैं जबकि कुछ लोगों ने इस हद तक कह दिया कि गाँधी ने जनता के बीच बढ़ती हुई आक्रामकता को अपने नेतृत्व के लिए खतरे के रूप में देखा। वह डरते थे कि यह आंदोलन प्रजातंत्रवादियों के हाथों में जा सकता है। अत: जमींदारों और पूँजीपतियों के हितों की रक्षा के लिए, जिसके वे उत्पाद थे, उन्होंने आंदोलन को वापस ले लिया।

हाल के अध्ययनों से यह निश्चित रूप से कहा जा सकता है कि गाँधी सही थे। एक इसी प्रकार के अध्ययन से यह प्रकट होता है कि यदि गाँधी ने आंदोलन को वापस नहीं लिया होता तो लोगों के दमन और आंदोलन के दमन (जैसा सन् 1932 में हुआ) से इससे ज्यादा नैतिक पतन हुआ होता।[36] इस अध्ययन से इस तथ्य पर जोर पड़ता है कि चूँकि असहयोग आंदोलन ब्रिटिश के खिलाफ राष्ट्रव्यापी जनता का पहला प्रयास था, इस प्रारंभिक अवस्था में गंभीर पराजय से लंबी अवधि तक नैतिक पतन और निष्क्रियता को बढ़ावा मिलता। यद्यपि आंदोलन के निलंबन के लिए चौरी-चौरा की घटना को जिम्मेदार नहीं ठहराया जाना चाहिए। क्योंकि नेहरू ने यह तर्क प्रस्तुत किया था कि इस आंदोलन के दौरान सभी व्यवस्थाएँ और अनुशासन

गायब हो रहे थे। इसके अतिरिक्त अधिकांश नेता जेल में थे और जनता को स्वयं इसे जारी रखने के लिए अभी तक बहुत थोड़ा ही प्रशिक्षण मिला हुआ था। 1920-22 की अपेक्षा 1932 का "सविनय असहयोग आंदोलन ज्यादा शक्तिशाली और व्यवस्थित था जिसकी सन् 1921 और 1922 के आंदोलन में कमी थी और लोगों में बहुत कम उत्साह और जोश था।"[37]

चीन में भी वापसी के मद्देनजर गर्मागर्म बहस हुई। भारत में इससे 'परिवर्तकों' और 'गैर-परिवर्तकों' की उत्पत्ति को बढ़ावा मिला। परिवर्तकों जिसमें चित्तरंजन दास (1870-1925) और मोतीलाल नेहरू (1861-1931) शामिल थे, ने दावा किया कि राष्ट्रवादियों को विधान परिषद का बहिष्कार करने, उसके अंदर घुसने, उनके कार्यों में बाधा पहुँचाने, उनकी कमजोरियों का खुलासा करने और अतः जनता की राय को जानने के लिए उनका इस्तेमाल करने का कार्य खत्म करना चाहिए। गैर-परिवर्तकों जिसमें सरदार वल्लभ भाई पटेल (1875-1950), डा0 अंसारी (1880-1936), राजेंद्र प्रसाद (1894-1963) और अन्य व्यक्ति शामिल थे, परिषद में प्रवेश करने का विरोध किया और गाँधी द्वारा प्रस्तावित रचनात्मक कार्यक्रमों का अनुसरण करने का प्रस्ताव किया।

चीन में बहस मूलभूत प्रश्नों जैसे- क्या आंदोलन भारतीय स्थितियों के अनुसार शुरू किया गया? वापसी का क्या परिणाम होगा? क्या गाँधी और गाँधीवाद भारत को ब्रिटिश के घातक हमलों से बचा पाएगा? पर ज्यादा फोकस था। चीन में यूनाइटेड नेशनल फ्रंट का गठन सामंती सैनिकवादियों के खिलाफ किया गया था जो साम्राज्यवादियों के हाथों की कठपुतली थे। सीसीपी ने केएमटी से हाथ मिला लिया लेकिन उसे अपनी अलग संस्था का अस्तित्व बनाए रखने की मंजूरी मिल गई, अतः यदि भारत 'परिवर्तकों' और 'गैर-परिवर्तकों' की उत्पत्ति का साक्षी बना तो चीन ने राष्ट्रवादियों (सामान्य रूप से केएमटी के अनुयायी) और क्रांतिकारियों (कम्युनिस्ट) के बीच रस्साकशी देखी। यद्यपि गाँधी और गाँधीवाद पर राय में मतभेद था, फिर भी दोनों गुटों के अंदर भारतीय जनता के प्रति सभी संवेदनाएँ मौजूद थीं और वे भारत के स्वतंत्रता आंदोलन की सफलता चाहते थे। यह उचित था क्योंकि उन्होंने कहा था कि भारत का स्वतंत्रता आंदोलन ब्रिटिश उपनिवेशवादियों के दमन और शोषण के खिलाफ अगुवाई कर रहा था। इस प्रकार के दृष्टिकोण ताई लेई के लेख में परिलक्षित हुए हैं जिसमें वह कहता है: ''भारतीय मध्यम वर्ग पहले से ही जाग गया है और राष्ट्रीय आंदोलन का नेतृत्व सँभाल लिया है अतः उनका ऐतिहासिक लक्ष्य पूरा हो रहा है। भारतीय किसान और नए उभरते मजदूर वर्ग भी उस ब्रिटिश साम्राज्यवाद के खिलाफ उठ खड़े हुए हैं जिसके अधीन उन्होंने बहुत कुछ झेला है और जिसने भारतीय अर्थव्यवस्था के विकास में रुकावट डालने का प्रयत्न किया है। यही कारण

है कि हाल के वर्षों में तीव्र भारतीय राष्ट्रीय आंदोलन ने भारत में ब्रिटिश शासन की जड़ों को हिला दिया है।" गाँधी जी के इस आंदोलन की वापसी के संबंध में इस लेख में टिप्पणी की गई, ''जितना ही ब्रिटिश सरकार भारतीय पूँजीपतियों को रियायत देगी वह इन्हें उतना ही दबाएगी। लेकिन वर्तमान में वे अभी भी कमजोर हैं, अतः वे इन साम्राज्यवादियों के साथ शांति से रहने के अलावा कुछ नहीं कर सकते।''[38] जब गाँधी गोलमेज सम्मेलन से खाली हाथ वापस लौट आए तो उनकी असफलता को ''समझौता का कार्य" समझा गया। यद्यपि गाँधी के कुछ पक्के समर्थक थे जिनको अभी भी उनकी बुद्धिमानी और निर्णय पर भरोसा था। उन्होंने अपने विचार व्यक्त किए कि गाँधी के कार्य को 'समझौता' या 'आत्मसमर्पण' नहीं कहा जा सकता है। सांग हुआ ने लिखा, ''गाँधी का ब्रिटिश के प्रति रवैया हमेशा एक ही रहा। यह कहना उचित और सही नहीं है कि उन्होंने ब्रिटिश के आगे समर्पण कर दिया है।" उसने गाँधी के पक्ष में तर्क दिए और पूछाः ''पूरे संसार में लोग गाँधी का सबसे ज्यादा सम्मान क्यों करते हैं? क्योंकि उनके पास अपने महान नैतिक सिद्धांतों और अदम्य साहस से साम्राज्यवादियों से लड़ने और उनका विरोध करने की पुरोहित भावना है।''[39]

सर्वसम्मति का दूसरा मुद्दा गाँधीजी की भारतीय समाज के सभी वर्गों को विश्वास में लेने और उन्हें स्वतंत्रता आंदोलन में शामिल होने के लिए राजी करने की क्षमता था। वास्तव में पूरे स्वतंत्रता आंदोलन में यह गाँधी की सबसे बड़ी उपलब्धि थी। पान गोंझान ने एक लेख में कहा था, यद्यपि यह आंदोलन रक्तहीन क्रांति है लेकिन इसका बल बहुत विशाल है और इसने ब्रिटिश अधिकारियों को असहाय बना दिया है। उन्होंने इसका कारण बताया, ''वे लोग जो इस आंदोलन में कूदे हैं वे युवा और बूढ़े, पुरुष और महिला की अपेक्षा पूरे भारत के लोग हैं। उन्होंने ब्रिटिश शासन के खिलाफ एकता प्रदर्शित की है और अपने धार्मिक मतभेदों को मिटा दिया है। यद्यपि ब्रिटिश चालाक हैं, देखते हैं कि कैसे वे आने वाले दिनों में भारतीय परिस्थिति का निपटारा करेंगे।''[40] पान एकता का श्रेय भारतीय लोगों को देता है और ब्रिटिश के खिलाफ विशाल बल का श्रेय गाँधी को देता है, जिसके लिए उसने कहा कि उन्होंने आंदोलन को गति प्रदान की है अतः वह भारतीय राष्ट्रीय आंदोलन को नई ऊँचाइयों पर ले जा रहे हैं।

कुछ लेखकों ने गाँधी के आंदोलन वापस लेने के बाद भी उनके प्रति संवेदना व्यक्त किया और जन आंदोलन को शुरू करने का पूरा श्रेय उन्हीं को दिया। यू झी ने दूसरे लेख में गाँधी की उपलब्धियों को स्वागत किया। उसने टिप्पणी की, यद्यपि यह आंदोलन असफल रहा लेकिन इसने ''पूरे राष्ट्र को असहयोग और अहिंसा के सिद्धांत के मुताबिक चलने के लिए प्रेरित किया, इस उपलब्धि का श्रेय केवल

गाँधीजी को ही जाता है।" उसने आगे टिप्पणी की, ''असहयोग के सिद्धांत की जड़ें अब संपूर्ण भारतीय लोगों के दिमाग में मौजूद हैं। यह प्रश्न कि क्या ब्रिटिश भविष्य में भारत पर शासन करने और उसका फायदा उठाने में सक्षम होगा, वास्तव में संदेहास्पद हो गया है।''[41]

अंत में, कुछ समीक्षकों जिसमें हुआ लू, झांग मिंगयांग आदि शामिल थे, ने भारत, चीन, तुर्की आदि देशों में उपनिवेशवाद और साम्राज्यवाद के खिलाफ जारी कई स्वतंत्रता आंदोलनों की साम्राज्यवाद विरोधी प्रकृति के साथ संबंध जोड़ने का प्रयास किया। इन लेखकों ने बताया कि इन सभी देशों के प्रगतिशील बलों में निहित किसी भी आत्म अभिव्यक्ति के लिए सबसे ज्यादा मूलभूत जरूरत संघर्ष के साथ में पारस्परिक सहयोग और संवेदना प्रस्तुत करने के लिए एक साथ आने की है। वह यह भी देख सके कि ये उपनिवेशवादी और साम्राज्यवादी ताकतें आंदोलन को कुचलने के लिए सभी दमनकारी उपायों का प्रयोग करेंगी और यह टिप्पणी की कि इससे राष्ट्रवादी और क्रांतिकारी ताकतें कमजोर नहीं होंगी जो नेतृत्व के नियंत्रण में हैं। हुआलू ने लिखा, ''यदि यह आंदोलन (असहयोग) सफल होता है और भारत को ब्रिटिश के अत्याचार से स्वतंत्र करने में समर्थ होता है तो क्या यह एक नया तथ्य साबित नहीं होगा? दूसरे शब्दों में यह नया तथ्य क्रांति, बुरी ताकतों का प्रतिरोध और लुटेरों का विनाश है और इसका आवश्यक रूप से यह आशय नहीं है कि आपको हिंसात्मक साधनों का प्रयोग करना है।''[42]

यद्यपि लोगों ने गाँधी की उनके असहयोग और अहिंसा के लिए आलोचना भी की। कुछ समीक्षकों ने उन्हें नेतृत्व के गुणों से हीन धर्मनिष्ठ के रूप में देखा। गाँधी के आलोचक वू सोंग ने लिखा, ''इसमें कोई भी संदेह नहीं है कि गाँधी उच्च नैतिक सत्यनिष्ठा वाले पुरुष हैं और उनके विचार तर्कसंगत हैं; लेकिन वह पूर्ण रूप से धर्मनिष्ठ हैं और उनके अंदर राजनेता की क्षमता नहीं है।''[43] जब कांग्रेस में दो दल यानी 'स्वराजवादी' और 'अपरिवर्तक' उत्पन्न हुए तो उसी लेखक ने भारतीय लोगों की एकता के प्रति अपनी चिंता व्यक्त की और कहा कि इन दोनों दलों का रवैया बिल्कुल अशांत करने वाला है। संघर्ष और पारस्परिक आक्रमण की घटनाएँ हो रही हैं; इसके परिणामस्वरूप भारतीय राष्ट्रीय आंदोलन की ताकत कमजोर हो रही है। यदि यह जारी रहता है तो भारतीय राष्ट्रीय आंदोलन का भविष्य वास्तव में दूसरों को दुखी कर देगा।[44]

यदि राष्ट्रवादियों ने सत्याग्रह को ''आक्रमण के खिलाफ सबसे मजबूत और सबसे तेज हथियार" के रूप में घोषणा की; प्रजातंत्रवादियों ने इसकी ''साम्राज्यवादियों का विरोध करने के नकारात्मक उपाय" के रूप में निन्दा की। और कुछ ऐसे भी लोग थे जिन्होंने कहा, ''यह जनता के क्रांतिकारी आंदोलन को दबा देगा" और अन्य ने

टिप्पणी की कि "पूँजीपति कभी भी भारतीय राष्ट्रीय आंदोलन को विजय की तरफ नहीं ले जा सकते हैं।" डा0 सन यात-सेन गाँधीवादी भावना का "भारतीय लोगों की प्रगतिशील क्रांतिकारी भावना" के रूप में ब्रिटिश अत्याचार के खिलाफ पूरे भारत राष्ट्र को लामबंद करने तथा संगठित करने के लिए जोर देकर समर्थन किया। उन्होंने स्वतंत्रता आंदोलन के दौरान असहयोग द्वारा निभाई गई भूमिका की पुष्टि की लेकिन इसे "निष्क्रिय प्रतिरोध" के रूप में माना जो उनके अनुसार लोगों के लोकतांत्रिक अधिकारों और आजीविका की समस्याओं का समाधान नहीं कर सकता है। दूसरे शब्दों में, निष्क्रिय प्रतिरोध का सहारा लेने से स्वतंत्रता के लक्ष्य को प्राप्त करना असंभव था। अतः सेन ने कहा कि केवल सशस्त्र क्रांति ही विदेशी शासन को उखाड़ फेंक सकती है।

लेखक यू झी, जिसने गाँधी को शाक्यमुनि के बाद सबसे महान व्यक्ति के रूप में स्थापित किया, उसने लिखा कि गाँधीवादी आंदोलन ने अपने मूल भाव को खो दिया है। उसने अपने बचाव में दो तर्क प्रस्तुत किए। प्रथम, उसने कहा कि "गाँधीवादी धारणा के अनुसार असहयोग अहिंसात्मक होगा, लेकिन जब यह जन आंदोलन बन जाएगा तो इसे हिंसात्मक रूप धारण करने से रोकना बहुत ही मुश्किल होगा।" लेखक ने चौरी-चौरा की घटना का उदाहरण प्रस्तुत किया और "संपूर्ण शांतिपूर्ण असहयोग आंदोलन के कार्यान्वयन" पर संदेह व्यक्त किया। द्वितीय, उसने कहा कि कई वर्गों के अपनी भिन्न माँगों के साथ इस आंदोलन में शामिल होने से वर्ग के हितों के बीच टकराव की स्थिति को नकारा नहीं जा सकता। पूँजीपति इस आंदोलन में शामिल हुए हैं क्योंकि वे स्वतंत्र रूप से पूँजीवाद विकसित करना चाहते हैं, श्रमिक और किसान अपनी आजीविका की बेहतरी के लिए इसमें शामिल हुए हैं। जब श्रमिक हड़ताल पर चले जाएँगे और किसान करों में कटौती की माँग करेंगे तो इससे पूँजीपतियों और जमींदारों के हितों का अतिक्रमण होगा, जिसके परिणामस्वरूप असहयोग के दलों के बीच गतिरोध उत्पन्न होगा। अतः इस कार्यवाही के लिए सर्वसम्मति प्राप्त करना असंभव है।[45]

फिर भी कुछ अन्य समीक्षकों ने प्रस्थापित किया कि भारतीय नेताओं को राष्ट्रीय अंतरात्मा को जगाना और विश्व के अन्य उत्पीड़ित देशों के जारी आंदोलनों में भी शामिल होना जरूरी है। यह विचारधारा झांग मिंगयांग के लेख में भी परिलक्षित हुई है जब उसने भारतीय नेताओं के स्वैच्छिक कारावास की आलोचना की थी। झांग ने कहा, "क्रांतिकारी के अंदर जेल में जाने से न डरने की भावना होनी चाहिए, यद्यपि, इस समय, जब ऐसा करने की जरूरत नहीं है, क्रांतिकारी नेता को स्वयं को सलाखों के पीछे नहीं धकेलना चाहिए। अतः गाँधी और अन्य व्यक्तियों के कारावास से कुछ लोगों को संदेह है कि वे क्रांतिकारी मोर्चे से पीछे हट रहे हैं और जेल में अस्थायी

रूप से अलग रहने का प्रयास कर रहे हैं।" झांग ने तर्क प्रस्तुत किया कि यदि भारत वास्तव में अपनी क्रांति को सफल देखना चाहता है तो इसे ज्यादा साहस से ब्रिटिश लेबर सरकार के सशस्त्र अत्याचार का विरोध करना चाहिए। इसके अतिरिक्त, भारत को पूरे राष्ट्र की जागरूकता को लामबंद करना चाहिए और विश्व के कई कमजोर राष्ट्रों से हाथ मिलाना चाहिए और संयुक्त होकर लड़ाई लड़नी चाहिए और इस बीच अपनी स्वयं की क्रांतिकारी विधियों को सुधारना चाहिए।[46]

अत: यह अर्थ निकालना कि गाँधीवादी तकनीक भारत को स्वतंत्रता नहीं दिला पाएगी गलत साबित हुआ। गाँधी–इरविन संधि के मद्देनजर उसी लेखक ने लिखा कि सौहार्द्रपूर्ण ढंग से शांतिपूर्ण बातचीत करने से निश्चित रूप से कुछ निष्कर्ष निकलेगा लेकिन जैसा हम अब देख रहे हैं, ये परिणाम डोमिनियन स्थिति से ज्यादा कुछ नहीं हुआ। यद्यपि लेखक अपने दृष्टिकोण पर अडिग है कि "यदि कोई भारत की पूर्ण स्वतंत्रता के संबंध में सोचता है, तो मुझे डर है कि इसे प्राप्त करने का यह सही तरीका होगा"[47] दूसरे शब्दों में, भारतीय स्वतंत्रता आंदोलन तब तक सफल नहीं हो सकता जब तक भारत और ब्रिटेन के बीच सहयोग का अभिवादन नहीं किया जाता है और स्वतंत्रता को प्राप्त करने के लिए शांतिपूर्ण उपाय नहीं किए जाते हैं। अत: झांग ने सुझाव दिया कि यदि भारतीय लोग वास्तव में स्वतंत्र होना चाहते हैं तो उन्हें ताकत से ब्रिटिश साम्राज्यवाद के शासन को पूरी तरह से समाप्त कर देना चाहिए।[48]

सन यात–सेन, जो क्रांतिकारियों के शिविर में था, सशस्त्र क्रांति का कट्टर समर्थक था। उसके अहिंसा और सशस्त्र लड़ाई पर विचार समझने योग्य हैं। उसकी पृष्ठभूमि और चीनी समाज, जब उसने मंच के विरुद्ध सशस्त्र लड़ाई शुरू की, वह सफल नहीं हो सकता था यदि वह गाँधीवादी रास्ते पर चलता। इसके बजाए वह तातारों को अपना सिर दे चुका होता जो उसकी जिंदगी के दुश्मन बने हुए थे। इसके अतिरिक्त, बाद में भारत में असहयोग आंदोलन के दौरान उसे चीनी राष्ट्र को एकजुट करने के लिए सेनापतियों के खिलाफ ताकत का प्रयोग करना पड़ा। यद्यपि उसने असहयोग को शांतिवादी तकनीक कहा लेकिन दुहराया कि यह "आर्थिक रूप से साम्राज्यवाद पर आक्रमण" करेगा और राष्ट्र को विनाश से बचाएगा।[49] यद्यपि वे लोग जिन्होंने टिप्पणी की थी कि गाँधीवादी विचारधारा "जनता के क्रांतिकारी आंदोलन का गला घोंट देगी''। ये भारतीय वास्तविकताओं और भारत के राष्ट्रीय आंदोलन को नहीं समझते हैं। यह तभी संभव हुआ जब गाँधीजी ने स्वतंत्रता आंदोलन का नेतृत्व सँभाला तब इस आंदोलन ने गति पकड़ी और असली जन आंदोलन में बदल गया।

गाँधी और गाँधीवादी आंदोलन पर इन सभी मतभेदों के बावजूद, इस चीनी बहस की सबसे मुख्य विशेषता यह थी कि सभी लोग इस बात से सहमत थे कि यद्यपि

यह आंदोलन असफल रहा है लेकिन इसने पूरे भारत राष्ट्र की भावना को मजबूत और उजागर किया है। बाद में यह स्वतंत्रता आंदोलन बुद्धिजीवियों या पूँजीपतियों तक ही सीमित नहीं रहा। यह गाँवों में फैला और लोगों के अंदर आत्मविश्वास पैदा हुआ। दूसरा तथ्य, जिसकी पुष्टि की गई थी, जीवन के सभी क्षेत्रों के लोगों के बीच एकता थी जिसमें हिंदू और मुस्लिम शामिल थे। नेहरू के शब्दों में, "असहयोग आंदोलन असल में भारत के ब्रिटिश डोमिनियन के खिलाफ जोशीला विरोध था और इसका लक्ष्य शांतिपूर्वक ब्रिटिश सरकार से सभी समर्थन वापस लेना था। यह इस स्वीकृत धारणा पर आधारित था कि ब्रिटिश शासन भारतीय लोगों की बहुत बड़ी संख्या के सहयोग के बिना और उन्हें प्रताड़ित करके भारत में बना नहीं रह सकता है।" इस आंदोलन के असफल होने पर उन्होंने कहा, "असहयोग आंदोलन मरा नहीं है, और यह मर भी नहीं सकता है, यह भारत में ठहरने के लिए आया है।"[50] नेहरू ने शुद्ध रूप से कहा कि असहयोग आंदोलन सही योजना थी और कोई भी सरकार इसे सहन नहीं कर सकती है। यद्यपि उन्होंने स्वीकार किया कि इसके लिए आत्म-बलिदान और धैर्य की जबरदस्त आवश्यकता थी।

सविनय अवज्ञा आंदोलन की असफलता से समीक्षकों ने गाँधी और उनके विचारों की तीव्र आलोचना शुरू कर दी। उनमें से अधिकांश व्यक्तियों ने उनकी नैतिक सत्यनिष्ठा और आदर्श का अभिवादन करते हुए भी उनके नेतृत्व गुणों और जन आंदोलन के लिए उनके द्वारा अपनाई गई विधि पर संदेह व्यक्त किया। टैन युनशान ने टिप्पणी की, "इसमें कोई संदेह नहीं है कि भारतीय लोग गाँधी का समर्थन और अनुसरण करते हैं लेकिन उनकी क्रांतिकारी विधियों ने लोगों में इसका अनुसरण करने के लिए ज्यादा आकर्षण प्रदर्शित नहीं कर पाई है, कई लोग उनकी धार्मिक संत के रूप में पूजा करते हैं लेकिन उन्हें क्रांतिकारी राजनेता के रूप में स्वीकार करने से इनकार करते हैं।"[51] टैन युनशान हिंसात्मक साधनों का प्रयोग कर रहे व्यक्तिगत क्रांतिकारियों का उदाहरण प्रस्तुत करते हुए अपने तर्क की पुष्टि की। यद्यपि टैन युनशान जब व्यक्तिगत रूप से सन् 1928 में गाँधी से मिलने तो उनका गाँधी के प्रति पूरा दृष्टिकोण ही बदल गया। वह कुछ दिनों तक सेवाग्राम में गाँधीजी के पास ठहरे और यहाँ तक कि गाँधी के अनुरोध करने पर मांस खाना भी छोड़ दिया। गाँधी से मुलाकात से संबंधित अपने संस्मरण लेख के अंत में उन्होंने पूरे गाँधीवादी विचारधारा को तीन शब्दों यथा 'सच्चाई', 'प्यार' और 'शांति' में संक्षिप्त रूप से प्रस्तुत किया और असहयोग आंदोलन, अहिंसा और सविनय अवज्ञा आंदोलन का संबंध क्रमशः इन तीन शब्दों से जोड़ा। उनके अनुसार असहयोग आंदोलन की उत्पत्ति सच्चाई, अहिंसा की उत्पत्ति प्यार से तथा सविनय अवज्ञा की उत्पत्ति शांति से हुई है और अतः इन सभी आंदोलनों को 'सत्य आंदोलन' से जाना जाता है। उन्होंने केवल

यही नहीं कहा कि 'सत्य आंदोलन' भारतीय स्वतंत्रता प्राप्त करने का उपाय है बल्कि इसे उन्होंने महान क्रांतिकारी आंदोलन भी कहा जो पूरे विश्व को बचाएगा। उसकी राय में कई लोगों ने गाँधी के सत्य आंदोलन को गलत समझा। वे अहिंसा और असहयोग आंदोलन को गैर-प्रतिरोध आंदोलन और सविनय अवज्ञा आंदोलन को निष्क्रिय आंदोलन कहते रहे। उसके अनुसार यह बहुत बड़ी भूल थी। गाँधीवादी आंदोलन का समर्थन करते हुए उसने तर्क प्रस्तुत किया, "भले ही गैर-प्रतिरोध या निष्क्रिय आंदोलन विश्व में कहीं पर मौजूद रहा हो, लेकिन गाँधी के सत्य आंदोलन को गैर-प्रतिरोध या निष्क्रिय आंदोलन नहीं कहा जा सकता है। इसके विपरीत यह दृष्टिकोण में भयंकर प्रतिरोध और सबसे ज्यादा क्रांतिकारी आंदोलन है। सत्ता में रहना और अपने प्रतिरोध की विधि और कट्टरपंथी भिन्न चीजें हैं।"[52]

अंततः चीनी प्रेस में असहयोग आंदोलन और सविनय अवज्ञा आंदोलन की गूँज यह इशारा करती है कि चीनी लोग भारतीय राष्ट्रीय आंदोलनों और उसके विकास से अत्यंत महत्त्वपूर्ण रूप से जुड़े हुए थे। उन्हें भारतीय स्वतंत्रता आंदोलन के सफल होने की ईमानदारी से आशा थी और उनका दृढ़ विश्वास था कि जल्द ही भारतीय लोग ब्रिटिश शासन को अपनी जमीन से उखाड़ फेंकेंगे। गाँधी ने अपने असहयोग और अहिंसा के सिद्धांत या अपने 'क्रांतिकारी विचारों' से पूरे विश्व के लोगों को आकर्षित किया जैसा सन यात-सेन ने व्यक्त किया है। चीन में वह बुद्धिजीवियों के बीच गंभीर बहस और चर्चा का विषय बन गए जिन्होंने उनके सिद्धांत का समर्थन करते समय उनकी लड़ाई के दौरान अपनाई गई अजीब तकनीकों की आलोचना की। उन्होंने विशेष रूप से उस समय अपनी मनोव्यथा दर्शाई जब उन्होंने आम लोगों के बदले में कुछ मिले बिना और बिना फायदे के असहयोग आंदोलन और सविनय अवज्ञा आंदोलन को समाप्त कर दिया। यद्यपि जैसा पहले ही व्यक्त किया गया है इन दोनों आंदोलनों की प्रतिक्रिया में चीन में घरेलू स्थिति उस समय कुछ हद तक इनसे प्रभावित थी। सन् 1920-1922 के असहयोग आंदोलन के दौरान चीन में सन् 1920 में लेनिन के भाषण के मद्देनजर यूनाइटेड नेशनल फ्रंट का गठन हुआ। सन् 1920 में लेनिन ने कम्युनिस्ट इंटरनेशनल के दूसरे सम्मेलन में बोला कि औपनिवेशिक संसार में नवगठित कम्युनिस्ट दलों को शुरूआत में ज्यादा शक्तिशाली पूँजीपतिवर्ग के ऐसे राष्ट्रवादी दलों या समूहों के साथ मिलकर काम करना जरूरी है जिनका एक ही उद्देश्य राष्ट्रीय एकीकरण तथा विदेशी नियंत्रण और उत्पीड़न से स्वतंत्र होना है।[53] चूँकि भारत में कांग्रेस और चीन में केएमटी दोनों पूँजीपतियों के राष्ट्रवादी दल थे जो क्रमशः ब्रिटिश और सेनापतियों के खिलाफ अभियान का नेतृत्व कर रहे थे, असहयोग आंदोलन और गाँधी की असफलता की आलोचना ज्यादा तीव्र नहीं थी। सविनय अवज्ञा आंदोलन के दौरान चीन में गृह युद्ध शुरू हो गया। चियांग काई शेक

की अध्यक्षता में केएमटी ने सन् 1930-34 के बीच सीसीपी के खिलाफ 'घेराव और तबाही' के पाँच अभियान शुरू किए। उस समय के दौरान चीन में प्रजातंत्रवादियों और क्रांतिकारियों के दृष्टिकोण गाँधी तथा भारतीय राष्ट्रीय कांग्रेस से अलग थे। यद्यपि राष्ट्रवादियों और क्रांतिकारियों के बीच समान बात यह थी कि दोनों भारतीय स्वतंत्रता आंदोलन की सफलता के आकांक्षी थे। यह आश्चर्य की बात नहीं थी कि भारत में भी प्रजातंत्रवादियों और शांतिवादियों का उद्‌भव हुआ था।

फिर भी चाहे चीन में नरमपंथियों की मदद हो या प्रजातंत्रवादियों का आक्रमण हो, सभी स्वभाव से साम्राज्यवाद के विरोधी थे। नरमपंथियों ने गाँधी को समर्थन दिया और उनके अंदर गाँधी तथा गाँधीवादी आंदोलन की गहरी समझ विकसित होती प्रतीत हुई। उन्होंने अपने गुणों और नैतिक सत्यनिष्ठा को कन्फ्यूशियस तथा मेन्सियस से तुलना की। कुछ समर्थकों ने कन्फ्यूशियस क्लासिक्स का हवाला देते हुए कहा कि गाँधीजी के पास "ऐसा व्यक्तित्त्व है जिसे धन से शोषित नहीं किया जा सकता, गरीबी से अस्थिर नहीं किया जा सकता और ताकत तथा आतंक से नियंत्रित नहीं किया जा सकता, इस प्रकार का बड़े दिल वाले गाँधी का महान व्यक्तित्त्व है।"[54] वे अंत तक ब्रिटिश से लड़ने के अपने दृढ़ निश्चय के बारे में स्पष्ट थे। प्रजातंत्रवादियों ने साम्राज्यवाद के विरोध में दोनों आंदोलनों को देखा लेकिन उन्होंने गाँधीजी की आलोचना की जब उन्होंने इन आंदोलनों को वापस ले लिया। उन्होंने इसे अधीनता और दीनता के कृत्य के रूप में देखा। गाँधी प्रजातंत्रवादी दृष्टिकोण से आशंकित थे। बाद में ठीक तीन साल के बाद जब जापानियों ने चीन पर आक्रमण कर दिया, गाँधी ने चीनियों को भी अपने प्रतिरोध के हथियार का प्रयोग करने का सुझाव दिया। फिर भी वह जानते थे और जैसा उन्होंने 31 दिसंबर, 1935 और 1 जनवरी, 1939 को दो चीनियों के साथ विचार-विमर्श में टिप्पणी की थी कि "वे (चीनी) नई विधि (अहिंसा) को अपनाने के लिए तैयार नहीं होंगे और वे पुरानी विधि से अस्थिर रहेंगे। मेरा हस्तक्षेप उनके अंदर केवल डर पैदा करेगा तथा उनके दिमाग को भ्रमित कर देगा।"[55] यह गाँधी की भावना के लिए सत्य था क्योंकि उन्होंने कहा, "बिना विनम्रता के अहिंसा असंभव है" और वह बहुत ही स्पष्ट थे कि "चीन अचानक हथियारों को छोड़कर अहिंसा को अपना हथियार नहीं बना सकता है।"[56] यह नोट किया जाए कि गाँधी ने कभी भी जापान के खिलाफ चीनी लोगों की सशस्त्र लड़ाई की आलोचना नहीं की। उन्होंने केवल कहा कि यह सक्रिय अहिंसा की परीक्षा में असफल हो गया लेकिन यह भी कहा, "यह चीन की आलोचना नहीं है, मैं चीन को सफल होते देखना चाहता हूँ। स्वीकृत मानक के अनुसार उसका व्यवहार सख्ती से सही है।"[57] यद्यपि उनका दिल हमेशा चीनी लोगों के साथ था क्योंकि वह जानते थे कि उदारता से वे क्या गँवा बैठेंगे। सन् 1932 में जब जापान ने उत्तर-पूर्व चीन में आक्रमण किया

तो गाँधी ने कहा, "जहाँ तक जापान और चीन का सवाल है मेरी संवेदना चीन के साथ है।''[58] उन्होंने स्वतंत्रता प्राप्त करने के लिए चीनियों की जापान के साम्राज्यवादियों के खिलाफ लड़ाई का समर्थन और प्रशंसा की और जारी सशस्त्र लड़ाई में उनकी सफलता की कामना की। अत: उस समय दोनों तरफ से भिन्न मतों से पृथक पारस्परिक समर्थन और संवेदना वास्तव में निष्कपट थी और साम्राज्यवादियों के खिलाफ उनकी अग्रणी भूमिका थी।

संदर्भ

1. स्पीयर पर्सिवल, अ हिस्ट्री ऑफ इंडिया, अंक II, पेंग्विन बुक्स, दिल्ली, 1990, पृ. 200।
2. श्री शंकरन नैयर, गाँधी एंड अनार्ची, मद्रास, 1923, पृ. iii, iv।
3. आर.पी. दत्त, इंडिया टुडे, बाम्बे, 1947, पृ. 289।
4. झांग तैयान क्वांजी (झांग तैयान की संगष्टहीत रचना) अंक iv, शंघाई, 1980, पृ. 363।
5. कलेक्टेड वर्क्स ऑफ महात्मा गाँधी, (इसके बाद गाँधाी, सीडब्ल्यू), अंक 7, सूचना एवं प्रसारण प्रकाशन प्रभाग मंत्रालय, भारत सरकार, 1962, पृ. 471।
6. गाँधी, सीडब्ल्यू, अंक V, पृ. 254-55। सेलेक्टेड वर्क्स ऑफ जवाहरलाल नेहरू, अंक 12, पृ. 364-65 को भी देखें।
7. डांगफैंग जाझी (ईस्टर्न मिससेलेनी, इसके बाद डीजेड), अंक 19, सं0 1, पृ0 95।
8. डीजेड, अंक 19, सं0 10, पृ0 75।
9. डीजेड, अंक 19, सं0 1, पृ0 95।
10. हुआलू "फिक्सीटांग युंडोंग" (असहयोग आंदोलन), डीजेड, अंक 19, सं0 10, 1922, पृ0 60।
11. सन झौघशन क्वांजी (सन यात-सेन की संगृहीत रचना), अंक IV, झोंघुआ बुकशाप, शंघाई, 1985, पृ0 1।
12. पूर्वोक्त, अंक 9, पृ0 240।
13. फैन झोंगियन, "शेनझिआंग गांधी" (महात्मा गाँधी), मिंडुओ, अंक 5, सं0 4, 1924, पृ0 2।
14. वैग सेनरन, यिंडु जेमिंग्यू गान्दी (भारतीय क्रांति और गाँधी), बीपिंग कल्चर पब्लिशिंग हाउस, बीपिंग, 1930, पृ0 11।
15. पैन गोंझन, "यिंडु डुली युंडोंगझी जिपोउ" (भारतीय स्वतंत्रा आंदोलन का विश्लेषण) डीजेड, अंक 19, सं0 14, 1922, पृ0 65-66।
16. यूझी, ''गंडीप्यू यिंडुशेशुई गैजाओ" (गाँधी और भारतीय समाज का परिवर्तन), इन, डीजेड, अंक 19, सं0 10, 1922, पृ0 78।
17. हुआलु, "गांदीझुयी शी शेन्मे", (गांधीवाद क्या है?), इन डीजेड, अंक 19, सं0 1, 1922, पृ0 95।

18. पूर्वोक्त
19. गांधी, सीडब्ल्यू, अंक 23, पृ0 114।
20. वांग सेनरन, रचना उद्धरण, पृ0 327-28।
21. सुमित सरकार, माडर्न इंडिया 1885-1947, मैकमिलन इंडिया लि0, दिल्ली, 1983, पृ0 226।
22. जवाहरलाल नेहरू ऐन आटोबायोग्रफी, आक्सफोर्ड यूनिवर्सिटी प्रेस, नई दिल्ली, 1996, पृ0 210।
23. पूर्वोक्त, पृ0 213।
24. सेंग बिंगजुन, "यिंडु वेंटिझी नियोकान", इन गुवोवेन झौबाओ (राष्ट्रीय साप्ताहिक समाचार पत्र), अंक 5, सं0 9, 1928, पृ0 4।
25. यूझी, "यिंडु जेमिंग्लुन" (भारतीय क्रांतिकारी सिद्धांत), इन डीजेड, अंक 28, सं. 3, 1931, पृ0 38।
26. यू रेन, "बैझेबुरौड यिंडु युंडोंग" (अटल भारतीय आंदोलन), इन डीजेड, अंक 27, सं0 8, 1930, पृ0 3।
27. पूर्वोक्त, पृ0 5।
28. पूर्वोक्त, अंक 27, सं0 8, 1930, पृ0 6।
29. टैन युनशान, "यिंडु डुली युंडोंग्झी जींजु" (भारतीय राष्ट्रीय स्वतंत्रता आंदोलन में वर्तमान विकास), इन डीजेड, अंक 26, सं0 13, 1930, पृ0 29
30. यू झी, "गांदीयु यिंडुशेहुडे गैजाओ", रचना उद्धरण, पृ0 75।
31. टैन युनशान, "यिंडु डुली युंडोंगझी जींजु" रचना उद्धरण, पृ0 26।
32. झांग मिंगयांग, "यिंडु डुलीयुंडोंगझी शीजे झानवांग" (भारतीय स्वतंत्रता आंदोलन के लिए विश्व का भविष्य विचारण) इन डीजेड, अंक 27, सं0 17, 1930, पृ0 11।
33. झांग मिंगयांग, "यिंग-यिन जिडिंगे चेंगली" (इंडो-ब्रिटिश शांति समझौता पर हस्ताक्षर) इन डीजेड, अंक 28, सं0 4, 1931, पृ0 3।
34. यू झी, "यिंडु जेमिंग्लुन", रचना उद्धरण, पृ0 40।
35. सुभाष चंद्र बोस, द इंडियन स्ट्रगल, बाम्बे, 1964, पृ0 73।
36. बिपिन चंद्र (संपादित) इंडियाज स्ट्रगल फॉर इंडिपेंडेंस, पेंग्विन बुक्स, दिल्ली, 1989, पृ0 193।
37. जवाहरलाल नेहरू ऐन आटोबायोग्राफी, रचना उद्धरण, पृ0 85-86।
38. ताई लेई, ''जिंडई यिंदु गैकुआंग" (भारत में वर्तमान विकास) इन क्विअनफेंग (द पायनियर), सं0 1, 1923, पृ0 193।
39. सोंघुआ, "गांधी यिंग्विन युआंझुओहुईयी" (इंडो-एंग्लो गोल मेज सम्मेलन में गांधी की भागीदारी), इन डीजेड, अंक 28, सं0 22, 1932, पृ0 11।
40. पान गोंझन, "यिंडु डुली युंडौग्झी पाओजी", रचना उद्धरण, पृ0 69।
41. युझी, "गांदीयु यिंडु शेहुई गैजाओ", रचना उद्धरण, पृ0 74।
42. हुआ लु, "फिक्सीटांग युंडोंग", रचना उद्धरण, पृ0 60।

43. वु सोंग, "यिंडु गुओमिन युंडोंग्डे जिआंशी" (भारतीय राष्ट्रीय आंदोलन की वर्तमान स्थिति), इन डीजेड, अंक 21, सं0 17, 1924, पृ0 18।
44. पूर्वोक्त, पृ0 18।
45. यूझी, "यिंडु जेमिंग्लुन", रचना उद्धरण, पृ0 34।
46. झांग मिंगयांग, "यिंडु डुलीयुंडोंग्झी शीजे झांगवांग", रचना उद्धरण, पृ0 12-13।
47. झांग मिंगयांग, गान-ओउ जिडींघुऔडे यिंग-यिन गुआंक्सी (गांधी-इरविन संधि के बाद इंडो-ब्रिटिश संबंधा), इन डीजेड, अंक 38, सं0 27, पृ0 3।
48. झांग मिंगयांग, "यिंग्विन युआंझुओहुई यु यिंडु डुलीयुंडोंग्डे जिआंग्लाई" (गोल मेज सम्मेलन एवं भारतीय राष्ट्रीय आंदोलन का भविष्य), इन डीजेड, अंक 29, सं0 2, पृ0 220।
49. सन झोंग्शन क्वांजी, रचना उद्धरण, अंक 9, पृ0 240।
50. एस0 गोपाल (संपादित) सेलेक्टेड वर्क्स ऑफ जवाहरलाल नेहरू, अंक 2, पृ0 265-266।
51. टैन युनशान, "यिंडु डुलीयुंडोंग्झी जींजु", रचना उद्धरण, पृ0 30।
52. टैन युनशान, "गांदी फैंगवेंजी" (गाँधी जी से भेंट का संस्मरण) इन डीजेड, अंक 29, सं0 5, पृ0 46।
53.
54.
55.
56.
57.
58.

4

ऐतिहासिक पृष्ठभूमि (1947–1962)

एशिया के दो विशाल राष्ट्र भारत और चीन पुरानी महान सभ्यताओं के उत्तराधिकारी हैं और एक दूसरे के पड़ोसी भी हैं। यद्यपि भारत-चीन संबंध दुतरफा है लेकिन यह संयुक्त है तथा क्षेत्रीय और विश्व समायोजन के बाहरी कारकों द्वारा उसे आकार प्रदान किया गया है।[1] यद्यपि दोनों देशों ने सामान्य रूप से सन् 1947 और 1949 के बीच राष्ट्र के निर्माण की प्रक्रिया शुरू की थी लेकिन उनके विकास और राजनीतिक व्यवस्था के माडल एक समान नहीं थे। जिस समय भारत ने संसदीय लोकतंत्र, मिश्रित अर्थव्यवस्था और गैर-गठबंधन के रास्ते का अनुसरण किया; उसी समय चीन ने साम्यवाद के एकदलीय शासन, राज्य द्वारा नियंत्रित अर्थव्यवस्था को अपनाया तथा वह सोवियत संघ के कम्युनिस्ट खेमे में शामिल हो गया। फिर भी विभिन्न राजनीतिक व्यवस्थाएँ साम्राज्यवादी विरोधी और अखिल एशियाई भावना के युग में भारत और चीन के बीच संबंध के फलने-फूलने का उपाय नहीं कर पाई।

सन् 1947 में जब भारत आजाद हुआ तो चीन में राष्ट्रवादी कुओमिनटांग (केएमटी) की सरकार थी। भारत ने सन् 1948 में चीन के साथ राजनयिक संबंध स्थापित किया और अपने पहले राजदूत के रूप में के0 एम0 पणिक्कर को चीन भेजा। कम्युनिस्टों के हाथों कुओमिनटांग सरकार की सैन्य कार्यवाही में हार के बाद 1 अक्टूबर, 1949 को चीनी जनवादी प्रजातंत्र (People's Republic of China) की स्थापना हुई। उसके बाद जल्द ही भारत सरकार ने 30 दिसंबर, 1949 को इसे सरकारी मान्यता प्रदान की।[2] जिससे भारत चीनी जनवादी प्रजातंत्र को मान्यता प्रदान करने वाला पहला गैर-कम्युनिस्ट देश बन गया। दूसरी तरफ चीनी कम्युनिस्ट भारत की गैर-गठबंधनकारी या गुटनिरपेक्ष नीति से खुश नहीं थे। माओत्से तुंग ने खुले तौर पर कहा कि पूरे संसार में या तो लोग साम्राज्यवाद के पक्षधर हैं या साम्राज्यवाद के विरोधी और कोई भी तीसरा पक्ष मौजूद नहीं है। उसने कहा, "हम तीसरे पक्ष के बारे

में भ्रम का विरोध करते हैं''।[3] इस अवधि के दौरान चीनी इस तथ्य को नजरअंदाज करते रहे कि भारत एक स्वतंत्र देश है और उन्होंने नेहरू को एंग्लो-अमेरिकी साम्राज्यवाद का ठेकेदार कहा। प्रधानमंत्री जवाहरलाल नेहरू ने अपनी तरफ से लगातार भारतीय स्वतंत्रता और चीनी क्रांति को उभरता हुआ एशियाई राष्ट्रवाद के रूप में देखा। संसद में एक बहुधा उद्धृत बयान में नेहरू ने चीन की भावी संसार में तीसरी महाशक्ति के रूप में कल्पना की थी लेकिन यह भी तेजी से जोड़ा कि भारत का चौथी महाशक्ति बनना निश्चित है।[4] वे जानते थे कि नए एशिया में चीन और भारत का महत्त्वपूर्ण और शायद प्रतिस्पर्द्धात्मक नेतृत्व की भूमिकाएँ निभाना निश्चित था। लेकिन भारत की चीन नीति के निर्माता, नेहरू दोनों उभरते हुए एशियाई महान राष्ट्रों को एक दूसरे के साथ मित्रवत व्यवहार करते हुए देखना चाहते थे। परिणामस्वरूप भारत का कोरिया में संघर्ष का स्थानीकरण करने का प्रयास, संयुक्त राष्ट्र में चीन के प्रवेश का समर्थन करने, और मेनलैंड से ताइवान के एकीकरण के प्रश्न पर चीन का लगातार समर्थन करने से चीन के दिमाग में भारत की भूमिका की प्रशंसा को बढ़ावा मिला। चीन और भारत के प्रधानमंत्रियों द्वारा एक दूसरे के राष्ट्र के भ्रमण किए गए। जून 1954 और जनवरी 1957 के बीच झोउ एन लाई ने चार बार भारत का भ्रमण किया। प्रधानमंत्री जवाहरलाल नेहरू ने अक्टूबर 1954 और 1956 में चीन का भ्रमण किया।[5]

यद्यपि तिब्बत का मामला पड़ोसी के साथ सौहार्द्रपूर्ण संबंधों के बीच में रोड़ा था। तिब्बत का मामला ब्रिटिश की विरासत थी और ब्रिटिश ने चीनी आधिपत्य को मान्यता दी थी, तिब्बत की संप्रभुता आंतरिक स्वराज्य तथा तिब्बत में ब्रिटिश की उपस्थिति के अधीन थी। अतः स्वतंत्र भारत को ल्हासा में एक राजनीतिक एजेंट रखने, ग्यांत्से, गर्टोक एवं यातुंग में व्यापार एजेंसियों की देखरेख करने और ग्यांत्से तक के व्यापार मार्ग में स्थित डाक एवं टेलीग्राफ कार्यालयों की देखरेख करने और ब्रिटिश मार्गों की सुरक्षा सुनिश्चित करने के लिए एक छोटी सैन्य टुकड़ी रखने का अधिकार ब्रिटिश से मिला था।

भारत ने भी स्वतंत्रता के बाद तिब्बत पर चीन के आधिपत्य को स्वीकार किया जिसमें तिब्बत की हैसियत एक स्वायत्त इकाई के रूप में थी। अतः नई दिल्ली को आश्चर्य हुआ जब चीनी नेतृत्व ने यह घोषणा की कि "तिब्बत की आजादी पीपुल्स लिबरेशन आर्मी का बुनियादी कार्य था" और चीनी सेना 7 अक्टूबर, 1950 को तिब्बत प्रवेश कर गई।

भारत ने चीन को तीन पत्र भेजे और यह जोर दिया कि तिब्बत की समस्या का निपटारा आधिपत्य के ढाँचे के अंदर वैध तिब्बती दावे का समायोजन करते हुए शांतिपूर्ण वार्ता से होना चाहिए।[6] चीन ने अपनी तरफ से आंतरिक मामले में भारत के

हस्तक्षेप पर प्रश्न खड़ा किया। मई, 1951 में चीन और तिब्बत के बीच एक संधि पर हस्ताक्षर किए गए जिसमें चीन का तिब्बत पर आधिपत्य को स्वीकार किया गया और तिब्बत के व्यापार, संचार प्रणाली और विदेशी मामलों पर उसके स्वामित्व को मान्यता दी गई। अतः संधि से तिब्बत चीन के नियंत्रण में आ गया जिसे "मातृभूमि" के रूप में स्थापित किया गया, यद्यपि इसमें तिब्बत की क्षेत्रीय स्वायत्तता की गारंटी प्रदान की गई।[7]

इसके बाद भारत ने चीन के साथ अपने संबंधों को सुधारने के लिए चीन-तिब्बती संबंध के शांतिपूर्ण माहौल को प्रोत्साहित करने का प्रयास किया। दोनों तरफ से प्रयास किए जाने के परिणामस्वरूप सन् 1954 में "व्यापार एवं मेलजोल हेतु भारत-चीन समझौता" पर हस्ताक्षर किए गए। तद्नुसार भारत ने ब्रिटिश संधि अधिकार के तहत वारिस के रूप में तिब्बत में प्राप्त अपनी व्यापारिक स्थिति का परित्याग कर दिया। समझौते में नई दिल्ली, कलिम्पोंग और कलकत्ता में चीनी व्यापार मिशन की स्थापना की बात की गई जबकि भारत ने अपनी युतांग, ग्यांत्से और गर्टोक में व्यापार एजेंसियों को बरकरार रखा तथा यात्रा के नियम और दोनों देशों से यात्रियों और पर्यटकों के लिए व्यापार मार्ग भी स्थापित किए गए।[8] भारत ने तिब्बत में अपनी सैन्य टुकड़ी को छह महीने के भीतर वापस मँगाने तथा अपने स्वामित्व वाली डाक तथा टेलीग्राफ सेवाओं एवं विश्राम गृहों को चीनी अधिकारियों को सौंपने का भी समझौता किया। इस समझौते के प्रस्तावना में इन दोनों देशों ने पुनः पुष्टि की कि वे प्रसिद्ध पाँच सिद्धांतों 'पंचशील' का पालन करेंगे। ये पाँच सिद्धांत हैं- एक दूसरे की क्षेत्रीय अखंडता और संप्रभुता का पारस्परिक सम्मान करना, आपसी गैर आक्रामकता बनाए रखना, एक दूसरे के आंतरिक मामलों में पारस्परिक गैर हस्तक्षेप बनाए रखना, समानता एवं पारस्परिक लाभ तथा शांतिपूर्ण सहअस्तित्त्व। भारत ने पंचशील को विश्व शांति की तरफ उठाए गए एक बड़े कदम के रूप में देखा। इसी भाव से नेहरू ने 15 मई, 1954 को संसद में इस समझौते को प्रस्तुत करते समय जोर देते हुए कहा था, "इस समझौते से हम एशिया के एक निश्चित क्षेत्र में बहुत हद तक शांति को सुनिश्चित करते हैं। मेरी आग्रहपूर्वक इच्छा है कि इस शांति का विस्तार एशिया के बाकी क्षेत्रों में हो जाए और वास्तव में यह पूरे विश्व में फैल जाए।''[9] तत्पश्चात भारत और चीन के बीच के दोतरफा संबंधों को हिन्दी-चीनी-भाई-भाई द्वारा जाना गया जब तक कि यह पांचवें दशक के अंत तक तेजी से बिगड़ नहीं गया।

चीन की केंद्रीकृत राज्य संरचना के अधिरोपण ने सन् 1959 में तिब्बती राष्ट्रीय विद्रोह को भड़का दिया। इसका परिणाम तिब्बत के पूर्व प्रख्यात धार्मिक गुरू दलाई लामा के साथ भारी संख्या में तिब्बतियों तथा भारत के 100,000 लोगों, जिनको वहाँ पर शरण मिली हुई थी, का पलायन रहा।[10] बहुत बड़ी संख्या में भारतीय जनता की

राय में स्वराज्य के चीनी इनकार और तिब्बतियों के खिलाफ दमनकारी सैन्य उपायों की आलोचना की गई। चीन ने भारत पर "तिब्बत के खिलाफ साम्राज्यवाद के साथ मिलीभगत करने का केंद्र" होने का आरोप लगाया। भारत ने इस पर कड़ी आपत्ति जताई। चीन ने आक्रोश के साथ जवाब दिया और तिब्बत में सेना का स्थायी गठन शुरू कर दिया। चीन ने तिब्बती विद्रोह का दमन कर दिया जिसके बाद चीन के साथ भारत का संबंध और खराब हो गया।

2500 मील लंबी सीमावर्ती पहाड़ी क्षेत्र, जिसका सीमांकन नहीं हुआ है, भारत और चीन के बीच मेल-जोल में दुर्गम्य अवरोधक साबित हो रहा है। भारत-चीन सीमा तीन क्षेत्रों में विभाजित है: पहला पश्चिमी क्षेत्र है जिसमें कश्मीर (लद्दाख क्षेत्र) और जिनजिअन के बीच की सीमा और कश्मीर और चीन के तिब्बत क्षेत्र के बीच की सीमा शामिल है। दूसरा मध्यवर्ती क्षेत्र है, जिसमें हिमाचल प्रदेश और उत्तर प्रदेश तथा तिब्बत के बीच की सीमाएँ शामिल हैं तथा अंत में पूर्वी क्षेत्र है, जिसमें नॉर्थ ईस्ट फ्रंटियर एजेंसी जिसे अब अरूणाचल प्रदेश कहा जाता है तथा तिब्बत के बीच की सीमा शामिल है। सीमा पर छोटी-छोटी टक्कर पचास के दशक के बीच और अंत में शुरू हो गई थी, जो पहले मध्यवर्ती क्षेत्र में हुई, उसके बाद लद्दाख के पश्चिमी क्षेत्र में हुई जहाँ पर चीन ने अक्साई चीन पठार में जिनजिआंग से तिब्बत को जोड़ती हुई तथा अंत में पूर्वी क्षेत्र में मैकमोहन लाइन में सड़क का निर्माण किया।[11]

सितंबर 1959 में संसद में भारत-चीन संबंधों पर पहला श्वेत पत्र प्रस्तुत किया गया जिसमें यह प्रकट किया गया कि सीमा के मामलों पर दोनों पक्षों के बीच मतभेद हो गए हैं। सन् 1954 में प्रधानमंत्री नेहरू ने सीमा का मामला उठाया जब उन्होंने चीन द्वारा प्रकाशित कुछ मानचित्रों की तरफ झोउ एन लाईका ध्यान खींचा जिनमें दोनों देशों के बीच गलत सीमा संरेखण दर्शाया गया था और भारतीय सीमा के बहुत बड़े क्षेत्र को चीन के अंदर शामिल किया गया था। चीनी प्रधानमंत्री ने उत्तर दिया कि वे मानचित्र पुराने कुओमिनटांग मानचित्रों की प्रतिलिपि हैं जिसे कम्युनिस्ट शासन के दौरान समय की कमी के कारण संशोधित नहीं किया जा सका। दिसंबर 1958 को नेहरू ने अपने चीनी समकक्ष को लिखे एक पत्र में यह ध्यान दिलाया कि चीनी मानचित्र में भारतीय सीमा की लगातार मिथ्या प्रस्तुति पर तुरंत गंभीरतापूर्वक विचार करने की जरूरत है। इसके उत्तर में चीनी प्रधानमंत्री, झोउ एन लाई ने पश्चिम और पूर्वी क्षेत्रों में 40,000 वर्गमील भारतीय क्षेत्र पर अपना दावा किया। झोउ का इस दावे का स्पष्टीकरण हिमालय में ब्रिटिश साम्राज्यवादी विस्तार के इतिहास की समीक्षा में निहित है।[12] इस प्रकार से उन्होंने भारत को चुनौती दी कि दोनों राष्ट्रों की सीमा अधिकांश भागों में विशेष समझौतों द्वारा स्वीकृत की गई थी और यह व्यक्त किया

कि इतिहास के अनुसार अभी तक चीनी केंद्रीय सरकार और भारत सरकार के बीच भारत-चीन सीमा पर कोई भी संधि या समझौते पर हस्ताक्षर नहीं किया गया है।

नेहरू ने अपनी तरफ से बार-बार यही बात दुहराई कि चीन के साथ भारत की सीमा इतिहास, भूगोल, रीति-रिवाज और परंपरा द्वारा शताब्दियों से निर्धारित है। बहुत बड़े भारतीय क्षेत्र पर चीन के दावे को खारिज करते हुए यद्यपि उन्होंने किसी भी विवाद को आपसी बातचीत से निपटाने की अपनी इच्छा जताई। लेकिन चीन ने स्थिति को और ज्यादा खराब कर दिया तथा 20 अक्टूबर, 1959 को लद्दाख क्षेत्र और कोंगका दर्रे में स्थित भारतीय क्षेत्र में चालीस मील अंदर तक घुस आया। इसके परिणामस्वरूप भारत की संप्रभुता और क्षेत्रीय अखंडता के चीनी अतिक्रमण के खिलाफ कोई भी प्रभावी कार्यवाही करने में असफल रहने के लिए सरकार पर हमले होने लगे। अंततः भारत सरकार ने पूरे सीमा प्रदेश को सेना के हवाले करने का निर्णय लिया। इसी बीच 7 नवंबर, 1959 को झोउ ने सीमा पर यथास्थिति बनाए रखने के लिए निम्नलिखित प्रस्ताव दिए-

1. दोनों देशों की सशस्त्र सेनाएँ पूर्व में मैकमोहन रेखा तथा पश्चिम में वास्तविक नियंत्रण रेखा से 20 किलोमीटर तक पीछे हटेंगी;
2. दोनों तरफ के सशस्त्र कर्मियों को सेना विहीन क्षेत्र में नहीं भेजा जाना चाहिए;
3. दोनों प्रधानमंत्रियों को निकट भविष्य में सीमा और अन्य मामलों पर बातचीत करनी चाहिए; और
4. यथास्थिति बनाए रखनी चाहिए।[13]

नेहरू ने अंतरिम उपाय के रूप में अपने प्रस्ताव रखे कि भारतीय सैन्यकर्मियों को अपने नक्शे के अनुसार लद्दाख क्षेत्र में अंतर्राष्ट्रीय सीमा से पश्चिम तक पीछे लौटना चाहिए, इसी प्रकार चीनी सैन्यकर्मियों को अपने नक्शों के अनुसार अंतर्राष्ट्रीय सीमा से पूर्व की तरफ पीछे लौटना चाहिए। इस स्थान पर कोई भी व्यक्ति मौजूद नहीं रहेगा और इन दोनों रेखाओं को लंबी दूरियों से अलग किया जाएगा।[14]

अप्रैल, 1960 में चीनी प्रधानमंत्री झोउ एन लाई छह दिनों की यात्रा पर भारत आया और नेहरू तथा अन्य भारतीय नेताओं के साथ विचार-विमर्श किया। सीमा के मामले को निपटाना एक गंभीर प्रयास था लेकिन दुर्भाग्य से दोनों तरफ के नेता सीमा विवाद पर न तो कोई समझौता कर पाए न ही सीमा की समस्या की प्रकृति और कार्यक्षेत्र के बारे में उनमें कोई समझ बन पाई। अप्रैल, 1960 में प्रधानमंत्री झोउ एन लाइ ने छह बिंदुओं का प्रस्ताव रखा जिसे पारस्परिक रूप से स्वीकार्य समाधान बनाया जा सकता था। ये छह बिंदु निम्नलिखित थे-

1. चीन और भारत के बीच सीमा विवाद चल रहा है।
2. वास्तविक नियंत्रण रेखा मौजूद है जिसके दोनों तरफ प्रशासनिक अधिकारक्षेत्र है।
3. सीमा निर्धारित करने में कुछ भौगोलिक सिद्धांत जैसे वाटरशेड, नदी घाटियाँ और पहाड़ी रास्ते सभी सीमावर्ती क्षेत्रों के लिए समान रूप से लागू होंगे।
4. सीमा के निपटारे में हिमालय और काराकोरम पर्वतों के प्रति दोनों तरफ के लोगों की राष्ट्रीय भावनाओं को ध्यान में रखा जाना चाहिए।
5. निपटारा लंबित होने की दशा में दोनों तरफ से वास्तविक नियंत्रण रेखा बरकरार रखी जाएगी और पूर्व शर्तों के रूप में क्षेत्रीय दावों को नहीं पेश किया जाना चाहिए।
6. प्रत्येक तरफ से सभी सीमावर्ती क्षेत्रों में गश्त लगाने से बचना चाहिए।[15]

दूसरी तरफ भारतीय दृष्टिकोण में निम्नलिखित बातें कही गई–

1. भारत और चीन के बीच पारंपरिक और प्रथागत सीमा है।
2. चीन ने कभी भी सीमा पर प्रश्न नहीं खड़ा किया तथा वास्तव में इस पारंपरिक और प्रथागत रेखा के लिए जो भी भारत ने किया है उसे उसने स्वीकार किया है और सहमत हुआ है।
3. भारत-चीन सीमा पहले से ही औपचारिक रूप से या ऐतिहासिक प्रक्रिया द्वारा सीमांकित है।
4. भारत पारंपरिक रूप से सीमा तक प्रशासनिक नियंत्रण स्थापित किया है और चीन को यथास्थिति को विक्षुब्ध करने से बाज आना चाहिए जैसा उसने सन् 1959 में किया है।
5. यदि विचार-विमर्श के बाद आवश्यक पाया जाता है तो पारस्परिक समझौते द्वारा सीमा में संशोधन के लिए गैर मामूली समायोजन किया जा सकता है।[16]

यद्यपि दोनों पक्ष इस बात से सहमत हुए कि अधिकारीगण उन सभी ऐतिहासिक साक्ष्यों की जाँच करेंगे, जिस पर प्रत्येक पक्ष के दावे आधारित हैं जिसमें दस्तावेज, रिकार्ड और नक्शे शामिल हैं, और दोनों सरकारों के समक्ष विचार करने के लिए अपनी रिपोर्ट प्रस्तुत करेंगे। दोनों पक्ष के अधिकारियों ने प्रत्येक के स्वामित्व वाली "तथ्यात्मक सामग्री की खोज और जाँच" करने के लिए 15 जून से लेकर 12 दिसंबर 1960 के बीच तीन सत्रों में मुलाकात की। यद्यपि ये अधिकारी इस एजेंडा पर किसी भी बुनियादी मुद्दों पर आम सहमति बनाने में असफल रहे। दोनों देशों के

बीच सीमा के संबंध में बहुत ज्यादा मतभेद पुनः उजागर हुए जब दिसंबर 1960 में कई हफ्तों की निरर्थक बातचीत के बाद दोनों पक्षों द्वारा दो भिन्न रिपोर्टें प्रकाशित हुईं। यद्यपि भारत का केस मजबूत, ज्यादा तर्कपूर्ण और व्यापक रूप से सराहना योग्य था फिर भी यह विवादास्पद सीमा मुद्दे पर गतिरोध खत्म करने में असफल रहा।[17]

इसी बीच सीमाओं पर तनाव बेरोकटोक जारी रहा क्योंकि भारतीय क्षेत्र में चीनी अतिक्रमण के कई ताजे मामले सामने आए। नेहरू ने कहा कि जबकि भारत अपनी रक्षात्मक स्थिति को बनाए हुए है, वह किसी भी जोखिम भरी कार्यवाही में लिप्त नहीं होगा। भारतीय सेनाओं ने भारत की सीमाओं की रक्षा के लिए लद्दाख में बहुत बड़ी संख्या में अग्रवर्ती चौकियाँ स्थापित कीं और उन आगे के क्षेत्रों में गए जो पहले खाली थे। सन् 1960 में शुरू हुआ यह गमन 2 नवंबर, 1961 में आयोजित उच्च स्तरीय बैठक में 'अग्रवर्ती नीति' के रूप में पारित हुआ और उसके बाद यह निर्णय किया गया कि भारतीय सेनाओं को अग्रवर्ती चौकियाँ स्थापित करते हुए विशेष रूप से लद्दाख में अंतर्राष्ट्रीय सीमा तक भारत-चीन सीमा पर स्थित फासले को खत्म करना चाहिए।[18] इसके बाद नेहरू ने 14 मई 1962 को चीन के लिए एक प्रस्ताव बनाया कि दोनों पक्ष पश्चिमी क्षेत्र के लद्दाख क्षेत्र में अपने-अपने नक्शों में दिखाई गई रेखाओं के पश्चिम और पूर्व की तरफ पीछे लौटेंगे। नेहरू ने चीनियों से सिविल उद्देश्यों के लिए अक्साई चिन रोड का प्रयोग करने की अनुमति देने, लंबित बातचीत को शुरू करने और सीमा का निपटारा करने की पेशकश की। चीन ने दोनों प्रस्तावों को रद्द कर दिया और सीमा पर अपना दबाव बनाए रखा। इस बीच सन् 1954 का भारत-चीन समझौता 3 जून, 1962 को समाप्त हो गया क्योंकि भारत ने कहा कि तब तक कोई भी बातचीत नहीं की जा सकती है जब तक चीन भारतीय क्षेत्र से अपने सेनाओं को वापस नहीं बुला लेता है तथा सन् 1954 की यथास्थिति को पुनः स्थापित नहीं करता है।

जिस समय दोनों पक्षों के बीच पत्रों के आदान-प्रदान की औपचारिकताएँ हो रही थीं उसी समय पीपुल्स लिबरेशन आर्मी ने 8 सितंबर, 1962 को अचानक पूर्वी क्षेत्र में अच्छी तरह से स्थापित मैकमोहन रेखा के उस पार मार्च करना शुरू कर दिया। भारत सरकार ने अब चीनी आक्रमण का सामना करने के लिए पूर्वी कमान के अंतर्गत नए सैन्य कोर की स्थापना की। पूर्वी क्षेत्र से पश्चिमी क्षेत्र तक पूरी सीमा पर 20 अक्टूबर, 1962 को चीनी आक्रमण ने भारत-चीन संबंधों को पूरी तरह से खराब कर दिया। स्पष्ट रूप से भारतीय सेनाएँ बुरी तरह से पराजित हो गईं और पूरी सीमा पर स्थित भारतीय चौकियों को चीन ने हथिया लिया। 24 अक्टूबर को प्रधानमंत्री झोउ एन लाई ने युद्ध विराम के लिए तीन बिंदुओं का प्रस्ताव रखा।

1. शांतिपूर्ण निपटारे के लंबित होने की स्थिति में दोनों पक्ष पूरी भारत-चीन सीमा पर स्थित वास्तविक नियंत्रण रेखा का सम्मान करेंगे और प्रत्येक पक्ष की सशस्त्र सेनाएँ इस रेखा से 20 किलोमीटर तक पीछे हटेंगी और अलग रहेंगी।
2. यदि भारत सरकार इस प्रस्ताव से सहमत हो जाता है तो चीन पूर्वी क्षेत्र से वास्तविक नियंत्रण रेखा के उत्तर तक अपने सीमावर्ती रक्षकों को वापस बुला लेगी उसी समय से चीन और भारत दोनों मध्य और पूर्वी क्षेत्रों में वास्तविक नियंत्रण रेखा को पार नहीं करेंगे।
3. मित्रतापूर्ण निपटारे के लिए दोनों प्रधानमंत्रियों के बीच एक बार फिर बातचीत शुरू की जाएगी।

इन प्रस्तावों को रद्द करते हुए नेहरू ने 27 अक्टूबर को जवाब दिया कि भारत शांतिपूर्ण निपटारे के लिए किसी भी भावी उपायों पर विचार-विमर्श करने के लिए चीनी प्रतिनिधियों का स्वागत करेगा बशर्ते चीन सीमा पर 8 सितंबर 1962 से पहले की स्थिति को पुन: स्थापित कर दे। झोउ एन लाई ने उत्तर दिया कि उनका मूलभूत रूप से वास्तविक नियंत्रण रेखा से आशय 7 नवंबर 1959 को विद्यमान नियंत्रण रेखा की स्थिति से था।[19]

26 अक्टूबर 1962 को राष्ट्रीय आपातकाल की घोषणा की गई। 8 नवंबर को नेहरू ने संसद में एक प्रस्ताव रखा जिसमें भारतीय जनता से यह संकल्प लेने के लिए कहा गया कि "भारत की पवित्र जमीन से आक्रमणकारियों को दूर भगाना है चाहे कितनी ही लंबी और कठिन लड़ाई लड़नी पड़े।" और इसे सर्वसम्मति से पारित कर दिया गया। इस बीच 15 नवंबर 1962 को सीमा पर दुबारा असहज खामोशी टूटी जब चीन ने पूर्वी क्षेत्र पर बड़े पैमाने पर हमला कर दिया। यद्यपि 21 नवंबर 1962 को चीनी सरकार ने पूरी सीमा पर एकतरफा युद्ध विराम की घोषणा कर दी और अपनी सेना को 1959 की वास्तविक नियंत्रण रेखा से 20 किलोमीटर पीछे हटने का आदेश दिया। इसके अतिरिक्त चीनी सरकार ने भारत सरकार को सुझाव दिया कि दोनों पक्षों के अधिकारियों को सेनारहित क्षेत्र बनाने के लिए अपनी सशस्त्र सेनाओं को 20 किलोमीटर पीछे तक वापस लौटाने, सिविल चेकपोस्ट स्थापित करने और पकड़े गए सैन्यकर्मियों को वापस लौटाने हेतु विचार विमर्श करने के लिए बैठक करनी चाहिए।[20] नेहरू ने कहा कि यद्यपि युद्ध विराम के संबंध में चीनी घोषणा एकतरफा थी फिर भी भारत इसे स्वीकार करेगा और इसमें रुकावट नहीं पैदा करेगा।

चीन में हाल ही में किए गए शोध में यह पता चलता है कि किस प्रकार माओत्से तुंग द्वारा सन् 1959 से 1962 के बीच भारत के बारे में बड़े निर्णय लिए

गए।[21] जनरल लेई यिंग फेंग ने सर्वोच्च कमान में कई पदों पर सेवा की थी जिन्होंने अपने संस्मरण के एक अध्याय (जिसमें विशेष रूप से चीन-भारत विवाद के बारे में वर्णन किया गया था; में सन् 1962 के सशस्त्र विवाद को बढ़ावा देने वाले घटनाक्रम पर प्रकाश डाला है। भारत के साथ सशस्त्र संघर्ष की प्रत्याशा में सन् 1962 की गर्मी में चीनी सैन्य उपाय शुरू किए गए जो 20 अक्टूबर से कुछ महीने पहले ही हुए। इससे यह प्रकट होता है कि पूर्वी क्षेत्र में ढोला में 8 सितंबर, 1962 को मुठभेड़ हुई थी जिससे चीनी नेतृत्व आश्वस्त हो गया कि सेना को शामिल करना जरूरी था।[22] 6 अक्टूबर, 1962 को चीनी सीमा बलों को आदेश भेजा गया:

"यदि भारतीय सेना आक्रमण करती है तो उसे बेरहमी से मार-मारकर वापस किया जाए.....यदि वे आक्रमण करते हैं तो उन्हें केवल खदेड़ा ही न जाए बल्कि बेरहमी से मार-मारकर भगाया जाए ताकि उनका नुकसान हो।"[23] भारत को क्रूर तरीके से पाठ पढ़ाने का निर्णय माओ का था और यह उसकी अद्वितीय धारणा से काफी हद तक निर्धारित था।

युद्ध के समाप्त होने के बाद पूरा दृश्य कूटनीतिक मोर्चे में बदल गया और 10 से 12 दिसंबर तक छह गुट निरपेक्ष राष्ट्रों श्रीलंका, बर्मा, कंबोडिया, मिस्र, घाना और इंडोनेशिया का एक सम्मेलन कोलंबो में हुआ। इस संघर्ष के गलत और सही तरीकों पर कोई भी कार्यवाही किए बिना, छहों एफ्रो-एशियाई राष्ट्रों ने भारत और चीन दोनों को संघर्ष विराम का एक सूत्र विकसित करते हुए शांतिपूर्वक अपने विवाद को निपटाने के लिए कहा। इस सम्मेलन द्वारा विकसित संघर्ष विराम सूत्र को बाद में कोलंबो प्रस्ताव के नाम से जाना गया जिसमें दोनों राष्ट्रों के बीच भावी बातचीत के लिए न्यायसंगत और निष्पक्ष आधार प्रदान करने का प्रयास किया गया। निर्धारित प्रस्ताव के अनुसार पश्चिमी क्षेत्र में चीन द्वारा दावा की गई पारंपरिक प्रथागत रेखा से बीस किलोमीटर पीछे तक चीन को वापस जाना होगा और भारतीय पक्ष की तरफ से कोई भी वापसी नहीं होगी। इस प्रकार खाली किए गए क्षेत्र को सेना रहित क्षेत्र बनाए जाने तथा दोनों तरफ से सिविल पोस्ट स्थापित किए जाने का प्रस्ताव था। पूर्वी क्षेत्र में दोनों सरकारों द्वारा अधिकृत वास्तविक नियंत्रण रेखा को युद्ध विराम रेखा के रूप में माना जाना था। मध्य क्षेत्र के संबंध में प्रस्तावों में यथास्थिति बनाए रखने की सिफारिश की गई थी।[24] 6 अक्टूबर, 1962 को यह आदेश चीनी सीमा बलों को भेज दिया गया।

भारत ने कुछ स्पष्टीकरण माँगने के बाद इन प्रस्तावों को स्वीकार कर लिया। स्पष्टीकरण से यह स्पष्ट हो गया कि भारत थांग्ला रिज और लांगजी में स्थित सिविल पोस्ट को छोड़कर मैकमोहन रेखा तक गमन कर सकता है। चीनी सरकार ने शुरूआत में सिद्धांत रूप में प्रस्तावों को भारत सरकार के साथ बातचीत के प्रारंभिक आधार

के रूप में स्वीकार किया लेकिन बाद में उसने इसे रद्द कर दिया और बिना पूर्वशर्त के बातचीत करने के लिए कहा। चीन ने मैकमोहन रेखा तक अपनी सेनाओं का गमन करने तथा पश्चिमी क्षेत्र के सेनारहित क्षेत्र में अपनी सिविल पोस्ट स्थापित करने के भारत के अधिकार पर प्रश्न खड़ा किया। भारत-चीन संबंध जाहिर तौर पर गतिरोध के चलते समाप्त हो गया। चीनी आक्रमण से भारत की चीन नीति के निर्माता जवाहरलाल नेहरू को व्यक्तिगत रूप से झटका लगा। नेहरू ने कहा: "हम आधुनिक संसार में शक्ति की वास्तविकताओं से अनभिज्ञ हो रहे थे। हम अपने खुद के बनाए हुए कृत्रिम वातावरण में रह रहे थे और हमें इससे झटका लगा।"[25] आज के बाद विदेश नीति के निर्माता सुरक्षा की आवश्यकताओं के प्रति ज्यादा उत्तरदायी हो गए हैं और रक्षा तैयारियों पर ज्यादा जोर दिया जा रहा है।

कई विद्वानों ने नेहरू की चीन नीति विशेष रूप से 1962 के संघर्ष में भारत की हार की आलोचना की है और उनकी राय है कि जबकि चीनी नेतृत्व ने एकल दिमाग से ऐसी नीति का अनुकरण किया जो उनके राष्ट्रीय हित में थी। नेहरू भारत के राष्ट्रीय हित की सुरक्षा करने में असफल रहे। 'हिन्दी-चीनी-भाई-भाई', विश्व शांति और एशियाई एकजुटता ठोस राष्ट्रीय हित और शक्ति के प्रदर्शन के व्यवहार्य विकल्प नहीं हो सके। नेहरू की उनकी तिब्बत नीति के लिए भी आलोचना की गई, जहाँ पर वे झोउ एन लाई के साथ लाभप्रद बातचीत करने में असफल रहे। यदि सीमा पर भारतीय मामला कानूनी साक्ष्य पर निर्भर था तो चीनी भारतीय क्षेत्र पर अपने बड़े दावों के आधार पर राजनीतिक निपटारा चाहते थे। अत: सिर्फ भारत और चीन की सीमाओं का मामला ही नहीं था बल्कि एशिया के दो बड़े राष्ट्रों के पुनरुत्थान में शक्ति लोकाचार, निहित प्रतिद्वंद्विता भी थी। आपसी गलत समझ से संकट और बढ़ गया। चीनी नेहरू की घरेलू राजनीतिक विवशताओं को समझने में असफल रहे। इन विवशताओं में उनके द्वारा चीन के प्रति अपनाई गई लचीली नीति की आलोचना भी शामिल थी।

संतुलित रूप से यह कहा जा सकता है कि चीन के साथ दोस्ती करने की नेहरू की नीति सन् 1962 की पराजय के बावजूद भी ठोस थी। शुरूआती चरण में भारत शांतिपूर्ण सहअस्तित्व के अलावा किसी अन्य नीति को बर्दाशत नहीं कर सकता था। इस प्रकार नेहरू ने चीन के साथ दोस्ती की नीति से सुरक्षा का प्रयास किया। उनकी असफलता उनकी बड़े पैमाने पर चीनी आक्रमण का तुरंत पूर्वानुमान लगाने में असमर्थता के कारण थी। इसके अतिरिक्त चीन-भारत संबंध अंतर्राष्ट्रीय राजनीति में विकास से धुलमिल गया। विश्वव्यापी रूप से चीन ने भारत की भूमिका को स्वयं के खिलाफ अंतर्राष्ट्रीय षड्यंत्र के रूप में समझा। 1960 की शुरूआत में चीन ने भारत को तिब्बत में सहायता प्रदान करने तथा विद्रोह के लिए उकसाने में पश्चिमी

साम्राज्यवाद से जुड़ा विरोधी माना। उसी समय पचास के दशक के अंत में सोवियत संघ और चीन के बीच के संबंधों में दरार पड़ गई थी। संयुक्त राज्य और सोवियत संघ के बीच के संबंध में सुधार से बीजिंग की संकीर्ण मानसिकता और मजबूत हुई। अंततः चीन स्वयं को अकेला तथा संकटग्रस्त महसूस करने लगा। इसके अतिरिक्त इस अवधि में भारत और सोवियत संघ के बीच निकटवर्ती और मैत्रीपूर्ण संबंध विकसित हो रहा था। जाहिर तौर पर चीन इससे अप्रसन्न था और भारत-चीन सीमा विवाद पर मास्को की तटस्थता ने आग में घी डालने का काम किया। जब संयुक्त राज्य अमेरिका और सोवियत संघ दोनों सन् 1962 में क्यूबा मिसाइल संकट में शामिल थे उसी समय चीन ने भारत पर आक्रमण कर दिया। इस महत्त्वपूर्ण मोड़ पर दोनों महाशक्तियाँ अपना ध्यान हटाने में असमर्थ थीं। जब तक भारत को कोई बड़ी अंतर्राष्ट्रीय सहायता मिलती उसी समय चीन ने फौरन युद्ध विराम की घोषणा कर दी। यह स्पष्ट है कि चीन के साथ दुश्मनी विश्वव्यापी चीन विरोधी षडयंत्र की बीजिंग की व्यापक धारणा की एक हिस्सा थी। फलस्वरूप इससे चीन-भारत सीमा पर अत्यंत जटिल स्थिति उत्पन्न हो गई जिसने लंबे समय के लिए शुद्ध रूप से द्विपक्षीय ढाँचे में समाधान को निरर्थक कर दिया।

II

दक्षिण एशियाई क्षेत्र में चीन की रुचि मुख्य रूप से इस तथ्य से उजागर होती है कि तिब्बत के स्वायत्त प्रांत और शिंगुजियांग की सीमाएँ कई दक्षिण एशियाई राष्ट्रों से मिलती हैं और उभरती हुई एशियाई शक्ति होते हुए चीन इस क्षेत्र में अपना प्रभाव जमाए रखना चाहता है। अक्टूबर 1950 में तिब्बत पर चीन का नियंत्रण हो जाने से भारत की हिमालय क्षेत्र से संवेदनशीलता बिल्कुल स्पष्ट हो गई। यद्यपि भारत ने तिब्बत और चीन के बीच के संघर्ष में शामिल होने से बचने का पूरा प्रयास किया लेकिन उस वक्त भारत अन्य हिमालय राज्यों जैसे नेपाल, भूटान और सिक्किम से संबंधित सुरक्षा खतरे से अनजान था। भारत, जिसे ब्रिटिश भारत से संधिगत दायित्व विरासत में मिले थे, उत्तरी सीमा प्रदेश को मजबूत करने की अपनी नीति पर आगे बढ़ा। 8 अगस्त, 1949 को भारत और भूटान ने दार्जिलिंग में सन् 1865 और सन् 1910 में ब्रिटिश सरकार द्वारा हस्ताक्षरित समझौते के स्थान पर एक नई संधि पर हस्ताक्षर किए। इस संधि में भूटान की आंतरिक स्वायत्तता को आश्वस्त किया गया था और इसके बाहरी संबंधों के संबंध में भारत सरकार की सलाह द्वारा निर्देशित होने के लिए सहमति हुई जिसमें रक्षा के मामले भी शामिल थे।[26] इस तथ्य को ध्यान में रखते हुए कि भूटान और तिब्बत के बीच 190 मील का सामूहिक सीमा प्रदेश है, भारत ने भूटान की सुरक्षा को सुधारने और भारत से जोड़ते हुए रणनीतिक सड़कों का निर्माण करने में भूटान की मदद करने की जिम्मेदारी ली।

नेपाल भारतीय गंगा के मैदान का उत्तरी प्रवेश द्वार है। अतः यह भारत के लिए रणनीतिक रूप से महत्त्वपूर्ण है। जवाहरलाल नेहरू ने इस तथ्य को पहचाना तथा 6 दिसंबर, 1950 को संसद में घोषणा की कि:

चीन और तिब्बत में हमारी सीमाओं के उस पार विकास को ध्यान में रखते हुए नेपाल की आंतरिक स्थितियों में हमारा हित अब ज्यादा तीव्र और व्यक्तिगत हो गया है। नेपाल में हमारी सहानुभूतिपूर्ण रुचि के अलावा हमें अपने देश की सुरक्षा में भी ज्यादा दिलचस्पी है। अति प्राचीन काल से हिमालय ने हमें शानदार सीमा प्रदेश प्रदान किया है। हम इस अवरोध को पार करने की अनुमति नहीं दे सकते हैं। यह भारत का मुख्य अवरोध भी है। जितना हम नेपाल की स्वतंत्रता को समझते हैं, हम नेपाल में कोई भी गलत कार्य की अनुमति नहीं दे सकते हैं या इस अवरोध को पार करने या उसे कमजोर करने की अनुमति नहीं दे सकते हैं जो हमारी सुरक्षा के लिए खतरा होगा।[27]

भारत-नेपाल की शांति और दोस्ती की संधि जिस पर काठमांडू में 31 जुलाई, 1950 को हस्ताक्षर किए गए थे, उसमें भारत-नेपाल संबंधों के आधार को परिभाषित किया गया था।[28] इसमें संधि के अनुच्छेद 2 एवं 5 में सम्मिलित और साथ में एक दूसरे को दिए गए पत्रों के पैरा 1, 2 एवं 5 में स्पष्ट किए गए सुरक्षा पर प्रावधान शामिल थे।[29] नेपाल ने भारत के बाद सन् 1955 में चीन के साथ अपने राजनीतिक संबंधों को स्थापित किया और चीन ने सन् 1954 में तिब्बत पर हुए समझौते पर हस्ताक्षर किए। नेपाल और चीन ने सितंबर 1956 में नई संधि पर हस्ताक्षर किए जिसके द्वारा ल्हासा द्वारा काठमांडू को भेजे जाने वाले रु. 10,000 के वार्षिक पुरस्कार को समाप्त कर दिया गया, नेपाल द्वारा इस्तेमाल में लाए जा रहे अतिरिक्त क्षेत्रीय अधिकारों को समाप्त कर दिया गया और नेपाल द्वारा तिब्बत पर चीन की संप्रभुता को मान्यता प्रदान की गई।[30] अतः नेपाल की सरकार ने कमोबेश उसी प्रकार चीन के साथ तिब्बत में अपने हित का निपटारा किया जिस प्रकार भारत सरकार ने चीन के साथ दोस्ती विकसित करने के लिए किया था।[31] चूँकि सन् 1959 से चीन-भारत संबंध खराब होने लगे, नेपाल ने इस मौके का फायदा उठाने का प्रयास किया और चीन की तरफ पहल की।

चीन ने अपनी दक्षिण एशियाई नीति से तालमेल बिठाने के लिए नेपाल को भारतीय प्रभाव से दूर रखने का प्रयास किया। झोउ एन लाई ने अप्रैल, 1960 के अंतिम सप्ताह में काठमांडू का आधिकारिक दौरा किया। यह ध्यान देने योग्य है कि झोउ का काठमांडू दौरा उसके नई दिल्ली के उस दौरे से पहले हुआ था जिसमें नेहरू के साथ सीमा के मामले पर बातचीत असफल रही थी। 28 अप्रैल, 1960 को उसने

नेपाल के साथ शांति और दोस्ती की एक संधि पर हस्ताक्षर किए जिसमें शांतिपूर्ण सहअस्तित्व के पाँच सिद्धांतों में दोनों देशों के विश्वास की पुष्टि की गई थी।[32] झोउ ने अप्रैल 1960 में अपने दौरे के दौरान नेपाली व्यापारियों को संबोधित करते हुए काठमांडू को ल्हासा से सड़क मार्ग से जोड़ने की संभावना जताई थी।[33] लोकतांत्रिक शासन के प्रधानमंत्री बी0 पी0 कोइराला ने स्पष्ट रूप से कहा कि हम प्रस्तावित काठमांडू-ल्हासा मार्ग को आर्थिक प्रस्ताव नहीं मानते हैं और नेपाल की रणनीतिक सड़कें बनाने में कोई भी दिलचस्पी नहीं है। जाहिर तौर पर बी0 पी0 कोइराला की ऐसा कोई भी कदम उठाने की मंशा नहीं थी जिससे भारत अपनी सुरक्षा के लिए खतरा समझे। चीन ने नेपाल का भारत के साथ संबंध को बिगाड़ने के लिए दूसरा कदम उठाया जब मार्च 1960 में बीजिंग में बी0 पी0 कोइराला के भ्रमण के दौरान चीन ने काठमांडू के साथ एक हमला न करने की संधि का प्रस्ताव रखा। चीन के साथ हमला न करने की संधि से भारत द्वारा नेपाल के हमला करने के डर का संकेत निहित था। अत: नेपाल ने इस संधि से इनकार कर दिया।[34] अत: बी0 पी0 कोइराला के प्रधानमंत्री रहते चीन भारत और नेपाल के बीच कलह का बीज बोने में असफल हो गया।

चीन नेपाल के साथ नजदीकी संबंध बनाने में ज्यादा सफल तब हुआ जब राजा महेंद्र ने दिसंबर 1960 में बी0 पी0 कोइराला सरकार को भंग कर दिया और भारत तथा नेपाल के बीच का संबंध धीरे-धीरे बिगड़ने लगा। चीन ने भारत को नुकसान पहुँचाने के लिए इस स्थिति को और ज्यादा खराब करने के लिए अपनी कूटनीति को बढ़ा दिया। अब भारत के साथ हिमालय में उसका सीधा टकराव था। चीनी उप प्रधानमंत्री ने फरवरी 1961 की शुरूआत में बीजिंग में सीमा पर संयुक्त समिति के लिए आए नेपाली प्रतिनिधिमंडल का स्वागत करते समय राजा महेंद्र के नेतृत्व की जय-जयकार की।[35] चीन ने अपने सीमा दावों के प्रति उदार दृष्टिकोण रखते हुए नेपाल के साथ दोस्ताना व्यवहार दर्शाया और 6 फरवरी 1961 को बीजिंग में यह घोषणा की गई कि दोनों देशों के बीच सीमा के सामान्य नक्शे पर समझौता हो गया है।[36] इसके अतिरिक्त सितंबर- अक्टूबर 1961 में राजा महेंद्र ने चीन का दौरा किया। राजा महेंद्र के चीन के दौरे के दौरान जो सबसे महत्त्वपूर्ण घटना घटी वह काठमांडू-कोडारी मार्ग पर समझौता था।[37] यह मार्ग समझौता नेपाल में चीनी कूटनीति की बहुत बड़ी विजय थी। चीन ने आगे भारत के नेपाल के साथ संबंध को बिगाड़ने का अपना घिनौना कार्य जारी रखा। चीनी उप प्रधानमंत्री मार्शल चेन्यी ने 4 अक्टूबर 1962 को यह घोषणा की कि "यदि कोई भी विदेशी सेना नेपाल पर आक्रमण करने का मूर्खतापूर्ण प्रयास करती है तो चीन नेपाली लोगों का साथ देगा।"[38]

यह उल्लेखनीय है कि चेन्यी के इस कथन से दो हफ्ते पहले सन् 1962 का भारत-चीन युद्ध हुआ था। इसके अतिरिक्त चीन ने 1961-62 के दौरान तथा बाद में भी भारत द्वारा चीन के विरुद्ध गोरखा के प्रयोग को रोकने के लिए नेपाल के उत्तरी सैन्य जाँच चौकियों से भारतीय तकनीशियनों को हटाने की माँग रखी।[39] 1962 के भारत-चीन युद्ध में जब भारतीय सैनिक चीन के हाथों में पड़ गए तो चीन ने गिरफ्तार किए गए भारतीय गोरखा सैनिकों को नेपाल वापस भेज दिया। यह भारत को नीचा दिखाने तथा नेपाल में चीन के प्रति दोस्ताना भाव उत्पन्न करने के लिए सोची समझी चाल थी। अत: 1961-62 की अवधि के दौरान चीन ने इस क्षेत्र में भारत की भूमिका का विरोध करने की नई दक्षिण एशियाई नीति के लिए नेपाल में अपनी स्थिति को काफी हद तक सुधार लिया।

सिक्किम को भारतीय प्रभाव क्षेत्र में शामिल करने का प्रयास किया गया। सन् 1890 और सन् 1893 की ब्रिटिश भारत और चीन के बीच की गई संधियों ने सिक्किम पर संरक्षित राज्य की ब्रिटिश स्थिति को बल प्रदान किया। भारत को ये संधियाँ विरासत में मिलीं और उसे प्रशासन में सिक्किम के राजा की मदद करने के लिए एक राजनीतिक अधिकारी भेजने का अधिकार था। 5 दिसंबर 1959 को भारत और सिक्किम के बीच एक संधि पर हस्ताक्षर किए गए जिसके अंतर्गत सिक्किम की भारतीय संरक्षित राज्य होने की पुरानी स्थिति को मान्यता दी गई और सिक्किम की आंतरिक स्वायत्तता की पुष्टि करते हुए भारत सिक्किम के विदेशी मामलों, संचार और रक्षा की जिम्मेदारी अपने हाथों में लेने के लिए अधिकृत था।[40] भारत को राज्य में अपनी सेनाओं को स्थापित करने, हवाई अड्डे और सड़कें बनाने की भी अनुमति दी गई।

जहाँ तक चीन-पाक संबंधों का सवाल है, चीन का 4 जनवरी, 1950 को पाकिस्तान की मान्यता के प्रति प्रतिक्रिया धीमी थी। इसके कारण स्पष्ट थे। जहाँ भारत ने नए चीन के उत्थान को एशियाई राष्ट्रवाद की भावना की महान उपलब्धि के रूप में देखा वहीं पाकिस्तान ने नए चीन के बारे में कोई भी उत्साह नहीं दिखाया। सन् 1954 तक पाकिस्तान ने संयुक्त राज्य अमेरिका के साथ पारस्परिक रक्षा मदद समझौते पर भी हस्ताक्षर किया और अमेरिका द्वारा प्रायोजित दक्षिण पूर्व एशिया संधि संगठन (SEATO) और बगदाद संधि में शामिल हुआ जिसे बाद में केंद्रीय संधि संगठन (CENTO) के नाम से जाना गया। यद्यपि पाकिस्तान ने चीन के साथ संबंध विकसित करने के लिए अप्रैल 1955 में आयोजित बांडुंग एफ्रो एशियाई राष्ट्र सम्मेलन का भी प्रयोग किया जिसमें पाकिस्तान के प्रधानमंत्री मोहम्मद अली बोगरा ने चीनी प्रधानमंत्री झोउ एन लाई से मुलाकात की। 23 अप्रैल 1955 को झोउ ने बताया कि मोहम्मद अली बोगरा ने उनसे कहा है कि पाकिस्तान चीन के डर को

ध्यान में रखते हुए दक्षिण पूर्व एशिया संधि संगठन (SEATO) और अन्य किसी सैन्य गठबंधन में शामिल नहीं है और वह भविष्य में संयुक्त राज्य अमेरिका एवं चीन के बीच युद्ध में शामिल नहीं होगा।[41] बांडुंग सम्मेलन में पहली बार यह खुलासा हुआ कि चीन और पाकिस्तान भिन्न राजनीतिक विचारधाराओं के साथ सीमित कार्यकारी संबंध बना सकते हैं। दूसरे चीन और भारत एफ्रो-एशियाई संसार में प्रभाव के लिए प्रतिद्वंद्वी थे और अंततः पाकिस्तान की भूमिका का प्रयोग चीन द्वारा केवल भारत के लिए ही नहीं बल्कि सोवियत रूस के लिए भी किया जा सकता था जिसके प्रभाव को चीन एफ्रो-एशियाई देशों के बीच मंद करना चाहता था।[42]

यद्यपि सन् 1958 और 1959 के बीच जनरल अयूब खान के अधीन पाकिस्तान ने पश्चिम समर्थक नीति का अनुकरण किया और पाकिस्तान का चीन के साथ संबंध खराब होने लगा। सन् 1959 की शुरूआत में अयूब ने भारत के समक्ष बाहरी खतरे के खिलाफ उपमहाद्वीप की संयुक्त रक्षा का प्रस्ताव रखा।[43] 21 जुलाई, 1959 को चीन ने पाकिस्तान सरकार को एक कड़ा विरोध पत्र भेजा जिसमें पाकिस्तान के विरुद्ध चीन की शिकायत के कई कारण सूचीबद्ध थे। उनमें सबसे महत्त्वपूर्ण मामलों, जिन पर पाकिस्तान ने प्रतिकूल रवैया अपनाया था वह संयुक्त राष्ट्र में चीनी जनवादी प्रजातंत्र के प्रवेश के संबंध में संयुक्त राष्ट्र में पाकिस्तान के वोटिंग पैटर्न, ताइवान हज मिशन का स्वागत और तिब्बत मामले के प्रति पाकिस्तान का रवैया था। सन् 1959 में पाकिस्तान ने संयुक्त राष्ट्र में आयरलैंड और मलय द्वारा प्रस्तुत एक ऐसे प्रस्ताव का समर्थन किया जिसमें तिब्बतियों के मूल अधिकारों और स्वतंत्रता का चीन द्वारा जबरन इनकार किए जाने की निंदा की गई थी। विरोध नोट के अंत में यह पंक्तियाँ लिखी गई थीं कि चूँकि अयूब सरकार सत्ता में आ गई है, पाकिस्तान सरकार का चीन के प्रति शत्रुतापूर्ण रवैया पहले से भी ज्यादा खराब हो गया है।[44]

यद्यपि पचासवें दशक के अंत में चीन ने कई घटनाओं जैसे भारत-चीन सीमा पर तनाव, तिब्बत में सन् 1959 का विद्रोह, द्विपक्षीय मामलों पर चीन और सोवियत संघ के बीच बढ़ता हुआ मनमुटाव और पश्चिम के साथ शांतिपूर्ण सहअस्तित्व के मामले के कारण दक्षिण एशिया में अपनी भूमिका का पुनः मूल्यांकन किया। पाकिस्तान में इन घटनाओं को नीति निर्माताओं द्वारा नोट किया गया। अतः अक्टूबर 1959 में जब अयूब खान ने उपमहाद्वीप की संयुक्त रक्षा के अपने प्रस्ताव को दुहराया, तो उसने यह भी कहा कि पाकिस्तान अधिकृत कश्मीर और चीनी शिंगजियांग के बीच की सीमा को पुनः निर्धारित करने के लिए चीन से बात करेगा।[45] सन् 1960 में चीन और पाकिस्तान अधिकृत कश्मीर के बीच सीमा के बारे में भारतीय अधिकारियों से विचार-विमर्श से चीन का इनकार करना बीजिंग की तरफ से पाकिस्तान को चीन के नजदीक लाने का एक महत्त्वपूर्ण कदम था। चीन ने

वास्तव में पहले से ही बांडुंग सम्मेलन के समय से पाकिस्तान के साथ दोस्ती के विकल्प को खुला रखा था।

सन् 1960-61 तक पाकिस्तान और चीन दोनों देशों के नेताओं द्वारा किए गए कार्य और दिए गए बयान चीन और पाकिस्तान के बीच संबंधों को सुधारने की पारस्परिक इच्छा को दर्शाते हैं। सन् 1961 में जब चीनी प्रतिनिधित्व का मामला संयुक्त राष्ट्र के समक्ष प्रस्तुत हुआ तो पाकिस्तान ने महासभा में सोवियत संघ के मसौदा प्रस्ताव का समर्थन किया जिसमें कम्युनिस्ट चीन को संयुक्त राष्ट्र में स्थान दिए जाने के लिए तालमेल बिठाने का प्रयास किया गया था। यह पाकिस्तान ही था जिसने औपचारिक रूप से अपने 28 मार्च, 1961 के राजनयिक नोट में सीमा के सीमांकन के लिए बीजिंग से चर्चा की थी।[46]

3 मई, 1962 को पाकिस्तान और चीन ने औपचारिक रूप से चीन के शिंगजियांग और पाकिस्तान अधिकृत कश्मीर के बीच सीमा को निर्धारित करने की अपनी मंशा की घोषणा की। इस स्थान की समग्र समझ प्राप्त करने तथा इस सीमा के संरेखण और इस आधार पर अस्थायी प्रकृति के समझौते पर हस्ताक्षर करने के उद्देश्य से बातचीत करने के लिए दोनों पक्ष तैयार हो गए। दिनांक 10 मई, 1962 के भारतीय विरोध को पाकिस्तान और चीन दोनों देशों द्वारा रद्द कर दिया गया।[47] चीन के भारत पर आक्रमण करने से ठीक एक सप्ताह पहले 12 अक्टूबर, 1962 को बीजिंग में औपचारिक रूप से बातचीत शुरू हुई और सीमा पर विचार-विमर्श पर दोनों तरफ से एक प्रक्रियात्मक समझौता हुआ।[48] लगभग दो महीने की संक्षिप्त अवधि में ही दोनों पक्षों ने सीमा के स्थान और संरेखण के सभी जटिल मामलों को सुलझा लिया और वे संपूर्ण सीमा समझौते पर हस्ताक्षर करने के लिए तैयार हो गए।[49] भारत की तरफ से 31 दिसम्बर, 1962 में की गई एक सख्त आपत्ति में दोनों पक्षों के बीच ऐसे किसी भी समझौते की वैधता पर सवाल उठाया गया जिसमें भारतीय क्षेत्र शामिल है, और उनके पास इस क्षेत्र के संबंध में कोई भी कानूनी या संवैधानिक अधिस्थिति नहीं है।[50] भारत ने दृढ़तापूर्वक कहा कि पाकिस्तान ने 13,000 वर्गमील भारतीय क्षेत्र भारत को वापस किया था।[51]

इसमें कोई भी संदेह नहीं है कि 26 दिसम्बर, 1962 के चीन-पाक संयुक्त विज्ञप्ति में प्रयोग किए गए शब्द "समझौते की शीघ्र प्राप्ति" भारत-चीन संघर्ष द्वारा ही संभव और सहज हुआ जिसने बीजिंग को देर करने की रणनीति को छोड़ने और कुछ रियायतें करते हुए सीमा समझौते के लिए पाकिस्तान की इच्छा पर तुरंत कार्यवाही करने के लिए प्रेरित किया। इस मामले की पुष्टि भुट्टो ने स्वयं की थी।[52] चीन और पाकिस्तान के बीच सीमा समझौता पर विदेश मंत्री चेन्यी और जेड.ए. भुट्टो द्वारा 2 मार्च, 1963 को बीजिंग में हस्ताक्षर किए गए। चीन के बर्मा और नेपाल

के साथ सीमा समझौते के बाद पाकिस्तान के साथ हुए सीमा समझौते के निष्कर्ष को चेन्यी द्वारा "विभिन्न सामाजिक व्यवस्थाओं वाले देशों के बीच दोस्ताना तरीके से मामलों को निपटाने के उदाहरण के रूप में" पेश किया गया।[53] उसने भारत पर दोषारोपण किया कि वह साम्राज्यवादियों से हथियारों की सहायता प्राप्त करने की मंशा से चीन के साथ सीमा विवाद को शांतिपूर्ण ढंग से सुलझाना नहीं चाहता है जिससे एशिया की शांति को एक गंभीर खतरा उत्पन्न हो रहा है।[54]

भारत-चीन का युद्ध पाकिस्तान-चीन सौहार्द्र में क्रांतिकारी परिवर्तन लाया। 1962 के चीन-भारत युद्ध के प्रति पाकिस्तान की प्रतिक्रिया भारत विरोधी थी। पहले, पाकिस्तान ने भारत को इस संघर्ष के लिए जिम्मेदार बताया। दूसरे, पाकिस्तान ने वकालत की कि चीन-भारत युद्ध स्थानीय और सीमित संघर्ष था। अंत में, पाकिस्तान का चीनी आक्रमण के मद्देनजर भारत को पश्चिमी हथियारों की आपूर्ति के प्रति प्रतिक्रिया यूएसए और ब्रिटेन के खिलाफ नाराजगी में बदल गई।[55] भारत पर चीन के आक्रमण से पाकिस्तान को लगा कि चीन और भारत के बीच अंतिम रूप से संबंध टूट गए हैं। इसी प्रकार चीनी भी सुनिश्चित थे कि पाकिस्तान भारत के साथ इसके मतभेदों को सुलझाने के लिए पश्चिमी दबाव को स्वीकार नहीं करेगा और भारत एवं पाकिस्तान की चीन के खिलाफ संयुक्त मोर्चा खोलने की कोई भी संभावना नहीं होगी जिसके बारे में चीन आशंकित रहता था।[56] अतः पाकिस्तान और चीन ने पारस्परिक भ्रमों को दूर किया और 1962 के भारत-चीन युद्ध के बाद अत्यंत निकटस्थ संबंध स्थापित किए।

इसी प्रकार भूटान के साथ भी चीन ने भारत के प्रभाव को सीमित करने का प्रयास किया। 'विशेष संबंध' जो सन् 1949 की संधि द्वारा भूटान और भारत के बीच स्थापित हुए थे, वह चीन द्वारा स्वीकार नहीं किया गया। चीन-भूटान सीमा का मामला, जिसका चीनी नेताओं ने दावा किया था, सन् 1960-61 में आयोजित चीन-भारत बातचीत के कार्यक्षेत्र में नहीं था।[57] सन् 1959 के तिब्बत विद्रोह और इसके परिणाम ने चीनी खतरे की वास्तविकताओं के प्रति भूटान के शासकों की आँखें खोल दीं और भूटान ने तिब्बत के साथ अपनी सीमाओं को सन् 1960 में बंद कर दिया। सन् 1961 में चीन ने भूटान को उसके आर्थिक विकास के लिए अपनी मदद की पेशकश की जिसे राजा जिग्मे दोरजी वांगचुक द्वारा अस्वीकार कर दिया गया।[58]

भूटान ने सन् 1962 के भारत-चीन युद्ध के दौरान तटस्थता की घोषणा की। इसके क्षेत्र पर चीन द्वारा आक्रमण नहीं किया गया। यद्यपि ताशीगांग के संपूर्ण पूर्वी जिले और उत्तर पूर्वी तथा उत्तर पश्चिमी भूटान के हिस्सों पर चीन के दावों को वापस नहीं लिया गया था।[59] तवांग के पूर्व, उत्तर-पूर्व क्षेत्र और भूटान, भारत और तिब्बत के तिराहे को कोलंबो प्लान द्वारा 'भावी विचार-विमर्श में निपटारा' के लिए चिह्नित

किया गया था, जब उन्होंने चीन और भारत को प्रस्ताव प्रस्तुत किए थे।[60] पाकिस्तान और नेपाल के समान चीन ने श्रीलंका के साथ भी नजदीकी संबंध विकसित करने का प्रयास किया। श्रीलंका के लिए चीन सबसे ज्यादा जनसंख्या वाला और बढ़ती हुई आर्थिक तथा सैन्य क्षमता वाला देश था। ऐसा होते हुए श्रीलंका का चीन से दोस्ती बनाए रखना जरूरी था। इसके अतिरिक्त, भारतीय श्रेष्ठता को नष्ट करने के प्रयास में श्रीलंका बाहरी शक्तियों की संलग्नता को प्रोत्साहित करना चाहता था, जिसका अपने स्वयं के कारणों से भारत के साथ मतभेद था। इस संदर्भ में जैसा श्रीलंका के विद्वानों ने दक्षिण एशिया के छोटे राष्ट्रों के दृष्टिकोण से नोट किया, प्रतिकारी बल के रूप में चीन की मजबूत उपस्थिति उस क्षेत्र में भारत के बढ़ते हुए और निर्विवाद प्रभुत्व को ध्यान में रखते हुए एक वांछनीय घटना है।[61]

श्रीलंका और चीन के बीच द्विपक्षीय संबंध प्रचलित अंतर्राष्ट्रीय स्थिति तथा श्रीलंका में सत्तारूढ़ दल के वैचारिक उन्मुखीकरण द्वारा प्रभावित थे। स्वतंत्रता के बाद के वर्षों (1948-1956) के शुरूआती चरणों के दौरान यूएनपी सत्ता में था और श्रीलंका पश्चिम की तरफ झुका था। उनके द्विपक्षीय संबंधों में महत्त्वपूर्ण विकास सन् 1952 में हुए जब श्रीलंका ने चीनी जनवादी प्रजातंत्र के साथ रबर-चावल समझौता किया। आर्थिक रूप से यह श्रीलंका के लिए बहुत ही फायदेमंद था क्योंकि इससे उसे अतिरिक्त रबर के लिए तैयार बाजार ही नहीं मिला बल्कि उसे विश्व बाजार की कीमतों की अपेक्षा कम कीमत पर आवश्यकतानुसार चावल आयात करने का भी मौका मिला। यह समझौता श्रीलंका के लिए फायदेमंद साबित हुआ और शासक दल के वैचारिक उन्मुखीकरण की परवाह किए बिना इस समझौते को प्रत्येक पाँच साल पर नवीकृत किया जाता रहा।[62]

जब SLFP सन् 1956 में सत्ता में आई तो भंडारनायके और सिरिमावो भंडारनायके श्रीलंका की विदेश नीति में एक निश्चित परिवर्तन लाए। इस परिवर्तन के एक हिस्से के रूप में चीनी जनवादी प्रजातंत्र के साथ राजनयिक संबंध स्थापित किए गए और पारस्परिक राजनीतिक, सांस्कृतिक और व्यापार संबंधों का विस्तार किया गया।[63] प्रधानमंत्री झोउ एन लाई के सन् 1958 में कोलंबो दौरे के दौरान द्विपक्षीय संबंधों को और मजबूत किया गया।[64] जब अक्टूबर-नवंबर 1962 में चीन-भारत युद्ध हुआ तो सिरिमावो भंडारनायके ने भारत-चीन विवाद में मध्यस्थता करने के लिए कुछ गुट निरपेक्ष देशों का एक कोलंबो सम्मेलन आयोजित करने की पहल की। यहाँ यह उल्लेख किया जा सकता है कि चीन-भारत युद्ध में श्रीलंका की तटस्थता को भारत में दोस्ताना व्यवहार के रूप में नहीं देखा गया।

अतः सन् 1962 तक चीन की दक्षिण एशियाई क्षेत्र में दुर्जेय उपस्थिति हो गई और उसका एकमात्र उद्देश्य इस क्षेत्र में भारत के प्रभाव को नियंत्रित करना था।

III

भारत-चीन संबंध वैश्विक राजनीतिक विन्यास द्वारा भी काफी हद तक प्रभावित था। सन् 1947 में जब भारत, जवाहरलाल नेहरू के योग्य मार्गदर्शन में स्वतंत्र देश बना तो इसने अपनी विदेश नीति के मौलिक सिद्धांत के रूप में गुटनिरपेक्षता को अपनाया। दूसरी तरफ चीनी जनवादी प्रजातंत्र समाजवाद और पूँजीवाद के बीच मुख्य अंतर्विरोध को देखते हुए सोवियत संघ के नेतृत्व में समाजवादी शिविर में शामिल हो गया। शुरूआत में, चीन ने गुटनिरपेक्षता का विरोध किया क्योंकि उसकी राय में लोग या तो साम्राज्यवाद की तरफ झुके हैं या समाजवाद की तरफ और तीसरा कोई रास्ता मौजूद नहीं है।[65]

बाद में चीन ने भारत की गुटनिरपेक्षता की नीति के संबंध में अपने दृष्टिकोण में सुधार किया। प्रत्यक्ष रूप से चीन ने कोरिया में संघर्ष को स्थानीकृत करने के लिए भारत के गंभीर प्रयासों, संयुक्त राष्ट्र संघ में चीन के प्रतिनिधित्व के भारत के समर्थन, मेनलैंड के साथ ताइवान के एकीकरण के मामले पर चीन के दृष्टिकोण को उसकी मंजूरी और जापान शांति समझौते के लिए भारत के विरोध की सराहना की। इन अंतर्राष्ट्रीय मामलों में भारत की स्थिति, जिनका चीन से गहरा संबंध था, से भारत-चीन संबंधों पर सकारात्मक असर पड़ा। जून 1957 में भारत के दौरे के दौरान झोउ एन लाई ने यह संबोधित किया कि "भारत ने कोरिया में युद्ध विराम करवाने का प्रयास करते हुए मूल्यवान योगदान दिया है। एशिया में शांति बनाए रखने के प्रति भारत का यह कदम बहुत ही ज्यादा महत्त्वपूर्ण है।"[66]

जैसे-जैसे कोरियाई युद्ध आगे बढ़ता गया, भारत की कम्युनिस्ट शिविर विशेष रूप से सोवियत संघ और चीन के बीच गुटनिरपेक्षता की स्थिति की विश्वसनीयता धीरे-धीरे स्थापित होने लगी। सोवियत संघ ने कोरियाई युद्ध को समाप्त करने में भारत के योगदान पर आभार व्यक्त किया। इसके अतिरिक्त भारत की गुटनिरपेक्ष सत्ता की छवि और मजबूत हुई जब भारत ने अमेरिकी सैन्य सहायता को अस्वीकार कर दिया और नेहरू ने 23 दिसंबर, 1953 को संसद में घोषणा की कि संयुक्त राज्य अमेरिका ने शांति के क्षेत्र को विकृत किया है और पाकिस्तान को अपना सैन्य सहयोगी बनाकर भारतीय सीमाओं में शीतयुद्ध शुरू किया है।[67]

सोवियत के दृष्टिकोण में इस बदलाव को संपूर्ण सोवियत नीतियों के संदर्भ में देखा जाना है जो मुख्य रूप से पश्चिमी चुनौतियों का सामना करने के लिए संचालित की गई थीं। वास्तव में सोवियत की विदेश नीति बहुत ज्यादा अमेरिकी घटक से प्रभावित थी जिसमें चीन-अमेरिका विरोध भी शामिल था। सोवियत संघ और चीन

के समाजवादी शिविर ने अमेरिकी साम्राज्यवाद को अपना मुख्य प्रतिद्वंद्वी माना जिसके साथ वैचारिक टकराव निश्चित था।

यद्यपि 1950 के अंत तक अंतर्राष्ट्रीय राजनीतिक स्थिति बदलनी शुरू हो गई। अंतर्राष्ट्रीय राजनीति में तीन घटकों को शामिल किया गया। पहला, अमेरिका-सोवियत शीतयुद्ध दोनों के बीच संघर्ष और सहयोग का रास्ता बना रहा था। यद्यपि सोवियत संघ ने अमेरिकी साम्राज्यवाद को अपना मुख्य शत्रु माना, वह इसका सामना करने के लिए तैयार नहीं था। अतः मास्को ने आंशिक रूप से पश्चिमी देशों के साथ अमन का रास्ता चुना। दूसरे गुटनिरपेक्षता को दोनों शक्तिशाली देशों द्वारा शांति और स्थिरता के घटक के रूप में सम्मानित किया गया और तीसरे चीन-सोवियत के बीच दरार बढ़ रही थी।[68]

पचास के दशक की शुरूआत के दौरान गुटनिरपेक्ष आंदोलन को अमेरिका साम्यवाद की रोकथाम में मददगार नहीं मानता था। सोवियत संघ ने भी इसे पश्चिमी साम्राज्यवाद का सहायक माना। पचास के दशक के बीच में सोवियत संघ ने इसे संदेह की नजरों से देखना बंद कर दिया और अमेरिका ने इसे अनैतिक नहीं माना। वास्तव में, अब इसे विश्व में शांति और स्थिरता के घटक के रूप में माना जाने लगा। भारत शक्तिशाली देशों के रवैये में बदलाव का हितभागी हो गया। स्वाभाविक रूप से यह पाकिस्तान और चीन दोनों के लिए चिंता का विषय हो गया।

चीन-सोवियत मतभेद जो पचास के दशक से धीरे-धीरे उबाल खा रहा था वह साठ के दशक में और ज्यादा बढ़ गया। चीनियों ने सोवियत की 'शांतिपूर्ण सहअस्तित्व', 'संसदीय पथ से सोवियत विकास' और राष्ट्रवादी पूँजीपतियों के प्रति सोवियत के रवैये की लाइन का विरोध किया। चीन-सोवियत संघ समझौता पचास के दशक के अंत में भंग हो गया जब सोवियत संघ ने अमेरिका के साथ शांतिपूर्ण सहअस्तित्व की रणनीति पर निर्णय लिया जिसमें चीनी साम्यवादी पार्टी की ताकत और प्रभाव को नियंत्रित करने की रणनीति भी शामिल थी। बीसवीं CPSU कांग्रेस रणनीति के साथ माओ की सहमति को खारिज कर दिया गया। क्योंकि इसमें, पहले उदाहरण में, कुछ महत्त्वपूर्ण अधूरी चीनी महत्त्वाकांक्षाओं, ताइवान की आजादी और सुरक्षा परिषद के पद की प्राप्ति को ठंडे बस्ते में डालना शामिल था तथा दूसरे सोवियत संघ के परमाणु संरक्षण की चीन की स्वीकृति भी शामिल थी।[69] बीसवीं पार्टी कांग्रेस ने पोस्ट स्टालिन युग में चीन-सोवियत संबंधों में बड़े बदलाव का प्रतिनिधित्व किया। इसने संघर्ष के कई मुख्य तत्त्वों के लिए मंच तैयार कर दिए जो अभी तक प्रकट हो चुके थे जैसे वैश्विक रणनीति पर, अंतः गुट संबंधों पर, जोसेफ स्टालिन की नीति के प्रभाव को कम करने की गति और गुंजाइश पर, समाजवाद और साम्यवाद को निर्मित करने में प्रयोग की गई विधियों के अनुमेय विविधता पर और

समाजवादी नेतृत्व के मूल मामले पर चीन और सोवियत संघ के बीच मतभेद।[70] इसी बीच चीन-सोवियत के मध्य दोनों देशों के बीच की सीमाओं के मामले पर मतभेद गंभीर हो गए।[71] इसके अतिरिक्त भारत सोवियत संघ और चीन के बीच मुख्य मुद्दा हो गया। राजनीतिक उद्देश्यों के लिए चीन-सोवियत मतभेदों ने भारत और चीन के बीच के मतभेदों को बल प्रदान किया।

उसी समय, अमेरिका ने भारत और चीन को एशिया और अफ्रीका में विकासशील देशों के बीच राष्ट्र निर्माण के लिए दो प्रतिस्पर्धी माडल के रूप में देखा। आइजनहावर प्रशासन ने शीतयुद्ध के संदर्भ में भारत और चीन के बीच प्रतिस्पर्धा के लक्षणों का अनुमान लगाया और वह चीन के समाजवादी माडल के खिलाफ भारत के लोकतांत्रिक माडल को सफल होने देना चाहता था। केनेडी प्रशासन के आने पर भारत के प्रति अमेरिका की नीति में थोड़ा बदलाव आया। केनेडी का यह दृष्टिकोण था कि भारत और चीन एशिया के आर्थिक और राजनीतिक नेतृत्व के लिए संघर्षरत प्रतिस्पर्धी हैं।[72] केनेडी ने भारत को "एशिया में भाग्य का कब्जा" माना। जब वह राष्ट्राध्यक्ष हुआ तो उसने भारत की तृतीय पंचवर्षीय योजना के लिए उसे बड़ी आर्थिक सहायता देने का वचन दिया। जून 1961 में अमेरिका तृतीय पंचवर्षीय योजना के पहले दो वर्षों के दौरान विकास ऋण में 1045 मिलियन डॉलर देने के लिए सहमत हुआ।[73] चीन ने भारत में चीन विरोधी भावनाओं तथा भारत को अमेरिका की सहायता के बीच "एक अविभाज्य जुड़ाव" स्थापित करने की माँग की। चीन ने भारत पर अमेरिकी साम्राज्यवाद की चीनी विरोधी योजनाओं का हिस्सा होने का आरोप लगाया।

चीन और सोवियत संघ के बीच दरार ऐसे समय में पड़ी जब पचास के दशक के मध्य में भारत-सोवियत संबंध दोस्ताना हो गया था। सोवियत संघ ने भारत को विश्व शांति का प्रचार करने के लिए अग्रणी भूमिका निभाने के लिए प्रोत्साहित किया। चीन ने नई दिल्ली के प्रति सोवियत के हितकारी रवैये को पसंद नहीं किया और सन् 1959 के चीन-भारत सीमा पर लड़ाई के प्रति सोवियत के रवैये से वह नाराज हो गया। सीमा विवाद पर भारत ने सितंबर 1959 में सोवियत यूनियन से अप्रत्याशित समर्थन प्राप्त किया। एक प्रसिद्ध विश्लेषक ने बताया कि सोवियत के समर्थन ने नेहरू को आश्वस्त किया कि सीमा पर बुनियादी मोर्चे पर कोई भी ढील न हो। यह भारत के प्रति सोवियत का अप्रत्यक्ष समर्थन था जिसने तुरंत सीमा विवाद पर चीन की स्थिति को कठोर कर दिया।[74] चीन इस तथ्य को स्वीकार नहीं कर पाया कि मास्को साथी साम्यवादी देश और गैर-साम्यवादी देश के बीच भेदभाव नहीं कर सका। इसके अतिरिक्त, सितंबर 1959 और फरवरी 1961 के बीच, सोवियत संघ ने भारत की तृतीय पंचवर्षीय योजना की परियोजनाओं के लिए 500 मिलियन डालर का

ऋण दिया। साठ के दशक की शुरूआत में सोवियत संघ ने भारत को सैन्य सामग्री बेचना शुरू कर दिया और सन् 1961 में उसने स्पष्ट रूप से लद्दाख में चीन के खिलाफ इस्तेमाल करने के लिए परिवहन विमान भी बेचा। सन् 1962 के मध्य में यह घोषणा की गई कि भारत मिग-21 लड़ाकू विमानों की दस स्क्वाड्रन खरीदेगा और यह भी खुलासा किया गया कि सोवियत संघ मिग विमान के विनिर्माण के लिए भारत में फैक्ट्री खोलेगा।[75]

इसके अतिरिक्त चीन ने गैर-समाजवादी देशों को सोवियत की सहायता प्रदान करने का विरोध किया। उसने वकालत की कि इस प्रकार की सहायता केवल समाजवादी देशों को ही दी जानी चाहिए।[76] चीन ने सोवियत द्वारा भारत को सहायता प्रदान करने का विरोध इस चीनी धारणा के कारण किया कि भारत को चीन का प्रभावी प्रतिद्वंद्वी बनने में मदद मिल रही थी और यह अनुचित था कि भारत दोनों गुटों से फायदा उठा रहा था।

भारत और चीन के बीच सीमा विवाद को यदि अलग करके देखा जाए तो इसकी दो राष्ट्रों के बीच प्रादेशिक मामले के रूप में अनिवार्य रूप से व्याख्या की जा सकती है। यद्यपि सोवियत संघ और चीन द्वारा उत्पन्न स्थितियों की पृष्ठभूमि के खिलाफ देखा जाए तो इसे इसके सिद्धांतवादी पहलू से अलग करना गलत हो सकता है। चीनियों का विश्वास था कि चीन-भारत मतभेद भारत सरकार के घरेलू प्रतिक्रिया और साम्राज्यवाद के साथ समझौता करने के परिणाम के रूप में उत्पन्न हुआ था और यह भारतीय शासक वर्ग की वर्ग प्रकृति के कारण अनिवार्य हो गया था। बाद में सोवियत संघ के साथ वाद-विवाद के आदान-प्रदान के दौरान चीन ने अपना विचार प्रकट किया कि "सोवियत नेताओं तथा हमारे बीच सिद्धांतों का एक महत्त्वपूर्ण मतभेद चीन-भारत सीमा मामले पर निर्भर है।"[77] चीन ने सीमा विवाद पर "सख्त तटस्थता बनाए रखने" के लिए सोवियत को गलत माना और यह महसूस किया कि तटस्थ होने के बावजूद सोवियत के कथनों ने वास्तव में चीन को दोषी ठहराया और वह भारत के पक्ष में रहा। चीन ने इस तथ्य का संदर्भ लिया कि खुश्चेव ने इस धारणा को खारिज कर दिया कि चीन-भारत विवाद का विचारधारा से कुछ भी लेना-देना नहीं है। उन्होंने इसे राष्ट्रवादी विवाद माना जिसमें चीन ने संकीर्ण राष्ट्रवादी रवैये का प्रदर्शन किया है। अंत में सोवियत ने अस्पष्ट रूप से कहा कि चीन ने अमन की संभावना को नष्ट करते हुए खुश्चेव के अमेरिका दौरे के ठीक पहले संघर्ष को जानबूझकर बढ़ा दिया।[78]

यह भी स्मरण होना चाहिए कि चीन ने भारत पर अक्टूबर 1962 में आक्रमण किया था जब दोनों शक्तिशाली देश क्यूबा मिसाइल संकट से जूझ रहे थे। जिस समय संकट का समाधान निकल आया उसी समय चीन ने एकतरफा युद्ध विराम की

घोषणा कर दी। चीन ने अमेरिका और सोवियत संघ दोनों देशों द्वारा भारत को दिए गए समर्थन को विरोधी ताकतों द्वारा घिरे होने के रूप में समझा। अकेला अनुभव करते हुए तथा कब्जे की मानसिकता का प्रदर्शन करते हुए चीनी तिब्बत के मामले और भारत के साथ क्षेत्रीय विवाद के मामले पर साम्राज्यवाद के समर्थन के बारे में चिंतित थे। इसके परिणामस्वरूप, जैसा कुछ विद्वानों ने ध्यान दिलाया है चीन ने भारत पर सैन्य हमला करने का निर्णय लिया।[79] यह कदम इस तथ्य से भी आवश्यक हो गया था कि चीन विश्व को यह दिखाना चाहता था कि वह सोवियत के नेतृत्व वाले समाजवादी शिविर से स्वतंत्र है और अपने एशियाई प्रतिद्वंद्वी को हराकर अपनी ताकत को दिखा सकता है।

पूर्ववर्ती घटनाओं से यह बिल्कुल स्पष्ट है कि भारत-चीन संबंध जितना द्विपक्षीय मामलों से प्रभावित था उतना ही क्षेत्रीय और अंतर्राष्ट्रीय राजनीतिक विन्यास से भी प्रभावित था। इसके अतिरिक्त भारत और चीन के बीच द्विपक्षीय मामले दक्षिण एशिया घटक के साथ ही वैश्विक राजनीतिक विन्यास दोनों से जुड़े थे। अतः द्विपक्षीय, क्षेत्रीय और पारस्परिक प्रभाव का संयोजन सालों तक भारत-चीन संबंधों को प्रभावित करता रहा और जो 1962 के संघर्ष के प्रारंभ की पराकाष्ठा तक पहुँच गया, जिसने अंततः लगभग दो दशकों तक दो शक्तिशाली पड़ोसी राष्ट्रों के बीच संबंधों को स्थिर कर दिया।

संदर्भ

1. एस0पी0 सेठ, "साइनो-इंडियन रीलेशंसः प्राब्लम्स एंड प्रास्पेक्ट्स", एशिया-पेसिफिक कम्युनिटी (टोक्यो), फाल 1984, पृ0 68।
2. ए0 अप्पादोरई एवं एम0एस0 राजन, इंडियाज फारेन पॉलिसी एंड रीलेशंस (नई दिल्ली, 1985) पृ0 114।
3. सेलेक्टेड वर्क्स आर्फ माओत्से तुंग, अंक 4 (बीजिंग, 1969), पृ0 415।
4. जवाहरलाल नेहरू सेलेक्टेड स्पीचेज, अंक 4, प्रकाशन विभाग, सूचना और प्रसारण मंत्रालय, भारत सरकार (नई दिल्ली, 1964), पृ0 278।
5. अप्पाडोरई एंड राजन, नं0 2, पृ0 117।
6. तिब्बत पर भारत और चीन के बीच आदान-प्रदान किए गए नोट्स के विवरण के लिए देखें- चाणक्य सेन द्वारा संपादित तिब्बत डिसअपीयर्स (बाम्बे, 1960), पृ0 69-77।
7. पूर्वोक्त, पृ0 78-81।
8. मूलपाठ के लिए देखें, फारेन पॉलिसी ऑफ इंडियाः टेक्स्ट्स ऑफ डाक्यूमेंट्स, 1947-64 (नई दिल्ली, 1966), पृ0 198।
9. लोकसभा डिबेट्स, अंक 5, 1954, कॉलम 7496।
10. विवरण के लिए देखें जॉन एफ0 अवेंडन, इन एक्साइल फ्राम द लैंड ऑफ द स्नोज (न्यूयार्क, 1986), पृ0 65-133।
11. सुरजीत मान सिंह और स्टीवेन आई0 लेविने, "चाइना एंड इंडियाः मूविंग बियांड कान्फ्रन्टेशन",

प्राब्लम्स ऑफ कम्यूनिज्म (वाशिंगटन), 38 (2-3), मार्च एवं जून 1989, पृ0 31।

12. यह दृष्टिकोण ब्रिटिश लेखकों द्वारा प्रलेखित है, देखें नेविले मैक्सवेल, इंडियाज चाइना वार (बाम्बे, 1970), अलस्टियार लैम्ब, इ इंडिया चाइना बार्डर: द ओरिजिन्स ऑफ द डिस्प्यूटेड बाउंड्रीज (लंदन, 1964) को भी देखें।
13. टी0 करकी हुसैन में उद्धरित, साइनो-इंडियन एंड इंटरनेशनल पालिटिक्स इन द इंडियन सब-कांटिनेंट, 1962-66 (नई दिल्ली, 1977), पृ0 121।
14. पूर्वोक्त।
15. बीजिंग रिव्यू (बीजिंग), नं0 18, 3 मई 1960, पृ0 18।
16. टी0एस0 मूर्ती, पाथ्स ऑफ पीस: स्टडीज ऑन द साइनो-इंडियन बार्डर डिस्प्यूट (नई दिल्ली, 1987), पृ0 122।
17. डी0के0 बनर्जी, साइनो-इंडियन बार्डर डिस्प्यूट (नई दिल्ली, 1975), पृ0 22-21। क्रमश: पूर्वी, मध्य एवं पश्चिमी क्षेत्र में चीन के दावे के लिए देखें, बनर्जी, पृ0 25-27।
18. अप्पाडोरई एंड राजन, नं0 2, पृ0 136।
19. नैन्सी जेटली, इंडिया-चाइना रीलेशंस, 1947-77: ए स्टडी ऑफ पार्लियामेंट्स रोल इन द मेकिंग ऑफ फारेन पालिसी (नई दिल्ली, 1979), पृ0 173 में उद्धृत।
20. टी0 करकी हुसैन, नं0 13, पृ0 23-24 में उद्धृत।
21. विवरण के लिए देखें, जनरल लेई यिंग पेंग, माई डेज ऐज मिलिट्री स्टाफ इन द सुप्रीम कमांड (यांग्शी, 1997)।
22. सी0वी0 रंगनाथन और विनोद सी0 खन्ना, इंडिया एंड चाइना: द वे अहेड आफ्टर "माओज इंडिया वार" (नई दिल्ली, 2000), पृ0 24 में उद्धृत।
23. रॉड्रिक मैक फारकुहार, द ऑरिजिन्स ऑफ कल्चरल रिवोलुशन इन चाइना, अंक 3, (आक्सफोर्ड, 1997), पृ0 307
24. नैन्सी जेटली, नं0 19, पृ0 201।
25. जवाहरलाल नेहरू सेलेक्टेड स्पीचेज, अंक 4, पृ0 230।
26. एस0पी0 वर्मा, स्ट्रगल फॉर द हिमालयाज (नई दिल्ली, 1971), पृ0 58।
27. जवाहरलाल नेहरू, इंडियाज फारेन पालिसी, प्रकाशन विभाग (नई दिल्ली, 1971), पृ0 436।
28. संधि के मूलपाठ के लिए देखें- नं0 8, पृ0 56-58।
29. पत्रों के लिए देखें- हिंदुस्तान टाइम्स (नई दिल्ली), 4 दिसंबर 1959।
30. संधि के मूलपाठ के लिए देखें- ए0एस0 भसीन द्वारा संपादित, डाक्यूमेंट्स ऑन नेपाल्स रीलेशंस विद इंडिया एंड चाइना, 1949-66 (नई दिल्ली, 1960), पृ0 183।
31. एस0के0 झा, अनइजी पार्टनर्स: इंडिया एंड नेपाल इन द पोस्ट कॉलोनियल एरा (नई दिल्ली, 1975), पृ0 106।
32. संधि के मूलपाठ के लिए देखें- ए0एस0 भसीन, नं0 30, पृ0 205-206।
33. एशियन रिकार्डर (नई दिल्ली), 21-27 मई 1960, पृ0 3329।
34. स्टेट्समैन, (कलकत्ता), 26 अप्रैल 1960।
35. एस0डी0 मुनि, फारेन पालिसी ऑफ नेपाल (दिल्ली, 1973), पृ0 119।
36. टाइम्स ऑफ इंडिया, (नई दिल्ली), 7 फरवरी 1961।
37. एशियन रिकार्डर, 3-9 दिसंबर 1961, पृ0 4298।
38. न्यू चाइना न्यूज रिपोर्ट (बीजिंग), 6 अक्टूबर 1962। (यहाँ इसके बाद NCNA के नाम से

जाना जाए)

39. एस0डी0 मुनि, नं0 35, पृ0 122-123।
40. संधि के मूलपाठ के लिए देखें- नं0 8, पृ0 37-40।
41. जार्ज एम0 काहिन, द एशियन-अफ्रीकन कान्फ्रेंस: बांडुंग (कार्नेल, 1956), पृ0 57-58।
42. पी0 एल0 भोला, पाकिस्तान-चाइना रिलेंशंस: सर्च फार पालिटिको स्ट्रैटेजिक रिलेशनशिप (जयपुर 1986), पृ0 69।
43. पूर्वोक्त, पृ0 80।
44. बीजिंग रिव्यू, नं0 30, 28 जुलाई 1959, पृ0 18।
45. पी0एल0 भोला, नं0 42, पृ0 81।
46. पूर्वोक्त, पृ0 90।
47. जे0पी0 जैन, चाइना, पाकिस्तान एंड बांग्लादेश (नई दिल्ली, 1974), पृ0 55।
48. पूर्वोक्त, पृ0 59।
49. पूर्वोक्त, पृ0 67।
50. पूर्वोक्त, पृ0 66।
51. जी0डब्ल्यू0 चौधारी, इंडिया, पाकिस्तान, बांग्लादेश एंड द मेजर पावर्स (न्यूयार्क, 1975), पृ0 179।
52. जे0पी0 जैन, नं0 47, पृ0 67।
53. बर्मा के साथ चीन ने बर्मी क्षेत्र में मैकमोहन रेखा को स्वीकार किया।
54. जे0पी0 जैन, नं0 47, पृ0 68-69।
55. पी0एल0 भोला, नं0 42, पृ0 91।
56. पूर्वोक्त, पृ0 92।
57. रिपोर्ट ऑफ द आफिसियल्स ऑफ द गवर्नमेंट ऑफ इंडिया एंड द पीपुल्स रिपब्लिक ऑफ चाइना आन द बाउंड्री क्वेश्चन (नई दिल्ली, 1961), पृ0 सीआर-156।
58. वी0एच0 कोएल्हो, सिक्किम एंड भूटान (नई दिल्ली, 1969), पृ0 78।
59. चाइना पिक्टोरियल, जुलाई 1958 में प्रथम प्रकाशित एवं भारत द्वारा विरोध।
60. सुरजीत मानसिंह, "चाइना-भूटान रिलेशंस", चाइना रिपोर्ट, (नई दिल्ली), 30, 2, 1994, पृ0 179।
61. महिंदा वेरैक, "चाइना एंड साउथ एशिया: सम हिस्टोरिकल पर्सपेक्टिव", एस0 कोडिकारा संपादित, साउथ एशियन स्ट्रैटेजिक इश्यू: श्री लंकन पर्सपेक्टिव्स (नई दिल्ली, 1990), पृ0 65।
62. एल0एम0 जैकब, "श्री लंका-चाइना रिलेशंस", रमाकांत संपादित, चाइना एंड साउथ एशिया (नई दिल्ली, 1988), पृ0 159।
63. वी0 सूर्यनारायण, श्री लंकाज पालिसी टूवार्ड्स चाइना, चाइना रिपोर्ट, 30:2, 1994, पृ0 206।
64. पूर्वोक्त।
65. सेलेक्टेड वर्क्स ऑफ माओत्से तुंग, नं0 3, पृ0 415।
66. टी0 करकी हुसैन, नं0 13, पृ0 4 में उद्धृत।
67. लोक सभा डिबेट्स, अंक 14, 1953, कालम 2981।
68. पी0एल0 भोला, नं0 42, पृ0 82।
69. डोनाल्ड एस0 जगोरिया, द साइनो-सोवियत कन्फ्लिक्ट, 1956-1961 (प्रिंसटन, 1961), पृ0 35।

70. पूर्वोक्त।
71. पी0एल0 भोला, नं0 42, पृ0 83।
72. जॉन एफ0 केनेडी, स्ट्रैटेजी ऑफ पीस (न्यूयार्क, 1961), पृ0 142।
73. रिचर्ड पी0 स्टेबिन्स, द यूनाइटेड स्टेट्स इन वर्ल्ड अफेयर्स (न्यूयार्क, 1961), पृ0 208।
74. भबनी सेन गुप्ता, द फलक्रम ऑफ एशिया, (न्यूयार्क, 1970), पृ0 128-129।
75. देवेंद्र कौशिक, सोवियत रिलेशंस विद इंडिया एंड पाकिस्तान (नई दिल्ली, 1971), पृ0 66-67।
76. डोनाल्ड एस0 जगोरिया, नं0 69, पृ0 262।
77. "द ट्रूथ एबाउट हाउ द लीडर्स ऑफ द सी0पी0एस0यू0 हैव एलाइड देमसेल्व्स विद इंडिया अगेन्स्ट चाइनाह, बीजिंग रिव्यू नं0 45, 8 नवंबर 1963, पृ0 19।
78. पूर्वोक्त।
79. सी0वी0 रंगनाथन एंड वी0सी0 खन्ना, नं0 22, पृ0 21-24।

5

गतिरोध की अवधि (1963–1975)

सन् 1962 के संघर्ष के बाद भारत–चीन संबंध शत्रुतापूर्ण सहअस्तित्व की अवस्था में स्थिर हो गए। यद्यपि दोनों देशों ने राजनयिक संबंध बनाए रखा लेकिन वह बहुत ही निचले स्तर पर था। सीमा संघर्ष ने दोनों देशों के बीच दोस्ती की भावना को बहुत बड़ा झटका दिया था। इसके परिणामस्वरूप, लंबी अवधि तक राजनयिक गतिरोध जारी रहा।

सन् 1963 की शुरूआत में श्रीलंका की प्रधानमंत्री श्रीमती भंडारनायके ने चीन का दौरा किया। प्रधानमंत्री झोउ एन लाई ने उन एफ्रो–एशियाई मध्यस्थों की सराहना की जो दोनों तरफ की मदद का गंभीर प्रयास कर रहे थे।[1] सरकार ने सिद्धांत के रूप में भारत सरकार के साथ बातचीत के प्राथमिक आधार के रूप में प्रस्ताव स्वीकार किए। यद्यपि इन प्रस्तावों में स्पष्टीकरण के दो बिंदुओं को पेश किया गया था। पहला, कि अपनी मौजूदा सैन्य स्थिति को बनाए रखने का भारतीय सेना के बारे में शर्त पूरी सीमा के लिए लागू होनी चाहिए केवल पश्चिमी क्षेत्र के लिए नहीं। दूसरे, चीन विवाद के तहत खाली कराए गए स्थानों में कोई भी सिविल चौकी नहीं स्थापित करने के लिए तैयार हो गया है और भारतीय सेना या सिविल कर्मी उन स्थानों पर पुन: प्रवेश नहीं करेंगे। वे क्षेत्र पूर्व में थागला/ चेडांग, मध्य में बाराहोती/ वू–जेई और पश्चिमी क्षेत्र थे। यह कहा गया कि दो बिंदु का स्पष्टीकरण भारत और चीन का उनकी सीमा रेखा के स्थिति को प्रभावित नहीं करेगा। भारत सरकार के पास इस स्पष्टीकरण के अपने मतभेद हो सकते हैं जिन्हें बातचीत के दौरान सुलझाया जा सकेगा।

बाद में श्रीलंका की प्रधानमंत्री, श्रीमती भंडारनायके कोलंबो प्रस्ताव से जुड़े भारतीय नेताओं को आँकने के लिए जनवरी 1963 में नई दिल्ली पहुँची। संयुक्त

अरब गणराज्य और घाना के प्रतिनिधि भी इस बातचीत में शामिल हुए जिसके अंत में एक विज्ञप्ति जारी की गई। इस विज्ञप्ति में सूचित किया गया कि भारत ने प्रस्तावों के मूल हिस्से पर संतोषप्रद स्पष्टीकरण प्राप्त कर लिया है। नेहरू ने उन्हें बताया कि वे इन प्रस्तावों और इनके स्पष्टीकरण को भारतीय संसद के समक्ष विचार करने के लिए रखेंगे। भारत का प्रस्तावों के संबंध में अंतिम प्रतिक्रिया तब तक स्थगित रहेगी जब तक संसद इसका पूर्ण रूप से अध्ययन नहीं कर लेती है। बाद में स्पष्टीकृत कोलंबो प्रस्ताव को भारत सरकार द्वारा सिद्धांत रूप में स्वीकार कर लिया गया।[2] लेकिन भारत को दिए गए स्पष्टीकरण चीन के प्रस्तावों के स्पष्टीकरण से काफी भिन्न थे।

चीन की तरफ से सीमा विवाद के साथ ही मध्यस्थ राष्ट्रों के प्रस्ताव में दोनों के प्रति भारत के रवैये की सख्त आलोचना की गई। चीनी मीडिया ने कहा कि जबकि चीन संघर्ष के पुनः आरंभ होने को टालने के लिए उत्सुक है, फिर भी भारत चीन के साथ सद्‌भावना का आदान-प्रदान करने में असफल रहा है। भारतीय नेता जिसमें नेहरू भी शामिल थे, अपने कलहप्रिय भाषणों में दृढ़तापूर्वक कह रहे थे कि चीन के साथ मौलिक संघर्ष खत्म नहीं हुआ है और युद्ध के प्रयास शिथिल नहीं होने चाहिए।[3] चीन ने भी इसकी प्रतिकूल ढंग से प्रतिक्रिया व्यक्त की। चीन की राय में कोलंबो सम्मेलन का उद्देश्य चीन और भारत के बीच सीधी बातचीत को प्रोत्साहित करना था। ये प्रस्ताव सिर्फ दोनों सरकारों को सोच-विचार के लिए थे। चीन सरकार उन्हें पूर्ण रूप से स्वीकार करने के लिए मजबूर नहीं थी। दूसरी तरफ भारत को भरोसा था कि इसकी कोलंबो प्रस्तावों की स्वीकृति शांति के हित में है फिर भी यथास्थिति के लिए भारत की माँग काफी नहीं थी। चीन के लिए प्रस्तावों को अस्वीकार करने का यह तर्क विचित्र प्रतीत होता था कि भारत ने उसे स्वीकार कर लिया था। भारत ने कहा कि इन्हें अस्वीकार करते हुए चीन "अपनी नई आक्रामकता से आंशिक रूप से फायदे" को बरकरार रखने के लिए प्रेरित था।[4] दृष्टिकोणों के निरंतर संघर्ष को ध्यान में रखते हुए कोलंबो के प्रस्तावों को बरखास्त कर दिया गया तथा भारत और चीन के बीच राजनयिक गतिरोध कायम रहा।

चीन के साथ संघर्ष के बाद 18 फरवरी 1963 को संसद में अपने पहले संबोधन में भारत के राष्ट्रपति ने भारत सरकार को चीन के पिछले विश्वासघात के संबंध में अपने रक्षा और आर्थिक ढाँचे को मजबूत करने का निश्चय करने की बात दोहराई। चीन के कोलंबो प्रस्तावों पर दुराग्रही कदम का संदर्भ लेते हुए उन्होंने कहा कि भारत शांतिपूर्ण उपायों के लिए प्रतिबद्ध है और वह सम्मान और स्वतंत्रता के लिए हमेशा शांतिपूर्ण तरीके से विवादों को निपटाने का प्रयास करेगा। लेकिन जो कुछ भी हो, हम सैन्य बल द्वारा समर्थित आदेश को स्वीकार नहीं कर सकते हैं और

न ही करेंगे।[5] मार्च 1963 को चीन के प्रधानमंत्री झोउ एन लाई ने घोषणा की कि चीन सरकार का सीधी बातचीत का कदम नहीं बदलेगा। यदि भारत आंतरिक और बाहरी राजनीति के कारण अभी बातचीत के लिए नहीं तैयार है तो चीन धैर्य के साथ उसका इंतजार करेगा।[6] इस बीच राजनीतिक दल, स्वतंत्रता पार्टी, जन संघ, सोशलिस्ट पार्टी ने चीन के प्रति आक्रामक नीति का समर्थन किया और नेहरू की चीन नीति की आलोचना की। नेहरू ने संसद में यह घोषणा की कि भारत सम्मानपूर्वक समझौते के लिए कार्य करना जारी रखेगा। उन्होंने यह भी कहा कि कोई भी भारत को सम्मानजनक शांतिपूर्ण समझौते के लिए दरवाजा खुला रखते हुए अपनी सेना को मजबूत करने से नहीं रोक सकता है। उन्होंने सख्तीपूर्वक चीन के साथ राजनयिक संबंध को तोड़ने के सुझाव का विरोध किया और यह बताया कि यह सुझाव साहसी होते हुए भी बिल्कुल अविवेकपूर्ण है।[7]

अप्रैल 1964 में नेहरू ने सुझाव दिया कि भारत सैन्य रहित क्षेत्र में चीन के बराबर सिविल चौकियाँ स्थापित करने की अपनी माँग को छोड़ने के लिए तैयार है। यद्यपि उन्होंने यह आशा व्यक्त की कि प्रस्ताव बनाना चीन के हाथों में है। इस प्रकार की कोई भी पहल नहीं की गई और अतः स्थिति जस की तस बनी रही।[8] नेहरू ने 17 मई 1964 को अखिल भारतीय कांग्रेस कमेटी की बैठक में कहा कि भारत ने कोलंबो प्रस्तावों को स्वीकार करते हुए तथा बातचीत शुरू करने के लिए आधार के रूप में चौकियों को खाली करने पर विचार करने का सुझाव दिया है, और अब चीन को भारत के साथ सीधी बातचीत करने के लिए पहल करना है।[9] यद्यपि नेहरू की पहल का चीन द्वारा आदान-प्रदान नहीं किया गया।[10] नेहरू के बाद की अवधि में भी द्विपक्षीय संबंध अपरिवर्तित रहे।

नेहरू के निधन के बाद विदेशी मामलों पर पहला महत्त्वपूर्ण संसदीय विचार विमर्श 25 सितंबर 1964 को आयोजित किया गया। नए विदेश मंत्री स्वर्ण सिंह ने चर्चा शुरू की तथा खेद व्यक्त किया कि चीन "कोलंबो प्रस्तावों के प्रति नकारात्मक और दुराग्रही रवैया" अपनाए हुए है। उन्होंने श्रेणीवार बताया कि भारत चीन के साथ "कोलंबो प्रस्तावों में उल्लिखित रीति" में बातचीत करने के लिए तैयार था और चीन से लद्दाख के असैन्य क्षेत्र में स्थित सात चौकियों को हटाने के लिए कहा था। उन्होंने आगे कहा कि हम दोनों देशों के बीच बातचीत शुरू करने के लिए कोलंबो प्रस्तावों की हद से बाहर भी गए। यद्यपि मंत्री ने यह घोषणा की, "हम चीन की शर्तों पर सम्मेलन में शामिल नहीं होंगे और हम उस क्षेत्र में अपने अधिकार को नहीं छोड़ेंगे जो अवैध तरीके से और जबरदस्ती चीन द्वारा कब्जा कर लिया गया है।" यह चीन के ऊपर है कि वह समझौते के लिए अपनी गंभीरता को प्रदर्शित करे जिसे प्रदर्शित करने में वह असफल रहा है।[11]

सन् 1964 में पूरे वर्ष दोनों देश एक दूसरे के क्षेत्रों की सीमाओं में कथित रूप से घुसपैठ करते रहे और विरोध दर्ज करते रहे। चीन, भारत की छवि को नकारात्मक ढंग से पेश करता रहा। 16 अक्टूबर 1964 को चीन ने परमाणु बम विस्फोट किया और अपना पहला परमाणु परीक्षण किया।[12] चीन के परमाणु संपन्न होने से भारत की खतरे की धारणा कई गुना बढ़ गई। सांसदों ने आगाह किया कि भारत की रक्षा रणनीति और विदेशी कूटनीति का विषय चीन के परमाणु संपन्न राष्ट्र के रूप में उभरने से पूरी तरह से बदल गया है।

लोकसभा सदस्य ने व्यक्त किया कि "चीन के विस्फोट को नजरअंदाज नहीं किया जा सकता है; इसे मिटाया नहीं जा सकता है; इसे कम नहीं आँका जा सकता है; यह बहुत ही ज्यादा महत्त्वपूर्ण मुद्दा है। हम ऐसे देश हैं जिसके लिए इसका तुरंत महत्त्व है।"[13] प्रधानमंत्री शास्त्री ने इस मामले की गंभीरता को समझा और संसद में व्यक्त किया कि भारत एक साथ परमाणु युद्ध और हथियारों के खिलाफ आवाज उठाने तथा अन्य बातों के साथ-साथ परमाणु बम के लिए कार्य नहीं कर सकता है क्योंकि इससे सरकारी खजाने पर ज्यादा बोझ पड़ेगा। उनकी राय यह थी कि भारत की परमाणु हथियारों की नीति राष्ट्र के लिए फायदेमंद है और सरकार इस आशंका को दिमाग में रखेगी लेकिन वह जल्दबाजी में कोई भी ऐसा निर्णय नहीं लेगी कि केवल परमाणु बम की मदद से ही वह स्वयं को चीन से बचा सकती है।[14] दिसंबर 1964 में प्रधानमंत्री शास्त्री ने कहा कि चीन द्वारा लगातार कठोरता दिखाने से उसके साथ बातचीत का कोई भी प्रश्न नहीं उठता है, फिर भी भारत सरकार का भरोसा है कि "हमेशा शांति और पारस्परिक बातचीत द्वारा समझौते की कोशिश की जा सकती है और इस प्रकार की बातचीत देश के सम्मान और प्रतिष्ठा के सामंजस्य से आयोजित की जा सकती है।" गैर 'कम्युनिस्ट विपक्ष की स्पष्ट आश्वासन की माँग, कि चीन को एक इंच भी जमीन नहीं दी जाएगी', का जवाब देते हुए शास्त्री ने कहा, "हम अपने भारतीय क्षेत्र को छोड़ने नहीं जा रहे हैं। लेकिन यह सत्य है कि कोलंबो प्रस्ताव लागू है और हमें इस बात को दिमाग में रखना है।"[15]

इसी बीच, दिसंबर 1964 में प्रधानमंत्री झोउ एन लाई ने व्यक्त किया कि चीन की सिविल चौकियों की वापसी की भारतीय माँग पूरी तरह से अनुचित है। उसने आगे कहा कि चीन ने मैकमोहन रेखा के दक्षिण में 90,000 किमी0 क्षेत्र पर अपने आधिपत्य को नहीं छोड़ा है। झोउ के कथन के जवाब में भारतीय आधिकारिक वक्ता ने कहा कि "झोउ एन लाई ने अब यह काम किया है कि उन्होंने पूरी तरह से बातचीत के दरवाजे बंद कर दिए हैं।"[16] चीनी मीडिया द्वारा शास्त्री के शासन के प्रथम विश्लेषण में भारत सरकार का बड़े पूँजीपतियों और बड़े जमींदारों की तानाशाही के रूप में वर्णन किया गया जिसने "लोकतंत्र और समाजवाद के अपने मुखौटे" को

हटा लिया है।[17] चीन ने कहा कि शास्त्री ने नेहरू की घरेलू और विदेशी नीतियों का अनुसरण किया है और भारत सरकार "अपनी सहायता की भीख माँगते हुए और अपनी वैश्विक रणनीति के लिए काम करते हुए ज्यादा से ज्यादा अमेरिका के साम्राज्यवाद पर आश्रित होती जा रही है।"[18]

सन् 1965 में पाकिस्तान के कारण भारत-चीन द्विपक्षीय संबंधों में सबसे ज्यादा दरार देखा गया। चीन-पाक सीमा प्रोटोकॉल जिसमें जम्मू और कश्मीर के क्षेत्र शामिल थे, पर 26 मार्च, 1965 में हस्ताक्षर किए गए। भारत ने इस प्रोटोकॉल को "कानूनी तौर पर अमान्य तथा राजनीतिक तौर पर शरारतपूर्ण कृत्य" करार दिया। गर्मियों में भारत सरकार ने कच्छ के रण में चीन द्वारा पाकिस्तानी आक्रमण का समर्थन करने की निंदा की और कहा, "चीनी सरकार का कच्छ के रण में पाकिस्तान के आक्रमण का समर्थन करने का निर्णय इसकी सैन्य बल के इस्तेमाल से राष्ट्रों की स्थापित सीमाओं को बदलने का प्रयास करने की चिरपरिचित तकनीक का प्रदर्शन है और इस प्रकार चीन एशिया में सबसे बड़े विघटनकारी राष्ट्र के रूप में उभरा है।"[19] सितंबर 1965 में जब भारत और पाकिस्तान के बीच युद्ध शुरू हुआ तो चीन ने पाकिस्तान का समर्थन किया। यहाँ तक कि भारत पर दबाव डालने के लिए चीन ने भारत पर चीन के क्षेत्र में घुसने का आरोप लगाया। और ज्यादा तनाव बढ़ाने के लिए चीन ने यह माँग करते हुए तीन दिन की अंतिम चेतावनी भेजी कि भारत उन सभी आक्रामक सैन्य ढाँचों को ध्वस्त कर दे जो उसने सिक्किम की सीमा पर कथित तौर पर बनाया है। आक्रामक चीन ने सिक्किम की सीमा पर एक स्वतंत्र पर्यवेक्षक को भेजने के भारत के प्रस्ताव को रद्द कर दिया। भारतीय प्रधानमंत्री शास्त्री ने चीनी आरोपों का खंडन किया और इसे चीन द्वारा हस्तक्षेप करते हुए भारत-पाक युद्ध को लंबे समय तक खींचने और बड़ा करने की चाल बताया। इसके बाद 22 सितंबर को जब भारत और पाकिस्तान के बीच युद्ध विराम की घोषणा की गई तो चीन ने अचानक ही अपनी अंतिम चेतावनी को वापस ले लिया। सितंबर, अक्टूबर और नवंबर के दौरान भारत-चीन सीमा पर कई सीमा घुसपैठ तथा मुठभेड़ की घटनाएँ हुईं। 19 सितंबर को चीनी सैनिकों ने लद्दाख क्षेत्र के सस्कर में घात लगाकर हमला किया तथा भारतीय गश्ती दल के तीन असैनिक कर्मचारियों को मार डाला। बाद में 20 और 21 सितंबर को चीनी सैनिकों ने नाथूला और दांग चूला में सिक्किम सीमा में भी घुसपैठ की।[20] 13 नवंबर को चीनी सैनिकों ने सिक्किम सीमा पर दांग चूला में दो भारतीय चौकियों पर फायरिंग की तथा एक भारतीय सैनिक को मार डाला।[21] दोनों राष्ट्रों ने राजनयिक नोट्स का आदान-प्रदान किया तथा भारी विरोध दर्ज कराया।

भारत के रक्षा मंत्री, वाई0बी0 चाह्वाण ने स्वीकार किया कि चीन ने 15 सितंबर से 33 बार सीमा या वास्तविक नियंत्रण रेखा के इस पार घुसपैठ की है।[22] पूरे साल

चीनी सरकार ने भारत के प्रति उग्र रूप में शत्रुता बनाए रखी। पूरे साल के दौरान घटित घटनाओं ने पहले से ज्यादा स्पष्ट ढंग से प्रकट कर दिया कि भारत-चीन सीमा का मामला सिर्फ क्षेत्रीय मामला नहीं है बल्कि चीन द्वारा दोनों देशों के बीच राजनीतिक विरोध और भारत पर सैन्य दबाव बनाए रखने का एक साधन है।[23]

यद्यपि सन् 1966 में सीमा पर कोई बड़ी सैन्य मुठभेड़ नहीं हुई, फिर भी चीन की आक्रामक गतिविधि से सीमा पर तनाव बना रहा। चीन केवल सीमा के पश्चिमी और पूर्वी क्षेत्रों पर अपना क्षेत्रीय दावे को ही नहीं दुहराता रहा बल्कि सीमा पर कई छोटी घुसपैठ भी करता रहा। फरवरी में रक्षा मंत्री चाह्वाण ने संसद को सूचित किया कि दिसंबर 1965 से जनवरी 1966 के दौरान चीन ने 27 अतिक्रमण किए।[24] जब लाल बहादुर शास्त्री के अचानक देहांत के बाद श्रीमती इंदिरा गांधी ने प्रधानमंत्री पद सँभाला तो प्रधानमंत्री झोउ एन लाई ने मैडम गांधी को प्रधानमंत्री का पद ग्रहण करने के अवसर पर शुभकामना संदेश भेजा।[25] जनवरी 1966 में चीन ने तिब्बत मामले का इस्तेमाल करते हुए चीन के आंतरिक मामलों में भारत सरकार द्वारा कथित हस्तक्षेप करने का विरोध दर्ज कराया। चीन ने भारत में दलाई लामा की चीन विरोधी गतिविधियों पर चिंता व्यक्त की।[26] पूर्व में, जब महात्मा गांधी की जयंती पर किसी कार्यक्रम में भाग लेने के लिए ताइवान से एक अनौपचारिक प्रतिनिधिमंडल भारत आया तो चीन ने केवल विरोध ही नहीं दर्ज किया बल्कि भारत को "अमेरिकी साम्राज्यवाद के शह पर" चीन को दो भागों में बाँटने का प्रयास करने का आरोप लगाया। मार्च 1966 में पुनः जब ताइवान के आर्थिक मामलों के मंत्री ने एशिया और पूर्वी प्रशांत हेतु संयुक्त राष्ट्र आर्थिक आयोग के कार्यक्रम में भाग लेने के लिए भारत का दौरा किया तो चीन ने चीनी लोगों के खिलाफ भारत सरकार के उकसावे का विरोध किया।[27] चीन ने आरोप लगाया कि भारत सरकार चीन के साथ शत्रुता तथा दो चीन बनाने की साजिश करने की वाशिंगटन की नीति का अनुसरण करते हुए विवेकहीन हो गई है।

चीन ने भारत के खिलाफ विरोधी प्रचार करना जारी रखा। चीनी मीडिया ने भारत की भयंकर तस्वीर प्रदर्शित करने का प्रयास किया। रिपोर्टों में भारतीय अर्थव्यवस्था को विदेशी सहायता पर निर्भर अर्द्ध औपनिवेशिक अर्थव्यवस्था तथा आर्थिक व्यवस्था की असफलता का भारतीय प्रयोग और "एशिया, अफ्रीका और लैटिन अमेरिका में आगे बढ़ते हुए लोगों के लिए नकारात्मक उदाहरण" के रूप में वर्णन किया गया। इससे भारत के प्रति चीनी सरकार द्वारा बनाई गई वैचारिक कड़वाहट और प्रतिद्वंद्विता की भावना सतह पर आ गई। चीन का उद्देश्य एशिया और अफ्रीका में चीनी उदाहरण को अनुकरण करने योग्य एकमात्र माडल के रूप में प्रस्तुत करना तथा शांतिपूर्ण लोकतांत्रिक विधियों से भारत की अर्थव्यवस्था के

विकास को चुनौती देना था।[28] अप्रैल 1966 में जब श्रीमती गाँधी ने अमेरिका का दौरा किया तो उनके इस कार्य को "भीख माँगने की कला" के रूप में कहा किया गया। उन्होंने अमेरिकी दर्शकों को बताया कि चीन अपने लोकतांत्रिक समाजवाद को विकसित करने के प्रयास में भारत से संघर्षरत है और भारत ने एशियाई देशों के लिए "लोकतंत्र का मजबूत उदाहरण" प्रस्तुत किया है। चीनी मीडिया ने प्रतिक्रिया दी कि 'समृद्धि' और 'लोकतंत्र' भुखमरी और मासूमों की गिरफ्तारी जैसी कठोर बातों को मधुर शब्दों में कहने का तरीका है जिसका भारत फायदा उठा रहा है।[29]

इस बीच 9 मई 1966 को चीन ने सफलतापूर्वक थर्मोन्यूक्लियर बम बनाया। जिस पर कई सांसदों ने अपनी चिंता जताई। लोकसभा में विदेश मंत्रालय को अनुदान की माँग पर चर्चा के दौरान जनसंघ के एम0एल0 सोंधी ने व्यक्त किया कि "चीन से उत्पन्न परमाणु खतरे का सामना करने के लिए मेरा निवेदन है कि भारत एक परीक्षण विस्फोट करे। हमें परमाणु सौहार्द्र में शामिल होना जरूरी है अन्यथा हम विदेशी मामलों में संकटपूर्ण स्थिति में कार्य करते रहेंगे।"[30] विदेश राज्य मंत्री श्री बी0आर0 भगत ने इस बहस में हस्तक्षेप किया और यह व्यक्त किया कि:

स्थिति यह है कि चीन को अपनी नीतियों को बदलना है। उन्हें अपनी शत्रुता की मुद्रा को बदलना है। हमने चीन के प्रति बिना किसी उकसावे के पारस्परिक संबंध और स्थिरता की नीति को अपनाया है। अगर चीन हमारे प्रति अपनी नीति को बदल देता है तो हमें इसके लिए उचित प्रतिक्रिया करने की जरूरत नहीं रहेगी।[31]

यद्यपि श्रीमती गांधी ने संसद में यह व्यक्त किया कि चीन के परमाणु विस्फोट से सरकार की अशांतिपूर्ण उद्देश्यों के लिए परमाणु ऊर्जा को न विकसित करने की नीति में किसी भी संशोधन को उचित नहीं ठहराया जा सकता है:

"मैं स्वयं यह समझने में असफल हूँ कि किस प्रकार एक या दो बम बना लेने से हमें मदद मिलेगी। इससे कई प्रश्न उठते हैं। इसके अतिरिक्त यह धारणा की कि चीन किसी भी देश पर परमाणु हथियारों से आक्रमण कर सकता है, मैं इसे गलत मानती हूँ।"[32]

मध्य 1966 से भारत और चीन दोनों की आंतरिक स्थिति में निरंतर परिवर्तन होता रहा। चीन सांस्कृतिक क्रांति के चरण (1966-69) में सामाजिक-आर्थिक उथल-पुथल और तीव्र नेतृत्व के संघर्ष से जूझ रहा था। भारत में नई प्रधानमंत्री श्रीमती इंदिरा गांधी एक अनुभवहीन नेता थीं। बड़े पैमाने पर सूखे की स्थिति के कारण अकाल की काली छाया मँडरा रही थी जिसे अमेरिका की खाद्य सहायता से रोक लिया गया। इन सभी घटनाओं के बीच सन् 1967 के संसदीय चुनाव ने केंद्रीय नेतृत्व को बुरी तरह से कमजोर कर दिया, जिसमें श्रीमती गांधी की सत्तारूढ़ कांग्रेस

पार्टी बहुत ही कम बहुमत से सत्ता में वापस लौटी थी। चीन की विदेश नीति सांस्कृतिक क्रांति के चरण के दौरान निष्क्रिय रही लेकिन इसके बावजूद भी तीसरी दुनिया में कथित राष्ट्रीय मुक्ति आंदोलन नाजायज व्यवस्थाओं को बदलने के लिए उन्हें उपदेश द्वारा चीन ने समर्थन देना बंद नहीं किया। तदनुसार चीन ने भारत के शासन में दो मूल कमजोरियों का लाभ उठाना शुरू कर दिया। पहला, भारतीय जीवन की मुख्यधारा में उत्तर-पूर्व के जनजातीय लोगों को शामिल करने में असमर्थ होना था। दूसरा, निचली गंगा घाटी में ग्रामीण किसान-वर्ग तथा भूमिहीन मजदूरों की दशा को सुधारने में असफल होना था।[33] इस कमजोरी को अवसर के रूप में महसूस करते हुए चीन ने नागा तथा मिजो विद्रोहियों को खुला समर्थन दिया और उन्हें भारत के खिलाफ विद्रोह करने के लिए प्रोत्साहित किया। पश्चिम बंगाल में उभर रहे नक्सलियों ने चीन को भारतीय क्रांतिकारियों के लिए माओवादी रास्ता पेश करने का सुनहरा मौका प्रदान किया।[34]

जून 1967 में भारत-चीन संबंध बीजिंग के दो भारतीय राजनयिकों पर "जासूसी गतिविधियों" का कथित आरोप लगने के साथ और ज्यादा खराब हो गया।[35] भारत के विदेश मंत्री ने व्यक्त किया कि कथित तौर पर जासूसी करने की सूची "झूठ का पुलिंदा" है। 14 जून को मंत्री ने बताया कि रेड गार्डों द्वारा भारतीय राजनयिकों के साथ अपमानजनक व्यवहार करने की सूचना मिली है, उन पर शारीरिक हमला किया गया है। उन्होंने आगे कहा कि चीन सरकार ने "राजनयिक उपयोगों के सामान्य नियमों" का उल्लंघन किया है और उसने अपनी "राजनयिकों को सुरक्षित ढंग से सीमा पार कराने की प्रतिज्ञा" को भी तोड़ा है।[36] बाद में एक दुस्साहसी और आश्चर्यजनक कार्यवाही में चीन ने भारतीय दूतावास के पूरे स्टाफ तथा उनके परिवारों को बीजिंग के दूतावास परिसर में नजरबंद करके रखा। भारत ने तुरंत कड़ा विरोध किया तथा चीन को चेतावनी दी कि यदि भारतीय दूतावास की नजरबंदी की कार्यवाही को 4 घंटे के अंदर नहीं खत्म करता है तो भारत यही कार्यवाही नई दिल्ली में चीनी दूतावास के स्टाफ के खिलाफ करेगा। तुरंत दूसरे दिन चीन ने बीजिंग में भारतीय दूतावास की नजरबंदी की कार्यवाही को खत्म कर दिया और भारत ने जवाबी कार्यवाही करते हुए 21 जून को चीनी स्टाफ के आने-जाने पर लगी रोक हटा दी और दो चीनी राजनयिकों को भारत से वापस भेज दिया।[37]

सन् 1967 के जाड़े में भारत-चीन सीमा पर मुठभेड़ हुई। 11 सितंबर को चीनी सैनिकों ने नाथूला में सिक्किम सीमा पर भारतीय सैनिकों पर आक्रमण कर दिया और भारी मोर्टार ओर गोले दागे। भारत द्वारा बहुत ज्यादा विरोध करने तथा युद्ध विराम का प्रस्ताव भेजने के बाद 15 सितंबर तक सभी शत्रुतापूर्ण गतिविधियों पर वास्तविक रोक लगी। चीन ने दुबारा 1 अक्टूबर को छोला में भारतीय क्षेत्र पर भारी गोलाबारी शुरू

कर दी। 10 अक्टूबर को छोला में दुबारा भारतीय और चीनी सैनिकों के बीच भारी फायरिंग शुरू हो गई। भारत के रक्षा मंत्री ने संसद को जानकारी दी कि इन दोनों सीमा पर घटी घटनाओं में भारत के 88 लोग मारे गए हैं तथा 163 लोग घायल हुए हैं, जबकि चीन में 300 लोग मारे गए हैं तथा नाथूला की गोलाबारी में 450 लोग घायल हुए हैं छोला में 40 लोग घायल हुए हैं। मंत्री ने आश्वस्त किया कि सरकार ने भारत की सुरक्षा को ध्यान में रखते हुए सीमा पर हो रही गतिविधियों पर पूरी नजर रखे हुए है और तद्नुसार रक्षा योजनाओं में इनका ध्यान रखा जा रहा है।[38]

सन् 1967 के अंत तक विदेशी मामलों पर एक चर्चा में श्रीमती गांधी ने कहा:

"चीन ने हमारे प्रति शत्रुतापूर्ण रवैया बनाए रखा है। वह केवल भारत की सरकार के खिलाफ भारत विरोधी प्रचार ही नहीं कर रहा है बल्कि वह हमारे लोकतांत्रिक कामकाज के तरीके तथा यहाँ तक कि हमारी राष्ट्रीय एकता के खिलाफ है। लेकिन मैं कहना चाहूँगी कि हम चीनी लोगों के प्रति कोई भी खराब इरादा नहीं रखते हैं और हमें आशा है कि एक दिन ऐसा आएगा जब वे भी यह महसूस करेंगे कि यह दक्षिण-पूर्वी एशिया के सभी देशों के हित में है कि हम एक दूसरे के दोस्त हों तथा प्रत्येक देश अपनी शक्ति का इस्तेमाल गरीबी तथा पिछड़ेपन की विकराल समस्या को सुलझाने में लगाए।"[39]

यह श्रीमती गांधी द्वारा चीन के साथ संबंध के संदर्भ में अपनाया गया लचीला दृष्टिकोण था।

12 फरवरी 1968 के राष्ट्रपति के संबोधन में भारत की चीन के साथ संबंधों को सामान्य बनाने की इच्छा पर जोर दिया गया। राष्ट्रपति ने कहा, "हमने हमेशा चीनी लोगों की भलाई की कामना की है। पारस्परिक सम्मान, अनाक्रमण और अहस्तक्षेप के सिद्धांत अकेले ही अंतर्राष्ट्रीय संबंधों को टिकाऊ आधार प्रदान करते हैं। हम इन सिद्धांतों के आधार पर चीन के साथ अपने संबंधों को अपनी तरफ से दुबारा स्थापित करना चाहते हैं।"[40] भारत सरकार ने बारीकी से यह सूचित किया कि चीन को भारत के किसी आंतरिक मामले में हस्तक्षेप नहीं करना चाहिए, या कोई आक्रमण नहीं करना चाहिए, क्योंकि भारत चीन के साथ अपने संबंध सामान्य करना चाहता है। यद्यपि चीन ने तुरंत जवाब नहीं दिया। हमेशा की तरह चीनी मीडिया ने भारत के खिलाफ प्रचार किया। यद्यपि भारत की सबसे बड़ी चिंता चीन की उसके आंतरिक मामलों में जबरदस्त हस्तक्षेप की थी। जैसा प्रधानमंत्री श्रीमती गांधी ने संसद में कहा था,

"दूसरे देशों में आंतरिक रूप से क्या हो रहा है यह सार्वजनिक टिप्पणी का मामला नहीं हो सकता है- हमारे चीन के साथ मतभेद मुख्य रूप से इस तथ्य से

उभरे हैं कि चीन इस मूल अंतर्राष्ट्रीय आचार संहिता को स्वीकार करने के लिए तैयार नहीं है। जिस दिन वे इसे स्वीकार कर लेंगे, हमारे संबंध सामान्य हो जाएँगे।"[41]

उन्होंने आगे कहा: विदेशी मामलों में कोई स्थिर स्थिति नहीं है- केवल कुछ मूल्य तथा हित ही स्थायी और स्थापित हैं जिनके साथ हम कोई भी समझौता नहीं कर सकते हैं।[42] श्रीमती गांधी के दूरदर्शी बयान में यह स्पष्ट रूप से संकेत दिया गया था कि चीनी कट्टरता के बावजूद भी भारत, भारत-चीन संबंधों में उत्पन्न गतिरोध को समाप्त करने के लिए अनुकूल माहौल बनाने का प्रयास कर रहा था।

1 जनवरी, 1969 को प्रधानमंत्री गांधी ने अपने एक प्रेस कांफ्रेस में कहा कि भारत सरकार पूर्व शर्त के रूप में कोलंबो के प्रस्तावों को स्वीकार करने पर बिना जोर दिए चीन के साथ उत्पन्न विवाद को सुलझाने का रास्ता ढूँढ़ने के लिए तैयार है।[43] राष्ट्रपति जाकिर हुसैन ने आगे 17 फरवरी को संसद में अपने संबोधन में कहा:

"मेरा दृढ़ विश्वास है कि हमारे देश की विक्षिप्त तस्वीर जिसे चीन ने अपने वैचारिक प्रिज्म से प्रदर्शित किया है, उसकी वास्तविकता उजागर हो जाएगी। सरकार ने कई बार स्पष्ट और गंभीर तरीके से चीन के साथ हमारी संप्रभुता, क्षेत्रीय अखंडता के साथ और एक दूसरे के आंतरिक मामलों में पूर्ण रूप से अहस्तक्षेप के आधार पर दोस्ताना संबंध स्थापित करने की इच्छा व्यक्त की है।"[44]

8 अप्रैल, 1969 को विदेश मंत्री दिनेश सिंह ने लोक सभा में सरकार की चीन नीति का उल्लेख किया:

हमारी नीति दोस्ती और सहयोग पर आधारित है। हम एक दूसरे के आंतरिक मामलों में हस्तक्षेप करना पसंद नहीं करते हैं। चीन की नीतियाँ एक दिन बदलेंगी। हमारी चीन के साथ एक लंबी सीमा है। हम इस सीमा पर तनाव को कम करना चाहते हैं।[45]

अब चीन की विदेश नीति ज्यादा लचीली एवं नर्म शब्दावलियों द्वारा चिह्नित की गई। सन् 1969 में चीन ने कुख्यात सांस्कृतिक आंदोलन को खत्म कर दिया। चीन की आंतरिक और विदेश नीतियों में संतुलन सूचक शब्द हो गया। अप्रैल में नौवें राष्ट्रीय पार्टी कांग्रेस में चीन ने कहा कि सीमा मामले में "सरकार निष्पक्ष एवं उचित समझौते के लिए राजनयिक चैनलों द्वारा समझौते हेतु लगातार तैयार है। चूँकि समझौता लंबित है, सीमा पर यथास्थिति बनाए रखनी चाहिए तथा किसी प्रकार के संघर्ष से बचना चाहिए।"[46] इसके परिणामस्वरूप चीनी राजनयिकों ने भारतीय गणमान्यों के भ्रमण के सम्मान में उत्कृष्ट ढंग से स्वागत करना शुरू कर दिया। साल के अंत तक फिर से माहौल सुधर गया जब भारत और चीन दोनों देशों के राजनयिकों ने एक दूसरे

को बधाइयाँ दीं और उनके संबंधित मिशन द्वारा आयोजित स्वागत समारोह में भाग लिया। इससे राजनयिक स्तर पर कटुता में कमी आई।

भारत सरकार ने स्पष्ट शब्दों में कहा कि "चीन के साथ मतभेदों को कम करने के लिए बातचीत के दरवाजे हमेशा खुले रहेंगे यदि चीन हमारी संप्रभुता और क्षेत्रीय अखंडता का सम्मान करने के लिए तैयार हो जाता है।"[47]

20 फरवरी, 1970 को संसद के समक्ष अपने संबोधन में राष्ट्रपति ने अपनी सरकार की "एक दूसरे की संप्रभुता और क्षेत्रीय अखंडता का पारस्परिक सम्मान करने और अहस्तक्षेप के सिद्धांत" पर चीन के साथ अच्छे संबंध स्थापित करने की इच्छा को दुहराया। उन्होंने कहा, "हम चीन से अपने घरेलू मामलों तथा विदेश नीति के लक्ष्य को पूरा करने के हमारे अधिकार का सम्मान करने की अपेक्षा करते हैं।"[48] 1 मई, 1970 को बीजिंग में मई दिवस की परेड के दौरान भारत की पहल के जवाब में चेयरमैन माओत्से तुंग ने भारतीय उपराजदूत से हाथ मिलाया। त्यानआनमेन रोस्ट्रम ने कहा कि "भारत एक महान् देश है। भारतीय लोग महान् हैं- हमें एक दूसरे से मित्रवत् व्यवहार करना चाहिए।"[49] माओ की मुस्कान ने भारत-चीन संबंधों को सामान्य बनाने के चीन के रवैये का संकेत दिया। यद्यपि चेयरमैन माओ की प्रसिद्ध मुस्कान से कुछ भी ठोस चीज हासिल नहीं हुई। चीन ने भारत में सशस्त्र विद्रोह को भड़काने वाला प्रचार जारी रखा और उत्तर-पूर्व में विद्रोहियों को सहायता प्रदान करने और उन्हें उकसाने का कार्य जारी रखा। सन् 1970 के अंत में कई देशों में भारत और चीन राजनयिकों के बीच अनौपचारिक संपर्क हुए और इससे इन दोनों रंजिशजदा पड़ोसी राष्ट्रों के बीच संवाद के पुनः शुरू होने की संभावनाएँ जाग उठीं।

यद्यपि सन् 1970 के आशावादी संकेत जितनी जल्दी प्रकट हुए थे उतनी ही जल्दी खत्म भी हो गए। ऐसा पूर्वी पाकिस्तान में अलगाववादी आंदोलन के बढ़ने के कारण हुआ। चीन ने पूर्वी पाकिस्तान में सैन्य शासकों और उनकी भूमिका का केवल समर्थन ही नहीं किया बल्कि पूर्वी पाकिस्तान के प्रति याह्या खान की क्रूर नीति को सीमित करने के लिए चतुराई से प्रयास किया लेकिन वह इसमें असफल रहा।[50] चीन ने आरोप लगाया कि "घर और विदेश में परेशानियों से घिरे प्रतिक्रियावादी भारत सरकार ने अपने पड़ोसी के प्रति विस्तारवादी नीति को कार्यान्वित करने के लिए हथियारों का विस्तार तथा युद्ध की तैयारियाँ शुरू की हैं।"[51] चीन ने भारत के खिलाफ प्रतिकूल कार्य करना जारी रखा। 12 अप्रैल को चीन के प्रधानमंत्री झोउ एन लाई ने पाकिस्तान के राष्ट्रपति याह्या खान को उनकी राष्ट्रीय संप्रभुता और राजनीतिक स्वतंत्रता की सुरक्षा के लिए चीन के समर्थन की बात को दुहराते हुए एक संदेश भेजा।[52]

भारत विरोधी उग्र चीनी प्रचार के बावजूद भी भारत शांत रहा तथा अपना धैर्य बनाए रखा। भारत ने पुनः चीन के साथ बातचीत शुरू करने की पुनः पहल की, जब भारत के राजदूत की मई 1971 में चीन के राजदूत के साथ दूसरी बार मास्को में राजदूत स्तर के राजनयिक प्रतिनिधित्व को पुनः स्थापित करने की शर्तों पर चर्चा करने के लिए मुलाकात हुई। भारतीय प्रधानमंत्री ने पूर्व पाकिस्तान की स्थिति का मूल्यांकन करते हुए चीनी प्रधानमंत्री को एक पत्र लिखा और चीन के लिए किसी भी स्तर पर स्वीकार्य बैठक आयोजित करने का प्रस्ताव रखा।[53] भारतीय संसद में विदेश मंत्री स्वर्ण सिंह ने कहा कि भारत चीन के साथ संबंध सुधारना चाहता है लेकिन यह सामान्यीकरण एक केवल एक पक्ष द्वारा संभव नहीं है: "जब भी चीनी जनवादी प्रजातंत्र सरकार सामान्यीकरण की तरफ ठोस कदम उठाने के लिए तैयार होगी हम भी समान रूप से ऐसा करने के लिए तैयार हो जाएँगे।" उन्होंने चीन की कूटनीति शैली में बदलाव का स्वागत किया और यह आशा व्यक्त की कि इससे "वास्तविक रूप से बदलाव" को बढ़ावा मिलेगा।[54]

अपने शुरूआती प्रचार के बाद चीन ने अगस्त 1971 की भारत-सोवियत संधि के खिलाफ सावधानीपूर्वक प्रतिक्रिया जाहिर की। चीन ने सकारात्मक संकेत भेजे तथा भारत को नवंबर में बीजिंग में आयोजित होने वाले एफ्रो एशियाई टेबल टेनिस टूर्नामेंट में भाग लेने के लिए आमंत्रित किया। भारत पीछे नहीं हटा और चीनी दूतावास के बाहर स्थित पुलिस पोस्ट को हटा दिया जिसे जून 1967 से स्थापित किया गया था। अक्टूबर 1971 में भारत अन्य देशों के साथ संयुक्त राष्ट्र संघ में चीनी गणवादी जनतंत्र के वैध अधिकारों को पुनः बहाल करने के मामले में शामिल हुआ और अपना मत दिया।[55] 27 अक्टूबर को भारतीय प्रधानमंत्री ने एक व्यक्तिगत पत्र में चीन के प्रधानमंत्री झोउ एन लाई का अभिवादन किया तथा "एशिया और पूरे संसार में शांति एवं उन्नति के हित में चीन के साथ नजदीकी सहयोग से कार्य करने" की अपनी इच्छा को व्यक्त किया।[56] संयुक्त राष्ट्र में भारत के स्थायी प्रतिनिधि श्री समर सेन ने चीनी सीट की बहाली का स्वागत किया और झोउ एन लाई द्वारा श्रीमती गांधी को दिए गए जवाब का उल्लेख किया जिसका समापन इन शब्दों के साथ किया गया: "ईश्वर करे भारत और चीन के बीच दोस्ती दिनोंदिन बढ़े और विकसित हो।"[57]

लेकिन पूर्वी पाकिस्तान में तेजी से बढ़ती हुई हलचल के कारण भारत-चीन संबंध में ज्यादा सुधार नहीं हो पाया। बाद में चीन ने सतर्क दृष्टिकोण को एक किनारे कर दिया तथा यह आरोप लगाया कि भारत उपमहाद्वीप में शक्तिशाली देश की भाँति व्यवहार कर रहा है। चीन के कार्यकारी विदेश मंत्री ची पेंगफेई ने उपमहाद्वीप में व्याप्त वर्तमान तनाव पर चिंता व्यक्त की और भारत द्वारा पाकिस्तान के आंतरिक

मामलों में अशिष्ट हस्तक्षेप करने की आलोचना की। 3 दिसंबर को पूर्वी और पश्चिमी सीमा पर भारत-पाक संघर्ष छिड़ गया। चीन ने पाकिस्तान पर बड़े पैमाने पर आक्रमण करने के लिए भारत को दोषी ठहराया।[58] चीन ने अपनी संयुक्त राष्ट्र की नई प्राप्त सदस्यता का विशेष रूप से सुरक्षा परिषद पर कब्जा करने के लिए प्रयोग किया और उसके स्थायी प्रतिनिधि हुआंग हुआ ने भारत के खिलाफ अंतर्राष्ट्रीय राजनयिक दबाव जुटाया।[59] लेकिन सन् 1965 के युद्ध की तुलना में इस बार भारत-पाक संघर्ष के दौरान चीन ने कुल मिलाकर सीमित भूमिका निभाई। चीन ने दिसंबर 1971 में भारत को तीन विरोध पत्र भेजे और भारत पर चीनी क्षेत्र में घुसपैठ का आरोप लगाते हुए दो पत्र भेजे। लेकिन भारत सरकार ने विरोध पत्र को रद्द कर दिया तथा चीनी आरोप को आधारहीन बताया। भारत सरकार ने व्यक्त किया कि हम चीन को अनावश्यक रूप से भड़काना नहीं चाहते हैं और समानता, पारस्परिक सम्मान तथा आंतरिक मामलों में अहस्तक्षेप के आधार पर उसके साथ संबंधों को सामान्य करना चाहते हैं। हमें आशा है कि देर सबेर चीन सकारात्मक और रचनात्मक प्रतिक्रिया प्रदर्शित करेगा। हमारा विश्वास है कि भारत और चीन के बीच संबंधों के सामान्यीकरण से शांति और सुरक्षा में मजबूती आएगी, उन्नति होगी तथा एशिया के अंदर तनाव में कमी आएगी।[60]

बांग्लादेश संकट ने निस्संदेह रूप से भारत और चीन के बीच संबंधों के सामान्यीकरण की प्रक्रिया को अवरुद्ध कर दिया। चीन ने इस क्षेत्र में नई शक्ति के प्रादुर्भाव को स्वीकार करने से मना कर दिया। जब जुलाई 1972 में भारत और पाकिस्तान के बीच शिमला समझौता हुआ तो चीन ने अनुकूल प्रतिक्रिया व्यक्त की। लेकिन भारत ने बांग्लादेश के प्रति चीन के रवैये को ज्यादा उत्साहपूर्ण नहीं देखा। दिसंबर में अंतर्राष्ट्रीय मामलों पर संसदीय बहस में विदेश मंत्री ने भारत के बार-बार समझौते की पेशकश के प्रति चीन की प्रतिक्रिया की कमी को स्वीकार किया। उन्होंने आशा व्यक्त की कि चीन "भारत के साथ संबंधों को सामान्य करने की अनुकूलता और आवश्यकता को महसूस करेगा ताकि दोनों देश एक अच्छे पड़ोसी की तरह रह सकें।"[61] मार्च 1973 में लगभग 18 महीने बाद चीन ने अपने नए उपराजदूत को दिल्ली भेजा और यह एक सकारात्मक कदम था। इसके अतिरिक्त राजनयिक स्तर पर कुछ सुधार देखे गए तथा विश्व के कई राष्ट्रों द्वारा भारत और चीन के राजनयिकों के बीच बढ़ते हुए संपर्क देखे गए। चीन ने सीमित तरीके से अपने भारत विरोधी प्रचार को कम कर दिया। अप्रैल में चीन ने अगस्त में बीजिंग में आयोजित होने वाले टेबल टेनिस टूर्नामेंट में खेलने के लिए भारतीय टीम को आमंत्रित किया।

जबकि भारत-चीन संबंधों को सुधारने के धीरे-धीरे प्रयास शुरू हो गए थे लेकिन सिक्किम में राजनीतिक संकट के कारण पुनः भारत और चीन के बीच राजनयिक टकराव हो गया। जनवरी 1973 में पाँचवें आम चुनाव के बाद सिक्किम में प्रो चोग्याल और चोग्याल विरोधी दलों के बीच तनाव के कारण कानून व्यवस्था ध्वस्त हो गई। अप्रैल में चोग्याल के अनुरोध पर भारत सरकार ने सिक्किम में कानून व्यवस्था चुस्त-दुरुस्त करने के लिए अपने सेना भेजी। बाद में सिक्किम के प्रशासन को गंगटोक में भारतीय राजनीतिक अधिकारी द्वारा अपने हाथ में ले लिया गया। सितंबर 1974 में भारत सरकार ने पैंतीसवें संविधान संशोधन विधेयक द्वारा सिक्किम को भारत का सहयोगी राज्य बना लिया। अंत में भारत सरकार ने 23 अप्रैल, 1975 को औपचारिक रूप से सिक्किम को अपना बाइसवाँ राज्य घोषित कर दिया।[62] भारत के लिए चिंता का विषय अपने सबसे ज्यादा संवेदनशील सीमा क्षेत्र में लगातार बढ़ता हुआ खतरा था। अप्रैल 1975 में संपूर्ण राज्य का दर्जा हासिल होने पर सिक्किम के लोगों की आवश्यकताएँ पूर्ण हुई (जो असेंबली द्वारा उठाए गए मेवों के बाग मामले पर जनमत संग्रह करते हुए स्पष्ट किया गया था)। लोकप्रिय जनादेश लोगों के साथ सीधे संपर्क कर प्राप्त किया गया था जिन्होंने इस विलयन के पक्ष में बहुत ज्यादा संख्या में मत दिया था। इसमें भारत का भी हित शामिल था क्योंकि इससे इस क्षेत्र में उभर रहा डर समाप्त हो गया। भारत संघ के पूर्ण राज्य के रूप में सभी आंतरिक और बाहरी कारकों का संपूर्ण तर्कसंगत नीति के अंतर्गत ख्याल रखा जा सकता था।[63] चीनी सरकार ने सिक्किम के प्रशासन को हाथ में लेने हेतु भारत को दोषी ठहराया। 11 सितंबर, 1974 में चीनी सरकार ने भारत को "औपनिवेशिक रूप में सिक्किम को शामिल" करने के लिए दोषी ठहराते हुए एक बयान जारी किया और यह घोषणा की, कि चीन, पूर्णतया भारत के सिक्किम को शामिल करने के कार्य को मान्यता नहीं प्रदान करेगा।[64] चीन ने इस घटना को "सोवियत संघ के सहयोग" से सामान्य भारतीय साम्राज्य प्राप्त करने का प्रयास बताया।[65] भारत की स्थिति को संयुक्त राष्ट्र महासभा में भारत के स्थायी प्रतिनिधि श्री जयपाल द्वारा व्यक्त किया गया जिन्होंने कहा कि मैं महसूस करता हूँ कि इस बात को स्पष्ट करते समय तथ्यों के रिकार्ड को प्रस्तुत करना जरूरी है कि भारत-सिक्किम के बीच के संबंध संयुक्त राष्ट्र में चर्चा का विषय नहीं है। सिक्किम के लोगों को वयस्क मताधिकार प्राप्त नहीं है और उनके चुने हुए प्रतिनिधि सिक्किम के प्रशासन में भाग नहीं लेते हैं। इसके बाद असेंबली ने सिक्किम के लिए एक लोकतांत्रिक संविधान अपनाया। यह आंतरिक लोकतंत्र और भारत के पड़ोसियों के साथ करीबी जुड़ाव की दिशा में सिक्किम के लोगों का स्वाभाविक तथा स्वतंत्र राजनीतिक मूल्यांकन है। इसे पूर्णतया सिक्किम के लोगों की उनके चुनावों में व्यक्त की गई इच्छा के अनुसार स्थापित किया गया है।

चीन का आरोप कि भारत ने सिक्किम को मिला लिया है, स्पष्ट रूप से गलत है।[66] भारत के लिए सिक्किम को शामिल करना हिमालय क्षेत्र में भारतीय सुरक्षा को मजबूत करने में बहुत बड़ी उपलब्धि है। अब आगे से चीन-सिक्किम सीमा चीन-भारत सीमा में बदल गई है।

18 मई, 1974 को भारत सरकार ने घोषणा की कि भारत ने भूमिगत शांतिपूर्ण परमाणु विस्फोट कर लिया है, चीन ने इस पर सीधी प्रतिक्रिया नहीं की। चीनी मीडिया ने 19 मई को लाहौर में दिए गए पाकिस्तान के प्रधानमंत्री के बयान को प्रकाशित किया कि उनका देश भारतीय परमाणु ब्लैकमेल के समक्ष नहीं झुकेगा। पाकिस्तान जम्मू एवं कश्मीर के लोगों के आत्मनिर्णय के अधिकार के साथ समझौता नहीं करेगा। उसने पुनः कहा: "उपमहाद्वीप पर न तो हम भारतीय नेतृत्व को स्वीकार करेंगे और न ही उसके प्रभुत्व को।"[67] चीन ने इशारा किया कि आर्थिक परेशानियों का सामना करने के बावजूद भारत सरकार अपना सैन्य विस्तार कर रही है।[68] भारत की स्थिति को विएना में अंतर्राष्ट्रीय परमाणु ऊर्जा एजेंसी में राजदूत आर0 जयपाल द्वारा व्यक्त किया गया कि:

> भारत ने किसी भी अंतर्राष्ट्रीय संधि या समझौते का उल्लंघन नहीं किया है। भारत की स्पष्ट घोषणा, कि उसका इरादा परमाणु हथियार बनाने का नहीं है, को ध्यान में रखते हुए इसे वैध तरीके से किसी भी राष्ट्र के लिए परमाणु आशंका के रूप में माना नहीं जा सकता है।[69]

आगे मार्च 1975 को चीन ने भारत की प्रधानमंत्री इंदिरा गांधी और कश्मीर के मुख्यमंत्री शेख अब्दुल्ला के बीच 24 फरवरी, 1975 को हुए समझौते, जिसके द्वारा अब कश्मीर भारत संघ की संविधान इकाई बन गया था और शेख अब्दुल्ला उस राज्य के मुख्यमंत्री हो गए थे, पर प्रतिकूल टिप्पणी करते हुए भारत के आंतरिक मामले में दखल दिया। चीन ने टिप्पणी की कि: भारत सरकार ने कश्मीर के लोगों को उनके आत्मनिर्णय के अधिकार से वंचित करते हुए और कश्मीर क्षेत्र को हड़पते हुए कश्मीर के परिग्रहण के मामले पर नया विस्तारवादी कदम उठाते हुए संयुक्त राष्ट्र के प्रस्ताव और अंतर्राष्ट्रीय समझौते का उल्लंघन किया है।[70] चीनी मीडिया में भारत के बारे में शत्रुतापूर्ण प्रचार सन् 1975 में पूरे साल जारी रहा। इससे भी ज्यादा गंभीर बात यह है कि 20 अक्टूबर, 1975 को सीमा के पूर्वी क्षेत्र के डुलोंग ला में एक घटना हुई जिसमें चार भारतीय सैनिक मारे गए। भारत सरकार ने भारतीय क्षेत्र में इस घुसपैठ तथा चीनी सैनिकों द्वारा किए गए घात का सख्त विरोध किया।[71] यद्यपि दोनों देशों ने इस विरोध को कम करने में परिपक्वता दिखाई।

इस बीच दोनों देशों ने संबंधों के सामान्यीकरण के लिए दरवाजे खुले रखे थे। जनवरी 1975 में चीनी टेबल टेनिस टीम ने भारत का एक लंबा दौरा किया जिसके दौरान समाचारपत्रों में 'पिंग पांग कूटनीति' छाई रही। फरवरी 1975 में चीन के उपप्रधानमंत्री चेन जिडिअन नेपाल के राजा बीरेन्द्र के राज्याभिषेक से वापस लौटते समय कलकत्ता में रुके तथा भारत के साथ बातचीत के लिए अपनी सरकार के तैयार होने की घोषणा की।[72] विदेश मामलों पर एक संसदीय चर्चा में भाग लेते हुए विदेश मंत्री वाई0बी0 चाह्वाण ने दुहराया कि:

> इसके बावजूद कि चीन ने क्या किया है और क्या नहीं किया है भारत खुले दिमाग से चीन के साथ संबंधों को सुधारना चाहता है और उसने ऐसा करने के लिए कई बार अपनी इच्छा को प्रकट किया है। दुर्भाग्य से यह एकतरफा नहीं हो सकता है क्योंकि चीन ने अपने रवैये में कोई वास्तविक परिवर्तन नहीं दर्शाया है।[73]

बाद में प्रधानमंत्री श्रीमती इंदिरा गांधी ने सन् 1975 में व्यक्त किया:

> हम चीन के साथ बेहतर संबंध चाहते हैं। लेकिन यह निराशा की बात है कि पिछले दो दशकों से हम अपनी शुरूआती उम्मीद को पूरा करने में भी असफल रहे हैं। हमने आपसी विश्वास और सद्भाव से शुरूआत की थी लेकिन सन् 1950 की घटनाओं की वजह से हमारे बीच तनाव और गलतफहमी पैदा हुई। सीमा विवाद के परिणाम के रूप में इसे समझना सिर्फ अति सरलीकरण होगा। समकालिक या आगामी गतिविधियों जैसे चीन का भारत के खिलाफ पाकिस्तान की सहायता, संयुक्त राज्य और बाद में सोवियत संघ की कथित मातहती के लिए भारत की उत्तेजक आलोचना और उसका आंतरिक तोड़फोड़ को प्रोत्साहित करने के लिए सख्त और निष्फल प्रयास ने हमारे लिए यह निष्कर्ष निकालने के सिवाए कोई अन्य विकल्प नहीं छोड़ा है कि सीमा विवाद अत्यधिक जटिल नीति का नतीजा है जिसका उद्देश्य भारत की स्थिरता को कमजोर करना तथा उसकी तीव्र तथा व्यवस्थित उन्नति में अवरोध पैदा करना है। सांस्कृतिक आंदोलन के बाद स्थिति ज्यादा स्थिर प्रतीत होती है और चीन की नीतियों का नया उन्मुखीकरण प्रतीत हो रहा है। हमें आश्चर्य है कि क्या यह नया माहौल भारत के प्रति चीन की नीति में परिलक्षित होगा या नहीं।[74]

सन् 1963 से 1975 के बीच की अवधि के दौरान भारत-चीन संबंध ज्यादातर अवरुद्ध ही रहे। कूटनीतिक मोर्चे पर इस अवधि में गतिरोध बना रहा जिसको तोड़ना भारत के लचीले दृष्टिकोण के बावजूद भी मुश्किल रहा। इसके अतिरिक्त दोनों देशों के आंतरिक और बाहरी घटना कारकों ने द्विपक्षीय संबंधों में सुधार को रोके रखा।

चीन और भारत ने निर्दिष्ट किया कि दूसरे राष्ट्र उनके आंतरिक मामलों में हस्तक्षेप कर रहे थे जैसे भारत और ताइवान के केस में साथ ही चीन के केस में तिब्बत के मामले और उत्तर पूर्व में नक्सलवादी आंदोलन और विद्रोह। रंजिशजदा पड़ोसियों ने एक दूसरे की नकारात्मक छवि को उजागर किया। इन सभी कारकों ने भारत-चीन शीत युद्ध का ऐसा माहौल उत्पन्न किया जिसे सुधारना बहुत ही मुश्किल साबित हुआ।

संदर्भ

1. बीजिंग रिव्यू (बीजिंग), नं0 2, 11 जनवरी 1963, पृ0 16।
2. ह्वाइट पेपर, अंक 9, विदेश मंत्रालय, भारत सरकार (नई दिल्ली, 1963), पृ0 106।
3. बीजिंग रिव्यू, नं0 3, 18 जनवरी 1963, पृ0 5-6।
4. ह्वाइट पेपर, अंक 9, 1963, पृ0 17।
5. लोक सभा डिबेट्स, अंक 13, 1963, कॉलम 12-14।
6. ह्वाइट पेपर, अंक 9, पृ0 4।
7. लोक सभा डिबेट्स, अंक 19, 1963, कॉलम 2191-2217।
8. पूर्वोक्त, अंक 29, 1964, कॉलम 107-09।
9. नैन्सी जेटली में उद्धृत, इंडिया-चाइना रीलेशंस, 1947:1977: अ स्टडी ऑफ पार्लियामेंट्स रोल इन द मेकिंग ऑफ फारेन पॉलिसी (नई दिल्ली, 1979), पृ0 223।
10. बीजिंग रिव्यू, नं0 23, 5 जून 1964, पृ0 4।
11. लोक सभा डिबेट्स, अंक 34, 1964, कॉलम 3789-90।
12. बीजिंग रिव्यू, नं0 42, 16 अक्टूबर 1964, विशेष परिशिष्ट, पृ0 ii. iii।
13. लोक सभा डिबेट्स, अंक 35, 1964, कॉलम 1239-40।
14. पूर्वोक्त, कॉलम 1564-73।
15. पूर्वोक्त, अंक 37, 1964, कॉलम 6702-11।
16. हिंदुस्तान टाइम्स (नई दिल्ली), 1 जनवरी, 1965।
17. बीजिंग रिव्यू, नं0 4, 22 जनवरी 1965, पृ0 5-6।
18. पूर्वोक्त।
19. फारेन अफेयर्स रिकार्ड, विदेश मंत्रालय (नई दिल्ली), 1965, पृ0 100-101।
20. नैन्सी जेटली में उद्धृत, नं0 9, पृ0 233।
21. पूर्वोक्त।
22. नैन्सी जेटली में उद्धृत, नं0 9, पृ0 236।
23. ऐनुअल रिपोर्ट 1965-66, विदेश मंत्रालय, भारत सरकार, (नई दिल्ली), पृ0 2।
24. पूर्वोक्त, पृ0 237।
25. बीजिंग रिव्यू, नं0 6, 4 फरवरी 1966, पृ0 4।
26. पूर्वोक्त, नं0 2, 7 जनवरी 1966, पृ0 3।
27. पूर्वोक्त, नं0 15, 8 अप्रैल 1966, पृ0 14।
28. ऐनुअल रिपोर्ट 1965-66, विदेश मंत्रालय, पृ0 3।
29. बीजिंग रिव्यू, नं0 15, 8 अप्रैल 1966, पृ0 30-31।

30. लोक सभा डिबेट्स, अंक 15, 1968, कॉलम 2305।
31. पूर्वोक्त, कॉलम 2367।
32. पूर्वोक्त, अंक 55, 1966, कॉलम 15716।
33. सुरजीत मानसिंह लिखित इंडियाज सर्च फॉर पावर, में उद्धृत, नई दिल्ली, 1984, पृ0 202।
34. बीजिंग रिव्यू, नं0 29, 14 जुलाई 1967, पृ0 26।
35. पूर्वोक्त, नं0 25, 16 जून 1967, पृ0 39।
36. लोक सभा डिबेट्स, अंक 4, 1967, कॉलम 5408-10।
37. नैन्सी जेटली में उद्धृत, नं0 9, पृ0 248-49।
38. लोक सभा डिबेट्स, अंक 9, 1967, कॉलम 65-66।
39. सेलेक्टेड स्पीच ऑफ इंदिरा गांधी, अंक 1, प्रकाशन विभाग, सूचना एवं प्रसारण मंत्रालय (नई दिल्ली, 1974), पृ0 400-401।
40. आर0के0 जैन, चाइना-साउथ एशियन रीलेशंस, 1947-80, अंक 1 (नई दिल्ली, 1981), पृ0 378।
41. लोक सभा डिबेट्स, अंक 15, 1968, कॉलम 2680-85।
42. पूर्वोक्त।
43. टाइम्स ऑफ इंडिया (नई दिल्ली), 2 जनवरी 1969।
44. लोक सभा डिबेट्स, अंक 24, 1969, कॉलम 23।
45. सुरजीत मानसिंह में उद्धृत, नं0 33, पृ0 204।
46. बीजिंग रिव्यू, विशेष अंक, 28 अप्रैल 1969, पृ0 27।
47. ऐनुअल रिपोर्ट 1969-70, रक्षा मंत्रालय, भारत सरकार (नई दिल्ली), पृ0 1।
48. लोक सभा डिबेट्स, अंक 36, 1970, कॉलम 12।
49. गेंग नियान, साइनो-इंडियन रीलेशंस: रिट्रोस्पेक्ट एंड प्रासपेक्ट, साउथ एशियन स्टडीज (बीजिंग), नं0 3-4, 1981, पृ0 3।
50. जी0 डब्ल्यू0 चौधारी, चाइना-इन' वर्ल्ड अफेयर्स (कोलारैडो, 1982), पृ0 254-55।
51. बीजिंग रिव्यू, नं0 12, 20 मार्च, 1970, पृ0 29।
52. आर0के0 जैन में उद्धृत, नं0 40, अंक 2, पृ0 115-16।
53. नैन्सी जेटली में उद्धृत, नं0 9, पृ0 267।
54. ऐनुअल रिपोर्ट 1971-72, विदेश मंत्रालय, पृ0 27।
55. बीजिंग रिव्यू, नं0 44, अक्टूबर 1971, पृ0 6।
56. ऐनुअल रिपोर्ट 1971-72, विदेश मंत्रालय, पृ0 27।
57. बीजिंग रिव्यू में समर सेन द्वारा भाषण, परमानेन्ट रिप्रजेंटेटिव ऑफ इंडिया टू द यूनाइटेड नेशंस, नं0 49, 3 दिसंबर 1971, पृ0 44-45।
58. बीजिंग रिव्यू, नं0 50, 10 दिसंबर, 1971, पृ0 6-7।
59. पूर्वोक्त, पृ0 7-8।
60. ऐनुअल रिपोर्ट 1971-72, विदेश मंत्रालय, पृ0 29।
61. लोक सभा डिबेट्स, अंक 21, 1972, कॉलम 170-172।
62. फारेन अफेयर्स रिपोर्ट्स (नई दिल्ली), अंक 24, नं0 9, सितंबर 1975, पृ0 140-56, बी0एस0 दास, द सिक्किम सागा (नई दिल्ली, 1983) को भी देखें।
63. बी0एस0 दास, द सिक्किम सागा, पृ0 79 में उद्धृत।
64. पीपुल्स डेली (बीजिंग), 11 सितंबर 1974।

65. इंडियन एक्सप्रेस (नई दिल्ली), 22 अप्रैल 1975।
66. स्ट्रैटेजिक डाइजेस्ट (नई दिल्ली), 4, नं0 11, नवंबर 1974, पृ0 65 में उद्धृत 20 अक्टूबर 1974 की संयुक्त राष्ट्र महासभा में जयपाल का भाषण।
67. बीजिंग रिव्यू, नं0 22, 31 मई 1974, पृ0 27।
68. बीजिंग रिव्यू, नं0 25, 21 जून 1974, पृ0 18–19।
69. स्ट्रैटेजिक डाइजेस्ट (नई दिल्ली), 4, नं0 6, जून 1974, पृ0 57–58 में उद्धृत आईएईए बोर्ड इन वियेना आन इंडियाज न्यूक्लियर एक्सप्लोजन में आईएईए बोर्ड में आर0 जयपाल द्वारा दिए गए बयान का पाठ।
70. बीजिंग रिव्यू, नं0 12, 21 मार्च, 1975, पृ0 28।
71. सुरजीत मानसिंह में उद्धृत, नं0 34, पृ0 246।
72. पूर्वोक्त।
73. लोक सभा डिबेट्स, अंक 51, 1975, कॉलम 294–5।
74. सेलेक्टेड स्पीच ऑफ इंदिरा गांधी, अंक 3 (नई दिल्लीः 1984), पृ0 633।

6

मैत्री की ओर (1976–1991)

सत्तर के दशक के मध्य में चीन और भारत दोनों देशों की आंतरिक राजनीति में महत्त्वपूर्ण बदलाव हुए। इन राजनीतिक बदलावों ने अंतर्राष्ट्रीय संबंधों के बदले हुए संदर्भ में एक दूसरे के प्रति अपनी नीतियों का पुनः मूल्यांकन करने तथा नई दिशा प्रदान करने के लिए दोनों देशों के नेताओं को एक अवसर प्रदान किया। चीन में माओत्से तुंग और झोउ एन लाई का देहांत हो गया और सन् 1976 में चार व्यक्तियों का एक गुट-अल्ट्रा वामपंथी गुट उभरा। देंग जियाओपिंग सर्वोच्च चीनी नेता हुए। देंग ने आधुनिकीकरण कार्यक्रम को आगे बढ़ाना शुरू कर दिया। घरेलू आधुनिकीकरण पर ध्यान केंद्रित करते हुए चीन ने पड़ोसियों के साथ अपने संबंधों को सुधारने का कदम उठाया क्योंकि आधुनिकीकरण के लिए सीमाओं पर शांति जरूरी थी।

इस बीच भारत की नई भूमिका और चीन में स्थिति का पुनः मूल्यांकन भी किया जा रहा था। भारत के सोवियत प्रायोजित एशियाई सामूहिक सुरक्षा संधि पर हस्ताक्षर करने से इनकार करने से चीनी विशेषज्ञों को भारत की स्वतंत्र शक्तिशाली देश की छवि के बारे में यकीन हुआ। चीनियों ने इस तथ्य को भी पहचाना कि भारत सन् 1971 के बाद दक्षिण एशिया में सबसे ज्यादा महत्त्वपूर्ण शक्ति का केंद्र हो गया है और अन्य कोई भी दक्षिण एशियाई देश मिलकर भी भारत की बराबरी नहीं कर सकता है। अतः भारत-चीन संबंधों में सुधार की माँग धीरे-धीरे जोर पकड़ती गई।

पहला कारण यह चीनी अनुभव था कि भारत-सोवियत मैत्री भारत-चीन शत्रुता से जुड़ी थी और भारत-चीन संबंधों में सुधार को भारत को सोवियत संघ से दूर रखने में प्रेरक होने के रूप में देखा गया। चीन के लिए चीन-सोवियत विरोध और भारत-सोवियत मैत्री के बावजूद भारत-चीन द्विपक्षीय संबंधों के लिए सकारात्मक

माहौल पैदा करना जरूरी था। यह वाक्पटुता से साबित हो गया जब सोवियत ने भारत को कई चीनी शत्रुतापूर्ण गतिविधियों के बारे में याद दिलाया और यह आगाह किया कि चीन का वास्तविक उद्देश्य सोवियत-भारत मैत्री को कमजोर करना था।[1]

दूसरे चीन को अपनी पश्चिमी सीमा विशेष रूप से तिब्बत में सुरक्षा की चिंता थी। राजनीतिक अशांति और जातीय संघर्ष से तिब्बत में स्थिति बहुत ही खराब थी। दलाई लामा और तिब्बत के हजारों शरणार्थी भारतीय क्षेत्र में रह रहे थे। पश्चिमी सीमा में सुरक्षा के लिए भारत के सहयोग की स्पष्ट आवश्यकता थी और इसका आशय यह था कि भारत-चीन संबंधों में सुधार होना जरूरी था।

अंत में वियतनाम युद्ध में अमेरिकी हार और बढ़ते हुए घरेलू संकट ने अमेरिका को पूर्वी एशिया में अपनी उपस्थिति को कम करने के लिए मजबूर किया। चीनी नेता एशियाई सामूहिक सुरक्षा व्यवस्था के प्रस्ताव द्वारा शक्ति के अंतर को पूरा करने के लिए सोवियत प्रयासों के बारे में चिंतित थे। वियतनाम ने सोवियत संघ की तरफ झुकना शुरू कर दिया और सभी भारत-चीन सीमा को अपने स्वयं के नियंत्रण में लाने के लिए कदम उठाया जिसमें चीन का प्रभाव शामिल नहीं था। इन परिस्थितियों में चीन के लिए एशिया-प्रशांत क्षेत्र में कथित सोवियत डिजाइन को खत्म करने हेतु भारत-चीन संबंधों को स्थिर करने के लिए कूटनीतिक ढंग से कदम उठाना जरूरी हो गया था।

सन् 1976-77 के लिए विदेश मंत्रालय के अनुदान की माँग पर लोक सभा में बहस के दौरान कम्युनिस्ट पार्टी के एक सदस्य श्री समर मुखर्जी ने व्यक्त किया:

> "हम चाहते हैं कि भारत सरकार चीन के साथ संबंध सुधारने के लिए एक नीति निर्णय ले। भारत सरकार को अपने आप चीन में एक राजदूत भेजना चाहिए और माहौल पैदा करना चाहिए ताकि चीन के साथ बातचीत शुरू हो सके तथा उसके साथ संबंधों में सुधार हो सके।"[2]

इस बहस में हस्तक्षेप करते हुए विदेश मंत्री श्री वाई.बी. चाह्वाण ने कहा कि:

> *"चीन के मामले में हमें संबंध सुधारने के कुछ प्रयास करने चाहिए। मुझे आशा है कि इसकी कुछ प्रतिक्रिया होगी। मैं इससे ज्यादा कुछ भी नहीं कहना चाहता हूँ। हमें इसका प्रयास करना चाहिए क्योंकि ये दोनों राष्ट्र सदियों से एक साथ रहते आए हैं। भूगोल ने हम लोगों को एक दूसरे के पास रखा है। मुझे नहीं लगता कि हम अपने पड़ोसियों को चुन सकते हैं।"*[3]

15 अप्रैल, 1976 को विदेश मंत्री वाई.बी. चाह्वाण ने चीनी जनवादी प्रजातंत्र के लिए श्री के.आर. नारायणन को भारत के राजदूत के रूप में नियुक्त किया। उन्होंने सदन को जानकारी दी कि बीजिंग में भारत के राजनयिक प्रतिनिधित्व के स्तर को

ऊपर उठाने के लिए की गई पहल का अनुसरण चीनी जनवादी प्रजातंत्र की सरकार द्वारा इसी प्रकार की कार्यवाही के साथ किया जाएगा।[4]

भारत की पहल का सर्वत्र स्वागत किया गया और यह चीन के साथ संबंध सुधारने के लिए उठाया गया एक महत्त्वपूर्ण कदम था। चीन के भारतीय राजदूत ने जुलाई 1976 में अपना पदभार सँभाला। चीन ने तुरंत प्रतिक्रिया की और जुलाई 1976 में ही भारत के लिए चीनी जनवादी प्रजातंत्र के राजदूत के रूप में चेन चाओ युआन को नियुक्त किया गया। अपने पहले आधिकारिक बयान में चीनी राजदूत ने कहा कि दोनों राष्ट्रों के लोगों के हितों के लिए पूरी तालमेल से संयुक्त प्रयास द्वारा चीन-भारत संबंधों को सामान्य किया जाएगा और यह आशा व्यक्त की कि दोनों राष्ट्रों के बीच दोस्ती आगे बढेगी तथा द्विपक्षीय संबंधों में सुधार आएगा।[5] सितंबर 1976 में जब माओत्से तुंग की मृत्यु हुई तो प्रधानमंत्री श्रीमती इंदिरा गांधी ने अपनी संवेदना व्यक्त की। उन्होंने अपने चीनी समकक्ष को संदेश भेजा जिसमें यह व्यक्त किया गया था कि "माओ एक प्रख्यात राजनेता थे जिन्होंने पुनरुत्थान किया और चीनी लोगों की उन्नति की।"[6]

सन् 1977 के आम चुनाव में जनता पार्टी ने सत्तारूढ़ कांग्रेस पार्टी को हरा दिया। चीन ने प्रथम गैर-कांग्रेसी संघ सरकार का स्वागत किया। चीनी प्रधानमंत्री हुआ कू फेंग ने अपने नए भारतीय समकक्ष मोरारजी देसाई को बधाई संदेश भेजा और यह आशा व्यक्त की कि, "चीन और भारत के लोगों के बीच पारंपरिक दोस्ती बढ़ेगी।"[7]

इस समय भारत की विदेश नीति के पुनः स्थापन के बारे में चीन में कुछ आशा जगी। स्पष्ट रूप से यह प्रतीत होता है कि जनता सरकार की "वास्तविक गुटनिरपेक्षता" के प्रति वचनबद्धता ने चीन को प्रोत्साहित किया। बाद में चीन ने भारत में अनुभवियों को भेजना शुरू कर दिया। अखिल भारतीय डा0 कोटनिस मेमोरियल समिति के आमंत्रण पर मार्च 1978 में वैंग बिंगनैन के नेतृत्व में विदेशी देशों से दोस्ती करने के लिए चीनी पीपुल्स एसोसिएशन का एक प्रतिनिधिमंडल भारत आया। वैंग ने इस प्रतिनिधित्व के दौरान प्रधानमंत्री मोरारजी देसाई तथा अन्य उच्चाधिकारियों से मुलाकात की।[8] विदेश मंत्री के साथ अपनी मुलाकात में वैंग ने भारत के विदेश मंत्री श्री अटल बिहारी वाजपेयी को चीन आने का आधिकारिक निमंत्रण दिया।[9] बाद में चीन के विदेश मंत्री हुआंग हुआ ने वाजपेयी को चीन आने के निमंत्रण को दोहराया। वाजपेयी ने सैद्धांतिक रूप से यह कहते हुए आमंत्रण स्वीकार किया कि "सतर्क और पर्याप्त तैयारी के बाद उचित समय" पर ही यह भ्रमण किया जाएगा।[10]

यद्यपि चीन और भारत की संबंधों को सामान्यीकृत करने की कार्यप्रणाली अलग-अलग थी। एक प्रतिष्ठित विशेषज्ञ के शब्दों में:

भारत ने आपसी सम्मान और गरिमा के माहौल में आपसी समस्याओं को निपटाने के रास्ते के अवरोधों को हटाने के लिए कार्य करने की अपनी इच्छा को बार-बार दोहराया है लेकिन उसने इस बात पर ज्यादा जोर दिया है कि दोनों देशों के बीच संबंधों को पूरी तरह से सामान्य करने तथा आत्मविश्वास स्थापित करने के लिए सीमा के मामले को सुलझाना बहुत ही जरूरी है। दूसरी तरफ चीन ने कहा कि सीमा का मामला इतिहास द्वारा वसीयत में मिलने के कारण जटिल है और सामूहिक आधार उत्पन्न करते हुए तथा मतभेदों को दूर करते हुए द्विपक्षीय संबंधों को सुधारने के लिए प्रयास करना जरूरी है। इससे सीमा विवाद को सुलझाने के लिए अनुकूल माहौल पैदा होगा जब इसे सुलझाने का समय आएगा।[11]

भारत के विदेश मंत्री श्री अटल बिहारी वाजपेयी ने फरवरी 1979 में चीन का दौरा किया जहाँ पर उन्होंने चीन-भारत संबंधों के सामान्यीकरण पर चीनी नेताओं के साथ अपने विचारों का आदान-प्रदान किया। वाजपेयी ने सीमा की समस्या को चीन-भारत संबंधों को सामान्य करने में मुख्य अवरोध बताया और यह स्पष्ट किया कि भारत अपने संकल्प को आवश्यक समझता है। चीनी उपप्रधानमंत्री देंग जियाओपिंग ने कहा: "हमें अपने मतभेदों को दूर करते समय सामूहिक आधार उत्पन्न करना चाहिए। जहाँ तक सीमा का मामला है हम इसे शांतिपूर्ण ढंग से विचार-विमर्श करके सुलझा सकते हैं। इस मामले की वजह से अन्य क्षेत्रों में हमारे संबंधों को सुधारने में रुकावट नहीं आनी चाहिए।"[12] विदेश मंत्री हुआंग हुआ ने अपने भारतीय समकक्ष के साथ तीन अवसरों पर बातचीत की। अपनी बैठक में वाजपेयी ने उत्तर-पूर्व क्षेत्र में नागा और मिजो विद्रोहियों को चीन का समर्थन प्राप्त होने का मामला उठाया। उन्हें चीनी सरकार से इस प्रकार के समर्थन को रोके जाने का संतोषप्रद आश्वासन मिला।[13] शांतिपूर्ण सहअस्तित्व के पाँच सिद्धांतों की द्विपक्षीय संबंधों के सामान्यीकरण और सीमा विवाद के निपटारे के आधार के रूप में पुनः पुष्टि की गई।

यद्यपि वाजपेयी के दौरे की सकारात्मक गति को चीन द्वारा वियतनाम पर आक्रमण करने के कारण विराम लग गया जबकि भारत के विदेश मंत्री अभी भी चीन में ही थे। वाजपेयी ने अपनी यात्रा में कटौती की और जल्दबाजी में भारत वापस आ गए। तीव्र सार्वजनिक दबाव, विशेष रूप से संसद में कठोर आलोचना की स्थिति में भारत सरकार का चीन के सशस्त्र आक्रमण के प्रति रवैया कठोर हो गया और अंत में भारत ने चीनी कार्यवाही को वियतनाम के खिलाफ आक्रमण के रूप में दोषारोपण किया। ठोस फायदे के रूप में उत्तर पूर्व में विद्रोह को समर्थन देने से रोकने का चीनी आश्वासन और दो हिंदू धार्मिक स्थलों कैलाश और मानसरोवर (तिब्बत के भीतर)

भारत के तीर्थयात्रियों के लिए फिर से खोलने के दोस्ताना भाव को द्विपक्षीय संबंधों में एक कदम आगे बढ़ने के रूप में देखा गया।

वियतनाम के घटनाक्रम के बावजूद जनता सरकार के सत्ता में आने पर भारत की विदेश नीति में मूल बदलाव का चीनी पूर्वानुमान गलत साबित हुआ। चीन ने भारतीय राष्ट्रवाद को और इस तथ्य को कि सीमा मामले पर कोई भी ठोस समझौता करने के लिए कोई भी राजनीतिक पार्टी तैयार नहीं है, को कम करके आँका। इधर भारत ने यह दर्शाया कि वह चीनी हितों के लिए अपने कदम तेज करने के लिए जल्दबाजी में नहीं है। जुलाई 1979 में भारत में जनता पार्टी का शासन समाप्त हो गया और सन् 1980 में दोबारा श्रीमती इंदिरा गांधी सत्ता में आई।

सन् 1980 की शुरूआत में चीन माओवादी युग की पुरानी कर्कशता से परे जा रहा था। चीनी प्रधानमंत्री हुआ गुओफेंग ने 15 जनवरी, 1980 को श्रीमती इंदिरा गांधी को उनके पुनः प्रधानमंत्री पद ग्रहण करने पर गर्मजोशी से बधाई दी।[14] इसके अतिरिक्त 26 जनवरी, 1980 को हुआंग हुआ बीजिंग में भारतीय दूतावास में भारत के गणतंत्र दिवस समारोह में शामिल हुए। यह 20 वर्षों में पहली बार हुआ था कि किसी चीनी विदेश मंत्री ने इस वार्षिक समारोह की शोभा बढ़ाई थी। हुआ ने व्यक्त किया कि, "वर्तमान अशांति और अंतर्राष्ट्रीय तनावपूर्ण स्थिति ने भारत और चीन दोनों पर आपसी समझ और सहयोग को प्रोत्साहित करने के लिए बहुत ज्यादा दबाव डाला है।"[15]

अशांति और तनावपूर्ण स्थिति जिसका चीनी विदेश मंत्री ने उल्लेख किया था वह सन् 1970 के अंत में शुरू हुई थी। ईरानी और अफगानी क्रांति, इसके बाद सोवियत सैनिकों के अफगानिस्तान में प्रवेश ने पश्चिम एशिया और दक्षिण एशिया में मौजूदा रणनीतिक संतुलन को बिगाड़ दिया था। सोवियत संघ अपने मित्र के रूप में वियतनाम के साथ भारत-चीन को भी अपने प्रभाव क्षेत्र में लाने में सफल रहा। भारत और चीन के बीच अफगानिस्तान और वियतनाम की कंबोडिया में भूमिका के मामलों पर काफी मतभेद था।

फिर भी दोनों देश कुछ समय से संघर्षात्मक संबंध से दूर रहने तथा तनावों को कम करने की आवश्यकता महसूस कर रहे थे। श्रीमती गांधी ने जल्द ही यह महसूस किया कि सोवियत संघ की तरफ झुकने की कोई भी नीति भारत के दीर्घकालीन सुरक्षा हितों के लिए ठीक नहीं रहेगी। वह भारत के अमेरिका के साथ संबंधों का विस्तार करते हुए और चीन के साथ संबंधों को सुधारते हुए अधिक से अधिक राजनयिक लचीलेपन का फायदा उठाना चाहती थीं। वे इस बात से भी सहमत थीं कि भारत-चीन संबंधों के सामान्यीकरण के लिए लगातार किए जा रहे प्रयास दक्षिण

एशिया में बड़ी शक्तियों का रणनीतिक संतुलन बनाए रखने में मददगार साबित होंगे। चीन ने अपनी तरफ से यह महसूस किया कि वह जितना ही भारत की निंदा करेगा, वह उतना ही सोवियत संघ के नजदीक जाएगा। भारत को नरम करने और इसके द्वारा भारत-सोवियत संबंध को नष्ट करने का यह युक्तिपूर्ण दृष्टिकोण ज्यादा फायदेमंद साबित हो सकता है। देंग जियाओपिंग के चीन के मुख्य नेता के रूप में उभरने तथा आधुनिकीकरण की शुरूआत में यह विचार राजनीति पर अर्थव्यवस्था को ज्यादा तरजीह देने के सामान्य नीति के अनुरूप था।[16] चीन को अपनी आर्थिक सुधार को सफलतापूर्वक कार्यान्वित करने के लिए अपने पड़ोसी देशों के साथ अच्छे संबंध रखने पर जोर देते हुए शांतिपूर्ण अंतर्राष्ट्रीय माहौल बनाए रखना आवश्यक था।

ये बदलाव अभी भी अपनी शुरूआती चरण में थे। सन् 1980 और 1984 के बीच ये बदलाव पूरे जोर पर थे। सन् 1982 के बाद चूँकि 12वीं कांग्रेस ने "स्वतंत्र विदेशी नीति" अपनाई, चीन ने दोनों शक्तिशाली देशों अमेरिका और सोवियत संघ के साथ संतुलित संबंध बनाने शुरू कर दिए। चीन ने अब "शांतिपूर्ण सहअस्तित्त्व" के विचार का समर्थन किया और अब उसे इस बात पर विश्वास नहीं रह गया था कि विश्व युद्ध जरूरी है। चीन के दो शक्तिशाली देशों के साथ संबंधों में यह सामंजस्य स्पष्ट रूप से सोवियत पक्ष को चीन-भारत सामान्यीकरण के प्रति कमजोर करने के लिए प्रेरक था। और इसने अमेरिका-चीन-पाकिस्तान आधार के भारत के खिलाफ डर को कम कर दिया।

इस बीच जून 1980 में चीनी नेता देंग जियाओपिंग ने यह प्रस्ताव रखते हुए सन् 1960 के झोउ एन लाई के "पैकेज प्रस्ताव" को पुनः जीवित किया कि भारत और चीन को वर्तमान वास्तविक नियंत्रण रेखा के आधार पर अपने सीमा विवाद को निपटाना चाहिए तथा पूर्वी एवं पश्चिमी क्षेत्रों में अपने संबंधित दावों को छोड़ देना चाहिए।[17]

यद्यपि पैकेज सौदा भारत को स्वीकार्य नहीं था क्योंकि इसमें भारत को बिना किसी क्षेत्रीय क्षतिपूर्ति दिए सन् 1959 से 1962 के बीच चीन द्वारा पश्चिम क्षेत्र के कई हिस्सों पर किए गए कब्जे को वैध करने की माँग की गई थी। अतः इस सौदे को स्वीकार करने से चीन द्वारा सन् 1962 के आक्रमण में किए गए क्षेत्रीय कब्जे को बराबर किया जा रहा था। इस प्रस्ताव पर शांतिपूर्वक प्रतिक्रिया करते हुए विदेश मंत्री श्री नरसिम्हा राव ने जुलाई 1980 में लोकसभा में यह स्वीकार किया कि इस पैकेज समाधान के अलावा अन्य कोई रास्ता ज्यादा प्रभावी साबित नहीं होगा। भारत ने अपनी तरफ से सीमा मामले को समानता के आधार पर दोनों तरफ के राष्ट्रीय सम्मान और हितों को ध्यान में रखते हुए निपटाने की आशा व्यक्त की। यद्यपि इससे

यह साबित होता है कि सकारात्मक कदम के रूप में काफी समय बरबाद करने के बाद भी सीमा की समस्या ज्यों की त्यों बनी रही।[18]

उच्च राजनीतिक स्तर पर सीधा संपर्क बेलग्रेड में हुआ जब इंदिरा गांधी और हुआ गुओफेंग दोनों महान युगोस्लाव नेता मार्शल टीटो के अंतिम संस्कार में शामिल हुए।[19] यह झोउ एन लाई के सन् 1960 में भारत भ्रमण के बाद दोनों देशों के बीच प्रधानमंत्री स्तर पर पहली मुलाकात थी और दोनों नेता संबंधों को सुधारने की प्रक्रिया जारी रखने के लिए सहमत हुए। दोनों पक्षों ने व्यक्त किया कि एशिया में शांति और स्थिरता के लिए चीन-भारत के बीच बेहतर संबंध आवश्यक है और आपसी विचार-विमर्श तथा अपनी द्विपक्षीय समस्याओं के सौहार्द्रपूर्ण समाधान के लिए मुठभेड़ से बचना जरूरी है।

इस दिशा में दूसरा बड़ा कदम 26 जून, 1981 को भारत में चीन के उपप्रधनमंत्री एवं विदेश मंत्री हुआंग हुआ का भ्रमण था। यह किसी चीनी नेता द्वारा सन् 1960 में स्वर्गीय प्रधानमंत्री झोउ एन लाई के भ्रमण के बाद भारत का पहला महत्त्वपूर्ण भ्रमण था। अपनी नई दिल्ली के भ्रमण के दौरान हुआंग हुआ ने अंतर्राष्ट्रीय और द्विपक्षीय मामलों पर भारतीय नेताओं के साथ व्यापक बातचीत की जिसमें सीमा का मामला भी शामिल था। वे इस बात पर सहमत हुए कि दोस्ताना और गंभीर बातचीत से आपसी समझ बढ़ेगी, मतभेद कम होंगे तथा पारस्परिक समझौते के बिंदु बढ़ेंगे।[20] चीन इस बात से सहमत हुआ कि सीमा एक महत्त्वपूर्ण मामला है जिसे बरखास्त नहीं किया जा सकता है बल्कि इसका समाधान करना जरूरी है और दोनों पक्ष इस बात से सहमत हुए कि उनके अधिकारियों को झगड़े के मुद्दे पर बातचीत करनी है। 28 जून को नई दिल्ली में एक प्रेस कान्फ्रेंस में हुआंग हुआ ने यह प्रस्ताव दिया कि जब तक समझौता लंबित है तब तक दोनों पक्षों को सीमाओं पर यथास्थिति बनाए रखनी चाहिए और सीमा क्षेत्रों में शांति स्थापित करनी चाहिए। हुआ ने विचार व्यक्त किया कि दोनों पक्षों को सक्रिय रूप से सभी क्षेत्रों में संपर्क और सहयोग को प्रोत्साहित करना चाहिए। उन्होंने आगे कहा: "चीन और भारत दोनों एशिया के बड़े देश हैं और दोनों विकासशील देश हैं। चीन कई क्षेत्रों में भारत के साथ दोस्ताना संपर्क विकसित करना चाहता है और एक-दूसरे से सीखना चाहता है।"[21]

II

इस भ्रमण से ठोस फायदा यह हुआ कि 'द्विपक्षीय समस्याओं और द्विपक्षीय आदान-प्रदान' दोनों के संबंध में आधिकारिक स्तर की बातचीत करने का निर्णय लिया गया जिससे दोनों पक्षों के बीच में स्पष्ट रूप से एक समझ विकसित हुई कि यद्यपि सीमा का समझौता संबंधों के पूर्ण रूप से सामान्यीकरण के लिए मुख्य है लेकिन

अन्य क्षेत्रों में संबंधों को सुधारने के लिए इसे पूर्व शर्त नहीं बनाई जानी चाहिए।[22] अतः सामान्यीकरण की प्रक्रिया जारी रही लेकिन यह लंबी और कपटपूर्ण थी।

दो घटनाओं से भारत और चीन के बीच समस्याओं के जारी रहने का सबूत मिला। अक्टूबर 1991 में चीन ने जनसंख्या और विकास पर सांसदों के एक एशियाई सम्मेलन में शामिल होने के लिए भारतीय संसदीय प्रतिनिधिमंडल के एक सदस्य अरूणाचल प्रदेश विधानसभा के अध्यक्ष टीएल राजकुमार को वीजा देने से मना कर दिया। चीन की आधिकारिक समाचार एजेंसी ने व्यक्त किया कि "कथित अरूणाचल प्रदेश" मैकमोहन रेखा के दक्षिण में लगभग 90000 वर्ग किमी के चीनी क्षेत्र में स्थापित है जिसे भारत ने "अवैध तरीके से कब्जा" कर रखा है। चीनी सरकार ने हमेशा अरूणाचल प्रदेश को मान्यता देने से "सख्तीपूर्वक इनकार" किया और अतः चीन बीजिंग में आयोजित सम्मेलन में भाग लेने के लिए भारत द्वारा भेजे जाने वाले इस प्रकार के किसी भी व्यक्ति को मंजूरी नहीं दे सकता था।[23] इस सम्मेलन में पूरे भारतीय प्रतिनिधिमंडल द्वारा भाग न लेने की धमकी से चीन पर वांछित दबाव पड़ा और उसने वीजा जारी किया।

भारत-चीन के बीच आधिकारिक स्तर की पहले चक्र की बातचीत 10 से 14 दिसंबर 1981 तक बीजिंग में आयोजित की गई। इस वार्ता में तीन पूर्ण सत्र और सीमा मामले, व्यापार और आर्थिक सहयोग, सांस्कृतिक आदान-प्रदान और विज्ञान तथा प्रौद्योगिकी आदि विषयों को समर्पित उपसमूह बैठकें शामिल थीं। दोनों पक्षों द्वारा पहले से स्थापित स्थितियों को फिर से बहाल करने की सहमति के अलावा सीमा के मामलों पर मतभेदों को कम करने में कोई भी प्रगति नहीं हुई। चीन ने व्यापक समझौते को अंतिम रूप देने की अपनी इच्छा को व्यक्त किया जिसमें चीन की मैकमोहन रेखा को पूर्वी क्षेत्र के रूप में मान्यता देने और भारत के अक्साई चिन के अपने दावे को छोड़ने की बात शामिल थी। भारत ने इस समझौते को अस्वीकार योग्य माना।[24]

भारत ने उसके बाद सुझाव दिया कि सन् 1962 के कोलंबो प्रस्ताव को समझौते का शुरूआती बिंदु माना जाना जाए लेकिन चीन ने व्यक्त किया कि कोलंबो प्रस्ताव पुराना हो गया है। भारत ने उसके बाद आग्रह किया कि विविध सीमा मामलों को पृथक् स्थिति माना जाए। इस प्रकार के दृष्टिकोण से आसानी से सुलझाने योग्य मामलों पर शुरूआती रूप में ध्यान देना अनिवार्य हो जाएगा जिससे विवादास्पद पश्चिमी क्षेत्र पर बातचीत करने के लिए सकारात्मक माहौल पैदा होगा। इस योजना को चीन द्वारा रद्द कर दिया गया।[25] बाद में भारत के विदेश मंत्री नरसिम्हा राव ने कहा, "हमें आशा नहीं थी कि पहले चक्र में ठोस प्रगति होनी संभव होगी, यद्यपि

हम इस मुलाकात को ही बीस सालों में पहली बार सकारात्मक कदम के रूप में मान सकते हैं।"[26] दूसरे चक्र की बातचीत 16 से 20 मई 1982 को नई दिल्ली में हुई। चीनी प्रतिनिधिमंडल के नेता फू हाओ ने विज्ञान, तकनीकी और सांस्कृतिक क्षेत्रों में सहयोग बढ़ाने की आवश्यकता पर जोर दिया। भारतीय पक्ष ने कई बिंदुओं पर नई दिल्ली की सौदेबाजी के ढंग को स्पष्ट किया। ये बिंदु थे- पारस्परिक व्यापार के रूप में ऐसे क्षेत्रों में चीन-भारत संबंधों का विकास सीमा मामलों पर बातचीत में प्रगति न होने पर गंभीर रूप से प्रभावित होगा; भारत ने मैकमोहन रेखा को पूर्वी क्षेत्र में सीमा के रूप में मान लिया है; और सिक्किम को भारत में शामिल करने का मामला बहस का मुद्दा नहीं है।[27]

मई 1982 के विचार-विमर्श को पहले चक्र की बातचीत के संबंध में देखा गया जिसमें पूर्ण सत्र तथा सीमा मामलों, सांस्कृतिक संबंधों, विज्ञान और तकनीकी तथा व्यापार एवं आर्थिक सहयोग पर उपसमूह बैठकें शामिल थीं। चीन ने पुन: मौजूदा नियंत्रण रेखा को स्थायी सीमा में रूपांतरित करते हुए व्यापक समझौते की आवश्यकता पर बल दिया। भारत ने अपनी तरफ से सेक्टर-दर-सेक्टर दृष्टिकोण की माँग की।[28]

चीनी पक्ष ने सीमा की समस्या को सुलझाने के लिए आधार के रूप में पाँच सिद्धांतों का प्रस्ताव रखा और भारतीय पक्ष ने छह प्रारंभिक प्रस्ताव किए जिसमें सामान्य सिद्धांतों के अलावा कुछ विशेष प्रक्रियात्मक और प्रारंभिक कदम शामिल थे।[29] चीन ने यह सुझाव दिया कि सीमा की परिभाषा निम्नलिखित अवधारणाओं पर आधारित होनी चाहिए: समानता, दोस्ताना विचार-विमर्श, पारस्परिक समझ और सामंजस्य, निष्पक्ष एवं सर्वमान्य समझौता, और व्यापक समाधान। भारत ने इसके बदले में निम्नलिखित प्रारंभिक प्रस्ताव रखे-इसका समाधान जितना जल्दी हो सके प्राप्त करना जरूरी है, समाधान दोनों पक्षों के वैध हितों को ध्यान में रखते हुए न्यायसंगत होना चाहिए, सामूहिक रूप से सम्मत दृष्टिकोण और समझौते का आधार प्राप्त करना चाहिए, समस्या के लिए दृष्टिकोण के गठन के रूप में दोनों पक्षों द्वारा प्रस्तुत किए गए प्रस्तावों पर दूसरे पक्ष द्वारा विचार करना चाहिए। यह भी कहा गया कि अनुकूल माहौल उत्पन्न करने के लिए उठाए जाने वाले कदमों पर विचार करना और प्रत्येक क्षेत्र के प्रत्येक पहलू में सीमा मामले को सुलझाने का प्रयास करना जरूरी है।[30]

यह स्पष्ट था कि दोनों देशों के बीच सामान्यीकरण की प्रगति धीमी और बाधित रही। भारतीय प्रधानमंत्री श्रीमती इंदिरा गांधी ने काफी स्पष्ट रूप से कहा कि "हम यह नहीं कह सकते कि भारत और चीन के बीच द्विपक्षीय संबंध अच्छे रहे हैं। हमारे बीच के मामले सबसे ज्यादा जटिल तथा भावनात्मक हैं। लेकिन मूलभूत सद्भावना और प्रयास के बिना कोई भी हल नहीं निकल सकता है।"[31]

धीरे-धीरे लेकिन निश्चित रूप से भारत की स्थिति कमोबेश चीन की इस स्थिति के आसपास विकसित हो रही थी कि द्विपक्षीय संबंधों का कई क्षेत्रों में सुधार हुआ जबकि सीमा के मामले स्थिर रहे। भारत के पास सीमित विकल्प होने से वह सीमा मामले को गंभीरता से सुलझाने के लिए चीन पर केवल दबाव बनाए रखने का प्रयास कर सकता था। सन् 1982 में संसद में अपने संबोधन में राष्ट्रपति ने कहा, "चीन के साथ संबंध सुधारने के लिए कदम उठाए जा चुके हैं। इस साल चीनी विदेश मंत्री के भ्रमण के बाद एक आधिकारिक प्रतिनिधिमंडल अंतर्राष्ट्रीय और द्विपक्षीय मामलों जिसमें सीमा का मामला भी शामिल है, पर विचार-विमर्श करने के लिए बीजिंग गया।"[32] अक्टूबर 1982 में चीनी प्रधानमंत्री झाओ जियांग ने भारत-चीन सोसायटी के एक प्रतिनिधिमंडल को बताया कि चीन और भारत बड़े एशियाई देश हैं जो विश्व पर बड़ा प्रभाव डाल सकते हैं। उन्होंने कहा कि 1950 का दशक अच्छे सहयोग का समय था और दोनों तरफ के लोग उस अवधि को याद करते हैं। उन्होंने आगे कहा, "हम उनके द्वारा चीनी व्यक्तियों की की गई मदद को कभी नहीं भूल सकते हैं जब हम मुश्किल में थे। हमें उम्मीद है कि उनके द्वारा बोया गया दोस्ती का बीज खूबसूरत फूल बनकर खिलेगा।"[33]

सन् 1983 में श्रीमती इंदिरा गांधी ने विदेशी देशों के साथ दोस्ती हेतु चीनी पीपुल्स एसोसिएशन के उपाध्यक्ष झू दुनान के नेतृत्व में आए एक उच्चस्तरीय प्रतिनिधिमंडल का स्वागत किया। उन्होंने कहा कि सहयोग की अपार गुंजाइश है यदि केवल दोनों देश एक दूसरे के नजदीक आ जाएँ। उन्होंने चीनी प्रतिनिधिमंडल से कहा कि दोनों के बीच की समस्याएँ "दोस्ती की भावना" पैदा करके सुलझाई जा सकती हैं।[34]

तीसरे चक्र की बातचीत 27 जनवरी से 2 फरवरी 1983 तक बीजिंग में आयोजित हुई। स्थितियों में मतभेद के कारण किसी भी मामले पर कोई भी ठोस प्रगति नहीं हुई।[35] चीन अपने पैकेज के माध्यम से उचित सौदा पेश करने की परिचित स्थिति में था और भारत द्वारा इसे खारिज कर दिया गया। बाद में विदेश मंत्री ने कहा:

> "आधिकारिक स्तर की वार्ता में दोनों पक्ष सीमा मामले पर अपनी मूल स्थितियों को व्यक्त करने और उनके बीच मौजूद मतभेदों को दूर करने का प्रयास करने में समर्थ रहे हैं। वे सांस्कृतिक एवं अन्य क्षेत्रों में सहयोग के उपाय निकालने में भी समर्थ रहे हैं।"[36]

इस चक्र में सीमा मामले पर दोनों पक्षों द्वारा भावी विचार-विमर्श हेतु दिशानिर्देश के रूप में आपसी सहमति से सिद्धांत विकसित करने का एक प्रयास शुरू किया गया।[37]

दोनों प्रतिनिधिमंडलों ने सामूहिक आधार बनाने के लिए अपनी विचारों का गंभीर आदान-प्रदान किया। चीनी प्रतिनिधिमंडल ने सीमा मामले पर प्रत्येक देश के दृष्टिकोण को ध्यान में रखते हुए उभयनिष्ठ बिंदुओं को शामिल करते हुए एक प्रारूप पेश किया। दोनों देश निम्नलिखित बिंदुओं पर सहमत थे: शांतिपूर्ण सहअस्तित्व के पाँचों सिद्धांतों का पालन; दोस्ती और समानता की भावना से विचार-विमर्श द्वारा शुरूआती समझौते की इच्छा; प्रत्येक देश के इतिहास, मौजूदा स्थितियों और राष्ट्रीय भावनाओं पर विचार करने की आवश्यकता; और समझौता पूरा होने से पहले सीमा पर शांति बनाए रखना। भारत के क्षेत्रवार आधार पर सीमा मामले को सुलझाने के दृष्टिकोण पर एक चीनी अधिकारी ने कहा, "यह व्यापक समझौते के पक्ष में है लेकिन यह सीमा के पूर्व, मध्य और पश्चिम क्षेत्रों पर अलग से बातचीत का विरोध नहीं करता है यदि यह संपूर्ण समझौते को बढ़ावा दे सकता है।" भौगोलिक विशेषताओं जैसे वाटरशेड, नदी घाटियों और पर्वतीय दर्रों को ध्यान में रखते हुए दोनों पक्षों ने विभिन्न समाधानों को प्रस्तुत किया जिनका बातचीत के दौरान मिलान नहीं हो पाया। इसके परिणामस्वरूप इन दिशानिर्देशों पर अंतिम समझौता नहीं हो पाया। अंतर्राष्ट्रीय स्थिति पर सामान्य दृष्टिकोणों के आदान-प्रदान से संबंधित चौथे दौर की बातचीत में एक नए तत्त्व को प्रस्तुत किया गया जो आपसी समझ को सुधारने के प्रति उपयोगी साबित हुआ।[38] विदेश मंत्री श्री पी0वी0 नरसिम्हा राव ने संसद में व्यक्त किया:

"सीमा के मामले पर विस्तृत विचार-विमर्श हुआ जिसमें भावी विचार-विमर्शों के लिए दिशानिर्देश के रूप में पारस्परिक स्वीकार्य सिद्धांत विकसित करने का प्रयास किया गया। यद्यपि कुछ उभयनिष्ठ आधारों को कवर किया गया लेकिन कुछ महत्त्वपूर्ण पहलुओं पर मतभेद अभी भी हैं जिन्हें अगले दौर की बातचीत में शामिल किया जाएगा। द्विपक्षीय संबंधों के अन्य पहलुओं में सहयोग और आदान-प्रदान पर 1984 के दौरान इन मामलों के लिए आधार तैयार किया गया। वर्तमान विश्व स्थिति पर दृष्टिकोणों का आदान-प्रदान आज की अंतर्राष्ट्रीय स्थिति के प्रति एक दूसरे की बेहतर समझ के लिए उपयोगी कार्य था।"[39]

निस्संदेह दोनों राष्ट्रों के बीच संबंध सुधर रहे थे और वे एक दूसरे के दृष्टिकोणों के प्रति उदार हो रहे थे। लेकिन जहाँ तक सीमा के मामले का संबंध है, इस मामले में कोई भी प्रगति नहीं हुई।

17 से 22 सितंबर, 1984 तक बीजिंग में पाँचवें दौर की बातचीत हुई। चीनी प्रतिनिधिमंडल का नेतृत्व विदेश मंत्रालय के सलाहकार गोंग डेफेई कर रहे थे और भारतीय प्रतिनिधिमंडल का नेतृत्व विदेश मंत्रालय के सचिव के0 नटवर सिंह कर रहे थे। इस चक्र में यह रिपोर्ट किया गया कि मतभेद कम हुए हैं।[40] यह किस कारण से

हुआ, स्पष्ट नहीं था। दोनों के लिए ज्यादा स्वीकार्य बातचीत करने का प्रत्यक्ष प्रयास किया गया। चीनी उपप्रधानमंत्री वांग ली ने आशा व्यक्त की कि सीमा मामले पर समझौता होने के पहले चीन और भारत दोनों देशों की सीमाओं पर शांति बनाए रखेंगे। उन्होंने कहा कि पाँचवें दौर की बातचीत में अच्छी प्रगति हुई है और दोनों पक्षों ने कई मामलों पर समझौता किया है। यद्यपि अभी भी दोनों देशों के बीच कुछ मतभेद मौजूद हैं लेकिन उन्हें बाद में भी सुलझाया जा सकता है।[41]

बाद में विदेश मंत्री खुर्शीद आलम खान ने संसद को जानकारी दी कि सीमा के मामले पर दोनों पक्षों ने ऐसे सामूहिक सिद्धांतों का विकास करने का प्रयास किया जो समझौते को अंतिम रूप देने के लिए समझ बनाने हेतु आधार का कार्य करेगा। कुछ पहलुओं पर मतभेद कम हुए और दोनों पक्षों ने अगले दौर की आधिकारिक स्तर की बातचीत के दौरान सीमा मामले पर ठोस विचार-विमर्श शुरू करने के लिए सहमति जताई।[42]

31 अक्टूबर, 1984 को प्रधानमंत्री श्रीमती इंदिरा गांधी की हत्या ने चीन को हैरान कर दिया।[43] चीनी प्रधानमंत्री झाओ जियांग ने श्रीमती इंदिरा गांधी को चीन-भारत संबंधों को सुधारने का प्रयास करने के लिए श्रद्धांजलि दी। उन्होंने कहा: "हमें आशा है कि दोनों पक्ष इस प्रक्रिया को जारी रखने का प्रयास करेंगे और 1950 के दशक के स्तर तक दोस्ताना संबंध बनाने का प्रयास करेंगे।"[44] प्रधानमंत्री राजीव गांधी ने उपप्रधानमंत्री याओयिलिंग से मुलाकात की और यह बात दोहराई कि उनकी सरकार पिछली नीतियों को जारी रखेगी। उन्होंने झाओ जियांग के चीन भ्रमण के आमंत्रण को स्वीकार किया।[45]

दोनों तरफ से प्रयास होने के कारण भारत-चीन संबंधों के सामान्यीकरण की प्रक्रिया भारत के राजनीतिक नेतृत्व में बदलाव होने के बावजूद भी बाधित नहीं हुई। 17 जनवरी, 1985 को संसद के समक्ष अपने वार्षिक संबोधन में राष्ट्रपति ने कहा: "चीन के साथ हमारे संबंधों में सुधार दिखाई दे रहा है। हम सीमा के मामले का समाधान निकाल लेंगे।"[46]

राजनयिक संबंधों की स्थापना की 35वीं वर्षगांठ के उपलक्ष्य में प्रधानमंत्री झाओ जियांग ने अपने भारतीय समकक्ष को भेजे गए एक संदेश में कहा: "भारत पीपुल्स रिपब्लिक ऑफ चाइना के साथ राजनयिक सबंध स्थापित करने वाला पहला देश था। मुझे यह देखकर खुशी हो रही है कि हाल के वर्षों में हमारे संयुक्त प्रयासों से दोनों देशों के बीच संबंधों में प्रगति हुई है।"[47] राजीव गांधी ने अपने संदेश में कहा कि भारत और चीन दोनों देश विशाल जनसंख्या और बहुत ज्यादा भावी संभावनाओं वाले देश हैं। उनके समक्ष बड़े कार्यों में कई ऐसे क्षेत्र हैं जिनमें वे पारस्परिक फायदे

के लिए सहयोग कर सकते हैं। वे अपने संयुक्त प्रयासों से पंचशील के आधार पर अपनी लंबित समस्याओं को सुलझा सकते हैं।[48] जून 1985 में चीन ने प्रस्ताव रखा कि दोनों पक्षों को पारस्परिक ढंग से ल्हासा, शंघाई, बाम्बे और कलकत्ता में वाणिज्य दूतावासों को पुनः खोलना चाहिए जो सन् 1961 से बंद पड़े हैं और लंबे समय से निलंबित चीन-भारत सीमा व्यापार को शुरू करना चाहिए।[49]

प्रधानमंत्री राजीव गांधी भी अपनी तरफ से चीन के साथ संबंधों के सामान्यीकरण की प्रक्रिया को गतिशील करने में रुचि ले रहे थे। चीनी प्रधानमंत्री झाओ जियांग के साथ उनकी पहली मुलाकात अक्टूबर 1985 में न्यूयार्क में हुई जहाँ वे दोनों संयुक्त राष्ट्र की 40वीं वर्षगांठ में भाग लेने के लिए पहुँचे थे।[50] दोनों सीमा की समस्या को सुलझाने के लिए सहमत हुए। झाओ ने कहा कि सीमा का मामला इतिहास की विरासत है लेकिन श्री गांधी ने यह कहते हुए बीच में टोका कि यह उनके संबंधों का मुख्य बिंदु है। दोनों प्रधानमंत्री इस बात से सहमत हुए कि इसका समाधान प्राप्त करने तथा दोनों देशों के बीच दोस्ती को प्रोत्साहित करने के लिए इसे आगे बढ़ाने की आवश्यकता है। झाओ ने राजीव गांधी को चीन भ्रमण का अपने देश के आमंत्रण को दोहराया। प्रधानमंत्री गांधी ने इस सुझाव का स्वागत किया लेकिन यह कहा कि इस प्रकार की मुलाकात तभी फलदायक हो सकती है जब इसके लिए ठोस तैयारी कर ली जाए।[51]

छठे दौर की बातचीत 4 से 11 नवंबर, 1985 तक नई दिल्ली में आयोजित हुई। इस दौर में दोनों पक्षों ने क्षेत्रवार दृष्टिकोण को अपनाया और भारत-चीन सीमा के पूर्वी क्षेत्र पर अपनी संबंधित स्थितियों को स्पष्ट किया।[52] दोनों देशों ने विवादित सीमा के पूर्वी क्षेत्र से संबंधित मूल मुद्दों पर अपने विचार व्यक्त किए और अगले दौर में मध्य एवं पश्चिमी क्षेत्रों से संबंधित मूल मुद्दों पर विचार-विमर्श करने का निर्णय लिया। इसके अतिरिक्त चीन ने अपने पुराने दावे को पेश किया कि पूर्व के लिए पारंपरिक सीमा रेखा मैकमोहन रेखा के दक्षिण अर्थात हिमालय के शिखर पर स्थित है। अतः उम्मीद से परे चीन ने भारत से पूर्वी क्षेत्र में क्षेत्रीय रियायत की माँग करते हुए एक नया तत्त्व पेश किया।[53] चीनी स्रोतों ने व्यक्त किया: "दोनों पक्षों ने सीमा मामले पर ठोस विचार-विमर्श किया और इस मुद्दे पर अपनी संबंधित स्थितियों को विस्तार से स्पष्ट किया। वे इस बात से सहमत हुए कि ये विचार-विमर्श सीमा मुद्दे का हल निकालने के लिए फायदेमंद और प्रेरक रहे।"[54] दोनों पक्षों ने सन् 1967 में चीन द्वारा बीजिंग में जब्त की गई भारतीय दूतावास की संपत्ति के मामले को सुलझाते हुए द्विपक्षीय संबंधों में आए गतिरोध को दूर कर दिया। क्षतिपूर्ति के मामले को भी सुलझा लिया गया।

बाद में छठे दौर की आधिकारिक स्तर की बातचीत में हुए विचार-विमर्श की संसद को जानकारी देते हुए विदेश मंत्री बी0आर0 भगत ने कहा:

"भारत और चीन के प्रतिनिधिमंडलों ने भारत-चीन सीमा मुद्दे पर ठोस विचार-विमर्श किया। क्षेत्रवार दृष्टिकोण को अपनाते हुए दोनों पक्षों ने सीमा के पूर्वी क्षेत्र में अपनी संबंधित स्थितियों को स्पष्ट किया। उनके बीच यह सहमति हुई कि सीमा पर ठोस विचार-विमर्श सीमा के सभी क्षेत्रों को कवर करते हुए जल्दी और व्यापक समाधान के दृष्टिकोण से आगे के दौर में भी जारी रहेगा।"[55]

सातवें दौर की बातचीत के आयोजन से चार-पाँच दिन पहले समाचारपत्रों में अरुणाचल प्रदेश में चीनी घुसपैठ की खबरें छपीं। 18 जुलाई, 1986 को विदेश मंत्री श्री पी0 शिवशंकर ने संसद को जानकारी दी: "माननीय सदस्य अरुणाचल प्रदेश के तवांग जिले के समदोरोंग चू घाटी क्षेत्र में चीनी घुसपैठ के समाचार से अवगत हैं। इस घुसपैठ की पुष्टि होने के बाद हमने 26 जून, 1986 को चीनी सरकार के समक्ष इसका दृढ़ता से विरोध प्रकट किया। हमने इस बात पर जोर दिया कि समदोरोंग चू घाटी क्षेत्र स्पष्ट रूप से मैकमोहन रेखा के दक्षिण स्थित है और अच्छी तरह से भारतीय क्षेत्र में आता है। हमने 8 जुलाई 1986 को प्राप्त हुए चीनी जवाब को रद्द कर दिया जिसमें यह व्यक्त किया गया था कि यह विवादित क्षेत्र है और मैकमोहन रेखा से उनके क्षेत्र में आता है। इस क्षेत्र में मैकमोहन रेखा अंतर्राष्ट्रीय सीमा निर्मित करती है। चीन ने सूचित किया है कि इस मुद्दे पर बीजिंग में आयोजित होने वाली सातवें दौर की आधिकारिक स्तर की बातचीत में विस्तार से विचार-विमर्श किया जा सकता है।"[56]

सातवें दौर की बातचीत 21 से 23 जुलाई, 1986 तक बीजिंग में आयोजित हुई। उपलब्ध जानकारी के अनुसार विवादास्पद क्षेत्र की स्थिति पर गहनता से विचार-विमर्श किया गया लेकिन इसका कोई भी समाधान नहीं निकला।[57] भारत की अरुणाचल प्रदेश के तवांग जिले के समदोरोंग चू घाटी क्षेत्र में चीनी घुसपैठ पर गहरी चिंता के बारे में चीनी पक्ष को वार्ता के दौरान सूचित किया गया। भारत ने जोर दिया कि चीनी पक्ष को मामले को भड़काने और यथास्थिति को विक्षुब्ध करने का कोई भी कार्य नहीं करना चाहिए।[58] विदेश मंत्री श्री के0आर0 नारायणन ने बाद में संसद को बताया कि:

> सातवें दौर की आधिकारिक स्तर की वार्ता में भारत-चीन सीमा के पूर्वी क्षेत्र पर मूल विचार-विमर्श जारी रहा। इसके बाद पश्चिमी क्षेत्र पर विचार-विमर्श शुरू हुआ। चीनी पक्ष ने यह बात दोहराई कि पूर्वी क्षेत्र 'सबसे बड़ा विवादित' क्षेत्र है। इसके जवाब में भारतीय पक्ष ने स्पष्ट रूप से अपनी प्रसिद्ध स्थिति को

स्थापित किया कि पूर्वी क्षेत्र में भारत-चीन सीमा पारंपरिक प्रचलित रेखा है जिसे संधि और प्रशासनिक अधिकार-क्षेत्र की अतिरिक्त संस्तुति प्राप्त है।[59]

इसी बीच, दिसंबर 1986 में भारतीय संसद ने एक विधेयक पारित किया जिसमें अरुणाचल प्रदेश को पूर्ण राज्य का दर्जा प्रदान किया गया था।[60] भारत के दृष्टिकोण से यही उस प्रक्रिया का निष्कर्ष था जिसे ब्रिटिश फ्रंटियर एजेंसी (NEFA) द्वारा शुरू किया गया था और सन् 1971 में अरुणाचल प्रदेश को केंद्र शासित प्रदेश बनाया गया था। यद्यपि चीन ने इसे इसके पूर्वी क्षेत्र में अपने दावे के संभव कानूनी काट के रूप में देखा और भारत को जानबूझकर अवरोध उत्पन्न करने का दोषी ठहराया। चीन ने भारत के इस कृत्य के खिलाफ दृढ़ विरोध दर्ज किया।[61] भारत ने अपनी तरफ से चीन को भारत के आंतरिक मामलों में दखल देने का दोषी ठहराया और भारत की अरुणाचल प्रदेश पर संप्रभुता की बात दोहराई।

पूर्वी और पश्चिमी दोनों क्षेत्रों में सैन्य अभ्यास की रिपोर्ट और वरिष्ठ जनरलों का अरुणाचल प्रदेश के भ्रमण ने दोनों देशों के बीच केवल तनाव को ही बढ़ाया। सेना के प्रमुख जनरल के0 सुंदरजी ने चीन सीमा पर आपरेशन चेकर बोर्ड (अक्टूबर-मध्य मार्च 1987) आयोजित किया जिसमें दस से ज्यादा सेना डिविजन और वायु सेना शामिल थी।[62] ये सैन्य दल पूरी सीमा पर फैल गए और तैनात हो गए। चीन ने भारतीयों के निकट खतरनाक तरीके से तैनात होकर अपनी प्रतिक्रिया व्यक्त की। इसके अतिरिक्त चीन ने पूर्वी तिब्बत में अपनी सैन्य उपस्थिति को बढ़ा दिया। लगभग निर्णायक मुठभेड़ के सभी संसाधन तेजी से जुटाए जा रहे थे। वास्तव में भारत और चीन के बीच द्वितीय सीमा युद्ध के बारे में अटकलबाजी होने लगी थी और लोग सतर्क हो गए थे।[63]

यद्यपि जो भी पूर्वानुमान लगाया गया था उसके विपरीत सैन्य संघर्ष नहीं हुआ। आंशिक रूप से इसका स्पष्टीकरण इस तथ्य में निहित है कि सैन्य शक्ति के खुले प्रदर्शन से दुस्साहसपूर्ण कदम को प्रभावी ढंग से निष्प्रभावी किया गया। सबसे ज्यादा महत्त्वपूर्ण यह तथ्य था कि शत्रुतापूर्ण इरादे उच्च तनाव से स्पष्ट रूप से गायब थे। दोनों सरकारों ने सीमाओं पर सैन्य बल वृद्धि द्वारा उत्पन्न संकट को कम करके दिखाने का प्रयास किया। अप्रैल 1987 में रक्षा मंत्री के.सी. पंत के बीजिंग में पारगमन पड़ाव का इस्तेमाल भारत के शांति की प्रत्यक्ष इच्छा को सूचित करने के लिए किया गया। बाद में जून में भारत के विदेश मंत्री एन.डी. तिवारी ने प्योंगयांग में आयोजित गुट निरपेक्ष राष्ट्रों की एक बैठक में भाग लेने के पश्चात नई दिल्ली वापस आते समय बीजिंग में रुकने का निर्णय लिया। तिवारी की इस संक्षिप्त बातचीत के उद्देश्य को आधिकारिक रूप से इस प्रकार घोषित किया गया कि "राजनीतिक स्तर पर यह

इच्छा सूचित करने कि हम सभी क्षेत्रों में संबंधों को सुधारना चाहते हैं जैसा हमने सीमा के मुद्दे पर समाधान निकालने का निश्चय किया था और यह कि समाधान के लंबित रहने तक दोनों पक्षों को शांति बनाए रखने के सभी प्रयास करने चाहिए।"[64]

1986 और 1987 की घटनाओं को भारत-चीन सामान्यीकरण की प्रक्रिया को आगे बढ़ाने के लिए नए सिरे से पहल करने के निश्चय के रूप में देखा गया। भारत के विदेश मंत्री श्री एन0डी0 तिवारी ने लोक सभा में विचार व्यक्त किया कि दोनों पक्षों के लिए समस्याओं का समाधान शांतिपूर्ण बातचीत, सलाह से करना जरूरी है और यह इस ढंग से होना चाहिए कि सीमा पर शांति बनी रहे।[65] प्रधानमंत्री राजीव गांधी ने 3 मार्च, 1987 को संसद में विचार व्यक्त किया:

हमारी सीमाओं पर चीन के साथ तनाव बना हुआ है। हम सीमा मामले का शांतिपूर्ण समझौता चाहते हैं। इसके लिए विवेक और कुशलता की आवश्यकता होगी। इसके लिए दूरदृष्टि और दृढ़ता की जरूरत होगी। दृढ़ता विवेक में निहित है। इस दृष्टिकोण से समस्या का समाधान निकालने में दोनों देशों का मार्गदर्शन होना चाहिए।[66]

अतः राजीव गांधी ने चीन के साथ संबंधों को सुधारने की भारत की नीति में नए दृष्टिकोण की तरफ इशारा किया।

राजीव गांधी का चीन के लिए नया दृष्टिकोण शत्रुता से विश्व राजनीति में बदलाव की सामान्य प्रवृत्ति का एक हिस्सा था। चीन-सोवियत संबंधों के सामान्यीकरण के साथ सोवियत नेता गोर्बाचेव, जिन्होंने सोवियत संघ में आर्थिक या राजकीय संस्करण तथा सामाजिक मुद्दों पर बहस की नीति की शुरूआत की थी, ने एशियाई और विश्व के मामलों में चीन की भूमिका पर जोर दिया तथा चीन-भारत संबंधों को सुधारने के भारत के प्रयास को प्रोत्साहित किया।[67] भारत-चीन संबंधों पर अंतर्राष्ट्रीय और क्षेत्रीय माहौल में बदलाव का बढ़ता हुआ प्रभाव साफ तौर पर सकारात्मक था।

इसके बाद आठवें दौर की बातचीत 16 से 18 नवंबर, 1987 तक नई दिल्ली में आयोजित हुई। चीन ने कहा कि सीमा के मुद्दे के निष्पक्ष एवं उचित समझौते को अनुकूल परामर्श और पारस्परिक समझ एवं पारस्परिक गुंजाइश की भावना से ही प्राप्त किया जा सकता है। भारत ने कहा कि सीमा मामले की जटिलता के कारण समझौता प्राप्त करने के लिए समय की जरूरत है।

नई दिल्ली में हुई बातचीत से इस सामान्य समझ पर औपचारिक मुहर लग गई कि राजनीतिक पहल गंभीर रूप से की जा रही है। समझौते के आयोजित होने में पुराने ढंग की स्थिति से चिपके रहने की निरर्थकता के बारे में देश के भीतर जागरूकता बढ़ रही थी जो ठोस परिणामों के संबंध में निष्फल साबित होने वाली

थी। सामान्य अनुभव यह था कि "यह सीमा संबंधी बातचीत नहीं है जिसे उच्च राजनीतिक स्तर पर किया जाना है। यह उच्चतम राजनीतिक स्तर की बैठक है जिससे सीमा मामले पर बातचीत में प्रगति दिखाई देगी।"[68]

सन् 1988 में राजीव गांधी ने चीन के प्रति भारत की नीति में नए दृष्टिकोण को शामिल किया और 20 अप्रैल को लोक सभा में एक बहस का जवाब देते हुए उन्होंने कहा:

चीन के साथ हम अपने संबंधों को सुधारने का प्रयास करते रहे हैं। हम अपने संबंधों में नए और फलप्रद चरण को तलाशते हुए विश्वास का माहौल पैदा कर रहे हैं। हमने स्वीकार किया है कि सामान्यीकरण की प्रक्रिया जटिल है। सीमा के मुद्दे पर शांतिपूर्ण समझौते की आवश्यकता है। इसके लिए पारस्परिक रूप से स्वीकार्य नतीजों की आवश्यकता है और हमें दोनों देशों की राष्ट्रीय भावनाओं को भी ध्यान में रखने की आवश्यकता है। हमारी सीमाओं पर शांति बनाए रखना बहुत ही जरूरी हो गया है क्योंकि हम दीर्घकालीन समझौते की बात कर रहे हैं और चीन के साथ कई क्षेत्रों में सहयोग को मजबूत कर रहे हैं। हमें खुशी है कि सामान्यीकरण के प्रयास का इस सदन के सभी वर्गों द्वारा स्वागत किया गया है। हमने सिद्धांत रूप में यह स्वीकार किया है कि मैं चीन के आमंत्रण पर वहाँ का दौरा करूँगा।[69]

चीनी नेतृत्व ने 1988 की शुरूआत में भारत के प्रधानमंत्री द्वारा दौरा किए जाने के प्रस्ताव का जोशपूर्वक प्रतिक्रिया की। 4 अक्टूबर 1988 को न्यूयार्क में भारत के विदेश मंत्री पी0वी0 नरसिम्हा राव से बातें करते हुए उनके चीनी समकक्ष वू क्यूजिआन ने बताया कि राजीव गांधी का दौरा दोनों देशों के बीच संबंधों में एक निर्णायक मोड़ साबित होगा।[70]

बाद में विदेश मंत्री पी0वी0 नरसिम्हा राव ने नवंबर 1988 को संसद में कहा:

"लंबित सीमा मामले के शांतिपूर्ण एवं पारस्परिक रूप से स्वीकार्य समाधान के लिए बातचीत जारी है और यह सहमति हुई है कि संपूर्ण सीमा पर शांति बनाए रखी जाए। प्रधानमंत्री के चीन दौरे के समय आगे की बातचीत होगी।"[71]

III

प्रधानमंत्री राजीव गांधी का दिसंबर 1988 का चीन दौरा सामान्यीकरण की सुस्त प्रक्रिया को तेज करने के लिए उठाया गया एक ठोस कदम था। प्रधानमंत्री गांधी ने 19 से 23 दिसंबर तक चीन का दौरा किया और यह 34 सालों में भारत के किसी प्रधानमंत्री का पहला दौरा था। गांधी ने यह घोषणा करते हुए संवाद स्थापित किया: "अब भविष्य की तरफ देखने का समय है, मैं पुरानी दोस्ती को फिर से बहाल करने

के लिए आया हूँ।"[72] शीर्ष चीनी नेता देंग जियाओपिंग ने कहा कि "चीन और भारत को पुराने बुरे दिनों को भूल जाना चाहिए और भविष्य पर अपनी नजर रखनी चाहिए।"[73] प्रधानमंत्री ली पेंग उस दौरे के दौरान राजीव गांधी के मुख्य वार्ताकार थे और उनकी बातचीत सीमा के मूल मामले, तिब्बत, द्विपक्षीय संबंधों और अंतर्राष्ट्रीय स्थिति पर केंद्रित थी। प्रधानमंत्री ली ने भारत भ्रमण के गांधी के आमंत्रण को स्वीकार किया।

इस भ्रमण के दौरान दोनों पक्षों ने चीन-भारत सीमा के मामले पर गहराई से विचार-विमर्श किया और वे इसे शांतिपूर्वक और दोस्ताना तरीके से निपटाने के लिए सहमत हुए। भोज समारोह के दौरान दिए गए अपने भाषण में चीनी प्रधानमंत्री ली पेंग ने "पारस्परिक समझ और पारस्परिक गुंजाइश की भावना में निष्पक्ष एवं उचित समझौते" की माँग करते हुए ज्ञात चीनी स्थिति को पुन: व्यक्त करते हुए सीमा मामले को सुलझाने की बात कही।[74] इसके प्रत्युत्तर में भारत के प्रधानमंत्री ने कहा कि सीमा के मामले के एक दूसरे के दृष्टिकोणों की समझ पर आधारित समाधान निकालने की आवश्यकता है जो आपसी हितों के अनुकूल होगा और दोनों लोगों के लिए फायदेमंद होगा।

22 दिसंबर को भारत और चीन ने भारत की तरफ से विदेश सचिव और चीन की तरफ से विदेश मामलों के उपमंत्री की अध्यक्षता में सीमा मामले पर एक संयुक्त कार्य समूह (JWG) गठित करने का निर्णय लिया। संयुक्त कार्य समूह आधिकारिक स्तर की से एक कदम आगे था क्योंकि इसके पास संयुक्त जनादेश था। इसके अतिरिक्त संयुक्त कार्य समूह में सैन्य कर्मियों और अन्य विशेषज्ञों को भी शामिल किया जाना था जिन्हें राजनीतिक नेतृत्व द्वारा निर्देशित करना था। संयुक्त कार्य समूह के दो महत्त्वपूर्ण कार्य थे। पहला कार्य सीमा के मामले के संपूर्ण हल के लिए ठोस सिफारिशें बनानी थीं। दूसरा कार्य, समूह को वास्तविक नियंत्रण रेखा पर शांति सुनिश्चित करनी थी।[75]

दोनों पक्ष अन्य क्षेत्रों में संबंध विकसित करने तथा आर्थिक संबंधों और व्यापार के साथ ही विज्ञान एवं तकनीकी पर संयुक्त समूह गठित करने के लिए भी सहमत हुए। दोनों देशों ने सांस्कृतिक, वैज्ञानिक और तकनीकी सहयोग के साथ ही सिविल विमानन पर तीन समझौतों पर हस्ताक्षर किए।[76]

लेकिन राजीव गांधी के दौरे का वास्तविक फायदा शायद अगोचर था। देंग शियाओपिंग के साथ लंबे समय से हाथ मिलाने से अगोचर नई भावना परिलक्षित हुई जिसे राजीव और देंग भारत-चीन संबंध में शामिल करने का प्रयास कर रहे थे। इसके परिणामस्वरूप भारत-चीन सामान्यीकरण की प्रक्रिया अग्रसर हुई। जैसा देंग ने

गांधी से कहा कि "उनके भ्रमण की शुरूआत से ही चीन और भारत दोनों देशों, लोगों और नेताओं के बीच दोस्ती बहाल करेंगे।"[77] राजीव गांधी ने स्वयं इस भ्रमण का पारस्परिक संबंधों में निर्णायक मोड़ के रूप में मूल्यांकन किया। उन्होंने स्वीकार किया कि अभी भी मतभेद कायम है लेकिन भारत सामूहिक हित के क्षेत्रों का विस्तार करना चाहेगा।

21 फरवरी 1989 को संसद को किए गए वार्षिक संबोधन में राष्ट्रपति ने कहा:

"प्रधानमंत्री के हाल में किए गए चीन दौरे से हमने उस देश के साथ अपने संबंधों में एक नए और सकारात्मक चरण की शुरूआत की है। चीनी नेताओं के साथ हुई सौहार्द्रपूर्ण एवं ठोस वार्ता ने दोनों देशों के बीच स्थायी, शांतिपूर्ण और पारस्परिक रूप से फायदेमंद संबंध के लिए रास्ता खोल दिया है। यह क्षेत्रीय और विश्व शांति के लिए बड़ी महत्त्वपूर्ण प्रगति है क्योंकि भारत और चीन एक साथ मिलकर एक-तिहाई मानवता का प्रतिनिधित्व करता है।"[78]

जबकि भारत-चीन संबंध भविष्य की तरफ आगे बढ़ रहा था, चीन की आंतरिक स्थिति को कम्युनिस्ट नेतृत्व के खिलाफ छात्रों द्वारा किए गए विद्रोह से बड़ा झटका लगा। मई-जून 1989 में चीन में बीजिंग और अन्य महत्त्वपूर्ण शहरों में कम्युनिस्ट शासन की लोकतंत्र विरोधी प्रकृति के खिलाफ विरोध शुरू हुआ। भारत सरकार ने घोषणा की कि यह पूर्ण रूप से चीन का आंतरिक मामला है। जुलाई 1989 में कांग्रेस पार्टी के महासचिव गुलाम नबी आजाद ने चीनी कम्युनिस्ट पार्टी के महासचिव जियांग जेमिन से मुलाकात की। जियांग ने कहा कि वे भारत सरकार और कांग्रेस पार्टी के चीन के क्रांतिकारी विद्रोह का शमन करने के कार्य में हस्तक्षेप न करने के रवैये की सराहना करते हैं।[79]

संयुक्त कार्यकारी समूह की पहली बैठक 30 जून से 4 जुलाई, 1989 तक बीजिंग में आयोजित की गई और दोनों पक्षों ने द्विपक्षीय संबंधों और सामूहिक हितों के क्षेत्रीय साथ ही अंतर्राष्ट्रीय मामलों के सुधार पर अपने दृष्टिकोणों का आदान-प्रदान किया।[80]

दोनों पक्षों ने स्वीकार किया कि सीमा मामले का हल निकालते समय दोनों देशों को अन्य क्षेत्रों द्विपक्षीय संबंधों को प्रोत्साहित करने और वास्तविक नियंत्रण रेखा के दोनों तरफ के क्षेत्रों में शांति और स्थिरता बनाए रखने का प्रयास करना चाहिए।[81] 8 जुलाई को यह घोषणा की गई कि भारत और चीन विश्वास बहाल करने के कार्य तथा दोनों देशों के बीच संबंधों के सामान्यीकरण की प्रक्रिया को आगे बढ़ाने पर सहमति हुई।[82]

उच्च स्तरीय राजनीतिक संपर्क द्वारा उत्पन्न गति को बनाए रखने के उद्देश्य से चीनी उपप्रधानमंत्री वू क्यूजियान 11 अक्टूबर, 1989 को नई दिल्ली आए। उन्होंने विदेश मंत्री पी0वी0 नरसिम्हा राव और प्रधानमंत्री राजीव गांधी से विस्तृत बातचीत की। वू ने कहा:

हम केवल सहयोग को मजबूत और कई क्षेत्रों में एक दूसरे की कमियों को न केवल दूर कर सकते हैं, जिसमें अर्थव्यवस्था, विज्ञान, प्रौद्योगिकी, संस्कृति और शिक्षा शामिल है, बल्कि उत्तर-दक्षिण संवाद, दक्षिण-दक्षिण सहयोग एवं कई अन्य अंतर्राष्ट्रीय मुद्दों पर अपनी मंत्रणा को भी बढ़ा सकते हैं। जब तक दोनों पक्ष पारस्परिक समझ एवं पारस्परिक गुंजाइश की भावना के साथ दोस्ताना बातचीत नहीं करेंगे तब तक पारस्परिक रूप से स्वीकार्य हल नहीं निकल सकता है।[83]

12 मार्च 1990 को संसद के समक्ष अपने वार्षिक संबोधन में राष्ट्रपति ने कहा:

"पंचशील के आधार पर पारस्परिक रूप से फायदेमंद सहयोग के विकास के लिए योगदान देते हुए राजनयिक आदान-प्रदान की गति बढ़ा दी गई है। चीन के विदेश मंत्री बातचीत को आगे बढ़ाने के लिए जल्द ही भारत के दौरे पर आएँगे। हम अपने राष्ट्रीय हितों के अनुरूप सीमा के मामले का निष्पक्ष, यथोचित और पारस्परिक रूप से स्वीकार्य समझौते का प्रयास जारी रखेंगे।"[84]

चीनी विदेश मंत्री कियान किचेन ने मार्च 1990 में भारत का भ्रमण किया।[85] कियान के भ्रमण को चीन और भारत के बीच राजनयिक संबंधों की स्थापना की 40वीं वर्षगांठ के साथ जोड़ा गया। अपने भारतीय समकक्ष, आई0के0 गुजराल के साथ बातचीत में कियान इस बात से सहमत हुए कि अन्य क्षेत्रों में द्विपक्षीय संबंधों का विकास सीमा के मामले के निष्पक्ष और यथोचित समझौते के लिए अनुकूल माहौल और स्थिति पैदा करेगा।[86] कियान ने 23 मार्च को कश्मीर से संबंधित एक महत्त्वपूर्ण बिंदु पर बातचीत की। उन्होंने भारत और पाकिस्तान के बीच पारस्परिक मंत्रणा से कश्मीर की समस्या का शांतिपूर्ण हल निकालने की आवश्यकता पर जोर दिया। उन्होंने संकेत किया कि चीन कश्मीर मुद्दे के अंतर्राष्ट्रीयकरण के खिलाफ है।

9 अप्रैल को संसद में बोलते हुए श्री आई0के0 गुजराल ने कहा:

"सीमा के मामले में चीनी विदेश मंत्री के पिछले महीने के भारत भ्रमण में अंतर्राष्ट्रीय और क्षेत्रीय मामलों पर दोनों पक्षों के विचारों की बेहतर समझ बनी। यह बहुत ही जरूरी था क्योंकि हम दोनों लोग महाद्वीपीय समाज के रूप में एक ही प्रकार की समस्या का सामना कर रहे हैं। दृष्टिकोणों के आदान-प्रदान और बेहतर समझ का अपने आप में कोई मूल्य नहीं है। हमारे त्वरित द्विपक्षीय हित के संबंध में मैं यह

कहना चाहूँगा कि भ्रमण के दौरान दोनों पक्षों द्वारा संबंधों के सुधार की प्रक्रिया को जारी रखने की इच्छा को दोहराया गया।"[87]

संयुक्त कार्यकारी समूह ने 31 अगस्त से 1 सितंबर, 1990 तक नई दिल्ली में दूसरी बैठक आयोजित की। दोनों पक्ष ऐसी क्रियाविधि पर सहमत हुए जिसके अंतर्गत उनके सैन्यकर्मी सीमा क्षेत्रों में शांति बनाए रखने के लिए उचित स्तर से समय-समय पर मुलाकात करेंगे। दो दिनों के विचार-विमर्श के अंत में चीनी उप विदेश मंत्री क्यूई हुअई यान और भारत के विदेश सचिव मुचकुंद दुबे के नेतृत्व वाले प्रतिनिधिमंडल ने आशा व्यक्त की कि "गंभीर और अग्रदर्शी ढंग से कार्य करते हुए सीमा मामले को सुलझाने के लिए आधार स्थापित करना साथ ही सीमा क्षेत्रों में शांति बनाए रखना संभव होगा।"[88] इसके अतिरिक्त दोनों पक्षों ने द्विपक्षीय संबंधों को सुधारने के उपायों पर भी विचार-विमर्श किया और क्षेत्रीय एवं अंतर्राष्ट्रीय मामलों पर अपने विचारों का आदान-प्रदान किया। उन्होंने कई क्षेत्रों में दोनों देशों के बीच बढ़ते हुए पारस्परिक विचार-विमर्श पर संतोष व्यक्त किया जिसमें राजनीतिक स्तर पर विचार-विमर्श शामिल है।[89]

नब्बे के दशक में अंतर्राष्ट्रीय राजनीति में बहुत ज्यादा परिवर्तन सामने आए। तेजी से बदलते विश्व परिदृश्य के बीच भारत और चीन दोनों ने अंतर्राष्ट्रीय राजनीति के अनिश्चित और बदलते पैटर्न के लिए स्थायी संबंध की इच्छा प्रकट की। अंतर्राष्ट्रीय परिस्थितियों, क्षेत्रीय राजनीति एवं घरेलू विवशता के संयुक्त प्रभाव ने भारत और चीन पर मैत्री के करीब और अपरिवर्तनीय रास्ता अपनाने के लिए दबाव डाला।

21 फरवरी, 1991 को राष्ट्रपति ने संसद के संयुक्त सत्र को संबोधित किया और कहा:

हमने चीन के साथ बेहतर समझ स्थापित करने की प्रक्रिया को जारी रखा है। हमारा द्विपक्षीय सहयोग बढ़ा है और हमने अंतर्राष्ट्रीय मामलों पर एक दूसरे को ज्यादा नजदीक से सलाह देना भी शुरू कर दिया है। संयुक्त कार्यकारी समूह में बातचीत निष्पक्ष, यथोचित और पारस्परिक रूप से स्वीकार्य ढंग से सीमा मामले को सुलझाने के दृष्टिकोण से जारी है। हमारा विश्वास है कि भारत और चीन के बीच निकटवर्ती सहयोग एशिया और विश्व में शांति एवं स्थिरता के हित में होगा।[90]

संयुक्त कार्यकारी समूह की तीसरी बैठक मई 1991 में बीजिंग में हुई। इस बैठक में दोनों पक्षों ने वास्तविक नियंत्रण रेखा के अधीन पूरी सीमा पर शांति बनाए रखने के दृष्टिकोणों को आदान-प्रदान किया।[91]

बाद में सितंबर 1991 में रक्षा मंत्री शरद पवार ने संसद में कहा:

"चीन के साथ हमारी सीमाओं पर कोई भी तनाव नहीं है। हाल के वर्षों में चीन ने ऐसा कोई भी कदम नहीं उठाया है जिससे हमारे मन में व्यग्रता ओर संदेह पैदा

हो। अतः हम चीन के साथ अच्छे संबंध विकसित करने और पारस्परिक विकास सुनिश्चित करने का प्रयास करेंगे। जहाँ तक चीन का संबंध है सीमा पर निश्चित रूप से शांति बनी रहेगी और चीन के साथ हमारे संबंधों को बेहतर बनाने के प्रयास किए जा रहे हैं।"[92]

चीनी प्रधानमंत्री ली पेंग ने 11 दिसंबर से 16 दिसंबर, 1991 तक भारत का आधिकारिक भ्रमण किया और पिछले 31 सालों में चीनी प्रधानमंत्री द्वारा किया गया यह पहला भारत भ्रमण था।[93] भ्रमण के दौरान दोनों सरकारों ने तीन समझौतों अर्थात: (1) सीमा व्यापार का पुनरारंभ, (2) मुंबई और शंघाई में वाणिज्य दूतावास को दोबारा खोलने, एवं (3) बाह्य अंतरिक्ष विज्ञान एवं प्रौद्योगिकी के शांतिपूर्ण अनुप्रयोगों में सहयोग पर हस्ताक्षर किए।[94] दोनों प्रधानमंत्री सीमा मामले को हल करने में सुविधा हेतु संयुक्त कार्यकारी समूह को राजनीतिक दिशानिर्देश दिए। इसके अतिरिक्त भारत ने इस अवसर का प्रयोग चीन को पाकिस्तान के परमाणु हथियार क्षमता एवं मिसाइल प्रौद्योगिकी के लिए 'बाहरी आदानों' पर अपनी चिंता व्यक्त करने के लिए किया। चीनी पक्ष ने कुछ तिब्बतियों द्वारा भारत में अपनी मातृभूमि के खिलाफ गतिविधियाँ जारी रखने के बारे में चिंता व्यक्त की और इस बात को दोहराया कि तिब्बत चीनी क्षेत्र का अपरिहार्य हिस्सा है। भारतीय पक्ष ने अपनी लंबे समय से और तर्कयुक्त स्थिति को दोहराया कि तिब्बत चीन का स्वायत्त क्षेत्र है और उसने भारत में तिब्बतियों को चीन विरोधी राजनीतिक गतिविधियों में शामिल होने की अनुमति नहीं दिया है। दोनों पक्षों ने सकारात्मक ढंग से व्यापार, संस्कृति, विज्ञान एवं प्रौद्योगिकी के क्षेत्रों में अपने सहयोग की सराहना की। भारत के सांस्कृतिक त्योहार का चीन में आयोजन एवं चीन के सांस्कृतिक त्योहार का भारत में आयोजन करने के लिए भी सहमति बनी। दोनों पक्षों का विश्वास था कि नेताओं के बीच भ्रमण के दौरान विचारों का आदान-प्रदान अधिक से अधिक आपसी समझ विकसित करने और द्विपक्षीय दोस्ती एवं सभी क्षेत्रों में सहयोग के विकास के लिए बहुत ही ज्यादा जरूरी था।[95]

दोनों देशों के नेताओं ने यह बात दोहराई कि दोस्ताना बातचीत द्वारा सीमा के मामले के जल्दी और पारस्परिक रूप से स्वीकार्य हल निकालने का प्रयास किया जाएगा। दोनों पक्षों का विश्वास था कि सीमा मामले पर चीन-भारतीय संयुक्त कार्यकारी समूह द्वारा अभी तक की गई बातचीत ने आपसी समझ को बढ़ाया है और वे इस बात से सहमत थे कि समूह को सीमा मामले के जल्द से जल्द संभव हल पाने के लिए अपने कार्य की गति को बढ़ाना चाहिए। यह निर्णय लिया गया कि संयुक्त कार्यकारी समूह की अगली बैठक सन् 1992 की शुरूआत में पारस्परिक रूप से सुविधाजनक तारीख को नई दिल्ली में आयोजित की जाएगी। दोनों पक्ष सीमा

मामले के लंबित अंतिम समाधान तक पूरी वास्तविक नियंत्रण रेखा पर स्थित क्षेत्र में शांति बनाए रखने के लिए सहमत हुए। उनके बीच यह भी सहमति बनी कि सीमा क्षेत्र में सैन्य कर्मियों के बीच सामयिक बैठकें नियमित आधार पर आयोजित की जानी चाहिए।[96]

20 दिसंबर, 1991 को प्रधानमंत्री नरसिम्हा राव ने चीनी जनवादी प्रजातंत्र के प्रधानमंत्री के भ्रमण पर लोकसभा में एक लंबा बयान दिया और व्यक्त किया: "कि इस भ्रमण से महत्त्वपूर्ण फायदा हुआ है क्योंकि यह मौलिक परिवर्तन को शामिल करते हुए अंतर्राष्ट्रीय संबंधों में तेजी से हो रहे बदलावों के संदर्भ में किया गया है।" उन्होंने आगे कहा:

अंतर्राष्ट्रीय स्थिति पर विचार-विमर्श में प्रधानमंत्री ली पेंग और हम इस बात पर सहमत हुए कि सन् 1954 में भारत और चीन द्वारा संयुक्त रूप से शुरू किए गए शांतिपूर्ण सहअस्तित्व के पाँच सिद्धांत अंतर्राष्ट्रीय संबंधों को स्थापित करने के लिए आवश्यक मानक थे और सभी देश अपने आकार, शक्ति या विकास की अवस्था पर ध्यान दिए बिना अंतर्राष्ट्रीय समुदाय के समान सदस्य थे। यह हमारी सामान्य स्थिति थी कि विवादों को निपटाने के साधन के रूप में बल का प्रयोग करने या बल-प्रयोग की धमकी देने को अंतर्राष्ट्रीय संबंधों में दृढ़तापूर्वक अस्वीकार किया जाना चाहिए। हमारे दोनों देशों के बीच सीमा के लंबित मामले पर चीनी प्रधानमंत्री और मैं दोनों लोग इस बात पर सहमत हुए कि इस मामले का जल्द, निष्पक्ष, यथोचित और पारस्परिक रूप से स्वीकार्य हल निकालने की प्रक्रिया तेज करनी चाहिए। हमने इस बात पर अपने संतोष व्यक्त किए कि सीमा क्षेत्रों में शांति बनी हुई है। इस भ्रमण के दौरान कई द्विपक्षीय समझौतों पर हस्ताक्षर किए गए। हम कृषि, लोक स्वास्थ्य, ऊर्जा और शिक्षा के क्षेत्रों में अपने सहयोग तेज करने के लिए सहमत हुए। तिब्बत के मामले पर हमारी पुरानी और तर्कयुक्त स्थिति स्पष्ट रूप से दोहराई गई। तिब्बत चीन का एक स्वशासी क्षेत्र है और हम तिब्बत को भारत में चीन विरोधी राजनीतिक गतिविधियों में शामिल होने की अनुमति नहीं दे सकते हैं। हमारा परम पावन दलाई लामा के प्रति धार्मिक एवं आध्यात्मिक नेता के रूप में सम्मान बरकरार रहेगा। इस प्रकार के मामलों का दृष्टिकोण राजनीतिक संवाद से आम सहमति उन्मुखी होना चाहिए। चीनी प्रधानमंत्री ने इशारा किया कि तिब्बत की स्वतंत्रता के अलावा सभी मामले परम पावन दलाई लामा के साथ बातचीत के लिए खुले हैं।[97]

भारत ने भी चीनी पक्ष के सामने पाकिस्तान को अत्याधुनिक हथियारों एवं रक्षा प्रौद्योगिकी की आपूर्ति तथा आतंकवाद को भड़काने तथा पंजाब और जम्मू एवं कश्मीर में तबाही मचाने में पाकिस्तान की भूमिका के बारे में अपनी चिंता व्यक्त की। नरसिम्हा राव ने कहा:

चीनी सरकार आतंकवाद का विरोध करती है क्योंकि यह समस्याओं को सुलझाती नहीं है और केवल मौजूदा अंतर्विरोधों को और ज्यादा बढ़ाती है। उन्होंने कहा है कि वे संघर्ष नहीं देखना चाहते हैं और भारत एवं पाकिस्तान के बीच मतभेदों का शांतिपूर्ण निपटारा चाहते हैं। हमने म्यांमार को चीनी हथियारों की आपूर्ति के बारे में भी चीन को बता दिया है।

मानवाधिकार का मामला भी हमारी बातचीत में रखा गया है। मैंने सभी मानवाधिकारों की विभाज्यता की धारणा का पालन करने की भी बात कही है। उसी समय मैंने यह दृष्टिकोण व्यक्त किया कि कोई भी देश मानवाधिकार के लिए मदद से इनकार नहीं कर सकता है। मानवाधिकार के मानदंडों को एकतरफा और बाहरी तरीके से निर्धारित नहीं किया जा सकता है। विकास के कार्य को प्राथमिकता दी जानी चाहिए। चीनी प्रधानमंत्री की यह राय थी कि मानवाधिकार के मामले को देशों के अंतर्राष्ट्रीय मामलों में आंतरिक के लिए प्रभाव उत्पन्न करने के साधन के रूप में इस्तेमाल नहीं किया जाना चाहिए।[98]

भारत और चीन के बीच दोस्ती की आवश्यकता पर टिप्पणी करते हुए भारत के प्रधानमंत्री ने अपनी बात दोहराई:

चीन हमारा सबसे बड़ा पड़ोसी है और हमें यह गौरव भौगोलिक अनिवार्यता और ऐतिहासिक परस्पर बातचीत की परंपरा दोनों के द्वारा प्राप्त हुआ है। हम चीन के साथ अपने अच्छे संबंधों के भविष्य की आशा करते हैं। हमारी बातचीत से पारस्परिक समझ में मजबूती आएगी और सभी लंबित मामलों का शांतिपूर्ण हल निकलेगा। मुझे विश्वास है कि चीनी प्रधानमंत्री के भ्रमण का उद्देश्य एक तरफ सीमा के मामले पर विचार-विमर्श करना था तथा दूसरी तरफ उसी समय पारस्परिक हितों के अन्य क्षेत्रों में सहयोग के संबंध में भी बातचीत करना था। इसकी दो श्रेणियाँ हैं- एक द्विपक्षीय और दूसरी मानव जाति के सामूहिक हित में अंतर्राष्ट्रीय क्षेत्र। भारत और चीन दो प्राचीन सभ्यताओं के रूप में इससे कम नहीं कर सकते हैं। यह उनका विश्व के प्रति कर्त्तव्य है। मैं इसमें उग्रतापूर्वक विश्वास करता हूँ। यह अंतर्राष्ट्रीय पहलू हमेशा से महत्त्वपूर्ण रहा है और यह हमेशा रहेगा। लेकिन वर्तमान समय में जब विश्व अभूतपूर्व परिवर्तन की दहलीज पर खड़ा है, मैं सोचता हूँ कि मानव जाति के प्रति यह कर्त्तव्य भी उतना ही महत्त्वपूर्ण है। इसमें देर नहीं करनी चाहिए। मेरा विश्वास है कि विकासशील देशों में रहने और गरीबी तथा अभाव में जीने वाली इस मानव जाति के इस विशाल हिस्से का भविष्य आज जितना खतरे में है उतना कभी नहीं था। भारत और चीन मानवता के इस विशाल हिस्से के प्रति अपने कर्त्तव्य के कर्जदार हैं।[99]

प्रधानमंत्री ने आगे सीमा के मामले पर हुई प्रगति के बारे में बताया:

"चीनी प्रधानमंत्री और मैं दोनों इस बात पर सहमत हुए कि इस मामले का जल्द, निष्पक्ष, यथोचित और पारस्परिक रूप से स्वीकार्य हल निकालने की प्रक्रिया तेज की जानी चाहिए। हमने अपना संतोष व्यक्त किया कि सीमा क्षेत्रों में शांति बनी हुई है। हमने व्यक्त किया कि सीमा मामले पर हमारे मतभेदों को कम किया जाना चाहिए और कि हमें संयुक्त कार्यकारी समूह, जिसे सन् 1988 में इस मामले का हल निकालने के लिए स्थापित किया गया था, उसे दिशानिर्देश प्रदान करने के लिए एक दूसरे से संपर्क बनाए रखना चाहिए। सैन्यकर्मियों के बीच नियमित आधार पर बैठकें आयोजित की जाएगी। सन् 1988 में ऐसा नहीं हुआ था। लेकिन अब इन बैठकों को नियमित आधार पर आयोजित किया जाएगा। अत: इसे आसान और ज्यादा निश्चित बनाने के लिए सीमाओं पर किसी भी भूल या गलतफहमी द्वारा शांति भंग नहीं होगी।"[100]

अत: यह स्पष्ट था कि दोनों पक्षों ने भारत-चीन सीमा विवाद के हल के प्रति सकारात्मक कदम उठाया। भारत ने सीमा मामले को सुलझाने के लिए चरणबद्ध दृष्टिकोण अपनाने का सुझाव दिया। पहले चरण में वास्तविक नियंत्रण रेखा पर स्थिति को स्थिर रखना और उन क्षेत्रों में निश्चित रूप से इसको निरूपित करना था जहाँ पर भारत और चीन के बीच में मतभेद मौजूद हैं। दूसरे चरण में वास्तविक नियंत्रण रेखा पर शांति बनाए रखने के लिए पारस्परिक सहमति बनानी थी। तीसरे चरण में पारस्परिक रूप से विश्वास उत्पन्न करने के उपाय करने थे जो वास्तविक नियंत्रण रेखा पर सामान्य स्थिति और शांति का माहौल उत्पन्न करेंगे जिसके बाद दोनों पक्ष चीन-भारत सीमा मामले के सार को संबोधित करने के लिए अग्रसर होंगे। इस दृष्टिकोण पर पारस्परिक रूप से सहमति हुई।[101]

जहाँ तक विवादास्पद सीमा मामले का संबंध था भारत और चीन विश्वास उत्पन्न करने के उपायों में गंभीरतापूर्वक और ईमानदारी से शामिल हुए। निस्संदेह सीमा की समस्या भारत और चीन के बीच संबंध के पूर्ण रूप से सामान्यीकरण की कुंजी थी। वास्तव में 1986-87 की घटनाएँ विशेष रूप से समदोरोंग चू घाटी की घटना और बाद में सैन्य निर्माण ने यह दर्शाया कि भारत और चीन के सामान्य संबंध के लिए सीमा का मामला कितना संवेदनशील और महत्त्वपूर्ण था। वास्तव में इस प्रकार दोनों पक्षों के नेताओं द्वारा इस मामले को परिपक्व रूप से सँभाला गया था कि स्थिति बिगड़ने नहीं पाई थी और मैत्री की प्रक्रिया जारी रही। निस्संदेह यह प्रक्रिया उतार-चढ़ाव के कारण धीमी थी लेकिन यह महत्त्वपूर्ण बात है कि सीमा मामले पर महत्त्वपूर्ण मतभेदों का भारत और चीन के बीच मैत्री की संपूर्ण प्रगति पर प्रभाव पड़ने नहीं दिया गया था।

इस मामले की संवेदनशीलता और जटिलता को ध्यान में रखते हुए दोनों पक्ष सीमा के मामले को सौहार्द्रपूर्ण ढंग से हल निकालने के लिए सतर्क और चरणबद्ध दृष्टिकोण अपना रहे थे।

IV

भारत और चीन के बीच द्विपक्षीय संबंधों में आर्थिक और व्यावसायिक संबंध एक महत्त्वपूर्ण पहलू स्थापित करता है। भारत और चीन के बीच आर्थिक और व्यावसायिक संबंध लगभग पंद्रह वर्ष के अंतराल के बाद सन् 1977 में अस्थायी रूप से फिर से स्थापित हुआ था। इसके बाद दोनों देशों ने केवल व्यापार को ही दोबारा स्थापित नहीं किया बल्कि मामूली स्तरों पर जहाजरानी और बैंकिंग संबंध भी जोड़े। बढ़े हुए आर्थिक एवं तकनीकी आदान-प्रदान ने द्विपक्षीय संबंधों के सामान्य तत्त्वों को सुधारा। विश्व के दो सबसे ज्यादा जनसंख्या, विशाल प्रदेशों और विविध प्राकृतिक संसाधनों वाले भारत और चीन दोनों देश गरीबी को दूर करने और लाखों लोगों के जीवन स्तर को सुधारने के लिए कठिन मेहनत कर रहे थे। अत: विकास के प्रति अपनी सामूहिक चिंता के साथ आर्थिक बातचीत के लिए नई संभावना उत्पन्न हुई। आर्थिक क्षेत्र में सहयोग करते हुए वे एक दूसरे के अनुभवों से सीख सके जो दोनों देशों के आर्थिक आधुनिकीकरण कार्यक्रम के लिए ही केवल लाभप्रद साबित नहीं हुआ बल्कि दोस्ताना संबंधों की पारस्परिक समझ और विकास को भी प्रोत्साहित किया।

चीन-भारत व्यापार संबंधों के संक्षिप्त इतिहास का अवलोकन करने पर यह कहना उचित होगा कि बहुत हद तक चीन-भारत आर्थिक संबंध पूरे इतिहास में उनके राजनीतिक संबंधों द्वारा संचालित हुए हैं। पचासवें दशक के दौरान संक्षिप्त दोस्ती ने द्विपक्षीय व्यापार में शुरूआती उछाल प्रदर्शित किया था। व्यापार का संतुलन चीन के पक्ष में था। सन् 1954 में आठ वर्षों के लिए हस्ताक्षर किया गया व्यापार समझौता द्विपक्षीय आर्थिक संबंधों की एक ऐतिहासिक घटना थी। इस समझौते के परिणामस्वरूप: (क) द्विपक्षीय व्यापार एजेंसियों को स्थापित किया गया; (ख) भुगतान रुपये या पाउंड स्टर्लिंग में किए जाने लगे; और (ग) ज्यादा से ज्यादा छह पारगमन स्थल चिह्नित किए गए। यह समझौता सन् 1962 तक लागू रहा और उसके बाद इसे दोनों देशों के बीच तनावपूर्ण संबंधों के कारण नवीनीकृत नहीं किया गया।[102] राजनीतिक संबंधों में गहराते मतभेदों से चीन-भारत व्यापार को झटका लगा। सन् 1959 में लगभग रु. 12.7 लाख की ऊँचाई को छूने के बाद कारोबार घटकर सन् 1962 में रु. 1.13 लाख हो गया और उसके बाद अगले दो वर्षों में सिमटकर रु. 1 लाख तक रह गया। इसके बाद लगभग डेढ़ दशक तक यह पूर्णतया बंद रहा जिससे भारत और चीन के बीच बिगड़ते हुए राजनीतिक संबंध परिलक्षित हुए।

सन् 1976 में पूरी तरह से राजनयिक संबंध फिर से स्थापित होने के साथ चीन-भारत आर्थिक संबंध का दूसरा चरण शुरू हुआ। शुरू में भारत से निर्यात की मुख्य वस्तुएँ कपास, कच्चे तेल-वनस्पति वस्तुएँ, लौह अयस्क, चीनी, जौ और तंबाकू के उत्पाद थे। जबकि रेशम, रसायन और यौगिक, जस्ता, अलौह धातुएँ, मशीनरी एवं परिवहन उपकरण मुख्य आयात वस्तुएँ थीं। दोनों देशों के बीच कुछ ही उत्पादों का व्यापार होता था। और यह 8000 वस्तुओं के 8 अंक वाले मानक अंतर्राष्ट्रीय व्यापार वर्गीकरण (SITC) के 300 वस्तुओं को पूरा नहीं करती थीं।[103] इस तथ्य के अलावा कुल कारोबार रु. 105.61 करोड़ था। सन् 1981-82 में रु. 130.94 करोड़ के कुल कारोबार में से रु. 25-58 करोड़ का कारोबार घाटा हुआ था। इन दोनों देशों की अर्थव्यवस्थाओं को ध्यान में रखते हुए उनका कारोबार महत्त्वपूर्ण रहा है। चीन के कुल व्यापार में भारत का हिस्सा 0.4 प्रतिशत था, जबकि भारत के कुल व्यापार में चीन का हिस्सा 0.6 प्रतिशत था।[104] इसे नीचे की तालिका से देखा जा सकता है:

तालिका-1

वर्ष	भारत से चीन को निर्यात	चीन से भारत को आयात	कुल रु. में	व्यापार का करोड़ में संतुलन
1977-78	1.93	0.63	2.56	1.30
1978-79	24.25	1.71	25.52	23.08
1979-80	20.83	18.91	39.74	1.92
1980-81	23.63	81.98	105.61	-58.35
1981-82	52.68	78.26	130.94	-25.58
1982-83	12.16	105.20	117.18	-92.85
1983-84	5.72	76.79	81.51	-70.07
1984-85	2.12	66.55	68.67	-64.63
1985-86	29.20	141.96	171.16	-112.76
1986-87	14.33	173.34	187.67	-159.00
1987-88	33.73	159.31	193.04	-125.58
1988-89	64.40	132.40	196.80	-68.00

स्रोत: अंतर्राष्ट्रीय अध्ययन विद्यालय, जेएनयू (नई दिल्ली, 1988) द्वारा आयोजित चीन नीति की खोज पर सेमिनार की कार्यवाहियों में चीन-भारत व्यापार, श्रीधर (अप्रकाशित लेख)।

कई वर्षों से दृष्टिकोणों के आदान-प्रदान से दोनों देश निर्यात एवं संयुक्त उद्यम सहयोग के लिए उत्पादों को ढूँढ़ने में समर्थ हो गए।[105] निम्नलिखित कुछ महत्त्वपूर्ण

वस्तुएँ हैं जिनकी भारत से निर्यात की संभावनाएँ हैं: बेहतर श्रेणी वाला सफेद पत्ती वाला तंबाकू, कच्ची चीनी, कॉफी, गेंहू, मक्का, कच्चा काजू, लघु और मध्यम रेशेदार कपास, क्रोम अयस्क, लोहे के बर्तन, कार्बनिक रंजक और प्राकृतिक इंडिगो पिगमेंट, पेंट और वार्निश, लाख, रेलवे वाहन, ट्रक और बस, जहाज और नाव, स्कूटर एवं मोपेड, आंतरिक दहन इंजिन, कृषि मशीनरी और ट्रैक्टर। चीन से आयात की जाने वाली मुख्य वस्तुएँ: पेट्रोलियम कुकिंग गैस, नाइट्रोजन उर्वरक, न्यूजप्रिंट, वनस्पति तेल, कच्चा रेशम, फेरोनिकिल, एल्यूमिनियम, तांबा, जस्ता, सुरमा, पारा, एंटीमनी, पैराफिन वैक्स, बोराक्स और फ्लूअरस्पार थीं। ये कुछ उत्पाद थे जिन्हें वर्गीकरण के व्यापक स्तर पर पहचाना गया था।

चूँकि सन् 1981 से द्विपक्षीय व्यापार की फिर से शुरूआत में केवल व्यापार प्रतिनिधिमंडल का ही आदान-प्रदान नहीं किया गया बल्कि दोनों देशों के बीच आर्थिक संबंधों का विस्तार करने के लिए सरकारी स्तर पर नियमित रूप से आधिकारिक बातचीत भी शुरू हुई। वास्तव में दिसंबर 1981 में पहले दौर की आधिकारिक बातचीत में सीमा, व्यापार और आर्थिक सहयोग, सांस्कृतिक आदान-प्रदान और विज्ञान तथा तकनीकी से संबंधित मामलों को निपटाने के लिए पाँच उप समूहों को गठित किया गया।[106] इससे भारत और चीन के बीच आर्थिक सहयोग को बढ़ाने पर जोर दिया गया। जैसा विदेश मंत्री नरसिम्हा राव ने फरवरी 1982 में संसद में व्यक्त किया:

"सन् 1977 में चीन के साथ व्यापार फिर से शुरू होने के साथ दोनों पक्षों के बीच कई प्रतिनिधि मंडलों का आदान प्रदान हुआ। भारत की तरफ से एचएमटी, फिक्की, एमएमटीसी, एसटीसी और अन्य जिसमें व्यक्तिगत व्यवसायी भी शामिल हैं, विचार-विमर्श के लिए प्रतिनिधि मंडल भेजते रहे हैं। दिसंबर में बीजिंग में दोनों पक्षों के अधिकारियों के बीच चर्चा में द्विपक्षीय व्यापार को भी शमिल किया गया। व्यापार बढ़ाने तथा उसकी रचना में विविधता उत्पन्न करने के प्रयास किए जा रहे हैं। समझौते का मामला अभी विचाराधीन नहीं है।"[107]

सन् 1982 में दूसरे दौर की बातचीत में दोनों पक्षों ने आर्थिक सहयोग बढ़ाने का निर्णय लिया। इस बातचीत के दौरान द्विपक्षीय व्यापार को भी फिर से शुरू किया गया तथा यह पाया गया कि वर्तमान में दोनों देशों के बीच +100 मिलियन कीमत की वस्तुओं के आदान-प्रदान का कारोबार पर्याप्त नहीं है।[108] सन् 1983 में तीसरे दौर की बातचीत के दौरान दोनों पक्षों ने द्विपक्षीय व्यापार के विकास की समीक्षा की और पिछले दो वर्षों में पंजीबद्ध स्थिर परंतु मामूली वृद्धि पर अपना संतोष व्यक्त किया। आर्थिक सहयोग के लिए कुछ नए क्षेत्रों का प्रस्ताव रखा गया जिसका दोनों पक्षों द्वारा पता लगाया जाएगा।

सन् 1983 में आयोजित चौथे दौर की बातचीत में भारत और चीन अपने व्यापार को बढ़ाने के उपायों का पता लगाने के लिए भी सहमत हुए। बातचीत के दौरान भारत की परिवहन उपकरण, रेलवे उपकरण, खनन परिवहन, बाल बेयरिंग, तार रस्सियों, डेयरी संयंत्र और ताप विद्युत संयंत्रों की निर्यात क्षमताओं की तरफ चीनी प्रतिनिधि मंडल का ध्यान आकर्षित किया गया। चीन ने भारत से चर्म शोधन उपकरण और प्रौद्योगिकी के आयात में तथा ऊँची इमारतों के लिए हल्की निर्माण सामग्रियों के आयात में भी रुचि दिखाई। चीनी पक्ष ने सूचित किया कि उनके पास करीब 3000 उद्योगों के आधुनिकीकरण का कार्यक्रम है जो चीन को इंजीनियरिंग सामग्री निर्यात करने के नए अवसर प्रदान कर सकता है।[109] कुछ वर्षों से द्विपक्षीय व्यापार में वृद्धि के बावजूद दोनों पक्षों ने महसूस किया कि दोनों देशों के बीच वार्षिक व्यापार मामूली ही है। भारतीय टीम ने बताया कि व्यापार का वर्तमान संतुलन शेष भारत के खिलाफ है और इसे संशोधित करने के लिए चीन को भारत से कुछ वस्तुएँ आयात करनी चाहिएं।

15 अगस्त, 1984 को भारत और चीन ने तीस वर्षों के बाद एक दूसरे के व्यापार को सबसे पसंदीदा राष्ट्रीय व्यवहार के अनुरूप बनाने तथा अपने द्विपक्षीय व्यापार को बढ़ाने के लिए एक नया व्यापार समझौता किया। इस समझौते में दोनों देशों के बीच व्यापार के लिए एक ढाँचा प्रदान किया गया जिसे सन् 1962 के भारत-चीन युद्ध के कारण 15 साल के अवरोध के बाद 1977 में तदर्थ आधार पर फिर से शुरू किया था। प्रत्येक तीन साल के बाद स्वत: ही नवीकृत होने के लिए समझौते में दोनों देशों को एक दूसरे के व्यापारियों को आयात कर, शुल्क, कर और अन्य प्रभारों तथा आयात-निर्यात औपचारिकताओं के संबंध में सर्वश्रेष्ठ शर्तें प्रदान करना जरूरी था।[110]

सन् 1984 में पाँचवें दौर की बातचीत के दौरान चीनी उप प्रधानमंत्री वान लिन ने अर्थव्यवस्था, प्रौद्योगिकी और संस्कृति के क्षेत्रों में द्विपक्षीय सहयोग को आगे मजबूत करने और विकसित करने की इच्छा व्यक्त की। 2 मार्च, 1985 को फेडरेशन ऑफ इंडियन चैंबर्स ऑफ कामर्स एंड इंडस्ट्री (FICCI) और चाइना कौंसिल फॉर प्रमोशन ऑफ इंटरनेशनल ट्रेड (CCPIT) के बीच आर्थिक एवं व्यापार संबंधों को प्रोत्साहित और विकसित करने के लिए एक समझौते पर हस्ताक्षर किया गया।[111] दोनों पक्षों ने आयात और निर्यात के लिए विशिष्ट वस्तुओं की पहचान भी की। बाद में वाणिज्य मंत्रालय के आमंत्रण पर चीनी धातुकर्म उद्योग मंत्री, ली डोंग्ये कुछ खनिज अयस्कों विशेष रूप से लौह अयस्क को भारत से आयात करने की संभावनाओं की तलाश में अगस्त 1985 में भारत आए।[112] वाणिज्य मंत्री, अर्जुन सिंह ने संसद को जानकारी दी कि समझौते के अंतर्गत फिक्की और सीसीपीआईटी ने अपने संबंधित

देशों में नए उत्पादों, नई प्रौद्योगिकी और उत्पादन की नई प्रक्रियाओं से संबंधित जानकारी और सामग्रियों का आदान-प्रदान करने तथा वितरण करने के लिए सहमत हुए। इसके मुख्य प्रावधान थे: (i) परामर्श सेवाओं और संयुक्त उपक्रमों के प्रोत्साहन में पारस्परिक सहयोग में एक दूसरे की मदद करना; तथा (ii) एक दूसरे के देश में आर्थिक एवं व्यापार प्रदर्शनियों और विशेष मेलों को आयोजित करने में एक दूसरे की मदद करना।[113]

भारत और चीन ने 23 नवंबर, 1985 को एक व्यापार प्रोटोकॉल पर हस्ताक्षर किए। इस प्रोटोकॉल में सन् 1986 के दौरान करीब 100-160 मिलियन अमेरिकन डालर के मूल्य की वस्तुओं के विनिमय की योजना बनाई गई थी। इसे 1 जनवरी, 1986 से लागू होना था।[114] शुरू में सन् 1977-78 और 1978-79 के दौरान भारत ने चीन के साथ संतुलित व्यापार किया था। इसके बाद यह संतुलन बहुत ज्यादा मात्रा में चीन के पक्ष में चला गया। सन् 1984-85 के दौरान भारत ने चीन से रु. 65-66 करोड़ के आयात के विरुद्ध चीन को केवल रु. 2.12 करोड़ का ही निर्यात किया था। इस नए प्रोटोकॉल के परिणामस्वरूप इस असंतुलन के सुधरने का अनुमान था। सातवें दौर की बातचीत सन् 1986 में आयोजित की गई जिसमें दोनों देशों के बीच आर्थिक सहयोग की गति पर संतोष व्यक्त किया गया।

27 मई, 1987 को भारत और चीन ने बीजिंग में दूसरे व्यापार प्रोटोकॉल पर हस्ताक्षर किए जिसमें जनवरी 1987 और मार्च 1988 के मध्य +150 मिलियन और +200 मिलियन के बीच कुल व्यापार करने का विचार किया गया। इस प्रोटोकॉल में सन् 1986 के +100-160 मिलियन के लक्ष्य में 35 प्रतिशत वृद्धि की माँग की गई।[115] दोनों पक्षों ने दोनों देशों के बीच व्यापार की वृद्धि पर संतोष व्यक्त किया और संतुलित आधार पर आगे की वृद्धि की संभावना पर विचार किया।

सन् 1988 में पूरे साल दोनों पक्षों द्वारा आर्थिक संबंधों को सुधारने के प्रयास जारी रखे गए। मार्च 1988 में कलकत्ता में इंडियन-चीन चैंबर ऑफ कामर्स की शाखा के उद्घाटन में चीन के वाणिज्य सलाहकार ही वी ने व्यापार बढ़ाने के लिए वस्तु-विनिमय, काउंटर व्यापार और काउंटर निवेश के प्रयोग की आवश्यकता बताई।[116] जून 1988 में वार्षिक द्विपक्षीय व्यापार प्रोटोकॉल पर हस्ताक्षर किए गए।[117] पहले के समझौते के विपरीत 1988 के व्यापार प्रोटोकॉल में व्यापार पर कोई भी उच्च सीमा निर्धारित नहीं की गई। दोनों देशों के बीच आर्थिक सहयोग को मजबूत करने की दृष्टि से विदेश आर्थिक संबंध एवं व्यापार मंत्रालय के विदेशी निवेश प्रशासन की तरफ से एक चीनी प्रतिनिधिमंडल जून 1988 में भारत आया। इस चीनी प्रतिनिधिमंडल ने चीनी औद्योगिक विकास में भारतीय निवेश को खींचने का प्रयास किया और आर्थिक एवं प्रौद्योगिकी सहयोग की संभावनाओं को नोट किया।[118] उसी

समय फिक्की से एक प्रतिनिधिमंडल व्यापार के अवसरों की तलाश करने के लिए चीन गया। चीन ने सन् 1989 में 250,000 टन लौह अयस्क का आयात करने का निर्णय लिया। यह सन् 1988 में चीन को निर्यात की गई मात्रा से 100,000 टन ज्यादा था।[119] नए क्षेत्रों में संयुक्त उपक्रम और विनिमयों की संभावनाएँ भी पारस्परिक रूप से तलाशी गई।

प्रधानमंत्री राजीव गांधी का सन् 1988 में चीन के भ्रमण का सबसे ज्यादा ठोस आर्थिक निष्कर्ष व्यापार, आर्थिक संबंध और विज्ञान एवं प्रौद्योगिकी पर एक भारत-चीन संयुक्त कार्यदल का गठन था जिसने 18 सितंबर, 1989 में नई दिल्ली में अपनी प्रथम बैठक आयोजित की। दोनों पक्षों ने द्विपक्षीय व्यापार को बढ़ाने की विशाल संभावना तथा विज्ञान एवं प्रौद्योगिकी के क्षेत्रों में निकटस्थ आर्थिक गठबंधन एवं सहयोग को प्रोत्साहित करने की आवश्यकता को व्यक्त किया। चीनी विदेशी संबंध एवं व्यापार मंत्री, झेंग तौबिन ने माना कि द्विपक्षीय आर्थिक संबंधों की उज्ज्वल संभावना है। उन्होंने व्यापार में वृद्धि की प्रवृत्ति को नोट किया लेकिन महसूस किया कि वर्तमान स्तर असली क्षमता से बहुत ही कम है। भारतीय वाणिज्य मंत्री, दिनेश सिंह ने संयुक्त कार्यदल की स्थापना जिसमें दोनों पक्षों के द्विपक्षीय संबंधों को मजबूत करने का संकल्प परिलक्षित हो रहा था, उस पर अपनी खुशी व्यक्त करते समय यह नोट किया कि भारत पिछले पाँच सालों से प्रतिकूल संतुलन के साथ व्यापार कर रहा है और इसके उपचारात्मक उपाय करने की माँग की।[120] आर्थिक सहयोग पर कार्यदल की बैठकों ने द्विपक्षीय व्यापार को मजबूत किया जिसका साक्ष्य नीचे दी गई तालिका में मौजूद है:

तालिका-2

भारत और चीन के बीच व्यापार का मूल्य (रु. मिलियन में)

वर्ष	चीन को निर्यात	चीन से आयात	कुल व्यापार	व्यापार का संतुलन
1989-90	391	658	1049	-267
1990-91	327	556	883	-229
1991-92	1162	526	1688	+636

स्रोत: वाणिज्यिक सूचना एवं सांख्यिकी महानिदेशालय (DGCIS), भारत सरकार।

आर्थिक संबंध, व्यापार, विज्ञान एवं प्रौद्योगिकी पर भारत-चीन संयुक्त दल की दूसरी बैठक फरवरी, 1991 में बीजिंग में आयोजित की गई। भारतीय वाणिज्य मंत्री, एस0 स्वामी इस बैठक में भाग लेने के लिए चीन गए और व्यापार के विकास में

पारस्परिक हितों की रूपरेखा तैयार करने के लिए सहमत कार्य विवरण के एक सेट और एक चीन-भारत व्यापार प्रोटोकॉल पर हस्ताक्षर किए।[121] दिसंबर 1991 में दोनों देशों ने सीमित तरीके से लगभग तीन दशकों के बाद सीमा व्यापार को फिर से शुरू करने के लिए समझौता किया। इसमें भारत-चीन सीमा के मध्यवर्ती क्षेत्र में एक व्यापार स्थल तक सीमित करना था। चीन को तिब्बत के पुलन में और भारत में उत्तर प्रदेश के पिथौड़ागढ़ जिले के गुंजी में मार्ट स्थापित करना था।[122]

सन् 1991 तक चीन के साथ व्यापार में वृद्धि हुई यद्यपि भारत और चीन के बाहरी व्यापारों के कुल मूल्य का यह एक छोटा सा ही हिस्सा रहा। द्विपक्षीय व्यापार संबंधों के इतिहास का संक्षिप्त अवलोकन यह दर्शाता है कि सन् 1981-83 के बीच तीन वर्षों के दौरान भारत-चीन व्यापार का औसत प्रति वर्ष मूल्य 29 मिलियन अमेरिकी डालर था। सन् 1984-86 के अगले तीन वर्षों के दौरान यह वार्षिक व्यापार औसत 22.6 मिलियन अमेरिकी डालर था। मध्य 1989 से मध्य 1992 के बीच तीन वर्षों में यह वार्षिक औसत मूल्य 42 मिलियन अमेरिकन डालर था जो 1980 के शुरूआती वर्षों के औसत की अपेक्षा लगभग 35 प्रतिशत ज्यादा था। यद्यपि दोनों देशों के संपूर्ण व्यापार मूल्य की तुलना में यह बहुत ही कम हिस्सा है। सितंबर 1989 और सितंबर 1990 के बीच चीन के विदेशी व्यापार का मूल्य 91,200 मिलियन अमेरिकी डालर था। उसी वर्ष चीन का विदेशी व्यापार का मूल्य भारत के विदेशी व्यापार के मूल्य का केवल 0.07: था।[123]

संक्षेप में, अध्ययन अवधि के दौरान चीन-भारत आर्थिक संबंध उनके राजनीतिक संबंधों की अवस्था के समानान्तर गतिशील था। आर्थिक गठबंधन को सुधारने के लिए किए जा रहे सभी प्रयासों के बावजूद इस बात की अनदेखी नहीं की जानी चाहिए कि व्यापार अभी भी लगभग नगण्य था। यद्यपि द्विपक्षीय व्यापार को बढ़ाने की काफी क्षमता थी।

आर्थिक सहयोग के अलावा विज्ञान एवं प्रौद्योगिकी तथा संस्कृति के क्षेत्र में द्विपक्षीय संबंधों को मजबूत करने के प्रयासों में वृद्धि की गई। वास्तव में दिसंबर 1981 के आधिकारिक बातचीत के पहले दौर में विज्ञान एवं प्रौद्योगिकी तथा सांस्कृतिक आदान-प्रदान संबंधी मामलों को सुलझाने के लिए अलग से उपसमूह भी बनाए गए।[124]

मई 1982 की दूसरे दौर की बातचीत में भारत और चीन ने विज्ञान एवं प्रौद्योगिकी आदान-प्रदान को बढ़ाने का निर्णय लिया। यह निर्णय लिया गया कि एक तेल प्रतिनिधिमंडल, एक रेलवे प्रतिनिधिमंडल और कृषि विशेषज्ञ भारत से चीन भेजे जाएँगे। इसके बदले में चीन गेंहूँ प्रजनन और डेयरी विकास का अध्ययन करने के लिए विशेषज्ञों को भारत भेजेगा। चीनी वैज्ञानिकों का एक प्रतिनिधिमंडल भी भारत

आएगा।[125] सन् 1983 में चौथे दौर की बातचीत के दौरान दोनों पक्षों ने विज्ञान और प्रौद्योगिकी आदान-प्रदान को बढ़ाने की आवश्यकता महसूस की और अत: यह सहमति हुई कि बायोगैस एवं मिनी जल विद्युत संयंत्र पर एक प्रतिनिधिमंडल चीन जाएगा और एक चीनी टीम चमड़ा उत्पादन का अध्ययन करने के लिए भारत आएगी। दोनों पक्षों ने विज्ञान एवं प्रौद्योगिकी में द्विपक्षीय आदान-प्रदान के जारी कार्यक्रम की समीक्षा के दौरान नए प्रस्तावों पर भी विचार-विमर्श किया। नए क्षेत्रों में कृषि एवं सिंचाई, इलेक्ट्रानिक एवं संचार प्रणाली, स्वास्थ्य, जनसंख्या नियंत्रण, औषधि अनुसंधान, खनन एवं बायोटेक्नोलॉजी को शामिल किया गया।[126]

सन् 1984 में आयोजित पाँचवें दौर की बातचीत में दोनों पक्षों द्वारा कुछ क्षेत्रों की पहचान की गई जिनमें वे एक दूसरे को प्रौद्योगिकी पेश कर सकते थे। वे क्षेत्र जिसमें भारत चीन को प्रौद्योगिकी पेश कर सकता था उसमें होटल, इंजीनियरिंग सामग्री, परिवहन उपकरण, थर्मल पावर स्टेशन, कीटनाशक, प्लास्टिक एवं कागज शामिल थे। चीन भारत में बायोगैस संयंत्र, मिनी स्टील एवं सीमेंट संयंत्र, दवा और चावल की खेती में प्रौद्योगिकी पेश कर सकता था।[127] सन् 1985 में छठे दौर की बातचीत के दौरान विज्ञान एवं प्रौद्योगिकी के उपसमूह ने कम्प्यूटर उद्योग, कृषि, प्लाज्मा भौतिकी, लेजर प्रौद्योगिकी और बायोटेक्नोलॉजी में प्रतिनिधिमंडल का आदान-प्रदान करने का निर्णय लिया।

सन् 1988 में जब प्रधानमंत्री राजीव गांधी चीन गए तो दोनों सरकारों ने विज्ञान और प्रौद्योगिकी के क्षेत्र में अंतरसरकारी सहयोग पर एक समझौते पर हस्ताक्षर किए। इसके अतिरिक्त आर्थिक संबंधों और व्यापार तथा विज्ञान एवं प्रौद्योगिकी पर एक संयुक्त समूह स्थापित करने का निर्णय लेना विज्ञान एवं प्रौद्योगिकी में द्विपक्षीय सहयोग में एक बढ़ता हुआ कदम था।[128] मार्च 1989 में चीन के कृषि मंत्री, ही कांग भारत आए और अपनी भारतीय समकक्ष के साथ कृषि के क्षेत्र में आदान-प्रदान और सहयोग की सामूहिक इच्छा व्यक्त की। कृषि विज्ञान एवं प्रौद्योगिकी आदान-प्रदान और सहयोग पर चीन और भारत के बीच एक ज्ञापन पर हस्ताक्षर किए गए। इस ज्ञापन में उल्लिखित विषयों में प्रतिनिधिमंडल का आदान-प्रदान, सहकारी अनुसंधान, विशेष यात्राओं और उन्नत फसल बीजों एवं मुर्गियों, पालतू जानवरों तथा मछली के प्रजनन के आदान-प्रदान शामिल थे।[129] दिसंबर 1991 में चीनी प्रधानमंत्री, ली पेंग के भारत के ऐतिहासिक भ्रमण के दौरान चीन और भारत ने बाह्य अंतरिक्ष विज्ञान के क्षेत्र में सहयोग पर एक समझौता किया। दोनों पक्ष कृषि, सार्वजनिक स्वास्थ्य और ऊर्जा जैसे क्षेत्रों में द्विपक्षीय सहयोग बढ़ाने के लिए भी सहमत हुए।[130] इन आदान-प्रदान से केवल वैज्ञानिक एवं प्रौद्योगिकीय स्थापनों को ही मदद नहीं मिली बल्कि भारत और चीन के बीच द्विपक्षीय संबंध भी आगे बढ़े।

अत: आर्थिक, वैज्ञानिक एवं प्रौद्योगिकीय आदान-प्रदान ने भारत और चीन के बीच द्विपक्षीय संबंधों को सुधारने में बहुत हद तक योगदान दिया। सन् 1976 से 1991 की अवधि के दौरान आर्थिक, विज्ञान एवं प्रौद्योगिकी में सहयोग की गति जारी रही और भारत-चीन मैत्री ने आगे कदम बढ़ाया।

अत: संक्षेप में, सन् 1991 तक भारत-चीन संबंध उन्नति पर थे। शिखर सम्मेलन स्तर की वार्ताओं के परिणामस्वरूप भारत-चीन संबंधों में हर तरफ सुधार दिखाई दिया। सीमा मामले पर दोनों पक्ष वास्तविक नियंत्रण रेखा पर शांति बनाए रखने के लिए सहमत हुए। अब, दोनों पक्ष इस संवेदनशील मामले को सुलझाने के लिए चरणबद्ध दृष्टिकोण का अनुसरण कर रहे थे। इसके अतिरिक्त द्विपक्षीय संबंधों को व्यापक बनाने के लिए भारत और चीन आर्थिक, विज्ञान एवं प्रौद्योगिकी तथा सांस्कृतिक कार्यक्षेत्रों में सहयोग करने के लिए आगे आए। इन सभी प्रगतियों के परिणामस्वरूप भारत-चीन मैत्री की प्रक्रिया नब्बे के दशक की शुरूआत में दृढ़तापूर्वक स्थिर रही।

संदर्भ

1. राबर्ट हॉर्न, "द सोवियत यूनियन एंड साइनो-इंडियन रिलेशंस", इन आर्बिस, (फिलाडेल्फिया), XXIV, 4, विंटर 1983, पृ0 900-901।
2. लोक सभा डिबेट्स, अंक 60, 1976 कालम 137।
3. पूर्वोक्त, कालम 107।
4. पूर्वोक्त, अंक 60, 1976, कालम 104।
5. नैन्सी जेटली में उद्धृत, इंडिया-चाइना रिलेशंस 1947-1977: अ स्टडी ऑफ पार्लियामेंट्स रोल इन द मेकिंग ऑफ फारेन पॉलिसी (नई दिल्ली, 1949), पृ0 290।
6. बीजिंग रिव्यू, नं0 42, 15 अक्टूबर 1976, पृ0 21।
7. पूर्वोक्त, नं0 15, 8 अप्रैल 1977, पृ0 8।
8. बीजिंग रिव्यू, नं0 13, 31 मार्च 1978, पृ0 5।
9. वी0पी0 दत्त में उद्धृत, इंडियाज फारेन पॉलिसी (नई दिल्ली, 1984), पृ0 292।
10. देखें: गवर्नमेंट ऑफ इंडिया, एनुअल रिपोर्ट 1977-78, मिनिस्ट्री ऑफ एक्स्टर्नल अफेयर्स (नई दिल्ली), पृ0 5।
11. नैन्सी जेटली, "साइनो-इंडियन रिलेशंस: अ क्वेस्ट फार नार्मलाइजेशन", इंडिया क्वार्टरली (नई दिल्ली), 42 (1) जनवरी-मार्च, 1986, पृ0 55।
12. बीजिंग रिव्यू, नं0 8, 23 फरवरी, 1979, पृ0 4।
13. लोक सभा डिबेट्स, अंक 22, 1979, कालम 247।
14. समरी ऑफ वर्ल्ड ब्राडकास्टिंग (यहाँ के बाद SWB) FE/6321/1, 17 जनवरी, 1980।
15. बीजिंग रिव्यू, नं0 5, 4 फरवरी 1980, पृ0 4।
16. ब्यौरे के लिए देखें, हैरी हार्डिंग, चाइनाज सेकंड रिवोल्युशन (वाशिंगटन, 1987)।
17. फार ईस्टर्न एकोनॉमिक रिव्यू (हांग कांग), 4 जुलाई 1980, पृ0 26-27।
18. नैन्सी जेटली में उद्धृत, नं0 11, पृ0 56।

19. एसडब्ल्यूबी, एफईई/6416/I, 10 मई 1980
20. एनुअल रिपोर्ट 1981-82, विदेश मंत्रालय, पृ0 11।
21. बीजिंग रिव्यू, नं0 28, 13 जुलाई 1981, पृ0 7।
22. नैन्सी जेटली, नं0 11, पृ0 58।
23. सिन्हुआ (बीजिंग) 17 अक्टूबर 1981।
24. जेरोल्ड एफ0 एल्किन एवं बी0 फ्रेडरिक्स, "साइनो-इंडियन बार्डर टाक्सः द व्यू फ्राम न्यू दिल्ली", एशियन सर्वे (बर्कले), अंक XXIII, नं0 10, अक्टूबर 1983, पृ0 1132।
25. इंडिया टुडे (नई दिल्ली), 31 जनवरी 1982, पृ0 100।
26. इंडिया एंड फारेन रिव्यू (नई दिल्ली), XIX, 6, 1982, पृ0 4।
27. पैट्रीअट (नई दिल्ली), 19 मई 1982।
28. एल्किन एंड फेडरिक्स, नं0 24, पृ0 1133-34।
29. हिंदू (मद्रास), 16 मई 1982।
30. एल्किन एंड फ्रेडरिक्स, नं0 24, पृ0 1139।
31. फारेन अफेयर्स रिकार्ड, विदेश मंत्रालय (नई दिल्ली), 1982, पृ0 202-203।
32. लोक सभा डिबेट्स, अंक 24, 1982, कालम 11।
33. एशियन रिकार्डर (नई दिल्ली), 1982, पृ0 16, 882।
34. नेशनल हेराल्ड (नई दिल्ली), 13 फरवरी 1983।
35. पूर्वोक्त, 4 फरवरी 1983।
36. लोक सभा डिबेट्स, अंक 34, 1983, कालम 84।
37. एनुअल रिपोर्ट 1983-84, विदेश मंत्रालय, पृ0 अ।
38. चाइना डेली, नं0 24 अक्टूबर 1983।
39. लोक सभा डिबेट्स, इंक 42, 1983, कालम 12।
40. इंडियन एक्सप्रेस (नई दिल्ली), 23 सितंबर, 1984।
41. चाइना डेली, 24 सितंबर 1984।
42. लोक सभा डिबेट्स, अंक 7, 1985, कालम 143।
43. चाइना डेली (बीजिंग), 1 नवंबर 1984।
44. पूर्वोक्त, 2 नवंबर 1984।
45. बीजिंग रिव्यू, नं0 46, 12 नवंबर 1984, पृ0 11।
46. लोक सभा डिबेट्स, अंक 1, 1985, कालम 7।
47. चाइना डेली, 1 अप्रैल 1985।
48. इंडियन एक्सप्रेस, 1 अप्रैल 1985, 1985।
49. नैन्सी जेटली, नं0 11, पृ0 59।
50. सुरजीत मानसिंह एवं स्टीवन प्रथम लेवीन के "चाइना एंड इंडियाः मूविंग बियांड कन्फ्रेंटेशन", प्राब्लम्स ऑफ कम्यूनिज्म (वाशिंगटन) में उद्धृत, 38 (2-3), मार्च-जून 1989, पृ0 36।
51. हिंदू (मद्रास) 25 अक्टूबर 1985।
52. एनुअल रिपोर्ट 1985-86, विदेश मंत्रालय, पृ0 16।
53. हिंदू, 11 नवंबर 1985।
54. चाइना डेली, 13 नवंबर 1985।
55. लोक सभा डिबेट्स, अंक 10, 1985, कालम 34।
56. पूर्वोक्त, अंक 18, 1986, कालम 377-78।

57. हिंदू, 2 अगस्त 1986।
58. एनुअल रिपोर्ट 1986-87, विदेश मंत्रालय, पृ0 16।
59. लोक सभा डिबेट्स, अंक 19, 1986, कालम 94।
60. हिंदू, 10 दिसंबर, 1986।
61. चीनी बयान के पूरे विवरण के लिए इंडियन एक्सप्रेस, 13 दिसंबर 1986 का लेख देखें।
62. आपरेशन चेकर बोर्ड के बारे में सार्वजनिक डोमेन पर बहुत कम सामग्री उपलब्ध है। इस विषय पर केवल रवि रिखेय की पुस्तक "द वार दैट नेवर वाज" (नई दिल्ली, 1989) उपलब्ध है।
63. नेविल मैक्सवेल, टुवाईस् इंडियाज सेकंड चाइना-वार, साउथ (लंदन), मई 1987, पृ0 80-83।
64. हिंदू, 17 जून, 1987।
65. लोक सभा डिबेट्स, अंक 27, 1987, कालम 296।
66. राजीव गांधी सेलेक्टेड स्पीच एंड राइटिंग्स, अंक III, प्रकाशन विभाग, सूचना एवं प्रसारण मंत्रालय (नई दिल्ली, 1987), पृ0 360।
67. बीजिंग रिव्यू, नं0 49, 5 दिसंबर 1988, पृ0 12।
68. मोहित सेन, "इंडिया-चाइना: न्यू पासिबिलिटीज", मेनस्ट्रीम (नई दिल्ली), अंक XXVI, नं0 18, 13 फरवरी 1988, पृ0 4।
69. राजीव गांधी सेलेक्टेड स्पीचेज एंड राइटिंग्स, अंक IV, प्रकाशन विभाग (नई दिल्ली, 1988), पृ0 311।
70. टाइम्स ऑफ इंडिया (नई दिल्ली), 6 अक्टूबर 1988।
71. लोक सभा डिबेट्स (नई दिल्ली), अंक 43, 1988, कालम 165।
72. इंडिया टुडे (नई दिल्ली), 15 जनवरी 1989, पृ0 22-29।
73. चाइना डेली, (22 दिसंबर 1988।
74. टाइम्स ऑफ इंडिया, 20 दिसंबर 1988।
75. पैट्रीअट, 23 दिसंबर 1988।
76. एनुअल रिपोर्ट 1988-89, विदेश मंत्रालय, पृ0 17।
77. चाइना डेली, 22 दिसंबर, 1988।
78. लोक सभा डिबेट्स, अंक 49, 1989, कालम 14।
79. बीजिंग रिव्यू, नं0 29, 17 जुलाई 1989, पृ0 7।
80. चाइना डेली, 6 जुलाई 1989।
81. पूर्वोक्त।
82. एशियन रिकार्डर, 1989, पृ0 20, 773।
83. एशियन रिकार्डर, 1989, पृ0 20, 939।
84. लोक सभा डिबेट्स, अंक 2, 1990, कालम 14।
85. एनुअल रिपोर्ट 1990-91, विदेश मंत्रालय, पृ0 22।
86. एशियन रिकार्डर, 1990, पृ0 21,126।
87. लोक सभा डिबेट्स, अंक 3, 1990 कालम 14।
88. एनुअल रिपोर्ट 1990-91, विदेश मंत्रालय, पृ0 23।
89. इंडियन एक्प्रेस, 4 सितंबर 1990।
90. लोक सभा डिबेट्स, अंक 14, 1991, कालम 16।

91. चाइना डेली, 15 मई 1991।
92. लोक सभा डिबेट्स, अंक 4, 1991, कालम 449।
93. बीजिंग रिव्यू, नं0 50, 16 दिसंबर 1991, पृ0 4।
94. मीरा सिन्हा भट्टाचार्य, फॉर अ न्यू "यूचर, इन फ्रंटलाइन (मद्रास), 3 जनवरी, 1992, पृ0 14।
95. बीजिंग रिव्यू, नं0 52, 30 दिसंबर 1991, पृ0 10-12 में चीन-भारत संयुक्त कम्यूनिक का पूर्ण लेख देखें।
96. बीजिंग रिव्यू, नं0 52, 30 दिसंबर 1991, पृ0 11।
97. लोक सभा डिबेट्स, अंक 7, 1991, कालम 926-28।
98. पूर्वोक्त।
99. पूर्वोक्त, कालम 929।
100. पूर्वोक्त, कालम 926-927।
101. जे0एन0 दीक्षित, एक्रास बार्डर्सः 50 ईयर्स ऑफ इंडियाज फारेन पॉलिसी (नई दिल्ली, 1998), पृ0 219-20।
102. आर0के0 उपाध्याय, "इंडिया-चाइनाः रिजूवनेटिंग एकोनॉमिक टाइज"। मेनस्ट्रीम, नई दिल्ली, अंक XXIX, नं0 51, 12 अक्टूबर, 1991, पृ0 29।
103. तारानाथ भट्ट, साइनो-इंडियन एकोनॉमिक रिलेशंसः ऐन ओवरव्यू, चाइना रिपोर्ट (नई दिल्ली), अंक XX, नं0 6, नवंबर-दिसंबर 1984, पृ0 19।
104. आर0के0 उपाध्याय, नं0 102, पृ0 30।
105. तारानाथ भट्ट, नं0 103, पृ0 21।
106. नैन्सी जेटली, नं0 11, पृ0 58।
107. लोक सभा डिबेट्स, अंक 24, 1982, कालम 122।
108. एशियन रिकार्डर, 1982, पृ0 16, 672।
109. एनुअल रिपोर्ट 1983-84, वाणिज्य मंत्रालय, भारत सरकार, पृ0 39।
110. एनुअल रिपोर्ट 1984-85, वाणिज्य मंत्रालय, पृ0 40।
111. एशियन रिकार्डर, 1985, पृ0 18, 255।
112. पूर्वोक्त।
113. लोक सभा डिबेट्स, अंक 10, 1985, कालम 187।
114. पूर्वोक्त, अंक II, 1985, कालम 64।
115. इकोनॉमिक टाइम्स (नई दिल्ली), 1 जून, 1987।
116. सुरजीत मान सिंह एंड स्टीवेन I. लेविने, नं0 50, पृ0 44।
117. लोक सभा डिबेट्स, अंक 43, 1988, कालम 176।
118. इकोनॉमिक टाइम्स, 8 जून 1988।
119. पूर्वोक्त, 9 फरवरी 1989।
120. इंडियन एक्सप्रेस (नई दिल्ली), 19 सितंबर 1989।
121. चाइना डेली, 14 फरवरी 1991।
122. फ्रंटलाइन (मद्रास), 3 जनवरी 1992, पृ0 14।
123. स्टैटिक्स फ्राम द स्टेट स्टैटिस्टिकल ब्यूरो, चाइनाज फारेन ट्रेड, (बीजिंग, 1991)।
124. नैन्सी जेटली, नं0 11, पृ0 8।

125. एशियन रिकार्डर, 1982, पृ0 16, 672।
126. पूर्वोक्त, 1983, पृ0 17, 511।
127. पूर्वोक्त, 1985, पृ0 18, 255।
128. लोक सभा डिबेट्स, अंक 49, 1989, कालम 14।
129. चाइना डेली, 10 मार्च, 1989।
130. लोक सभा डिबेट्स, अंक 7, 1991, कालम 927।

7

दक्षिण एशियाई संबंध (1963-1991)

दक्षिण एशियाई आयाम भारत और चीन की द्विपक्षीय परस्पर विरोधी धारणाओं में महत्त्वपूर्ण घटक स्थापित करता है। दक्षिण एशिया के प्रति भारत और चीन की परस्पर विरोधी धारणाओं से तनाव उत्पन्न हुआ और इससे द्विपक्षीय संबंध ज्यादा खराब हो गए। चीन ने भारत, नेपाल और भूटान में लोगों के मंगोल समूह के साथ भौगोलिक समीपता, ऐतिहासिक संपर्क और सामूहिक वंश परंपरा के कारण स्वयं को दक्षिण एशियाई क्षेत्र का हिस्सा माना। इसके परिणामस्वरूप चीन ने दक्षिण एशिया के अंतर-क्षेत्रीय मामलों में शामिल होना स्वाभाविक समझा। इसके अतिरिक्त इस क्षेत्र में चीन की रुचि इसकी सुरक्षा स्थितियों और क्षेत्रीय एवं वैश्विक भूमिकाओं की अनुभूति से उपजी। दूसरी तरफ भारत की इस क्षेत्र में अपनी भूमिका और स्थिति की अनुभूति की अपनी धारणा थी। इससे चीन को दक्षिण एशिया में एक अनुचित दखल देने वाला शक्तिशाली राष्ट्र के रूप में समझा गया और यह माना गया कि आर्थिक मजबूरियों द्वारा प्रबलित भूगोल, संस्कृति और जातीयता के तथ्य दक्षिण एशियाई राष्ट्रों के प्रारब्ध को चीन की अपेक्षा भारत के ज्यादा नजदीक पाया गया। इस प्रकार भारत ने चीन के अपने दक्षिण एशियाई पड़ोसियों के साथ निकटवर्ती संबंध बनाने के प्रयास को शत्रुतापूर्ण कृत्य के रूप में देखा। यह अध्याय भारत-चीन संबंध के दक्षिण एशियाई संदर्भ को बहुत संक्षेप में प्रस्तुत करता है।

इस क्षेत्र में भारत के प्रभावी आकार और शक्ति को देखते हुए इस क्षेत्र की भारत-केंद्रित स्थिति होना आश्चर्यजनक बात नहीं थी। शुरूआत में भारत ही इस क्षेत्र में एक ऐसा देश था जिसके साथ चीन के राजनयिक संबंध थे। हालांकि धीरे-धीरे चीन ने अन्य दक्षिण एशियाई देशों के साथ संबंध बनाए लेकिन इसकी दक्षिण एशियाई नीति में भारत के बारे में गणना मुख्य निर्धारण कारक रही। दूसरे, चीन की दक्षिण एशियाई नीति और दृष्टिकोण लगभग पूरी तरह से विचारधारा से अलग थी।[1]

चीन जो कि एक कम्युनिस्ट देश था, उसने सभी दक्षिण एशियाई देशों के साथ सौहार्द्रपूर्ण एवं दोस्ताना संबंध बनाए जबकि इनमें से कोई भी देश कम्युनिस्ट शासन के अधीन नहीं था। शुरूआत में चीन ने भारत के साथ दोस्ती की नीति का अनुसरण किया। उसी समय उसने भारत के मुख्य क्षेत्रीय विरोधी, पाकिस्तान से दोस्ती का हाथ बढ़ाया जो दृढ़तापूर्वक साम्राज्यवादी खेमे का सदस्य था। यहाँ तक कि छोटे दक्षिण एशियाई देश जैसे नेपाल, श्रीलंका और बाद में बांग्लादेश के संबंध में चीन ने न तो श्रमिक वर्ग के संघर्ष पर ध्यान दिया न ही उसने किसान जनता को अपने संबंधित सरकारों के खिलाफ आवाज उठाने के लिए प्रोत्साहित किया। तीसरे, चीन की दक्षिण एशिया के प्रति नीति का वैश्विक संबंध था। चीन की पाकिस्तान के साथ दोस्ती केवल भारत के प्रति द्वेषभाव का विस्तार ही नहीं था बल्कि संयुक्त राज्य अमेरिका के प्रति पाकिस्तान की वचनबद्धता को कम करने तथा इसे सोवियत संघ के ज्यादा नजदीक होने से रोकने का भी एक प्रयास था। साठ के दशक की शुरूआत से चीन की दक्षिण एशियाई रणनीति कथित सोवियत खतरे से इसकी दीर्घकालीन मानसिक व्यस्तता का कारण बन गई।[2]

सन् 1962 के भारत-चीन संघर्ष को दक्षिण एशियाई संबंधों के इतिहास में और इसमें निहित चीन की भूमिका का आमूल परिवर्तन काल कहा जा सकता है। चीन ने भारत की तुलना में अपनी निर्विवाद शक्ति का प्रदर्शन किया और इस तथ्य ने पाकिस्तान को प्रभावित किया जिसने आगे चलकर चीन के साथ घनिष्ठ संबंध बना लिए। अतः इस क्षेत्र की शक्ति की राजनीति में एक नया आयाम संचालित होने लगा। इसके बाद पाकिस्तान ने जहाँ भी संभव हो, भारत का विरोध करने के उद्देश्य से चीन के साथ राजनयिक क्षेत्र में अपने प्रयासों को समन्वित करने लगा। अतः चीन दक्षिण एशियाई राजनीति में एक अभिन्न कारक बन गया।

II

सन् 1962 के भारत-चीन युद्ध के परिणामस्वरूप चीन और पाकिस्तान के बीच घनिष्ठ संबंध को आगे चीन के विदेश मंत्री चेन्यी और पाकिस्तान के विदेश मंत्री जेड.ए. भुट्टो द्वारा 2 मार्च, 1963 को बीजिंग में सीमा समझौते पर हस्ताक्षर करते हुए और प्रगाढ़ किया गया।[3]

चीन और पाकिस्तान झिंजियांग और पाकिस्तान अधिकृत कश्मीर के बीच सीमा रेखा को स्थिर करते हुए अपनी सीमाओं को सीमांकित करने के लिए सहमत हुए। 3,400 वर्गमील का क्षेत्र जिसके लिए दोनों पक्षों ने दावा किया था, उसमें से पाकिस्तान ने 1,350 वर्गमील और चीन ने शेष 2,050 वर्गमील प्राप्त किया।[4] यद्यपि समझौते के तुरंत बाद एक पाकिस्तानी प्रवक्ता ने इशारा किया कि पाकिस्तान को इस

व्यवस्था से फायदा हुआ है क्योंकि इसने पाकिस्तानी सरकार के वास्तविक भौतिक नियंत्रण वाले किसी भी क्षेत्र को समर्पित किए बिना वास्तविक चीनी नियंत्रण वाले 750 वर्गमील क्षेत्र को प्राप्त किया है।[5] निस्संदेह पाकिस्तान ने इस सीमा समझौते पर हस्ताक्षर भारत को संकट में डालने तथा अपने सैन्य एवं राजनयिक स्थिति को भारत के प्रतिकूल मजबूत करने के प्रयास में चीन के साथ एक समझ विकसित करने के लिए किया था। इसके अतिरिक्त पाकिस्तान सोचता था कि किसी अन्य समय की अपेक्षा इस विशेष मोड़ पर अनुकूल संबंध बनाने की संभावना ज्यादा है क्योंकि चीन भारत के साथ अपने सीमा विवाद में आक्रामक भूमिका निभाने के लिए पश्चिम में प्रसिद्ध हो चुका था। चीन अपनी इस छवि को बदलना चाहता था और स्वयं को एक सर्वमान्य एवं अनुकूल शक्ति के रूप में पेश कर रहा था।[6]

पाकिस्तान और चीन के बीच सीमा समझौते होने से कश्मीर विवाद में एक नया मोड़ आ गया। चीन ने पाकिस्तान को एक तिहाई कश्मीर पर वास्तविक स्वामित्व की मान्यता प्रदान कर दी।[7] भारत ने इस पर दृढ़ता से प्रतिक्रिया व्यक्त की और कहा कि पाकिस्तान और चीन के बीच कोई भी सामूहिक सीमा नहीं है। भारत ने चीन के साथ ही पाकिस्तान का भी विरोध किया और चीन पर भारत के खिलाफ पाकिस्तान के साथ साँठ-गाँठ करने का तगड़ा आरोप लगाया।[8] प्रधानमंत्री जवाहरलाल नेहरू ने संसद में कहा कि "चीन भारत-पाक संबंधों में सीधे हस्तक्षेप कर रहा है और ऐसा करते हुए वह अपनी विस्तारवादी नीतियों को आगे बढ़ाने के लिए कश्मीर मामले पर भारत और पाकिस्तान के बीच स्थापित मतभेद का अनुचित लाभ उठाना चाहता है।"[9] यह स्मरण किया जाना चाहिए कि चीन-भारत संघर्ष के तुरंत बाद ब्रिटेन और अमेरिका ने भारत पर कश्मीर मामले पर पाकिस्तान के साथ खुली बातचीत करने के लिए दबाव डाला और वास्तव में द्विपक्षीय बातचीत शुरू हो गई। नेहरू ने उचित ढंग से संसद में व्यक्त किया कि चीनी-पाकिस्तानी गतिविधि ने कश्मीर पर संयुक्त बातचीत को प्रभावित किया है।[10] मई 1963 में भारत और पाकिस्तान कश्मीर मामले पर पारस्परिक रूप से स्वीकार्य समझौते पर पहुँचने में असफल रहे।

17 जुलाई, 1963 को पाकिस्तान के विदेश मंत्री, जड.ए. भुट्टो ने पाकिस्तान की संसद में घोषणा की कि "भारत के साथ युद्ध की स्थिति में पाकिस्तान अकेले नहीं होगा। एशिया का सबसे शक्तिशाली राष्ट्र पाकिस्तान का साथ देगा।"[11] यह स्पष्ट रूप से चीन की तरफ संकेत था। चीन के साथ भावी संबंधों को मजबूत करने के लिए दोनों पक्षों ने 29 अगस्त, 1963 को एक वायु परिवहन समझौते पर हस्ताक्षर किए। इस समझौते में लैंडिंग और अन्य आवश्यक सुविधाओं के साथ एक दूसरे के क्षेत्रों पर संचालन की अनुमति प्रदान की गई थी।[12] चीन और पाकिस्तान के बीच द्विपक्षीय संबंध सन् 1964 में ज्यादा घनिष्ठ हो गए। झाउ एन लाई ने फरवरी 1964

में पाकिस्तान का दौरा किया और उन्होंने राष्ट्रपति अयूब खान के साथ एक संयुक्त सरकारी सूचना में यह सहमति दिखाई कि कश्मीर विवाद को कश्मीर की इच्छाओं के अनुसार सुलझाया जाना चाहिए जैसा भारत और पाकिस्तान द्वारा उन्हें वचन दिया गया है।[13]

सन् 1965 में चीन और पाकिस्तान के बीच उच्च स्तर पर संपर्क बढ़ गए। मार्च 1965 में राष्ट्रपति अयूब खान ने चीन का भ्रमण किया।[14] मार्च 1965 में विदेश मंत्री चेन्यी और भुट्टो के बीच चीन-पाकिस्तान सीमा प्रोटोकॉल पर हस्ताक्षर किए गए।[15] भारत ने सीमा प्रोटोकॉल पर हस्ताक्षर किए जाने के कश्त्य को इस तथ्य का सबूत माना कि जिसके कारण भारत के प्रति उनकी शत्रुता को प्रोत्साहन मिलता है, चीनी सरकार और पाकिस्तान सरकार कश्मीर के अपने अवैध अधिग्रहण का अवसर के रूप में प्रयोग कर रही हैं।[16]

धीरे-धीरे कश्मीर क्षेत्रीय राजनीति में मुख्य मामला बन गया। चीन ने कश्मीर में जनमत-संग्रह के लिए अपना समर्थन देने की घोषणा की। भारत की राय थी कि सन् 1962 में चीनी आक्रमण ने कश्मीर के स्वरूप को पूर्णतया बदल परिवर्तित कर दिया है क्योंकि चीन ने अब कश्मीर के लगभग 15,000 वर्गमील क्षेत्र पर कब्जा कर लिया। इसके अतिरिक्त सन् 1963 तक चीन-पाकिस्तान समझौते में पाकिस्तान ने चीन को 2,000 वर्गमील अतिरिक्त क्षेत्र सौंप दिया।[17]

कश्मीर मामले पर जारी गतिरोध ने भारत और पाकिस्तान के बीच के संबंधों में बहुत ज्यादा खटास पैदा हो गई। अप्रैल 1965 में भारत और पाकिस्तान के बीच कच्छ के रण में सशस्त्र संघर्ष शुरू हो गया। सितंबर 1965 में कश्मीर भारत और पाकिस्तान के बीच एक बड़े युद्ध का कारण बना जिसमें चीन पाकिस्तान को अपना समर्थन देने के लिए बाध्य था। 4 सितंबर 1965 को चीनी विदेश मंत्री, चेन्यी ने कश्मीरी लोगों के संघर्ष के लिए चीनी सरकार का समर्थन व्यक्त किया और कश्मीर में युद्ध के प्रसार के पाकिस्तानी रूप का समर्थन किया।[18] इस युद्ध में पाकिस्तान को मौखिक समर्थन देने की अपेक्षा ज्यादा महत्त्वपूर्ण भारत-चीन सीमा पर चीनी फौज की गतिविधि को बढ़ाना था। इसे भारत को अपने चीनी सीमा पर ज्यादा से ज्यादा सेना तैनात करने के लिए दबाव डालने तथा पाकिस्तानी सीमा पर भारतीय सैनिकों का दबाव कम करने के लिए किया गया था।

8 सितंबर को चीनी सरकार ने भारत-चीन सीमा पर भारत द्वारा गंभीर रूप से सीमा का उल्लंघन करने का आरोप लगाया। उसने माँग की कि भारत चीन-सिक्किम सीमा पर या उससे परे अवैध रूप से स्थापित किए गए सैन्य ढाँचे को हटाए, सीमा के पश्चिम, मध्य और पूर्वी क्षेत्रों में अपनी सेना को हटाए तथा चीन के खिलाफ

आक्रमण को रोके। अन्यथा उसे इसके गंभीर परिणाम भुगतने पड़ेंगे।[19] 13 सितंबर को भारत सरकार ने चीनी सरकार के 8 सितंबर के नोट को खारिज कर दिया और सिक्किम की सीमा और उससे परे चीनी क्षेत्र में भारतीय सैन्य ढाँचे के अस्तित्व की जाँच करने तथा उस पर रिपोर्ट बनाने के लिए 'स्वतंत्र और तटस्थ' समीक्षक भेजने की पेशकश की।[20] भारतीय नोट में इस प्रकार के किसी भी ढाँचे के अस्तित्व में होने से इनकार किया गया था और इसका कश्मीर और भारत-चीन संबंधों के बीच कोई जुड़ाव होने की बात को खारिज किया गया था।[21] 17 सितंबर को चीन ने पुनः माँग की कि भारत तीन दिनों के भीतर चीन-सिक्किम सीमा या अपनी सीमा पर आक्रमण संबंधी अपने सभी सैन्य कार्यवाहियों को बंद करे।[22] अन्यथा भारत सरकार इस कृत्य के सभी गंभीर परिणामों के लिए जिम्मेदार होगी।

17 सितंबर को संसद में दिए गए बयान में प्रधानमंत्री लाल बहादुर शास्त्री ने चीन के इस कृत्य को संघर्ष को लंबे समय तक चलते रहने और इसका विस्तार करने की चाल बताया।[23] शास्त्री ने कहा कि "चीन वास्तविक या काल्पनिक शिकायतों का समाधान नहीं चाहता है बल्कि वह इसी बहाने अपनी आक्रामक गतिविधियों को पुनः शुरू करना चाहता है और इस समय वह इसे अपने मित्र पाकिस्तान की मिलीभगत से करना चाहता है।"[24] लोक सभा में विदेश मंत्री स्वर्ण सिंह ने सदस्यों को बताया कि चीन-पाक की मिलीभगत के कारण संकटपूर्ण स्थिति बनी हुई है। "सहूलियत के रूप में इस रिश्ते की शुरूआत से ही भारत के खिलाफ नफरत को पोषित किया गया है और यह अब चीन तथा पाकिस्तान की विदेश नीतियों का एक अभिन्न हिस्सा लगता है। हमने अपनी तैयारी कर ली है और हमारी प्रवृत्ति में हमेशा हमें इसे ध्यान में रखना है और हमारे सभी भावी कार्य इस दोहरे खतरे को हमेशा ध्यान में रखते हुए सावधानीपूर्वक किए जाएँगे।"[25] भारत और पाकिस्तान के बीच युद्ध विराम के बाद 23 सितंबर को इस संकट से आराम मिला। चीन ने भी पाकिस्तान द्वारा युद्ध विराम स्वीकार करने के साथ ही उसी समय अपनी आक्रामक छवि को कम किया। सन् 1965 के भारत-पाकिस्तान युद्ध के दौरान चीन की शत्रुतापूर्ण छवि ने पाकिस्तान को भारत के साथ संघर्ष में उसकी मित्रता को साबित कर दिया। चीनी आतंक में पूरी सीमा पर घुसपैठ और सशस्त्र उकसावा शामिल था। चीनी सेना पश्चिम; मध्य क्षेत्र के कई स्थानों और सिक्किम-तिब्बत सीमा पर स्थित पूरे सामरिक रास्तों पर भी आक्रामक घुसपैठ में लिप्त थी। चीनी सेनाओं द्वारा भारत की सीमा पर आक्रामक सैन्य गतिविधियाँ अच्छी तरह से चीन-पाक मिलीभगत से जुड़ी थीं।[26] भारत के लिए ऐसा पहली बार था कि उसे दोनों सीमाओं पर एक साथ युद्ध की आशंका का सामना करना पड़ा था।

यहाँ तक कि युद्ध विराम के बाद के चरण में और ताशकंद समझौते में भी चीन ने कश्मीर मामले पर पाकिस्तान को अपना राजनयिक समर्थन देना जारी रखा। साठवें दशक के मध्य से चीन पाकिस्तान को हथियार की आपूर्ति करने वाले एक बड़े आपूर्तिकर्ता के रूप में उभरा। सन् 1966 में अपने राष्ट्रीय दिवस सैन्य परेड के अवसर पर पाकिस्तान ने कई टी-59 टैंकों और मिग-19 लड़ाकू विमानों का प्रदर्शन किया जिसे उसने चीन से प्राप्त किया था। सन् 1968 तक चीन ने 1000 टी-59 टैंकों, 80 मिग-19 (एफ-6) और 10 इलुशिन- 28 बमवर्षक विमानों की आपूर्ति की। सन् 1965 के बाद पाकिस्तान ने चीन से बहुत बड़ी मात्रा में सैन्य आपूर्तियाँ प्राप्त कीं। इनमें दो इन्फैंट्री डिवीजनों के लिए पूरा औजार, लगभग 350 टैंक, 120 मिग लड़ाकू विमान, आईएल-28 बमवर्षक विमानों के दो स्क्वाड्रन और बहुत बड़ी मात्रा में तोपखाने, वाहन, टैंक और विमानों के स्पेयर पार्ट्स आदि शामिल थे।[27] सन् 1966 के मध्य में सांस्कृतिक क्रांति के प्रादुर्भाव के बाद चीन की आंतरिक छवि ने बड़े पैमाने पर चीन-पाक संबंधों को प्रभावित नहीं करती है। मार्च 1969 में राष्ट्रपति अयूब खान के हटने के पहले अयूब खान के चीन के विरोधी सोवियत संघ के साथ संबंधों को सुधारने की पहल के कारण चीन ने पाकिस्तान से अपना ध्यान हटाना शुरू कर दिया। पाकिस्तान के शासन में बदलाव के ठीक बाद चीनी प्रधानमंत्री झोउ एन लाई ने चीन के सतत समर्थन का आश्वासन देते हुए पदग्राही राष्ट्रपति यह्या खान को एक संदेश भेजा। उसके थोड़े समय के बाद सोवियत विदेश मंत्री ए0 कोसिजिन ने पाकिस्तान का भ्रमण किया और शीर्ष नेतृत्व को अपने क्षेत्रीय आर्थिक एवं सैन्य संस्था में शामिल होने के लिए मनाने का प्रयास किया। स्पष्ट रूप से चीन सोवियत पहल के प्रति पाकिस्तान की प्रतिक्रिया का अनुमान लगाने के लिए उत्सुक था। सांस्कृतिक क्रांति के दौरान दो वर्ष समाप्त होने के बाद सन् 1969 में चीन ने वरिष्ठ राजनयिक चैंग तुंग को नियुक्त करके पाकिस्तान के राजदूत के पद को भरा। बाद में पाकिस्तान ने अपने एयरफोर्स के चीफ को बीजिंग भेजा और उसने पाकिस्तान के सोवियत संघ के साथ ऐसी किसी भी योजना में सहयोग न करने के दृढ़ निश्चय की पुनः पुष्टि की जो चीन के खिलाफ संचालित होगी।[28] अतः थोड़ी सी समस्या जो अयूब युग के अंत में उत्पन्न हुई थी उसे सन् 1969 के अंत तक खत्म कर दिया गया।

अतः सन् 1969 तक चीन ने पाकिस्तान के साथ घनिष्ठ संबंध बनाते हुए दक्षिण एशिया में अपने लिए विशेष स्थान अर्जित कर लिया। पाकिस्तान ने इस स्थिति को कश्मीर पर भारत के साथ सौदा करने का उचित अवसर माना तथा इस संबंध में चीन को भारत के खिलाफ इस्तेमाल करने का अच्छे प्रेरक के रूप में देखा। भारत और

पाकिस्तान के संबंधों में जारी गतिरोध ने चीन को पाकिस्तान की भावनाओं को भारत के खिलाफ प्रयोग करने का अवसर प्रदान किया।

सत्तर के दशक में क्षेत्रीय स्तर पर दक्षिण एशिया में प्रमुख महत्त्व के भू-राजनीतिक बदलाव शुरू हुए। जबकि त्रिकोणात्मक चीन-अमेरिका-सोवियत संघ संबंध ने इस अस्थिर क्षेत्र में अपना प्रभाव डाला, पूर्वी पाकिस्तान में बिगड़ती स्थिति परंपरागत प्रतिद्वंद्वियों-भारत और पाकिस्तान के बीच स्थिति में तेजी से परिवर्तित हो रही थी। पाकिस्तान के 1970 के आम चुनाव में पूर्वी पाकिस्तान आधारित आवामी लीग ने संसद में पूर्ण बहुमत (317 में से 167 सीटें) हासिल किया। यद्यपि सैन्य शासक, याह्या खान ने लोकतांत्रिक परंपरा के संबंध में कम ध्यान दिया तथा स्वयं को संसद के आयोजन से दूर रखा। इस बड़ी आंतरिक समस्या के बावजूद याह्या खान ने अमेरिका और चीनी जनवादी प्रजातंत्र के बीच संदेशवाहक के रूप में कार्य करते हुए प्रचलित अंतर्राष्ट्रीय परिदृश्य का पूर्णतया इस्तेमाल करने का प्रयास किया। याह्या खान ने नवंबर 1970 में चीन का भ्रमण किया और माओत्से तुंग और झोउ एन लाई से मिला। पाकिस्तान का चीन द्वारा गर्मजोशी से स्वागत किया गया और उसे चीन ने अतिरिक्त आर्थिक सहायता के रूप में 200 मिलियन डालर प्रदान किया।[29] इस भ्रमण में कश्मीर के मसले पर पाकिस्तान को चीन के समर्थन और पाकिस्तान की एक चीन नीति के लिए समर्थन की पुनः पुष्टि की संयुक्त घोषणा की गई। यह स्पष्ट था कि चीन द्वारा सत्तर के दशक में पाकिस्तान के साथ घनिष्ठ संबंध की नीति अपनाई गई।

इस बीच पाकिस्तान के अंदर की स्थिति काफी हद तक खराब हो चुकी थी। पाकिस्तान के राजनीतिक और सैन्य नेताओं की असफलता ने देश को गृह युद्ध के कगार पर खड़ा कर दिया। भारत द्वारा समर्थित आवामी लीग खुलकर स्वतंत्र राष्ट्र-राज्य की माँग करने लगा और उसने मार्च 1971 में आम हड़ताल कर दी। पूर्वी पाकिस्तान में दुखपूर्ण घटनाओं की भारत में व्यापक रूप से चिंता और सहानुभूति प्रकट की गई। यद्यपि याह्या शासन ने अपने सैन्य दमन की नीति को जारी रखा।[30]

यह एहसास होने पर कि पाकिस्तान के साथ मुकाबला होने वाला था, भारत ने अगस्त 1971 में चीन के हस्तक्षेप की आशंका को निष्प्रभावित करने के लिए सोवियत संघ के साथ एक दोस्ताना संधि पर हस्ताक्षर किया। नई सैन्य सहायता के अपने वादे के अतिरिक्त इस संधि की भारत के लिए सबसे ज्यादा महत्त्वपूर्ण विशेषता अनुच्छेद 9 थी जिसमें शर्त रखी गई थी कि कोई भी पक्ष हस्ताक्षर करने वालों के साथ सैन्य संघर्ष में शामिल राष्ट्र को कोई भी मदद नहीं प्रदान करेगा। इससे पाकिस्तान को सभी सोवियत सहायता बंद हो गई।[31] पाकिस्तानी शासकों ने स्थिति की गंभीरता को देखा और नवंबर की शुरूआत में विदेश मंत्री जे.ए. भुट्टो के नेतृत्व

में एक पाकिस्तानी प्रतिनिधिमंडल सैन्य सहायता प्राप्त करने के लिए बीजिंग गया। चीन ने बताया कि भारत-सोवियत संधि वास्तव में एक सैन्य समझौता है और भारत बड़े पैमाने पर सोवियत सैन्य सहायता से प्रोत्साहित है।[32]

3 दिसंबर, 1971 को भारत-पाकिस्तान युद्ध शुरू हो गया। इसे दो मोर्चे-पूर्व और पश्चिम में छेड़ा गया। युद्ध के बाद चीन भारत के खिलाफ लगातार शत्रुतापूर्ण व्यवहार करता रहा। चीन लगातार भारत की निंदा करता रहा कि उसने सोवियत "सामाजिक साम्राज्यवाद" की सहायता से पाकिस्तान पर आक्रमण किया है। संयुक्त राष्ट्र में चीन ने पाकिस्तान के लिए काम किया और सक्रिय रूप से सुरक्षा परिषद में अमेरिकी प्रस्ताव का समर्थन किया।[33]

चीनी सरकार ने माँग की कि भारत को आक्रमणकारी घोषित कर देना चाहिए, सभी देशों को पाकिस्तान की सहायता करनी चाहिए और शांतिपूर्ण बातचीत की स्थिति उत्पन्न करने के लिए दोनों देशों की सशस्त्र सेनाओं को अपनी मूल स्थिति में वापस जाना चाहिए।

चीन ने भारत को एक नोट भी भेजा जिसमें उसने उस पर 10 दिसंबर को चीनी क्षेत्र का सर्वेक्षण करने के लिए सिक्किम सीमा के पार सात भारतीय सैनिकों को भेजने का आरोप लगाया। इस घुसपैठ का चीनी संप्रभुता के गंभीर उल्लंघन के रूप में वर्णन किया गया था।

चीन ने एक नीति अपनाई जिसमें सैन्य संलग्नता की वचनबद्धता के बिना पाकिस्तान को बाहर से समर्थन दर्शाई जाएगी। इससे सामग्री सहायता के साथ मजबूत मौखिक सहायता और सैन्य स्थिति के विकास पर सावधानीपूर्वक नजर रखने की नीति को बढ़ावा मिला। मौखिक सहायता का आशय विभिन्न अवसरों पर विशेष रूप से संयुक्त राष्ट्र में सक्रिय पाकिस्तान समर्थक, भारत विरोधी, और मजबूत सोवियत विरोधी प्रदर्शन पर विषमय घोषणा थी। इसी प्रकार चीन ने पाकिस्तान को जरूरत से ज्यादा सामग्री की मदद भी प्रदान की। अमेरिका से हथियारों की आपूर्ति के रद्द होने के बाद चीन पाकिस्तान का हथियारों और गोला-बारूद का मुख्य स्रोत बन गया और कुछ स्रोतों के अनुसार उसने काउंटर गुरिल्ला युद्ध में पाकिस्तानी सेना को प्रशिक्षित करने के लिए 200 प्रशिक्षक भी भेजे।[34]

सन् 1971 के युद्ध के बाद चीन को दक्षिण एशिया में एक नई स्थिति का सामना करना पड़ा। पाकिस्तान का आकार कम हो गया और वह पूरी तरह से हार गया तथा भारत दक्षिण एशिया में प्रमुख सैन्य शक्ति के रूप में उभरा। नए बांग्लादेश का झुकाव भारत और सोवियत संघ की तरफ था। चीन विशेष रूप से भारत के दक्षिण एशिया में बड़ी शक्ति के रूप में उभरने के संभावित परिणामों के बारे में

चिंतित था। इसे भारत को प्रोत्साहित करने और उसे दक्षिण एशिया उपमहाद्वीप में उप-महाशक्ति के रूप में बदलने की सोवियत योजना के हिस्से के रूप में माना गया।[35]

चीन के लिए आगे का तत्काल कार्य यह था कि उसे क्षेत्रीय शक्ति ढाँचे के लिए संतुलन का दिखावा करना था जो भारत की विजय के बाद परिवर्तित हो गया था। जब पाकिस्तान के राष्ट्रपति जुल्फिकार अली भुट्टो ने फरवरी 1972 में बीजिंग का भ्रमण किया तो पाकिस्तान को खुले दिल से आर्थिक सहायता मिली।

कूटनीतिक क्षेत्र में भुट्टो को युद्ध के 93,000 बंदियों को स्वदेश लौटाने के लिए भारत के साथ समझौता करना था और पश्चिमी पाकिस्तान के अधिकृत क्षेत्र से भारतीय सेना को वापस भेजना था। पाकिस्तान की प्रतिकूल परिस्थितियों में यह तथ्य कि चीन उसके पीछे दृढ़ता से खड़ा था, यह एक महत्त्वपूर्ण संपत्ति थी। चीन ने 25 अगस्त, 1972 को संयुक्त राष्ट्र में बांग्लादेश के प्रवेश पर रोक लगाते हुए संयुक्त राष्ट्र में सर्वप्रथम निषेधाधिकार का प्रयोग किया।[36]

चीन का उपमहाद्वीप में भारत के प्रभुत्व को कम करने का निश्चय 18 मई 1974 को भारत के परमाणु परीक्षण के साथ नई अवस्था में चला गया। भारतीय परमाणु परीक्षण के मद्देनजर चीन ने पाकिस्तान को विदेशी आक्रमण और हस्तक्षेप, जिसमें परमाणु खतरा और परमाणु ब्लैकमेल शामिल है, के खिलाफ उसकी राष्ट्रीय स्वतंत्रता और संप्रभुता की रक्षा में उसके द्वारा किए जाने वाले उचित संघर्ष में अपना पूर्ण और दृढ़ समर्थन प्रदान करने का आश्वासन दिया। चीन ने अपनी स्थिति को सतत दुहराया कि परमाणु हथियारों को पूर्णतया प्रतिबंधित किया जाना चाहिए और इसे पूरी तरह से नष्ट किया जाना चाहिए और पहले कदम के रूप में परमाणु हथियार रखने वाले देशों को परमाणु हथियारों का पहले प्रयोग न करने का दायित्व निभाना चाहिए और विशेष रूप से इसका परमाणु हथियार रहित देशों और परमाणु हथियार मुक्त क्षेत्र का समर्थन करने वाले देशों के खिलाफ प्रयोग न करने का वचन देना चाहिए।[37]

भारत के विदेश मंत्री स्वर्ण सिंह ने लोक सभा में यह कहते हुए भारत के शांतिपूर्ण परमाणु विस्फोट पर एक बयान दिया कि:

शांतिपूर्ण परमाणु विस्फोट जिसे 18 मई, 1974 को संपादित किया गया, हमारे लोगों के कल्याण के लिए परमाणु ऊर्जा के शांतिपूर्ण प्रयोग के अगले कदम को प्रदर्शित करता है। यह दुर्भाग्यपूर्ण स्थिति है कि हमारे इस शांतिपूर्ण प्रकृति के परमाणु परीक्षण को पाकिस्तान में गलत नजरिए से देखा गया है। पाकिस्तान में उत्पन्न डर निराधार है। हम पाकिस्तान के साथ अपने सभी मतभेदों को शांतिपूर्ण और द्विपक्षीय

बातचीत के जरिए सुलझाने के लिए शिमला समझौते के तहत किए गए अपने वादे पर दृढ़प्रतिज्ञ हैं। भारत ने हमेशा संप्रभु समानता के आधार पर इस क्षेत्र के देशों के बीच सहयोग विकसित करने का समर्थन किया है। पाकिस्तान का प्रधानता का आरोप निराधार है और इसे निर्दयता कहा जा सकता है।[38]

चीन ने अक्टूबर 1974 में लाए गए पाकिस्तान के दक्षिण एशिया में परमाणु मुक्त क्षेत्र के प्रस्ताव का संयुक्त राष्ट्र में पूरा और लगातार समर्थन किया। इस प्रस्ताव से स्पष्ट रूप से चीन का फायदा होने वाला था। पहला चीन पाकिस्तान की सुरक्षा के लिए अपने समर्थन का प्रदर्शन कर सकता था। दूसरे जहाँ तक दक्षिण एशिया का संबंध है परमाणु मुक्त क्षेत्र की घोषणा से चीन का लंबे समय तक परमाणु हथियार रखने का एकाधिपत्य बन रह सकता था। अंततः इस विषय पर अपने राजनयिक आश्वासन से परे जाकर चीन ने संभवतया बाद में पाकिस्तान के परमाणु कार्यक्रम को कुछ मदद भेजने के लिए सहमत हुआ होगा। भारत की भारतीय उपमहाद्वीप के लिए सीमित किसी भी व्यापक परमाणु गैर प्रसार व्यवस्था को स्वीकार करने की इच्छा नहीं थी। प्रतिबंधित क्षेत्रीय व्यवस्था चीन के बारे में या हिंद महासागर में महाशक्ति के परमाणु हथियारों के बारे में संबोधित नहीं करती थी। इस कारण से भारत ने पाकिस्तान के दक्षिण एशिया को परमाणु हथियार मुक्त क्षेत्र बनाने के प्रस्ताव को रद्द कर दिया जो केवल उपमहाद्वीप के लिए ही बना था।[39]

सन् 1976 में चीन-पाक संबंधों को मजबूत बनाने के लिए राष्ट्रपति जेड.ए. भुट्टो ने चीन का भ्रमण किया। हालांकि सन् 1976 से चीन-भारत संबंध सामान्य होने लगे थे, फिर भी चीन ने पाकिस्तान को सोवियत संघ और भारत के तोड़ के रूप में केंद्रित किया। अध्यक्ष माओ त्से तुंग की मृत्यु के बाद भी चीनी नेतृत्व ने पाकिस्तान के साथ घनिष्ठ संबंध जारी रखा। पाकिस्तान में शासन के बदलाव के बाद जनरल जिया-उल-हक के सत्ता में आने से पाकिस्तान की चीन नीति पर कोई भी प्रभाव नहीं पड़ा। उसका दिसंबर 1977 में अपनी पहली यात्रा इस्लामिक राष्ट्रों के बजाए चीन की करने का निर्णय इस बात का स्पष्ट संकेत था कि सैन्य शासन चीन के साथ घनिष्ठ संबंध रखने की भुट्टो की नीति को जारी रखेगा।[40]

जून 1978 में गिलगित खुंजेराब और झिंजियांग से होते हुए पाकिस्तान और चीन को जोड़ने वाले सभी मौसम में खुला रहने वाला 616 किलोमीटर लंबे काराकोरम हाइवे के उद्घाटन समारोह पर चीन के उपप्रधानमंत्री केंग बियाओ का पाकिस्तान दौरे ने पाकिस्तान और चीन के बीच की सतत घनिष्ठता को उजागर किया।[41]

16 जून, 1978 को एक राज्य भोज में बोलते हुए केंग बियाओ ने काराकोरम हाइवे के पूरा होने की प्रशंसा की तथा इसे चीन और पाकिस्तान के बीच घनिष्ठ

दोस्ती और सहयोग का एक उत्कृष्ट उदाहरण बताया। उनके भाषण की सबसे महत्त्वपूर्ण विशेषता उनके द्वारा की गई यह घोषणा थी कि 'अंतर्राष्ट्रीय मंच पर जो कुछ भी उलट-फेर हो, चीनी सरकार और हमारे लोग आपके द्वारा अपने देश के निर्माण और रक्षा के लिए किए जाने वाले उचित संघर्ष में हमेशा आपके भरोसेमंद दोस्त बने रहेंगे।'[42] इसके बाद पाकिस्तान और चीन के बीच घनिष्ठ रक्षा संबंध कायम रहे। स्टॉकहोम इंटरनेशनल पीस रिसर्च इंस्टीट्यूट (SIPRI) आर्म्स ट्रेड रजिस्टर के अनुसार, सन् 1972 में चीन द्वारा पाकिस्तान को भेजे गए सैन्य उपकरणों में 60 एफ-6 जेट लड़ाकू बमवर्षक विमान, 6 संघाई II मोटर गनबोट और लगभग 100 टी-59 टैंक शामिल थे जिनकी कीमत 61,598,000 अमेरिकन डालर (1968 की कीमत) थी। सन् 1974 के अंत में पाकिस्तान ने चीन से 159 टी-59 टैंकों तथा एक स्क्वाड्रन एफ-6 वायुयान प्राप्त किया जिनकी कीमत 27,135,000 अमेरिकन डालर थी। चीन ने सन् 1971 में पाकिस्तान को युद्ध में हुए नुकसान की भरपाई में भी मदद किया। पाकिस्तान गैर-कम्युनिस्ट देशों में सबसे ज्यादा चीनी सैन्य सहायता प्राप्त करने वाला देश था।[43]

नवीनतम शोधों से पता चलता है कि अंततोगत्वा सन् 1971 में पाकिस्तान का विभाजन पाकिस्तान के परमाणु हथियार संपन्न राष्ट्र के रूप में उभरने का निर्णायक कारक रहा है। यह हो सकता है कि जुल्फिकार अली भुट्टो सन् 1971 में पाकिस्तान को बचाने में चीन के असफल होने की भारी कीमत उससे वसूलने में कामयाब रहे। चीन-पाक संबंधों के कई विश्लेषकों का विश्वास है कि भुट्टो पाकिस्तान के परमाणु हथियार कार्यक्रम के लिए मदद के संबंध में चीन के साथ किसी गुप्त समझौते का संदर्भ दे रहे थे जब अपनी मृत्यु के समीप होने पर उन्होंने एक ऐसे समझौते का उल्लेख किया था जिस पर उन्होंने "11 साल के समझौतों की अवधि में बहुत ज्यादा प्रयास" के बाद सन् 1976 में हस्ताक्षर किया था और जिसका उन्होंने "हमारे लोगों और हमारे राष्ट्र के प्रति मेरी सबसे बड़ी उपलब्धि और योगदान" के रूप में वर्णन किया था।[44] अत: भारत की सुरक्षा के दृष्टिकोण से पाकिस्तान और चीन के बीच बढ़ता हुआ संबंध निस्संदेह खतरनाक विकास था।

चीन-पाक के बढ़ते हुए रक्षा संबंध भारत के लिए गंभीर चिंता का विषय था। रक्षा मंत्रालय की अनुदान के लिए माँग की चर्चा में भाग लेने वाले सांसदों ने पिछले छह या सात वर्षों से पाकिस्तान के लिए चीनी हथियारों की आपूर्ति को नोट किया। बोलने वाले सांसदों में श्री अनन्त राव पाटिल, डी0 बसुमतारी और श्री आर0बी0 सिंह शामिल थे। उन्होंने दोनों मोर्चों से भारतीय सुरक्षा के लिए खतरे के बारे में सरकार को सावधान किया। रक्षा मंत्री ने सदस्यों को आश्वासन दिया कि सरकार चीन-पाक सैन्य मेल-जोल के खतरे का सामना करने के लिए तैयारी कर रही है।[45]

सन् 1979-80 में हुई दो गतिविधियों के दक्षिण एशिया में महत्त्वपूर्ण परिणाम निकले। पहला इरान में इस्लामी क्रांति और सन् 1979 की शुरूआत में शाह के तख्ता पलट की घटना ने इस क्षेत्र में रणनीतिक संतुलन को विक्षुब्ध कर दिया। दूसरी ओर सबसे महत्त्वपूर्ण गतिविधि अफगानिस्तान में हुई जिसने पूरे क्षेत्र पर गहरा असर छोड़ा। पाकिस्तान की सीमा पर सोवियत की उपस्थिति ने भी चीन के समक्ष खतरा उत्पन्न किया और उसे इस खतरे का सामना करने के उपाय करने पड़े। दक्षिण एशिया में चीन ने दो आयामी रणनीति को अपनाया। पहली रणनीति में इसने सोवियत के खतरे को रोकने के लिए पाकिस्तान का समर्थन किया और दूसरी रणनीति में भारत को सोवियत संघ से दूर रखने के लिए चीन भारत को मनाने का कार्य करने लगा।

अस्सी के दशक में चीन ने पाकिस्तान के साथ घनिष्ठ संबंध विकसित किए। जैसा पहले बताया जा चुका है, चीनी नेतृत्व का विश्वास था कि अफगानिस्तान में सोवियत का हमला विश्व में अपना आधिपत्य स्थापित करने की सावधानी से बनाई गई चरणबद्ध योजना का एक हिस्सा है।[46] चीन-पाकिस्तान संबंध और पाकिस्तान के भू-सामरिक महत्त्व ने चीन को पाकिस्तान की जिम्मेदारी लेने के लिए प्रतिबद्ध किया।

भारत सीमावर्ती राष्ट्र के रूप में पाकिस्तान के बड़े पैमाने पर हथियार का संग्रह करने से चिंतित था। भारत ने कहा कि अत्याधुनिक हथियारों की आपूर्ति पाकिस्तान की वैध रक्षा जरूरतों की अपेक्षा बहुत ज्यादा थी।[47] चीनी प्रधानमंत्री झाओ जियांग ने जून 1981 में पाकिस्तान का आधिकारिक भ्रमण किया। 3 जून को रावलपिंडी में आयोजित एक प्रेस कान्फ्रेंस में चीनी प्रधानमंत्री ने कहा कि पाकिस्तान सोवियत संघ द्वारा अफगानिस्तान पर आधिपत्य स्थापित करने के लिए किए गए आक्रमण के कारण बहुत ही ज्यादा सैन्य खतरे का सामना कर रहा है और चीन पाकिस्तान की अपनी राष्ट्रीय रक्षा क्षमताओं को मजबूत करने में पूर्णतया सहायता करेगा।[48]

जुलाई 1984 में पाकिस्तान के विदेश मंत्री साहबजादा याकूब खान ने बीजिंग का भ्रमण किया और यह इशारा किया कि पाकिस्तान और चीन की दोस्ती किसी भी देश के खिलाफ निर्देशित नहीं है।[49] मई 1986 में पाकिस्तानी और चीनी अधिकारियों ने विश्व के सबसे ऊँचे सीमा पारगमन मार्ग खुंजराब दर्रे को पर्यटकों के लिए खोल दिया।[50] भारत ने इस कदम को अवैध घोषित कर दिया क्योंकि यह दर्रा पाकिस्तान अधिकृत कश्मीर में स्थित है।[51] सितंबर 1986 में विदेश मंत्री याकूब खान ने बीजिंग का भ्रमण किया। इस भ्रमण के दौरान दोनों पक्षों ने परमाणु ऊर्जा के क्षेत्र में चीन-पाकिस्तान सहयोग के लिए एक समझौते पर हस्ताक्षर किए।[52] यद्यपि दोनों पक्षों ने इसके शांतिपूर्ण उपयोग की बात कही लेकिन इससे भारत में पाकिस्तान के परमाणु हथियार कार्यक्रम के लिए अप्रकट रूप से चीनी मदद का नया डर उत्पन्न हो गया।

भारत के दृष्टिकोण को विदेश मंत्री श्री खुर्शीद आलम खाँ द्वारा लोकसभा में ध्यानाकर्षण प्रस्ताव के दौरान व्यक्त किया गया। उन्होंने कहा कि:

> पाकिस्तान के परमाणु कार्यक्रम का अशांतिपूर्ण आयाम भारत के लिए चिंता का विषय रहा है। पाकिस्तान परमाणु हथियारों के निर्माण के लिए साधन प्राप्त करने के उद्देश्य को पूरा करता रहा है। मीडिया में प्रकाशित रिपोर्टों ने हमारी आशंकाओं को प्रबलित किया है। हम ऐसा नहीं कर सकते हैं लेकिन हम अपने पड़ोस में इस तरह की गतिविधि पर नजर रखे हुए हैं जिनका हमारी सुरक्षा से गहरा संबंध है। मैं सदन को आश्वस्त करना चाहता हूँ कि भारत सरकार देश की सुरक्षा पर असर डालने वाली सभी गतिविधियों पर लगातार नजर रखता रहा है और रखना जारी रखेगा।[53]

नई प्रधानमंत्री का सन् 1989 में पहला विदेश भ्रमण संबंध को बरकरार रखने के लिए था।[54] उन्होंने व्यक्त किया कि पाकिस्तान ने अपने विदेशी संबंधों में चीन के साथ अपने संबंध को आधारशिला के रूप में देखा है।

जून 1989 के त्यानआनमेन नरसंहार के परिणामस्वरूप जब कई देशों के साथ चीन के संबंध प्रभावित हुए तो पाकिस्तान चीन के साथ खड़ा रहा। नवंबर 1989 में प्रधानमंत्री ली पेंग के पाकिस्तान भ्रमण ने भी विशेष रूप से इस मुश्किल घड़ी में बीजिंग को प्राप्त इस्लामाबाद के समर्थन का प्रदर्शन किया। त्यानआनमेन नरसंहार के बाद पाकिस्तान चीन के शीर्ष नेताओं का स्वागत करने वाला पहला देश था।[55]

संबंध में महत्त्वपूर्ण कारक की प्रबलता के आधार पर अस्सी के दशक में रक्षा चीन-पाक सहयोग का मुख्य क्षेत्र था। पिछले दो दशकों से भी ज्यादा समय से पाकिस्तान चीनी सैन्य हार्डवेयर का नियमित और सबसे बड़ा बाजार रहा। पाकिस्तान में चुनिंदा चीनी हथियारों का संयुक्त और लाइसेंस प्राप्त उत्पादन और उच्च स्तरीय सैन्य आदान-प्रदान तथा संपर्क अब अच्छी तरह से स्थापित हो गया था।[56] एक अध्ययन के अनुसार, 'पच्चीस साल से भी ज्यादा वर्षों से जब बीजिंग ने पाकिस्तान को हथियारों की आपूर्ति करनी शुरू की, तो चीनी जनवादी प्रजातंत्र पाकिस्तान का सैन्य हार्डवेयर की आपूर्ति करने वाला सबसे ज्यादा भरोसेमंद और व्यापक आपूर्तिकर्ता बन गया। वास्तव में सैन्य संबंधी निर्यात में पाकिस्तानी सैन्य-कर्मी उपकरण, गोलाबारूद, बंदूकों, मोर्टार, बख्तरबंद सैन्यकर्मी वाहन, टैंक, नौसेना के जहाज, विमान, मिसाइल और मिसाइल प्रौद्योगिकी शामिल थी।' इस दरियादिली में 1500 टैंक, 350 लड़ाकू विमान, और 30 नौसेना के जहाज शामिल थे। अभी हाल ही में चीन ने कम से लेकर ज्यादा दूर तक मार करने वाली और परमाणु वारहेड ढोने की क्षमता वाली मिसाइलें तथा पाकिस्तान की परमाणु हथियार क्षमता को बढ़ाने में सक्रिय मदद प्रदान की।[57] मुशाहिद हुसैन के अनुसार सन् 1980 से 500 मिलियन

डालर से ज्यादा मूल्य के द्विपक्षीय सैन्य लेनदेन हुए थे। पाकिस्तान को चीनी हथियारों की आपूर्ति में शामिल मुफ्त सहायता और दोस्ताना कीमतों का सही मूल्यांकन करना मुश्किल है। पश्चिमी आकलन काफी हद तक ज्यादा हैं। स्टॉकहोम इंटरनेशनल पीस रिसर्च इंस्टीट्यूट ने अपने 1992 के आकलन में कहा कि 1987 और 1991 के बीच चीन द्वारा पाकिस्तान को भेजे गए कुल हथियारों की कीमत 1990 के सतत कीमत पर 1,027 मिलियन डालर थी। मुशाहिद हुसैन का अध्ययन इस बात को ज्यादा स्पष्ट रूप से प्रकट करता है। सन् 1980 के बाद उसने लिखा: 'पाकिस्तान को हथियारों की आपूर्ति करने की मुफ्त सहायता की धारणा की जगह पर कई अर्ध-स्वायत्त चीनी कारपोरेशन से खरीद द्वारा आपूर्ति की धारणा को अपनाया गया।' यद्यपि पाकिस्तानी सेना के संबंध में चीनी लागत और कीमतों के बात पर एक-दूसरे का ध्यान रखते थे।[58]

तालिका 3
चीन के प्रमुख पारंपरिक हथियारों की पाकिस्तान को बिक्री

वर्ष	विमान	बख्तरबंद/तोप	नौसेना के जहाज	मिसाइल
1980-83	20 एफ-6	150 टी-59 एमबीटी 50 टी-60 एलटी 50 122 एमएम एमआरएस	2 हैनान पीबी 4 हेंगू एफएसी	8 शश्म/ एसएसएम 54 एसए-2 एसएएम
1983-85	42 क्यू-5	150 टी-59 एमबीटी लडाकू	4 ह्वांग फेन एफएसी	16 शश्म 20 सीएसए/ एसएएम
1986-88	98 क्यू-5	200 टी-59 एमबीटी लडाकू	20 रोमेनो क्लास पनडुब्बी	200 पोर्टेबुल
1988-89	60 एफ-7	200 टी-59 एमबीटी लडाकू	पनडुब्बी	एसएएम
1990		125 टी-59 एमबीटी		एम-11 कम दूरी की बैलिस्टिक मिसाइल 100 पोर्टेबुल

स्रोत: आर0 बेट्स गिल, कलिंग बीजिंग आर्म्स सेल्स आर्बिस, अंक 37, सं0 3, ग्रीष्म, 1992, पृष्ठ 395।

आधुनिक हथियार प्रणाली के विकास में पारस्परिक लाभप्रद सहयोग चीन-पाक सैन्य संबंध का दूसरा भाग था। दोनों देश पाकिस्तान के कामरा एयरोनॉटिकल काम्प्लेक्स में एफ-7पी लड़ाकू विमान के उत्पादन में सहयोग कर रहे थे। इसमें मिग-21 के एक अद्यतित एयर फ्रेम में अमेरिकी जनरल इलेक्ट्रिक एफ-404 इंजिन और अमेरिका में डिजाइन किए गए हवाई जहाज और अग्नि नियंत्रण प्रणाली शामिल थे।[59] चीन की मदद से पाकिस्तान ने कंप्यूटरीकृत अग्नि नियंत्रण प्रणाली, बढ़े हुए बख्तरबंद और इंजिन क्षमता के साथ टी-69 मुख्य युद्ध टैंक के आधुनिक संस्करण का उत्पादन करने की देशी क्षमता विकसित कर ली।[60]

चीन की पाकिस्तानी अवैध परमाणु हथियार कार्यक्रम में मदद और एम-11 मिसाइलें जो परमाणु हथियारों को ढो सकती हैं उनकी आपूर्ति के बारे में रिपोर्टों ने चीन-पाकिस्तानी सैन्य संबंधों के घातक चरित्र को प्रकट किया। इससे पूरे क्षेत्र में असुरक्षा उत्पन्न हो गई और यह मामला चीन-भारत संबंधों में समस्या के रूप में उभरा। पूरे दशक में चीन की पाकिस्तान के हथियार कार्यक्रम में सहायता किए जाने के बारे में मीडिया में लगातार रिपोर्ट आती रहीं। इनमें इस्लामाबाद के दक्षिण-पूर्व में स्थित कहुटा में पाकिस्तान के पहले गैसीय-यूरेनियम संवर्धन में चीनी तकनीशियनों की उपस्थिति की भरोसेमंद रिपोर्ट शामिल हैं। चीन की पाकिस्तान को रिंग चुंबकों और अन्य पुर्जों की आपूर्ति की भी रिपोर्टें थीं। इन रिपोर्टों में सबसे गंभीर रिपोर्ट यह थी कि चीन ने पाकिस्तान को अपने चौथे परमाणु विस्फोटक उपकरण पर आधारित एक डिजाइन की आपूर्ति की थी और झिंजियांग में स्थित लोपनॉर स्थान पर पाकिस्तानी परमाणु विस्फोटक उपकरण का परीक्षण करने की अनुमति प्रदान की गई थी।[61]

चीन ने संपूर्ण पाकिस्तानी परमाणु कार्यक्रम में कई तरह से सहायता की। सितंबर 1986 में दोनों देशों ने पाकिस्तान के परमाणु ऊर्जा क्षेत्र को चीनी सहायता को प्रतिबद्ध करने वाले एक समझौते पर हस्ताक्षर किए। इस समझौते के अंतर्गत चीन ने नवंबर 1989 और फरवरी 1990 में पाकिस्तान को दो छोटी शोध अभिक्रियाएँ बेचीं। नवंबर 1989 में चीन एक 300 मेगावाट दाबानुकूलित जल परमाणु संयंत्र बेचने के लिए सहमत हुआ। आगे अगस्त 1990 में बीजिंग पाकिस्तान को संवर्द्धित यूरेनियम की आपूर्ति करने के लिए राजी हुआ।[62] इन घटनाओं से यह स्पष्ट है कि चीनी मदद ने पाकिस्तान के संपूर्ण परमाणु हथियार कार्यक्रम को बढ़ावा दिया।

भारत इस क्षेत्र में इस नकारात्मक प्रवृत्ति से उचित ढंग से चिंतित था। यहाँ तक कि वर्ष 1988-99 के लिए रक्षा मंत्रालय के लिए अनुदान की माँग पर चर्चा के दौरान लोक सभा में एक सत्तारूढ़ सदस्य श्री आर0एस0 स्पैरो ने कहा था कि:

"आपको भू-सैन्य रूप में सतर्क रहना है। भारत के सिर पर खतरे की तलवार लटक रही है। यह खतरा चीन से आ रहा है, यह निष्पक्ष नहीं है, यह सही नहीं है। पाकिस्तान को आधुनिक हथियारों की आपूर्ति क्यों की जा रही है? कहुटा में पाकिस्तान को परिष्कृत प्रशिक्षण क्यों दिया जा रहा है? यह सब कुछ चीजें हैं जिन पर सावधानीपूर्वक नजर रखने की जरूरत है।"[63] दूसरे सदस्य श्री इ0 अयापू रेड्डी ने कहा कि "हमारी उम्मीदों के विपरीत आज का राष्ट्रीय सुरक्षा माहौल पिछले साल या उससे पहले के साल की अपेक्षा ज्यादा संवेदनशील है। आईएनएफ संधि पर हस्ताक्षर और अफगानिस्तान से सोवियत की वापसी के बाद हम सभी लोगों ने तनावों के घटने की उम्मीद की थी लेकिन दूसरी तरफ इसका परिणाम हमें नहीं मिला है। पाकिस्तान निस्संदेह अमेरिका और चीन से भी लगभग मुफ्त में परिष्कृत हथियार प्राप्त कर रहा है। पाकिस्तान अमेरिका और चीन दोनों का सामरिक सहयोगी है। इसके अलावा जहाँ तक भारत का संबंध है चीन और पाकिस्तान दोनों का एक ही उद्देश्य है। दोनों ने भारत पर क्षेत्रीय महत्त्वाकाक्षाएँ प्राप्त की हैं।"[64]

अत: हम देखते हैं कि चीन-पाकिस्तान संबंध स्वशासी संबंध विकसित हो रही थी और परमाणु तथा मिसाइल सहयोग में प्रकट हो रहे टिकाऊ सैन्य संबंध से उत्पन्न भारत की गंभीर सुरक्षा की समस्या की परवाह नहीं थी। भारत के सुरक्षा विश्लेषकों ने बताया कि विपरीत चीन-पाकिस्तानी संबंध भारत के खिलाफ थे जो भारतीय शक्ति और इस क्षेत्र में प्रभाव को कम करना चाहते थे। इसके पीछे यह तर्क है कि चीन ने एशिया में चीनी प्रधानता के लिए केवल संभावित भारतीय चुनौती को रोकने हेतु पाकिस्तान का समर्थन इसके मुख्य राष्ट्रीय हितों में किया और उसे दुर्जेय सैन्य शक्ति बनाने में मदद की। इसके तार्किक निष्कर्ष पर विचार करते हुए इस प्रकार की सोच का तर्क यह है कि क्योंकि चीन उत्तर-पूर्व और दक्षिण-पूर्व एशियाई क्षेत्रों में अपनी ज्यादा उपस्थिति चाहता है अत: वह भारतीय शक्ति को केवल प्रभावहीन बनाने के लिए ही नहीं बल्कि उपमहाद्वीप के विषय में भारत को नीचा दिखाने के लिए भी पाकिस्तान को बढ़ाने की पूर्ण सामरिक भावना रखता है।[65]

रक्षा पर एक संसदीय स्थायी समिति जो सभी राजनीतिक दलों से गठित एक दलगत राजनीति से परे समिति थी उसने जुलाई 1989 में अपनी पहली रिपोर्ट में व्यक्त किया, "हमारे पड़ोसी चीन के पास प्रमुख मिसाइल शक्ति है और वह पाकिस्तान को मिसाइलें तथा संबद्ध प्रौद्योगिकी की आपूर्ति करने वाला मुख्य स्रोत भी है। इन दोनों देशों के साथ हमारा अनसुलझा सीमा विवाद है और अत: हमारी रक्षा तैयारियों में इस पहलू पर ज्यादा ध्यान दिए जाने की आवश्यकता है।"[66]

III

चीन ने भारत के प्रभाव को सीमित करने के दृष्टिकोण से हिमालय क्षेत्र विशेषकर नेपाल में भी सक्रिय भूमिका निभाई। चीन में नेपाल ने संतुलित बल पाया। भारत उन संवेदनशील क्षेत्रों में चीन की उपस्थिति को पसंद नहीं करता था जो उसके रक्षा क्षेत्र में आते थे। सन् 1963 के बाद, सन् 1962 के संघर्ष के संदर्भ में भारत ने नेपाल के साथ एक समझ बनाने की आवश्यकता को महसूस किया। चीन के प्रति नेपाल की नीति सावधानी और जटिलता से पूर्ण थी। राजा महेंद्र ने महसूस किया कि 1962 के बाद क्षेत्रीय माहौल में खतरा विद्यमान है और उन्होंने दोनों विशाल पड़ोसियों अर्थात भारत और चीन के साथ संतुलित संबंध की नीति का अनुसरण किया।

चीन ने अपनी तरफ से कई परियोजनाओं के लिए सहायता प्रदान करके और आर्थिक संबंधों पर जोर देते हुए नेपाल के साथ अपने संबंधों का विस्तार करने का प्रयास किया। 19 मई 1964 को नेपाल और चीन ने काठमांडू में एक दोवर्षीय व्यापार समझौते पर हस्ताक्षर किए।[67] दोनों देश इस बात पर सहमत हुए कि अंतर्राष्ट्रीय सीमा के 30 किलोमीटर के अंदर रहने वाले नेपालियों और तिब्बती लोगों के बीच पारंपरिक अदल-बदल का व्यापार जारी रहेगा। 2 मई, 1966 को नेपाल और चीन के बीच व्यापार और उससे संबंधित मामलों पर बीजिंग में चीनी विदेश मंत्री चेन्यी और नेपाल से आए उद्योग और वाणिज्य मंत्री द्वारा एक नए समझौते पर हस्ताक्षर किए गए।[68] इस समझौते को सन् 1956 के समझौते के आधार पर संपन्न किया गया जिसको इसने विस्थापित किया और यह छह वर्षों के लिए लागू किया गया। यह समझौता अन्य बातों के साथ-साथ काठमांडू में चीन द्वारा और ल्हासा में नेपाल द्वारा महावाणिज्य दूतावास की स्थापना के लिए किया गया था।[69] यद्यपि ये सभी समझौते दोनों देशों के बीच व्यापार को बढ़ाने में सफल नहीं हो सके।

इसी बीच जब भारत-नेपाल संबंध सुगम हुए तो नेपाल जनवरी 1965 में भारत के साथ रक्षा व्यवस्था में प्रवेश करने के लिए प्रोत्साहित हुआ।[70] नेपाल ने अपनी सभी हथियार और गोला-बारूद की आवश्यकताओं को भारत से प्राप्त करने के लिए सहमत हुआ तथा नेपाली सेना के लिए प्रशिक्षण सुविधाएँ प्रदान करने का कार्य भारत को सौंपा गया।[71] सन् 1967 में नेपाली सेना के प्रधान सेनापति और नेपाल के रक्षा मंत्री ने भारत का अलग-अलग भ्रमण किया और नेपाल को अधिकांश वांछित सैन्य उपकरण प्राप्त हुए।[72] इसके अतिरिक्त भारतीय सेना तकनीकी कर्मियों को सन् 1970 तक नेपाल-तिब्बत सीमा पर स्थित चौकियों तथा अन्य रणनीतिक स्थानों पर तैनात किया गया। काठमांडू में नेपाली सेना के मुख्यालय में एक भारतीय सैन्य संपर्क समूह ने कार्य करना शुरू किया।[73]

सन् 1966 में सांस्कृतिक क्रांति की शुरूआत में नेपाल में चीनी कर्मियों ने स्वयं को राजनीतिक मामलों में बृहत् रूप से शामिल किया। कोदारी रोड पर चीनी निर्माण टीम तथा अन्य सहायक परियोजनाओं ने आसपास के गाँवों में चीनी प्रचार फिल्मों को दिखाना शुरू कर दिया और कम्युनिस्ट साहित्य तथा माओ बिल्ले वितरित किए।[74] इस अवधि की सबसे खराब घटना जिससे सार्वजनिक विवाद हो गया वह 17 जून, 1967 को घटित हुई। उस दिन लगभग 200 चीनी दूतावास के अधिकारी तथा परियोजना तकनीशियन माओ के दो योद्धाओं का स्वागत करने के लिए काठमांडू हवाई अड्डे पर एकत्र हुए जिन्हें भारत से अभी-अभी निष्कासित किया गया था। वे भारत विरोधी और सांस्कृतिक क्रांति के समर्थन में नारे लगा रहे थे। 24 जून को भी इस घटना को दोहराया गया जब चीनी राजनयिकों का दूसरा बैच काठमांडू पहुँचा। भारत सरकार ने इस प्रदर्शन के खिलाफ सख्तीपूर्वक आपत्ति उठाई और नेपाल ने आश्वासन दिया कि इस प्रकार की घटनाएँ फिर कभी नहीं होंगी।[75]

चीन ने अपनी तरफ से भारत की बदनामी करने के लिए कोई कसर नहीं छोड़ी यहाँ तक कि उसने नेपाल से संबंध बढ़ाने का इशारा किया। पीपुल्स डेली के एक समालोचक ने कहा था कि "चीनी लोग नेपाल के लोगों का समर्थन केवल भारतीय विस्तारवादियों के खिलाफ संघर्ष के लिए कर रहे हैं और सभी देशों के लोगों द्वारा संचालित संघर्ष, अमेरिका के साम्राज्यवाद, सोवियत संशोधनवाद और भारतीय विस्तारवाद द्वारा की जा रही बदमाशी के हस्तक्षेप का दृढ़तापूर्वक समर्थन कर रहे हैं।"[76] यहाँ पर यह नोट करने लायक है कि नेपाली प्रधानमंत्री कीर्ति निधि बिस्ट ने यह माँग करने में कोई भी समय नहीं गँवाया कि नेपाली सीमा चौकियों पर भारतीय संचालन को कम करना चाहिए। उन्होंने काठमांडू में स्थित चालीस सदस्यों वाले भारतीय सैन्य संपर्क समूह तथा चौकियों से जुड़े नेपाल की उत्तरी सीमा पर मौजूद भारतीय वायरलेस कर्मियों की वापसी की भी माँग की।[77] 21 जुलाई को भारत के विदेश मंत्री दिनेश सिंह ने संसद में कहा कि भारत सैद्धांतिक रूप में इस वापसी के लिए तैयार हो गया है।[78]

अत: नेपाल में चीन का मुख्य उद्देश्य नेपाल के राजा का समर्थन करना, उन्हें आर्थिक मदद प्रदान करना तथा इस प्रकार नेपाल की भारत पर निर्भरता को कम करना था। चीन ने इस क्षेत्र में भारत के प्रभाव को कम करने तथा भारत विरोधी अभियान में शामिल होने की अपनी व्यापक दक्षिण एशियाई नीति के संदर्भ में नेपाल में संचालन किया।

सत्तर के दशक में चीन की नेपाल नीति भारत पर दबाव डालने के लिए राजतंत्र और कम्युनिस्ट दोनों तरह से नेपाल का इस्तेमाल करने और नेपाल को भारत से दूर रखने की थी। इससे नेपाल को अलग अस्तित्त्व, भारत और चीन के बीच एक

वैचारिक और रणनीतिक मध्यवर्ती की छवि को पेश करने में मदद मिली। राजा महेंद्र के मौन समर्थन से प्रोत्साहित होकर चीन ने अपने भारत विरोधी अभियान को जारी रखा। फरवरी 1970 में चीनी प्रधानमंत्री झोउ एन लाई ने नेपाली राजा की उनकी चीन नीति के लिए प्रशंसा की और विदेशी हस्तक्षेप के खिलाफ उनके उचित संघर्ष और नेपाल की राष्ट्रीय स्वतंत्रता की रक्षा के लिए महेंद्र को अपनी दृढ़ मदद प्रदान करने की बात दोहराई।[79]

उस समय तक महेंद्र ने सन् 1960 के समझौते को बदलने के लिए अपनी शर्तों पर नई व्यापार संधि के लिए नई दिल्ली पर दबाव डालना शुरू कर दिया था। उनका प्रयास भारत पर दबाव डालने के लिए चीन को लामबंद करना था। अक्टूबर 1970 में चीन की मदद माँगने के लिए उन्होंने अपने प्रधानमंत्री रुद्र प्रसाद गिरी को चीन भेजा। उन्होंने चीन से नेपाल में परिवहन व्यवस्था और उद्योगों के विकास में मदद करने तथा भारतीय सीमा से 25 किलोमीटर दूर स्थित भुटवल में कपास की फसल का सर्वेक्षण करने की अपील की। जब नई दिल्ली ने इसका विरोध किया तो नेपाली नेताओं ने यह कहते हुए भारतीय सीमा के नजदीक चीनी गतिविधियों की अनुमति देने के अपने निर्णय का बचाव किया कि भारत बिना औचित्य के डर रहा है और कि भारत को नेपाल के लिए आर्थिक मदद के अन्य स्रोतों की आवश्यकता को समझना चाहिए।[80]

नए राजा वीरेंद्र ने आत्मविश्वास से पूर्ण भारत के आविर्भाव और दक्षिण एशिया में नई भू-राजनीतिक वास्तविकताओं पर ध्यान दिया। चीन की बांग्लादेश के आविर्भाव को रोकने में असफलता से नेपाल में चिंता उत्पन्न हुई। भारत ने इंदिरा गांधी के नेतृत्व में इसके प्रति ज्यादा यथार्थवादी रवैया अपनाया। इसने राजशाही-विरोधी बलों को प्रोत्साहित करने से मना करते हुए यह अपेक्षा की कि नेपाल को अपने राज्य में भारत के हितों का सम्मान करना चाहिए और यह स्वीकार करना चाहिए कि भारत द्वारा पेश किए गए आर्थिक लाभ परस्पर लेन-देन पर निर्भर हैं। नवंबर 1972 में नेपाली प्रधानमंत्री ने चीनी नेताओं को इस बात से आश्वस्त करने के लिए बीजिंग का दौरा किया नेपाल चीन के प्रति अपनी दोस्ती की नीति को जारी रखेगा। दोनों पक्षों ने एक नए आर्थिक और तकनीकी सहयोग के समझौते पर हस्ताक्षर किए।[81] चीन ने नेपाल को आर्थिक मदद देनी जारी रखी। बाद में राजा वीरेंद्र ने यह कहा कि प्रधानमंत्री बिस्ट के भ्रमण ने पारस्परिक समझ को बढ़ा दिया है और नेपाल तथा चीन के बीच स्थित आनंदपूर्ण सहयोग के क्षेत्र का विस्तार किया है।[82]

सिक्किम में उत्पन्न गतिविधियों ने भारत विरोधी वर्गों को भारत के विरुद्ध तिरस्कार करने के एक नए अभियान को चलाने का अवसर प्रदान किया। भारत के सिक्किम को सहयोगी राज्य का दर्जा प्रदान करने के निर्णय से शाही मंडली में डर

उत्पन्न हो गया। उन्होंने सिक्किम में परिवर्तन को नेपाली राजतंत्र के लिए खतरा समझा। चीनी प्रेस ने घोषणा की कि नेपाल भारत की कब्जा करने की नीति का अगला निशाना है और भारत में नेपाल के विपक्षी नेताओं की उपस्थिति का हवाला दिया गया।[83]

बाद में नेपाल और चीन ने अपने संबंधों को मजबूत करना शुरू कर दिया।[84] दोनों पक्षों ने एक नए आर्थिक समझौते पर हस्ताक्षर किए जिसमें चीन को पश्चिमी नेपाल में 407 किलोमीटर लंबी सुरखत मार्ग बनाने की अनुमति प्रदान की गई थी। इस बीच राजा वीरेंद्र ने भारत और चीन से समान दोस्ती की अपनी विदेश नीति पर भारत की स्वीकृति प्राप्त करने के प्रयास तेज कर दिए। उन्होंने सुझाव दिया कि नेपाल को 'शांति का क्षेत्र' के रूप में मान्यता दी जानी चाहिए। चीन ने इस प्रस्ताव का स्वागत किया क्योंकि सालों से नेपाल ने चीन की अंतर्राष्ट्रीय मामलों में सशक्त मदद की है और हमेशा चीन के साथ दोस्ताना व्यवहार करने का प्रयास किया है।[85] लेकिन भारत ने इस प्रस्ताव के पीछे छिपे खराब उद्देश्य को तुरंत भाँपते हुए इस मामले पर चुप रहना ही बेहतर समझा।

भारत ने वीरेंद्र के 'शांति का क्षेत्र' के प्रस्ताव का समर्थन नहीं किया क्योंकि इसमें भू-राजनीतिक वास्तविकताओं की उपेक्षा की गई थी। नेपाल में भारत की उपस्थिति से चीन के हितों को कोई भी खतरा नहीं था जबकि नेपाल में चीन की उपस्थिति भारत के लिए नुकसानदायक थी।

चीन ने भारत पर दबाव बनाने के लिए 'शांति का क्षेत्र' के वीरेंद्र के प्रस्ताव को अंतर्राष्ट्रीय बनाने के लिए नेपाल को प्रोत्साहित करना जारी रखा। राजा वीरेंद्र के चीन भ्रमण के दौरान 1 जून, 1976 को उनके सम्मान में दिए गए भोज में चीन के प्रधानमंत्री हुआ कुओफेंग ने घोषणा की कि नेपाल को शांति का क्षेत्र घोषित किए जाने के प्रस्ताव में नेपाल के लोगों की अपनी राष्ट्रीय स्वतंत्रता और राष्ट्र की संप्रभुता की हिफाजत करने की दृढ़ इच्छा परिलक्षित होती है। चीन सरकार ने इस उचित प्रस्ताव का दृढ़तापूर्वक समर्थन किया है। इस भ्रमण में चीन और नेपाल के बीच सीधा वायु मार्ग खोलने पर भी समझौता हुआ है। इसके बाद वीरेंद्र ने तिब्बत का भ्रमण किया और चीन के तिब्बत स्वायत्त क्षेत्र का भ्रमण करने वाले पहले विदेशी राष्ट्राध्यक्ष बन गए।[86]

अतः हम देखते हैं कि राजा महेंद्र ने भारत पर दबाव डालने के लिए सत्तर के दशक में चीन के साथ अपने संबंध का इस्तेमाल किया। चीन के साथ संबंध मजबूत करने के लिए कई कदम उठाए गए। इसमें गणमान्य व्यक्तियों तथा प्रतिनिधिमंडलों द्वारा नियमित पारस्परिक भ्रमण और बीजिंग को सीधा वायु संपर्क मार्ग प्रमुख कदम

हैं। चीनी सरकार ने अपनी तरफ से 'शांति का क्षेत्र' प्रस्ताव का मजबूती से समर्थन किया और नेपाल के भारत के साथ संबंध को कमजोर करने के लिए उसके प्रयासों को प्रोत्साहित किया। चीन ने नेपाल को बहुत ज्यादा आर्थिक एवं तकनीकी सहयोग प्रदान किया तथा नेपाल-तिब्बत सीमा व्यापार को प्रोत्साहित किया। लेकिन सत्तर के दशक के अंत में दक्षिण एशिया में चीनी रवैया धीरे-धीरे उसके भारत के साथ संबंधों को सुधारने की गतिविधि द्वारा मार्गदर्शित होने लगा।

मई-जून 1981 में नए चीनी प्रधानमंत्री झाओ जियांग नेपाल गए। यह सन् 1960 में झोउ एन लाई के नेपाल भ्रमण के बाद चीनी प्रधानमंत्री द्वारा किया गया पहला भ्रमण था।[87] झाओ ने नेपाल को 'शांति का क्षेत्र' घोषित किए जाने के नेपाल के प्रस्ताव को अपने देश द्वारा दिए जा रहे समर्थन को दोहराया। सन् 1984 में ली के नेपाल भ्रमण के दौरान चीन ने राजमार्ग के पहले खंड के निर्माण के समझौते की घोषणा की जो पश्चिमी नेपाल के सैरगाह पोखरा को तिब्बत की सीमा से जोड़ेगा। बीजिंग ने पोखरा-मुस्तंग मार्ग के निर्माण का बीड़ा चीन और नेपाल के बीच 'दोस्ती और घनिष्ठ समझ के प्रतीक' के रूप में उठाया।[88]

चीन काठमांडू में एक अंतर्राष्ट्रीय सम्मेलन केंद्र के निर्माण के लिए 50 लाख रॅन्मिन्बी की मदद देने के लिए राजी हुआ। 26 अगस्त 1987 को चीन और नेपाल ने काठमांडू और तिब्बत की राजधानी ल्हासा के बीच वायु सेवा के संचालन संबंधी समझौते पर हस्ताक्षर किए।[89]

एक बार फिर सन् 1987 में यह देखने में आया कि नेपाली शासन वर्ग चीन के समीप आने लगा और स्वयं को भारत से दूर करने लगा। भारतीय सीमा के समीप परियोजनाओं की भागीदारी में चीन के आगे बढ़ने से भारत में सुरक्षा चिंता का विषय हो गई। इसका एक विशिष्ट उदाहरण नवंबर 1987 में चीन को पृथ्वी राजमार्ग के 44 किलोमीटर भाग को फिर से बनाने का ठेका दिया जाना था। यह राजमार्ग काठमांडू को पश्चिमी और दक्षिणी नेपाल एवं भारत से जोड़ता है। चीन को काठमांडू से 26 किलोमीटर पश्चिम स्थित एक स्थान से घुमावदार पहाड़ी सड़क को फिर से बनाने के लिए कहा गया था।[90]

जबकि इन गतिविधियों से नई दिल्ली में चिंता बढ़ रही थी, उसी समय सबसे ज्यादा चिंता का विषय नेपाल द्वारा चीन से हथियारों की खरीद हो गई। मार्च 1988 में नार्थ चाइना इंडस्ट्रीयल कारपोरेशन +20 लाख मूल्य के हल्के हथियार, गोला-बारूद, जूते एवं 16 विमानभेदी बंदूकें नेपाल को बेचने के लिए राजी हुआ।[91] चीन ने इसका बचाव किया। उसके दृष्टिकोण से सैन्य संबंध सामान्य राष्ट्रवार संबंधों का एक हिस्सा थे। संप्रभु स्वतंत्र देश जैसे नेपाल को इस प्रकार की सामग्री को प्राप्त करने का

अधिकार था जैसा इसकी रक्षा के लिए आवश्यक हो और चीन को इस प्रकार की सामग्री बेचने का अधिकार था। इसके अतिरिक्त चीन ने तर्क दिया कि नेपाल को बेची गई सामग्री से भारत को किसी भी प्रकार का खतरा उत्पन्न नहीं होगा। लोक सभा में सदस्यों ने एक आम चर्चा के दौरान भारत के निकट पड़ोसियों जिसमें नेपाल भी शामिल है, को चीन द्वारा हथियारों का निर्यात किए जाने पर चिंता जताई।[92]

भारत के दृष्टिकोण से यह चीन द्वारा हिमालय क्षेत्र में सैन्य यथास्थिति में रद्दोबदल करने का एक प्रयास था। इसके अतिरिक्त नेपाल सन् 1950 की शांति और दोस्ती की भारत-नेपाल संधि, इस संधि के समय आदान-प्रदान किए गए पत्रों और इसके बाद सन् 1965 में आदान-प्रदान किए गए पत्रों (जिनमें यह सहमति हुई थी कि वह केवल भारत से हथियार खरीदेगा या भारत की अनुमति से किसी तीसरे देश से हथियार खरीद सकेगा) से बाध्य था।[93]

नेपाल ने केवल भारत की खरीद न करने की चेतावनी की परवाह करने से ही इनकार नहीं किया बल्कि इस बात की भी गारंटी नहीं दी कि आगे चीन के साथ हथियारों की कोई भी खरीद नहीं की जाएगी और पहले से खरीदे गए हथियारों का इस्तेमाल भारत के विरुद्ध नहीं किया जाएगा। जब नेपाल भारत की सुरक्षा के प्रति असंवेदनशील हो गया तो भारत ने व्यापार और पारगमन संधियों को आगे बढ़ाने से मना कर दिया जिनकी अवधि मार्च 1988 में खत्म हो गई थी। जब वे संधियाँ अंतत: कालातीत हो गई तो दो बार छह महीने के विस्तार के बाद मार्च 1989 में 15 में से 13 सीमा पार करने वाले स्थानों को बंद कर दिया गया।[94] इससे नेपाल की अर्थव्यवस्था को गंभीर झटका लगा।

नेपाल को चीन द्वारा इस मुसीबत से निकालने की अपेक्षा थी। लेकिन चीन के नेताओं ने अपने नेपाली समकक्षों से कहा कि वे उनसे भारत के लिए आर्थिक विकल्प प्रदान करने की अपेक्षा न करें। उन्होंने कहा कि चीन पर भौगोलिक और वित्तीय बाध्यताएँ इसकी अनुमति देने में बाधक हैं। लेकिन इसका वास्तविक कारण चीन की दक्षिण एशियाई नीति में जटिल परिवर्तन था। सन् 1980 के अंत तक चीन नेपाल को भारत के खिलाफ खड़े होने के लिए कम प्रोत्साहित करने लगा। इसका बहुत बड़ा कारण उसकी दक्षिण एशिया में अनावश्यक रूप से बीजिंग संघर्ष को न उकसाने की समझ थी। अत: चीन ने नेपाल को भारत के साथ अपनी समस्याओं का उचित समाधान निकालने की राय दी।[95] फिर भी जब मुश्किल आई तो बीजिंग ने थोड़ा आर्थिक मदद दी।

चीन ने कम- मुख्य राजनीतिक समर्थन भी दिया। भारतीय नाकाबंदी होने के थोड़े समय के बाद एक चीनी विदेश मंत्रालय के प्रवक्ता ने नेपाली लोगों द्वारा गंभीर

मुश्किलों का सामना किए जाने के बारे में अपनी चिंता व्यक्त की और नेपाल तथा भारत को अपने मतभेदों को दूर करने और पहले की तरह अपने व्यापार को बहाल करने की सलाह दी। उसने यह भी कहा कि एक दूसरे की जमीन से जुड़े हुए देशों को पड़ोसी देशों से होकर पारगमन करने का हक है।

फिर भी इस पूरे प्रकरण में बीजिंग की प्रतिक्रिया बहुत कम थी। चीनी संयम का मुख्य कारण भारत के प्रधानमंत्री राजीव गांधी के दिसंबर 1988 में चीन भ्रमण से उत्पन्न चीन-भारत संबंधों की गति को बनाए रखने की इच्छा रही होगी। चीन-भारत मैत्री में एक दशक तक अपनी राजनयिक ऊर्जा लगाने के बाद चीन नेपाल के साथ संबंध बनाने के अधिकार को जबरदस्ती कायम रखते हुए नाजुक रिश्ते को खतरे में नहीं डालना चाहता था जैसा उसने और काठमांडू ने उचित समझा।

उसी समय अन्य दक्षिण एशियाई देशों के साथ निर्मित संपर्क को पूर्णतया छोड़ना नहीं चाहता था। नवंबर 1989 में काठमांडू में अपने भ्रमण के दौरान चीन के प्रधानमंत्री ली पेंग ने अपने मेजबान को पुनः आश्वासन दिया:

> दक्षिण एशिया में स्थित प्रत्येक देश के साथ अच्छा दोस्ताना तथा मित्रतापूर्ण संबंध बनाए रखने की चीन की दृढ़ नीति है। अंतर्राष्ट्रीय स्थिति जो कुछ भी हो चीन हमेशा नेपाल और अन्य दक्षिण एशियाई देशों का उनकी स्वतंत्रता और संप्रभुता के संरक्षण के लिए किए जाने वाले प्रयास का समर्थन करेगा।[96] विशेष रूप से भारत-नेपाल मुकाबले का संदर्भ लेते हुए ली ने कहा कि दक्षिण एशिया का बड़ा देश होते हुए भारत को नेपाल के साथ अपने मामलों को सँभालने में ज्यादा उदार तथा दरियादिल होना चाहिए।[97]

अप्रैल 1990 में नेपाल में लोकतांत्रिक आंदोलन की विजय और जून में नेपाल की कांग्रेस पार्टी के नेतृत्व वाली सरकार द्वारा भारत की शर्तों को स्वीकार करने से वहाँ पर चीनी प्रभाव को बड़ा झटका लगा। के0पी0 भट्टराई के अधीन अंतरिम सरकार ने भारत के साथ वास्तविक संबंध को पुनः स्थापित करने के लिए कहा। भारत ने भी भारतीय सीमा पर पूर्व के मार्गों को खोलते हुए व्यापार को बहाल किया। यहाँ तक कि शांति का क्षेत्र के प्रस्ताव को दबा दिया गया।[98] 10 जून, 1990 को भारत के प्रधानमंत्री वी0पी0 सिंह और नेपाल के प्रधानमंत्री के0पी0 भट्टराई द्वारा नई दिल्ली में हस्ताक्षर की गई संयुक्त विज्ञप्ति में नेपाल ने ऐसे रक्षा संबंधी मामलों पर पारस्परिक समझौते करने के पहले सलाह लेने का वचन दिया जो दोनों देशों के दृष्टिकोण से उनकी सुरक्षा के लिए खतरा पैदा कर सकते हैं।[99]

यद्यपि कुल मिलाकर चीन-नेपाल संबंध पूरी अध्ययन की अवधि में घनिष्ठ रहे। घनिष्ठ चीन-नेपाल संबंधों ने भारत के लिए सुरक्षा संबंधी मुश्किलें खड़ी कर दीं।

IV

भूटान के साथ चीन की रणनीति उस पर तवांग के उत्तर-पश्चिमी विवादित क्षेत्र पर सीधा समझौता करने के लिए दबाव डालने की थी। सन् 1966 में भूटान के तिराहे के नजदीक, चुम्बी घाटी और सिक्किम में एक संकट उत्पन्न हुआ जब तिब्बती चरवाहे और चीनी सैनिक दोकलाम चारागाह में घुस गए तथा भूटानी अधिकारियों की उस स्थल को छोड़ने की चेतावनी को मानने से इनकार कर दिया। भूटान ने कहा कि बतांग ला से सिनचेल ला तक पारंपरिक सीमा है और भारत सरकार से चीन के लिए प्रतिनिधित्व करने को कहा।[100] 30 सितंबर, 1966 को भारत ने चीनी चरवाहों तथा गश्ती दलों द्वारा भूटान क्षेत्र में घुसपैठ करने के बारे में चीनी सरकार को एक नोट भेजा और चीनी सरकार के समक्ष अपना विरोध दर्ज किया।[101] इस विषय पर सरकारी चीनी बयान में भूटानी क्षेत्र में चीनी घुसपैठ के बारे में भारत सरकार की चिल्लाहट को नकार दिया गया। इसमें कहा गया कि चीन-भूटान सीमा का कभी भी औपचारिक रूप से सीमांकन नहीं किया गया है, कि चीन ऐसा दोस्ताना परामर्श से करना चाहेगा लेकिन यह ऐसा मामला जिसकी चिंता केवल चीन और भूटान को करनी चाहिए। भारत सरकार को इसमें हस्तक्षेप करने का कोई भी अधिकार नहीं है।[102]

दोकलाम मामले में कुख्यात सांस्कृतिक क्रांति अपने चरम पर थी और सिन्हुआ समाचार एजेंसी ने भारत पर सुरक्षा की आड़ में भूटान पर अपना नियंत्रण बनाने का दोष भारत पर मढ़ना जारी रखा। भूटान में भी आंतरिक समस्याएँ थीं। किंग जिग्मे दोरजी वैंग चुक ने गंभीर तख्तापलट के प्रयास का सामना किया और उसके प्रधानमंत्री जिग्मे दोरजी की सन् 1964 में हत्या कर दी गई। एक सक्रिय चीनी वर्ग ने भूटान के भारत के साथ घनिष्ठता बढ़ाने के किंग के प्रयास का सख्तीपूर्वक विरोध किया था उसका अंत:शाही परिवार झगड़े में शामिल होने का संदेह था।[103]

सत्तर के दशक में भी चीन ने भूटान को भारत से दूर रखने की अपनी नीति को जारी रखा। भूटान ने सन् 1971 में संयुक्त राष्ट्र में प्रवेश किया और अंतर्राष्ट्रीय मामलों में ज्यादा स्वतंत्र भूमिका निभाने की मांग की। चीन ने संयुक्त राष्ट्र के साथ भूटान की सदस्यता के पक्ष में वोट दिया। चीन ने सन् 1974 की गर्मियों में नए किंग जिग्मे सिग्मे वांगचुक के राज्याभिषेक में भाग लेने के लिए एक प्रभावशाली प्रतिनिधिमंडल भेजा। यह एक महत्त्वपूर्ण घटना थी क्योंकि करीब डेढ़ दशक के बाद ऐसा हो रहा था कि भूटान ने बीस अन्य देशों के साथ-साथ चीन को भी आधिकारिक निमंत्रण भेजा था लेकिन चीन ने भी अपना प्रतिनिधिमंडल भेजकर इस आमंत्रण के प्रति अपनी प्रतिक्रिया व्यक्त की। वास्तव में इस कार्यक्रम में चीनी

मीडिया ने भूमिका निभाई थी और उसने इसे भूटान और चीन के बीच दोस्ताना संपर्क में एक नए अध्याय की शुरूआत बताया।[104]

चीनी प्रतिनिधिमंडल के भ्रमण को भूटान की सरकार और लोगों के साथ अपने संबंध बनाने के लिए बीजिंग की तरफ से नए सिरे से प्रयास बताया गया। यह घटना दूसरे दृष्टिकोण से भी महत्त्वपूर्ण थी। भूटान के विदेश मंत्री दावा शेरिंग ने कहा कि सन् 1949 की संधि के अनुच्छेद 2, जिसमें भूटान को अपने विदेशी संबंधों को बनाने में भारत सरकार की सलाह लेनी जरूरी है, भूटान को यह सलाह स्वीकार करने के लिए अनिवार्य नहीं बनाता है।[105]

सन् 1974-75 में भूटान से संबंध बनाते समय चीन सिक्किम को शामिल करने के लिए भारत पर तेजी से दोषारोपण कर रहा था। इन आरोपों से भूटान में मौन आवाज उठने लगी क्योंकि वह भी सिक्किम की ही तरह की समस्या का सामना कर रहा था जिसमें नेपाली निवासियों का सैलाब इसकी लेपचा संस्कृति और स्वायत्त रियासत व्यवस्था के लिए बहुत ज्यादा हानिकारक साबित हो रहा था। यद्यपि भूटान के राजा ने खुली आलोचना से बचते हुए व्यक्तिगत रूप से नई दिल्ली का भ्रमण किया और श्रीमती इंदिरा गांधी से यह आश्वासन प्राप्त किया कि भारत के पास भूटान की कोई भी डिजाइन नहीं है।[106]

सन् 1978-79 को भूटान की राष्ट्रीय असेंबली के कुछ सदस्यों को चीन के साथ घनिष्ठ संबंधों के लिए बुलाया गया।[107] इन सदस्यों ने 1949 की संधि के अनुच्छेद 2 के पूर्ण निहितार्थ कुछ रुकावटों को व्यक्त किया जिसके अंतर्गत भूटान को अपने द्विपक्षीय संबंधों को बनाने में भारत से दिशानिर्देश प्राप्त करना था।[108] भूटान के विदेश मंत्री दावा शेरिंग ने बताया, 'राष्ट्रीय असेंबली के कुछ सदस्य महसूस करते हैं कि यदि चीन और भारत दोस्त बन गए तो भूटान की बीजिंग और भारत में कोई भी महत्ता नहीं रह जाएगी। उनका सोचना है कि हमें चीन के साथ संबंध विकसित करने के लिए स्वयं प्रयास करना चाहिए या इसे ठंडे बस्ते में डाल देना चाहिए।'[109] सन् 1979 में हवाना में आयोजित गुट निरपेक्ष शिखर सम्मेलन के दौरान भूटान ने पहली बार भारत से अलग कंपूचियन मामले पर स्वतंत्र कदम उठाया। भूटान ने कंपूचिया के बेदखल पोल पॉट शासन की सीट का पक्ष लिया जबकि भारत का समर्थन सीट को खाली छोड़ने के पक्ष में था। भूटान का मत चीनी मत के साथ था।

इस प्रकरण को चीनी मीडिया द्वारा भूटान के साथ राजनयिक संबंध स्थापित करने तथा इसके विकास में मदद करने की इच्छा की नए सिरे से अभिव्यक्ति के रूप में प्रचारित किया गया। यद्यपि जल्द ही भूटान ने फिर से आधिकारिक रूप से व्यक्त किया कि उसने चीन के साथ कोई भी राजनयिक और व्यापार संबंध बनाने

की माँग न करने की अपनी नीति को बनाए रखने का निर्णय लिया है।[110] अतः सत्तर के दशक में चीन का भूटान को भारत से दूर रखने का प्रयास पूर्णतया सफल नहीं हुआ।

यद्यपि सन् 1979 में भूटान की सीमा में चीनी घुसपैठ के कारण ड्रुक-ग्यालपो ने कहा कि "अपनी सीमा को असीमांकित छोड़ना दीर्घकाल में भूटान के लिए नुकसानदायक होगा, यह स्पष्ट संकेत था कि भूटान सीमा समझौते के मामले पर चीन के साथ बातचीत करने के लिए तैयार था।[111]

भूटान के साथ चीन का संबंध अस्सी के दशक में नियमित रूप से सुधरा। चीन ने हमेशा भूटान के साथ भारत के विशेष संबंधों पर आपत्ति जताई और वो भूटान को अपने विदेश मामलों को स्वयं निपटाने के लिए कहता रहा।[112] चीन की भूटान के साथ भारत के विशेष संबंधों के बारे में गलत आशंकाएँ मिथ्या साबित हुई जब भूटान और चीन अप्रैल 1984 में भारत की भागीदारी के बिना सीमा मामले पर बातचीत के लिए सहमत हुए।[113] अतः अप्रैल 1984 में सन् 1949 में चीनी जनवादी गणतंत्र की स्थापना के बाद भूटान से पहले आधिकारिक प्रतिनिधिमंडल ने चीन का भ्रमण किया। चीनी प्रतिनिधिमंडल के नेता विदेशी मामलों के उपमंत्री गोंग डेफेई और भूटान प्रतिनिधिमंडल के नेता भारत में भूटान के राजदूत ओम प्रधान ने इस बातचीत में भाग लिया।[114] चीन के विदेश मंत्री वू जेक्विअन ने भूटान के प्रतिनिधिमंडल से मुलाकात की और भूटान की स्वतंत्रता और आत्मनिर्भरता की नीति पर जोर दिया, उन्होंने कहा, 'चीन और भूटान प्राचीन समय से ही एक दूसरे के दोस्त रहे हैं और इन दोनों देशों के बीच किसी भी प्रकार का संघर्ष नहीं है।' उन्होंने आगे कहा, 'चूँकि दोनों देशों ने शांतिपूर्ण सहअस्तित्व के पाँच सिद्धांतों के आधार पर दोस्ताना बातचीत जारी रखी है अतः सीमा का मामला निश्चित रूप से सुलझ जाएगा।'[115]

अप्रैल, 1985 में सीमा मामले पर दूसरे दौर की बातचीत थिम्पू में हुई। बातचीत के दौरान दोनों पक्षों ने उन सिद्धांतों पर चर्चा की जिन्हें सीमा मामले के समझौते का मार्गदर्शन करना चाहिए। संयुक्त शासकीय विज्ञप्ति में कहा गया कि दूसरे दौर की बातचीत में दोनों देशों ने एक दूसरे को बेहतर ढंग से समझा है और अपने दोस्ती को मजबूत किया है। सीमा मामले पर तीसरे दौर की बातचीत जून 1986 में बीजिंग में हुई और दोनों पक्षों ने सीमा मामले को सुलझाने के लिए मार्गदर्शित सिद्धांतों पर अपने विचारों के आदान-प्रदान की प्रक्रिया को जारी रखा। भूटानी प्रतिनिधिमंडल के नेता ताशी तैबग्याल ने कहा कि चीन के साथ केवल अनिश्चित सीमा की समस्या है। पूर्व में चीनी विदेश मंत्री वू जेक्वियन ने प्रतिनिधिमंडल को बताया था कि चीनी विदेश नीति का मूल उद्देश्य आसपास के देशों के साथ अच्छे पड़ोसी संबंध विकसित करना तथा बड़े एवं छोटे राष्ट्रों के बीच समानता बनाए रखना है।[116] यह प्रतिनिधिमंडल

चीनी प्रधानमंत्री झाउ एन लाई से भी मिला जिन्होंने कहा, 'चीन गंभीरतापूर्वक आशा करता है कि चीन-भूटान सीमा मामला जल्द ही सुलझ जाएगा।' उन्होंने आगे कहा, 'चीन भूटान के साथ गहरा संबंध बनाना चाहता है और वह उसके आंतरिक मामलों में दखल नहीं देगा।' सन् 1987 में दोनों पक्षों ने थिम्पू में चौथे दौर की बातचीत आयोजित की।

चीन और भूटान के बीच पाँचवें दौर की बातचीत मई 1988 में बीजिंग में आयोजित हुई। इस बातचीत में दोनों पक्षों ने सीमा मामले को सुलझाने के लिए मार्गदर्शित सिद्धांतों पर एक समझौता किया जिसमें निर्धारित किया गया कि दोनों देशों को शांतिपूर्ण सहअस्तित्व के पाँचों सिद्धांतों का अवलोकन करना चाहिए, एक दूसरे को समान आधार पर देखना चाहिए तथा उचित निपटान की दृष्टि से पारस्परिक समझ और पारस्परिक गुंजाइश के आधार पर दोस्ताना बातचीत करनी चाहिए।

छठें दौर की बातचीत अक्टूबर, 1989 में बीजिंग में आयोजित हुई। भूटान के विदेश मंत्री दावा शेरिंग बीजिंग पहुँचे और चीनी विदेश मंत्री कियान किचेन से बातचीत किया, जिन्होंने चीन और भूटान के बीच के संबंध को बहुत अच्छा बताया और कहा कि यद्यपि दोनों देश अभी तक राजनयिक संबंध स्थापित नहीं कर पाए हैं। शेरिंग ने कहा कि भूटान चीन के साथ अपनी दोस्ती बनाए हुए है और आगे द्विपक्षीय संबंध स्थापित होने की आशा करता है। दोस्ताना और सौहार्दपूर्ण माहौल में दोनों पक्षों ने चीन-भूटान सीमा मामले पर एक दूसरे से सलाह ली। सातवें दौर की बातचीत अगस्त, 1990 में थिम्पू में आयोजित की गई। इन बैठकों को गुप्त रखा गया और दोनों पक्षों के भागीदारों ने इस बारे में बाहर कोई भी बात नहीं की। सीमा मामले पर दोनों पक्षों ने विशेष रूप से अपने मतभेदों को कम किया।

अत: हम सुरक्षित रूप से यह निष्कर्ष निकाल सकते हैं कि सन् 1980 से 1991 तक चीन-भूटान संबंध बहुत ज्यादा मजबूत हुए और परिपक्व हो गए। चीन और भूटान ने सन् 1984 से आधिकारिक स्तर की बातचीत शुरू की और दोनों पक्षों ने सफलतापूर्वक कई दौर की बातचीत आयोजित की।[117] यद्यपि इन बातचीतों में भारत की कोई भी भागीदारी नहीं थी, लेकिन यह चीन के लिए ज्यादा खुशी की बात नहीं थी क्योंकि यह ध्यान देने योग्य बात है कि राजा जिग्मे सिग्मे वगचुक ने भारत के हितों या सीमा की सुरक्षा का उल्लंघन नहीं किया और भारत सरकार को चीन के साथ हुई इन बातचीतों के बारे में सूचित करते रहे।[118] अत: भूटान ने भारत के हितों का ध्यान रखा और चीन के साथ सीमा के मतभेदों को सुलझाने के लिए बातचीत शुरू की।

V

श्रीलंका के साथ घनिष्ठ द्विपक्षीय संबंध बनाना चीन के दक्षिण एशियाई नीति का एक महत्त्वपूर्ण हिस्सा था। श्रीलंका के प्रधानमंत्री सिरीमावो भंडारनायके ने कोलंबो प्रस्ताव की व्याख्या करने के लिए सन् 1963 में बीजिंग का भ्रमण किया। उनका चीनी नेताओं द्वारा हार्दिक स्वागत किया गया और शांति निर्माता के रूप में उनकी भूमिका की चीनी मीडिया में प्रशंसा की। यद्यपि मुख्य विपक्षी दल, यूनाइटेड नेशनल पार्टी ने सन् 1962 के भारत-चीन संघर्ष में चीन को आक्रामक के रूप में मानने के संबंध में बातचीत न करने की सरकार की आलोचना की। इसी प्रकार जुलाई 1963 में चीन और श्रीलंका के बीच हस्ताक्षर किए गए जिससे एक दूसरे को सबसे पसंदीदा देश (MFN) की हैसियत मिल गई और यह श्रीलंका की घरेलू राजनीति का गंभीर मामला बन गया। यूएनपी ने इसे सरकार की चीन के प्रति सक्रिय झुकाव के साक्ष्य के रूप में बताया और चूँकि अधिकांश चीनी व्यापार त्रिंकोमाली से होकर गुजरता था, अतः त्रिंकोमाली को चीन को सौंपने का भी आरोप लगा।[119]

जब सन् 1965 में डूडले सेनानायके प्रधानमंत्री बने तो श्रीलंका-चीन संबंधों में कमी आ गई। यूएनपी सरकार का झुकाव पश्चिम की तरफ था, अतः चीन के साथ संबंधों में कमी आना स्वाभाविक था। इस अवधि के दौरान चीन सांस्कृतिक क्रांति की कसक से त्रस्त था और मजबूरी में किए गए निष्कर्षों का इसके द्विपक्षीय संबंधों में प्रभाव पड़ा।

चीन की श्रीलंका नीति चीन की इस समझ द्वारा निर्धारित होती प्रतीत होती है कि उसकी 'साम्राज्यवाद' और 'सामाजिक साम्राज्यवाद' अर्थात अमेरिका एवं सोवियत संघ का विरोध करने की वैश्विक रणनीति में श्रीलंका को रखना था। हमने पहले देखा कि श्रीलंका चीनी जनवादी प्रजातंत्र को मान्यता देने वाला सबसे पहला देश था और उसके बाद ब्रिटेन ने मान्यता दी थी, चीन श्रीलंका का सबसे बड़ा व्यापारिक सहयोगी था। एशिया और अफ्रीका की गैर-कम्युनिस्ट सरकारों के बीच श्रीलंका उन कुछ देशों में से एक था जिनके साथ बहुत कम अवधि के लिए संबंध रखते हुए भी उसके साथ उत्कृष्ट राजनयिक संबंध थे। चीन ने श्रीलंका के लिए भारत के खिलाफ तुल्यभार डालने के सिद्धांत को उत्पन्न किया।

बीजिंग ने संयुक्त वाम मोर्चा में मुख्य सहयोगी के रूप में सन् 1970 के चुनाव में एसएलएफपी की सत्ता में वापसी का स्वागत किया। सिरिमावो सरकार द्वारा अपनाई गई कट्टरपंथी नीतियों की लगातार प्रशंसा की गई जब सितंबर 1970 में श्रीलंका के आर्थिक प्रतिनिधिमंडल ने बीजिंग का भ्रमण किया।

चीन की श्रीलंका नीति ने अस्थायी संकट का सामना किया जब सन् 1971 में प्रथम जनता विमुक्ति पेरुमुना (जेवीपी) विद्रोह उत्पन्न हुआ। शुरूआत में बीजिंग ने चुप रहकर देखने की नीति को अपनाया और कोलंबो को इस विद्रोह के पीछे चीनी साजिश का संदेह हुआ। भारत ऐसा पहला देश था जिसने जेवीपी विद्रोह के दौरान श्रीलंका की सैन्य सहायता के लिए की गई अपील की कृपापूर्वक प्रतिक्रिया की। बाद में चीन ने यह स्पष्ट किया कि यह संयुक्त वाम मोर्चा सरकार द्वारा निपटाने के लिए पूर्ण रूप से आंतरिक मामला था।

मई 1971 में सिरिमावो भंडारनायके को लिखे एक पत्र में झोउ एन लाई ने स्वघोषित गुएवरिस्ट्स की निंदा की। उन्होंने कहा कि चीन ने क्रांतिकारी संघर्षों में 'अल्ट्रा वामपंथी' और दक्षिण अवसरवादी दोनों का विरोध किया था।[120]

इस प्रकरण के बाद श्रीलंका-चीन संबंधों में विस्तार होने लगा। सन् 1971 के विद्रोह के तुरंत बाद श्रीलंका को भुगतान मुश्किलों पर नियंत्रण करने के लिए चीन से +25 लाख की धनराशि प्राप्त हुई। जून 1972 में सिरिमावो भंडारनायके ने चीन का अत्यधिक प्रचारित भ्रमण किया और चेयरमैन माओ से मिलीं। उन्होंने कहा कि श्रीलंका विशेष रूप से हिंद महासागर में शांति क्षेत्र के लिए श्रीलंका के प्रस्ताव का चीन द्वारा लगातार समर्थन किए जाने का आश्वासन दिए जाने से संतुष्ट है। दोनों पक्षों ने आर्थिक और तकनीकी सहयोग पर हुए समझौते पर भी हस्ताक्षर किए।[121]

अस्सी के दशक में चीन-श्रीलंका संबंध में श्रीलंका की भू-रणनीतिक स्थिति को देखते हुए एक सामरिक आयाम मिला। इसकी भारत से निकटता और श्रीलंका में बड़ी संख्या में तमिल जातीय अल्पसंख्यकों की उपस्थिति, तमिलों द्वारा अनुभव किए गए भेदभाव का दृढ़ बोध, तमिलनाडु के भारतीय प्रांत से उत्पन्न समर्थन से असुरक्षा का दृढ़ बोध उत्पन्न हुआ। भारत का विशेष रूप से सन् 1983 से तमिल अलगाववादियों को समर्थन देने से असुरक्षा में तेजी आई। श्रीलंका ने चीन से मदद और समर्थन माँगा। यद्यपि चीन की विदेश नीति की बाध्यताओं और इसकी सीमित नौसेना क्षमता तथा भारत की दुर्जेय सैन्य ताकत ने श्रीलंका की तरफ से चीन द्वारा सीधा हस्तक्षेप करने से रोका। इसके अतिरिक्त बीजिंग में यह व्यावहारिक एहसास हो गया था कि उच्च प्रोफाइल नीति से चीन-भारत संबंधों के सामान्यीकरण की जारी प्रक्रिया विपरीत ढंग से प्रभावित होगी। अत: जातीय संघर्ष पर बीजिंग की प्रतिक्रिया का विश्लेषण करने से यह स्पष्ट हो जाता है कि चीन ने श्रीलंका को बहुत कम समर्थन दिया और चीनी मीडिया ने इस मामले पर बहुत ही संतुलित कवरेज किया।[122]

चीनी प्रधानमंत्री वू जेक्विअन ने जनवरी 1985 में श्रीलंका का भ्रमण किया और लंका के नेतृत्व के साथ व्यापक बातचीत की। वू ने कहा कि 'जातीय समस्या

श्रीलंका की आंतरिक समस्या है और इसे श्रीलंका के लोगों द्वारा ही सुलझाया जाना चाहिए'। नवंबर 1985 में कराची में किए गए इसी प्रकार के भ्रमण के बाद श्रीलंका को 3000 टन निर्देशित मिसाइल विध्वंसक और जहाज की आपूर्ति की गई। चीनी जनवादी प्रजातंत्र की स्थापना के बाद ऐसा पहली बार हुआ था कि चीनी नौसेना जहाज विदेश की यात्रा पर गए थे।[123] चीनी राष्ट्रपति ली जियानियन ने मार्च 1986 में श्रीलंका का भ्रमण किया। सन् 1957 में दोनों देशों के बीच स्थापित राजनयिक संबंधों के बाद चीनी मुखिया द्वारा किया गया पहला कोलंबो भ्रमण था।[124]

जब सन् 1987 की गर्मियों में भारत-श्रीलंका में टकराव बढ़ा तो प्रधानमंत्री रनिल विक्रमसिंघे ने चीनी समर्थन प्राप्त करने के लिए बीजिंग का भ्रमण किया। बीजिंग ने पुनः इस समस्या के राजनीतिक समाधान को वरीयता दी। यद्यपि उसने श्रीलंका को हथियार देना जारी रखा।[125] एक आधिकारिक बयान में भारत का नाम लिए बिना चीन ने बड़ी शक्तियों की बदमाशी से भरी कार्यवाहियों और दूसरे राष्ट्रों के आंतरिक मामलों में हस्तक्षेप के कार्य में अपनी नापसंदगी को व्यक्त किया।[126] राष्ट्रपति जयावर्धने ने चीन की भूमिका को इस रूप में व्यक्त किया: 'वे हमारे अच्छे दोस्त हैं और उन्होंने हमें सैन्य उपकरण, बंदूकें आदि मुनासिब शर्तों पर दी हैं। लेकिन वे क्या कर सके? मैं उनसे भारत को व्यस्त रखने के लिए उत्तर में सीमा युद्ध छेड़ने के लिए नहीं कह सकता। यदि मैं ऐसा करता तो मुझे संदेह है कि उन्होंने इसे किया होता।'[127]

जुलाई 1987 में भारत और श्रीलंका ने एक शांति संधि पर हस्ताक्षर किए।[128] श्रीलंका में सिविल व्यवस्था बनाने के लिए भारतीय शांति रक्षक सेना (IPKF) को पदस्थापित करने के लिए राजी हुआ जिसकी वापसी की कोई तिथि निश्चित नहीं की गई थी और दोनों देशों ने श्रीलंका की सुरक्षा हेतु भारत द्वारा किए जाने वाले प्रयास के लिए आभार प्रकट करते हुए पत्रों का आदान-प्रदान किया। चीन ने इस पर कोई भी प्रतिक्रिया व्यक्त नहीं की। इसकी आलोचना नहीं की जा सकी क्योंकि श्रीलंका की सरकार ने स्वयं इन शर्तों को स्वीकार किया था। यद्यपि निजी तौर पर चीन के नेता भारत की कार्यवाही की आलोचना कर रहे थे। चाइनीज एकेडमी ऑफ सोशल साइसेंज द्वारा किए गए एक अध्ययन में तर्क दिया गया था कि भारत ने श्रीलंका के आंतरिक मामलों में हस्तक्षेप किया और श्रीलंका को नियंत्रित करने तथा दक्षिण एशिया में क्षेत्रीय नेतृत्व प्राप्त करने के लिए कोलंबो को कई समझौतों पर हस्ताक्षर करने के लिए बाध्य किया। इस लेख में कहा गया था कि 'भारत ने पाकिस्तान में कटाई-छँटाई की और बांग्लादेश का निर्माण किया। इसने सिक्किम को अपने राष्ट्र में शामिल कर लिया। इसने विमान वाहक-पोत खरीदे हैं। इसने इस उद्देश्य

को पूरा करने के लिए सभी कुछ किया है।'[129] लेकिन इन विचारों को खुली तरह से व्यक्त नहीं किया गया।

चीन ने सन् 1989 के दौरान IPKF की वापसी पर टकराव में श्रीलंका को कम राजनीतिक समर्थन देना जारी रखा। चीन के दृष्टिकोण से मित्र पड़ोसी जैसे श्रीलंका जो सामरिक रूप से हिंद महासागर में स्थित है, उस क्षेत्र में उनकी भावी गतिविधियों में उपयोगी मित्र होगा।

दिसंबर 1990 में चीनी प्रधानमंत्री ली पेंग ने श्रीलंका का भ्रमण किया और श्रीलंका के नेताओं के साथ बातचीत की। ली ने चीन-श्रीलंका संबंधों की विभिन्न सामाजिक व्यवस्थाओं और विचारधाराओं वाले देशों के बीच संबंध विकसित करने के लिए एक माडल के रूप में प्रशंसा की। सन् 1991 में चीन से प्राप्त कुल विदेशी ऋण रु0 74.2 लाख था और इसकी अदायगी रु0 52.5 लाख थी। सन् 1982 में चीनी सहायता प्राप्त जिंगंगा बाढ़ रोकथाम परियोजना और सन् 1987 में सुप्रीम कोर्ट काम्प्लेक्स का समापन द्विपक्षीय संबंधों की दो उपलब्धियाँ थीं।

यहाँ तक श्रीलंका-चीन सैन्य संबंध भी जारी रहे। इस महत्त्वपूर्ण क्षेत्र में गुणात्मक और मात्रात्मक ढंग से चीन-श्रीलंका संबंधों में वृद्धि हुई।[130] हाल में किए गए एक अध्ययन के अनुसार, 'सन् 1989 से चीन के हथियारों की श्रीलंका को आपूर्ति में नाटकीय ढंग से वृद्धि हो गई। सन् 1970 और 1980 की शुरूआत में चीन ने इन हथियारों को तोपों और गश्ती नौकाओं के रूप में आपूर्ति की। पिछले तीन सालों में की गई आपूर्तियों में तीन वाई-8, और दो वाई-12 परिवहन विमान, क्यू-5 जमीन से मार करने वाले विमानों, पटरीदार टी-85 पैदल सेना से लड़ने वाले वाहनों की पलटन, टाइप 59/1 130 मिमी लंबी दूरी तक मार करने वाली बंदूकों की पलटन और दो आधुनिक शंघाई क्लास गनबोटें शामिल थीं। चीन द्वारा इन हथियारों की श्रीलंका को निर्यात करने से ऐसा माना जाता है कि चीन इस देश के लिए हथियारों का सबसे बड़ा आपूर्तिकर्ता बन गया।'[131] अत: राजनीतिक, आर्थिक, सांस्कृतिक और सैन्य क्षेत्रों में चीन-श्रीलंका संबंधों का विस्तार हुआ।

VI

बांग्लादेश दिसंबर 1971 को दक्षिण एशिया में एक स्वतंत्र देश के रूप में उभर कर आया। बांग्लादेश के प्रति चीन की नीति में शेख मुजिबुर रहमान की सरकार के गिरने तक कोई भी बदलाव नहीं आया था। 15 अगस्त 1975 में शेख मुजिबर की हत्या के बाद जब नई सरकार ने अपनी स्पष्ट भारत विरोधी झुकाव को प्रदर्शित किया तो चीन की नीति में पूरा बदलाव आ गया। चीनी जनवादी प्रजातंत्र ने मुजिबर रहमान की हत्या के पंद्रह दिनों के भीतर 31 अगस्त 1975 को बांग्लादेश को मान्यता दी।[132]

इसके बाद चीन और बांग्लादेश के बीच राजनयिक संबंधों की स्थापना की एक संयुक्त विज्ञप्ति जारी की गई।

धीरे-धीरे चीन-बांग्लादेश द्विपक्षीय संबंध बहुत ही ज्यादा घनिष्ठ हो गए। चीन के दृष्टिकोण से बांग्लादेश की महत्ता इस मूलभूत भौगोलिक तथ्य से उत्पन्न हुई कि वह म्यांमार और आसपास के दक्षिण पूर्वी एशिया तक पहुँचने के लिए प्रादेशिक सेतु प्रदान करता है। चिट्टागोंग से होते हुए एक व्यापारिक मार्ग का निर्माण चीन के बाहरी बाजारों के विस्तार के लिए अतिरिक्त लाभप्रद हो सकता था। भारत के साथ संबंध खराब होने से बांग्लादेश मदद के विविध स्रोतों को ढूँढ़ने के लिए विवश था और अतः इस वास्तविकता ने उसे पश्चिमी दाता देशों तथा मुस्लिम देशों साथ ही चीन के साथ घनिष्ठ संबंध बनाने के लिए मजबूर किया। भारत से कथित आशंका बांग्लादेश ओर चीन के बीच हितों के अभिसरण का मुख्य कारक बन गई। अतः बांग्लादेश ने धीरे-धीरे राजनीतिक, आर्थिक और सैन्य मदद के स्रोत के रूप में चीन को घनिष्ठतापूर्वक गले लगा लिया।

जियाउर रहमान के समय में चीन को भारत की कथित सर्वोच्चता की डिजाइन के खिलाफ प्रतिभार के रूप में इस्तेमाल किया गया। जिया के शासनकाल में बांग्लादेश और चीन के बीच घनिष्ठ संबंध स्थापित किए गए और राजनीतिक, आर्थिक, सैन्य और सांस्कृति आदि सभी क्षेत्रों में सहयोग शुरू किया गया।

चीन ने भारत के साथ शामिल क्षेत्रीय विवादों के बारे में बेहद मुखर ध्वनि से बोलना शुरू कर दिया। फरवरी 1976 में चीन ने फरक्का बैराज और गंगा के जल को साझा करने के संदर्भ में भारत की आधिपत्यिक कार्यवाही की निंदा की। इसने इस मामले के प्रति भारत की अनुचित कार्यवाही का दोषारोपण किया और भारत की कार्यवाही को हठी एवं आधिपत्यिक बताया।[133] बाद में भारत और बांग्लादेश ने नवंबर 1977 में फरक्का में गंगा के पानी को साझा करने पर एक समझौता किया।[134] अक्टूबर, 1976 में चीनी विदेश मंत्री ने संयुक्त राष्ट्र में कहा किः हम गंगा के पानी के साझा करने के मामले पर बांग्लादेश द्वारा ली गई उचित स्थिति का दृढ़तापूर्वक समर्थन करते हैं।[135]

राष्ट्रपति जियाउर रहमान के चीन भ्रमण के बाद चीन के उपप्रधानमंत्री ली सीन निएन ने मार्च 1978 में बांग्लादेश का भ्रमण किया। बांग्लादेश ने कई अंतर्राष्ट्रीय मामलों पर चीनी स्थिति का समर्थन किया। सितंबर 1979 में हवाना में गुटनिरपेक्ष देशों के सम्मेलन में बांग्लादेश के विदेश मंत्री मुहम्मद शमसफल हक ने बिना किसी विदेशी सेना की उपस्थिति या हस्तक्षेप के स्वतंत्र रूप से सरकार चुनने के कंपूचियन लोगों के अधिकार पर जोर दिया।[136] बांग्लादेश सरकार ने पोल पॉट शासन को मान्यता

दी और हेंग सैमरिन की सरकार का विरोध किया। इससे दो मित्र राष्ट्रों के बीच पारस्परिक संबंध मजबूत हुए जिन्होंने ज्यादा से ज्यादा क्षेत्रीय और अंतर्राष्ट्रीय मामलों पर सामूहिक विचारों को साझा करना जारी रखा।

जियाउर रहमान के शासन के दौरान आर्थिक क्षेत्र में स्थायी संबंध भी विकसित होने शुरू हो गए। आर्थिक मदद पर पहला औपचारिक द्विपक्षीय संपर्क अप्रैल 1976 में किया गया। जनवरी 1977 में जिया के बीजिंग भ्रमण के दौरान आर्थिक एवं तकनीकी सहयोग पर एक समझौते पर हस्ताक्षर किए गए। दो अन्य समझौतों पर हस्ताक्षर किए गए जब चीनी उपप्रधानमंत्री ली सिएनिएन ने मार्च 1978 में बांग्लादेश का भ्रमण किया। पहला आर्थिक एवं तकनीकी समझौता था जिसके अंतर्गत चीन ने बांग्लादेश को एक यूरिया फैक्टरी, एक जल संरक्षण संयंत्र के निर्माण तथा कुछ वस्तुओं की खरीद के उद्देश्य से 850 लाख टका ब्याजमुक्त ऋण प्रदान किया था जिसकी अदायगी दस वर्षों में होनी थी तथा इसके लिए बारह साल की रियायत अवधि प्रदान की गई थी। दूसरा पाँच सालों के लिए वैध एक विज्ञान एवं तकनीकी समझौता तथा जिसके अंतर्गत इन क्षेत्रों में अनुमानों तथा विशेषज्ञों का आदान-प्रदान करना था।[137] इसके अतिरिक्त सड़क निर्माण, कृषि एवं ग्रामीण विद्युतीकरण के क्षेत्रों में भी चीनी सहायता प्रदान की गई। नवंबर 1978 में एक शिपिंग समझौते पर भी हस्ताक्षर किए गए।[138] सन् 1974 से 1979 की अवधि के दौरान बांग्लादेश को चीनी विदेशी सहायता वचनबद्धता 65.80 लाख अमेरिकन डालर थी।[139]

बांग्लादेश और चीन के बीच व्यापार संबंध भी जिया के शासनकाल में शुरू किए गए।[140] इस अवधि में बांग्लादेश का चीन से आयात और निर्यात क्रमशः विश्व के आयात और निर्यात का लगभग 3 प्रतिशत था।

सैन्य मोर्चे पर बांग्लादेश के साथ घनिष्ट संबंध भी जिया के समय में स्थापित हुए थे। इस क्षेत्र में सहयोग करने के लिए दोनों पक्षों को कई कारकों ने प्रोत्साहित किया। पहला अगस्त 1975 में बांग्लादेश में नाटकीय बदलाव था। सन् 1976 में बांग्लादेश को सैन्य उपकरण के लिए स्पेयर पार्ट्स की आपूर्ति देने से मास्को ने मना कर दिया। चीन ने तुरंत इस रिक्तता को भर दिया। चीन पर विचार इस तथ्य से मार्गदर्शित था कि धीरे-धीरे ढाका और बीजिंग ने भारत को रोकने के आधार पर आम सामरिक धारणा को विकसित किया गया। दूसरी चीनी सैन्य सहायता की उदार प्रकृति थी। चीन की सैन्य सहायता के बारे में कहा गया कि हम उदार हैं, यहाँ तक कि हथियार भी व्यावसायिक रूप से बेचे गए हैं। एक रिपोर्ट के अनुसार, सन् 1979/1980 तक सभी चीनी हथियारों की आपूर्ति या तो प्रत्यक्ष अनुदान या ब्याज मुक्त ऋण के रूप में निःशुल्क की गई थी।[141] अन्य अध्ययन दर्शाता है कि सन् 1975 और 1979 के बीच चीन ने बांग्लादेश के हथियारों के आयात के 78 प्रतिशत की आपूर्ति

की थी।[142] यह बांग्लादेश के लिए चीन की सैन्य सहायता नीति के प्रति आकर्षित होने हेतु पर्याप्त प्रोत्साहन था। तीसरे बांग्लादेश के लिए चीनी हथियार बांग्लादेश के रक्षा बल के अनुकूल थे। पाकिस्तान रक्षा बल के एक हिस्से के रूप में वे अन्य किसी ब्रांड की अपेक्षा चीनी ब्रांड के हथियारों के ज्यादा अभ्यस्त और प्रशिक्षित थे। चीनी सैन्य सहायता का अंर्तप्रवाह दो रूपों: हथियारों तथा सैन्य सलाहकारों में हुआ। चीन ने जोदेवपुर में शस्त्र और गोला-बारूद फैक्ट्री का भी निर्माण किया और बांग्लादेश की सोवियत में निर्मित मिग को भी सँभाल लिया जिसे मास्को ने सर्विस देने से मना कर दिया था। बाद में चीन ने एफ-5 लड़ाकू विमानों की आपूर्ति की।[143] अत: सन् 1979 के अंत तक चीन-बांग्लादेश संबंध कई क्षेत्रों में परिपक्व हुए।

बांग्लादेश की भू-सामरिक स्थिति तीन तथ्यों से उल्लेखनीय है जिसे भारत नजरअंदाज नहीं कर सकता। पहला, 125 लाख की आबादी वाले बांग्लादेश को छोटे राष्ट्र के रूप में परिभाषित नहीं किया जा सकता है। दूसरे, संकीर्ण सिलीगुड़ी कॉरिडर से होते हुए रणनीतिक रूप से महत्त्वपूर्ण उत्तर-पूर्व भारत तक निर्बाध रूप से पहुँचने के लिए बांग्लादेश महत्त्वपूर्ण है। तीसरे, चीन बांग्लादेश का दूरस्थ पड़ोसी नहीं है क्योंकि बांग्लादेश के उत्तर-पश्चिमी कोने तथा तिब्बत की चुंबी घाटी के दक्षिणी सिरे के बीच यह सिलीगुड़ी कॉरिडर स्थित है। इसके अतिरिक्त चीन हिंद महासागर में अपनी नौसेना की उपस्थिति की संभावनाओं को तलाश रहा था अत: उसके लिए बंगाल की खाड़ी के आसपास स्थित बांग्लादेश का समुद्र तट फायदेमंद था।[144]

अस्सी के दशक में चीन ने बांग्लादेश के साथ दोस्ताना संबंध बनाए रखा। चीन की भारत के खिलाफ स्वयं की संतुलन शक्ति साबित करने की इच्छा ने उसके बांग्लादेश के साथ संबंध को तेजी से सुधारा। चीन ने बांग्लादेश को उसकी सैन्य कमजोरी और आर्थिक गरीबी को दूर करने के लिए काफी सैन्य और आर्थिक सहायता भी प्रदान की।

यद्यपि राजनीतिक-सामरिक स्तर पर चीन और बांग्लादेश के बीच एकता के स्रोत के रूप में 'भारतकारक' अस्सी के दशक के मध्य से मंद हो गया। अक्टूबर 1982 में भारत और बांग्लादेश के बीच गंगा के पानी के मामले पर एक समझौता ज्ञापन पर हस्ताक्षर किए गए और दोनों पक्षों ने स्थायी समाधान के लिए कार्य करने हेतु सहमति जताई।[145] राष्ट्रपति इरशाद को उनके बीजिंग भ्रमण के दौरान चीनी नेतृत्व द्वारा स्पष्ट संकेत दिया गया कि बांग्लादेश सरकार को नदी के पानी के मामले पर भारत की निंदा करने के लिए किसी भी प्रकार के चीनी समर्थन की अपेक्षा नहीं करनी चाहिए। स्पष्ट रूप से ऐसा इसलिए कहा गया क्योंकि अस्सी के दशक में चीन भारत के साथ अपने संबंधों को सुधारना चाहता था और वह अब दक्षिण एशियाई

देशों के बीच किसी भी द्विपक्षीय मामले में हस्तक्षेप नहीं करना चाहता था। फिर भी चीन ने बांग्लादेश के साथ घनिष्ठ संबंध बनाए रखा।

विशेष रूप से भारतीय दृष्टिकोण से समान रूप से महत्त्वपूर्ण सैन्य मामलों में चीन-बांग्लादेश का जुड़ाव था। इस दशक के दौरान कई उच्च स्तरीय सैन्य भ्रमण किए गए जिसमें से ज्यादा महत्त्वपूर्ण चीन के पीएलए के जनरल स्टाफ के प्रमुख जनरल यांग देझी का जनवरी 1987 में भ्रमण और चीनी रक्षा मंत्री जनरल किन जिवेई का फरवरी 1990 में भ्रमण था। बांग्लादेश ने टैंकरोधी बंदूकें, वायुयानरोधी तोपें, मिग-21 वर्ग के लड़ाकू विमानों, युद्ध टैंक और एके-47 राइफल प्राप्त किया।[146] बांग्लादेश ने अपने देशी और विदेशी नौपरिवहन में सुधार के लिए भी चीन से संपर्क किया। पीएलए वाइस एडमिरल झेंग जियान झोंग ने अपने बांग्लादेशी समकक्ष को नौसेना के परिष्कृत प्रबंधन में सहयोग का कथित तौर पर आश्वासन दिया।[147] भारत के पड़ोस में हथियारों के स्थानांतरण का यह पहलू भारत के लिए चिंता का विषय था।

भारत दक्षिण एशिया में चीन के सैन्य संपर्क से चिंतित था। सन् 1988-89 हेतु विदेश मंत्रालय के अनुदान की माँग पर लोक सभा में एक बहस के दौरान एक सदस्य श्री बृजमोहन मोहंती ने कहा कि:

> हर व्यक्ति जानता है कि बांग्लादेश ने अब चीन, पाकिस्तान और अमेरिका से घनिष्ठता बढ़ा ली है। चीन ने बांग्लादेश के अंदर एक चीनी डिवीजन का निर्माण किया है। चीन बांग्लादेश में एक आयुध कारखाने की निगरानी कर रहा है। यह निश्चित रूप से हमारे लिए चिंता का विषय है। जहाँ तक पाकिस्तान और चीन का सवाल है, एक विश्लेषण के अनुसार, चीन पाकिस्तान के लिए मजबूती का वातावरण उत्पन्न करने के लिए सामान्य रूप से सीमा विवाद को नहीं सुलझा रहा है। यह गुटबंदी भारत की सुरक्षा और भारत की अखंडता के लिए क्यों खतरनाक है, हमें इस बात को नोट करना जरूरी है।[147]

यद्यपि अस्सी के दशक के मध्य से चीन अपने बांग्लादेश के साथ संबंध के कारण भारत से दुश्मनी मोल लेने से बचने लगा।

VII

दक्षिण एशिया के प्रति चीन की नीति में एक महत्त्वपूर्ण विशेषता उसकी दक्षिण एशिया क्षेत्रीय सहयोग के लिए अपना पूर्ण समर्थन था जो सन् 1985 में सार्क के रूप में सामने आया। चीन ने हमेशा दक्षिण-दक्षिण सहयोग को प्रचारित करने की क्रियाविधि के रूप में दक्षिण एशिया में क्षेत्रीय सहयोग के विचार का समर्थन किया। सन् 1985 में ढाका में आयोजित सार्क राज्य के प्रमुखों की उद्घाटन बैठक पर

टिप्पणी करते हुए चीनी समीक्षकों ने कहा: 'साम्राज्यवादियों के हाथों में गंभीर आर्थिक अव्यवस्था से ग्रस्त होते हुए दक्षिण एशिया क्षेत्र जिसकी आबादी लगभग एक अरब है, विश्व का कम विकसित क्षेत्र है, जिसका विश्व के उत्पादन में केवल दो प्रतिशत का ही योगदान है। दक्षिण एशियाई लोग अपनी आजीविका को सुधारने के लिए शांति और विकास चाहते हैं। क्षेत्रीय सहयोग ही एकमात्र वह रास्ता है जिससे वे अपने लक्ष्य को प्राप्त कर सकते हैं।'[149] इसी प्रकार की भावना चीन के विदेश मंत्री कियान किचेन द्वारा व्यक्त की गई जब उन्होंने भारत के विदेश मंत्री नरसिम्हा राव से कहा, 'चीन दक्षिण एशिया क्षेत्रीय सहयोग की प्रशंसा और समर्थन करता है और आशा करता है कि यह संगठन दक्षिण एशियाई क्षेत्र की शांति, स्थायित्व और विकास में सक्रिय भूमिका निभाएगा।'[150] यह चीन की दक्षिण एशियाई नीति में उल्लेखनीय विकास था।

अत: कुल मिलाकर सन् 1991 तक चीन ने दक्षिण एशिया में अपनी दुर्जेय उपस्थिति दर्ज करा ली थी। चीन ने सन् 1963 में दक्षिण एशियाई में अपनी कमजोर स्थिति से शुरूआत की थी। उस समय उसका एकमात्र मित्र पाकिस्तान था जिसके अंदर सीमित क्षमता तथा अनिश्चित स्थिरता थी। अत: इसने क्षेत्र के प्रति बहुमुखी दृष्टिकोण को अपनाया। पाकिस्तान के बीच शक्ति के अनिश्चित संतुलन की रक्षा करने और भारत द्वारा नियंत्रित उपमहाद्वीप के आविर्भाव को रोकने के लिए पाकिस्तान को हथियारों की आपूर्ति की। इसने केवल सामरिक हितों की पारस्परिकता को ही शामिल न करके बल्कि आर्थिक और विकास हितों को भी शामिल करते हुए संबंध के आधार को विस्तृत किया तथा पाकिस्तान के साथ कुशलता से अपने संबंध को व्यवस्थित किया। चीन ने इसी प्रकार की रणनीति अपनाकर अन्य राष्ट्रों जैसे-नेपाल, बांग्लादेश, श्रीलंका और भूटान के साथ भी अपने सौहार्दपूर्ण रिश्ते कायम किए। सन् 1963 से 1979 तक चीन का दक्षिण एशियाई देशों के प्रति उद्देश्य प्रमुख रूप से इसके भारत के साथ संघर्ष से निर्धारित था। अत: चीन ने दक्षिण एशिया में भारत और अन्य देशों के बीच रुखे और शत्रुतापूर्ण संबंधों को प्रोत्साहित किया।

चीन इस क्षेत्र में भारत के सुरक्षा हितों के खिलाफ कार्य कर रहा था। चीन सक्रिय रूप से क्षेत्र में सुरक्षा माहौल को अस्थिर करने में शामिल था। भारत ने चीन के इस क्षेत्र में निभाई जा रही उच्च प्रोफाइल युक्त सैन्य भूमिका पर उचित ढंग से आपत्ति जताई। चीन द्वारा पाकिस्तान और अन्य दक्षिण एशियाई राष्ट्रों को हथियारों की आपूर्ति भारत के लिए चिंता का विषय थी। चीन ने इस क्षेत्र में घुसपैठ शक्ति के रूप में कार्य करना जारी रखा। अत: भारत ने दक्षिण एशिया में चीन की भूमिका को अमित्रवत माना।

अस्सी के दशक की शुरूआत से चीन की दक्षिण एशियाई नीति में सूक्ष्म बदलाव आया। हम चीन की दक्षिण एशिया में नई नीति के कुछ तत्त्वों को पहचान सकते हैं। पहला चीन भारत के साथ अपने संबंधों को सामान्य बनाना चाहता था। दूसरा, चीन अब भारत और उसके पड़ोसियों के बीच लंबित समस्याओं के द्विपक्षीय समझौते को प्रोत्साहित कर रहा था। तीसरे, चीन ने उत्साहपूर्वक दक्षिण एशिया में क्षेत्रीय सहयोग की प्रक्रिया का सकारात्मक विकास के रूप में स्वागत किया। चौथा, चीन ने किसी भी दक्षिण एशियाई देश में आंतरिक राजनीतिक संकट पर कोई भी कार्यवाही करने से बचने का निर्णय लिया। यद्यपि यहाँ पर नोट करने योग्य सबसे महत्त्वपूर्ण बात यह है कि चीन ने भारत को प्रभावहीन बनाने के अपने दीर्घकालीन उद्देश्य से भारत के पड़ोसियों से मित्रतापूर्ण संबंध बनाने की तलाश जारी रखी। चीन अन्य दक्षिण एशियाई देशों के साथ अपने मौजूदा संबंध को कम नहीं करना चाहता था और उनके साथ उसने अक्षुण्ण रूप से सैन्य संबंध बनाए रखे। चीन ने पाकिस्तान को परमाणु हथियारों और मिसाइल निर्माण तकनीकी का स्थानांतरण जारी रखा।

यदि हम दक्षिण एशिया के प्रति चीन की नीति के विकास की समीक्षा करते हैं तो यह स्पष्ट है कि दक्षिण एशिया में चीन की नीति उसके भारत के साथ संबंध से बृहत् रूप से निर्धारित थी। इसने दीर्घकाल में इस क्षेत्र में चीन की उपस्थिति का अनुभव करने के लिए दक्षिण एशिया के संबंध में नए साधनों तथा सूक्ष्म दृष्टिकोणों को अपनाया।

संदर्भ

1. पी0के0 मिश्रा में उद्धृत, "चाइना एंड साउथ एशिया", इन चाइना रिपोर्ट (नई दिल्ली), अंक 21, सं0 5, 1985, पृ0 406।
2. स्टीवेन I, लेविने, चाइना एंड साउथ एशिया, इन स्ट्रैटेजिक एनेलिसिस (नई दिल्ली), अंक 12, सं0 10, जनवरी 1989।
3. आर0के0 जैन, चाइना-साउथ एशिया रिलेशंस 1947-1980, अंक द्वितीय (नई दिल्ली, 1981), पृ0 52-56 में देखें।
4. मोहम्मद अयूब, "इंडिया ऐज ए फैक्टर इन साइनो-पाकिस्तानी रिलेशंस", इंटरनेशनल स्टडीज (नई दिल्ली), अंक 9, सं0 3, जनवरी 1963, पृ0 292।
5. पूर्वोक्त, पृ0 292-293।
6. खालिद बिन सईद, "पाकिस्तान्स फारेन पालिसी", एशियन सर्वे (बर्कले), अंक 4, मार्च 1964, पृ0 749।
7. भबानी सेन गुप्ता, द फलक्रम ऑफ एशिया (न्यूयार्क, 1970), पृ0 179।
8. विस्तृत विवरण के लिए देखें- चाइना, इंडिया, पाकिस्तान, पाकिस्तान इंस्टीट्यूट ऑफ इंटरनेशनल अफेयर्स (कराची, 1966), पृ0 385-422।
9. भबानी सेन गुप्ता में उद्धृत, सं0 7, पृ0 180।

10. जवाहरलाल नेहरू सेलेक्टेड स्पीचेज, अंक 4, प्रकाशन डिवीजन, भारत सरकार (नई दिल्ली, 1964), पृ0 307।
11. सी0वी0 रंगनाथन एवं विनोद सी0 खन्ना में उद्धृत, इंडिया एंड चाइना, द वे अहेड आफ्टर माओज इंडिया वार (नई दिल्ली, 2000), पृ0 138।
12. आर0के0 जैन, नं0 3, पृ0 89।
13. पूर्वोक्त, पृ0 92-94।
14. बीजिंग रिव्यू (बीजिंग), नं0 10, 5 मार्च 1965, पृ0 3-4।
15. पूर्वोक्त, नं0 14, 2 अप्रैल 1965, पृ0 5।
16. टी0 कर्की हुसैन में उद्धृत, साइनो-इंडियन कन्फ्लिक्ट एंड इंटरनेशनल पालिटिक्स इन द इंडियन सब-कंटिनेंट, 1962-66 (नई दिल्ली), 1977, पृ0 73।
17. पूर्वोक्त, पृ0 70।
18. बीजिंग रिव्यू, नं0 37, 10 सितंबर 1965, पृ0 7-8।
19. नोट ऑफ द चाइनीज फारेन मिनिस्ट्री, 8 सितंबर, 1965, ह्वाइट पेपर XII, विदेश मंत्रालय, नई दिल्ली, पृ0 39।
20. स्टेट्समैन, नई दिल्ली, 14 सितंबर, 1965।
21. भिबानी सेन गुप्ता में उद्धृत, नं0 7, पृ0 212।
22. चीनी नोट के लिए बीजिंग रिव्यू देखें, नं0 39, 24 सितंबर, 1965।
23. लोक सभा डिबेट्स, अंक 46, 1965, कालम 6334।
24. पूर्वोक्त, कालम 6570।
25. पूर्वोक्त, अंक 47, 1965, कालम 1893-94।
26. एनुअल रिपोर्ट 1965-66, विदेश मंत्रालय, पृ0 7-10।
27. एनुअल रिपोर्ट 1969-70, रक्षा मंत्रालय (भारत सरकार), पृ0 1।
28. जी0डब्ल्यू0 चौधारी, इंडिया, पाकिस्तान, बांग्लादेश एंड द मेजर पावर्स: पालिटिक्स ऑफ अ डिवाइडेड सब कांटिनेंट (न्यूयार्क, 1975), पृ0 94।
29. बीजिंग रिव्यू, नं0 47, 20 नवंबर 1970, पृ0 8-9।
30. एनुअल रिपोर्ट 1971-72, विदेश मंत्रालय, पृ0 23।
31. संधि के प्रति चीन की प्रतिक्रिया के लिए देखें, एस0के0 घोष, द इंडो-सोवियत ट्रीटी एंड चाइना इन जर्नल ऑफ आईडीएसए (नई दिल्ली), नं0 5, अक्टूबर, 1972, पृ0 248-258।
32. बीजिंग रिव्यू, नं0 46, 12 नवंबर 1971, पृ0 5।
33. एनुअल रिपोर्ट 1971-72, विदेश मंत्रालय, पृ0 28-29।
34. जे0पी0 जैन, चाइना, पाकिस्तान एंड बांग्लादेश (नई दिल्ली, 1974) पृ0 165-67।
35. सर्वे ऑफ चाइनीज मेनलैंड प्रेस (हांगकांग, यहाँ इसके बाद एससीएमपी), 12 दिसंबर 1971, नं0 5042, पृ0 83।
36. बीजिंग रिव्यू, नं0 49, 8 दिसंबर, 1972, पृ0 11।
37. पूर्वोक्त।
38. जे0पी0 जैन में उद्धृत, न्यूक्लियर इंडिया, (नई दिल्ली, 1974), अंक 2, पृ0 339-40।
39. स्ट्रैटेजिक डाइजेस्ट (नई दिल्ली) IV, नं0 8, अगस्त 1974, पृ0 55।
40. टाइम्स (लंदन), 15 दिसंबर 1977।
41. बीजिंग रिव्यू, नं0 27, 7 जुलाई 1978, पृ0 42।
42. टाइम्स ऑफ इंडिया (नई दिल्ली), 10 जुलाई, 1978।

43. एनुअल रिपोर्ट 1975-76, रक्षा मंत्रालय, पृ0 3।
44. सी0वी0 रंगनाथन एवं विनोद सी0 खन्ना में उद्धृत, नं0 11, पृ0 139।
45. लोक सभा डिबेट्स, अंक 60, 1976, कालम 166।
46. एफबीआईएस, चाइना-136, 13 जुलाई, 1980, पृ0 सी2।
47. एनुअल रिपोर्ट 1981-82, रक्षा मंत्रालय, पृ0 1।
48. बीजिंग रिव्यू, नं0 24, 15 जून 1981, पृ0 9।
49. पूर्वोक्त, नं0 36, 6 अगस्त 1984, पृ0 8।
50. चाइना डेली (बीजिंग) 2 मई 1986।
51. स्टीवेन I, लेविने, चाइना एंड साउथ एशिया इन स्ट्रैटेजिक एनेलिसिस, नं0 10, XII, पृ0 1116।
52. चाइना डेली, 16 सितंबर 1986।
53. लोक सभा डिबेट्स, अंक 8, 1985, कालम 283-284।
54. गार्गी दत्त और वी0पी0 दत्त, चाइना आफ्टर माओ (नई दिल्ली, 12990), नं0 159, पृ0 409।
55. एफबीआईएस-सीएचआई, 21 नवंबर 1989, पृ0 6।
56. सुजीत दत्ता, चाइना एंड पाकिस्तान, चाइना रिपोर्ट, 30.2.1994, पृ0 138।
57. आर0 बेट्स गिल, कर्बिंग बीजिंग्स आर्म्स सेल्स, आर्बिस (फिलाडेल्फिया), अंक 36, नं0 3, समर 1992, पृ0 379-410।
58. मुशाहिद हुसैन, पाकिस्तान-चाइना डिफेंस कोआपरेशन- ऐन एन्ड्यूरिंग रिलेशनशिप, इंटरनेशनल डिफेंस रिव्यू (सर्वे), नं0 2, 1993, पृ0 110।
59. एशियन रिकार्डर, 24-31 दिसंबर, 1989, पृ0 20934।
60. विस्तृत विवरण देखें, आभा दीक्षित, एन्ड्यूरिंग साइनो-पाक रिलेशंस: द मिलिट्री डाइमेंशन, स्ट्रैटेजिक एनेलिसिस, 12(9), दिसंबर, 1989, पृ0 1067-1080।
61. विस्तृत विवरण देखें, आर0आर0 सुब्रह्मण्यम, इंडिया, पाकिस्तान एंड चाइना (नई दिल्ली, 1989)।
62. एफबीआईएस-सीएचआई, 20 नवंबर, 1989, पृ0 9।
63. लोक सभा डिबेट्स, अंक 38, 1988, कालम 282-83।
64. पूर्वोक्त, कालम 290-91।
65. ए0जे0 चंडी में उद्धृत, "इंडिया, चाइना एंड पाकिस्तान", इन कांति वाजपेयी एंड अमिताभ माटू, द पीकाक एंड द ड्रैगन: इंडिया-चाइना रिलेशंस इन द 21स्ट सेंचुरी (नई दिल्ली, 2000), पृ0 301।
66. एम0एल0 सोंधी एवं प्रकाश नंदा में उद्धृत, वाजपेयीज फारेन पालिसी: डेयरिंग द इरिवर्सिबल (नई दिल्ली, 1999), पृ0 104।
67. एशियन रिकार्डर, 1964, पृ0 5874।
68. ए0एस0 भसीन में देखें, डाक्यूमेंट्स आन नेपाल्स रिलेशंस विद इंडिया एंड चाइना 1949-66 (नई दिल्ली, 1994), अंक 1, पृ0 136।
69. टी0आर0 घोब्ले, चाइना-नेपाल रिलेशंस एंड इंडिया (नई दिल्ली, 1986), पृ0 80।
70. ए0एस0 भसीन, नेपाल्स रिलेशंस विद इंडिया एंड चाइना: डाक्यूमेंट्स 1947-1992 (नई दिल्ली, 1994), अंक 1, पृ0 136।
71. लीयो इ रोज, नेपाल-स्ट्रैटेजी फॉर सर्वाइवल (दिल्ली, 1973), पृ0 273।

72. पूर्वोक्त।
73. पूर्वोक्त, पृ0 274।
74. टी0आर0 घोब्ले, नं0 69, पृ0 54।
75. एशियन रिकार्डर, 1967, पृ0 7854।
76. चाइना रिपोर्ट, सितंबर-अक्टूबर 1969, पृ0 24।
77. टी0आर0 में उद्धृत, घोब्ले, नं0 69, पृ0 58।
78. लोक सभा डिबेट्स, 21 जुलाई 1969, कालम 230-40।
79. सिन्हुआ, 27 फरवरी 1970।
80. पैट्रिआट (नई दिल्ली), 7 जून 1971।
81. सिन्हुआ, 15 नवंबर 1972।
82. पूर्वोक्त, 23 जून 1973।
83. बीजिंग रिव्यू, नं0 47, 22 नवंबर 1974, पृ0 17।
84. पूर्वोक्त, नं0 9, 28 फरवरी 1975, पृ0 4।
85. पीपुल्स डेली (बीजिंग), 1 अगस्त 1975।
86. बीजिंग रिव्यू, नं0 24, 11 जून 1976, पृ0 6-7।
87. वैंग होंग वेई, "साइनो-नेपाल रिलेशंस इन द 1980", एशियन सर्वे, अंक XXV, नं0 5, मई 1985, पृ0 515।
88. गार्गी दत्त एवं वी0पी0 दत्त, नं0 54, पृ0 405।
89. बीजिंग रिव्यू, नं0 39, 28 सितंबर 1987, पृ0 12।
90. गार्गी दत्त एवं वी0पी0 दत्त, नं0 54, पृ0 406।
91. जॉन डब्ल्यू0 गार्वर, "चाइना एंड साउथ एशिया", ऐनल्स ऑफ द अमेरिकन एकेडमी (फिलाडेल्फिया), जनवरी 1992, पृ0 76।
92. लोक सभा डिबेट्स, अंक 3, 1985, कालम 284।
93. आर0 के0 झा के द हिमालयन किंगडम्स इन इंडियन फारेन पॉलिसी (रांची, 1986), पृ0 347-50 में सन् 1950 की संधि और पत्र हैं। सन् 1965 के पत्रों का संक्षेप एशियन रिकार्डर, 27 अगस्त- 2 सितंबर 1989, पृ0 20740-42 में है।
94. जॉन डब्ल्यू0 गार्वर, नं0 91, पृ0 77।
95. गार्गी दत्त एवं वी0पी0 दत्त, नं0 54, पृ0 407।
96. एफबीआईएस-सीएचआई, 20 नवंबर, 1989, पृ0 20-21।
97. पूर्वोक्त, 21 नवंबर, 1989, पृ0 12।
98. रमाकांत, "नेपाल्स चाइना पालिसी", चाइना रिपोर्ट, नं0 30, 2, 1994, पृ0 171।
99. लिंक, 24 जून, 1990, पृ0 6।
100. सुरजीत मान सिंह, चाइना-भूटान रिलेशंस, चाइना रिपोर्ट, 30, 2 1994, पृ0 179।
101. बीजिंग रिव्यू, नं0 46, 11 नवंबर 1966।
102. सुरजीत मान सिंह, नं0 100, पृ0 179।
103. डोरोथी वुडमैन, हिमालयन फ्रांटियर्स (लंदन, 1969), पृ0 314।
104. इंडियन एक्सप्रेस (नई दिल्ली), 18 जून 1974।
105. पूर्वोक्त।
106. सुरजीत मान सिंह, नं0 100, पृ0 179।
107. ट्रिब्यून (चंडीगढ़), 5 नवंबर 1979।

108. संडे स्टैंडर्ड, 27 अगस्त 1979।
109. ट्रिब्यून, 5 नवंबर 1979।
110. ट्रिब्यून, 5 नवंबर, 1979।
111. इंडियन एक्सप्रेस, 11 सितंबर, 1979।
112. डोंग पिंग, इंडियाज स्पेशल रिलेशंस विद भूटान, बीजिंग रिव्यू, नं0 15, 12 अप्रैल, 1982, पृ0 9।
113. चाइना डेली, 12 अप्रैल 1984।
114. पूर्वोक्त, 19 अप्रैल, 1984।
115. पूर्वोक्त, 21 अप्रैल, 1984।
116. पूर्वोक्त, 16 जून, 1986।
117. सुरजीत मानसिंह, नं0 100, पृ0 184-85।
118. पूर्वोक्त।
119. वी0 सूर्यनारायण, "श्री लंकाज पालिसी टूवाड्‌र्स चाइना", चाइना रिपोर्ट, 30, 2, 1994, पृ0 206।
120. न्यूज रिव्यू ऑन चाइना, "इंस्टीट्यूट फॉर डिफेंस स्टडीज एंड एनेलिसेस" (नई दिल्ली), नं0 सीएच6/71, जून 1971।
121. बीजिंग रिव्यू, नं0 2 7, 7 जुलाई 1972, पृ0 3-4।
122. देखें, "श्रीलंका: रूट्स ऑफ रिसेंट एथनिक वायलेंस", इन बीजिंग रिव्यू, नं0 33, 15 अगस्त 1983, पृ0 11-12, चाइना डेली, 29 जुलाई 1983 को भी देखें।
123. चाइना डेली, 18 नवंबर 1985।
124. बीजिंग रिव्यू, नं0 12, 24 मार्च 1986, पृ0 8।
125. एस0डी0 मुनि, पैंग्स ऑफ प्रोक्सिमिटी: इंडिया एंड श्री लंकाज एथनिक क्राइसिस (नई दिल्ली, 1993), पृ0 100।
126. वी0 सूर्यनारायण, नं0 119, पृ0 212।
127. एस0डी0 मुनि, नं0 125, पृ0 100।
128. इस विषय पर चीन के दृष्टिकोण के लिए देखें, बीजिंग रिव्यू, नं0 36, 7 सितंबर 1987, पृ0 12-13।
129. झेन रू, श्री लंका-इंडियन पीस एग्रीमेंट एंड इट्स इन्फ्लुएंसेज, इन (मैटेरियल्स ऑन साउथ एंड साउथ ईस्ट एशिया) चाइनीज एकेडमी ऑफ सोशल साइसेंज (बीजिंग), 1989, नं0 28, पृ0 31।
130. विस्तृत विवरण के लिए देखें, सुजीत दत्त, चाइनीज मिलिट्री सिस्टम, एशियन स्ट्रैटेजिक रिव्यू (नई दिल्ली), 1991-92, पृ0 227-85।
131. आर0 बेट्स गिल, नं0 57, पृ0 379-410।
132. हिंदुस्तान टाइम्स (नई दिल्ली), 1 सितंबर 1975।
133. बीजिंग रिव्यू, नं0 9, 27 फरवरी 1976, पृ0 21।
134. संधि पत्र को देखें, इंडिया: बाइलेटरल ट्रीटीज एंड एग्रीमेंट्स, अंक 9: 1976-77 (भारत सरकार), पृ0 285-89।
135. जनरल असेंबली स्पीच ऑफ चिआवो खान हुआ, 5 अक्टूबर, 1976, डाक्यूमेंट सं0 229, आर0के0 जैन (संपादित), चाइना-साउथ एशिया रिलेशंस, अंक II (नई दिल्ली, 1981), पृ0 262।

136. बांग्लादेश आब्जर्वर (ढाका), 3 सितंबर 1979।
137. अबू तहर एस0 अहमद, "बांग्लादेश-चाइना रिलेशंस: ऐन असेसमेंट", बीआईआईएसएस जर्नल (ढाका), अंक 13, नं0 2, 1992, पृ0 273-74।
138. बांग्लादेश इन इंटरनेशनल अफेयर्स (ढाका), अंक 1, नं0 3 मार्च 1978, पृ0 4।
139. "लो ऑफ एक्सटर्नल रिसोर्सेज इन्टू बांग्लादेश, "एकोनामिक रिलेशंस डिवीजन, मिलिट्री ऑफ फाइनेंस, गवर्नमेंट ऑफ बांग्लादेश", ढाका, 24 दिसंबर 1990, पृ0 58।
140 अबू तहर एस0 अहमद, नं0 137, पृ0 274।
141. बांग्लादेश आब्जर्वर, 1 दिसंबर 1978।
142. ऐने गिल्क्स एवं जेराल्ड सेगल, चाइना एंड द आर्म्स ट्रेड (लंदन, 1985), पृ0 168-70।
143. अबू तहर एस0 अहमद, नं0 137, पृ0 280।
144. सी0वी0 रंगनाथन एवं विनोद सी0 खन्ना, नं0 11, पृ0 118।
145. एनुअल रिपोर्ट 1982-83, विदेश मंत्रालय, पृ0 2।
146. टाइम्स ऑफ इंडिया, 11 अगस्त एवं 7 अक्टूबर 1987।
147. एशियन रिकार्डर, अंक xxxvi, नं0 37, 10-16 सितंबर, 1987।
148. लोक सभा डिबेट्स, अंक 38, 1988, कालम 378।
149. बीजिंग रिव्यू, नं0 46, 15 नवंबर 1985, पृ0 11।
150. एफबीआईएस-सीएचआई, नं0 244, 20 दिसंबर, 1988, पृ0 11।

8

अंतर्राष्ट्रीय समायोजन (1963–1991)

यद्यपि भारत–चीन संबंध, जो वास्तव में द्विपक्षीय प्रकृति के हैं, क्षेत्रीय और वैश्विक समायोजन के बाहरी घटकों द्वारा संयोजित और बृहत् रूप से गढ़े गए हैं। पिछले अध्याय में भारत–चीन के पारस्परिक प्रभाव के क्षेत्रीय समायोजन के बारे में बताया गया है। इस अध्याय में भारत–चीन संबंधों के वैश्विक समायोजन एवं अंतर्राष्ट्रीय पहलू को शामिल किया गया है। एक तरफ भारत–चीन संबंध, जो बहुआयामी है, को वैश्विक स्तर पर राजनीति की प्रकृति में परिवर्तन के द्वारा आकार प्रदान किया गया तो दूसरी तरफ इसे कई अंतर्राष्ट्रीय मामलों में भारत और चीन के विभिन्न हितों और रणनीतियों द्वारा इसे स्थापित किया गया। इसके अतिरिक्त दो महाशक्तियों–अमेरिका और सोवियत संघ की भूमिका और इन दो संबंधित एशियाई शक्तियों के साथ उनके संबंध भी भारत–चीन के पारस्परिक प्रभावों से प्रभावित हुए। अत: भारत–चीन संबंध के किसी भी व्यापक अध्ययन में अंतर्राष्ट्रीय समायोजन और पहलुओं को महत्त्वपूर्ण माना गया है।

जहाँ तक अंतर्राष्ट्रीय राजनीति का प्रश्न है, सन् 1963 की शुरूआत की अवधि को पश्चिम द्वारा अमन के रूप में चित्रित किया गया और सोवियत संघ द्वारा तनाव से राहत के रूप में चित्रित किया गया। अमेरिकी नेताओं के लिए अमन की बात यह थी कि कोई भी राष्ट्र यथास्थिति को चुनौती नहीं देगा क्योंकि इस प्रकार की चुनौतियों से दो महाशक्तियों के बीच तनाव उत्पन्न होता है। विश्व समुदाय ने अक्टूबर 1962 में क्यूबा के मिसाइल संकट के बाद तनाव के परिणामों को पहले से ही देखा है और इससे भविष्य में बचने की जरूरत है।[1] इसके अतिरिक्त, अमेरिकी लोगों का मानना था कि सोवियत अमेरिका के साथ द्विपक्षीय संबंधों में किसी भी प्रकार के तनाव से बचने के लिए यथास्थिति की सुरक्षा में सहयोग करने की इच्छा रखता है। सोवियत संबंध के लिए तनाव से राहत जैसे 'शांतिपूर्ण सहअस्तित्त्व' केवल दो

महाशक्तियों के बीच संबंधों के लिए लागू थी। सोवियत वैश्विक यथास्थिति के संरक्षण में रुचि नहीं रखता था। निश्चित रूप से वैचारिक युद्ध में कोई भी युद्धविराम नहीं हुआ था।

एक दशक तक अपने मतभेदों के बावजूद भी दोनों महाशक्तियों ने अपने स्वयं की बातचीत के लिए पारस्परिक रूप से स्वीकार्य मानकों को डिजाइन किया। इस दशक में क्यूबा के मिसाइल संकट के दौरान उत्पन्न यह प्रवृत्ति विश्व राजनीति में प्रबल थी। इससे शीत युद्ध का अंत हुआ जिसमें दोनों महाशक्तियों ने एक दूसरे को शत्रु और आक्रामक माना, परस्पर विरोधी लक्ष्यों को अपनाया तथा अपने हितों की रक्षा के लिए अपेक्षाकृत उच्च जोखिम व्यवहारों को व्यक्त किया।[2] सन् 1963 में दोनों महाशक्तियों ने तनावों को कम करने के लिए कदम उठाए। पहले जून 1963 में 'हॉट लाइन' संधि की गई जिससे वाशिंगटन और मास्को में इन महाशक्तियों के केंद्रों के बीच सीधा संवाद संपर्क स्थापित हुआ। दूसरे और ज्यादा महत्त्वपूर्ण रूप से अगस्त 1963 में एक बहुपक्षीय परीक्षण प्रतिबंध संधि पर सहमति हुई जिससे हस्ताक्षरकर्ता महाशक्तियों, जिसमें अमेरिका और सोवियत संघ शामिल है, ने वातावरण में, बाहरी अंतरिक्ष में या पानी के अंदर परमाणु हथियारों का परीक्षण न करने के लिए सहमति जताई।

सन् 1963 की सबसे महत्त्वपूर्ण अंतर्राष्ट्रीय घटना सोवियत संघ और चीन के बीच खुला मनमुटाव था जो वास्तव में पचास के अंतिम दशक से शुरू हुआ था लेकिन उसे गुप्त रखा गया था। चीन-सोवियत विवाद में कई घटक शामिल थे।[3] इसकी शुरूआत सन् 1956 में आयोजित सोवियत संघ की कम्युनिस्ट पार्टी के 20वें सम्मेलन से हुई थी जिसमें विचारधारा, क्रांति, अंतर्राष्ट्रीय परिस्थिति और चीनी हित के मुद्दे शामिल थे। चीन का 'शांतिपूर्ण सहअस्तित्व' की बातचीत और एशिया, अफ्रीका और लैटिन अमेरिका में क्रांति में ज्यादा दिलचस्पी के साथ बातचीत द्वारा विरोध किया गया। सोवियत संघ का चीन को इसके विनिर्माण से संबंधित परमाणु बम का एक नमूना और तकनीकी आँकड़े प्रदान करने से मना करने से दोनों कम्युनिस्ट देशों के बीच मनमुटाव बढ़ गया। भारत को इस मनमुटाव का एक घटक माना गया। सन् 1963 में सोवियत संघ के साथ वाद-विवाद के दौरान चीनी मीडिया ने लिखा कि 'सोवियत नेताओं और हमारे नेताओं के बीच सिद्धांतों में सबसे महत्त्वपूर्ण अंतर चीन-भारत सीमा मामले पर है।'[4]

अगस्त 1963 की शुरूआत में सोवियत संघ ने चीन के विरुद्ध एक शक्तिशाली अभियान चलाया। प्रावदा के लगातार तीन लेखों में सार्वजनिक रूप से भारत का पक्ष लिया गया और भारत के खिलाफ आक्रमण के लिए क्यूबा संकट का शोषण करने हेतु चीनी नेताओं की निंदा की गई। इससे इस तथ्य से सभी देशों का ध्यान नहीं हटा

कि निश्चित रूप से जब क्यूबा पर भयानक खतरा मँडरा रहा था, तब सभी शांति चाहने वाले लोगों ने क्यूबा के खिलाफ आक्रमण के खतरे को टालने के अपनी सेनाओं को लामबंद करना अपना अंतर्राष्ट्रीय कर्त्तव्य समझा उसी समय महत्त्वपूर्ण रूप से भारत-चीन सीमा पर युद्ध की स्थिति बढ़ गई।[5] सोवियत संघ की राय में चीन-भारत सीमा मामले के प्रति चीनी रवैये को "विचारधारा के साथ कुछ नहीं करना है।" इसकी उत्पत्ति शुद्ध रूप से राष्ट्रवादी है और इसने "समाजवाद के सिद्धांत को चुपचाप नुकसान पहुँचाया है।" इसने सीमा संघर्ष का शोषण करने के लिए भारतीय प्रतिक्रियावादियों को प्रोत्साहित किया है और भारत को इसके गुटनिरपेक्ष विदेशी नीति और नियोजित अर्थव्यवस्था से दूर कर दिया है। प्रावदा ने चीनी नेताओं पर भारत के साथ सोवियत संघ के संबंधों को नष्ट करने का प्रयास करने का भी दोष मढ़ा।

चीन ने सोवियत के इन आरोपों को रद्द कर दिया कि उसने भारत के खिलाफ आक्रमण किया है। चीन ने प्रावदा को कथित तौर पर नेहरू के "बुरे कामों में साथी" के रूप में कार्य करने की निंदा की। बीजिंग ने भारत-चीन संकट पर सोवियत के कदम को "इतिहास की पहली घटना जिसमें एक समाजवादी देश, एक पूँजीवादी देश के प्रतिक्रियावादियों के सशस्त्र उकसावे की निंदा करने के बजाए, दूसरे भ्रात्रीय समाजवादी देश की निंदा करने, जबकि वह इस प्रकार के सशस्त्र उकसावे का सामना कर रहा है," के रूप में वर्णित किया।[6] चीन ने यह साबित करने का प्रयास जारी रखा कि भारत के प्रति सोवियत की नीति गलत है और समाजवादी खेमे के साथ विश्वासघात करने और सर्वहारा अंतर्राष्ट्रीयता का परित्याग करने के लिए जोर से विरोध करता रहा।[7] चीन ने आरोप लगाया कि "सी0पी0एस0यू0 और इसके प्रेस का नेतृत्व-"

> खुले तौर पर भारतीय प्रतिक्रियावादियों के पक्ष में है, यह चीन-भरत सीमा संघर्ष पर चीन के उचित कदम की निंदा कर रहा है ओर नेहरू सरकार का बचाव कर रहा है। जब से भारतीय प्रतिक्रियावादियों ने चीन-भारत सीमा संघर्ष छेड़ा है, भारत को दो-तिहाई सोवियत आर्थिक सहायता दी जा चुकी है। सन् 1962 की शरद ऋतु में चीन-भारत सीमा पर बड़े पैमाने पर सशस्त्र संघर्ष शुरू होने के बावजूद सी0पी0एस0यू0 के नेतृत्व ने भारतीय प्रतिक्रियावादियों को सैन्य सहायता देना जारी रखा है।[8]

अभी तक भारत को सोवियत का समर्थन चीन-सोवियत मनमुटाव का स्पष्ट रूप से सबसे बड़ा मुद्दा था। चीन के लिए सोवियत संघ की विशेषकर यह कार्यवाही सबसे ज्यादा भड़काने वाली थी। चीन ने पूरी तरह से यह समझा कि सोवियत संघ के कदम ने नेहरू सरकार को जबरदस्त राजनीतिक लीवर प्रदान किया

है। अत: इसने नेहरू के इस बयान का गलत अर्थ निकाला कि "भारत–चीन संघर्ष में सोवियत की उदासीनता उन सभी सैन्य सहायता की अपेक्षा भारत के लिए ज्यादा मददगार सिद्ध हुआ जिसे भारत ने पश्चिम से प्राप्त किया था।"[9] चीन ने यह भी नोट किया कि भारत सरकार ने चीन–सोवियत मतभेदों का अनुचित लाभ उठाने और इसे और व्यापक करने की अपनी विदेशी नीति का महत्त्वपूर्ण पहलू बना लिया है।

चीन इस तथ्य से खफा था कि दोनों महाशक्तियों ने भारत की मदद की और चीन की निंदा की। जैसा पहले ही उल्लेख किया गया है कैनेडी प्रशासन के नेतृत्व में अमेरिका ने लोकतांत्रिक भारत के प्रति दोस्ताना दृष्टिकोण अपनाया। यह याद करने योग्य है कि कैनेडी ने भारत को एशिया के मुख्य क्षेत्र के रूप में माना और चीन के विरुद्ध राजनीतिक और आर्थिक दौड़ को जीतने के लिए इसे महत्त्वपूर्ण समझा। लेखक एम0 श्लेसिंगर ने कैनेडी की प्रसिद्ध टिप्पणी का उल्लेख किया है: "हमें चीन के साथ दौड़ को जीतने के लिए भारत की जरूरत है......यदि चीन सफल होता है और भारत असफल होता है, तो आर्थिक विकास, शक्ति का संतुलन हमारे खिलाफ हो जाएगा।"[10] कैनेडी प्रशासन ने अक्टूबर, 1962 के चीनी आक्रमण की तुरंत प्रतिक्रिया दी। 21 अक्टूबर को जारी एक विज्ञप्ति में राज्य विभाग ने व्यक्त किया कि अमेरिका "भारत के खिलाफ चीनी कम्युनिस्टों की हिंसात्मक और आक्रामक कार्यवाही से आश्चर्यचकित है"। "इसने आगे व्यक्त किया कि भारत की किसी भी सिफारिश पर सहानुभूतिपूर्वक विचार किया जाएगा।"[11] इसी बीच उत्तर–पूर्वी क्षेत्र में अपनी सेना के निकटस्थ किलता का सामना करते हुए भारत को मजबूरन अमेरिका, यूनाइटेड किंगडम और सोवियत संघ से सैन्य उपकरण की मदद लेनी पड़ी। 26 अक्टूबर को भारत ने सभी सरकारों को "सहानुभूति और समर्थन" की सामान्य अपील की। इस अपील को करते समय प्रधानमंत्री नेहरू ने भारत और चीन के बीच संघर्ष के महत्त्वपूर्ण महत्त्व को रेखांकित किया, "यह संकट केवल भारत पर ही नहीं है बल्कि यह पूरे विश्व पर संकट है और इसका अंतर्राष्ट्रीय व्यवहार और विश्व शांति के मानकों पर प्रतिकूल प्रभाव पड़ेगा।"[12] राष्ट्रपति कैनेडी ने तुरंत एक उत्साहवर्धक जवाब भेजा। भारत और अमेरिका के बीच घनिष्ठ संबंध की प्रक्रिया केनेडी प्रशासन द्वारा मैकमोहन रेखा पर भारत की स्थिति को मान्यता प्रदान करते ही तीव्र हो गई।[13] 27 अक्टूबर को राजदूत गालब्रेथ ने मैकमोहन रेखा की मान्यता के बारे में पहली आधिकारिक घोषणा की: "मैकमोहन रेखा एक स्वीकृत अंतर्राष्ट्रीय सीमा है और इसे आधुनिक उपयोग द्वारा संस्तुति प्रदान की गई है।" तद्नुसार, हम इसका नेफा क्षेत्र की उत्तरी सीमा के रूप में सम्मान करते हैं।[14]

अमेरिका ने भारत को विमानों द्वारा आपातकालीन हथियारों की आपूर्ति शुरू कर दी और एक हफ्ते के अंदर (नवंबर 1962 में) 10 अमेरिकन जेट लड़ाकू विमानों,

स्वचालित हथियारों और गोला-बारूद से लदे 60 विमानों को अमेरिका और यूरोप में स्थित विभिन्न भंडारगृहों से रात दिन भेजा गया।[15]

जब हिमालय क्षेत्र के युद्धस्थल में संघर्ष समाप्त हो गया तो कैनेडी से नेहरू ने भारत को दीर्घकाल तक मदद देने के अनुरोध किया ताकि भविष्य में चीन के आक्रमण को प्रभावी रूप से रोका जा सके। आवेरिल हरीमैन की अध्यक्षता में एक तथ्यान्वेषी राजनीतिक-सैन्य मिशन भारत भेजा गया।

यद्यपि अगले ग्यारह महीनों के दौरान अर्थात केनेडी प्रशासन के अंत तक भारत को आगे अमेरिकी हथियारों की मदद की प्रक्रिया धीमी रही। इस बीच सन् 1963 में अमेरिका और ब्रिटेन के बीच भारत की रक्षा आवश्यकताओं तथा अन्य संबंधित मामलों के संदर्भ में कई बातचीत हुई। अप्रैल से मई 1963 तक दो महत्त्वपूर्ण भारतीय मिशन ने वाशिंगटन का भ्रमण किया। पहले मिशन में आर्थिक एवं रक्षा समन्वय मंत्रालय के सचिव एस0 बूथलिंगम के नेतृत्व में विशेषज्ञों की एक टीम शामिल थी और दरअसल इस मिशन को सेना की कायापलट करने के लिए आवश्यक रक्षा उपकरणों और भंडारों की खरीद के लिए भेजा गया था।[16] जून की शुरूआत में भारत के राष्ट्रपति, डा0 एस0 राधाकृष्णन राष्ट्र भ्रमण पर अमेरिका गए। 4 जून को जारी एक संयुक्त बयान में राष्ट्रपति कैनेडी और राधाकृष्णन इस बात से सहमत हुए कि उनके दोनों देश "उपमहाद्वीप के खिलाफ चीनी आक्रमण को नाकाम करने के लिए पारस्परिक रक्षात्मक विचार साझा करते हैं।"[17] बिर्चग्रोव, ससेक्स, यू0के0 में कैनेडी-मैकमिलन के बीच हुई एक बैठक में दोनों राष्ट्राध्यक्षों ने नए सिरे से चीनी हमले की आशंका के विरुद्ध भारत की सुरक्षा को मजबूत करने के लिए भावी सैन्य सहायता प्रदान करते हुए भारत की मदद जारी रखने की अपनी नीति की पुनः पुष्टि की।[18]

भारत सरकार का अमेरिका के इस मामूली प्रस्ताव से थोड़ा मोहभंग हो गया। चीनी आशंका की दृष्टिकोण से पंचवर्षीय रक्षा योजना (सन् 1954-69) के अंतर्गत उल्लिखित भारत की रक्षा सामर्थ्य के व्यवस्थित विकास के लिए अच्छी खासी पूंजी एवं तकनीकी इनपुट की आवश्यकता थी। इसके अतिरिक्त भारत को अपने आर्थिक विकास की सतत प्रगति को सुनिश्चित करने की चिंता थी। इन परिस्थितियों में भारत ने सोवियत संघ को ज्यादा समझदार पाया। चीन-सोवियत के बीच बढ़ते मनमुटाव ने सोवियत के नीति निर्माताओं में भारत की महत्ता को रेखांकित किया। अतः भारत ने सोवियत संघ को अपने अनुरोध के प्रति अनुकूल रूप से प्रतिक्रिया करने वाला पाया। यह भी हो सकता है कि भारत को अमेरिका द्वारा दी जा रही सहायता के कारण भारत के मनोबल को एक महत्त्वपूर्ण मोड़ पर झुका हुआ पाया गया। भारत ने जो भी

मदद दोनों महाशक्तियों, अमेरिका और सोवियत संघ से प्राप्त किया उसने चीन को भड़काया।

सन् 1963 के अंत तक चीन ने स्वयं को दोनों महाशक्तियों के निशाने पर पाया जो विभिन्न कारणों से उसे अलग करना चाहते थे और अतः भारत का समर्थन करने के लिए उत्सुक थे। यह तथ्य कि भारत ने इस स्थिति का लाभ उठाया, चीन को कूटनीतिक मोर्चे पर जवाबी हमले के लिए उकसाने हेतु काफी था। अतः इसने सोवियत संघ की ऐसे शासन को सहारा देने की कार्यवाही की आलोचना करने का प्रयास नहीं किया जिसे इसने पश्चिम के हाथों बिका हुआ कहा था। चीन ने भारत को अमेरिका और सोवियत संघ से यह कल्पना करते हुए जोड़ने का कठिन प्रयास किया कि चीन के खिलाफ किसी प्रकार की साँठ-गाँठ की जा रही है।[19] सोवियत संघ के समर्थन से भारत "गुट निरपेक्ष का आवरण" ओढ़े रहने तथा इस तथ्य को कवर अप करने के लिए सोवियत संघ की सहायता का प्रयोग करने में समर्थ रहेगा कि यह अमेरिका पर आश्रित है और सोवियत संघ के समर्थन से वह चीन पर आक्रमण करने में समर्थ होगा।

सोवियत संघ ने चीनी नेताओं को इस बात पर जोर देते हुए फटकारा कि नेहरू सरकार "साम्राज्यवादी" और "विस्तारवादी" है तथा अपना संदेह व्यक्त किया कि इस तरह के "गलत आरोपों" के मद्देनजर इस बात पर विश्वास करना मुश्किल है कि चीन सीमा विवाद को शांतिपूर्वक निपटाना चाहता है। उसने यह भी सवाल उठाया कि "कोलंबो सरकार ने केवल चीन से ही सेना वापस हटाने के लिए क्यों कहा, भारत से भी क्यों नहीं कहा?"[20]

सोवियत के प्रति चीन द्वारा की गई प्रतिक्रिया में चीन-भारत मतभेदों पर सोवियत के कदम पर सबसे ज्यादा व्यापक अभियोग लगाया गया। चीनी मीडिया ने सोवियत की हिस्सेदारी को एफ्रो-एशियाई देशों की सख्त तस्टथता के रूप में वर्णन किया। इसने घोषणा की कि चीन-भारत सीमा मामले पर सोवियत के नेताओं का कदम और नीतियों की प्रचुरता से यह साबित करती है कि अब वे "अमेरिका की अगुवाई वाले साम्राज्यवादियों" तथा सभी देशों के प्रतिक्रियावादियों को अपना दुश्मन नहीं मान रहे हैं। यह मार्क्सवादी लेनिनवादी है। विशेष रूप से जो चीन का दुश्मन है, उन्होंने भारतीय प्रतिक्रियावादियों के साथ उनके गठबंधन की खुले ढंग से घोषणा की। वे संभवतया यह सोचते हैं कि विश्व में दुरूपयोग करने में सभी दुष्टों से हाथ मिलाकर वे चीन को बदनाम और अकेला कर सकते हैं।[21] ऐसा हुआ कि भारत-चीन संघर्ष पर चीन-सोवियत वाद-विवाद तीव्र विरोध का एक महत्त्वपूर्ण मामला हो गया जो दो कम्युनिस्ट शक्तियों के बीच आधार बनकर उभरा। पश्चिम के साथ नरमी

सोवियत की उच्च प्राथमिकता रही जैसा इसके क्यूबा पर समझौते तथा अगस्त 1963 की आंशिक परीक्षण प्रतिबंध संधि और सन् 1964 में आंतरिक अंतरिक्ष पर हस्ताक्षर करने में जाहिर हो गया।[22] सोवियत संघ ने चीन को अलग करना आवश्यक भी समझा क्योंकि इसने सोवियत परिप्रेक्ष्य की पूरी इमारत और अंतर्राष्ट्रीय मामलों पर लक्ष्य को चुनौती दी। सन् 1963 के अंत तक दो कम्युनिस्ट समर्थकों के बीच अंतर्विरोध अन्य मामलों पर हावी हो रहे थे। चीन मुख्य विरोधी हो गया था जिसके खिलाफ सोवियत संघ अपनी आलाचनाओं को तीव्र कर रहा था। इस समय तक सुदूर पूर्व और केंद्रीय एशिया में 4,500 मील लंबे मोर्चे पर चीन-सोवियत मतभेद इनकी पारस्परिक शत्रुता में एक अतिरिक्त कारक बन गया।[23]

ऊपर जो भी बताया गया उसके दृष्टिकोण से यह अनिवार्य रूप से माना गया कि सन् 1962 की अवधि के बाद दक्षिण एशिया के प्रति सोवियत की नीतियों को चीन के प्रभाव को कम करने तथा चीन-भारत सीमा पर यथास्थिति को विक्षुब्ध करने से चीन को रोकने के लिए बनाया गया था। चूँकि सन् 1962 के युद्ध से भारत की सैन्य अतिसंवेदनशीलता का खुलासा हो गया था, सोवियत ने प्रभावी ढंग से इस तथ्य का प्रदर्शन किया कि वे केवल भारत के सुरक्षा हितों का ही ध्यान नहीं रख रहे हैं बल्कि इसकी काफी हद तक मदद भी कर रहे हैं। चीन इसके बदले में दक्षिण एशिया विशेषकर भारत-पाक मामले में शामिल होते हुए शीत युद्ध की गुंजाइश को जानबूझकर बढ़ा रहा था और इस प्रकार उसने भारत के खिलाफ अपना राजनीतिक-कूटनीतिक विरोध जारी रखा।

चीन ने दावा किया कि सोवियत संघ से भारत को प्राप्त भारी सैन्य सहायता ने चीन के खिलाफ भारत को मिलाने के लिए सोवियत संघ और अमेरिका के बीच सहयोग का नया अध्याय शुरू कर दिया है। चीनी मीडिया ने व्यापक रूप से भारत के रक्षा मंत्री चाह्वाण के सांसदों को दिए गए जवाबी बयान को उद्धृत किया जिसके स्पष्ट रूप से यह व्यक्त किया गया था कि भारत सोवियत के मिग और टैंकों का इस्तेमाल चीन के खिलाफ कर सकता है।[24]

अक्टूबर, 1964 में खुश्चेव की सरकार के गिरने से चीनी नेताओं को बहुत खुशी हुई, उन्होंने इस घटना को अपनी नीति की बड़ी जीत माना। यद्यपि नये सोवियत नेताओं ने सीमा के मामलों तथा अन्य मूलभूत मामलों पर कोई भी ढील देने से मना कर दिया। भारत पर सोवियत के कदम ने उन्हें सबसे ज्यादा दुखी किया। चीन ने इसे अपना अपमान समझा।

चीन के लिए भारत-सोवियत संघ के साथ उनके संबंधों में सबसे ज्यादा महत्त्वपूर्ण मुद्दा बन गया। भारत को चीन-सोवियत संबंधों में जहर घोलने के रूप

में देखा गया। इसने चीन को तर्कहीन घृणा करने के लिए व्यथित किया। भारत अपनी तरफ से इस बात से चिंतित था कि जब विश्व गंभीर समस्याओं के शांतिपूर्ण निपटारे की तरफ बढ़ रहा है और जब सोवियत संघ तथा अमेरिका इस शीत युद्ध को खत्म करने के लिए अपनी पूरी सामर्थ्य को झोंक दिया है तो भारत की सीमाओं पर हिंसा और आक्रमण की घटना नहीं दोहराई जानी चाहिए।[25] भारत पर मास्को तथा बीजिंग के बीच की खाई और बढ़ती चली गई। मई 1965 में जब प्रधानमंत्री शास्त्री ने मास्को का भ्रमण किया तो चीन ने आरोप लगाया कि "सोवियत का संशोधनवादी गुट और भारतीय प्रतिक्रियावादी चीन का विरोध करने में अस्थायी साथी है...... अब खुश्चेव के उत्तराधिकारी नेहरू के उत्तराधिकारियों के साथ मिलकर एक चीन विरोधी गठबंधन करने के लिए खुश्चेव का अनुसरण कर रहे हैं।" भारत की गुट-निरपेक्षता और शांतिपूर्ण सहअस्तित्व की विदेश नीति चीनी आलोचना तथा तिरस्कार का दूसरा मुख्य लक्ष्य था। चीन के लिए गुट-निरपेक्षता और शांतिपूर्ण सहअस्तित्व की नीति का आशय उनके निरंतर संघर्ष और "साम्राज्यवादी" और "संशोधनवादी" से मुकाबला करने के सिद्धांत से था। यह तथ्य कि भारत की विदेश नीति ने शीत युद्ध और दो शक्ति गुटों के बीच मनमुटाव में राहत प्रदान करने में भूमिका निभाई जिसे विशेष रूप से चीन द्वारा नापसंद किया गया। वर्ष 1965-66 के दौरान चीन ने यह कल्पना करते हुए अमेरिका और सोवियत संघ के साथ भारत को जोड़ने का कठिन प्रयास किया कि इन तीन शक्तियों के बीच चीन के खिलाफ किसी प्रकार की मिलीभगत होगी।[26]

सन् 1965 में कच्छ के रण और बाद में कश्मीर में भारत-पाकिस्तान संघर्ष में चीन ने पाकिस्तान का साथ दिया। जब सोवियत संघ ने इस संघर्ष को खत्म करने के लिए मध्यस्थता की तो चीन ने आरोप लगाया कि सोवियत नेताओं का रवैया मध्यस्थता के नाम पर भारत के कश्मीर के राज्य-हरण को वैध ठहराने के लिए पाकिस्तान पर दबाव डालने के लिए भारत के हमलावरों की सहायता करने का है।[27] 9 दिसंबर, 1965 को सोवियत मीडिया ने घोषणा की कि भारत के प्रधानमंत्री शास्त्री और पाकिस्तान के राष्ट्रपति अयूब 4 जनवरी, 1966 को ताशकंद में मिलने के सोवियत प्रस्ताव पर सहमत हो गए हैं। सोवियत की मध्यस्थता के कारण भारत-पाक दृष्टिकोणों में मूलभूत मतभेदों के बावजूद लालबहादुर शास्त्री और अयूब खान ने एक सप्ताह तक चली गुप्त बातचीत के अंत में एक समझौता किया। चीन सरकार ही एकमात्र ऐसी सरकार थी जो ताशकंद में हुए समझौते से नाखुश थी। चीन ने ताशकंद के समझौते को "संयुक्त अमेरिका-सोवियत योजना का परिणाम" माना और यह आरोप लगाया कि सोवियत संघ ने "भारतीय आक्रामकों को भड़काया और प्रोत्साहित किया है तथा पाकिस्तान पर दबाव डाला है।" यह स्पष्ट था कि चीनी सरकार

भारतीय उपमहाद्वीप में शांति बहाल होने को अपनी स्वयं की योजनाओं और डिजाइनों की नाकामयाबी के तौर पर देख रही थी।[28] चीन ने आरोप लगाया कि सोवियत नेताओं ने भारत-पाक संघर्ष में तटस्थता का बहाना बनाया लेकिन वास्तव में उसने हर कदम पर भारत का साथ दिया तथा कि सोवियत नेता और अमेरिका के साम्राज्यवादियों ने इस स्थिति में आग में घी डालने का काम किया और वे वैश्विक स्तर पर दूसरे चीन विरोधी अभियान की शुरूआत करना चाहते थे।[29] प्रधानमंत्री लाल बहादुर शास्त्री ने चीनी मिथ्याभिमान का खंडन एशियाई देशों के संरक्षक होने के रूप में किया तथा यह दावा किया कि "एशिया का कोई भी स्वाभिमानी राष्ट्र, चाहे वह बड़ा हो या छोटा, शक्तिशाली हो या कमजोर, चीन के प्रभुत्व को स्वीकार नहीं करेगा।"[30]

चीन ने भी आरोप लगाया कि भारत वियतनाम के मामले पर अमेरिका द्वारा अपनाई गई राह पर ही चल पड़ा है।[31] चीन ने अंतर्राष्ट्रीय नियंत्रण आयोग के अध्यक्ष के रूप में भारत की रचनात्मक भूमिका को गलत तरीके से समझा। सन् 1966 में जब भारत की प्रधानमंत्री श्रीमती इंदिरा गांधी अमेरिका गई तो चीनी मीडिया ने कहा कि "हर बार भारत का प्रधानमंत्री अपनी सरकार का सिर ऊँचा रखने के लिए मदद की भीख माँगने हेतु अमेरिका जाता है।"[32] चीन ने सोवियत पर आरोप लगाना जारी रखा तथा कहा कि "सोवियत संशोधनवादी गुट एशिया में चीन विरोधी खतरनाक व्यक्तियों, भारतीय प्रतिक्रियावादियों को पालने-पोसने के लिए खूब धन खर्च किया है। इस गुट ने सन् 1962 से प्रतिक्रियावादी भारत सरकार को लगभग 900 मिलियन अमेरिकी डालर की सैन्य सहायता प्रदान की है। इसी अवधि में अमेरिका के साम्राज्यवादियों ने 340 मिलियन डालर की सैन्य सहायता दी है।"[33]

इसी बीच सन् 1965 के अंत में चीन-सोवियत सीमा पर तनाव बढ़ने की रिपोर्ट आई और दुबारा सन् 1966 के वसंत में मास्को ने बाहरी मंगोलिया के साथ अपनी रक्षात्मक संधि का नवीनीकरण किया एवं पूर्वी बाहरी मंगोलिया में सोवियत सैनिकों की हलचल की रिपोर्ट मिली।[34] चीन-सोवियत सीमाओं पर तनाव बढ़ने पर दोनों तरफ से सशस्त्र गश्ती तेज कर दी गई। 2 मार्च 1969 को सोवियत और चीनी सेनाओं ने उसुरी नदी में स्थित दमनस्की द्वीप पर नियंत्रण स्थापित करने के लिए दो घंटे का युद्ध लड़ा। मार्च 1969 में उसुरी संघर्ष के बाद के महीनों के दौरान सोवियत संघ ने तेजी से चीनी सीमा पर तथा उसके नजदीक सेनाएँ लगा दीं और कहा कि जब तक बीजिंग क्षेत्रीय मामले पर औपचारिक बातचीत के लिए तैयार नहीं होता है यह घुसपैठ या इसके परमाणु स्थापन के विनाश का विषय है।[35] जून 1969 में सोवियत नेता ब्रेजनेव ने एशिया में चीन की विस्तारवादी महात्वाकांक्षा के लिए अवरोध खड़ा करने

हेतु एशिया में सामूहिक सुरक्षा व्यवस्था के सृजन को प्रोत्साहित करने के लिए सोवियत परियोजना की घोषणा की।[36]

चीन की प्रतिक्रिया जाहिर तौर पर तेज थी।[37] उन्होंने सोवियत परियोजना की "चीन के खिलाफ एक सैन्य गठबंधन तैयार करने के लिए सोवियत संशोधनवादी नेताओं" की नई चाल के रूप में निंदा की।[38]

इसके बाद सोवियत ने चीनी आरोपों के विरोध में बयान दिए। सोवियत प्रधानमंत्री कोसीजिन ने कहा कि सोवियत प्रस्ताव का उद्देश्य "एशिया में शांतिप्रिय शक्तियों को युद्ध के लिए संगठित करना नहीं है बल्कि आक्रमण के खिलाफ अवरोध खड़ा करना है।" फिर भी उन्होंने भारत, पाकिस्तान और अफगानिस्तान से "एशिया में नए शासक बलों" का सामना करने के लिए संगठित होने का आग्रह किया।[39] भारत ने सोवियत परियोजना के प्रति कोई भी उत्साह नहीं दिखाया। फिर भी चीन ने कहा कि "सब लोग जानते हैं कि सोवियत संशोधनवादी पाखंडी गुट अपनी चीन विरोधी गतिविधियों में भारतीय प्रतिक्रियावादियों को महत्त्वपूर्ण सहयोगी मानता है।" अतः सन् 1969 के अंत में चीन-सोवियत शत्रुता ने नई ऊँचाइयों को छुआ और भारत चीन-सोवियत मनमुटाव में महत्त्वपूर्ण कारक बना। दोनों कम्युनिस्ट महाशक्तियों के बीच सीमा पर घटनाओं के बाद युद्ध की संभावना ने अगले दशक की शुरूआत में महत्त्वपूर्ण परिवर्तन को प्रोत्साहित किया।

II

सत्तर के दशक के आगमन पर तीन देशों अर्थात अमेरिका, सोवियत संघ चीनी जनवादी प्रजातंत्र के बीच द्विध्रुवीय सामरिक संतुलन से त्रिकोणीय कूटनीति के विकास तक परिवर्तन दिखाई दिया। अब चीन अपनी व्यवहार्य परमाणु शक्ति को बढ़ाते हुए तथा इसके बाद अक्टूबर, 1971 में चीनी जनवादी प्रजातंत्र के संयुक्त राष्ट्र में दाखिल होने की वजह से एक एशियाई शक्ति के रूप में उभरा। कम्युनिस्ट चीन अब सुरक्षा परिषद का स्थायी सदस्य बन चुका था। आंतरिक रूप से चीन माओत्से तुंग के संरक्षण में नरम व्यक्तित्त्व वाले झोउ एन लाई के हाथों सांस्कृतिक क्रांति के अव्यवस्थित दिनों से बाहर आया। सन् 1970 की शुरूआत में चीन की बड़ी सामूहिक समस्या अर्थात सोवियत संघ के बारे में अमेरिकी और चीनी विचार सम्मिलन हुआ। बीजिंग के लिए सोवियत संघ बहुत बड़ा खतरा बन गया था और दक्षिण पूर्व एशिया विशेषकर वियतनाम में उसकी सैन्य भूमिका को कम करने के अमेरिकी घोषणा के बाद चीन अब अमेरिका को बड़ा खतरा नहीं मान रहा था। रिचर्ड निक्सन के नेतृत्व वाले अमेरिका के नए प्रशासन का वियतनाम युद्ध से मोहभंग हो चुका था। अमेरिका की विदेश नीति में चीन-सोवियत शत्रुता और इसके सोवियत-अमेरिकी प्रतिस्पर्द्धा

और संबंध सुधार पर पड़ने वाले असर को ध्यान में रखा गया था। चीन और सोवियत संघ के साथ त्रिकोणात्मक संबंध स्थापित करते हुए अमेरिका किसी का पक्ष लेने से इनकार करके दो कम्युनिस्ट महाशक्तियों के बीच विवाद से काफी कूटनीतिक लाभ उठा सकता था। सन् 1970 और 1971 में अमेरिका ने चीन को सकारात्मक संकेत भेजने के लिए कई कदम उठाए और एक बार चीन ने जब इसे समझ लिया तो चीन-अमेरिका संबंध सुधारने का महत्त्वपूर्ण क्षण आया। इस बीच भारत और सोवियत संघ के बीच संबंध दिल्ली और मास्को के बीच संबंधों को समेकित करते हुए प्रगाढ़ हुए। इन तीन गतिविधियों अर्थात चीन का सोवियत संघ से अलगाव, भारत से संघर्ष और अमेरिका के साथ मैत्री का आशय यह था कि भारत और सोवियत संघ ने एक नए भू-सामरिक हितों की समानता प्राप्त कर ली थी।

चीन-अमेरिका संबंधों में उपस्थित गरमाहट ने भारत को दक्षिण एशियाई संकट में अमेरिका और चीन दोनों की पाकिस्तान में स्थिति पर सावधान कर दिया और भारत के खिलाफ संभावित चीन-अमेरिकी पाकिस्तानी ध्रुव की ताजा आशंका उत्पन्न हुई। अमेरिका के सचिव, हेनरी किसिन्जर ने जुलाई, 1971 में भारत सरकार को चेतावनी दी कि यदि उपमहाद्वीप में युद्ध शुरू होता है तो चीन उसमें हस्तक्षेप कर सकता है। उन्होंने आगे कहा कि यदि इस बार चीन भारत पर आक्रमण करता है तो भारत को अमेरिका से किसी प्रकार की सैन्य मदद और अन्य समर्थन मिलने की अपेक्षा नहीं करनी चाहिए जैसा कि सन् 1962 में हुआ था।[40]

दक्षिण एशिया में सन् 1971 में पूर्वी पाकिस्तान पर भारत-पाकिस्तानी संकट बढ़ने लगा। अब एक तरफ इस संकट को बढ़ाने में त्रिकोणात्मक कूटनीति ने अपना योगदान दिया और दूसरी तरफ इससे उत्पन्न धारणाओं ने इस संकट को प्रभावित किया।[41] वास्तव में निक्सन और किसिंजर का शुरू में मुख्य ध्यान उभरती हुई त्रिकोणात्मक कूटनीति के ढांचे के अंदर चीन से संबंध था। जुलाई 1971 के मध्य में किसिंजर ने पाकिस्तान के रास्ते चुपके से चीन का भ्रमण किया और सीधा अमेरिकी-चीनी संपर्क स्थापित हुआ। इस बढ़ती हुई चीनी-अमेरिकी सहमति को भाँपते हुए और अमेरिका तथा चीन के बीच संदेशवाहक की भूमिका निभाते हुए याह्या खान ने जुलाई में दावा किया कि भारत के खिलाफ युद्ध में पाकिस्तान अकेला नहीं रहेगा।[42] 17 जुलाई, 1971 को यह घोषणा की गई कि राष्ट्रपति निक्सन मई 1972 से पहले चीन का भ्रमण करेंगे और डा0 हेनरी किसिंजर, जिनकी पाकिस्तान में अस्वस्थ होने की रिपोर्ट मिली, वास्तव में बीजिंग में प्रधानमंत्री झोउ एन लाई के साथ वार्तालाप कर रहे थे। भारत के खिलाफ अमेरिका के पैंतरा बदलने की गतिविधि की पुष्टि चीन की अमेरिका के साथ संबंध स्थापित होने के बाद हो गई।

भारत और सोवियत हित अभिमुख होने शुरू हो गए क्योंकि सोवियत संघ चीन के साथ अपने विवादों को सुलझाने में असफल रहा और भारत अमेरिका के निक्सन प्रशासन का हितकारी ध्यान खींचने में असफल रहा।[43] 9 अगस्त 1971 को सोवियत संघ के विदेश मंत्री, आंद्रेई ए० ग्रोमिको और भारत के विदेश मंत्री स्वर्ण सिंह ने नई दिल्ली में दोनों देशों के बीच शांति, दोस्ती और सहयोग की एक संधि पर हस्ताक्षर किए।

भारत के हित के दृष्टिकोण से सबसे ज्यादा महत्त्वपूर्ण भाग अनुच्छेद IX था, जिसके अनुसार, "दोनों में से किसी एक पक्ष के आक्रमण करने या खतरा उत्पन्न करने की दशा में उच्च समझौते वाला पक्ष तुरंत इस प्रकार के किसी भी खतरे के दूर करने और उनके देश में शांति और सुरक्षा सुनिश्चित करने के उचित प्रभावी उपाय करने के लिए पारस्परिक परामर्श करेगा।"[44] सोवियत दृष्टिकोण से इस संधि को संभवतया द्विपक्षीय संधियों के नियोजित नेटवर्क के एक भाग के रूप में समझा गया और जो चीन को अलग करने के लिए डिजाइन किया गया था। भारत का हित पाकिस्तान की मदद करने के लिए हस्तक्षेप करने हेतु चीन और अमेरिका को रोकने तथा विशेष रूप से संयुक्त राष्ट्र में सोवियत का कूटनीतिक समर्थन प्राप्त करने में था।

भारत-सोवियत संधि नाटकीय ढंग से की गई चीन-अमेरिका मैत्री के बाद हुई थी। विशेष रूप से यह बांग्लादेश के संकट में चीन के सैन्य हस्तक्षेप करने की स्थिति में ली गई आश्वासन नीति थी।[45] इस संधि पर पहली चीनी टिप्पणी 25 सितंबर, 1971 को आई जब चीनी व्यापार प्रतिनिधिमंडल के एक भ्रमणकर्ता सदस्य ने कहा कि "जहाँ तक चीन का संबंध है वह हाल ही में हस्ताक्षर की गई भारत-सोवियत संधि को दोस्ताना गतिविधि नहीं मानता है।" उसने यह भी कहा कि चीन बढ़ते हुए सोवियत-भारत सहयोग को चीन के खिलाफ देख रहा है।[46]

अपनी तरफ से भारत सरकार ने गंभीर उकसावे की स्थिति में भी बहुत ही संयम बरता और भारत एवं चीन के बीच बेहतर संबंध की आवश्यकता को व्यक्त किया। संसद में कई सदस्यों ने चीन की अस्थिरता को रेखांकित किया। भारत के विदेश मंत्री श्री स्वर्ण सिंह ने कहा कि "चीन द्वारा हमारे खिलाफ शत्रुतापूर्ण और कलहयुक्त बयानबाजी किए जाने के बावजूद हम तनाव न बढ़ाने के उद्देश्य से उत्तेजित होने से जानबूझकर बचते रहे हैं।" इस संबंध में उन्होंने यह भी स्पष्ट किया कि भारत-सोवियत संधि चीन के साथ संबंधों को भारत द्वारा सामान्यीकृत करने में आड़े नहीं आएगी और इसका उपयोग चीन या किसी अन्य देश के खिलाफ नहीं किया जाएगा। विदेश मंत्री ने आगे कहा:

हम ऐसी किसी भी स्थिति को स्वीकार नहीं कर सकते हैं कि किसी देश के साथ संबंधों का सामान्यीकरण किसी अन्य देश के साथ दोस्ती बढ़ाने से हमें रोके। सोवियत संघ स्वयं चीन के साथ संबंधों को सामान्य करने का प्रयास कर चुका है और भारत तथा चीन के बीच संबंधों के सामान्यीकरण को देखकर खुश होगा जैसे हम चीन और सोवियत संघ के बीच संबंधों के सामान्यीकरण को देखकर खुश होंगे।[47]

भारत-सोवियत संधि पाकिस्तान के साथ चीन-अमेरिकी संबंधों के विस्तार का कारण थी। उन्होंने अपने ढंग से संकट को सुलझाने के लिए पाकिस्तान को प्रोत्साहित करने की नीति का समन्वयन किया। अमेरिका चीनी घुसपैठ के खतरे को बढ़ाते हुए भारत को डराने का प्रयास करेगा यदि भारत पूर्वी पाकिस्तान में असंतुष्टों को अपनी सहायता देना बंद नहीं करता है। यह और अमेरिका की अन्य हलचलों ने चीन को भारत के प्रति आक्रामक मुद्रा अपनाने के लिए प्रोत्साहित किया। झोउ के साथ किसिंजर की मुलाकात के एक हफ्ते बाद चीन ने पूर्वी पाकिस्तान पर अपनी सतर्क नीति को त्याग दिया। चीनी विदेश मंत्री जी पेंगफी ने पूर्वी पाकिस्तान में स्वतंत्रता संघर्ष की "अदेशभक्तिपूर्ण कृत्य" के रूप में निंदा की तथा भारत पर पाकिस्तान के घरेलू मामलों में हस्तक्षेप करने का आरोप लगाया। चीनी-अमेरिका समर्थन से उत्साहित याह्या खान ने 6 नवंबर, 1971 को धमकी दी कि भारत-पाकिस्तान संबंध बहुत ज्यादा बिगड़ गए हैं और यह घोषणा की कि दोनों राष्ट्रों के बीच युद्ध ही एकमात्र विकल्प है। इसके बाद उसने अपने देशवासियों को आश्वासन दिया कि भारत-पाकिस्तान युद्ध की स्थिति में "चीन पाकिस्तान की तरफ से दखल देगा"।[48]

अपने एक बयान में सोवियत संघ ने अपनी तरफ से चीन को इस संघर्ष में हस्तक्षेप न करने की चेतावनी दी और कहा कि चीन द्वारा हस्तक्षेप करने की स्थिति में सोवियत संघ अपनी सीमाओं के नजदीक किसी भी गतिविधि तथा अपने सुरक्षा हितों को शामिल करते हुए चुप नहीं बैठेगा।[49] चीन ने मास्को को "पाकिस्तान के खिलाफ बृहत् पैमाने पर आक्रमण करने के लिए भारत को उकसाने" का आरोप लगाया और चीखते हुए भारतीय विस्तारवादियों पर पाकिस्तान के "टुकड़े" करने और जापानियों ने जिस प्रकार मंचूरिया में कार्यवाही की थी उसी प्रकार पूर्वी पाकिस्तान में "कठपुतली राष्ट्र" स्थापित करने का प्रयास करने का आरोप लगाते हुए प्रहार किया। भारत-पाकिस्तान संघर्ष पर सोवियत के कदम की चीनी आलोचना के प्रति तेजी से प्रतिक्रिया करते हुए सोवियत संघ ने उपमहाद्वीप में स्थितियों के सामान्यीकरण को रोकने हेतु स्थापित चीन-अमेरिकी संबंध की निंदा की और "चीन-अमेरिकी सम्मिलित-अधिकार" को स्थापित करने की योजना बनाने का उन पर आरोप लगाया।

शुरू से ही इस संकट में अमेरिकी नीति चीनी संबंध के तथ्य द्वारा निर्देशित थी। अमेरिका की स्थिति पाकिस्तान को मजबूत चीनी समर्थन से प्रभावित थी। जैसे ही युद्ध शुरू हुआ अमेरिका ने चीनी-पाकिस्तानी स्थिति के पक्ष में दृढ़ कदम उठाया। किसिंजर ने लिखा कि "हमें भारत को पश्चिमी पाकिस्तान में आक्रमण करने से रोकना है।"[50] 10 दिसंबर को अमेरिका ने बंगाल की खाड़ी की तरफ मुकाबले के लिए तैयार 2000 समुद्री जहाजों के साथ-साथ अमेरिकी नौसेना और विमान वाहक पोत यूएसएस इंटरप्राइज भेजने का निर्णय लिया। जैसा विद्वानों ने कहा है, इस निर्णय ने चीन की सहायता करने की अमेरिका की प्रतिबद्धता का संकेत किया। इसका उद्देश्य चीन को यह प्रदर्शित करना था कि हम एक भरोसेमंद देश हैं और हम आपस में दोस्ती के लिए कदम उठाएँगे।[51] अमेरिका की उपर्युक्त स्थिति कुल मिलाकर चीन के साथ इसके नए संबंध को उजागर करती है।

यद्यपि भारत ने चीनी और अमेरिकी विरोध के बावजूद अपना मुख्य उद्देश्य, पूर्वी पाकिस्तान की स्वतंत्रता और बांग्लादेश के निर्माण को प्राप्त किया। भारत ने अपनी नीति को अपने खुद के हितों पर आधारित करना जारी रखा। इसके लिए उसे सोवियत संघ का समर्थन मिला लेकिन उसी समय वह सोवियत संघ के ज्यादा नजदीक न जाने के लिए सतर्क रहा।

यद्यपि चीन ने पाकिस्तान पर भारत की विजय को चीन की दक्षिण दिशा पर बढ़ते हुए सोवियत के प्रभाव के रूप में माना। बांग्लादेश में बाद की गतिविधियों में चीन ने लगातार भारत के खिलाफ शत्रुतापूर्ण व्यवहार बनाए रखा और दूसरी ओर पाकिस्तान सरकार व बांग्लादेश का समर्थन करता रहा। संयुक्त राष्ट्र के अंदर और बाहर दोनों जगह पर चीन ने भारत की हिंसात्मक ढंग से आलोचना की। चीन ने लगातार और नियमित रूप से भारत को सोवियत "सामाजिक साम्राज्यवाद" की मदद से पाकिस्तान पर "आक्रमण" करने का दोष लगाया।[52] जब युद्ध खत्म हुआ तो चीन उपमहाद्वीप पर सोवियत की उपस्थिति को कम करने के उपाय ढूँढ़ने लगा और भारत तथा पाकिस्तान के बीच सन् 1972 में हुए शिमला समझौते का स्वागत किया।

सत्तर के दशक में नई चीन-अमेरिका मैत्री के बाद चीन अपने मौजूदा दुश्मन सोवियत संघ के खिलाफ अमेरिका की तरफ झुक गया। जहाँ तक अमेरिका का प्रश्न है, चीन के साथ नई बातचीत ने उसके पचास एवं साठ के दशकों की रोकथाम नीति को औपचारिक रूप से समाप्त कर दिया। अंततः चीन ने उभरते हुए शक्ति के वैश्विक संतुलन में अपनी अत्यंत बढ़ी हुई स्थिति की पश्चिमी स्वीकृति तथा सार्वभौमिक मान्यता प्राप्त की। यद्यपि चीन के पास अभी भी दोनों महाशक्तियों के स्तर पर वैश्विक कूटनीति करने के लिए आवश्यक आर्थिक एवं सैन्य संसाधनों की कमी थी। फिर भी चीन ने तीसरे विश्व में अपनी राजनयिक प्रतिष्ठा, अपने वैचारिक

प्रभाव को बढ़ाया और कुल मिलाकर उसकी एशिया में भू-राजनीतिक महत्ता ने अमेरिका एवं सोवियत संघ को त्रिकोणात्मक संबंध बनाने के लिए मजबूर किया। अब माओ के क्रांतिकारी कूटनीतिक संबंध का मुख्य उद्देश्य सोवियत संघ को कमजोर करने के लिए मास्को-वाशिंगटन-बीजिंग त्रिकोण में बातचीत के दबावों का फायदा उठाना था।

इस त्रिकोण की सबसे अधिक दिलचस्प विशेषता यह थी कि जबकि प्रत्येक पक्ष अन्य दोनों पक्षों का विरोधी था, फिर भी तीनों द्विपक्षीय संबंध अर्थात अमेरिका-सोवियत संघ, सोवियत संघ-चीन, चीन-अमेरिका पूरी तरह से विरोधी नहीं थे।[53] चीन के लिए इस त्रिकोणात्मक खेल को खेलने का मुख्य उद्देश्य सोवियत-अमेरिकी साँठ-गाँठ को अत्यंत कम करना, इस साँठ-गाँठ को उजागर करते हुए दोनों महाशक्तियों को एक दूसरे का विरोधी बनाना और अमेरिका के साथ साँठ-गाँठ के खतरे द्वारा सोवियत विस्तारवाद को नियंत्रित करना था।

दोनों महाशक्तियों के बीच चीन के अनुभव से सोवियत संघ स्पष्ट रूप से ज्यादा आक्रामक था। अमन की सोवियत नीति को माओवादी नेतृत्व द्वारा सोवियत संशोधनवादी नेतृत्व के साम्राज्यवादी महत्त्वाकांक्षाओं को छिपाने के इरादे से प्रचार गतिविधि के रूप में खारिज किया गया। चीन की इस चुनौती का सामना करने में अपनी भूमिका की धारणा अनिवार्य रूप से दोहरी थी। प्रथम, नेतृत्व के वास्तविक स्वभाव के प्रति विश्व को सतर्क करना और इसे पराजित करने की क्षमता रखने वाले एक नए संयुक्त मोर्चे को लामबंद करना।[54] इस संघर्ष को आगे बढ़ाने तथा सोवियत सामाजिक-साम्राज्यवाद के खिलाफ यथासंभव विस्तृत संयुक्त मोर्चा बनाने के लिए चीन ने अमेरिका के साथ अमन की तरफ कदम बढ़ाया।

16 दिसंबर, 1978 को प्रधानमंत्री हुआ गुओफेंग द्वारा बीजिंग में 1 जनवरी, 1979 से अमेरिका और चीन के बीच संबंधों के पूरी तरह से सामान्यीकरण का निर्णय लिया गया। संयुक्त चीनी-अमेरिका विज्ञप्ति में यह निर्धारित किया गया कि अमेरिका चीनी जनवादी प्रजातंत्र की सरकार को चीन की एकमात्र वैध सरकार की मान्यता देगा और इस संबंध में अमेरिका ताइवान के साथ सांस्कृतिक, व्यापारिक और अन्य अनौपचारिक संबंध बनाए रखेगा। अमेरिका ने यह भी कहा कि "चीन एक है और ताइवान चीन का एक हिस्सा है।" दोनों देशों ने सन् 1972 की शंघाई विज्ञप्ति के सिद्धांतों की पुनः पुष्टि की।[55] इस संबंध को विश्व के समक्ष खोलने की डेंग की नीति में यह बात फिट बैठती थी। इस नीति की मुख्य बात पश्चिम के साथ व्यापार के अवसरों का प्रयोग करना, चीनी आर्थिक ढाँचे के आधुनिकीकरण के लिए अमेरिकी बाजार तथा पश्चिमी तकनीकी की सुलभता थी।[56]

जहाँ तक चीन-भारत संबंध का प्रश्न है सोवियत कारक हमेशा महत्त्वपूर्ण रहा। सन् 1977 के आम चुनावों में श्रीमती इंदिरा गांधी की हार ने चीन को इस बात पर भरोसा करने के लिए मजबूर किया कि सोवियत-भारत संबंध बर्फ की पतली चादर पर स्थित था और नई दिल्ली में नई जनता सरकार के साथ दोस्ताना रवैया अपनाते हुए इस संबंध को तोड़ना संभव था। सिन्हुआ ने अपनी एक टिप्पणी में घोषणा की कि "राष्ट्रीय चुनाव के नतीजों ने कांग्रेस पार्टी की सरकार की आंतरिक एवं बाह्य नीतियों की अलोकप्रियता को दर्शाया है। सोवियत सामाजिक साम्राज्यवाद के समर्थन और मौन सहमति से कांग्रेस सरकार ने कई सालों से विस्तारवाद की नीति का अनुसरण किया और अतः उसने स्वयं को केवल दक्षिण एशिया से ही नहीं बल्कि पूरे संसार से अलग-थलग कर लिया। केवल क्रेमलिन के मुखपत्र टास ने कांग्रेस पार्टी की आंतरिक एवं बाह्य नीतियों को प्रगतिशील बताया। भारतीय चुनाव को प्रभावित करने का सोवियत प्रयास निष्फल रहा।"[57] यद्यपि मास्को ने नई दिल्ली को याद दिलाया कि "भारत के साथ संबंध के सामान्यीकरण" के मीठे शब्दों का इस्तेमाल करने के बावजूद, चीन भारत की सुरक्षा के लिए "गंभीर खतरा" बना हुआ है। उसने चेतावनी दी कि चीन द्वारा पाकिस्तान से अवैध तरीके से हथियाए गए भारतीय क्षेत्र की तरफ बनाया जा रहा काराकोरम राजमार्ग भारत के लिए बहुत बड़ा खतरा प्रदर्शित कर रहा है। इस सड़क का निर्माण चीन के सैन्य रणनीतिक उद्‌देश्यों को पूरा करने तथा भारत को परेशान करने के लिए किया जा रहा है।[58]

जब भारत के विदेश मंत्री अटल बिहारी वाजपेयी ने सितंबर 1978 में सोवियत संघ का दौरा किया तो उन्होंने अपने मेजबान को यह आश्वासन दिया कि उनका चीन का आगामी भ्रमण भारत-सोवियत दोस्ती पर कोई भी प्रभाव नहीं डालेगा और कि भारत का चीन के साथ अपना अनुभव रहा है और हमने अपनी आँखें और कान खोल रखे हैं। फरवरी 1979 में जब वाजपेयी चीन में थे तो उसी समय चीन ने वियतनाम पर आक्रमण कर दिया। भारत से शर्मिंदगी दर्शाते हुए देंग जिआओपिंग ने कहा कि चीन वियतनाम को सीख सिखाना चाहता था और चीन के आक्रमण को अक्टूबर, 1962 में पहले के भारत की कमी से जोड़ा। वाजपेयी ने अपने बीजिंग दौरे को छोटा करके अपनी प्रतिक्रिया व्यक्त की। वाजपेयी के चीन भ्रमण के बाद सोवियत नेता लियोनिद ब्रेजनेव ने प्रधानमंत्री मोरारजी देसाई से कथित तौर पर कहा: "आपके विदेश मंत्री के चीन दौरे को हमारी जनता द्वारा अच्छी तरह से स्वीकार्य नहीं किया गया" मैं नहीं जानता हूँ कि आपके लोगों ने इसकी क्या प्रतिक्रिया की है लेकिन हमारे लोगों ने इसे अच्छा नहीं समझा।[59] सोवियत संघ ने भारतीय नेतृत्व को चीन के खतरनाक इरादे के प्रति सतर्क किया और चीन पर विश्वास न करने की सलाह दी।

इसके बाद वियतनाम ने अंतर्राष्ट्रीय राजनीति में केंद्रीय स्तर प्राप्त किया। सन् 1978 में वियतनाम में रहने वाले चीनी वियतनाम सरकार द्वारा अत्याचार करने का आरोप लगाते हुए उत्तर की तरफ पलायन करने लगे। सीमा की घटनाएँ सामान्य हो गई। भारत-चीन संबंध उबाल खा रहा था। सोवियत-वियतनाम की दोस्ती और पारस्परिक मैत्री की संधि के बाद खमेर रूज और पॉल पॉट की घातक नीतियों का कहर टूटा और प्रायद्वीप में परेशानियाँ शुरू हो गई। परिणामस्वरूप चीन ने आरोप लगाया कि वियतनाम ओरिएंट का क्यूबा हो गया है।[60] इस बीच वियतनाम और कम्युनिस्ट कंबोडिया (कंपूचिया) के बीच संबंध खराब हो गए। ऐतिहासिक शत्रुता, कंपूचिया में वियतनामियों पर अत्याचार और कंपूचिया सरकार के बहशीपन ने वियतनाम को दिसंबर 1978 में कंपूचिया को जीतने के लिए प्रोत्साहित किया। चीन ने माना कि इसके प्रभाव का वैध क्षेत्र विक्षुब्ध हो रहा है और इसने फरवरी 1979 में इसका बदला लिया। चीन ने वियतनामी सीमा पर उकसावे के खिलाफ बदला लेने के लिए वियतनाम में अपने सैनिक भेजे लेकिन कंबोडिया में अपने सैनिकों को भेजने के लिए वियतनाम को सजा देने और खामेर रूज की सत्ता को गिराने और उस स्थान पर चीनी सरकार को स्थापित करने के लिए यह कार्य किया। सोवियत संघ ने चीनी आक्रमण को अभूतपूर्व बेशर्म दस्यु हमले के रूप में कठोरतापूर्वक निंदा की जिसमें चीनी शासकों ने पूरे विश्व के समक्ष अपने द्वारा अपनाई गई महान शक्ति नीति के द्रोही, आक्रामक तत्त्व को प्रकट किया।[61]

कंपूचियन मामले पर भारत और चीन में व्यापक रूप से मतभेद था। जबकि बीजिंग ने खमेर रूज और पॉल पॉट शासन का समर्थन किया, लेकिन नई दिल्ली ने हेंग सैमरिन शासन का समर्थन किया। चीन ने माना कि भारत का कंपूचिया पर दृष्टिकोण भारत के सोवियत संघ के साथ घनिष्ठ संबंध द्वारा प्रभावित था। कंपूचियन मामले पर मतभेदों ने कुछ समय के लिए भारत-चीन सामान्यीकरण प्रक्रिया को प्रभावित कर दिया।

III

चीन-सोवियत संबंध अफगानिस्तान में गतिविधियों से फिर से खराब हो गए। अप्रैल, 1978 में इस प्रकार का एक तख्तापलट अफगान कम्युनिस्ट पार्टी के दो प्रतिद्वंद्वी गुटों के सदस्यों के लिए किया गया और इसे सौर क्रांति कहा गया। अफगानिस्तान के धार्मिक गुटों ने इस बदलाव को स्वीकार नहीं किया और उन्होंने इस नए शासन का विरोध करना शुरू कर दिया। कम्युनिस्ट गुटों के बीच विरोध के कारण सन् 1979 में फिर से तख्तापलट हुआ और इससे बहुत ज्यादा अस्थिरता उत्पन्न हो गई। अतः दिसंबर, 1979 में सोवियत संघ ने अफगानिस्तान में अपने

सैनिकों को भेजने का निर्णय लिया। सोवियत संघ ने दावा किया कि अफगान सरकार ने उनसे इसके लिए अनुरोध किया है। सोवियत नेता ब्रेजनेव ने अफगानिस्तान में स्थिरता वापस स्थापित होने और विदेशी हस्तक्षेप के खत्म होने के बाद अपनी सेनाओं को वापस बुलाने का वचन दिया। अमेरिका के राष्ट्रपति कार्टर ने सोवियत के पश्चिमी दखल के आरोप को रद्द कर दिया और तुरंत सोवियत सेनाओं की वापसी की माँग की।

अफगानिस्तान के मामले ने दोनों महाशक्तियों के बीच के संबंध को नया आधार दे दिया और अगले दशक के लिए इस क्षितिज पर एक नए शीत युद्ध का संकट मँडराने लगा। चीन का अफगानिस्तान के प्रति रवैये में सन् 1978 की क्रांति के परिणामस्वरूप महत्त्वपूर्ण रूप से बदलाव आया। यहाँ तक कि कथित तौर पर सोवियत आक्रमण के पहले अफगान क्रांति को सोवियत की विशाल रणनीति के अंश के रूप में देखा जा रहा था जो विशुद्ध रूप से क्षेत्रीय संबंधों की अपेक्षा विश्वव्यापी था।[62] दिसंबर 1979 में अफगानिस्तान पर सोवियत आक्रमण से स्थिति नाजुक हो गई थी। चीन के अनुसार सोवियत संघ एशिया की प्रमुख शक्ति बनना चाहता था और बीजिंग इससे सतर्क था। चीन-सोवियत सीमा पर बहुत बड़ी संख्या में सोवियत सैनिकों के तैनात होने से चीन विक्षुब्ध था। सीमा पर कथित तौर पर लगभग 48 सोवियत डिवीजन थीं और 10 डिवीजन मंगोलिया में तैनात थीं जो अत्याधुनिक हथियारों से लैस थी।

अफगानिस्तान के संकट ने महाशक्तियों के बीच शीत युद्ध की वापसी का संकेत किया लेकिन इस समय का दृश्य यूरोप से एशिया की तरफ परिवर्तित था। यद्यपि विश्वव्यापी त्रिकोणात्मक कूटनीति यथावत थी लेकिन धीरे-धीरे इसमें सूक्ष्म बदलाव आ रहा था। ये सूक्ष्म बदलाव अगले दो वर्षों में सूक्ष्म नहीं रहे जब चीन ने "स्वतंत्र विदेश नीति" को अपनाया। सन् 1982 में चीन की विदेश नीति अंतर्राष्ट्रीय स्थितियों में परिवर्तित उद्देश्य तथा चीन की प्राथमिकता से रूपांतरित हुई। चीन की कम्युनिस्ट पार्टी के 12वें नेशनल कांग्रेस के दौरान अपनी रिपोर्ट में पार्टी के जनरल सेक्रेट्री ने कहा कि उनकी नीति "शांतिपूर्ण सहअस्तित्व के पाँच सिद्धांतों" और उन सभी देशों के साथ सामान्य, दोस्ताना संबंध स्थापित और विकसित करने जो चीन को समान मानते हैं; अन्य तीसरी दुनिया के देशों एवं मित्र राष्ट्रों के साथ एकता और सहयोग को मजबूत करने; और आधिपत्य का विरोध करने और विश्व शांति बनाए रखने पर आधारित है।[63] इस नई विदेश नीति की मुख्य विशेषता यह थी कि चीन "किसी भी बड़ी शक्ति या राष्ट्रों के गुट से संबद्ध नहीं होगा और स्वयं किसी भी बड़ी शक्ति के दबाव में नहीं आएगा।" सामान्य सिद्धांत आधिपत्य का विरोध करना और शांति को प्रोत्साहित करना था।[64] चीन अन्य बदलावों को नोट कर रहा था तथा

अपनी प्रतिक्रिया दे रहा था जो अंतर्राष्ट्रीय परिदृश्य में घटित हो रहे थे। सबसे ज्यादा महत्त्वपूर्ण घटना "महाशक्तियों का पतन" थी। दोनों महाशक्तियाँ विरोधों का सामना कर रही थीं।

सन् 1980 में मास्को एवं बीजिंग ने अफगानिस्तान पर आरोप तथा प्रत्यारोप लगाए। चीन ने इसे जबरदस्त आक्रमण बताया जबकि सोवियत ने चीन पर अफगानिस्तान में जवाबी-क्रांतिकारी गुट भेजने के लिए पश्चिम के साथ गुटबंदी करने का आरोप लगाया। जनवरी 1980 में चीन ने अपने निर्णय की घोषणा की कि वह सोवियत के "अफगानिस्तान पर आक्रमण" के कारण उससे संबंधों को सुधारने के लिए कोई भी बातचीत शुरू नहीं करेगा।[65] अफगानिस्तान में सोवियत संघ की उपस्थिति से चीन के घनिष्ठ संबंधी पाकिस्तान की सुरक्षा के लिए भी बड़ा खतरा उत्पन्न हो गया। अत: पाकिस्तान को महत्त्वपूर्ण भूमिका सौंपी गई। उसे सीमावर्ती राष्ट्र के रूप में अफगान के मुजाहिदीन के लिए अपने क्षेत्र पर आश्रय प्रदान करना था। इस प्रकार के अभियान के बारे में चीन और अमेरिका के अधिकारियों द्वारा बीजिंग में जनवरी 1980 में रक्षा सचिव हैराल्ड ब्राउन के दौरे के दौरान बातचीत की गई। इस बातचीत के दौरान चीन और अमेरिका पाकिस्तान को मदद देने में एक-दूसरे का साथ देने के लिए सहमत हुए।[66] कूटनीतिक सहायता के संदर्भ में चीन ने अमेरिका से अपने पाकिस्तान के साथ व्यपगत सुरक्षा संबंध को नया करने का आग्रह किया और अमेरिका, पश्चिमी यूरोप और जापान को आर्थिक सहायता प्रदान करने के लिए प्रोत्साहित किया।[67]

अफगानिस्तान के संदर्भ में भारत ने विदेशी सैनिकों की वापसी, हर प्रकार के बाहरी हस्तक्षेप को रोकने तथा अफगानिस्तान की स्वतंत्रता, प्रभुता, क्षेत्रीय अखंडता और गुट निरपेक्ष स्थिति की रक्षा करने के आधार पर संबंधित पक्षों के बीच बातचीत द्वारा राजनीतिक समझौता करने के लिए कहा।[68]

श्रीमती इंदिरा गांधी जनवरी 1980 में फिर से सत्ता में आई और उन्होंने सोवियत संघ के साथ भारत के संबंध को फिर से संघटित करने का निश्चय किया, जिसके बारे में उनका विश्वास था कि जनता सरकार ने इसे कमजोर कर दिया है। परिणामस्वरूप उन्होंने दिसंबर 1980 में सोवियत के राष्ट्रपति लियोनिद ब्रेजनेव के भारत भ्रमण की मेजबानी की। राष्ट्रपति लियोनिद ब्रेजनेव के भ्रमण के दौरान श्रीमती गांधी ने सीधे अन्य देशों के आंतरिक मामलों में हर प्रकार के बाहरी हस्तक्षेप के प्रति भारत के विरोध को व्यक्त किया चाहे वह नियमित सैनिकों को भेज कर किया जाए या घुसपैठ से किया जाए।[69] सोवियत-भारत आर्थिक और सैन्य सहयोग सन् 1980-84 के दौरान महत्त्वपूर्ण रूप से विस्तृत हुआ तथा सोवियत द्वारा बड़ी मात्रा में नया सोवियत व्यापार ऋण प्रदान किया गया और भारी मात्रा में आधुनिक

सैन्य उपकरणों की आपूर्ति की गई। यद्यपि उसी समय श्रीमती गांधी सोवियत संघ के साथ ज्यादा घनिष्ठ संबंध बनाने से सशंकित थीं। वह अफगानिस्तान में सोवियत सैनिकों के प्रवेश द्वारा भारत के दीर्घकालीन सुरक्षा हितों के संभावित खतरों से अवगत थीं। इस चिंता की वजह से भारत को पश्चिमी यूरोप और अमेरिका के साथ अपने संबंधों का विस्तार करते हुए भारतीय कूटनीति में विविधता लाने को बढ़ावा मिला।

उतने ही महत्त्वपूर्ण रूप से भारत-चीन के साथ संबंधों को सुधारना चाहता था और उसने गुट निरपेक्ष अभियान में अपनी भूमिका को व्यक्त किया।[70] चीन भी अफगानिस्तान में हुई गतिविधि के बाद भारत के साथ अपने संबंध सुधारना चाहता था। चीन कंपूचियन मामले को टालते हुए भारत के साथ संबंध सामान्य करने का प्रयास करने लगा जहाँ पर दोनों राष्ट्र पूर्ण रूप से भिन्न नीतियों का अनुसरण कर रहे थे। भारत संयुक्त राष्ट्र तथा गुट निरपेक्ष आंदोलन में वियतनाम एवं कंपूचिया का मुख्य समर्थक था। इसका अपवाद जुलाई 1980 में कंपूचिया में हेंग सैमरिन शासन को भारत की मान्यता देने का चीन द्वारा की गई विषमय आलोचना थी। भारत की कंपूचिया में सोवियत शासन के साथ घनिष्ठ दोस्ती ने अपने विदेश मंत्री हुआंग हुआ की लंबे समय से लंबित भारत दौरे को रद्द करने को चीन को बढ़ावा मिला।[71] उस समय पूरे दक्षिण एशियाई क्षेत्र में सोवियत के प्रभाव को कम करने के लिए चीन की भारत के साथ संबंधों को सुधारने की तीव्र इच्छा के बावजूद चीन को भारत की इंडो-चाइनीज नीति पर अपने क्रोध को शांत करने और जून 1981 में हुआंग हुआ के भारत भ्रमण को फिर से बहाल करने में दस महीने लग गए। चीन ने कंपूचिया में भारत के कदम को एक मूर्खतापूर्ण निर्णय माना जो पूरी तरह से भारत सरकार को अंतर्राष्ट्रीय स्तर पर बदनाम करता है। उसने आरोप लगाया कि भारत ने यह कदम सोवियत संघ द्वारा भारत को दी जाने वाली सहायता के कारण उठाया था।

ब्रेजनेव के दिसंबर 1980 में भारत भ्रमण के परिणामस्वरूप चीन ने कहा कि भारत अभी भी सोवियत के सामने झुका नहीं है। उसने नोट किया कि "ब्रेजनेव को वह सभी चीजें नहीं प्राप्त हुई जो वे चाहते थे। वे व्यक्तिगत रूप से भारत जाने के बावजूद भी अफगानिस्तान मामले पर भारत के निर्णय को बदलने में असमर्थ रहे।"[72] जून 1981 में चीन के विदेश मंत्री हुआंग हुआ भारत आए। भारत में हुआंग हुआ ने भारत और चीन को छोटे-छोटे मामलों पर मतभेद से बचते हुए बड़े मामलों पर एक सामूहिक आधार बनाने के लिए कहा और उन्होंने कहा कि "चीन की विदेश नीति के लिए मूलभूत शुरूआती बिंदु आधिपत्यतता का विरोध करना है।" 1981 में हुआंग हुआ के भ्रमण के दौरान दोनों पक्ष सीमा मामले और अन्य द्विपक्षीय आदान-प्रदान पर बातचीत करने के लिए सहमत हुए।

फिर भी भारत, एशिया में शीत युद्ध के दुबारा शुरू होने से चिंतित था। वर्ष 1981–82 के लिए विदेश मंत्रालय के अनुदान की माँग पर एक बहस के दौरान लोक सभा के एक कांग्रेस सदस्य ने कहा:

> हम ऐसे क्षेत्र में रह रहे हैं जो महाशक्तियों के आमने-सामने आने से बहुत बड़े खतरे में पड़ गया है। निक्सन–किसिंजर काल के दौरान चीन के साथ मैत्री रखते हुए सोवियत संघ को नियंत्रित करने की रणनीति अपनाई गई थी। और इस संदर्भ में यह भी जरूरी है कि पाकिस्तान की हथियारबंदी पर नजर रखी जाए। इन हथियारों का प्रयोग हमारे देश के खिलाफ किया जाना है।[73]

दूसरे लोकसभा सदस्य श्री रघुनंदन लाल भाटिया ने कहा:

> चीन हमेशा हमारी शांति और गुट निरपेक्षता के सिद्धांत की खिल्ली उड़ाता रहा है। वे प्रत्यक्ष या अप्रत्यक्ष रूप से हमारे मामलों में हस्तक्षेप करते रहे हैं। जब तक चीन क्रांति को स्वतंत्रता का उपाय मानेगा और असहमति की स्थिति में आक्रमण करेगा तब तक उसके साथ संबंध सामान्य होने की कोई भी संभावना नहीं है। यदि वे गंभीर हैं और वे गंभीरतापूर्वक हमसे मित्रता का संबंध चाहते हैं तो उन्हें अच्छी दोस्ती के रास्ते में आने वाले अवरोधों को दूर करना जरूरी है।[74]

हुआंग हुआ के भारत भ्रमण से चीन–भारत संबंधों में सुधार की संभावना के बारे में सोवियत को चिंता हो गई। सोवियत मीडिया ने एशिया में चीन की नीति, इस क्षेत्र में शांति और सुरक्षा के प्रति चीनी खतरे का खुलासा करने के लिए खबरों में पहले से ज्यादा स्थान दिया।[75] चीन की भारत की आंतरिक स्थिति, सीमा समस्या और भारत के साथ अन्य मतभेदों से संबंधित तिकड़मबाजी के लिए निंदा की गई। चीन-भारत के बीच पहले दौर की बातचीत के तुरंत बाद न्यूयार्क टाइम्स में छपे एक लंबे लेख में चीन की विविध "भारत विरोधी" गतिविधियों जैसे भारतीय क्षेत्र पर कब्जा करना, पाकिस्तान को हथियार की आपूर्ति करना और भारत के उत्तर–पूर्व में अलगाववादी विद्रोह का समर्थन करने का उल्लेख किया गया। स्पष्ट रूप से इस लेख में चीन की सोवियत–भारत दोस्ती को कमजोर करने के इरादे के बारे में चेतावनी दी गई थी।[76]

श्रीमती इंदिरा गांधी के सितंबर 1982 में सोवियत संघ के भ्रमण के दौरान सोवियत के नेताओं ने उन्हें सतर्क किया कि चीन का असली उद्देश्य पूरे एशिया पर अपना प्रभुत्व स्थापित करना है और ब्रेजनेव ने स्वयं उन्हें याद दिलाया कि सोवियत संघ को "पूर्व और पश्चिम दोनों" तरफ से खतरा है। श्रीमती गांधी ने सोवियत नेताओं को अश्वासन दिया कि भारत चीन के साथ संबंधों को सुधारने का

प्रयास सोवियत संघ के साथ "भरोसेमंद और परखी हुई दोस्ती" की कीमत पर नहीं करेगा।[77] मास्को न्यूज कान्फ्रेंस में भारत की प्रधानमंत्री ने पहली बार यह भी कहा कि वह "वह चाहती हैं कि सोवियत सैनिक अफगानिस्तान को छोड़ दें।"[78] इस बात से यह स्पष्ट था कि भारत-चीन और सोवियत संघ दोनों के साथ संबंधों में स्वतंत्र दृष्टिकोण का अनुसरण कर रहा था।

चीन ने महत्त्वपूर्ण ढंग से महाशक्तियों के साथ अपने संबंधों को सुधारा। उसने (सोवियत) आधिपत्य के खिलाफ (अमेरिका के साथ) संयुक्त मोर्चे की अपनी बात को रद्द कर दिया और धीरे-धीरे पूरे क्षेत्र में सोवियत संघ के साथ सहयोगात्मक संबंधों को बढ़ाने लगा। उसने सोवियत की विदेश नीति की आलोचना करनी कम कर दी तथा अमेरिकी पहल की आलोचना के साथ सोवियत पहल की संतुलित आलोचना करनी शुरू कर दी। इस प्रकार इससे तीसरी दुनिया में चीन की सदस्यता की पुनः पुष्टि हो गई। सामूहिक रूप से इन सामंजस्यों को चीन की "स्वतंत्र विदेश नीति" के नाम से जाना गया। इसके परिणामस्वरूप स्वयं अमेरिका से थोड़ी दूरी बनाते हुए और चीन-सोवियत संबंधों में सीमित सुधार करते हुए चीन ने अपने आप को अमेरिका के साथ बेहतर समझौते की स्थिति में रख लिया।[79]

चीनी विदेश नीति के एक विश्लेषक का विश्वास था कि चीन का भारत के साथ बेहतर संबंधों की इच्छा ने सन् 1982 में "स्वतंत्र विदेश नीति" अपनाने में अपनी भूमिका निभाई।[80] चीन ने अमेरिका से सीमित छुटकारा और सोवियत संघ से सीमित मैत्री को भारत को यह दर्शाने का उपाय समझा कि चीन अमेरिका के साथ और सोवियत के विरोध में नहीं है। अतः उन्नत चीन-भारत संबंध भारत के सोवियत संघ के साथ संबंध को कमजोर नहीं करेगा। इस प्रदर्शन से घनिष्ठ चीन-भारत संबंध के प्रति सोवियत का विरोध कम होगा और सोवियत संघ चीन-भारत मैत्री को रोकने के लिए अपने प्रभुत्व का प्रयोग करने में हतोत्साहित होगा।[81] चीन ने साम्राज्यवाद के प्रति अपने विरोध, विकास के लिए संघर्ष और तीसरी दुनिया की अपनी सदस्यता को भी व्यक्त किया। अतः चीन ने भारत के साथ अपने भाईचारे की पुष्टि की और इससे चीन-भारत संबंध के अनुकूल माहौल उत्पन्न हुआ।

इसके परिणामस्वरूप भारत और चीन दोनों अक्टूबर, 1983 में चीन-भारत आधिकारिक स्तरीय चौथे दौर की बातचीत में कई अंतर्राष्ट्रीय मामलों पर विचार-विमर्श करने के लिए सहमत हुए। दोनों पक्षों ने यह आशा व्यक्त की कि व्यापक अंतर्राष्ट्रीय मामलों पर समझौते से द्विपक्षीय संबंधों में सुधार होगा। सन् 1983 में चौथे दौर की बातचीत के लिए प्रस्थान करने से पहले चीनी प्रतिनिधिमंडल के मुखिया हांग देफेई ने पत्रकारों को बताया कि चीन और भारत ने कई अंतर्राष्ट्रीय मामलों जैसे विश्व शांति

की सुरक्षा, उत्तर-दक्षिण बातचीत और दक्षिण-दक्षिण बातचीत पर सामूहिक दृष्टिकोण साझा किए हैं, अतः इस समय मैं भारतीय दोस्तों के साथ अपने विचारों का आदान-प्रदान करके खुश होउँगा।[82] अंतर्राष्ट्रीय मामलों पर दृष्टिकोणों का यह आदान-प्रदान अगले दौर की बातचीत द्वारा जारी रहा। नवंबर 1985 में छठें दौर की बातचीत के बाद भारत के विदेश मंत्री बलिराम भगत ने परमाणु निरस्त्रीकरण, दक्षिण अफ्रीका एवं उत्तर-दक्षिण संबंधों को समझौते के क्षेत्र के रूप में गिनाया।[83] प्रभावशाली चीनी मीडिया की टिप्पणी में अन्य अंतर्राष्ट्रीय मामलों जैसे इजरायल का आक्रमण एवं विस्तार, ग्रेनेडा पर नामीबिया एवं अमेरिकी आक्रमण को गिनाया, जिस पर भारत और चीन सहमत हुए तथा दोनों देशों ने गुट-निरपेक्षता, शांतिपूर्ण सहअस्तित्व के पाँच सिद्धांतों का विकास और साम्राज्यवाद के खिलाफ उनके सामूहिक संघर्ष के प्रति अपनी वचनबद्धता को व्यक्त किया।[84]

सन् 1984 तक चीन ने अपनी स्वतंत्र विदेश नीति पर जोर देना शुरू कर दिया और इसे ऐसे मामलों पर अमेरिका की मजबूती से आलोचना करते हुए प्रदर्शित किया जिस पर उसने कहा कि अमेरिका आधिपत्यवादी नीतियों का अनुसरण कर रहा है। चीन-अमेरिका संबंध सन् 1984 में स्थिर हुए जब चीनी प्रधानमंत्री झाओ जियांग ने अमेरिका का दौरा किया। वहाँ पर झाओ ने संबंध के आर्थिक आयाम को रेखांकित किया तथा यह स्वीकार किया कि अभी भी चीन-अमेरिकी राजनीतिक संबंधों में कुछ मुश्किलें हैं।[85] इस बीच चीन का सोवियत संघ के साथ भी संबंधों में सुधार हुआ। चीन ने ब्रेजनेव की मृत्यु पर शोक व्यक्त किया। सितंबर 1983 में सोवियत उपविदेश मंत्री एम0 कपित्सा के एक सप्ताह तक चले भ्रमण के परिणामस्वरूप संबंधों के विस्तार में कुछ प्रगति हुई। सन् 1983 के संयुक्त राष्ट्र सामान्य सभा सत्र के दौरान चीन के विदेश मंत्री वू जियान ने पिछली नीति को परिवर्तित कर दिया तथा सोवियत के विदेश मंत्री आंद्रेई ग्रोमिको से अपनी मुलाकात के निर्णय की घोषणा की। दो महाशक्तियों से संबंधों में नियंत्रण स्थापित करने के लिए एक कदम आगे बढ़ाते हुए वू ने घोषणा की कि "चीन-सोवियत संबंध और चीन-अमेरिका संबंध दो अलग-अलग चीजें हैं और इन्हें एक साथ नहीं जोड़ा जा सकता है।"[86] चीन ज्यादा गुंजाइश करते हुए दोनों महाशक्तियों को छूने का प्रयास कर रहा था। चीन और सोवियत संघ के बीच संबंध की अभी भी इसके अमेरिका के साथ संबंध से तुलना नहीं की जा सकती थी लेकिन आगे बढ़ाया गया कदम सुस्पष्ट था। सन् 1984 में सोवियत के नए राष्ट्रपति कॉन्स्टेंटिन चर्नेन्को ने चीन के साथ बेहतर संबंध स्थापित करने की अपने देश की इच्छा की पुनः पुष्टि की। चीन और सोवियत संघ ने चार नए समझौते भी किए जिसमें उनके बीच अनबन के बाद की गई पहली दीर्घकालीन व्यापार संधि शामिल थी।

इस बीच भारत में प्रधानमंत्री श्रीमती इंदिरा गांधी की अक्टूबर, 1984 में हत्या कर दी गई और राजीव गांधी उनके उत्तराधिकारी हुए। पूरे 1985 में दोनों पक्षों की तरफ से आशावादी बयान दिए गए। एक भारतीय विश्लेषक के अनुसार, सन् 1985 के दौरान नई दिल्ली चीन-सोवियत संबंधों में सन् 1982 के बाद की गरमाहट और बीजिंग एवं वाशिंगटन के बीच बढ़ती हुई दूरी के कारण चीन-भारत संबंधों में संभावित सफलता के प्रति आशावादी थी।[87] 80 के दशक के मध्य में भारत-अमेरिका संबंधों में गर्मी आ रही थी। प्रधानमंत्री राजीव गांधी ने जून, 1985 में अमेरिका का दौरा किया। नए प्रधानमंत्री बहुत हद तक सोवियत के समर्थन पर निर्भर होने की अपेक्षा पश्चिमी देशों के साथ घनिष्ठ संबंध बनाने के संदर्भ में अपने विकल्पों को खुला रखना चाह रहे थे। राजीव गांधी का अमेरिका दौरा सफल रहा। अमेरिका ने तकनीकी निर्यात पर रोक को कम कर दिया और भारत सरकार अमेरिकी व्यापार के लिए अनुकूल शर्तों को सुधारने हेतु राजी हो गई।[88] इसके परिणामस्वरूप भारत-अमेरिका संबंधों में महत्त्वपूर्ण बदलाव आए।

सन् 1985 में राजीव गांधी के मई में सोवियत तथा जून में अमेरिका दौरे के तुरंत बाद चीनी मीडिया ने अगस्त 1985 में पीपुल्स डेली (रेनमिन रिबाओ) में प्रकाशित लेख में महाशक्तियों के प्रति भारत और चीन की नीति के बीच समानताओं को नोट किया। इस लेख में नोट किया गया कि स्थायी अंतर्राष्ट्रीय माहौल पैदा करने के लिए राजीव गांधी सोवियत संघ के साथ अपने संबंधों को बनाए रखते हुए अमेरिका के साथ दोस्ताना संबंध बनाने का प्रयास करते हुए "दो दोस्त नीति" का अनुसरण कर रहे थे। उसके बाद चीन भी अमेरिका के साथ सौहार्दपूर्ण संबंध बनाए रखते हुए सोवियत संघ के साथ दोस्ताना संबंध विकसित करने का प्रयास कर रहा था। इस लेख में चीन के खिलाफ सोवियत संघ के साथ सहयोग के लिए भारतीय अनिच्छा को भी इस उद्धरण के साथ व्यक्त किया गया था कि "भारत और सोवियत संघ के अंतर्राष्ट्रीय मामलों पर कई सामूहिक दृष्टिकोण हैं। यद्यपि कुछ पहलुओं पर मतभेद हैं। भारत पान-एशियाई शांति और सुरक्षा विचार-विमर्श में सोवियत प्रस्ताव का जवाब नहीं देगा।" यह बयान राजीव गांधी के मई 1985 में मास्को दौरे के दौरान दिया गया था।[89] अत: मास्को के साथ संबंधों को सुधारते हुए भारत और चीनी नीतियों के बीच अभिसरण के स्तर में वृद्धि हुई और चीन-भारत संबंधों में सुधार हुए।

वर्ष 1984-85 में भारत-चीन संबंधों में गरमाहट के प्रति सोवियत की प्रतिक्रिया पहले की प्रतिक्रिया की तुलना में ज्यादा सीमित थी। वर्ष 1978-79 और 1981-82 अवधि के दौरान विषमय आलोचनाओं के विपरीत सन् 1985 में सोवियत के प्रचार में भारत के साथ संबंधों को सुधारने के चीन के प्रयास का प्रतिरोध नहीं किया गया। न तो इसमें नई दिल्ली को बीजिंग की बुरी योजनाओं के प्रति सतर्क किया गया।

सोवियत ने दक्षिण एशिया में सभी प्रगतिशील देशों जिसमें सोवियत समर्थित अफगानिस्तान ओर भारत शामिल है, के खिलाफ निर्देशित अमेरिका-पाकिस्तान मैत्री को व्यापक ढंग से चित्रित किया।[90] भारत शीत युद्ध के माहौल के पुनः उत्पन्न होने तथा पाकिस्तान द्वारा अमेरिका एवं चीन से अर्जित किए जा रहे सैन्य उपकरणों के समावेश से भारत की सुरक्षा को उत्पन्न हो रहे खतरे से चिंतित था।[91] सन् 1985 के अंत में सोवियत संघ ने चीन पर भारत के खिलाफ पाकिस्तान को हथियार देने का आरोप लगाया।

सन् 1985 में मिखाइल गोर्वाचेव ने सोवियत संघ की कम्युनिस्ट पार्टी के जनरल सेक्रेट्री का पदभार सँभाला और ऐसी अभूतपूर्व नई पहलों को अमल में लाना शुरू किया जो कई प्रकार से विश्व के चेहरे को बदलने वाली थी।[92] जुलाई 1986 में ब्लादिवोस्टक में दिए गए भाषण से एक महीने पहले गोर्बाचेव ने भारत के विदेश मंत्री पी0 शिवशंकर के समक्ष "सोवियत की कई विदेश नीति पहलों" के बारे में संक्षेप में बताया। दोनों नेताओं ने सोवियत-भारत विश्वास, दोस्ती और सहयोग के साथ पारस्परिक संतुष्टि को कथित तौर पर जाहिर किया और इन संबंधों को आगे भी बरकरार रखने का वादा किया। यहाँ तक कि ब्लादिवोस्टक भाषण में गोर्बाचेव ने भारत की कुछ हद तक प्रशंसा की तथा चीन के साथ बातचीत में कहा कि "सोवियत संघ और भारत के बीच दोस्ताना संबंध महत्त्वपूर्ण स्तर पर एक स्थायी सिद्धांत हो गया है।"[93]

28 जुलाई, 1986 को ब्लादिवोस्टक में अपने प्रसिद्ध भाषण में गोर्बाचेव ने चीन के साथ गंभीरतापूर्वक संबंध सुधारने का प्रस्ताव रखा। उन्होंने वैचारिक और अंतर्राष्ट्रीय विवादों को खत्म करने के लिए चीन को कई मौके पेश किए जिसमें उनके संबंधों को प्रदर्शित किया गया था।[94] उन्होंने दोनों देशों की सीमाओं पर मौजूद सेना को कम करने के लिए बातचीत करने के लिए भी चीन को आमंत्रित किया। उन्होंने चीन द्वारा माँग की जा रही उसुरी नदी पर दोनों देशों की सीमाओं के बीच विभाजित रेखा के रूप में नदी की बीच धारा को अपनाने के लिए सहमत होते हुए चीन को प्रत्यक्ष राहत प्रदान की।[95] गोर्बाचेव का प्रयास अंतर्राष्ट्रीय तनावों को कम करने तथा हथियारों की दौड़ को कम करने के प्रति सोवियत की सामान्य पहल का एक हिस्सा था। ब्लादिवोस्टक का भाषण केवल एक शुरूआत थी; सोवियत के नेता की नई कूटनीति का पूर्ण निहितार्थ अगले तीन वर्षो में महसूस किया गया। दोनों पक्षों ने संबंध विकसित करने के लिए आगे आने का निर्णय लिया। दूसरी महत्त्वपूर्ण घटना पिछले नौ सालों से रद्द चीन-सोवियत सीमा मामले की बातचीत की पुनः शुरूआत थी। सीमा संबंधी बातचीत का फिर से शुरू होना इस बात का संकेत था कि चीन-सोवियत संबंध सुधरने लगे हैं।[96]

चीन-सोवियत मैत्री के लिए गोर्बाचेव द्वारा की गई नई पहलों के तहत भारत के लिए सोवियत समर्थन की पहली परीक्षा सन् 1986 की गर्मियों में हुई जब अरुणाचल प्रदेश की समदोरंग चू घाटी में चीन और भारत के गश्ती दल एकदम नजदीक आ गए। इससे सीमा संकट उत्पन्न हो गया जो सन् 1987 के वसंत तक चलता रहा जब दोनों पक्षों ने विवादित क्षेत्र में अपनी गश्ती बढ़ा दी तथा उस क्षेत्र में सैन्य बलों को तैनात कर दिया।[97] भारत-चीन संघर्ष की पूरी संभावना होने से व्यापक रूप से चिंता हो गई थी और भारत ने स्वाभाविक रूप से समर्थन के संकेत के लिए मास्को की तरफ देखना शुरू कर दिया। यद्यपि सोवियत संघ चुप्पी साधे रहा। अक्टूबर 1986 में भारत पर दबाव और बढ़ गया जब अमेरिकी रक्षा सचिव सी0 बीनबर्गर भारत दौरे पर आए और देंग जियाओपिंग का एक संदेश दिया कि या तो भारत चीन के क्षेत्र में नुक्ताचीनी करना बंद करे या बुरे परिणामों का सामना करने के लिए तैयार रहे। बीनबर्गर उसके बाद पाकिस्तान चले गए जहाँ पर उन्होंने घोषणा की कि अमेरिका पाकिस्तान को एडब्ल्यूएसीएस विमान, एम-1 अब्राम्स टैंक और एफ-16 का संशोधित संस्करण की आपूर्ति करना चाहता है।[98]

भारत को इन गतिविधियों की चिंता थीं। वर्ष 1987-88 के लिए विदेश मंत्रालय के अनुदान की माँग पर लोकसभा में एक बहस के दौरान विपक्ष के एक प्रतिष्ठित सदस्य श्री सैयद शहाबुद्दीन ने कहा कि, "हमारे चीन के साथ संबंध विशेष रूप से चीन द्वारा अपनाई गई नई मुद्रा के संदर्भ में दिन प्रतिदिन मुश्किलों में फँसते जा रहे हैं। मेरे साथी चीन और पाकिस्तान के बीच संबंध के बारे में बातें कर रहे हैं। मुझे भी लगता है कि चीन, पाकिस्तान और अमेरिका के बीच गुटबंदी है।"[99] इस बहस में हस्तक्षेप करते हुए विदेश मंत्री श्री एन0डी0 तिवारी ने कहा कि "हम सैद्धांतिक रूप से चीन के साथ सीमा की समस्याओं को शांतिपूर्ण ढंग से निपटाने के लिए वचनबद्ध हैं। लेकिन चीन को भी प्रतिक्रिया करने दी जाए। हम इस संदर्भ में यह देखकर आश्चर्यचकित हैं कि समदोरांग चू घाटी में चीन की गतिविधियाँ आशाजनक नहीं हैं।"[100] इन परिस्थितियों में गोर्बाचेव ने नवंबर, 1987 में भारत का भ्रमण किया। अपने पूरे भ्रमण के दौरान गोर्बाचेव ने यह बात दोहराई कि उन्नत चीन-सोवियत संबंध भारत के साथ सोवियत संघ के संबंधों की कीमत पर नहीं होगा। उन्होंने कहा कि "हम चीन के साथ अपने संबंधों को सुधारने के लिए जो कुछ भी कर रहे हैं उससे भारत के साथ हमारे संबंध कमजोर नहीं होंगे।"[101] सोवियत संघ ने भारत को उदारवादी आर्थिक और सैन्य सहायता भी प्रदान की जिसमें मिग-29 शामिल है। हालांकि गोर्बाचेव ने चीन के साथ इसके बढ़ते हुए तनाव में भारत का पक्ष लेने से इनकार कर दिया। एक प्रेस कान्फ्रेंस के दौरान उन्होंने समदोरांग चू की घटना के संदर्भ में अज्ञानता जताई और पक्ष लेने से इनकार कर दिया। इसके बजाए उन्होंने

सोवियत संघ, चीन और भारत के बीच बेहतर संबंध की बात कही। अत: किसी का पक्ष लेने का सवाल ही नहीं उठता है।[102] उन्होंने राजनीतिक दृष्टिकोण की बात कही।[103]

इस बीच अंतर्राष्ट्रीय राजनीति में नाटकीय रूप से बदलाव आए। महाशक्तियों ने अपने बीच में तनावपूर्ण संबंधों को सामान्य करने के लिए बातचीत शुरू करने का निर्णय लिया। राष्ट्रपति रीगन और गोर्बाचेव ने अक्टूबर 1986 में आइसलैंड के रिकविक में एक शिखर सम्मेलन आयोजित किया। यद्यपि यह शिखर सम्मेलन असफल रहा लेकिन इसने परमाणु निरस्त्रीकरण की प्रक्रिया को शुरू करने में सफलता प्राप्त करने की आशा जगा दी। अंतत: अमेरिका और सोवियत संघ दोनों ने सभी भूमि आधारित परमाणु मिसाइलों के एक वर्ग को खत्म करने के लिए दिसंबर, 1987 में आईएनएफ संधि पर हस्ताक्षर किए। ऐसा पहली बार हुआ था कि मास्को और वाशिंगटन ने अपने परमाणु शस्त्रगार को केवल सीमित करने के बजाए कम करने पर सहमत हुए थे।[104] इसके अतिरिक्त अफगान की अव्यवस्था जो पूरे अस्सी के दशक में अमेरिका-सोवियत संघ-चीनी जनवादी प्रजातंत्र के त्रिकोणात्मक संबंध में एक महत्त्वपूर्ण मुद्दा रही थी, उसके सुलझने के कुछ आसार दिख रहे थे। इसके बाद अफगानिस्तान पर अप्रैल, 1988 में जेनेवा संधि हुई जिस पर पाकिस्तान, अफगानिस्तान, सोवियत संघ और अमेरिका हस्ताक्षरकर्ता थे। इस समझौते की चार शर्तों में 15 फरवरी, 1989 तक सोवियत संघ के सैनिकों की पूर्ण वापसी, सुरक्षा के तहत अफगान शरणार्थियों की स्वैच्छिक वापसी और अफगान के एक स्वतंत्र, गुट निरपेक्ष राष्ट्र के रूप में अस्तित्व शामिल थीं। चीन ने जेनेवा संधि का स्वागत किया और इसे सकारात्मक कदम बताया।[105] भारत ने भी जेनेवा समझौते का स्वागत किया तथा सुलह की प्रक्रिया में मदद करने का प्रयास किया।

सन् 1988 में त्वरित चीन-सोवियत मैत्री के गतिक्रम में सोवियत संघ ने चीन-भारत संबंधों में सुधारों को प्रोत्साहित करना जारी रखा। क्रमश: दिसंबर 1988 और मई, 1989 के चीन-भारत और चीन-सोवियत शिखर सम्मेलनों के दौरान चीन-सोवियत-भारत संबंधों के बीच जुड़ाव स्पष्ट था। अक्टूबर, 1988 में चीन के शीर्ष नेता देंग जियाओपिंग ने अपनी मिखाइल गोर्बाचेव और राजीव गांधी के साथ आगामी बैठकों की घोषणा की।[106] अगले महीने नवंबर 1988 में गोर्बाचेव ने भारत का दूसरी बार भ्रमण किया। यह भ्रमण राजीव गांधी के चीन भ्रमण के ठीक एक महीने पहले तथा चीन के विदेश मंत्री कियान चियान के मास्को पहुँचने के ठीक दो सप्ताह पहले किया गया। जिसमें चीन के साथ गोर्बाचेव के मई 1989 के शिखर सम्मेलन का रास्ता साफ किया गया था। नवंबर 1988 की गोर्बाचेव-गांधी बैठक का महत्त्वपूर्ण एजेंडा चीन के साथ संबंध था। यह व्यापक रूप से माना गया कि गोर्बाचेव

ने तर्क दिया कि चीन अपने आधुनिकीकरण कार्यक्रम की माँग के कारण अब ज्यादा दिन तक टकराव को झेल नहीं सकता है और कि भारत, सोवियत संघ तथा चीनी जनवादी प्रजातंत्र को एकसाथ अपने संबंधों को सुधारने का प्रयास करना चाहिए। उन्होंने भारत को यह भी पुनः आश्वासन दिया कि मास्को बीजिंग के पक्ष में तथा नई दिल्ली की कीमत पर अपनी एशियाई प्राथमिकताओं के फिर से व्यवस्थित नहीं कर रहा है। अपने भारतीय मेजबान को विश्वास दिलाने के लिए गोर्बाचेव ने द्विपक्षीय सहयोग को आगे बढ़ाते हुए चार समझौतों पर हस्ताक्षर किए। इनमें सोवियत संघ द्वारा अभी तक का सबसे बड़ा ऋण शामिल था। इस ऋण के तहत 2.5 प्रतिशत वार्षिक ब्याज पर 20 वर्षों के लिए 234 मिलियन डालर की धनराशि प्रदान की गई थी।[107] चीनी मीडिया ने गोर्बाचेव के इन प्रयासों को चीन के साथ बेहतर संबंध बनाने के लिए भारत को रिझाने वाला बताया। गोर्बाचेव और गांधी ने कथित तौर पर चीन-सोवियत और चीन-भारत संबंधों पर विचार-विमर्श करने में महत्त्वपूर्ण समय दिया। गोर्बाचेव ने अपने खुले भाषण में एशिया और विश्व के मामलों में चीन के नियम पर जोर दिया और कहा कि चीन के बीच अच्छा संबंध सोवियत संघ और भारत एशिया और विश्व की प्रगति के लिए जरूरी है। "हम उन्नत भारत-चीन संबंधों को देखकर खुश हैं," उन्होंने आगे कहा, "हमारा चीन के साथ खुद का संबंध भी बढ़ रहा है।"[108]

इसी पृष्ठभूमि में भारत के प्रधानमंत्री राजीव गांधी ने दिसंबर 1988 में चीन का दौरा किया। उनका यह ऐतिहासिक भ्रमण बड़े पैमाने पर सफल रहा और इसने भारत-चीन संबंधों को प्रोत्साहित कर दिया। अतः सोवियत धक्का दिसंबर 1988 के भारत-चीन शिखर सम्मेलन में एक महत्त्वपूर्ण कारक था। भारत का चीन के साथ अपने संबंधों को सामान्यीकृत करने का निर्णय स्पष्ट रूप से बदलते हुए वैश्विक परिदृश्य की प्रतिक्रिया थी जिसे राष्ट्रों के बीच संबंधों को मधुर करने और राष्ट्रों के बीच दोस्ताना संबंध बढ़ाने के रूप में देखा गया।

वर्ष 1988 में अंतर्राष्ट्रीय माहौल में उल्लेखनीय सुधार ने टकराव को सुरक्षित विश्व के प्रति बातचीत का एक रास्ता दे दिया। सोवियत संघ और अमेरिका के बीच उत्पन्न अमन जो आईएनएफ समझौते में परिणत हो गया, उसने परमाणु निरस्त्रीकरण तथा शांति की तरफ कदम उठाने की संभावना को बढ़ा दिया। बढ़ते हुए अमन ने विश्व के विभिन्न हिस्सों में संघर्ष के सुलझाने की प्रक्रिया को गतिशील कर दिया।[109] वर्ष 1988-89 के लिए विदेश मंत्रालय के अनुदान की माँग पर लोकसभा में बहस के दौरान प्रधानमंत्री श्री राजीव गांधी ने कहा कि:

> पूरा विश्व तेजी से बदल रहा है, विशेष रूप से पिछले दो या तीन वर्षों में अंतर्राष्ट्रीय संबंधों में बदलाव आ रहा है। नया रवैया विकसित हो रहा है, नए

विचार उत्पन्न हो रहे हैं और इन सभी के वजह से विश्व के सभी देशों विशेषत: भारत जैसे देश को नई चुनौतियों का सामना करना पड़ेगा जो अंतर्राष्ट्रीय मामलों में एक महत्त्वपूर्ण भूमिका निभाता है। इस स्थिति में कोई भी राष्ट्र अतीत में उलझा नहीं रह सकता है। प्रत्येक राष्ट्र को लचीला होना पड़ेगा।[110]

अत: भारत-चीन संबंधों पर अंतर्राष्ट्रीय नीतियों की दिशा में बदलाव का संचयी प्रभाव स्पष्ट रूप से सकारात्मक था। अंतर्राष्ट्रीय राजनीति के शांत माहौल का भारत-चीन संबंधों पर सकारात्मक असर पड़ा।

सोवियत नेता मिखाइल गोर्बाचेव ने मई 1989 में चीन का भ्रमण किया। चीन और सोवियत संघ ने गोर्बाचेव के बीजिंग भ्रमण के पहले दिन द्विपक्षीय संबंधों के सामान्यीकरण के नए शुरूआती बिंदु की घोषणा की।[111] चीन ने पहले से ही सोवियत संघ का एक नया सैद्धांतिक मूल्यांकन तैयार कर लिया था और उसने अपने पिछले दृष्टिकोण को त्याग दिया कि सोवियत संघ "सामाजिक साम्राज्यवाद" में विकृत हो गया है। दोनों देशों ने न्यूनतम स्तर तक चीन-सोवियत सीमा पर अपने सशस्त्र बलों को कम करने का निर्णय लिया। संयुक्त विज्ञप्ति में पाँच सिद्धांतों को उनके संबंध के आधार के रूप में रेखांकित किया गया। सोवियत पक्ष ने अंतर्राष्ट्रीय संबंध में "नया राजनीतिक विचार" स्थापित करने का पक्ष लिया और चीनी पक्ष ने शांतिपूर्ण सहअस्तित्व के पाँच सिद्धांतों के आधार पर नई अंतर्राष्ट्रीय राजनीतिक व्यवस्था स्थापित करने का पक्ष लिया।[112]

नब्बे के दशक की शुरूआत में भारत और चीन ने उभरती हुई विश्व व्यवस्था की धारणाओं को साझा किया। अगस्त 1990 में जब इराक ने कुवैत पर आक्रमण किया तो इस आक्रमण को मजबूत अंतर्राष्ट्रीय प्रतिक्रिया झेलनी पड़ी। दोनों महाशक्तियों ने संयुक्त रूप से आक्रमणकर्ता की निंदा की तथा बिना शर्त इराकी सेना के वापस लौटने की माँग की। अमेरिका ने खाड़ी क्षेत्र में दुर्जेय सेना भेजी और संयुक्त राष्ट्र ने इस संघर्ष को रोकने की प्रतिज्ञा की।[113] सैद्धांतिक रूप से चीन ने क्षेत्रीय संघर्षों में विदेशी ताकतों की संलग्नता का विरोध किया। भारत और चीन सेना के प्रयोग का विरोध कर रहे थे। लेकिन अमेरिका के नेतृत्व में पश्चिमी शक्तियों ने सेना का प्रयोग किया तथा इराक को कुवैत से वापस जाना पड़ा। इसके बाद भारत और चीन सोवियत की घटती हुई महत्ता से अमेरिका की बढ़ती हुई दृढ़ता पर चिंतित थे। चीनी मीडिया ने नोट किया कि नई उभरती हुई शक्ति जैसे जापान, यूरोप, भारत और ब्राजील के साथ साझा करने वाले दो महाशक्तियों से विश्व बहुध्रुवीय हो रहा है। न तो वाशिंगटन और न ही मास्को विश्व की स्थिति को एकतरफा ढंग से नियंत्रित करने में समर्थ था।[114]

भारत और चीन ने विचार किया कि नई विश्व व्यवस्था लोकतांत्रिक, बहुपक्षीय, न्यायपूर्ण और निष्पक्ष होनी चाहिए। अगस्त, 1991 में सोवियत संघ कई नए स्वतंत्र राज्यों में विघटित हो गया तथा रूस सबसे ज्यादा महत्त्वपूर्ण उत्तराधिकारी राज्य के रूप में उभरा। इसके साथ सोवियत संघ तथा उसके आसपास के पूर्वी यूरोपीय राष्ट्रों में समाजवादी व्यवस्था समाप्त हो गई। चीन और भारत अंतर्राष्ट्रीय राजनीति में इस नाटकीय परिवर्तन से अनभिज्ञ थे। अंतर्राष्ट्रीय राजनीतिक परिदृश्य तेजी से बदल रहा था और भारत एवं चीन के पास इसके अनुसार स्वयं को ढालने के सिवाए कोई विकल्प नहीं था।[115] सोवियत संघ के नोडल शक्ति केंद्र के रूप में विघटन से भारत ने अंतर्राष्ट्रीय राजनीतिक रंगभूमि में अपने भरोसेमंद दोस्त को खो दिया। इसके परिणामस्वरूप सत्तर के दशक से अमेरिका की रणनीतिक गणनाओं में जिस महत्ता को नियंत्रित किया था उसे खो दिया।

दिसंबर 1991 में अपने भारत के आगामी भ्रमण से पहले चीनी प्रधानमंत्री ली पेंग ने कहा कि वर्तमान विश्व की स्थिति स्थायित्व से काफी दूर है और अब ज्यादा अशांत हो गई है। ली ने कहा कि नई अंतर्राष्ट्रीय विश्व व्यवस्था की स्थापना विचार-विमर्श का मुख्य विषय है, जिसे तुरंत संबोधित करना जरूरी है। उन्होंने आगे कहा कि चीन और भारत इस संबंध में सामूहिक आधार प्राप्त कर सकेंगे।

शीत युद्ध के बाद चीन शांतिपूर्ण माहौल चाहता था। चीन ने महसूस किया कि शीत युद्ध का जो भी परिणाम रहा हो उसे नई स्थिति से स्वयं अवगत होना चाहिए तथा अपनी स्थिति को समेकित करना चाहिए। चीन के अपने आसपास के देशों में शांति और स्थायित्व बनाए रखने के प्रयास ने इसका ध्यान अपने प्रमुख दक्षिण एशियाई पड़ोसी, भारत की तरफ खींचा। एक अग्रणी विश्लेषक के अनुसार, "चीन ने विशेष रूप से पड़ोसी देशों की तरफ अपने ध्यान को फोकस किया जिनसे इसका कुछ मूलभूत क्षेत्रीय मतभेद थे और जिनके साथ इसे शीत युद्ध के दौरान टकराव की स्थिति का सामना करना पड़ा था।"[116] सन् 1990 में भारत चीन मैत्री को बढ़ते हुए पारस्परिक विश्वास और सहयोग एवं सामंजस्य की भावना से उल्लिखित किया गया।

शीत युद्ध के बाद विश्व में अवसरों तथा चुनौतियों के अनुभव को साझा करते हुए सहयोग स्थापित किया गया। भूमंडलीकरण द्वारा पेश किए गए अवसरों का लाभ उठाने के लिए आर्थिक सहयोग और विकास हेतु शांतिपूर्ण माहौल की जरूरत थी। दोनों देशों ने यह महसूस किया कि "इस समय की चुनौती यह है कि आर्थिक संघर्ष को राजनीतिक संघर्षों से बदला नहीं जा सकता है और न ही इसे तनावों तथा मुकाबले से जीता जा सकता है। चूँकि दोनों देशों ने इससे सीख ले ली है तो उन दोनों के लिए संघर्ष और तनाव से दूर रहना आसान होगा।"[117] दोनों विश्व की व्यवस्था पर अपना प्रभुत्व बनाए रखने के अमेरिका के प्रयास से भयभीत थे और उसे

रोकना चाहते थे। दोनों एशिया-प्रशांत राष्ट्रों के साथ बेहतर आर्थिक सहयोग और अच्छे संबंध स्थापित करने के लिए आगे आए। नए उभरते हुए केंद्रीय एशियाई गणतंत्र की अस्थिर राजनीति ने इन दोनों बहुजातीय और बहुधार्मिक देशों के लिए अतिरिक्त सुरक्षा खतरा उत्पन्न किया।

दिसंबर, 1991 में जब चीनी प्रधानमंत्री ली पेंग भारत आए तो दोनों देशों ने ऐसी विश्व की व्यवस्था पर जोर दिया जो न्यायसंगत हो तथा जिसमें कोई भी अंतर्राष्ट्रीय कुलीनतंत्र न हो, जाहिर है इसका संबंध अमेरिका से है। यह निर्णय लिया गया कि दोनों देशों के अधिकारियों को अंतर्राष्ट्रीय मामलों पर एक दूसरे के संपर्क में रहना चाहिए। भारतीय सांस्कृतिक संबंध परिषद् के तत्त्वाधान में अपने एक भाषण में ली पेंग ने कहा कि भारत और चीनी नेतृत्व ने कई समान विचारों को साझा किया है।[118] उन्होंने कहा कि जबकि पुरानी व्यवस्था खत्म हो गई है, नई व्यवस्था को अभी आकार लेना है। प्रधानमंत्री नरसिम्हा राव ने कहा कि:

> हम ऐसे समय में मिले हैं जब विश्व की स्थिति में तेजी से तथा मूलभूत बदलाव हो रहे हैं। यही समय है जब हितों की पारस्परिकता तथा मनुष्य की उत्तरजीविता हेतु विश्वसनीय गारंटी के आधार पर शांतिपूर्ण और स्थायी अंतर-राज्यीय संबंधों का एक टिकाऊ ढाँचा निर्मित करने के लिए अंतर्राष्ट्रीय समुदाय से कल्पनाशील दृष्टिकोण प्राप्त किए जाएँ। हमें आतंकवाद, अराजकता, विभाजित प्रवृत्तियों और हिंसा की चुनौतियों का सामना करना है। हमें बातचीत और आम सहमति से विवादों को दूर करना है। भारत और चीन को एकसाथ सामूहिक समस्याओं, जनसंख्या की समस्या, पर्यावरण अवक्रमण तथा आर्थिक विकास को संबोधित करना जरूरी है जो हमारे समक्ष हैं। मुझे विश्वास है कि हमारे समय की माँग सुलह और आम सहमति की है और यह विचाराधिकार कि हमारा हित सभी के हितों में निहित है।[119]

इन परिस्थितियों में भारत और चीन ने महत्त्वपूर्ण ढंग से द्विपक्षीय संबंधों को सुधारने पर जोर दिया और सीमाओं पर स्थिरता बनाए रखने की आवश्यकता के रेखांकित किया। भारत और चीन के बीच द्विपक्षीय संबंध शीत युद्ध के बाद के विश्व में उभरते हुए अंतर्राष्ट्रीय राजनीतिक परिदृश्य से बड़े पैमाने पर प्रभावित हुए।

संदर्भ

1. विस्तृत विवरण के लिए देखें, ग्राहम एलिसन, एसेंस ऑफ डिसीजन (बास्टन)।
2. शीत युद्ध के विस्तृत विवरण के लिए देखें, एल0 गार्डनर, द ओरिजिन्स ऑफ द कोल्ड वार (वाल्थम, 1970), जे0 गड्डीज, द यूनाइटेड स्टेट्स एंड द ओरिजींस ऑफ द कोल्ड वार (न्यूयार्क, 1972), वी0 मोस्टोनी, रसियाज रोड टू द कोल्ड वार (न्यूयार्क, 1979)।

3. विस्तृत विवरण के लिए देखें, डोनाल्ड एस0 जगोरिया, द साइनो-सोवियत कन्फ्लिक्ट (न्यूयार्क, 1962), विलियम ई0 ग्रिफ्थ, द साइनो-सोवियत रिफ्ट (कैम्ब्रिज, 1964), और हैराल्ड सी0 हिन्टन, द साइनो-सोवियत कन्फ्रन्टेशन: इंप्लीकेशंस फार द फ्यूचर (न्यूयार्क, 1976)।
4. ''द ट्रूथ अबाउट हाउ द लीडर्स ऑफ द सी0पी0एस0यू0 हैव अलाइड देमसेल्व्स विद इंडिया अगेन्स्ट चाइना", बीजिंग रिव्यू (बीजिंग), नं0 45, 8 नवंबर, 1963, पृ0 19।
5. प्रवदा (मास्को) 10 अगस्त, 1963।
6. पीपुल्स डेली (बीजिंग), 27 फरवरी, 1963।
7. विस्तृत विवरण के लिए देखें, "द ओरिजिन एंड डेवलपमेंट ऑफ द डिफरेंसेज बिटविन द लीडरशिप ऑफ द सी0पी0एस0यू0 एंड आवरसेल्व्स", इन बीजिंग रिव्यू, नं0 37, 13 सितंबर 1963, पृ0 6-20।
8. पूर्वोक्त, पृ0 18।
9. टी0 कर्की हुसैन में उद्धृत, साइनो-इंडियन कन्फ्लिक्ट एंड इंटरनेशनल पालिटिक्स इन द इंडियन सब-कंटिनेंट (नई दिल्ली, 1977), पृ0 155।
10. लेखक एम0 श्लेसिंगर में उद्धृत, अ थाउजेंड डेज: जे0एफ0 केनेडी इन द ह्वाइट हाउस (बास्टन, 1965), पृ0 523।
11. जे0के0 गलब्रेथ में उद्धृत, अम्बेस्डर्स जर्नल: अ पर्सनल अकाउंट ऑफ द केनेडी यीअर्स (न्यूयार्क, 1969), पृ0 318-79। देखें टी0 सोरेन सेन, केनेडी (न्यूयार्क, 1969), पृ0 748।
12. देखें टी0 सोरेन सेन, केनेडी (न्यूयार्क, 1969), पृ0 748।
13. पूर्वोक्त।
14. जे0के0 गलब्रैथ, नं0 11, पृ0 386।
15. देखें के0 सुब्रह्मण्यम, "यू0एस0 पालिसी टूवार्ड्स इंडिया", चाइना रिपोर्ट (नई दिल्ली) जनवरी-अप्रैल, 1972, विशेष रूप से 'मिलिट्री ऐड टू इंडिया' पर भाग, पृ0 43-44।
16. हिंदू (मद्रास) 29 अप्रैल 1963।
17. लेख के लिए देखें, फारेन अफेयर्स रिकार्ड (विदेश मंत्रालय, नई दिल्ली), 1963, पृ0 438।
18. डिपार्टमेंट ऑफ स्टेट बुलेटिन, नं0 49, 22 जुलाई 1963, पृ0 119।
19. ऐनुअल रिपोर्ट 1965-66, भारत सरकार, विदेश मंत्रालय, (नई दिल्ली), पृ0 3।
20. प्रवदा, 9 सितंबर 1963।
21. बीजिंग रिव्यू, 8 नवंबर, 1963, पृ0 27।
22. टी0 कर्की हुसैन में उद्धृत, नं0 9, पृ0 157।
23. मार्च 1963 में चीन ने चीन और सोवियत संघ के बीच अतीत एवं वर्तमान की असमान संधियों का मामला उठाया। विस्तृत विवरण के लिए देखें, डेनिस जे0 डूलिन, टेरिटोरियल क्लेम्स इन द साइनो-सोवियत कन्फ्लिक्ट: डाक्यूमेंट्स एंड एनेलिसिस (स्टैनफोर्ड, 1965)।
24. बीजिंग रिव्यू, नं0 41, अक्टूबर 1964, पृ0 24।
25. चाइनीज थ्रेट, (प्रकाशन विभाग, सूचना एवं प्रसारण मंत्रालय, भारत सरकार, नई दिल्ली), 1963, पृ0 63।
26. ऐनुअल रिपोर्ट 1965-66, विदेश मंत्रालय, पृ0 10।
27. पीपुल्स डेली, 6 सितंबर 1969।
28. ऐनुअल रिपोर्ट 1965-66, विदेश मंत्रालय, पृ0 10।
29. बीजिंग रिव्यू, नं0 39, 24 सितंबर 1965, पृ0 14-15।

30. ऐनुअल रिपोर्ट 1965-66, विदेश मंत्रालय, पृ0 10।
31. वियतनाम में यूएसए की संलग्नता के लिए देखें, जार्ज एम0 कहिन, इंटरवेशन: हाउ अमेरिका बिकम इन्वाल्व्ड इन वियतनाम (न्यूयार्क, 1986)।
32. बीजिंग रिव्यू, नं0 15, 8 अप्रैल 1966, पृ0 24।
33. पूर्वोक्त, नं0 20, 17 मई 1968, पृ0 24।
34. हैराल्ड सी0 हिंटन में उद्धृत, चाइनाज टरबुलेंट क्वेस्ट (न्यूयार्क, 1970), पृ0 133।
35. पूर्वोक्त, पृ0 160-61।
36. प्रवदा, 9 जून 1969।
37. सिन्हुआ, 28 जून 1969।
38. पूर्वोक्त, 5 जुलाई 1969।
39. प्रवदा, 3 जून 1969।
40. नार्मन डी0 पामेर में उद्धृत, द यूनाइटेड स्टेट्स एंड इंडिया (प्रेजर, 1984), पृ0 47।
41. हेनरी किसिंजर, ह्वाइट हाउस यीअर्स (बास्टन, 1979), पृ0 854।
42. भबान सेन गुप्ता में उद्धृत, "साउथ एशिया एंड द ग्रेट पावर्स", पृ0 227, डब्ल्यू ग्रिफ्थ में, संपादित, द ग्रेट पावर ट्राइएंगल्स, (कैंब्रिज, 1985)।
43. सुरजीत मानसिंह, इंडियाज सर्च फार पावर (नई दिल्ली, 1984), पृ0 142।
44. संधि के लेख को देखें, इंडिया: बाइलेटरल ट्रीटीज एंड एग्रीमेंट्स, अंक 7, 1971-73, भारत सरकार (नई दिल्ली, 1997), पृ0 62-66।
45. सुरजीत मान सिंह, नं0 43, पृ0 88।
46. हिंदू, 4 सितंबर 1971, विस्तृत विवरण के लिए देखें, एस0के0 घोष, द इंडो-सोवियत ट्रीटी एंड चाइना, जर्नल ऑफ आईडीएसए (नई दिल्ली), नं0 5, अक्टूबर 1972, पृ0 248-258।
47. लोकसभा डिबेट्स, अंक 14, 1972, कालम 216-17।
48. टाइम्स ऑफ इंडिया (नई दिल्ली), 8 नवंबर 1971।
49. टास (मास्को), 5 दिसंबर 1971।
50. एच0 किसिंजर, नं0 41, पृ0 903।
51. एल0 लिफाशुल्ज में उद्धृत, बांग्लादेश: द अनफिनिश्ड रिवालुशन (लंदन, 1979), पृ0 156।
52. ऐनुअल रिपोर्ट 1971-72, विदेश मंत्रालय, पृ0 24।
53. त्रिकोणात्मक संबंध के संचालन के लिए देखें, एम0 टाटू, द ग्रेट पावर ट्राइएंगल (पेरिस, 1970)।
54. बीजिंग रिव्यू, नं0 49, 5 दिसंबर 1975, पृ0 8।
55. न्यूयार्क टाइम्स, 22 दिसंबर 1978।
56. विस्तृत विवरण के लिए देखें, माइकल याहुदा, टूवार्ड्स द एंड ऑफ आइसोलेशन: चाइनाज फारेन पालिसी आफ्टर माओ (लंदन, 1983)।
57. सिन्हुआ (बीजिंग), 24 मार्च 1977।
58. प्रवदा, 23 अप्रैल 1978।
59. अरुण गांधी, द मोरारजी पेपर्स (नई दिल्ली, 1983), पृ0 29।
60. न्यूयार्क टाइम्स, 9 नवंबर 1978।
61. गांगी दत्त और वी0पी0 दत्त में उद्धृत, चाइना आफ्टर माओ (नई दिल्ली, 1990), पृ0 279।

62. टर्मायल इन अफगानिस्तान, इन फारेन ब्राडकास्टिंग इन्फारमेशन सर्विस (यहाँ इसके बाद एफबीआईएस), सीएचआई-113, 18 जून 1979, एफ/2।
63. विस्तृत विवरण के लिए देखें, सैमुअल एस0 किम, संपादित, चाइनीज फारेन पालिसी इन द 1980 (कोलारेडो, 1984)।
64. गार्गी दत्त एवं वी0पी0 दत्त, नं0 61, पृ0 207।
65. न्यूयार्क टाइम्स, 20 जनवरी 1980।
66. एफबीआईएस-डीआरसी (डेली रिपोर्ट चाइना), 16 जनवरी 1980, पृ0 3।
67. एफबीआईएस-डीआरसी, 23 जनवरी 1980, पृ0 एफ2।
68. ऐनुअल रिपोर्ट 1981-82, विदेश मंत्रालय, पृ0 VI।
69. सुरजीत मान सिंह में उद्धृत, नं0 43, पृ0 157।
70. थामस डब्ल्यू0 रॉबिन्सन, द सोवियत यूनियन एंड एशिया इन 1981, एशियन सर्वे (बर्कले) अंक 22, नं0 1, जनवरी 1982, पृ0 25-26।
71. फार ईस्टर्न इकोनॉमिक रिव्यू (हांगकांग) 15 अगस्त 1980, पृ0 14-15।
72. बीजिंग रिव्यू, नं0 51, 22 दिसंबर 1980, पृ0 8-10।
73. लोक सभा डिबेट्स, अंक 15, 1981, कालम 309।
74. पूर्वोक्त, कालम 351।
75. एस0 इरोदोव, "डिसअप्वाइंटेड होप्स", न्यू टाइम्स (मास्को), जुलाई 1981, पृ0 22।
76. ए0 उस्तीनोव, "चाइना-इंडिया: आ"टर द फर्स्ट राउंड ऑफ टाक्सह, न्यू टाइम्स, मार्च 1982, पृ0 30-31।
77. राबर्ट सी0 हार्न में उद्धृत, "द सोवियत यूनियन एंड साइनो-इंडियन रिलेशंस", आर्बिस, (फिलाडेल्फिया) 26 (4), विंटर 1983, पृ0 904-905।
78. टाइम्स ऑफ इंडिया (नई दिल्ली), 11 सितंबर 1982।
79. विस्तृत विवरण के लिए देखें, सी0एल0 हैमरिन, "चाइना रिऐसेसेज द सुपरपावर्स", पेशिफिक अफेयर्स (वैंकोवेर), अंक 56, नं0 2, समर 1983, पृ0 209-231।
80. जॉन डब्ल्यू गार्वर, द इंडियन फैक्टर इन रिसेंट साइनो-सोवियत रिलेशंस, चाइना क्वाटरली (लंदन), मार्च 1991, पृ0 55-85।
81. पूर्वोक्त, पृ0 71।
82. एफबीआईएस-डीआरसी, 25 अक्टूबर 1983, पृ0 डब्ल्यू 2-3।
83. ऐनुअल रिपोर्ट 1981-82, विदेश मंत्रालय, पृ0 V-II।
84. एफबीआईएस-डीआरसी, 5 अगस्त 1985, पृ0 एफ1-2।
85. बीजिंग रिव्यू, नं0 28, 11 जुलाई, 1983, पृ0 8-9।
86. सिन्हुआ, 17 सितंबर 1983।
87. मनोरंजन मोहंती, "इंडियन-चाइनीज रिलेशंस: अ पाजिटिव फ्रेम", इंडिया क्वाटरली (नई दिल्ली), अंक 61, नं0 1, जनवरी-मार्च 1985, पृ0 17-22।
88. ए0 रहमान, "यूएस-इंडिया कोआपरेशन साइंस एंड टेक्नोलॉजी", ए0पी0 राना में उद्धृत, फोर डिकेड्स ऑफ इंडो-यूएस रिलेशंस (नई दिल्ली, 1994), पृ0 293-94।
89. एफबीआईएस-डीआरसी, 31 अगस्त 1985, पृ0 एफ1।
90. पूर्वोक्त, डेली रिपोर्ट सोवियत यूनियन (यहाँ इसके बाद डीआरएसयू), 1985-86 के लिए।
91. ऐनुअल रिपोर्ट 1983-84, विदेश मंत्रालय, पृ0 प्ट।

92. जाओ डियान, "द ब्लादिवोस्तोक चैलेंज", एशियन डिफेंस जर्नल (कुआलमपुर) अक्टूबर 1986, पृ0 3।
93. एफबीआईएस-डीआरसी, 29 जुलाई, 1986, पृ0 आर 12।
94. सी0वी0 रंगनाथन और विनोद सी0 खन्ना में उद्धृत, इंडिया एंड चाइना: द वे अहेड आफ्टर, "माओज इंडिया वार" (नई दिल्ली, 2000), पृ0 88।
95. न्यूयार्क टाइम्स, 29 जुलाई 1986।
96. सिन्हुआ, 8 फरवरी 1987।
97. फार ईस्टर्न इकोनॉमिक रिव्यू, 9 अप्रैल 1987, पृ0 38-40। टेंशन आन द बार्डर एंड 7 मई 1987, पृ0 33-35।
98. पूर्वोक्त, 4 जून 1987, पृ0 42-43।
99. लोक सभा डिबेट्स, अंक 27, 1987, कालम 438।
100. पूर्वोक्त, कालम 294।
101. बीजिंग रिव्यू, नं0 48, 1 दिसंबर, 1986, पृ0 10।
102. एफबीआईएस-डीआरसी, 2 दिसंबर, 1986, पृ0 डी 29।
103. हिंदुस्तान टाइम्स, 10 दिसंबर 1986।
104. बीजिंग रिव्यू, नं0 51, 21 दिसंबर 1987, पृ0 10-12।
105. बीजिंग रिव्यू, नं0 17, 25 अप्रैल 1988, पृ0 9-10।
106. एफबीआईएस-डीआरसी, 14 अक्टूबर 1988, पृ0 1।
107. फार ईस्टर्न इकोनॉमिक रिव्यू, 1 दिसंबर 1988, पृ0 38।
108. बीजिंग रिव्यू, नं0 49, 5 दिसंबर 1988, पृ0 12।
109. ऐनुअल रिपोर्ट 1988-89, विदेश मंत्रालय, पृ0 iii।
110. लोक सभा डिबेट्स, अंक 38, 1988, कालम 471।
111. सी0वी0 रंगनाथन एवं विनोद सी0 खन्ना, नं0 94, पृ0 88।
112. बीजिंग रिव्यू में ज्वाइंट कम्यूनिक का लेख देखें, नं0 21, 29 मई 1989, पृ0 11-13।
113. पूर्वोक्त, नं0 35, 27 अगस्त 1990, पृ0 4।
114. पूर्वोक्त, नं0 2, 14 जनवरी 1991, पृ0 25।
115. विस्तृत विवरण के लिए देखें, एम0 रसगोत्र एवं वी0 डी0 चोपड़ा, संपादित, इंडियाज रिलेशन विद रसिया एंड चाइना: न्यू फेज (नई दिल्ली, 1997)।
116. कांति वाजपेयी एवं अमिताभ मट्टू में उद्धृत, संपादित, द पीकाक एंड द ड्रैगन: इंडिया-चाइना रिलेशंस इन द 21स्ट सेंचुरी (नई दिल्ली, 2000), पृ0 256।
117. वी0पी0 दत्त, "इंडिया-चाइना: प्रामिस एंड लिमिटेशन", इन इंडियन फारेन पालिसी: एजेंडा फॉर द ट्वंटी-फर्स्ट सेंचुरी (नई दिल्ली, 1999), अंक 2, पृ0 235।
118. फ्रंटलाइन (मद्रास), 3 जनवरी, 1992, पृ0 10।
119. सेलेक्टेड स्पीच ऑफ पी0वी0 नरसिम्हा राव, अंक 1, प्रकाशन विभाग, भारत सरकार (नई दिल्ली, 1992), पृ0 344।

9

मैत्री करना (1992–1997)

सामान्य रूप से सन् 1990 के दशक और विशेष रूप से सन् 1991 के परिणाम को भारत और चीन के बीच द्विपक्षीय संबंधों में महत्त्वपूर्ण विकास द्वारा जाना जाता है। ऐतिहासिक सम्मेलन के बाद प्रधानमंत्री राजीव गांधी द्वारा चीन का भ्रमण तथा उसके बाद चीनी प्रधानमंत्री ली पेंग द्वारा 1991 में भारत के भ्रमण से शीतयुद्ध के बाद की अवधि में चीन–भारत मैत्री देखी गई। सोवियत संघ के विघटन के बाद दोनों राष्ट्रों ने सीमा पर शांति बनाए रखने तथा इस अनिश्चित विश्व व्यवस्था में द्विपक्षीय संबंधों को सुधारने की जरूरत को महसूस किया जो बृहत् रूप से एकध्रुवीय थी।

साहित्य का सर्वेक्षण तथा विश्लेषणात्मक ढाँचा

जॉन डब्ल्यू0 गार्वर ने अपने लेख "प्रोट्रेक्टेड कांटेस्ट" में भारत और चीन की विदेशी तथा कूटनीतिज्ञ नीतियों के बीच भूराजनीतिक विवाद को उजागर किया है। उन्होंने लिखा है कि किसी भी दो राज्य के बीच संबंध पूर्णतया संघर्ष की तरफ नहीं बढ़ सकते हैं उनके बीच नीति सहयोग के भी तत्त्व मौजूद होते हैं। वे यह भी व्यक्त करते हैं कि विवादास्पद मामलों को सुलझाने के लिए संरक्षित समझौते हुए हैं जो भूराजनीतिक संघर्ष के लिए आवश्यक हैं। यद्यपि गार्वर कूटनीति के महत्त्व को अस्वीकार नहीं कर सके और उन्हीं के शब्दों में "संघर्ष की केंद्रीयता कूटनीति के महत्त्व को कम नहीं करती है। राज्यों के बीच संघर्षात्मक संबंधों में कूटनीति इस विरोध को नियंत्रित कर सकती है और इसे जोर पकड़ने से रोक सकती है।"

दूसरी तरफ भारत के पक्षपाती जैसे सी0वी0 रंगनाथन तथा विनोद सी0 खन्ना ने स्पष्ट रूप से व्यक्त किया है कि भारत और चीन संबंध कई मामलों के मिश्रण हैं जिनमें कई स्तर के समाधान हैं। लेखक ने अनुभव किया है कि अपनी कूटनीतिक पृष्ठभूमि के कारण वे कुछ तरह से आशावादी भी हैं।

यहाँ पर लेखक यह उजागर करना चाहता है कि भारत का चीन के साथ बर्ताव का अलग ऐतिहासिक अनुभव है जो बृहत् पैमाने पर जटिल और पेचीदा है। अतः भारत को एक तरफ सावधान रहना है और दूसरी तरफ उचित सीख प्राप्त करनी है। कुल मिलाकर भारत को चीन के प्रति अपनी नीति ज्यादा वास्तविक तथा पारस्परिक रूपरेखा में बनानी जरूरी है। इसके अतिरिक्त यह तर्क देने से बचना चाहिए कि यदि सीमा विवाद सुलझ जाता है तो दोनों राष्ट्रों के बीच सभी समस्या खत्म हो जाएँगी। लेखक केवल यह सुझाव देता है कि भारतीय परिप्रेक्ष्य में चीन के बल के जीवंत रणनीति संस्कृति, उसकी बड़ी रणनीति को ध्यान में रखना चाहिए जिसमें पीपुल्स लिबरेशन आर्मी की भूमिका महत्त्वपूर्ण है तथा पीआरसी की रक्षा तथा विदेश नीति से संबंधित मामलों पर चीन के निर्णय लेने का सबसे ज्यादा महत्त्वपूर्ण तत्त्व है। उसी समय चीन की आर्थिक सुधार की नीति जो परस्पर-निर्भरता पर जोर देती है उसको भी भारतीय नीति निर्माताओं द्वारा ध्यान में रखना जरूरी है। दोहरे तत्त्व एक साथ मौजूद हैं-संघर्षात्मक या प्रतिस्पर्द्धात्मक तथा सहयोग या कूटनीतिक समझौते। हालांकि दोनों राष्ट्र विकासशील विश्व के हिस्से हैं, फिर भी चीन ज्यादा विकसित है। अतः दोनों एशियाई देशों के बीच अनोखा संबंध है। बृहत् पैमाने पर द्विपक्षीय संबंधों को वैश्विक राजनीतिक विन्यास तथा क्षेत्रीय संदर्भ द्वारा प्रतिबंधित किया जाता है।

सन् 1990 की शुरूआत में दोनों पक्षों के विदेश नीति उद्देश्य शीतयुद्ध के बाद की अवधि में शामिल थे।

चीन की मंशा

चीन में दो उल्लेखनीय बदलाव हुए- पहला, सोवियत संघ के विघटन से रणनीतिक स्तर चिह्नित हुआ तथा राजनीतिक परिदृश्य सन् 1989 के लोकतंत्र आंदोलन से बिगड़ गया। दूसरा, धीरे-धीरे आर्थिक वैश्वीकरण का विकास होने लगा। इन दोनों महत्त्वपूर्ण बदलावों ने चीन की विदेश नीति को कई प्रकार से प्रभावित किया। अब आंतरिक स्थिरता घरेलू राजनीतिक व्यवस्था के लिए महत्त्वपूर्ण हो गई जो आर्थिक आधुनिकीकरण के जारी रहने के लिए ज्यादा महत्त्वपूर्ण हो गई। वैश्विक शक्ति विन्यास को ध्यान में रखते हुए चीन का रणनीतिक उन्मुखीकरण में भी बदलाव आया। शीत युद्ध के खत्म होने के बाद अमेरिका एकमात्र महाशक्ति के रूप में उभरा। इसने चीन को वैकल्पिक दृष्टिकोण की तरफ सोचने के लिए मजबूर कर दिया। इसी वजह से देंग जियाओपिंग ने "नवीन अंतर्राष्ट्रीय राजनीतिक एवं आर्थिक व्यवस्था" का सूत्रपात किया।[1]

नवीन अंतर्राष्ट्रीय राजनीतिक एवं आर्थिक व्यवस्था में निम्नलिखित प्रस्ताव किए गए-

(क) संप्रभुता और क्षेत्रीय अखंडता का पारस्परिक सम्मान, पारस्परिक अनाक्रमण तथा एक दूसरे के आंतरिक मामलों में अहस्तक्षेप।

(ख) प्रभुत्ववाद और शक्ति राजनीति का विरोध।

(ग) संप्रभुता तथा राष्ट्रों के बीच समानता।

(घ) देशों की राष्ट्रीय स्थिति का सम्मान करना तथा मतभेदों को सुलझाते समय सामूहिक आधार देखना।

(ङ) पारस्परिक रूप से फायदेमंद सहयोग तथा सामूहिक विकास।

संक्षेप में, उपर्युक्त घटकों के कारण चीन भारत के संबंध में गंभीर विचारों के साथ संयमित रहते हुए भारत के साथ जुड़ने की नीति का अनुसरण कर रहा था। चीन ने शीत युद्ध में पहले से ही भारत और इसके पड़ोस में रणनीतिक लाभ प्राप्त कर लिया था। चीन का विचार बृहत् रूप से भारतीय विदेश नीति, "रूस और चीन के बीच विगलन" की मान्यता, आंतरिक आधुनिकीकरण में चीन की एकाग्रता, "चीन की राजनीतिक और आतंकवादी एकजुटता की उभरती चुनौतियाँ", और "इसके सभी पड़ोसियों से शांतिपूर्ण और स्थायी संबंध की चाहत" के संबंध में प्रेरित था।[2] फिर भी उसने अपने उत्तरी पड़ोसी भारत के साथ सतर्क रुख अपनाया और चीन की भारत सरकार की छवि मिश्रित थी, जैसा जे.एन. दीक्षित ने कहा, "यह मेरे दिमाग में स्पष्ट था।"

भारत की प्रेरणा

भारत के दृष्टिकोण से सन् 1990 की शुरूआत विशेष रूप से सोवियत संघ के पतन की पृष्ठभूमि में चुनौतियों से हुई। दो ध्रुवीय ढांचे के नष्ट होने से भारत अनिश्चित वैश्विक स्थिति में चीन से ज्यादा स्थायी संबंध बनाने के लिए मजबूर हो गया। सन् 1991 में सोवियत संघ के विघटन से भारत ने अपना एक अच्छा दोस्त खो दिया। विश्लेषक के अनुसार, सोवियत विघटन का चीन-भारत संबंधों पर कई प्रभाव पड़े। पहला, दोनों पक्षों के बीच दोस्ताना संबंध स्थापित करने में आ रही बाधा खत्म हो गई। दूसरा, यह तथ्य कि भारत ने एक विश्वासपात्र दोस्त खो दिया, चीन के साथ संबंधों को सुधारना एक तात्कालिक आवश्यकता बन गया। तीसरा, सोवियत विघटन से भारत के लगभग 20 प्रतिशत निर्यात बाजार का नुकसान हो गया, जिससे भारत को नए निर्यात बाजार की खोज करने के लिए मजबूर होना पड़ा।[3] इसके अतिरिक्त, पी0वी0 नरसिम्हा राव (1991-1996) के प्रधानमंत्रित्व काल में भारत में संपूर्ण वृद्धि दर को बढ़ाने के लिए आर्थिक सुधार किये गए। आर्थिक विकास की नए सिरे से

खोज का शुद्ध प्रभाव यह था कि भारत चीन के साथ अपने विवादों को सुलझाने के लिए आक्रामक कार्यवाही नहीं कर सकता था।

इसके अतिरिक्त, भारत भी अपने आर्थिक विकास और रक्षा आधुनिकीकरण को आगे बढ़ाने के लिए शांतिपूर्ण अंतर्राष्ट्रीय माहौल चाहता था। सभी विकासशील देशों की तरह भारत ने आगे आने वाले सालों में कठिन आर्थिक सुधारों का सामना किया और अतः उसकी चीन के साथ स्थायी संबंध बनाने की इच्छा थी। इसके साथ राजनीतिक नेतृत्व को यह स्पष्ट था कि आर्थिक सुधार की शुरूआत का आशय एक दशक तक भारत का संपूर्ण विकास है, जब ऐसा स्वीकार किया गया तो भारत की शक्ति स्वतंत्र रूप से बढ़ेगी और इससे चीन के साथ इसकी समझौते की स्थिति में वृद्धि होगी। संक्षेप में, सन् 1990 की शुरूआत में चीन के साथ अपने संबंधों को सुधारने की भारत की प्रेरणा यथार्थवादी विचारों पर आधारित थी। जैसा जे0एन0 दीक्षित ने कहा है, "कि भारत और चीन दोस्त हो सकते हैं जिनके संबंध एक दूसरे के हितों, सुरक्षा अनुभूति और आर्थिक आवश्यकताओं के बारे में उचित अल्पभाषिता और निष्पक्षता द्वारा पारस्परिक रुचि की व्यवहारिकता तथा अभिसरण पर आधारित होंगे।"[4] द्विपक्षीय संबंधों में सुधार साझा राष्ट्रीय दशाओं पर आधारित था। शीत युद्ध के बाद की अवधि में शामिल कारकों से युद्ध स्थिति के बजाए राजनीतिक-आर्थिक संबंधों को विस्तार मिला। राजनयिक स्तर पर चूँकि 80 के दशक में, भारत और चीन ने एक दूसरे को सद्भावना का आश्वासन देना शुरू कर दिया और भविष्योन्मुखी संबंध निर्मित करने के प्रति कार्य करने के लिए सहमत हुए। संक्षेप में एशियाई दिग्गज मैत्री कर रहे थे जो उनके पारस्परिक राष्ट्रीय हित में था।

द्विपक्षीय राजनीतिक बातचीत

भारतीय प्रधानमंत्री राजीव गांधी के ऐतिहासिक भ्रमण के बाद से चीन-भारत मैत्री की सबसे ज्यादा महत्त्वपूर्ण विशेषता उच्च नेतृत्व के बीच नियमित रूप से राजनीतिक बातचीत थी, जिसने द्विपक्षीय संबंधों में जोश भर दिया। यह सकारात्मक प्रवृत्ति शीत युद्ध के बाद जारी रही क्योंकि दोनों पक्षों ने स्थायी और सहयोगात्मक संबंध बनाने में अपने महत्त्व को समझा।

तीव्र राजनीतिक बातचीत का एक महत्त्वपूर्ण प्रदर्शन मई 1992 में भारतीय राष्ट्रपति आर0 वेंकटरमन की चीन यात्रा थी। चीन के शीर्ष नेतृत्व के साथ उनकी बातचीत में दोनों राष्ट्रों ने संयुक्त कार्यकारी समूह के कार्य पर संतोष व्यक्त किए, आर्थिक सहयोग बढ़ाने के लिए सहमत हुए और शांतिपूर्ण सहअस्तित्व के प्रसिद्ध सिद्धांतों में अपने विश्वास को दोहराया। यात्रा के दौरान पारस्परिक विश्वास बहाली के उपाय करने के लिए ठोस कदम उठाने पर जोर दिया गया।[5] अभी भी, यह प्रथम

भारतीय राष्ट्रपति की यात्रा के दौरान हुआ था कि चीन ने परमाणु परीक्षण किए जिसने भारतीय आशंकाओं को उत्पन्न किया।

बाद में सन् 1992 में दोनों पक्षों के रक्षा स्थापनाओं के बीच सीधा संपर्क हुआ जिसने विश्वास बहाली उपाय की नई अवस्था को जन्म दिया। जुलाई 1992 में रक्षा मंत्री शरद पवार को बीजिंग भेजने की भारतीय पहल दोनों पड़ोसियों के बीच सुरक्षा निर्माण उपाय में एक मील का पत्थर थी। भारतीय रक्षा मंत्री की चीन की ऐतिहासिक यात्रा और अपने चीनी समकक्ष और पीपुल्स लिबरेशन आर्मी के अन्य वरिष्ठ अधिकारियों के साथ बातचीत ने बड़े स्थायित्व और पूर्वानुमान का आधार स्थापित किया, जहाँ तक दोनों देशों की सीमाओं पर सैन्य स्थिति का संबंध है।[6] बातचीत के दौरान चीन ने शुद्ध रूप से अनुकूल प्रकृति और अपने परमाणु परीक्षणों के समयावधि से पवार को प्रभावित करने का विशेष प्रयास किया।[7]

सितंबर 1993 में प्रधानमंत्री पी0वी0 नरसिम्हाराव की चीन यात्रा चीन-भारत मैत्री की प्रक्रिया को समेकित करने का अगला कदम था। दोनों पक्षों के प्रधानमंत्रियों के बीच बैठक की सबसे उल्लेखनीय विशेषता "भारत-चीन सीमा क्षेत्रों में वास्तविक नियंत्रण रेखा पर शांति और सद्भाव बनाए रखने पर समझौता" का निष्कर्ष था जिस पर 7 सितंबर 1993 में हस्ताक्षर किए गए।[8] दो अनुभवी भारतीय राजनयिक जिन्होंने चीन पर विशेषज्ञता हासिल की थी, उनके शब्दों में, यह समझौता दोनों पक्षों को सीमा मामलों पर मित्रवत परामर्श से शांतिपूर्ण हल के लिए बाध्य करता है। यह व्यक्त करता है कि कोई भी पक्ष अपने बल का प्रयोग किसी प्रकार से दूसरे पक्ष को डराने के लिए नहीं करेगा। इस समझौते में दोनों देशों के बीच दोस्ताना और अच्छे पड़ोसी संबंध बनाए रखने के लिए वास्तविक नियंत्रण रेखा पर सैन्य बल तैनात रहने का प्रावधान किया गया।[9] 1993 का समझौता निस्संदेह दोनों एशियाई दिग्गजों के बीच द्विपक्षीय संबंधों के इतिहास में एक महत्त्वपूर्ण बदलाव था। शीत युद्ध के बाद एक तरफ संबंधों को स्थिर रखा गया और दूसरी तरफ, कई विश्वास बहाली उपाय किए गए। यह समझौता चीन की अच्छी पड़ोसी नीति तथा भारत की चीन के प्रति व्यावहारिक नीति के अनुसरण का परिणाम था।

1993 के ऐतिहासिक समझौते का सकारात्मक परिणाम राजनयिक समझौतों के नए अध्याय की तार्किक परिणति थी जो 1981 में शुरू हुई थी और 1988 में सबसे उच्च राजनीतिक स्तर के सम्मेलन द्वारा इसे आगे बढ़ाया गया था। भारत पर एक सुप्रसिद्ध चीनी विशेषज्ञ के शब्दों में, "सितंबर 1993 में भूतपूर्व प्रधानमंत्री पी0वी0 नरसिम्हाराव ने बीजिंग में घोषणा की कि भारत-चीन अब परिपक्वता की स्थिति पर पहुँच चुका है। उनका आशय था कि दोनों देश पारस्परिक लाभ के

आधार पर अपने संबंधों के विकास में बाधक मतभेदों को बढ़ने की अनुमति नहीं देंगे। मैंने हमेशा इस दृष्टिकोण का साझा किया है। कई चीनी विद्वान भी इस दशक के दौरान सकारात्मक बदलाव को देखकर उत्साहित हैं।"[10] बाद में नवंबर 1993 में सीपीपीसीसी (चीनी पीपुल्स राजनीतिक सलाहकार सम्मेलन) के अध्यक्ष ली रुइहुआन उच्च स्तरीय राजनीतिक बातचीत के आगामी विनिमय के रूप में भारत आए और उन्होंने दोनों राष्ट्रों के बीच अच्छे संबंधों पर जोर दिया। दिसंबर 1993 में दोनों तरफ के रक्षा स्थापनों के बीच विनिमय के रूप में जनरल स्टाफ के पीएलए डिप्टी चीफ लेफ्टिनेंट जनरल जु हाउजी ने भारत की यात्रा की।

सन् 1994 में उच्च स्तरीय राजनीतिक और सैन्य बातचीत हुई। जुलाई में चीनी उप प्रधानमंत्री और विदेश मंत्री कियान किचेन नई दिल्ली आए और दोनों राष्ट्रों के बीच बढ़ते संबंधों पर संतोष व्यक्त किया। सितंबर में चीनी रक्षा मंत्री ची हाओतियान ने भारत का भ्रमण किया।[11] इसके पहले जुलाई में जनरल बी0सी0 जोशी ऐसे पहले भारतीय थल सेनाध्यक्ष थे जिन्होंने चीन की यात्रा की तथा अपने चीनी समकक्ष और अन्य पीएलए अधिकारियों से मिले।[12] दोनों तरफ से यह महसूस किया गया कि थल सेनाध्यक्षों के बीच बातचीत से एक दूसरे की क्षमताओं तथा अभिप्रायों का ज्ञान और जागरूकता बढ़ेगी।

बाद में अक्टूबर में भारत के उपराष्ट्रपति और चीन के पुराने साथी श्री के0आर0 नारायणन ने चीन की यात्रा की तथा शीर्ष चीनी नेतृत्व के साथ द्विपक्षीय संबंधों की समीक्षा की। इस साल शांतिपूर्ण सहअस्तित्व 'पंचशील' के सिद्धांतों की स्थापना की चालीसवीं वर्षगांठ भी मनाई गई, जिसे दोनों राष्ट्रों ने मनाया। दोनों पक्षों ने अपनी विदेश नीतियों के मूल सिद्धांत के रूप में इन सिद्धांतों पर जोर दिया।

सन् 1990 के बीच में चीन की दक्षिण एयियाई नीति में कुछ ठोस बदलाव किए गए। एक भारतीय विश्लेषक के अनुसार, "इस बदलाव के कुछ उल्लेखनीय उदाहरण है: पहला, पीआरसी को सीटीबीटी पर भारत के मत के प्रति अपनी प्रतिक्रिया में उल्लेखनीय रूप से हल्का किया गया; दूसरा, चीन ने सुरक्षा परिषद में गैर-स्थायी पद के लिए भारत की बोली के समर्थन में जापान के खिलाफ मत दिया; और जैसा पहले उल्लेख किया गया है, अब इसका आतंकवादी विवादों को संभालने का दृष्टिकोण बदल गया था, जैसा इसका कश्मीर मुद्दे पर अपने मत में देखा गया।"[13] चीन ने भारत और पाकिस्तान दोनों से अपनी सभी बकाया मामलों जिसमें कश्मीर का मसला भी शामिल है, को शांतिपूर्ण ढंग से सुलझाने का आग्रह किया। चीन ने कश्मीर मसले में पाकिस्तान का समर्थन करने से परहेज किया और दोनों पक्षों के बीच शांतिपूर्ण और आत्मसंयमी द्विपक्षीय समझौते द्वारा विवाद का शांतिपूर्ण निपटारा करने के लिए

कहा। वर्ष 1995 में उच्चस्तरीय यात्राएँ जारी रहीं। नवंबर 1995 में चीनी नेशनल पीपुल्स कांग्रेस चेयरमैन कियो शी ने भारत की यात्रा की।

28 नवंबर, 1996 में चीनी राष्ट्रपति जियांग जेमिन चीनी उपप्रधानमंत्री और विदेश मंत्री, विदेशी व्यापार एवं आर्थिक सहयोग मंत्री, नागरिक मामलों के मंत्री और तिब्बत स्वायत्त क्षेत्र की सरकार के चेयरमैन के नेतृत्व वाले उच्च प्रतिनिधिमंडल के साथ भारत आए। अपनी यात्रा के दौरान 1993 के समझौते के समान अन्य दूसरा कदम उठाया गया तथा दोनों राष्ट्रों ने "भारत-चीन सीमा क्षेत्रों में वास्तविक नियंत्रण रेखा पर सैन्य क्षेत्र में विश्वास बहाली उपायों पर समझौता" किया, जिस पर दोनों राष्ट्रों के विदेश मंत्री क्रमश: आई0के0 गुजराल और कियान किचेन ने हस्ताक्षर किये।[14] इस समझौते के भूमिका में शांतिपूर्ण सहअस्तित्व के पाँचों सिद्धांतों का उल्लेख किया गया और यह नोट किया गया कि "यह दीर्घकालीन अच्छा पड़ोसी संबंध बनाने के लिए भारत और चीन के लोगों के मूल हितों को संरक्षित करता है।" राष्ट्रपति जियांग ने दोनों पक्षों से सीमा विवाद को शांतिपूर्ण ढंग से सुलझाने का आग्रह किया और कहा कि भारत को इस समस्या को "रियायती और समझदारी से लेना चाहिए ताकि निष्पक्ष और उपयुक्त हल निकल सके।"[15] समझौते के बारे में जियांग ने कहा कि यह पारस्परिक विश्वास बनाने तथा सीमा समस्या को सुलझाने के लिए उचित माहौल पैदा करने के लिए मुख्य कदम है।[16]

जियांग की यात्रा पर टिप्पणी करते हुए तथा 1996 के समझौते के निष्कर्ष में एक भारतीय विश्लेषक ने कहा कि "एक तरफ इसका वास्तविक युद्ध न करने के लिए संधि के रूप में स्वागत किया तथा दूसरी तरफ कई लोग ऐसे थे जिन्होंने इस नए समझौते की अधिकांश विशेषताओं पर ध्यान दिया जिन्हें राव की यात्रा के दौरान 1993 के समझौते में शामिल किया गया था। 1996 के समझौते के अनुच्छेद एक में यह भी आग्रह किया गया है कि कोई भी पक्ष दूसरे पक्ष के खिलाफ अपनी सैन्य क्षमताओं का इस्तेमाल नहीं करेगा।" जो केवल सीमा क्षेत्रों में सेनाओं के लिए है। इसमें सीमा मामले पर दरार की प्रकृति पर कुछ नहीं था। जियांग की यात्रा अधिकांश रूप से भारत-चीन संबंधों को संभालने के लिए थी जो उन्नति पर था लेकिन इसमें सुस्पष्ट अंतर्निहित वास्तविकता यह थी कि यह बराबरी का संबंध नहीं था।[17] जबकि एक चीनी विश्लेषक ने दोनों पक्षों के बीच कुछ उल्लेखनीय सीबीएम को उजागर किया जिसमें "दोनों देशों के सीमा गार्ड के प्रतिनिधि हर वर्ष नियमित रूप से दो बार मिलेंगे; दोनों देशों के सीमा रक्षकों का कमान मुख्यालय के बीच हाट-लाइन; भारत-चीन सीमा क्षेत्र में सैन्य युद्धाभ्यास और सेना के गमन की पूर्व सूचना; और दोनों देशों के सैन्य बलों के उच्च श्रेणी और मध्यम श्रेणी के अधिकारियों के बीच भ्रमण का विनिमय।"[18]

कुल मिलाकर, जियांग का भ्रमण राजनीतिक और आर्थिक स्तर पर महत्त्वपूर्ण था और दोनों पक्षों ने मैत्री की प्रक्रिया को जारी रखने की इच्छा को दुहराया था। सीमा विवाद को सुलझाने के आगामी प्रयासों के अलावा दोनों राष्ट्रों ने आर्थिक और व्यापार संबंधों को मजबूत करने तथा विज्ञान एवं तकनीकी और अन्य क्षेत्रों में सहयोग बढ़ाने पर जोर दिया।

इस बीच तुरंत उच्च स्तरीय सैन्य विनिमय किया गया। सन् 1996 में नौसेनाध्यक्ष वी0एस0 शेखावत चीन भ्रमण करने वाले पहले भारतीय नौसेना प्रमुख बने। बाद में अक्टूबर 1997 में थलसेना के उपप्रमुख जनरल वी0पी0 मलिक ने चीन की यात्रा की।[19] दोनों पक्षों के बीच यह सहमति हुई कि इन यात्राओं से जारी सैन्य विश्वास बहाली को प्रोत्साहन मिलेगा तथा दोनों सैन्य बलों के बीच नियमित संचार चैनल स्थापित होगा।

नियमित राजनीतिक बातचीत और सैन्य विनिमय का प्रभाव सकारात्मक रहा। वास्तव में सन् 1997 तक द्विपक्षीय संबंध प्रगाढ़ हुए। कुल मिलाकर चीन-भारत संबंधों की गति में जोश आया और वास्तव में इन दोनों महत्त्वपूर्ण उभरती हुई शक्तियों के बीच स्थायी संबंध बने। यद्यपि भारत में "यह स्पष्ट अंतर्निहित वास्तविकता थी कि यह बराबरी के बीच का संबंध नहीं था।"

सीमा विवाद को सुलझाने के प्रयास

भारत-चीन सीमा लगभग 4056 किलोमीटर में फैली है जिसे तीन भागों में विभाजित किया जाता है: पश्चिमी (2176 किमी), मध्य (554 किमी) और पूर्वी क्षेत्र (1326 किमी)।[20] पश्चिमी क्षेत्र में भारत के जम्मू और कश्मीर का लद्दाख क्षेत्र और चीन में जिनजियांग और तिब्बत के बीच की सीमा शामिल है। चीनी दृष्टिकोण से यह क्षेत्र उत्तर में काराकोरम दर्रे से शुरू होता है तथा तिब्बत के आरी जिले के दक्षिण, लद्दाख और हिमांचल प्रदेश में जाकर समाप्त होता है।[21] भारत ने इस क्षेत्र सही ढंग से तर्क किया है कि चीन ने इसके लगभग 38,000 वर्गकिमी क्षेत्र को घेर रखा है और इसमें पाकिस्तान द्वारा चीन को सौंपा गया क्षेत्र शामिल नहीं है। यहाँ पर यह नोट किया जा सकता है कि पाकिस्तान ने अवैध ढंग से सन् 1963 के सीमा समझौते में चीन को पाकिस्तान अधिकृत कश्मीर का 5180 वर्गकिमी क्षेत्र सौंप चुका है।[22] मध्य क्षेत्र में भारत के अविभाजित उत्तर प्रदेश और हिमाचल प्रदेश और चीन में तिब्बत का आरी जिला के बीच की सीमा शामिल है। इस क्षेत्र में लगभग 2000 वर्गकिमी क्षेत्र पर विवाद है।[23] यद्यपि अन्य दृष्टिकोण से वास्तविक विवाद वाला क्षेत्र केवल 40-45 वर्गकिमी हो सकता है।[24] पूर्वी क्षेत्र चीन-भारत-भूटान सीमा जंक्शन से शुरू होता है और चीन-भारत-म्यामांर सीमा जंक्शन तक इसका विस्तार है। इस

क्षेत्र में भारत का अरुणाचल प्रदेश तथा तिब्बत का चीनी क्षेत्र आता है। इस क्षेत्र में विवादित क्षेत्र लगभग 90,000 वर्गकिमी है।[25] इस क्षेत्र में मेकमोहन रेखा (सन् 1914 के शिमला सम्मेलन द्वारा) की चीनी मान्यता के भारतीय दावे का मामला और चीन द्वारा इस रेखा से इनकार तथा इसे साम्राज्यवादी अधिरोपण मानना शामिल है।

चीनी दृष्टिकोण से पूर्वी क्षेत्र "सबसे ज्यादा विवादित क्षेत्र है"। उनके अनुसार छठे दलाईलामा, सनयुन ग्यालटो का मोन्युल क्षेत्र में स्वागत किया गया था। इसमें सभी तीन भागों में मोन्युल, लायुल और निचला सायुल शामिल है, "पारंपरिक प्रथागत सीमा और मैकमोहन लाइन का दक्षिण भाग" जो कुल 90,000 वर्गकिलोमीटर के क्षेत्र को कवर करता है। चीनी पक्ष अपने दावे पर यह कहते हुए दबाव डालता है कि उनका इस क्षेत्र पर प्रशासनिक और न्यायिक नियंत्रण है और कि यह विवाद पारंपरिक प्रथागत सीमा से परे उत्तर की तरफ दबाव डालते हुए उपनिवेशवादियों के कारण उत्पन्न हुआ है।[26]

शीत युद्ध की अवस्था

जून 1981 और नवंबर 1987 के बीच शीत युद्ध अवधि के दौरान सीमा विवाद को सुलझाने के लिए आठ दौर की आधिकारिक स्तर की बातचीत हुई लेकिन कोई भी हल नहीं निकला। राजीव गांधी की 1988 में चीन यात्रा के दौरान दोनों देशों ने एक संयुक्त कार्यकारी समूह बनाने का निर्णय लिया जिसका कार्य सीमा मामलों का एक निष्पक्ष और उपयुक्त समाधान ढूँढ़ना था। भारत की तरफ से संयुक्त कार्यकारी समूह का अध्यक्ष विदेश सचिव था तथा चीन की तरफ से उपविदेश मंत्री अध्यक्ष था। अत: कुछ मायनों में संयुक्त कार्यकारी समूह पहले की क्रियाविधि से प्रगति हुई थी कि संयुक्त जनादेश मिला था। इसके अतिरिक्त संयुक्त कार्यकारी समूह सीमा क्षेत्रों में शांति और यथास्थिति बनाए रखने के लिए नियुक्त सीबीएम के आरंभ के कार्य के साथ भी निहित था।

भारत ने पूरी शीत युद्ध अवधि में विवादग्रस्त सीमा मामले को सुलझाने की उपयुक्त और दूरंदेशी नीति का अनुसरण किया। सन् 1990 में भारत ने चीन के साथ अपने सीमा विवाद को निपटाने के लिए दूसरा कदम उठाया। नई दिल्ली में संयुक्त कार्यकारी समूह की दूसरी बैठक में भारतीय पक्ष ने व्यक्त किया कि उसने स्वीकार किया है कि सीमा पर विवाद है और अंत:पाशी सिद्धांतों का प्रस्ताव रखा है जिसका प्रयोग सीमा के लिए पूर्णतया नई व्यवस्था के साथ क्षेत्रवार का प्रयोग किया जाएगा। लेकिन भारत ने यह भी स्पष्ट किया कि हालांकि यह नया बिंदु चर्चा और समझौते के लिए खुला है इसमें भारतीय लचीलेपन की सीमा भी प्रदर्शित होती है। दूसरे शब्दों में रखा गया बिंदु यह था कि जबकि समायोजन संभव था लेकिन गुंजाइश जो

वास्तविक नियंत्रण रेखा को काफी हद तक बदल देगी वह नहीं थी।[27] 1 जुलाई से 4 जुलाई, 1989 तक बीजिंग में संयुक्त कार्यकारी समूह की पहली बैठक में दोनों पक्ष सहमत हुए थे कि सैन्य विशेषज्ञ वास्तविक नियंत्रण रेखा पर शांति और यथास्थिति सुनिश्चित करने के उपाय करेंगे।[28] संयुक्त कार्यकारी समूह की तीसरी बैठक 13 मई, 1991 में बीजिंग में हुई और इस बातचीत में भी कोई भी ठोस हल नहीं निकल सका। दोनों पक्षों ने एक दूसरे की स्थिति को स्पष्ट किया तथा इस प्रक्रिया को जारी रखने के लिए सहमत हुए।[29]

दिसंबर 1991 में जब चीनी प्रधानमंत्री ली पेंग ने भारत की यात्रा की तो उसने सीमा की समस्या को पारस्परिक समझ और पारस्परिक सामंजस्य से सुलझाने की आवश्यकता व्यक्त की। भारत की स्थिति यह थी कि पारस्परिक समझ और पारस्परिक निपटारा सैन्य हस्तक्षेप के फायदे को वैध बनाने के लिए नहीं होना चाहिए और यह सुप्रचालनिक और प्रशासनिक विचार पर आधारित होना चाहिए।[30] ली की यात्रा के दौरान दोनों राष्ट्रों संयुक्त कार्यकारी समूह से ज्यादा ठोस भूमिका निभाने की आशा व्यक्त की और इस बात से सहमत हुए कि सीमा क्षेत्रों में शांति और यथास्थिति बनाए रखने के लिए कुछ विशिष्ट उपायों पर चर्चा करनी चाहिए। दोनों पक्ष इस बात से भी सहमत हुए कि उन्हें फ्रंटियर रक्षकों के बीच बैठक शुरू करनी चाहिए।[31] प्रधानमंत्री ली ने कहा कि सीमा मामले का हल ढूँढ़ने के लिए हमें पहले गंभीर होना जरूरी है और उसके बाद धैर्य रखना भी जरूरी है क्योंकि यह मामला थोड़ा जटिल है और यह सदियों से चला आ रहा है। भारत आए चीनी प्रधानमंत्री ने चीन-भारत संयुक्त सरकारी सूचना में अपनी बात कही जिससे कुछ तरह से सोवियत अंतर्राष्ट्रीय स्थिति के बाद के बारे में पारस्परिक विचार सूचित हुए।[32] अन्य द्विपक्षीय मामलों के बीच सरकारी सूचना में यह भी सुझाव दिया गया कि संयुक्त कार्यकारी समूह को सीमा विवाद का जितना जल्दी हो सके हल ढूँढ़ने के लिए कार्य करना चाहिए।

शीत युद्ध अवधि के बाद के प्रयास

इस अवधि को सीमा क्षेत्रों में स्थायित्व की आकस्मिकता के कारण जारी वार्ता की स्पंदन गति के रूप में जाना जाता है। इसके अतिरिक्त सीमा क्षेत्रों में प्रभावी विश्वास बहाली उपायों की शुरूआत भी हुई। संयुक्त कार्यकारी समूह की चौथी बैठक 20 फरवरी से 21 फरवरी, 1992 तक नई दिल्ली में आयोजित की गई जिसमें पहली बार दोनों राष्ट्रों के रक्षा मंत्रालय के अधिकारी शामिल हुए। दोनों पक्ष पूर्वी क्षेत्र में बुमला में तथा पश्चिमी क्षेत्र में सपनागुर गैप क्षेत्र में हर साल जून और अक्टूबर में सीमाकर्मियों के बीच "लैग मीटिंग आयोजित करने पर सहमत हुए।[33] अधिकारियों ने स्थानीय कमांडरों के बीच सीधा टेलीफोन संपर्क स्थापित करने का

प्रस्ताव रखा। इसके अतिरिक्त अन्य सीबीएम के बारे में राय, जैसे सैन्य अभ्यास की पूर्व सूचना पर भी चर्चा हुई। पाँचवीं बैठक 27 से 29 अक्टूबर, 1992 को बीजिंग में आयोजित की गई। इस बैठक के दौरान सीमा पर स्पष्ट दृष्टिकोणों का आदान-प्रदान किया गया और दोनों पक्षों ने एक दूसरे की स्थिति को व्यक्त किया।[34]

संयुक्त कार्यकारी समूह की छठी बैठक 25 जून से 30 जून, 1993 में नई दिल्ली में आयोजित की गई और चर्चा "सैन्य स्थितियों के गंतव्य पर पारस्परिक पारदर्शिता, हवाई घुसपैठ की रोकथाम तथा वास्तविक नियंत्रण रेखा पर सेना की फिर से तैनाती" पर फोकस रही। इसके अतिरिक्त, दोनों पक्ष भारत में हिमाचल प्रदेश तथा तिब्बत में जिउबा के बीच शिपकिला दर्रे में एक और व्यापार स्थल खोलने पर भी सहमत हुए।[35]

सितंबर 1993 में दोनों राष्ट्रों ने वास्तविक नियंत्रण रेखा पर शांति और यथास्थिति बनाए रखने पर समझौते को निश्चित किया, जिसमें नौ अनुच्छेद शामिल किए गए थे। अनुच्छेद 1 में घोषित किया गया कि "दोनों पक्षों का दृष्टिकोण है कि भारत-चीन सीमा मामलों को शांतिपूर्ण और दोस्ताना परामर्श से सुलझाया जाएगा।" इसमें आगे व्यक्त किया गया कि "सीमा मामले के लंबित होने की स्थिति में दोनों पक्ष सख्तीपूर्वक वास्तविक नियंत्रण रेखा का सम्मान और अवलोकन करेंगे।" इसमें यह भी कहा गया कि "जब आवश्यक हो, दोनों पक्ष संयुक्त रूप से वास्तविक नियंत्रण रेखा की जाँच और निर्धारण करेंगे चाहे उनके पास इसके नक्शे पर अलग दृष्टिकोण हो।"

अनुच्छेद 2 में कहा गया कि "प्रत्येक पक्ष दोनों देशों के बीच दोस्ताना और अच्छा पड़ोसी संबंध के अनुकूल न्यूनतम स्तर तक वास्तविक नियंत्रण रेखा के क्षेत्रों में अपने सैन्य बलों को रखेंगे।" सैन्य कर्मियों को कम करने तथा सुरक्षा के सिद्धांत के संबंध में यह घोषणा की गई कि दोनों पक्ष पारस्परिक रूप से सहमत अंतिम सीमा तक पारस्परिक और बराबर सुरक्षा के सिद्धांत की आवश्यकताओं के अनुपालन में वास्तविक नियंत्रण रेखा पर अपने सैन्य बलों को कम करने के लिए सहमत हुए हैं। अनुच्छेद 3 में कहा गया कि "पारस्परिक रूप से पहचान गए क्षेत्रों में दोनों पक्ष कोई भी विशेष सैन्य अभ्यास नहीं करेंगे। प्रत्येक पक्ष वास्तविक नियंत्रण रेखा के नजदीक विशेष स्तर के सैन्य अभ्यास की पूर्व सूचना दूसरे पक्ष को देगा।"

अनुच्छेद 4 में समस्याओं को सुलझाने के लिए दोनों देशों के सीमा रक्षाकर्मियों के बीच बैठकें और परामर्श करने के लिए कहा गया है। अनुच्छेद 5 में हवाई घुसपैठ रोकने की घोषणा की गई तथा हवाई अभ्यासों के प्रतिबंध पर पारस्परिक रूप से सहमति हुई। अनुच्छेद 6 में स्थापित किया गया कि वास्तविक नियंत्रण रेखा के संदर्भ

में सीमा मामले पर दोनों पक्षों की मूल स्थिति को क्षति नहीं पहुँचाई जाएगी। अनुच्छेद 7 को प्रभावी सत्यापन उपायों पर संचार और सैन्य बलों को सम्मत स्तर तक घटाने का पर्यवेक्षण प्रदान करने के लिए था। अनुच्छेद 8 में संयुक्त कार्यकारी समूह की मदद तथा मतभेदों को सुलझाने के लिए राजनयिक और सैन्य विशेषज्ञों से गठित विशेषज्ञ समूह की स्थापना के बारे में बताया गया।[36] संक्षेप में, 1993 के समझौते की मुख्य विशेषताएँ थीं: सेना की कमी, संघर्ष से बचना तथा विशेषज्ञ समूह की अधिसूचना उपाय और संघटन। यह समझौता संयुक्त कार्यकारी समूह की पहली ठोस उपलब्धि थी। कुछ क्षेत्रों में वास्तविक नियंत्रण रेखा पर समझौते को दोनों एशियाई दिग्गजों के बीच सीमा विवाद का 'अंतिम निपटारे के प्रति पहला कदम' के रूप में माना गया।

वर्ष 1994 में बैठकें जारी रहीं और विशेषज्ञ समूह की कई दौर की बैठकें हुईं। 3 से 6 फरवरी तक नई दिल्ली में भारत-चीन विशेषज्ञ समूह की पहली बैठक हुई। इस बैठक में अनुसरण किए जाने वाले कार्य और अधिकार, भावी बातचीत और साध नों के बारे में चर्चा हुई। विशेषज्ञ समूह की दूसरी बैठक 21 अप्रैल से 23 अप्रैल तक बीजिंग में हुई और दोनों पक्ष कार्य नियमों पर सहमत हुए।[37] कुछ ठोस ढंग से दोनों पक्षों में सहमति हुई कि समूह बैठक का अधिदेश वास्तविक नियंत्रण रेखा के स्पष्टीकरण में संयुक्त कार्यकारी समूह का सहयोग करना, वास्तविक नियंत्रण रेखा पर सैन्य बलों की पुनः तैनाती की सत्यापन क्रियाविधि शामिल है।[38] बाद में 6 एवं 7 जुलाई को बीजिंग में सातवें दौर की संयुक्त कार्यकारी समूह बैठक हुई, जिसमें सितंबर 1993 के शांति एवं यथास्थिति समझौते को मंजूर किया गया। इसके अतिरिक्त सीमा अधिकारियों के बीच स्थानीय स्तर की आवधिक बैठकों पर भी चर्चा की गई।

2 मार्च से 4 मार्च, 1995 को नई दिल्ली में आयोजित विशेषज्ञ समूहों की तीसरी बैठक में दोनों पक्ष सिक्किम-तिब्बत क्षेत्र में नाथू ला और मध्य क्षेत्र में दूसरे स्थल को निर्धारित करने के लिए सैन्य कर्मियों के बीच बैठकों के लिए दो अतिरिक्त निर्धारित स्थल स्थापित करने के लिए सहमत हुए।[39] 18 से 20 अगस्त तक संयुक्त कार्यकारी समूह की आठवीं बैठक नई दिल्ली में आयोजित हुई और दोनों पक्ष पूर्वी क्षेत्र में बांगडांग क्षेत्र में स्थिति चार अग्रवर्ती चौकियों (दोनों तरफ से दो-दो) से सेनाओं को पीछे हटाने पर सहमत हुए।[40] भारत और चीन की सेनाएँ यहाँ पर एक दूसरे से 50-100 गज की दूरी पर आमने-सामने खड़ी थीं और अरुणाचल प्रदेश में समदोरांग चू घाटी में 1986-87 में सैन्य टकराव हुआ था। अतः इस प्रगति से यह भरोसा मिला कि इस प्रकार की घटना दोबारा नहीं होगी। एक भारतीय विश्लेषक के अनुसार इस दौर की बातचीत के दौरान आठ "विवादित स्थल" अर्थात पश्चिमी क्षेत्र

में त्रिग हाइट्स और डेमचक, मध्य क्षेत्र में बाराहोती और पूर्वी क्षेत्र में नमका चू, समदोरांग चू, चंटजी, एस्पाफिला और लांगजू की पहचान की गई।[41]

वर्ष 1996 में सीबीएम की तरफ दूसरा कदम बढ़ाया गया, जिसने दीर्घकाल में विवादास्पद सीमा समस्या के समाधान के लिए रास्ता बनाया। विशेषज्ञ समूह की चौथे दौर की बैठक 7 से 9 फरवरी को बीजिंग में आयोजित हुई और दोनों पक्षों ने 1993 सीबीएम के समझौते के कार्यान्वयन के लिए ठोस उपायों पर चर्चा की; दोनों पक्ष मेजर जनरल की श्रेणी के सैन्य अधिकारियों द्वारा पारस्परिक यात्राओं को बढ़ाने पर सहमत हुए। इसके अतिरिक्त वे पूर्वी क्षेत्र (बूमला डीचू) में दो अतिरिक्त बैठक स्थल तथा मध्य क्षेत्र में माउंटेन पास में एक बैठक स्थल स्थापित करने के लिए सहमत हुए। सीमा सैन्य कर्मियों की "लैग बैठक (पिथौरागढ़ के नजदीक लीपूलेख) में साल में दो बार आयोजित होगी।"[42]

सबसे महत्त्वपूर्ण रूप से 1996 में "भारत-चीन सीमा क्षेत्रों में वास्तविक नियंत्रण रेखा पर सैन्य क्षेत्र में विश्वास बहाली उपायों पर समझौता" पहले चीनी राष्ट्राध्यक्ष जियांग जेमिन की भारत यात्रा के दौरान किया गया। 12 अनुच्छेदों वाले इस समझौते पर हस्ताक्षर नवंबर में किए गए।

अनुच्छेद 1 में घोषणा की गई कि "कोई भी पक्ष अन्य पक्ष के खिलाफ अपनी सैन्य क्षमता का इस्तेमाल नहीं करेगा।" अनुच्छेद 2 में व्यक्त किया गया कि "दोनों पक्ष सीमा मामले के निष्पक्ष, उचित और पारस्परिक रूप से स्वीकार्य समझौते का प्रयास करने के लिए अपने निश्चय को दुहराते हैं।" अनुच्छेद 3 में वास्तविक नियंत्रण रेखा पर "पारस्परिक रूप से सहमत भौगोलिक क्षेत्रों" में सैन्य बलों को घटाने के बारे में विशेष ब्यौरा, बलों को घटाने पर आँकड़ों तथा युद्ध सामग्री का विनिमय और इन क्षेत्रों में प्रत्येक पक्ष द्वारा सैन्य बलों और युद्ध सामग्री की अधिकतम सीमा पर निर्णय किया गया। यह सीमा "पारस्परिक और बराबर सुरक्षा" के सिद्धांत के अनुरूप होगी। अनुच्छेद 4 से 8 तक सीमा क्षेत्रों को स्थिर रखने के लिए डिजाइन किए गए विविध सीबीएम तथा जानकारी के आदान-प्रदान आदि पर आधारित था। अनुच्छेद 9 में यह कहा गया कि "यदि कोई संदेहास्पद स्थिति उत्पन्न होती है तो दोनों पक्ष के पास स्पष्टीकरण माँगने का अधिकार है।"

अनुच्छेद 10 की घोषणा महत्त्वपूर्ण थी। इसमें कहा गया कि "वास्तविक नियंत्रण रेखा पर सामूहिक समझ विकसित करना और स्पष्टीकरण की प्रक्रिया को गति प्रदान करना तथा रेखा की पुष्टि जरूरी है।" शुरूआत में दोनों भागों में संरेखण को स्पष्ट करना होगा जहाँ दोनों पक्षों का भिन्न बोध है। जितना जल्दी हो सके वास्तविक नियंत्रण रेखा के पूरे संरेखण के संबंधित बोध को निर्देशित करते हुए

मानचित्रों के आदान-प्रदान के लिए भी व्यवस्था है। अनुच्छेद ।। बहुत ज्यादा जरूरी था और इसमें व्यक्त किया गया कि अनुच्छेद । और अनुच्छेद 10 के तहत आवश्यक विस्तृत कार्यान्वयन उपाय को सीमा मामले पर संयुक्त कार्यकारी समूह में पारस्परिक सलाह द्वारा निर्णय किया गया। भारत-चीन राजनयिक और सैन्य विशेषज्ञ समूह समझौते के तहत कार्यान्वयन उपायों को तैयार करने में संयुक्त कार्यकारी समूह की मदद करेगा।[43]

1996 का समझौता 1993 के समझौते की नींव पर आधारित था और निस्संदेह द्विपक्षीय चीन-भारत संबंधों में विकास के लिए महत्त्वपूर्ण था। चीनी राष्ट्रपति जियांग जेमिन ने इस समझौते को ऐसे कारक के रूप में व्यक्त किया जिससे शांति और सुरक्षा बढ़ेगी तथा अंततः सीमा प्रश्न के समाधान के लिए ठोस माहौल उत्पन्न करता है।[44] दो भारतीय राजनयिकों ने लिखा कि "कुल मिलाकर दो समझौतों का अवलोकन यह दर्शाता है कि सीबीएम की व्यापक योजना को सूचित किया गया है। यदि इसे कार्यान्वित किया जाता है तो यह समझौता दीर्घकाल में यह सुनिश्चित करेगा कि प्रत्येक पक्ष गैर-उत्तेजक और अहिंसात्मक ढंग से वास्तविक नियंत्रण रेखा की रक्षा करने में समर्थ होंगे।"[45] एक सुप्रसिद्ध चीनी विश्लेषक इस संधि को दोनों पक्षों के बीच "युद्ध न करने की संधि" के रूप में माना जिसका आधार यह था कि 1996 सीबीएम समझौते में द्विपक्षीय संबंध में केवल खतरनाक या विस्फोटक तत्त्व को निकाला गया है।[46] संक्षेप में 1996 का समझौता सीबीएम को फिर से शुरू करने का अगला कदम था और इससे दोनों राष्ट्रों के बीच स्थायी संबंध स्थापित हुए।

वर्ष 1997 में बैठकें जारी रहीं। पहले 3 से 5 मार्च तक नई दिल्ली में विशेषज्ञ समूह की पाँचवें दौर की बैठक हुई। दोनों पक्षों ने पूर्वी क्षेत्र में बैठक स्थल स्थापित करने तथा बैठक के समय की फिर से व्यवस्था करने पर चर्चा की।[47] दूसरे, 4 से 5 अगस्त तक नई दिल्ली में संयुक्त कार्यकारी समूह की दसवें दौर की बैठक आयोजित की गई। नवंबर 1996 में जियांग जेमिन की यात्रा के दौरान हस्ताक्षर किए गए समझौतों को मंजूर किया गया। दोनों पक्षों ने 1993 और 1996 के सीबीएम समझौतों के कार्यान्वयन पर फोकस किया और पारस्परिक रूप से स्वीकार्य सीमा पर बातचीत जारी रखने का निर्णय लिया।[48] बैठकों के दौरान कोई भी महत्त्वपूर्ण प्रगति नहीं हुई। एक भारतीय विश्लेषक के अनुसार मुख्य बाधा यह थी कि दोनों पक्ष अभी भी सीमा पर सेनाओं को कम करने पर अपने मतभेदों को कम करने में असमर्थ रहे थे।[49] इसके अतिरिक्त घरेलू विवशताओं के कारण आरओआई सरकार ने सीमा विवाद के मामले पर बिना चीनी मदद के आगे बढ़ने में कठिनाइयों का सामना किया। इस तथ्य को ध्यान में रखते हुए दोनों पक्षों ने चरणबद्ध दृष्टिकोण को अपनाया।

फिर भी शांतिपूर्ण सीमा का सकारात्मक कारक दोनों राष्ट्रों द्वारा स्थापित किया गया। एक चीनी विश्लेषक के शब्दों में, "वास्तविक नियंत्रण रेखा के समझौते पर हस्ताक्षर से सीमा के दावों के विधि सम्मत और ऐतिहासिक ढांचे को ठंडे बस्ते में डाल दिया गया है। भारत और चीन दोनों में वास्तविक नियंत्रण रेखा के समझौते को व्यापक सहयोग मिल रहा है जो अंतिम हल निकालने की गति बढ़ाने में भारतीय और चीनी नेताओं के निश्चय को मजबूत करेगा।"[50] इन समझौतों को व्यापक सीमा समझौते के दौरान "तर्कसंगत राजनीति और उद्देश्य वास्तविकता" के आधार पर उठाए गए कदम के रूप में देखा गया।

यद्यपि वर्ष 1997 के अंत तक भारत के कुछ क्षेत्र चीन के साथ सीमा मामले को सुलझाने के लिए बातचीत की समग्र गति से संतुष्ट नहीं थे।

नब्बे के मध्य तक चीन ने वैश्विक शक्ति की आकांक्षा से तेजी से बढ़ती हुई क्षेत्रीय शक्ति के रूप में आर्थिक और सैन्य क्षेत्र में प्रगति की। अत: इसका पड़ोसी होते हुए भारत को जायज तौर पर चीन की ठोस उन्नति के व्यवहार और अभिप्राय तथा भारत की सुरक्षा के प्रति इसके निहितार्थ के बारे में चिंता थी।

जैसा दो प्रख्यात राजनयिकों ने लिखा कि "यद्यपि यह तथ्य है कि उनके कार्यान्वयन की प्रगति धीमी है"[51] अभी भी भारत ने ही बातचीत के जारी रखने तथा गंभीर संलग्नता की नीति का अनुसरण किया। उसी समय उभरती हुई शक्ति होते हुए स्वयं भारत शक्ति के लिए अपने अधिकारपूर्ण खोज में चीन का लाभ उठाने की तलाश में था। भारत ने माना कि फायदे से उसकी स्थिति बढ़ेगी जिसमें सीमा मामले को सुलझाने के लिए बातचीत की गति तथा चीन के साथ इसके सुरक्षा मामलों की बेहतर समझ बढ़नी शामिल है। अत: भारत ने दो आयामी नीति अर्थात संलग्नता और चीन के साथ फायदा उत्पन्न करना जारी रखा। इस अवधि में भारत की तरफ से संलग्नता की नीति प्रमुख प्रवृत्ति थी।

बढ़ता हुआ आर्थिक सहयोग

दोनों राष्ट्रों के बीच आर्थिक सहयोग ने पहली सामान्यीकरण प्रक्रिया तथा बाद में संपूर्ण मैत्री प्रक्रिया का एक महत्त्वपूर्ण अवयव उत्पन्न किया। सन् 1962 के भारत-चीन युद्ध के बाद दोनों देशों ने 1978 में फिर से व्यापार शुरू किया। 1962 के पूर्व के समय में 1962 में 1954 का द्विपक्षीय व्यापार समझौता नष्ट हो चुका था। सन् 1984 में दोनों राष्ट्रों ने सबसे पसंदीदा राष्ट्र समझौते पर हस्ताक्षर किए जिसने द्विपक्षीय व्यापार को बढ़ा दिया।[52] इसके अतिरिक्त, दिसंबर 1988 में राजीव गांधी के चीन भ्रमण के दौरान दोनों राष्ट्र आर्थिक संबंध एवं व्यापार, विज्ञान एवं तकनीकी पर संयुक्त समूह स्थापित करने के लिए सहमत हुए।[53] उसके बाद से भारत और चीन

के बीच व्यापार संबंध बढ़ता जा रहा है। सन् 1991 में सीमा व्यापार फिर से शुरू करने के लिए भारत गणराज्य सरकार (यहाँ इसके बाद आरओआई) तथा चीन की पीपुल्स गणराज्य सरकार (यहाँ इसके बाद पीआरसी) के बीच एक सहमति ज्ञापन पर हस्ताक्षर किया गया।

तालिका 1

वर्ष	*अमेरिकी मिलियन डालर में भारतीय आयात*	*अमेरिकी मिलियन डालर में भारतीय निर्यात*	*व्यापार संतुलन*	*व्यापार का मान*
1993	259.16	416.57	+154.41	675.73
1994	573.00	322.00	−251.00	894.00
1995	769.00	398.00	−367.00	1162.00
1996	689.54	719.16	+29.64	1406.00

शीत युद्ध के बाद की अवधि में द्विपक्षीय व्यापार में काफी बढ़ोत्तरी हुई। लेकिन द्विपक्षीय व्यापार की कुल मात्र दोनों राष्ट्रों के अंतर्राष्ट्रीय व्यापार का बहुत ही छोटा सा हिस्सा था। सन् 1990 में चीन-भारत व्यापार की मात्र 200 मिलियन डालर थी, जो सन् 1992 में 339 मिलियन डालर तक पहुँच गई और 1995 तक यह 1.16 बिलियन डालर हो गई।[54] संपूर्ण मात्रा पाँच गुना से ज्यादा बढ़ गई। भारत इस अवधि में चीन का सबसे बड़ा दक्षिण एशियाई व्यापार सहयोगी बन गया।

सन् 1997 में भारतीय आयात 933.1 मिलियन डालर था और निर्यात 897.3 मिलियन डालर था। अत: कुल व्यापार मूल्य 1.83 बिलियन तक पहुँच गया।[55]

तालिका 2

वर्ष	*भारत के विश्व को निर्यात का चीन का प्रतिशत शेयर*	*भारत के विश्व से आयात का चीन का प्रतिशत शेयर*
1992	0.51	0.4
1993	1.41	1.21
1994	0.89	2.39
1995	0.93	2.35
1996	1.9	1.85
1997	1.94	2.72

भारतीय निर्यात की मुख्य वस्तुओं में खनिज उत्पाद, रसायन, वनस्पति तेल, आभूषण और अर्धमूल्यवान पत्थर, पशु उत्पाद और मशीनरी शामिल थी। भारतीय आयात की मुख्य वस्तुओं में कार्बनिक रसायन, इलेक्ट्रानिक वस्तुएँ, खनिज उत्पाद

जैसे धातु के सर्जिकल कोक, वस्त्र सामग्री जैसे रेशम, धागा, बेस सामग्री, मशीनरी और मेडिकल एवं सर्जिकल उपकरण शामिल थी। सीमा व्यापार में केवल जरूरी वस्तुएँ ही शामिल थीं। भारत और चीन के बीच व्यापार संबंध बढ़ाने की विशाल संभावना थी।

इसके अतिरिक्त दोनों पक्षों ने व्यापार और आर्थिक सहयोग को बढ़ाने के लिए सहायक ढांचा स्थापित करने के लिए कार्य किया जिसमें समुद्री परिवहन समझौता, बैंकिंग संबंधों पर सहमति ज्ञापन और दुहरे लेन-देन से बचने पर समझौता शामिल है। सन् 1992 से 1997 तक कई समझौता प्रोटोकॉल और सहमति ज्ञापनों को भारत और चीन के बीच संपूर्ण आर्थिक सहयोग बढ़ाने के लिए संपन्न किया गया। पहला समझौता सीमा व्यापार के लिए सीमा शुल्क विनियमन, बैंकिंग समझौता और संबंधित मामलों पर किया गया। दूसरा समझौता सीमा व्यापार की प्रवेश और निकास प्रक्रियाओं से संबंधित था। इस साल भारत सरकार के कृषि मंत्रालय तथा पीआरसी के कृषि मंत्रालय के बीच कृषि में सहयोग पर सहमति ज्ञापन पर हस्ताक्षर किए गए।[56]

सन् 1993 में पहले आरओआई और पीआरसी सरकारों के बीच शिपकिला दर्रे पर सीमा व्यापार के विस्तार का कार्यक्रम बनाया गया। दूसरे इस साल दोनों पक्षों के बीच भूविज्ञान और खनिज संसाधनों के क्षेत्र में सहयोग पर सहमति ज्ञापन किया गया। बाद में दोनों राष्ट्रों ने आरओआई और पीआरसी के बीच वीजा प्रक्रियाओं को सरलीकृत करने के लिए सहमति ज्ञापन पर हस्ताक्षर किए। उपरोक्त चरण के अंत में दोनों पक्षों ने समुद्री परिवहन पर समझौते को मंजूरी दी। इन सभी प्रयासों से द्विपक्षीय आर्थिक सहयोग भी बढ़ा।

संयुक्त उपक्रम

दोनों राष्ट्रों ने द्विपक्षीय आर्थिक सहयोग बढ़ाने के लिए संयुक्त उपक्रम स्थापित करना शुरू कर दिया। भारतीय कंपनियों में ड्रग्स एवं फार्मास्यूटिकल कंपनियों जैसे रैनबेक्सी ने गुआंगझाउ में एक संयुक्त उपक्रम स्थापित किया, शांझी के दतोंग में डा0 रेड्डीज् लैबोरेट्रीज और अरबिंदो फार्मा ने संयुक्त उपक्रम स्थापित किया। उड़ीसा इंडस्ट्री कं0 लि0 ने दहुन, लियानिंग प्रदेश में पूर्णतया वित्तपोषित रिफ्रैक्टरी सामग्री प्लांट निर्मित किया।[57] ओरिंड ने डलियां में स्टील रिफ्रैक्टरीज में पूर्ण स्वामित्व वाली फैक्ट्री स्थापित की तथा एस्सेल पैकेजिंग ने भी गुआंगझोउ में पूर्ण स्वामित्व वाला उपक्रम स्थापित किया।[58]

भारत में चीन का निवेश कई क्षेत्रों जैसे दूरसंचार, धातु शोधन संबंधी उद्योगों, परिवहन और इलेक्ट्रिकल उद्योग में है। सन् 1992 में चीन धातु शोधन आयात एवं

निर्यात कंपनी (सीएमआईईसी) और भारतीय एस्सार कारपोरेशन उड़ीसा के पूर्वी क्षेत्र में लाखों टन वार्षिक उत्पादन क्षमता वाले एक मध्यम आकार के स्टील उद्योग का निर्माण करने के लिए सहमत हुए। दोबारा इसी चीनी कंपनी (सीएमआईईसी) और भारत की ऊषा कारपोरेशन जून 1993 में दो स्लैग कंक्रीट प्लांट निर्मित करने के लिए सहमत हुए। इसके अतिरिक्त हुवेई टेक्नोलॉजी ने बैंगलोर में आर एंड डी साफ्टवेयर सेंटर स्थापित किया। भारत में अन्य चीनी कंपनियों में चाइना नेशनल मशीनरी इंपोर्ट एंड एक्सपोर्ट कारपोरेशन (सीएनएमआईईसी), चाइना नेशनल पेट्रोलियम कारपोरेशन (सीएनपीसी) आदि शामिल हैं।[59]

अत: उल्लिखित अवधि में द्विपक्षीय आर्थिक सहयोग और व्यापार संबंध कई बाधाओं के बावजूद विकसित हुए। बाधाओं में निम्नलिखित थीं: पहला, उनकी मौजूदा जानकारी की कमी जिससे प्राय: व्यवसायी एक दूसरे के बाजार का प्रयोग करने में संकोच करते थे। दूसरा, निर्यात के चुनिंदा उत्पादों पर ज्यादा शुल्क और गैर शुल्क अवरोध थे। तीसरा, वह ढांचा जो द्विपक्षीय व्यापार और निवेश के विस्तार की आवश्यकताओं को पूरा कर सकता था वह अपर्याप्त था। उस अवधि तक दोनों राष्ट्रों के बीच कोई भी सीधी हवाई सेवा नहीं थी, यहाँ तक कि बैंकिंग सेवाओं की भी जरूरत थी और व्यवसाय से व्यवसाय का संपर्क बहुत ही कम और अनियमित था।[60] फिर भी दोनों पक्ष संभावनाओं के बारे में आश्वस्त थे।

दो एशियाई दिग्गजों के बीच संबंध बढ़ाने के लिए आर्थिक सहयोग एक महत्त्वपूर्ण इनपुट था और इससे द्विपक्षीय संबंध बढ़ेंगे।

विज्ञान एवं तकनीकी में द्विपक्षीय सहयोग

आरओआई एवं पीआरसी के बीच विज्ञान एवं तकनीकी के क्षेत्र में संपर्क कई वैज्ञानिक प्रतिनिधिमंडलों की यात्रा के आदान-प्रदान से शुरू हुआ, जिसे बाद में आधिकारिक स्तर की बातचीतों में शामिल किया गया। इन बैठकों में विज्ञान और तकनीकी में संयुक्त बातचीत करके पारस्परिक दृष्टिकोणों का आदान-प्रदान किया गया। इसके परिणामस्वरूप कई क्षेत्रों में वैज्ञानिक आदान-प्रदान के भ्रमण बढ़ते गए, जिसमें भूकंप विज्ञान और भूकंप इंजीनियरिंग, प्राकृतिक उत्पादों के रसायन, लेजर विज्ञान और तकनीकी, प्लाज्मा भौतिक विज्ञान, ज्योतिष शास्र और बायोटेक्नोलॉजी शामिल हैं।

22 दिसंबर 1988 को भारत के प्रधानमंत्री श्री राजीव गांधी की चीन यात्रा के दौरान आरओआई और पीआरसी सरकारों के बीच विज्ञान एवं तकनीकी क्षेत्र में सहयोग पर समझौता किया गया। तदनुसार वार्षिक रूप से विज्ञान एवं तकनीकी पर संयुक्त समिति की बैठक करने तथा विज्ञान एवं तकनीकी में द्विपक्षीय आदान-प्रदान

कार्यक्रम आयोजित करने का निर्णय लिया गया।[61] दोनों पक्षों ने एक दूसरा समझौता किया जिस पर चीनी विज्ञान अकादमी और भारतीय राष्ट्रीय विज्ञान अकादमी द्वारा हस्ताक्षर किए गए।[62] विज्ञान एवं तकनीकी सहयोग पर भारत-चीन उपसमिति की जुलाई 1991 में बीजिंग में आयोजित दूसरी बैठक के दौरान सहयोग के प्राथमिक क्षेत्रों की पहचान की गई। इनमें लेजर, धातु विज्ञान, रिमोट सेंसिंग तकनीकी, एयरोस्पेस, रसायन उद्योग, कृषि और मत्स्य पालन, इलेक्ट्रानिक्स, बायोटेक्नालॉजी और फार्मेसी शामिल हैं। दो भारतीय वैज्ञानिकों ने लिखा, "कई संयुक्त सहयोगात्मक प्रस्ताव की उल्लिखित क्षेत्रों में पहचान की गई और अप्रैल 1993 में नई दिल्ली में आयोजित विज्ञान एवं तकनीकी सहयोग पर भारत-चीन उपसमिति में स्वीकृत किया गया।"[63]

दोनों राष्ट्रों की वैज्ञानिक एजेंसियों के बीच हस्ताक्षर किए गए कुछ महत्त्वपूर्ण समझौते थे:

1991: पीआरसी के एयरोस्पेस उद्योग मंत्रालय और आरओआई के स्पेस विभाग के बीच बाहरी अंतरिक्ष विज्ञान एवं प्रौद्योगिकी के शांतिपूर्ण प्रयोग में सहयोग पर समझौता ज्ञापन।

1992: आरओआई एवं पीआरसी के कृषि मंत्रालयों के बीच कृषि में सहयोग पर पहल

1993: आरओआई और पीआरसी के बीच समझौता ज्ञापन।

1995: पीआरसी धातु शोधन उद्योग मंत्रालय और आरओआई इस्पात मंत्रालय के बीच समझौता ज्ञापन।[64]

अन्य क्षेत्रों में भी सहयोग किए गए जो धीरे-धीरे द्विपक्षीय बातचीत को बढ़ाने में सहायक रहे। संस्कृति भी दोनों राष्ट्रों के बीच सहयोग का महत्त्वपूर्ण क्षेत्र था। सन् 1992 में दोनों पक्षों ने मानव संसाधन मंत्रालय, शिक्षा विभाग, भारत सरकार और पीआरसी के राज्य शिक्षा आयोग के बीच सन् 1992-1993 में शिक्षा के क्षेत्र में सहयोग पर एक समझौता ज्ञापन पर हस्ताक्षर किए। सन् 1993 में रेडियो एवं टेलीविजन कारपोरेशन पर आरओआई के सूचना एवं प्रसारण मंत्रालय तथा पीआरसी के रेडियो, फिल्म, टेलीविजन मंत्रालय के बीच समझौते को मंजूर किया गया। सन् 1992 की शुरूआत में दोनों पक्षों ने सामाजिक कल्याण के क्षेत्र में परामर्श ज्ञापन पर हस्ताक्षर किए।[65]

सहयोग के अन्य क्षेत्रों में दोनों पक्षों ने सन् 1992 में कार्मिक, लोक शिकायत एवं पेंशन, भारतीय गणराज्य सरकार और पीआरसी के कार्मिक मंत्रालय के बीच सिविल सेवा, कार्मिक प्रबंध और लोक प्रबंधन के क्षेत्र में सहयोग के लिए सहमति

ज्ञापन पर हस्ताक्षर किए। उसी साल दोनों पक्षों ने नियंत्रक एवं महालेखा परीक्षक कार्यालय, आरओआई और आडिट एडमिनिस्ट्रेशन, पीआरसी के बीच सहमति ज्ञापन पर भी हस्ताक्षर किए गए। बाद में सन् 1996 में दोनों राष्ट्रों ने मादक प्रदार्थो और नशीले पदार्थों की अवैध तस्करी तथा अन्य अपराधों का सामना करने के लिए सहयोग करने के लिए आरओआई सरकार तथा पीआरसी सरकार के बीच समझौते पर हस्ताक्षर किए।

ये सही दिशा में उठाए गए कदम थे और द्विपक्षीय संबंधों को बढ़ाने में इनका बहुत ज्यादा योगदान रहा। कुल मिलाकर ये ठोस कदम दोनों राष्ट्रों के बीच दोस्ताना बंधन को मजबूत करने में मददगार थे। चूँकि दोनों देश विकासशील राष्ट्रों के हिस्से थे, अतः वे अनुभव के संबंध में एक दूसरे से सीख रहे थे। इस प्रकार यह सकारात्मक विकास था।

शीत युद्ध के बाद के विश्व की अनिश्चितता के तत्काल बाद, भारत और चीन दोनों मैत्री करने के लिए बाध्य थे जो पहले से ही 80 के दशक से कई तरह से गतिशील थे और सन् 1988 में भारत के प्रधानमंत्री राजीव गांधी की ऐतिहासिक यात्रा से ज्यादा गतिशील हो गए। उच्च स्तरीय राजनीति बातचीत ने दोनों राष्ट्रों के बीच समझ को बढ़ाने में योगदान दिया। सन् 1993 के शिखर सम्मेलन स्तर की बातचीत के परिणामस्वरूप द्विपक्षीय संबंधों में हर तरफ से सुधार आया। द्विपक्षीय संबंधों में दूसरा महत्त्वपूर्ण विकास उच्च स्तरीय सैन्य आदान-प्रदान की शुरूआत थी जिसे दोनों राष्ट्रों के रक्षा स्थापनों के बीच पारस्परिक बातचीत को बढ़ावा देने के लिए डिजाइन किया गया था। सीमा विवाद पर 1993 और 1996 के समझौते महत्त्वपूर्ण थे जिनके द्वारा दोनों राष्ट्र एक तरफ वास्तविक नियंत्रण रेखा पर शांति और यथास्थिति सुनिश्चित करने के लिए सहमत हुए और दूसरी तरफ सीबीएम से आगे बढ़े। यह प्रतीत होता है कि दोनों पक्ष सीमाओं के संवेदनशील और जटिल मामले को सुलझाने के लिए चरणबद्ध दृष्टिकोण का अनुसरण कर रहे थे। इसके अतिरिक्त द्विपक्षीय संबंधों के आधार को विस्तृत करने के लिए दोनों राष्ट्र अर्थव्यवस्था, व्यापार, विज्ञान और तकनीकी तथा संस्कृति आदि के क्षेत्रों में सहयोग करने के लिए ज्यादा निर्धारित और प्रकृति ढंग से आगे आए। इन सभी विकासों का संयोग सन् 1997 तक चीन-भारत मैत्री को कुछ हद तक निर्मित किया।

यद्यपि मैत्री का ढांचा थोड़ा कमजोर था कि दोनों राष्ट्रों के बीच अविश्वास था। यह तथ्य उतना ही महत्त्वपूर्ण था कि मैत्री का ढांचा ज्यादा चीन के पक्ष में था और भारत की सुरक्षा के लिए अवरोध था। भारत के रणनीतिक क्षेत्र में एक उल्लेखनीय प्रवृत्ति उभरी कि चीन-भारत संबंध बराबरी का संबंध नहीं था। भारत में दूसरी उल्लेखनीय प्रवृत्ति सीमा समझौतों की धीमी गति थी और उनके कार्यान्वयन की

प्रगति धीमी थी। इन सभी कमियों के बावजूद भारत ने संलग्नता की नीति का अनुसरण किया तथा शांति तथा स्थिरता के हित में एक परिपक्व राष्ट्र के रूप में कार्य किया।

संदर्भ

1. विवरण के लिए देखें, देंग जियोपिंग, सेलेक्टेड वर्क्स ऑफ देंग जियोपिंग, अंक 3 (अंग्रेजी संस्करण), फारेन लांग्वेज प्रेस, बीजिंग, 1994, पृ0 275।
2. जे.एन. दीक्षित, साउथ ब्लॉक इयर्सः मेमायर्स ऑफ अ फारेन सेक्रेट्री, यूएसबी पब्लिशर्स, नई दिल्ली, 1996, पृ0 231-32।
3. रमेश ठाकुर, द पॉलिटिक्स एंड एकोनॉमिक्स ऑफ इंडियाज फारेन पॉलिसी, आक्सफोर्ड यूनिवर्सिटी प्रेस, दिल्ली, 1994, पृ0 84।
4. देखें नं0 2, पृ0 239।
5. फैसल ओ अल-फौच, साइनो इंडियन रिलेशंसः फ्राम कन्फ्रंटेशन टू एकोमोडेशन (1988-2001), चाइना रिपोर्ट, अंक 39, नं0 1, 2003, पृ0 28-29।
6. सुजीत दत्ता, "इंडिया-चाइना रिलेशंसः द पोस्ट कोल्ड वार फेज" वी0डी0 चोपड़ा एवं एम0के0 रसगोत्र, इंडियाज रिलेशंस विद रसिया एंड चाइना, ज्ञान पब्लिशिंग हाउस, दिल्ली 1997, पृ0 156-57।
7. मनोज जोशी, कमिंग क्लोजरः शरद पवार्स चाइना विजिट, फ्रंटलाइन, 28 अगस्त 1992, पृ0 37-39।
8. सी0वी0 रंगनाथन और विनोद सी0 खन्ना, इंडिया एंड चाइना- द वे अहेड-आफ्टर "माओज इंडिया वार", हर आनंद पब्लिकेशंस, नई दिल्ली, 2000, परिशिष्ट-ख, पृ0 185-87 में पूरा समझौते पर पूरा लेख देखें।
9. पूर्वोक्त, पृ0 171
10. ये झेंगिया, "चाइना इंडिया रिलेशंस" इन अ प्रजेंटेशन कलेक्शन फार कान्फ्रेंस आन इंडिया इन 21स्ट सेंचुरीः एक्सटर्नल रिलेशंस, शंघाई इंस्टीट्यूट फार इंटरनेशनल स्टडीज पब्लिकेशन, शंघाई, 2002, पृ0 172-73।
11. देखें नं0 6, पृ0 156।
12. केशव मिश्रा में उद्धृत, साइनो-इंडियन रिलेशंस इन द पोस्ट-कोल्ड वार एरा, इंडियन जर्नल ऑफ पॉलिटिक्स, अंक 35, नं0 1-2, 2001, पृ0 65।
13. अल्का आचार्या, "इंडिया-चाइना रिलेशंसः ऐन ओवरव्यू" इन कांति वाजपेयी एंड अमिताभ मट्टू, द पीकाक एंड ड्रैगनः इंडिया-चाइना रिलेशंस इन 21स्ट सेंचुरी, हर आनंद पब्लिकेशंस, नई दिल्ली, 2000, पृ0 187।
14. समझौते के पूरे लेख को नं0 8, परिशिष्ट सी, पृ0 188-95 में देखें।
15. ''साइनो-इंडियन एकार्ड आन बार्डर कान्फिडेंस बिल्डिंग विव्ड" झोंगुओ जिनवेन शी 29 नवंबर 1996, फारेन ब्राडकास्टिंग इन्फारमेशन सर्विस-चाइना (यहाँ इसके बाद एफबीआईएस-सीएचआई)- 96-232, 3 दिसंबर 1996।
16. देखें, नं0 13, पृ0 188-89।
17. देखें नं0 13, पृ0 188-89।
18. जिया लिपिंग, "चाइना-इंडियन सिक्योरिटी रिलेशनशिप" इन नं0 10, पृ0 107।

19. नं0 20 में उद्धृत, पृ0 1027।
20. एम0वी0 रप्पई में उद्धृत, इंडिया-चाइना: नीड फार बार्डर सेटलमेंट, इंडियन डिफेंस रिव्यू, 15, 3, 2000, पृ0 127।
21. चीन के दृष्टिकोण का पूरा विवरण देखें, वैंग हांगवेई, किमालयाशन क्विनग्जी: झोंगिन गुआंझी यान्जु (द हिमालयाज सेंटिमेंट: अ स्टडी ऑफ साइनो-इंडियन रिलेशंस), झोंगुओ जैंगजी चबंसे, बीजिंग, 1998, पृ0 157-59; और झाओ विवेन, यिन झोंग क्वांजी फेंगिनलू 1949-1999 (रिकार्ड ऑफ स्टोरी इंडिया-चाइना रिलेशंस, 1949-1999) शिशि चुबान्शे, बीजिंग, 2000 पृ0 140-43, श्रीकांत कोंडापल्ली में उद्धृत, "इंडिया-चाइना बार्डर पर्सपेक्टिव" नं0 10, पृ0 136।
22. नं0 20 में उद्धृत, पृ0 127।
23. "साइनो-इंडियन बाउंड्री" चाइना न्यूज सर्विस, 8 मई 1986।
24. देखें नं0 20, पृ0 127
25. पूर्वोक्त।
26. श्रीकांत कोंडापल्ली में उद्धृत, "इंडिया-चाइना बार्डर पर्सपेक्टिव" नं0 10, पृ0 138।
27. मनोज जोशी, फालिंग हर्डल्स, फ्रंटलाइन, 3 जनवरी, 1992, पृ0 11।
28. वाहेगुरू पाल सिंह सिंधू और जिंग-डांग युआन, रिजाल्विंग द साइनो-इंडियन बार्डर डिस्प्यूट, एशियन सर्वे, 51, 2, 2001, पृ0 356।
29. पूर्वोक्त।
30. नं0 12 में उद्धृत, पं0 62।
31. चाइनीज प्राइम मिनिस्टर ली पेंग्स इंटरव्यू टू फ्रंटलाइन, 3 जनवरी, 1992, पृ0 121।
32. विज्ञप्ति के लिए देखें, रेनमिन रिबाओ (पीपुल्स डेली), 17 दिसंबर, 1991, पृ0 1।
33. सिन्हुआ, 21 फरवरी, 1992, एफबीआईएस-सीएचआई, 24 फरवरी, 1992, पृ0 19-20।
34. देखें नं0 28, पृ0 356।
35. फैंग तियान-जे, द साइनो-इंडियन बार्डर टाक्स अंडर द ज्वाइंट वर्किंग ग्रुप, इश्यूज एंड स्टडीज, 38, 3, 2002, पृ0 158।
36. 1993 के समझौते का पूरा लेख www.fmprc.gov.cn/eng/23691.html पर भी उपलब्ध है।
37. देखें नं 35, पृ0 160।
38. एफबीआईएस-सीएचआई, 26 अप्रैल, 1994, पृ0 22।
39. देखें नं0 35, पृ0 160
40. पूर्वोक्त।
41. श्रीकांत कोंडापल्ली में उद्धृत, "इंडिया-चाइना बार्डर पर्सपेक्टिव" नं0 10, पृ0 142-43।
42. देखें नं0 28, पृ0 356-57।
43. 1996 के समझौते का पूरा लेख www.fmprc.gov.cn/eng/23690.html पर भी उपलब्ध है।
44. द हिंदू, 30 नवंबर, 1996: देखें नं0 8, पृ0 173।
45. वैंग हांगवेई, किमालयाशन क्विनग्जी: झोंगिन गुआंझी यान्जु, बीजिंग, 1998, पृ0 376 नं0 35 में उद्धृत, पृ0 163।
46. देखें नं0 35, पृ0 153।
47. देखें नं0 28, पृ0 356।

48. देखें स्वर्ण सिंह, साइनो-इंडियन सीबीएम: प्राब्लम्स एंड प्रास्पेक्ट्स, स्ट्रैटेजिक एनेलिसिस, 20, 4, पृ0 543-59।
49. लियु क्वेचहेंग, द साइनो-इंडियन बार्डर डिस्प्यूट एंड साइनो-इंडियन रिलेशंस, यूनिवर्सिटी प्रेस ऑफ अमेरिका, लन्हम, 1994, पृ0 177-78।
50. देखें नं0 8, पृ0 173।
51. स्ट्रैटेजिक डाइजेस्ट में उद्धृत, 33, 5, मई 2003, पृ0 377।
52. देखें नं0 12, पृ0 65।
53. देखें नं0 5, पृ0 36।
54. देखें नं0 51, पृ0 376
55. पूर्वोक्त, पृ0 377।
56. पूर्वोक्त, पृ0 378।
57. बीएम गुप्ता एवं एसएम धवन में उद्धृत, इंडियाज कोलेबोरेशन विद रिपब्लिक ऑफ चाइना इन साइंस एंड टेक्नोलॉजी, चाइना रिपोर्ट, 39, 2, 2003, पृ0 200-01।
58. शाहुल अहमद, इंडिया एंड चाइना: द इकोनॉमिक रिलेशंसशिप, नं0 13, पृ0 212।
59. देखें नं0 57, पृ0 200।
60. चरन बाधावा, "इंडिया-चाइना इकोनॉमिक कोआपरेशन: रिसेंट ट्रेंड्स (1990) एंड "यूचर प्रास्पेक्टिव (2025)" नं0 10, पृ0 200-02।
61. पूरे विवरण के लिए देखें, इंटरनेष्ठानल लिंकेज इन इंडियन साइंस एकेडमी, परस्यूट प्रोमोष्ठान ऑफ साइंस: द इंडियन एक्सपरिएंस, इंडियन नेष्ठानल साइंस एकेडमी, नई दिल्ली, नवंबर 2001, पृ0 370-78।
62. देखें नं0 61, पृ0 370-78।
63. देखें नं0 57, पृ0 201।
64. पूर्वोक्त।
65. देखें नं0 51, पृ0 377-78।

10

संक्षिप्त भंग (1998)

अंतर्राष्ट्रीय, क्षेत्रीय और द्विपक्षीय स्तरों पर कई कारकों से सन् 1998 में चीन-भारत मैत्री की प्रक्रिया में संक्षिप्त व्यवधान हुआ। जैसा पहले उल्लेख किया गया है मैत्री का ढांचा शुरूआत से ही चीन के पक्ष में था। सन् 1998 तक भारत परिपक्व और उभरती हुई शक्ति हो चुका था तथा चीन के विरुद्ध संचयी नुकसान के कारण वह कुछ उपाय करके मैत्री के ढांचे को संतुलित करना चाहता था।

चीन का उदय

इस समय तक चीन आबादी, औद्योगीकरण और संपूर्ण आधुनिकीकरण जिसमें सशस्त्र बल शामिल है, के संबंध में एक शक्तिशाली देश के रूप में उभर चुका था। शीत युद्ध अवधि के बाद चीन ने व्यापक राष्ट्रीय शक्ति बनने पर केंद्रित किया। जैसा चीनी राष्ट्रपति जियांग जेमिन ने कहा, "वर्तमान अंतर्राष्ट्रीय प्रतिस्पर्द्धा का तत्त्व आर्थिक, वैज्ञानिक और तकनीकी शक्ति पर आधारित राष्ट्रीय शक्ति में व्यापक प्रतिस्पर्द्धा है।"[1] कुछ चीनी विश्लेषकों ने 'बिना युद्ध के विजय' की पुरानी रणनीति को सीएनपी की धारणा से जोड़ा है।[2] इसके अतिरिक्त चीन के परमाणु हथियारों और मिसाइल क्षमता, इसकी संयुक्त राष्ट्र सुरक्षा परिषद में स्थायी सदस्यता और इसका बंद तथा साम्यवादी राजनीतिक व्यवस्था ने इसे पूरे विश्व और विशेष रूप से एशिया में महत्त्वपूर्ण स्थान दिलाया।

'शांति की स्वतंत्र विदेशी नीति' के अनुसरण के बावजूद चीन ने मुख्य रूप से शीत युद्ध के बाद की अवधि में अपनी सुरक्षा के लिए चार मुख्य खतरों को समझा। कम्युनिस्ट पार्टी के जनरल सेक्रेट्री जियांग जेमिन ने अक्टूबर 1992 में 14वें पार्टी कांग्रेस की रिपोर्ट में कहा कि शीत युद्ध के बाद की अवधि में विश्व जातीय, प्रादेशिक और धार्मिक संघर्षों का सामना करेगा।[3] चीनी समझ से निम्नलिखित चार

खतरे हैं: ताइवान के मुद्दे पर अमेरिका, दियोयुताई (सेनकाकूद्वीप) के मुद्दे पर जापान, 'सैनिक शासन' में हाल ही में उछाल और सन् 1997 में जापान-अमेरिका सुरक्षा संधि का नवीकरण जिसने कुछ परिस्थितियों में ताइवान जलडमरूमध्य में जापानी बलों की भूमिका को बढ़ा दिया, सीमा विवाद के मामले पर वियतनाम और तोंगकिंग खाड़ी (दक्षिण चीनी समुद्र महाद्वीप) और, अंततः सीमा के मामले पर भारत।[4]

विशेष रूप से चीनी राष्ट्रीय रक्षा विश्वविद्यालय कमीशन प्राप्त रिपोर्ट ने संघर्ष के निम्नलिखित स्रोत की पहचान की जिसके तहत स्थानीय युद्ध लड़ा जाएगा:

- अनसुलझा प्रादेशिक विवाद
- अनिर्णीत विवादित सीमाएँ
- समुद्री हितों (राष्ट्रों के) में अंतर्विरोध बढ़ता जा रहा है, और
- स्वतंत्रता के प्रति ताइवान का झुकाव।[5]

अतः भारत को एक संभावित राष्ट्र के रूप में देखा गया जिसके साथ सीमा विवाद संभव था। इस तथ्य के अलावा चीन के उभरती हुई शक्ति के रूप में उदय को एक सुस्थापित वैश्विक वास्तविकता के रूप में देखा गया।[6]

अमेरिका के रणनीतिक क्षेत्रों ने यह स्थापित किया कि चीन एशिया के लिए एक चुनौती बन जाएगा। इस तथ्य को राष्ट्रीय रक्षा विश्वविद्यालय द्वारा 1997 में प्रकाशित रणनीतिक मूल्यांकन द्वारा परीक्षित किया गया: "उभरती हुई शक्ति के रूप में चीन के साथ संबंध बनाना अमेरिका और इसके क्षेत्रीय सहयोगी दलों के लिए सर्वाधिक चुनौती भरा है।"[7] यहाँ तक कि महाशक्ति जैसे अमेरिका ने भी चीन के उभरने के तथ्य को स्थापित किया है। इस प्रकार इसकी संपूर्ण उभरती हुई क्षमताएँ जिसमें सैन्य, विशेष रूप से परमाणु और मिसाइल शामिल है, अपने पड़ोसी के लिए समस्या है और भारत ने भी चीन का एक पड़ोसी है जिसके साथ प्रादेशिक विवाद जारी है। चीन के उत्थान पर टिप्पणी करते हुए एक भारतीय विश्लेषक ने सावधान किया, "दो कारक इस एजेंडा को समस्यात्मक और अस्थिर बना रहे हैं, पहला राष्ट्रीय पहचान और सुरक्षा लक्ष्यों को मुख्य रूप से परिभाषित करते हुए पीएलए से चीन का बढ़ता हुआ मुखर राष्ट्रवाद और दूसरा चीन का गहराई में जड़े जमा चुकी वास्तविक राजनीतिक रणनीतिक संस्कृति और राष्ट्रहित में इसके सुरक्षा बलों का बार-बार प्रयोग।"[8]

इसके अतिरिक्त, चीनी नेतृत्व ने विवाद को मानव मामलों में विशेषता के रूप में चिह्नित किया। रणनीतिक संस्कृति के उत्तराधिकारियों के रूप में हिंसा भी उनके समक्ष एक विकल्प थी। अलसतेर लेन जान्सटन के शब्दों में: "चीनी नेतृत्व का यह

विश्वास था कि संघर्ष विरोधी की लालची भूमिका के कारण है और इस शून्य राशि संदर्भ में हिंसा का प्रयोग शत्रु के साथ निपटने के लिए ज्यादा प्रभावी है। ये कल्पनाएँ सामान्यतया प्रगतिशील रूप से कम अनिवार्य द्वारा अनुसरित आक्रामक रणनीतियों की पसंद थीं जहाँ गुंजाइश खत्म हो गई थी।"[9]

चीन का खतरा

ऊपर उल्लेख किए गए सभी कारकों ने संयुक्त रूप से 'चीन का खतरा सिद्धांत' बनाने में योगदान किया।[10] कई विश्लेषकों ने तर्क दिया कि अपने आर्थिक विकास से चीन अपनी सैन्य शक्ति को बढ़ाएगा और विस्तारवादी नीति का अनुसरण करेगा। चीन के खतरे का सिद्धांत इतना व्यापक था कि एक महत्त्वपूर्ण चीनी नेता, ली रुइहुआन, नेशनल कमेटी ऑफ चाइनीज पीपुल्स पालिटिकल कंसलटेटिव कान्फ्रेंस (सीपीपीसीसी) का चेयरमैन, ने व्यक्त किया कि "'चीन का खतरा' सिद्धांत चीन के विकास को शामिल करने के उद्देश्य से गढ़ा गया है, यह ऐसा कदम है जो चीन के लिए फायदेमंद नहीं होगा, और न ही यह एशिया या विश्व की सुरक्षा के लिए प्रोद्भूत होगा।"[11]

आधिकारिक चीनी मीडिया ने इशारा किया कि चीन एक विकासशील देश है, इसका विकास बहुत कम है, और इसके आर्थिक ढांचे को उन्नत करने की जरूरत है। आगे कहा गया कि सैन्य रूप से चीन रक्षात्मक नीति का अनुसरण करता है। चीन के सैन्य खर्चे राष्ट्र की सुरक्षा की आवश्यकता की तुलना में बहुत ही कम स्तर पर है। आधिकारिक मीडिया ने कहा कि "दूसरी तरफ 'चीन का खतरा' की भ्रांति चीन और अन्य एशिया-प्रशांत देशों के बीच कलह उत्पन्न करने के लिए फैलाई जा रही है, विशेष रूप से चीन के अपने पड़ोसी देशों के साथ दोस्ताना संबंधों को नुकसान पहुँचा रही है। चीन और अन्य एशियाई देशों के बीच संबंधों में तनाव उत्पन्न करके पश्चिम इन देशों को हथियार बेचकर लाभ कमाते हैं।"[12]

हालांकि चीनी मीडिया 'चीन का खतरा' सिद्धांत को नकार रहा था, तथ्य यह था कि चीन के रक्षा खर्च की वास्तविक मात्रा में बढ़ोत्तरी की गई थी।[13] चीन की संपूर्ण राजनीतिक प्रणाली में सामान्यतया पारदर्शिता की कमी थी और सैन्य प्रणाली संपूर्ण गोपनीयता से भरी थी। इसके अतिरिक्त रूसी सैन्य प्रणाली की तेजी से मदद से चीनी सैन्य क्षमता का आधुनिकीकरण तेजी से किया जा रहा था। एक भारतीय विश्लेषक ने कहा कि "इससे चीन के साथ अपनी शीत युद्ध के बाद की अवधि की रणनीतियों को समंजित करने के लिए एशियाई देशों को मजबूर होना पड़ा है और अब यह सुरक्षा मामले का गंभीर फोकस है।"[14] अत: अंतर्राष्ट्रीय स्तर पर चीन के उत्थान का तथ्य और आंशिक रूप से 'चीन का खतरा' सिद्धांत सुस्थापित तथ्य था।

दक्षिण एशिया में चीन

नई दिल्ली में स्थापित चीन-भारत मैत्री का कुल प्रभाव यह तथ्य था कि चीन खास क्षेत्रीय शक्ति यानी भारत के साथ अपने संबंधों में सुधार को जारी रखे था लेकिन वह दूसरे दक्षिण एशियाई देशों के साथ मौजूदा संबंधों को कम नहीं करना चाहता था। विशेष रूप से चीन-पाकिस्तान संबंध परमाणु और मिसाइल के क्षेत्र में सहयोग में दृष्टिगत चीन-पाक चिरस्थायी रक्षा संबंधों से उत्पन्न भारत के दुखद सुरक्षा मामले के बावजूद स्वायत्त संबंध में विकसित होना जारी रहा। चीन की केवल भारतीय शक्ति को नियंत्रित तथा बेअसर करने के लिए पाकिस्तान को सुदृढ़ करने की संपूर्ण सामरिक भावना ही नहीं थी बल्कि वह उपमहाद्वीपीय मामलों में भारत को नीचे भी करना चाहता था।[15] चीन के परिदृश्य से, "पाकिस्तान को छोड़ना दक्षिण एशिया को भारत के प्रभावक्षेत्र में मानने के बराबर है।"

सन् 1997 तक क्षेत्रीय संदर्भ में अपनी जटिलता के साथ चीन-भारत मैत्री के भारतीय अनुभव को एक अग्रणी पश्चिमी विश्लेषक द्वारा उचित ढंग से संक्षेप में व्यक्त किया गया है: "हालांकि भारत भी पाकिस्तान की सैन्य क्षमताओं में सतत वृद्धि की मौन स्वीकृति देने के लिए बाध्य है, चीन इस प्रक्रिया में महत्त्वपूर्ण भूमिका निभा रहा है। यह निष्कर्ष निकालना उचित है कि, चीन की बृहत् स्तरीय, सतत और व्यापक मदद के बिना पाकिस्तान की सैन्य क्षमता भारत को डराने में कम सक्षम होगी जितना वह आज है। भारत चीन-पाकिस्तानी समझौते को कमजोर करने में सफल नहीं हुआ है। पारस्परिक विश्वास, मेल-जोल और समानांतर हित चीन-भारत मैत्री द्वारा अपरिवर्तित रही है। यह भारत की स्वतंत्रता के लिए बड़ी चिंता का विषय है।"[16]

पाकिस्तान के अलावा चीन ने बांग्लादेश, नेपाल और श्रीलंका में पारंपरिक हथियार भेजना जारी रखा।[17] इसके अतिरिक्त, चीन और म्यांमार के बीच बढ़ते रक्षा संबंध ने भारतीय शंका को उत्पन्न किया। एक विश्लेषक ने इस विकास पर कहा कि "जिस प्रकार भारत पर पाकिस्तान द्वारा दबाव बनाने के लिए चीन का समर्थन है, उसी प्रकार बर्मा के साथ घनिष्ठ चीनी रिश्ते से पूर्व में भारत की रणनीतिक मामले में डर को और बढ़ा दिता है।"[18] चीनी मदद से बने बेस और सैन्य परिसंपत्तियों में हैनग्यी द्वीप में नौसेना का बेस तथा बर्मा तट के दक्षिण पश्चिम में कोको द्वीप पर रडार स्टेशन मुख्य है। चीन ने बर्मा के तट पर पाँच नए बंदरगाहों के निर्माण और अन्य बंदरगाहों के पुनरुद्धार में मदद की।[19] चीन के दृष्टिकोण से सैन्य शक्ति से भरपूर म्यांमार के साथ चीन की दोस्ती का आशय भारत को प्रतिकूल सुरक्षा माहौल में रखना है।

संक्षेप में क्षेत्रीय संदर्भ उतना सामान्य नहीं था जितना वह प्रतीत होता था, एक तरफ चीन ने भारत के साथ संबंधों में सुधार की नीति का अनुसरण किया। उसी समय उसका लक्ष्य एशिया में भारत को अधिकारहीन करने तथा इसकी हैसियत को भारतीय उपमहाद्वीप में कम करने के लिए भारत की रणनीतिक घेराबंदी थी।[20] अत: चीन दक्षिण एशिया में शक्ति की संलग्नता तथा संतुलन दोनों की नीति का अनुसरण कर रहा था।

द्विपक्षीय स्तर पर समस्याएँ

चीन-भारत मैत्री के बावजूद इस द्विपक्षीय संबंधों में कई अंतर्निहित तनाव थे। दो एशियाई राष्ट्रवाद, रणनीतिक हितों के दो सेट और भिन्न राजनीतिक-रणनीतिक संस्कृतियों के अस्तित्व से सीमा स्तर पर मुश्किलें उत्पन्न हुई।[21] सबसे ज्यादा गंभीर समस्या सीमा का अनसुलझा मामला था। चीन अभी भी सिक्किम को भारत का हिस्सा नहीं मानता था। सीमा समझौते के जारी रहने के बावजूद भारत ने माना कि "इसके कार्यान्वयन में प्रगति अपेक्षाकृत धीमी है।" कुल मिलाकर भारत ने भी माना कि चीन-भारत संबंध बराबर के बीच का संबंध नहीं था। अत: सन् 1998 की शुरूआत में आर्थिक रूप से प्रगतिशील भारत उस समय की अपेक्षा बहुत ज्यादा आत्मविश्वास से परिपूर्ण था जब शीत युद्ध के बाद की अनिश्चितता खत्म हो गई थी तथा वह अपने फायदे के लिए चीन-भारत मैत्री की गति को बढ़ाने के लिए चीन के खिलाफ परिस्थिति का फायदा उठाना चाहता था। एक विश्लेषक के शब्दों में, "मास्को से व्यापारिक संबंध खत्म होने से एकमात्र महाशक्ति, अमेरिका से अशांत संबंध के साथ आर्थिक पुनर्गठन किया जा रहा था। चीन की पाकिस्तान और म्यांमार के साथ अपने सैन्य संबंध द्वारा भारत की घेराबंदी से चीन के विश्व में दूसरी सबसे ज्यादा महत्त्वपूर्ण आर्थिक और सैन्य शक्ति के रूप में उभर की आशंका थी और शीत युद्ध के बाद के युग में अधिकारहीन होने का डर, और स्वयं को अंतर्राष्ट्रीय व्यवस्था में प्रभावी और स्वीकार्य क्षेत्रीय शक्ति के रूप में स्थापित करने के लिए नया और ठोस आश्रय पाने में असमर्थता ने भारत को राष्ट्रीय सुरक्षा के अपने दृष्टिकोण पर पुन: विचार करने के लिए मजबूर किया।"[22] अत: अंतर्राष्ट्रीय, क्षेत्रीय और द्विपक्षीय स्तरों पर हुए परिवर्तनों के कारण भारत को संलग्नता की नीति को जारी रखते हुए चीन के प्रति नयी विषय सूची विकसित करने के लिए मजबूर होना पड़ा।

भारत में नई सरकार

भारतीय जनता पार्टी और इसके गठबंधन दलों के नेतृत्व में भारत की नई सरकार, जो मार्च 1998 में अस्तित्व में आई थी, उसने राष्ट्रीय सुरक्षा को प्राथमिकता दी। नई प्राथमिकता में "चीन के साथ समझौते का दृढ़ दृष्टिकोण मुख्य बिंदु था।"

चीन-भारत संबंधों के एक पश्चिमी विशेषज्ञ के अनुसार, "प्रधानमंत्री अटल बिहारी वाजपेयी की सरकार द्वारा कार्यान्वित नए दृष्टिकोण में चार तत्त्वों: दक्षिण एशिया में चीन की गतिविधियों के बारे में भारतीय चिंता का ज्यादा स्पष्ट सार्वजनिक अभिव्यक्ति; न्यूनतम परमाणु निवारक के अधिकार के साथ परमाणु शक्ति के रूप में भारत की खुली स्थापना; सबसे ज्यादा संवेदनशील तिब्बत मामले पर ज्यादा निश्चयात्मक नीति; और भारत की बिगड़ती हुई सुरक्षा स्थिति जिसमें चीन द्वारा उत्पन्न खतरा शामिल है, के संबंध में अमेरिका के साथ एक समझ स्थापित करने को शामिल किया गया"[23]

सन् 1998 में पहला महत्त्वपूर्ण द्विपक्षीय संपर्क अप्रैल में हुआ था जब पीएलए के जनरल स्टाफ के प्रमुख, जनरल फू कुआनयू उच्च स्तरीय सैन्य-भ्रमण के दौरान आदान-प्रदान के भाग के रूप में भारत आए। यह पहली बार था जब पीएलए प्रमुख भारत में थे अतः यह एक महत्त्वपूर्ण परिवर्तन था।[24] जनरल फू ने मीडिया के लोगों को बताया कि वास्तविक नियंत्रण रेखा के धीरे-धीरे और जल्द सीमांकन को कार्यान्वित करना दोनों पक्षों के लिए महत्त्वपूर्ण है। पीएलए प्रमुख से बातचीत में रक्षा मंत्रालय, भारत सरकार ने चीन-पाक मिसाइल और परमाणु सहयोग, चीनी मानचित्रों का गलत प्रदर्शन और वास्तविक नियंत्रण रेखा के मामले के साथ सीमा विवाद के मामलों को उठाया।[25] अधिक विशेष रूप से भारत के रक्षा मंत्री जार्ज फर्नांडीज ने पीएलए स्टाफ प्रमुख से बातचीत में भारत के मामले और चीन और पाकिस्तान को मिसाइल और मिसाइल तकनीकी के हस्तांतरण पर आपत्ति को स्पष्ट किया। इसके लिए जनरल फू ने चीनी दृष्टिकोण पर जोर दिया कि राष्ट्रों के बीच संबंध दोनों पक्षों द्वारा सहमत शांतिपूर्ण सहअस्तित्व के पाँच सिद्धांतों पर आधारित है। अंत में, प्रधानमंत्री वाजपेयी ने यह कहते हुए भारत की स्थिति को स्पष्ट किया कि "चीन-भारत संबंधों में सुधार एक दूसरे के मामलों को मान्यता देने तथा सम्मान करने पर आधारित होना चाहिए।"[26] बातचीत के अंत में भारत और चीन ने द्विपक्षीय विवादों के शांतिपूर्ण समाधान के लिए स्वयं को प्रतिबद्ध किया।[27]

इसके अतिरिक्त, भारत के नए प्रशासन की अपने पड़ोस में चीन की गतिविधियों के बारे में अपनी चिंता का ज्यादा स्पष्ट अभिव्यक्ति का दूसरा साक्ष्य मई की शुरूआत में सामने आया जब रक्षा मंत्री जार्ज फर्नांडीज ने पाकिस्तान की अपेक्षा चीन को "बड़ा संभावित खतरा" बताया। उन्होंने व्यक्त किया कि अंडमान और निकोबार द्वीप के नजदीक कोको द्वीप में बीजिंग द्वारा बड़े पैमाने पर इलेक्ट्रानिक निगरानी स्थापना से भारत में सभी चीजों की निगरानी की जा रही है। उन्होंने आगे कहा कि निगरानी सेटअप को मुख्य नौसेना बेस में परिवर्तित करने की चीन की पहल की गई जो हमारे लिए सीधा खतरा है।[28] फर्नांडीज ने दुहराया कि "चीन ने

पाकिस्तान को मिसाइल और परमाणु की तकनीकी जानकारी प्रदान की है।" उन्होंने यह भी कहा कि चीन ने भारत की सीमा पर तिब्बत में अपने परमाणु हथियारों को भंडारित किया है, जहाँ पर रूस में बने सुखोई स्टेशन पर एयर फील्ड को बढ़ाया जा रहा है। इसके अतिरिक्त उन्होंने कहा कि म्यांमार वाले पूर्वी मोर्चे पर चीन ने बर्मा की सेना को प्रशिक्षित और सुसज्जित कर रखा है। अत: ये सभी बिंदु इस तरफ इशारा करते हैं कि चीन का संभावित खतरा पाकिस्तान की अपेक्षा ज्यादा है।[29]

चीन ने अपनी तरफ से भारत के रक्षा मंत्री द्वारा दिए गए बयान पर अत्यंत खेद और असंतोष व्यक्त किया और कहा कि इससे "गंभीर रूप से दोनों देशों के बीच सुधरते हुए संबंधों का अच्छा माहौल नष्ट हुआ है।" चीनी विदेश मंत्री के प्रवक्ता, झू बैंग जाओ ने फर्नांडीज के बयान को पूर्ण रूप से हास्यास्पद और निराकरण के अयोग्य बताया। उन्होंने फर्नांडीज के "अन्य देशों से चीन के संबंधों की आलोचना" को पूर्णतया मनगढ़ंत और पूर्ण रूप से निराधार माना। प्रवक्ता ने कहा कि "चीन दूसरे देश के लिए कोई भी खतरा नहीं उत्पन्न करता है" और इस तथ्य का कोई आधार नहीं है, अत:, "चीनी पक्ष ने इस पर गहरा दुख तथा रोष व्यक्त किया है।"[30] अत: चीनी पक्ष ने पहले सूक्ष्म तरीके से संक्षिप्त भंग का इशारा किया जब उसके प्रवक्ता ने कहा कि फर्नांडीज के बयान ने गंभीर रूप से सुधरे हुए द्विपक्षीय संबंधों के माहौल को नष्ट कर दिया है। भारत ने अपनी तरफ से बातचीत में अपने विश्वास को दोहराना जारी रखा और बाद में विदेश मंत्री ने कहा कि नई दिल्ली "हमारे सबसे बड़े पड़ोसी देश चीन के साथ दोस्ताना, सहयोगात्मक, अच्छे पड़ोसी वाला, पारस्परिक रूप से फायदेमंद संबंध विकसित करने के लिए बातचीत की प्रक्रिया के प्रति वचनबद्ध है।"[31]

अपने जीवंत लोकतांत्रिक साख को सच करने के लिए भारत में चीन के बारे में फर्नांडीज के बयान पर मतभेद हुआ। विरोधी पार्टियों तथा कुछ सुरक्षा विशेषज्ञों ने रक्षा मंत्री के बयान की आलोचना की। भूतपूर्व प्रधानमंत्री आई0के0 गुजराल ने स्वभाव से उन्हें एक दुस्साहसी कहा तथा उन पर चीनी मामले पर "राष्ट्र के देशप्रेमपूर्ण उत्साह" को भड़काने का आरोप लगाया।[32] यद्यपि, दूसरे लोग भी थे जिन्हें विश्वास था कि रक्षा मंत्री ने सिर्फ भारतीय सुरक्षा माहौल पर बहुमत के शांत दृष्टिकोण को स्पष्ट किया है।[33] वे सभी तथ्य जिन्हें रक्षा मंत्री ने व्यक्त किया था वे सन् 1990 में रक्षा मंत्रालय की वार्षिक रिपोर्ट में पहले प्रकाशित हुए थे। उदाहरण के तौर पर, सन् 1993-94 की वार्षिक रिपोर्ट में हमारे पड़ोसी देशों जैसे पाकिस्तान, सउदी अरब और इरान में मिसाइलों की बढ़ोत्तरी का उल्लेख किया गया है। इसमें आगे व्यक्त किया गया कि "पाकिस्तान ने भी कथित रूप से चीन से एम-11 मिसाइलें प्राप्त की हैं।"[34] सन् 1996-97 की रिपोर्ट में इशारे से व्यक्त किया गया

कि: "चीन ने पाकिस्तान को एम-11 मिसाइलों की आपूर्ति की है और इसे तकनीकी और जनशक्ति सहायता प्रदान कर रहा है तथा इसके देशी मिसाइल कार्यक्रम के विकास में मदद दे रहा है।"[35] इस रिपोर्ट में निश्चित रूप से यह स्पष्ट किया गया कि "चीन की पाकिस्तान को रक्षा सहयोग, पाकिस्तान के अवैध परमाणु कार्यक्रम में मदद, और पाकिस्तान को मिसाइलों तथा अत्याधुनिक हथियारों की बिक्री के संबंध में भारत की चिंता के बारे में चीनी पक्ष को जानकारी दी गई थी।"[36] अत: मंत्री का बयान जो भी लिखा था तथा सन् 1998 में जिसकी खुले रूप में घोषणा की गई थी उसी की परिणति थी।[37]

भारत का परमाणु परीक्षण

भारत की राष्ट्रीय सुरक्षा के प्रति दृढ़ प्राथमिकता का सबसे महत्त्वपूर्ण तत्त्व निस्संदेह रूप से परमाणु हथियार थे। कुल मिलाकर, 11 और 13 मई, 1998 को भारत ने पाँच परमाणु उपकरणों का परीक्षण किया जिसमें एक हाइड्रोजन बम भी शामिल था और इन परीक्षणों से भारत के परमाणु रुख के बारे में अस्पष्टता और अनिश्चितता का अंत हो गया। मई 1998 में परमाणु परीक्षणों के लिए भारत की समझ पर टिप्पणी करते हुए दो राजनयिकों ने लिखा: "सुरक्षा आयामों के अलावा यह भी बढ़ती हुई धारणा थी कि भारत को इन हथियारों की आवश्यकता थी जिसे अंतर्राष्ट्रीय संबंधों में शक्ति तथा प्रतिष्ठा के नए प्रचलन के रूप में माना गया, इस प्रचलन को चीन ने अर्जित किया था। संक्षेप में अंतिम निर्णय में घरेलू राजनीति की जो भी भूमिका रही हो और नई भारतीय परमाणु नीति की बुद्धिमानी पर जो भी विचार रहा हो इस तथ्य से इनकार नहीं किया जा सकता है कि इस क्षेत्र में चीन-पाक सहयोग द्वारा ज्यादा दबाव बनाने वाला चीनी कारक इन घटनाक्रमों का सबसे महत्त्वपूर्ण घटक रहा है जिसका 11 और 13 मई, 1998 के भारत के परमाणु परीक्षण में समापन हुआ।"[38]

इसके अतिरिक्त, इस परीक्षण से नजदीकी से जुड़े एक व्यक्ति के शब्दों में "संक्षेप में, भारत का पड़ोसी परमाणु समझ में थोड़ा उपद्रवी था और सरकार के पास राष्ट्रीय सुरक्षा हितों को सुरक्षित करने के अलावा कोई दूसरा विकल्प नहीं था।"[39]

भारत-चीन-पाकिस्तान का त्रिकोणात्मक आयाम संपूर्ण क्षेत्रीय संदर्भ में महत्त्वपूर्ण पहलू था। दूसरे अग्रणी विश्लेषक ने कहा कि: "भारत-पाकिस्तान परमाणु प्रतिस्पर्द्धा की सामूहिक कल्पना के बावजूद चीन भारत को अपने परमाणु विकल्प का अभ्यास करने के लिए उकसाने वाला सबसे महत्त्वपूर्ण उत्प्रेरक था। भारत की परमाणु और मिसाइल क्षमता चीन-भारत प्रतिस्पर्द्धा की गतिशीलता का परिणाम है। यह चीन-भारत की प्रतिकूल प्रकृति है जिसने भारतीय और पाकिस्तानी परमाणु हथियार कार्यक्रमों को

संचालित किया है। असम्मत रवैया और एक-दूसरे के इरादों के प्रति गहरे संदेह ने ऐसी स्थिति उत्पन्न की जहाँ पर प्रत्येक ने संपूर्ण शक्ति की स्थिति से ही सुलझाने का प्रयास किया। इस अविश्वास की अनिश्चतता पारस्परिक असुरक्षा की भावना रही है। भारत की रक्षा नीति हमेशा "पाकिस्तान से एक कदम आगे रहने तथा चीन के बराबर रहने की रही है।"[40] कुल मिलाकर भारत के परमाणु कार्यक्रम को शुरू करने के कई कारण थे और संपूर्ण भारतीय सुरक्षा गणना में चीन बहुत महत्त्वपूर्ण कारक था।

भारत के परमाणु परीक्षणों के पीछे के मूल कारण को स्पष्ट करते हुए प्रधानमंत्री अटल बिहारी वाजपेयी ने अमेरिका के राष्ट्रपति बिल क्लिंटन को लिखा और "नष्ट होते सुरक्षा माहौल" उद्धरण दिया। उन्होंने लिखा: "भारत की हमारी सीमाओं पर खुले तौर पर परमाणु हथियार की स्थिति बनी हुई है, यह वह अवस्था है जिसने सन् 1962 में भारत के खिलाफ सशस्त्र आक्रमण किया है.......अविश्वास का माहौल मुख्य रूप से सीमा समस्या के अनसुलझे रहने के कारण मौजूद है। इस तनाव की स्थिति को बढ़ाने के लिए उस देश ने हमारे देश के दूसरे पड़ोसी की अवच्छद परमाणु हथियार राष्ट्र बनने में मदद की। इस कड़वे पड़ोसी के हाथों हमने पिछले पचास सालों में तीन आक्रमण झेले हैं।"[41] प्रधानमंत्री के पत्र का करीब से अवलोकन करने वाले इस तथ्य की तरफ इशारा होता है कि "उन्होंने स्पष्ट रूप से चीन का नाम नहीं लिया, लेकिन उनका तात्पर्य स्पष्ट था। उन्होंने चीन से खतरे की तरफ ध्यान खींचा था।"[42] अत: भारत ने सूक्ष्म रूप से अमेरिका को सन् 1998 के परमाणु परीक्षणों के पीछे के अपने औचित्य को सूचित किया था।

भारतीय परमाणु हथियार परीक्षण के प्रति चीन की आधिकारिक प्रतिक्रिया

चीन ने मजबूती से भारतीय परमाणु परीक्षणों का विरोध किया। इसके लिए यह राय उपलब्ध है कि चीन की शुरूआती प्रतिक्रिया "अपेक्षाकृत नपी-तुली" और "नियंत्रित" थी। इसकी 12 मई, 1998 को विदेश मंत्रालय के प्रवक्ता के बयान से पुष्टि हो जाती है। प्रवक्ता झू बैंग जाओ ने कहा: "चीनी सरकार गंभीर रूप से भारत द्वारा किए गए परमाणु परीक्षणों के बारे में चिंतित है......भारत का परमाणु परीक्षण अंतर्राष्ट्रीय प्रवृत्ति के खिलाफ है और दक्षिण एशियाई क्षेत्र की शांति और स्थिरता के लिए नुकसानदायक है।"[43] इसके अतिरिक्त, आधिकारिक मीडिया जैसे पीपुल्स डेली ने रिपोर्ट किया: "भारत ने आज राजस्थान के पोखरण क्षेत्र में तीन भूमिगत परमाणु परीक्षण किए...चौबीस साल पहले, मई 1974 में भारत ने उसी स्थान पर अपना पहला परमाणु विस्फोट किया था। रिपोर्ट के अनुसार भारत की बड़ी विरोधी पार्टियों कांग्रेस तथा संयुक्त मोर्चा और अन्य पार्टियों ने इस परमाणु परीक्षण में अपना समर्थन

व्यक्त किया है। रणनीतिकारों तथा सुरक्षा विशेषज्ञों का दृष्टिकोण है कि यह सरकार के परमाणु विकल्प का ठोस अभ्यास है तथा यह राष्ट्रीय सुरक्षा राष्ट्रीय हितों से उपजा है। यहाँ प्राप्त मीडिया रिपोर्ट के अनुसार अमेरिका और पाकिस्तान ने भारत के परमाणु परीक्षणों की निंदा की है।"[44]

यह रिपोर्ट हकीकत थी तथा बिल्कुल निष्पक्ष थी। वास्तव में चीन-भारत संबंधों के एक पश्चिमी विश्लेषक ने लिखा: "यद्यपि बीजिंग रेडियो ने भारत के पश्चिमी दबावों की अस्वीकृति के संबंध में परीक्षणों को स्पष्ट किया- ऐसी व्याख्या जिसने परीक्षणों के अनुमोदन को सूचित किया।"[45] हालांकि यहाँ पर चीन की शुरूआती प्रतिक्रिया की बात हो रही है जो नियंत्रित प्रतीत होती है। इस मामले को समग्र तरीके से देखना चाहिए तभी बड़ी तस्वीर प्रकट होगी।

कुल मिलाकर पूरी तस्वीर चीन द्वारा भारत के परमाणु परीक्षणों के मजबूत विरोध की गंभीरता को स्पष्ट करती है। परमाणु परीक्षण के बाद आधिकारिक मीडिया ने टिप्पणी की: "अंतर्राष्ट्रीय समुदाय के मजबूत विरोध की अवहेलना में भारत सरकार ने 11 मई के परीक्षणों के बाद 13 मई को दो और परमाणु परीक्षण किए। चीनी सरकार इससे बहुत ज्यादा अचंभित हो गई और अतः अपना मजबूत विरोध प्रकट किया। भारत का यह कृत्य परमाणु परीक्षणों पर व्यापक प्रतिबंध के लिए अंतर्राष्ट्रीय समुदाय की आम इच्छा के लिए अपमानजनक अवमानना है और परमाणु प्रसार को रोकने के लिए अंतर्राष्ट्रीय प्रयास पर एक गहरा धक्का है। यह दक्षिण एशिया और बृहत् रूप से विश्व में शांति और स्थिरता के लिए गंभीर परिणाम उत्पन्न करेगा।"[46]

इसके अतिरिक्त पीएलए के न्यूजपेपर लिबरेशन आर्मी डेली ने रिपोर्ट किया: "भारतीय परमाणु हथियार कार्यक्रम बड़ी शक्ति की स्थिति अर्जित करने के लिए है। भारत की स्वतंत्रता से बहुत पहले पंडित नेहरू ने अपने डिस्कवरी ऑफ इंडिया में कहा था कि भारत विश्व में दूसरे स्तर का देश नहीं बना रहना चाहता है जैसा वह आज है। उसे संपन्न होना है या समाप्त हो जाना है। स्वतंत्रता के बाद सभी उत्तरवर्ती सरकारों ने इस विचार को विरासत में प्राप्त किया है और बड़ी शक्ति की हैसियत को प्राप्त करने के लिए इसे रणनीतिक लक्ष्य बनाया है और परमाणु हथियार कार्यक्रम इसे प्राप्त करने के लिए है। इस साल मार्च में बीजेपी सरकार के सत्ता में आने के बाद इसने पहले की सरकारों की परमाणु नीति को बदल दिया तथा अपने सरकार के एजेंडे में स्पष्ट रूप से व्यक्त किया कि वह भारत की परमाणु नीति का पुनः समीक्षा करेगी तथा परमाणु हथियारों को प्रतिष्ठापित करने के अधिकार का प्रयोग करेगी। इस समय भारतीय परमाणु परीक्षणों ने विश्व को झटका दिया है और सभी सरकारों तथा अंतर्राष्ट्रीय संगठनों ने इसकी निंदा करते हुए बयान जारी किए हैं।

अब, अंतर्राष्ट्रीय समुदाय के संयुक्त प्रयासों से विश्व में परमाणु निरस्त्रीकरण की प्रक्रिया ने गति पकड़ी है, परमाणु गैर-अप्रसार संधि को हमेशा के लिए बढ़ा दिया गया है तथा सीटीबीटी पर भी कार्य शुरू कर दिया गया है। इन परिस्थितियों में भारत का परमाणु परीक्षण करना अंतर्राष्ट्रीय प्रवृत्ति के विपरीत है तथा क्षेत्रीय और विश्व की शांति तथा स्थिरता के लिए हानिकारक है।"[47] चीनी सेना के मुखपत्र से मजबूत भारत विरोधी प्रतिक्रिया बहुत आश्चर्यजनक नहीं थी।

भारत विरोधी निंदा भाषण को जारी रखते हुए चीन डेली ने रिपोर्ट किया कि अधिकांश चीनी, जो भारत के पाँच भूमिगत परमाणु परीक्षणों पर विश्वास करते हैं उन्होंने परमाणु हथियारों के प्रसार को रोकने के अंतर्राष्ट्रीय प्रयासों की अवहेलना की है, वे भारत के बड़े शुभचिंतक और गंभीर रूप से आलोचनात्मक हैं, जिसे कल एक राष्ट्रव्यापी सर्वेक्षण में प्रकट किया गया है। सर्वेक्षण में पाया गया कि नवासी प्रतिशत लोग परमाणु परीक्षण के लिए भारत की निंदा करते हैं और अस्सी प्रतिशत सहमत हैं कि अमेरिका को भावी परमाणु खतरे का अनुमान लगाते हुए भारत पर प्रतिबंध लगाना चाहिए। इक्यानबे प्रतिशत से ज्यादा लोगों ने कहा कि वे परमाणु परीक्षणों द्वारा अपनी सैन्य शक्ति का प्रदर्शन करने की भारत की अज्ञानी करतूत से अचंभित हैं और अस्सी प्रतिशत ने कहा कि वे चीन की राष्ट्रीय सुरक्षा के दुष्परिणाम के बारे में चिंतित हैं। अठहत्तर प्रतिशत ने कहा कि उनका विश्वास है कि भारत के इस कृत्य ने चीन के लिए खतरा पैदा किया है।[48] यह राष्ट्रव्यापी सर्वेक्षण राज्य सांख्यिकी ब्यूरो के तहत चीन के सामाजिक सर्वेक्षण संस्थान द्वारा किया गया तथा इसके निष्कर्ष बीजिंग, शंघाई, टियांजिन, वूहान, चंशा, गुआंगझोउ, चांगकिंग-डलियन, हर्बिन आदि में 1500 नागरिकों से किए गए टेलीफोनिक साक्षात्कार पर आधारित थे।

यह प्रतीत होता है कि चीन ने भारत के परमाणु परीक्षण का विरोध किया तथा उसने इस परीक्षण के पीछे चीन का खतरा होने का उल्लेख किया। दो अग्रणी विश्लेषकों के शब्दों में चीन की प्रतिक्रिया पी-5/एन-5 बंधुत्व के समान थी, जिसने एनपीटी और सीटीबीटी द्वारा प्रदर्शित अप्रसार व्यवस्था का संरक्षण स्वयं ले लिया था। लेकिन इसके अतिरिक्त कारण भी थे जिन्होंने विशिष्ट चीनी समझ को प्रभावित किया। भारत के तुरंत बाद पाकिस्तान के अभियान ने चीन की एकमात्र वैध एशियाई परमाणु हथियार राष्ट्र की हैसियत को कमजोर कर दिया।[49]

चीनी प्रतिक्रिया के एक अध्ययन से यह स्पष्ट होता है कि इसने भारत की अभिकथन को अस्वीकृत कर दिया कि सीधा चीनी खतरा तथा पाकिस्तान को लगातार परमाणु और मिसाइल सहायता प्रदान करना भारत के परमाणु परीक्षण के मुख्य कारण थे। इसके अतिरिक्त, एशिया में चीन का विभिन्न स्तरीय उद्देश्य साथी प्रतिस्पर्द्धी को उठने से रोकना था। चीन-भारत संबंध में प्रतिस्पर्द्धी तत्त्व इस तथ्य पर

आधारित था। चीन शीत युद्ध की अवधि से ही स्पष्ट था कि भारत के पास अकेले ही चीन की बराबरी करने का आकार, पराक्रम, संख्या और कुल मिलाकर इरादा है। अतः एक तरफ चीन ने 60 की शुरूआत से ही दक्षिण एशिया में शक्ति के संतुलन का अनुसरण किया। क्षेत्रीय स्तर पर चीन प्रसारक था और उसने मिसाइल अर्थात एम-9, एम-11, मिसाइल तकनीकी और परमाणु तकनीकों और उपकरणों को स्थानांतरित किया।

दक्षिण एशिया में परमाणु परीक्षणों के परिणामस्वरूप चीन को अंतर्राष्ट्रीय अप्रसार व्यवस्था की सुरक्षा करने वाले जिम्मेदार विश्व शक्ति के रूप में स्वयं को प्रदर्शित करने का अवसर मिल गया। द्विपक्षीय स्तर पर चीन ने भारत के साथ सूक्ष्म तरीके से अनुक्रम में सुलझाना जारी रखा तथा इस अवसर पर भारत की सुरक्षा मामले पर कोई चिंता नहीं प्रदर्शित की। इसके विपरीत आधिकारिक समाचार एजेंसी सिन्हुआ द्वारा की गई टिप्पणी में भारत द्वारा चीन पर बार-बार दोषारोपण का संदर्भ लिया गया। कठोरतापूर्वक इसने यह कहते हुए भारत के विरुद्ध मौखिक आक्रमण किया कि प्रधानमंत्री वाजपेयी का 1962 में भारत पर चीनी आक्रमण का बयान ऐतिहासिक रूप से कोई भी विकृति नहीं पैदा करता है। समीक्षा में सीमा मामले को उठाया गया और यह दावा किया गया कि भारत सीमा के पूर्वी क्षेत्र में पारंपरिक रेखा तथा अवैध मैकमोहन रेखा के बीच के 90000 वर्ग किमी क्षेत्र को घेरे हुए था।[50] चीन का सीबीएम के प्रक्रियारत होने के समय सीमा मामले को उठाने के ताजा प्रयासों से 1993 और 1996 के समझौतों को अनुचित तथा पूर्णतया अनावश्यक माना गया।

चीन की मजबूत प्रतिक्रिया और तीव्र आक्रामक प्रचार से नई दिल्ली को आकस्मिक परामर्श के लिए अपने राजदूत विजय के0 नामबियार को वापस राजधानी बुलाने के लिए बाध्य होना पड़ा। यद्यपि भारत सरकार ने संयम की नीति को अपनाया तथा जिम्मेदार शक्ति के रूप में व्यवहार किया। प्रधानमंत्री के मुख्य सचिव श्री ब्रजेश मिश्रा ने मीडिया में कहा कि भारत और चीन को बातचीत शुरू करना जरूरी है और भारत चीन से सर्वश्रेष्ठ संबंध चाहता है।[51] बाद में, इस बयान पर टिप्पणी करते हुए चीनी विदेश मंत्रालय के प्रवक्ता ने कहा कि चीन ने भारत की चीन के साथ संबंध सुधारने की इच्छा के संबंध में टिप्पणी को नोट कर लिया है। उन्होंने कहा, 'हम आशा करते हैं कि भारतीय पक्ष ठोस कार्यवाही द्वारा गंभीरता प्रदर्शित करेगा।' प्रवक्ता ने आगे कहा, 'चीन ने हमेशा कहा है कि चीन-भारत संबंध को सुधारने और विकसित करने के लिए दोनों पक्षों के पारस्परिक हित का ध्यान रखना है, और इस तरफ चीन ने लगातार और अडिग प्रयास किए हैं।'[52]

टिप्पणी को एक तरफ रखते हुए, चीन का भारतीय परमाणु परीक्षण के प्रति तीव्र प्रतिक्रिया स्पष्ट रूप से देखने योग्य थी। यह तथ्य कि अमेरिकी राष्ट्रपति को

संबोधित वाजपेयी के पत्र की चीन में अमेरिका में चीन विरोधी लॉबी के साथ संबंध स्थापित करने का जानबूझकर किए गए प्रयास के रूप में व्याख्या की गई।[53] वाजपेयी द्वारा राष्ट्रपति क्लिंटन को लिखे गए पत्र की चीन की दृढ़ प्रतिक्रिया के बारे में दूसरा तर्क था। पश्चिमी विश्लेषक के अनुसार इसे तीन स्तरों पर समझा जा सकता है। पहले स्तर पर, इसे इस तथ्य से किया गया कि पत्र और इसी के समान नई भारतीय सरकार की अधिकारियों द्वारा की गई आधिकारिक टिप्पणियों ने "चीन खतरा सिद्धांत" का खंडन करने का बीजिंग का लंबे समय से चला आ रहे प्रयास के प्रति सीधी चुनौती उत्पन्न किया।

चीन द्वारा दृढ़तापूर्वक समर्थित पाकिस्तान पूरे विश्व में आतंकवाद को प्रायोजित कर रहा था। भारत को इन खतरों से निपटने के लिए काफी हद तक परमाणु निवारक स्थिति को प्राप्त करते हुए अपनी रक्षा क्षमताओं को बढ़ाना जरूरी था। भारत की नई सरकार को आशा थी कि वाशिंगटन इस पर अपनी समझ दर्शाएगा। यह बीजिंग के लिए पूर्णतया खतरनाक परिवर्तन था।[54] चीन के लिए परमाणु संपन्न भारत और परमाणु संपन्न भारत का अमेरिका के साथ संबंध दोनों परिदृश्य खतरनाक परिवर्तन थे। चीन बहुध्रुवीय विश्व के साथ आराम की स्थिति में था। अब, चीन दक्षिण एशियाई परमाणु अप्रसार मामलों पर अमेरिका के साथ सहयोग करने के लिए तैयार हो गया था।

चीन भारत पर सुरक्षा परिषद द्वारा कठिन राह सुनिश्चित करने में सबसे आगे था। चीन की भूमिका आंशिक रूप से कम हो गई क्योंकि यूएनएससी बैठक का समन्वयन करने तथा अध्यक्षता करने की बारी उसकी थी। चीन ने अमेरिका के साथ मिलकर 4 जून को पी-5 (यूएनएससी) के सदस्यों के विदेश मंत्रियों की एक बैठक बुलाई। 6 जून 1998 को चीन ने यूएनएससी के अन्य सदस्यो के साथ प्रस्ताव 1172 का अपनाया। इस प्रस्ताव में अन्य विषयों के साथ भारत और पाकिस्तान के परमाणु परीक्षणों की निंदा की गई थी, और यह माँग की गई थी इन देशों को आगे परीक्षणों से रोका जाए और उनसे तुरंत अपने परमाणु हथियार विकास कार्यक्रमों को बंद करने के लिए कहा जाए। हथियारीकरण से रोकने के लिए परमाणु हथियार प्रदान करने के लिए सक्षम प्रक्षेपण मिसाइलों के विकास को बंद किया जाए और परमाणु हथियार के लिए आण्विक सामग्री के उत्पादन को भी बंद किया जाए।[55] इसके अतिरिक्त, चीनी विश्लेषकों ने भारत के खिलाफ दृढ़ उपाय करने की सिफारिश की।[56]

चीन का पाकिस्तान की तरफ झुकाव जारी रहा। यूएनएससी प्रस्ताव से पहले चीन ने 28 और 30 मई को पाकिस्तान के परमाणु परीक्षणों के संबंध में भारत के खिलाफ कड़ी कार्यवाही करने के लिए अमेरिका को कहा और भारत पर प्रारंभिक दोषी के रूप में फोकस किया।[57] इसके अतिरिक्त चीनी राष्ट्रपति ने एएफपी चेयरमैन

जीन मिआट को बताया कि "भारत ने इस क्षेत्र में तनाव की स्थिति शुरू की है" और अतः "दक्षिण एशिया में तनावों के लिए भारत को दोषी ठहराया जाना जरूरी है।"[58] यद्यपि चीन ने 10 जून 1998 को "परमाणु सामग्री एवं संबंधित तकनीकी के दोहरे प्रयोग के निर्यात के नियंत्रण पर विनियमन" प्रख्यापित किया जिसे सख्त नियंत्रण के लिए डिजाइन किया गया था।[59] लेकिन एक पश्चिमी विश्लेषक ने लिखा, "बीजिंग ने मई 1998 के बाद पाकिस्तान के मिसाइल कार्यक्रम के लिए अपने गुप्त सहयोग को स्पष्ट रूप से विस्तृत कर दिया। विशेषीकृत स्टील, दिशानिर्देश प्रणाली, मोटर्स का नौवहन और तकनीकी मदद बढ़ा दी गई।[60] जून के मध्य में चीनी राष्ट्रपति ने निर्दिष्ट किया कि भारत चीन को लक्ष्य बना रहा था। भारत ने यह स्पष्ट किया कि उसका परमाणु कार्यक्रम केवल रक्षा के उद्देश्य से था और किसी भी प्रकार से हमारे पड़ोसियों जिसमें चीन शामिल है, के लिए खतरा नहीं उत्पन्न कर रहा था।"[61]

चीन संवेदनशील कश्मीर मुद्दे पर पाकिस्तान की तरफ झुकते हुए भी खतरा उत्पन्न कर रहा था। 6 जून की यूएनएससी बैठक में चीन के संयुक्त राष्ट्र प्रतिनिधि श्री किन हुआसुन ने कहा: "पाकिस्तान और भारत को दोनों पक्षों को सुसंगत संयुक्त राष्ट्र प्रस्तावों तथा शिमला समझौते (1972) के अनुसार स्वीकार्य समाधान (कश्मीर मुद्दे का) निकालना चाहिए।"[62] जैसा पहले के अध्याय में उल्लेख किया गया है चीन-भारत मैत्री और विशेष रूप से शीत युद्ध के बाद की अवधि के मद्देनजर चीन कश्मीर पर पाकिस्तान की स्थिति के समर्थन से दूर चला गया।

चीन ने नेतृत्व शब्द को भी फिर से प्रदर्शित किया और भारत के क्षेत्रीय प्रभाव के अनुसरण को मीडिया का प्रचार का हिस्सा माना। एक विश्लेषक के शब्दों में, "1998 के लिए नेतृत्व शब्द का बीजिंग का पुनः उठाना महत्त्वपूर्ण था। इसका 1998 में फिर से उठाने का आशय था कि चीन एक बार फिर दक्षिण एशिया में भारतीय नीति का विरोध कर रहा था। नेतृत्ववाद अनुचित है तथा इसका विरोध जरूरी है। 1998 में चीन की टिप्पणी में बांग्लादेश, नेपाल, श्रीलंका और पाकिस्तान को भारत के क्षेत्रीय नेतृत्ववाद के नए परिवर्तन से दक्षिण एशियाई देशों की चिंता के रूप में स्पष्ट रूप से बताया गया।"[63] चीनी प्रतिक्रिया की नकारात्मक प्रवृत्ति ने 1960 के भारत-चीन संबंधों की शत्रुतापूर्ण अवधि की याद दिला दी जब चीन सीमा, कश्मीर, भारत की शासक आकांक्षाओं आदि मुद्दों पर भारत के खिलाफ प्रचार किया था।

विशेषज्ञ समूह की बैठक और मैत्री का भंग होना

नकारात्मक माहौल के बावजूद भारत ने संलग्नता की नीति को जारी रखा तथा सीमा विशेषज्ञ समूह की छठवीं बैठक को आयोजित किया। इस बैठक को 8 और 9 जून, 1998 को बीजिंग में आयोजित किया गया और इस बैठक में भारत के

परमाणु परीक्षणों के कारण कोई प्रगति नहीं हुई। विशेषज्ञ बैठक के बाद चीन में भारत के राजदूत श्री विजय के0 नामबियार ने कहा कि भारत पक्ष ने सीमा मामले पर जल्दी प्रगति की माँग की है।[64] चीनी विदेश मंत्रालय के प्रवक्ता के शब्दों में: "चीनी पक्ष ने बताया कि भारतीय नेताओं ने चीन की निंदा करते हुए हाल में भाषण दिए हैं, और चीनी लोगों की भावनाओं को गंभीरतापूर्वक चोट पहुँचा रहे हैं और दोनों देशों के बीच संबंधों में नियमित सुधार के अच्छे माहौल को नष्ट कर रहे हैं। हम सख्तीपूर्वक मांग करते हैं कि भारत तुरंत चीन के खिलाफ सभी अहेतुक आक्रमण करना बंद करे और जितना जल्दी हो सके सामान्यीकरण के रास्ते द्विपक्षीय संबंध को स्थिर करने के लिए ठोस कदम उठाए। दोनों पक्षों की तरफ से सीमा मामले पर कोई प्रगति नहीं हुई।"[65] प्रवक्ता के बयान से यह स्पष्ट हुआ कि चीन के दृष्टिकोण से द्विपक्षीय संबंध निश्चित रूप से सामान्य नहीं था।

दूसरी तरफ भारत ने साल के दूसरे हिस्से में संयुक्त कार्यकारी समूह की बैठक के लिए तिथि निश्चित करने का प्रयास जारी रखा लेकिन चीन सहमत नहीं हुआ।[66] एक विश्लेषक ने लिखा, "चीन ने राजीव गांधी के दिसंबर 1988 में चीन की यात्रा के बाद सीमा मामले पर चर्चा करने के लिए डिजाइन किए गए चीन-भारत संयुक्त कार्यकारी समूह को भी निलंबित कर दिया।" अत: यह कहा जा सकता है कि संयुक्त प्रणाली 1998 में कार्यान्वित होने में असफल रही और भारत के गंभीर प्रयासों के बावजूद चीन-भारत मैत्री भंग हो गई।

चीनी विशेषज्ञों की प्रतिक्रिया

इस बीच चीन में भारत पर विशेषज्ञों ने सरकार का हुक्म माना। इंस्टीट्यूट ऑफ एशियन एंड पेसिफिक स्टडीज ऑफ चाइनीज एकेडमी ऑफ सोशल साइंसेज के डिप्टी डायरेक्टर सुन शिहाई ने कहा कि भारत परमाणु हथियार के विकास के लिए चीन के खतरे के सिद्धांत को कारण मानते हुए केवल बहाना बनाने का प्रयास कर रहा था। उन्होंने लिखा: भारत के परमाणु परीक्षण का मुख्य उद्देश्य अंतर्राष्ट्रीय समुदाय को अपनी बड़े देश के रूप में हैसियत का एहसास कराना था। शीत युद्ध के बाद भारत की अंतर्राष्ट्रीय प्रतिष्ठा कम हो गई थी और कई महत्त्वपूर्ण अंतर्राष्ट्रीय संगठनों तथा फोरम को अभी भी सदस्यता के लिए भारत के आवेदनों को मंजूर करना था। भारत ने संयुक्त राष्ट्र सुरक्षा परिषद का स्थायी सदस्य बनने के लिए भी स्पष्ट रूप से अनुरोध किया था लेकिन इससे उसका अनुरोध ठंडे बस्ते में चला गया। इसी कारण से भारत ने परमाणु परीक्षण द्वारा स्वयं को बड़ी शक्ति की श्रेणी में शामिल होने तथा अंतर्राष्ट्रीय समुदाय का ध्यान अपनी ओर आकर्षित करने का प्रयास किया। उन्होंने यह जोर डाला कि चीन भारत के लिए कभी भी खतरा उत्पन्न नहीं

करेगा। शिहाई ने कहा: भारत के परमाणु परीक्षण ने पाकिस्तानी सरकार को बहुत ज्यादा दबाव में कर रखा है क्योंकि उसके सैन्य और सामाजिक क्षेत्र ने सरकार से दृढ़ उपाय करने के लिए कहा है। अंत में उन्होंने सिफारिश की कि अंतर्राष्ट्रीय समुदाय को विश्व शांति और स्थिरता को बचाए रखने के लिए एकसमान रवैया अपनाना चाहिए और भारत को एनपीटी और सीटीबीटी पर हस्ताक्षर करने के लिए दबाव बनाना चाहिए।[67]

दूसरे विश्लेषक चाइना इंस्टीट्यूट ऑफ कंटेंपोरेरी इंटरनेशनल रिलेशंस के मा जियाली ने लिखा: "भारत दुर्जेय बल को विकसित कर रहा है, जिसका पहले से ही विश्व में चौथा स्थान है और यह अपने पारंपरिक हथियारों, मिसाइल और परमाणु हथियारों को आधुनिक कर रहा है।" उन्होंने आगे लिखा कि भारत की दक्षिण एशिया में अपनी संभावनाओं तथा प्रभुता के कारण महान शक्तियों विशेष रूप से अमेरिका द्वारा सहयोग करने के बाद भारत की महान शक्ति की हैसियत पाने की महत्त्वाकांक्षा तेज हो गई है।[68]

भारत के भूतपूर्व चीनी राजदूत चेंग रुइशेंग ने चीन के सैन्य समाचार पत्र लिबरेशन आर्मी डेली को दिए गए एक साक्षात्कार में कहा: "19 मार्च 1998 को एक समाचार कान्फ्रेंस में, प्रधानमंत्री झू रोंगजी ने नए भारतीय प्रधानमंत्री वाजपेयी और भारत के लोगों को शुभकामनाएँ दी थीं। यद्यपि उसके कुछ समय बाद वाजपेयी और उनके सहयोगी बार-बार चीन पर हमला बोलने लगे। इसे किसी भी तरह से उचित नहीं ठहराया जा सकता है। हमारे दृष्टिकोण से इसका मुख्य कारण यह है कि भारतीय प्राधिकारी यह कल्पना कर रहे हैं कि भारत का परमाणु परीक्षण अंतर्राष्ट्रीय समुदाय में मजबूत तिरस्कार उत्पन्न करेगा जो अंतर्राष्ट्रीय समुदाय से दबाव को कम करने में विश्व की राय को भ्रमित कर देगा। भारतीय नेता लोगों के बीच राष्ट्रवादी भावना को भड़काने के लिए पूर्वकथित चीन का खतरा सिद्धांत का प्रयोग करने का प्रयास कर रहे हैं।"[69]

अत: चीन की अकादमिक और नीति निर्माण लाबी में, किसी ने भी भारत की सुरक्षा मामले को समझने का प्रयास नहीं किया। दिसंबर 1998 में पोखरण द्वितीय परीक्षण के बाद दोनों पक्षों के विद्वानों के बीच पहली अर्द्ध-सरकारी चर्चा के दौरान भारत पर एक अनुभवी विशेषज्ञ ने कहा: "यद्यपि चीनी पक्ष ने भारत की अपनी सुरक्षा आवश्यकताओं के लिए परमाणु परीक्षणों को कार्यान्वित करने की आवश्यकता की समझ को व्यक्त किया, वह यह नहीं समझ सका कि भारत क्यों यह सोचता है कि चीन के परमाणु हथियार भारत के लिए खतरा हैं और यह महसूस किया कि भारत को परमाणु हथियारों को प्राप्त करने की अपनी योजना के कारण के रूप में

चीन का प्रयोग नहीं करना चाहिए था।"[70] अत: आधिकारिक और गैर-आधिकारिक चीनी प्रतिक्रिया के बीच ज्यादा अंतर नहीं था।

चीन-अमेरिका का संयुक्त बयान

इस बीच चीन में राष्ट्रपति क्लिंटन की यात्रा के दौरान, दोनों राष्ट्रों ने 27 जून 1998 को "दक्षिण एशिया पर चीन-अमेरिका राष्ट्रपति संयुक्त बयान" जारी किया।[71] कई प्रकार से यह प्रतीत हो रहा था कि दक्षिण एशिया में चीन द्वारा निभाई जाने वाली बड़ी भूमिका को अमेरिका की स्वीकृति थी। इस परिवर्तन ने निस्संदेह नई दिल्ली में नाराजगी हुई। एक तरफ अमेरिका के साथ होते हुए बीजिंग का विश्वास था, यह एशिया में चीन की प्रधानता के लिए दीर्घकाल में चुनौतीकर्ता के रूप में भारत के उभरने की उम्मीद पर पानी फेर सकता है। दूसरी तरफ अमेरिका ने समझा, बीजिंग का परमाणु अप्रसार पर नया दृष्टांत भारत जैसे राष्ट्रों को दंड देने की राजनीतिक इच्छा का स्वागत योग्य संकेत है।[72] यह प्रतीत होता है कि अमेरिका इस मुद्दे पर भारत को असहज करने की चीन की अपेक्षा के साथ था। लेकिन भारत 1998 की गर्मी में आत्मविश्वास से पूर्ण था जैसा इंडिया टूडे में उद्धृत किया गया।[73]

चीन का शत्रुतापूर्ण दृष्टिकोण का जारी रहना

9 जुलाई 1998 को भारत ने चीन के समक्ष पहले परमाणु हथियार का प्रयोग न करने का समझौता पेश किया। चीन ने नई दिल्ली को अपना परमाणु हथियार कार्यक्रम बंद करने तथा एनपीटी और सीटीबीटी पर हस्ताक्षर करने के लिए कहा।[74] एक चीनी विश्लेषक ने कहा कि नई दिल्ली और बीजिंग के बीच पहले प्रयोग न करने पर परमाणु स्थिरता स्थापित करने में मदद मिल सकती है लेकिन चीनी स्वीकार्यता भारत के परमाणु हथियार राष्ट्र की स्थिति को संबोधित करने के बराबर होगा।[75] चीन इस विषय पर क्रमबद्ध ढंग से निपटने को वरीयता दे रहा था। मई-जून के महीने में एक भारतीय विश्लेषक के अनुसार, वास्तविक नियंत्रण रेखा पर चीनी उल्लंघन के सबसे ज्यादा मामले देखे गए।[76] चीनी राजदूत झोउ गैंग ने भारतीय समाचारपत्रों के संवाददाताओं को बताया: "चीन-भारत संबंध की वर्तमान स्थिति का कारण सभी को ज्ञात है।" यह चीनी पक्ष ही है जो पीड़ित है। चीनी पक्ष को आशा है कि उल्लिखित असामान्य परिस्थिति को जितना जल्दी हो सके सामान्य करना चाहिए। लेकिन यह केवल चीनी पक्ष के हाथ में ही नहीं है, यह कर्ता के हाथ में है।[77] राजदूत ने आगे कहा: "हमने भारतीय पक्ष के चीन के साथ अपने संबंध को सुधारने के इरादे को भाँप लिया है। हम केवल उसी बात पर ही ध्यान नहीं देते हैं कि कोई क्या कहता है, बल्कि यह भी देखते हैं कि लोग क्या करते हैं।"[78] यही बात

राजदूत झोउ गैंग द्वारा 20 अक्टूबर 1998 को नई दिल्ली में आयोजित अंतर्राष्ट्रीय मामलों के भारतीय संघ के सम्मेलन में फिर से दुहराई गई।[79]

चीनी प्रतिक्रिया के सामूहिक प्रभाव से चीन-भारत मैत्री पर नकारात्मक असर पड़ा। चीन ने कड़ी प्रतिक्रिया व्यक्त की तथा बीजिंग में नवंबर में होने वाली संयुक्त कार्यकारी समूह की बैठक को रद्द कर दिया।[80] चीन की नाराजगी और गुस्से पर टिप्पणी करते हुए एक भारतीय विश्लेषक ने लिखा: यह निर्णय जिससे स्पष्ट रूप से प्रधानमंत्री स्तर पर स्थापित प्रणाली के संबंध में स्पष्ट समझ की अवहेलना हुई, बुद्धिमानी नहीं थी।[81] निस्संदेह मई 1998 में भारतीय परमाणु परीक्षण और उसके बाद सख्त चीनी प्रतिक्रिया दोनों के कारण द्विपक्षीय संबंधों में बहुत बड़ा झटका लगा है। यह प्रतीत होता है कि मई में परमाणु परीक्षणों से संबंधित घटनाओं का द्वेष के उत्पन्न होने में योगदान है, संदेह की जड़ों ने क्षेत्रीय और द्विपक्षीय मामलों अर्थात भारत-चीन-पाकिस्तान त्रिकोण, सीमा विवाद, तिब्बत का मामला और अब परमाणु मामला दोनों को अनावृत कर दिया। संक्षेप में सन् 1998 में चीन-भारत मैत्री का संक्षिप्त भंग हुआ।

वास्तव में पूरे साल नई दिल्ली ने संलग्नता की नीति और विविध द्विपक्षीय क्रियाविधियों की बैठकों का जारी रखने की अपनी इच्छा को दर्शाया। चीनी पक्ष की तरफ से मना करने के बावजूद भारत ने द्विपक्षीय तनावों को कम करने के लिए चीन में उत्पन्न गलत भावना को शांत करने के लिए लगातार प्रस्ताव किए तथा समाधानकारी बयान दिए; फिर भी उस समय नई दिल्ली के संकेत हमेशा अविरोधी नहीं रहे। सितंबर 1998 में संसद को दिए गए एक ठोस बयान में प्रधानमंत्री वाजपेयी ने चीन के साथ दोस्ताना संबंध बनाने तथा समझौते द्वारा सीमा विवाद का संतोषप्रद समाधान निकालने की मूलभूत भारतीय इच्छा पर जोर दिया।[82] सितंबर में उठाया गया दूसरा कदम राजनयिकों को अन्य चार स्थायी पाँच शक्तियों से बातचीत में चीन का कोई भी उल्लेख करने से बचने का निर्देश था।[83] इसके अतिरिक्त, भारत-तिब्बत सीमा पुलिस के प्रमुख द्वारा अक्टूबर 1998 में दिया गया बयान कि चीन वास्तविक नियंत्रण रेखा पर सेनाएँ एकत्र कर रहा है, को भी भारत सरकार द्वारा अपूर्ण मान गया।[84] इसके बाद अक्टूबर में प्रधान मंत्री के मुख्य सचिव ब्रजेश मिश्रा ने कहा कि भारत चीन को शत्रु के रूप में नहीं देख रहा है और वह ठोस बातचीत द्वारा सभी समस्याओं को सुलझाना चाहता है।[85]

यद्यपि इस विषय पर एक अग्रणी पश्चिमी विश्लेषक के शब्दों में "मिश्रा के इन बातचीत के जरिए समाधान संबंधी बयान को इस बयान से समझाया गया कि भारत सरकार दलाई लामा और चीनी सरकार के बीच हुए समझौतों का स्वागत करेगी।" इस बयान से पहले वाजपेयी दलाई लामा से मिले थे, जैसा अधिकांश

भारतीय प्रधानमंत्रियों ने अपने शासनकाल में किया था। बीजिंग ने इस मुलाकात को चीन की घरेलू राजनीति में हस्तक्षेप और दलाई लामा को भारत में चीन विरोधी गतिविधियों में शामिल होने की अनुमति न देने की चीन के संकल्प के उल्लंघन के रूप में निंदा की।[86] भारतीय परिदृश्य से देखते हुए साल के अंत तक भारतीय पहल कोई भी बदलाव नहीं ला सकी। अत: भारत की पहल के बावजूद मैत्री भंग हो गई।

अंत में दिसंबर 1998 में जब जसवंत सिंह भारत के नए विदेश मंत्री नियुक्त हुए तो चीनी विदेश मंत्री तांग जियाहुआं ने उन्हें एक बधाई संदेश भेजा। जसवंत सिंह ने कहा कि चीन को लगातार विचार-विमर्श से गाँठ को खोलने में भारत की मदद करनी चाहिए।[87] अत: कम से कम साल के अंत में दोनों पक्षों ने संलग्नता की नीति को शुरू करने में अपनी इच्छा जताई।

यहाँ पर यह उल्लेख किया जा सकता है कि चीन-भारत मैत्री के संक्षिप्त भंग के बावजूद सन् 1998 में द्विपक्षीय व्यापार में लगातार प्रगति देखी गई। 1998 तक द्विपक्षीय व्यापार 1.92 बिलियन डालर तक पहुँच गया। यद्यपि व्यापार संतुलन 110.89 मिलियन अमेरिकी डालर के साथ चीन के पक्ष में था।[88] इसके अतिरिक्त चीन का एक सबसे बड़ा कारपोरेशन, चाइना नेशनल केमिकल्स इम्पोर्ट एंड एक्सपोर्ट कारपोरेशन ने भारत के साथ अपने व्यवसाय का विस्तार करने का निर्णय लिया।[89] संक्षेप में तनावपूर्ण संबंधों के बावजूद वृद्धिशील आर्थिक सहयोग की संभावना मौजूद थी। लेकिन कुल मिलाकर यह बात थी कि व्यापार ही केवल संपूर्ण शांत वातावरण को बढ़ा सकता है, जो सन् 1998 में निश्चित रूप से गायब था। 1998 के नकारात्मक परिवर्तन ने इसे कम कर दिया जिससे द्विपक्षीय संबंध ठंडे हो गए। अत: सन् 1998 में चीन-भारत मैत्री में संक्षिप्त व्यवधान आ गया।

संदर्भ

1. सी उदय भास्कर में उद्धृत, रोल ऑफ चाइना इन द इमर्जिंग वर्ल्ड आर्डर, स्ट्रैटेजिक एनेलिसिस, 16,1 अप्रैल 1993, पृ0 5।
2. इस वाक्यांश का सामान्य आशय यह है कि कुछ सैन्य दबावों में कोई व्यक्ति शत्रु की फौजों को मनोवैज्ञानिक तरीके से विघटित करने और उन्हें वश में करने के लिए राजनीतिक और कूटनीतिक आक्रमण करता है, पूरे विवरण के लिए देखें, तिजुन झांग, चाइनीज स्ट्रैटेजिक कल्चर: ट्रैडिशनल एंड प्रजेंट फीचर्स, कम्परेटिव स्ट्रैटेजी, 21, 2, 2002, पृ0 73-90।
3. 14वीं पार्टी कांग्रेस के लिए जियांग जामिन की रिपोर्ट देखें, बीजिंग रिव्यू, अंक 35, नं0 43, 26 अक्टूबर, पृ0 26
4. पूरे विवरण के लिए देखें, डेविड शंबाग, द इन सिक्योरिटी ऑफ सिक्योरिटी: द पीएलए इवाल्विंग- डाक्टराइन एंड थ्रेट परसेप्शंस टूवर्ड्स 2000, जर्नल ऑफ नार्थईस्ट एशियन स्टडीज, अंक 8, नं0 1 स्प्रिंग 1994, पृ0 3-25। यान गुएटांग, सिक्योरिटी स्ट्रैटेजीज चेंज विद द टाइम्स, चाइना डेली, 28 अक्टूबर, 1996।

5. लियु गोंग्जी एवं लुओ हैक्सी, गुओफांग लिलुन (थ्योरी ऑफ नेशनल डिफेंस), एनडीयू पब्लिकेशंस, बीजिंग, 1996, पृ0 94।
6. पूरे विवरण के लिए देखें, डेविड शंबाग, कंटेनमेंट आर एनगेजमेंट ऑफ चाइना? कैलकुलेटिंग बीजिंग्स रेसपांसेस, इंटरनेशनल सिक्योरिटी, अंक 21, नं0 2, फाल 1996, पृ0 180-209। शंबाग, ग्रोइंग स्ट्रांगः चाइनाज चैलेंज टू एशियन सिक्योरिटी, सर्वाइवल, 36, 2, समर 1994, पृ0 43-59। रॉस एच0 मुनरो। द एशियन-इंटीरियरः चाइनाज वैक्सिंग स्फेयर ऑफ इन्फ्लुएंस, आर्बिस, 38, 4, फाल 1994, पृ0 585-605।
7. स्ट्रैटेजिक असेसमेंट 1997: "लैशप्वाइंट एंड फोर्स स्ट्रक्चर, नेशनल डिफेंस यूनिवर्सिटी, वाशिंगटन", 1997, पृ0 45।
8. सुजीत दत्ता, "चाइनाज इमर्जिंग पावर एंड मिलिट्री रोलः इंप्लीकेशंस फार साउथ एशिया" इन जोनाथन डी। पोलक एवं रिचर्ड एच0 यांग, इन चाइनाज शैडोः रीजनल पर्सपेक्टिव्स आन चाइनीज फारेन पॉलिसी एंड मिलिट्री डेवलपमेंट, नेशनल सिक्योरिटी रिसर्च डिवीजन, रैंड, 1998, पृ0 94।
9. अलस्टैर लैन जान्सटन, कल्चरल रीलिज्मः स्ट्रैटेजिक कल्चर एंड ग्रैंड स्ट्रैटेजी इन चाइनीज हिस्ट्री, प्रिसंटन यूनिवर्सिटी प्रेस, न्यू जर्सी, 1995, पृ0 249।
10. एक विश्लेषक ने दक्षिण-पूर्व, दक्षिण और केंद्रीय एशिया में चीनी नेतृत्व के प्रकटीकरण का वर्णन किया। पूरे विवरण के लिए रॉस एच0 मुनरो को देखें, ए एशियन इंटीरियरः चाइनाज वैक्सिंग स्फेयर ऑफ इन्फ्लुएंस, आर्बिस, 38, 4, फाल 1994, पृ0 586-605।
11. बीजिंग रिव्यू में उद्धृत, फरवरी 4, पृ0 11।
12. रेन जिन, 'चाइना थ्रेट' थ्योरी अनटेनेबल, बीजिंग रिव्यू, 4 फरवरी, पृ0 10-11।
13. पूर्वोक्त, पृ0 11।
14. देखें नं0 8, पृ0 93।
15. ए0जे0 चंडी में उद्धृत, "इंडिया, चाइना एंड पाकिस्तान", इन कांति वाजपेयी और अमिताभ मट्टू, द पीकॉक एंड द ड्रैगनः इंडिया-चाइना रिलेशंस इन द 21स्ट सेंचुरी, हर आनंद पब्लिकेशंस, नई दिल्ली, 2000, पृ0 301।
16. जॉन डब्ल्यू. ग्रेवर, प्रोट्रैक्टेड कान्टेस्टः साइनो-इंडियन रिवालरी इन द ट्वंटिएथ सेंचुरी, आक्सफोर्ड यूनिवर्सिटी प्रेस, नई दिल्ली, पृ0 242।
17. सुरजीत मान सिंह, ऐन इंटरव्यू ऑफ इंडिया-चाइना रिलेशंस, इंडियन डिफेंस रिव्यू, अप्रैल 1993, पृ0 75।
18. केशव मिश्रा में उद्धृत, साइनो-इंडियन रिलेशंस इन द पोस्ट-कोल्ड वार एरा, इंडियन जर्नल ऑफ पॉलिटिक्स, 35, 1-2, 2001, पृ0 68।
19. जे0 मोहन मलिक में उद्धृत, "बर्माज रोल इन रीजनल-सिक्योरिटी- पान आर पाइवट?" इन रॉबर्ट आई0 रॉटबर्ग, बर्मा प्रासपेक्ट्स फार अ डेमोक्रेटिक "यूचर, ब्रुकिंग्स इंस्टीट्यूशनल प्रेस, वाशिंगटन, 1998, पृ0 113।
20. कर्नल गुरमीत कंवल, चाइनाज स्ट्रैटेजिक- एनसर्कलमेंट ऑफ इंडिया, इंडियन डिफेंस रिव्यू, अंक 15, 3, जुलाई 2000, पृ0 13।
21. सुजीत दत्ता, "इंडिया एंड द इमर्जिंग ग्लोबल आर्डर इन जसजीत सिंह, एशियन सिक्योरिटी इन द 21स्ट सेंचुरी, इंस्टीट्यूट फार डिफेंस स्टडीज एंड एनेलिसेस, नई दिल्ली, 1999, पृ0 51।"

22. जे0 मोहन मलिक, इंडिया गोज न्यूक्लियर: रेशनल, बेनेफिट्स, कास्ट्स एंड इंप्लीकेशंस, कंटेम्पोरेरी साउथ ईस्ट एशिया, अंक 20, 2, अगस्त 1998, पृ0 193।
23. जॉन डब्ल्यू0 गर्वर, द रिस्टोरेशन ऑफ साइनो-इंडियन कमिटी फालोइंग इंडियाज न्यूक्लियर टेस्ट्स, चाइना क्वाटरली, नं0 168, दिसंबर 2001, पृ0 866।
24. फ्रंटलाइन, मई 22, 1998, पृ0 30।
25. टाइम्स ऑफ इंडिया, अप्रैल 28, 1998।
26. हिंदू, अप्रैल 28, 1998।
27. देखें नं0 25।
28. "चाइना इज थ्रेट नंबर वन।" टाइम्स ऑफ इंडिया, मई 4, 1998।
29. पूर्वोक्त, जॉन बर्नस भी देखें, "इंडियाज न्यू डिफेंस चीफ सीज चाइनीज मिलिट्री थ्रेट," न्यूयार्क टाइम्स, मई 5, 1998, ए0 6।
30. विवरण के लिए देखें, फारेन मिनिस्ट्री न्यूज ब्रीफिंग्स, बीजिंग रिव्यू, मई 25, 1998, पृ0 7।
31. टाइम्स ऑफ इंडिया, मई 7, 1998।
32. पूर्वोक्त।
33. विवरण के लिए देखें, इंडिया टूडे, मई 18, 1998, पृ0 24।
34. रक्षा मंत्रालय, भारत सरकार, वार्षिक रिपोर्ट, 1993-94, पृ0 2-3।
35. रक्षा मंत्रालय, भारत सरकार, वार्षिक रिपोर्ट, 1996-97, पृ0 2।
36. पूर्वोक्त, पृ0 6।
37. देखें नं0 16, पृ0 388।
38. सी0वी0 रंगनाथन एवं विनोद सी0 खन्ना, इंडिया एंड चाइना: द वे अहेड आफ्टर "माओज इंडिया वार", हर आनंद पब्लिकेशंस, नई दिल्ली, 2000, पृ0 149।
39. के0 संथनम, निदेशक, 1 डीएसए और 1998 के परमाणु परीक्षण के परियोजना समन्वयक, "सम मेजर चेंजेज इन सदर्न एशिया एंड देयर लाइकली इम्पैक्ट आन इंडियाज "यूचर फारेन पॉलिसी" इन अ प्रजेंटेशन कलेक्शन फार कान्फ्रेंस आन इंडिया इन 21स्ट संचुरी: एक्सटर्नल रिलेशंस, एसआईआईएस पब्लिकेशन, शंघाई, 2002, पृ0 6।
40. देखें नं0 22, पृ0 193। सुजीत दत्ता को भी देखें, इंडियाज इवाल्विंग रिलेशंस विद चाइना, स्ट्रैटेजिक एनेलिसिस, जुलाई 1995, पृ0 483।
41. राष्ट्रपति बिल क्लिंटन को भेजे गए पत्र का लेख देखें, न्यूयार्क टाइम्स, 13 मई, 1998, पृ0 ए-12।
42. देखें नं0 23, पृ0 868।
43. सिन्हुआ, 13 मई 1998, फारेन ब्राडकास्टिंग इन्फारमेशन सर्विस, डेली रिपोर्ट, चाइना (यहाँ इसके बाद एफबीआईएस-सीएचआई) में उद्धृत, नं0 98-133।
44. ली वेन्यून द्वारा पीपुल्स डेली रिपोर्ट, 12 मई 1998, चाइना रिपोर्ट में उद्धृत, 35, 2, 1999, पृ0 218।
45. देखें नं0 23, पृ0 867।
46. चाइनाज स्टेटमेंट आन इंडियाज न्यूक्लियर टेस्ट्स, इन बीजिंग रिव्यू, जून 1, 1998, पृ0 7।
47. लिबरेशन आर्मी डेली रिपोर्ट, 14 मई 1998, चाइना रिपोर्ट में उद्धृत, 35, 2, 1999, पृ0 220।
48. जियांग जिन जेन द्वारा चाइना डेली रिपोर्ट, 16 मई 1998, चाइना रिपोर्ट में उद्धृत, 35, 2, 1999, पृ0 220।

49. देखें नं0 38, पृ0 149।
50. नं0 18 में उद्धृत, पृ0 70।
51. पूर्वोक्त।
52. चीनी विदेश मंत्रालय के प्रवक्ता द्वारा बयान, 21 मई 1998, चाइना रिपोर्ट में उद्धृत, 35, 2, 1999, पृ0 221।
53. देखें नं0 38, पृ0 152।
54. देखें नं0 23, पृ0 869-70।
55. यूएन डाक्युमेंट एस/आरईएस/1172, 6 जून 1998, देखें www.un.org/docs/scres/1998/sres1172.htm।
56. विवरण के लिए देखें, जुओ युन्हआ, चाइनीज पर्सपेक्टिव्स आन द साउथ एशियन न्यूक्लियर टेस्ट्स, वर्किंग पेपर, स्टैनफोर्ड यूनिवर्सिटी प्रेस, स्टैनफोर्ड, 1999।
57. देखें नं0 23, पृ0 871।
58. सिन्हुआ में उद्धृत, 3 जून 1998, एफबीआईसी-सीएचआई-98-154।
59. देखें नं0 38, पृ0 153।
60. देखें नं0 23, पृ0 874।
61. हिंदू, जून 15, 1998।
62. नं0 23 में उद्धृत, पृ0 873।
63. पूर्वोक्त, पृ0 873-74।
64. जिया लिपिंग में उद्धृत, "चाइना-इंडियन सिक्योरिटी रिलेशनशिप: रिट्रोस्पेक्ट्स एंड प्रास्पेक्ट्स" 21वीं शताब्दी में भारत पर सम्मेलन के लिए प्रस्तुतिकरण एकत्रीकरण: एक्सटर्नल रिलेशंस, एसआईआईएस पब्लिकेशन, शंघाई, 2002, पृ0 108।
65. फारेन मिनिस्ट्री न्यूज ब्रीफिंग्स, इन बीजिंग रिव्यू, जून 29, 1998, पृ0 22।
66. देखें नं0 23, पृ0 872।
67. वेन वी पो इंटरव्यू ऑफ सन शिहाई, 26 मई 1998, चाइना रिपोर्ट में उद्धृत, 35, 2, 1999, पृ0 221-23।
68. मा जियाली, 'इंडियाज इलेवेटिंग स्ट्रैटेजिक पोजिशन', हेल्पिंग यू फझान (पीस एंड डेवलपमेंट), नं0 4, 2000, पृ0 20-23, फैसल ओ-अल-रेफोह में उद्धृत, "साइनो-इंडियन रिलेशंस: फ्राम कन्फ्रंटेशन टू एकोमोडेशन (1988-2001)" इन चाइना रिपोर्ट 39, 1, 2003, पृ0 30।
69. लिबरेशन आर्मी डेली इंटरव्यू ऑफ चेंग रूशेंग, 27 मई 1998, चाइना रिपोर्ट में उद्धृत, 35, 2, 1999, पृ0 223-24।
70. वैंग होंगवेई, "तान्वेंग, दुईहुआ, शी यी जेंग जिन" (फ्रैंक डायलाग, डिसपेलिंग डाउट्स, इन्क्रीजिंग ट्रस्ट), नन्या यांजीउ (साउथ एशिया रिसर्च), नं0 1, 1999, पृ0 14-17, नं0 23 में उद्धृत, पृ0 869।
71. "साइनो-यू0एस0 प्रेसिडेन्शियल ज्वाइंट स्टेटमेंट आन साउथ एशिया," 27 जून 1998, इन बीजिंग रिव्यू, जुलाई 20, 1998, पृ0 17।
72. "इंडिया ब्लास्ट्स चाइना-यूएस समिट काल आन साउथ एशिया", रूटर्स, 28 जून 1998, देखें www.R11998063001623.html
73. राज चेंगप्पा और मनोज जोश्शी, "हाकिश्ता इंडिया" इंडिया टूडे, 1 जून 1998, पृ0 10।
74.

75.
76. श्रीकांत कोंडापल्ली, "इंडिया-चाइना बार्डर पर्सपेक्टिव्स" देखें नं0 64, पृ0 146-47।
77. चाइनीज अंबेसडर झोउ-गैंगस ज्वाइंट इंटरव्यू टू फोर इंडियन न्यूज पेपर्स के लेख को देखें, 17 जुलाई 1998 चाइना रिपोर्ट में उद्धृत, 35, 2, 1999, पृ0 230-33।
78. देखें नं0 23, पृ0 871।
79. पूर्वोक्त में उद्धृत।
80. डब्ल्यू0पी0एस0 सिधू एवं जिंग-डोंग युआन में उद्धृत, "रिजाल्विंग द साइनो-इंडियन बार्डर डिस्प्यूट" इन एशियन सर्वे, 40, 2, मार्च/ अप्रैल 2001, पृ0 358।
81. अल्का आचार्या, "इंडिया-चाइना रिलेशंसः ऐन ओवरव्यू इन कांती वाजपेयी एंड अमिताभ मट्टू, द पीकॉक एंड द ड्रैगनः इंडिया-चाइना रिलेशंस इन द 21स्ट सेंचुरी, हर आनंद पब्लिकेशंस, नई दिल्ली, 2000, पृ0 194।"
82. पूर्वोक्त में उद्धृत, पृ0 193।
83. देखें नं0 23 में उद्धृत, पृ0 879।
84. देखें नं0 81 में उद्धृत, पृ0 1973।
85. इकोनॉमिक टाइम्स में उद्धृत, 29 अक्टूबर, 1998।
86. देखें नं0 23, पृ0 880।
87. पूर्वोक्त।
88. विवरण के लिए देखें, इंडिया-चाइना ट्रेड इन 1998। चेंघई-इंडिया बिजनेस, शंघाई, 3, 4, अप्रैल 1999, पृ0 8।
89. देखें, चाइनाज नं0 1 फर्म टू ओपेन शॉप इन इंडिया, इकोनॉमिक टाइम्स, 3 अक्टूबर, 1998।

11

उपसंहार

जैसा कि पूर्ववर्ती अध्यायों से देखा जा सकता है भारत-चीन संबंध जो आवश्यक रूप से द्विपक्षीय प्रकृति का है, बहुत हद तक क्षेत्रीय कारकों के जटिल परस्पर क्रिया तथा वैश्विक राजनीति की गतिशीलता द्वारा संचालित है।

सन् 1962 के संघर्ष के बाद भारत-चीन संबंध शत्रुतापूर्ण सहअस्तित्व की अवस्था में ठंडा पड़ गया था। 1963 से 1975 की अवधि को भारत और चीन के बीच गतिरोध की अवधि के रूप में कहा जा सकता है। सीमाएँ स्थिरता और शांति से दूर थीं। भारतीय प्रधानमंत्री श्रीमती इंदिरा गांधी ने लचीलापन अपनाया और बिना किसी पूर्वशर्त के चीन के साथ बातचीत करने की अपनी इच्छा जताई। भारत की पहल की प्रतिक्रिया में 1 मई, 1970 को बीजिंग में मई दिवस परेड के दौरान चेयरमैन माओ ने भारतीय उपराजदूत से हाथ मिलाया और भारत के साथ चीन के संबंधों को सामान्य करने के संकेत दिए। लेकिन आशावादी संकेत बांग्लादेश के संकट के समय और बाद में सिक्किम में राजनीतिक संकट के समय उभरे। यह 1976 का समय था जब भारत द्वारा सामान्यीकरण का पहला कदम उठाया गया। भारत ने श्री के0आर0 नारायणन को चीन में भारत के राजदूत के रूप में नियुक्त किया तथा चीन ने इसकी त्वरित प्रतिक्रिया की।

भारत में जनता पार्टी का शासन स्थापित होने पर नए विदेश मंत्री श्री अटल बिहारी वाजपेयी ने सन् 1979 में चीन की यात्रा की। उन्होंने द्विपक्षीय संबंधों के सामान्यीकरण की पूर्ण प्राप्ति के लिए सीमा की समस्या को मुख्य बाधक के रूप में पहचान की। चीन के उत्तर पूर्व में विद्रोह को समर्थन देना बंद करने के आश्वासन और भारतीय तीर्थयात्रियों के लिए कैलाश और मानसरोवर के पवित्र स्थानों को फिर से खोलने का निर्णय द्विपक्षीय संबंधों के सुधार में पहला कदम था।

सन् 1980 की शुरूआत में श्रीमती गांधी सत्ता में वापस आई और सबसे उच्च राजनीतिक स्तर पर सीधा संपर्क शुरू हुआ। मई 1980 में दोनों देशों के प्रधानमंत्री बेलग्रेड में मिले तथा द्विपक्षीय संबंधों में सुधार की प्रक्रिया को जारी रखने का निर्णय लिया। ज्यादा ठोस बातचीत जून 1981 में हुई जब चीनी विदेश मंत्री हुआंग हुआ भारत की यात्रा पर आए और भारतीय नेताओं के साथ व्यापक बातचीत की। दोनों पक्षों ने द्विपक्षीय समस्याओं तथा मामलों पर आधिकारिक स्तर की बातचीत आयोजित करने का निर्णय लिया। बर्फ तो पिघल गई लेकिन मैत्री का रास्ता लंबा तथा पेचीदा था।

नए भारतीय प्रधानमंत्री श्री राजीव गांधी ने चीन के साथ संबंध सुधारने में गहरी रुचि दिखाई। अपने चीनी समकक्ष झाओ जियांग के साथ न्यूयार्क में पहली मुलाकात में दोनों इस बात से सहमत हुए कि सीमा समस्या का समाधान ढूँढ़ने के लिए प्रयास करना तथा दोनों देशों के बीच दोस्ती बढ़ानी जरूरी है। यद्यपि 1986 और 1987 में चीन-भारत पर अरुणाचल प्रदेश में समदोरांग चू घाटी में चीनी घुसपैठ के कारण तनाव का माहौल रहा। चीन ने अरुणाचल प्रदेश के केंद्र शासित प्रदेश को राज्य का दर्जा प्रदान करने के भारत के निर्णय के खिलाफ विरोध भी दर्ज किया। यद्यपि दोनों पक्षों ने द्विपक्षीय संबंधों को बिगड़ने नहीं दिया। 1987 के अंत तक आठवें दौर की आधिकारिक स्तरीय बातचीत में थोड़ी प्रगति हुई और प्रत्येक पक्ष ने अपने राष्ट्र की स्थिति को दोहराया।

भारतीय प्रधानमंत्री राजीव गांधी ने दिसंबर 1988 में चीन की यात्रा करने का ठोस निर्णय लिया। राजीव गांधी की चीन की ऐतिहासिक यात्रा भारत-चीन मैत्री की प्रगति में आगे का कदम थी। उनकी यात्रा के दौरान सीमा और आर्थिक संबंधों पर दो संयुक्त कार्यकारी समूह गठित किए गए। इसके अतिरिक्त दोनों पक्षों ने विज्ञान और तकनीकी, नागर विमानन और सांस्कृतिक आदान-प्रदान के क्षेत्र में अंतरसरकारी सहयोग पर तीन समझौते किए। द्विपक्षीय स्तर पर उच्च स्तरीय संपर्क द्वारा पहल को उत्पन्न करने के दृष्टिकोण से चीनी उपप्रधानमंत्री वू जुएकियान अक्टूबर 1989 में नई दिल्ली आए और बाद में मार्च 1990 में चीनी विदेश मंत्री कियान किचेन ने भारत की यात्रा की।

1990 की शुरूआत में अंतर्राष्ट्रीय परिदृश्य में तीव्र बदलाव के संयुक्त प्रभाव से क्षेत्रीय राजनीति और घरेलू अनिवार्यता ने भारत और चीन को मैत्री के दृढ़ और घनिष्ठ रास्ता अपनाने के लिए मजबूर किया। चीनी प्रधानमंत्री ली पेंग ने दिसंबर 1991 में भारत की आधिकारिक यात्रा की तथा दोनों पक्षों ने तीन समझौतों अर्थात सीमा व्यापार को पुनः शुरू करना, मुम्बई तथा शंघाई में वाणिज्य दूतावास फिर से खोलना और बाह्य अंतरिक्ष विज्ञान और तकनीकी के शांतिपूर्ण प्रयोग में सहयोग

करने पर हस्ताक्षर किए। शिखर सम्मेलन स्तरीय बातचीत के परिणामस्वरूप भारत–चीन संबंध में हर तरफ सुधार दर्ज हुआ। सीमा मामले पर दोनों पक्ष वास्तविक नियंत्रण रेखा पर शांति बनाए रखने के लिए सहमत हुए। अब दोनों पक्ष इस संवेदनशील तथा जटिल मामले को सुलझाने के लिए चरणबद्ध दृष्टिकोण का अनुसरण कर रहे थे। भारत और चीन आर्थिक, विज्ञान और तकनीकी तथा सांस्कृतिक क्षेत्रों में सहयोग करने के लिए आगे आए। इन सभी परिवर्तनों के परिणामस्वरूप भारत–चीन मैत्री की प्रक्रिया नब्बे की शुरूआत में दृढ़तापूर्वक स्थिर रही। अत: दोनों देशों के बीच उच्च स्तरीय राजनीतिक संपर्क के परिणामस्वरूप समझ में बढ़ोत्तरी हुई जो द्विपक्षीय संबंध में महत्त्वपूर्ण कदम था।

दक्षिण एशियाई आयाम भारत–चीन बातचीत में महत्त्वपूर्ण कारक साबित हुआ। भारत और चीन का दक्षिण एशिया के प्रति परस्पर विरोधी धारणा ने तनाव उत्पन्न किया तथा द्विपक्षीय संबंध को बिगाड़ दिया। चीन ने भौगोलिक समीपता, ऐतिहासिक जुड़ाव और भारत, नेपाल और भूटान में मंगोल समूह के लोगों के साथ आम आनुवंशिकता के कारण स्वयं को दक्षिण एशियाई क्षेत्र का हिस्सा माना। परिणामस्वरूप चीन ने दक्षिण एशिया के अंतरक्षेत्रीय मामलों में शामिल होना स्वाभाविक समझा। इसके अतिरिक्त, चीन का इस क्षेत्र में रुचि अपनी सुरक्षा स्थिति तथा क्षेत्रीय और वैश्विक भूमिकाओं की समझ से भी उत्पन्न हुई थी।

दूसरी तरफ भारत की इस क्षेत्र में अपनी भूमिका और हैसियत का बोध था। इसने चीन को दक्षिण एशिया में घुसपैठ शक्ति के रूप में माना तथा यह विश्वास दिलाया कि आर्थिक अनिवार्यता द्वारा प्रबलित भूगोल, संस्कृति और जातीयता का तथ्य दक्षिण एशियाई क्षेत्रों को चीन की अपेक्षा भारत के ज्यादा घनिष्ठ बनाता है। इस प्रकार भारत ने चीन के दक्षिण एशियाई पड़ोसियों के साथ घनिष्ठ संबंध बनाने के प्रयास को शत्रुतापूर्ण कृत्य के रूप में देखा।

चीनी दक्षिण एशियाई नीति में कुछ महत्त्वपूर्ण प्रवृत्ति का यहाँ पर उल्लेख किया जा रहा है। पहले यह बड़े पैमाने पर भारत केंद्रित था। दूसरे चीनी दक्षिण एशियाई नीति हस्तक्षेप करने वाली थी और किसी भी वैचारिक प्रबलता से रहित थी। अंत में इस क्षेत्र के प्रति चीनी नीति का वैश्विक संदर्भ था। चीन की क्षेत्रीय नीति अमेरिका के साथ संबंध के रूप में सोवियत खतरे के साथ इसकी दीर्घकालीन पूर्वव्यस्तता का कृत्य थी।

1963 के बाद चीन की क्षेत्रीय रणनीति भारत को नियंत्रित करने के व्यापक प्रयासों द्वारा चित्रित थी। पहले भारत के सबसे महत्त्वपूर्ण क्षेत्रीय विरोध से चीन ने पाकिस्तान के साथ अत्यंत घनिष्ठ संबंध स्थापित कर लिया। सन् 1963 में पाकिस्तान

और चीन ने उस क्षेत्र पर सीमा समझौते पर हस्ताक्षर किए जो कश्मीर में पाकिस्तान द्वारा अवैध तरीके से कब्जा किया गया था। सन् 1965 के भारत-पाक युद्ध के दौरान चीन ने शत्रुतापूर्ण रवैया अपनाया तथा सेना से भारत को धमकाया। सन् 1971 के भारत-पाक युद्ध के दौरान चीन ने पाकिस्तान की मदद की और बांग्लादेश मामले पर भारत विरोधी प्रचार में शामिल रहा। चीन ने बांग्लादेश को मान्यता नहीं दी तथा जब तक शेख मुजिबुर रहमान की मृत्यु नहीं हो गई तब तक संयुक्त राष्ट्र में उसके प्रवेश पर वीटो किया। दूसरे चीन ने विदेशी सहायता देकर, रणनीतिक रूप से सड़क निर्माण में संलग्न रहते हुए तथा नेपाल कांग्रेस के अपने सत्ता संघर्ष में राजतंत्र को राजनीतिक मदद देते हुए हिमालय क्षेत्र में सक्रिय भूमिका निभाई। अंत में पाकिस्तान को सैन्य हार्डवेयर और युद्ध सामग्री की आपूर्ति करते हुए चीन ने इस क्षेत्र में हथियारों की होड़ करने में मदद की। चीन ने भारत के नेपाल और भूटान के साथ विशेष संबंध पर भी प्रश्नचिह्न खड़ा किया। भारत ने दक्षिण एशिया में चीन की भूमिका को शत्रुतापूर्ण माना जो भारत के सुरक्षा हितों को नष्ट करने का कृत्य था।

यद्यपि मध्य 1980 तक चीनी दक्षिण एशिया नीति रहस्यपूर्ण लेकिन महत्त्वपूर्ण बदलाव के रूप में परिगणित होती थी। अब, चीनी नेताओं ने भारत की भूमिका को अग्रणी दक्षिण एशियाई शक्ति के रूप में संबोधित करना शुरू कर दिया तथा यह महसूस किया कि भारत को कमजोर करने के बजाए चीनी शत्रुता ने भारत को बड़ी पारंपरिक सैन्य शक्ति में परिवर्तित होने में मदद की है। इसके अतिरिक्त चीनी नेता अनावश्यक रूप से प्रतिबंधात्मक विकल्पों के बिना तथा एक पक्ष या दूसरे पक्ष से पहचान होने के बजाए अंतर्राष्ट्रीय संबंधों की अस्पष्ट जटिलताओं को प्रबंधित करना सीख रहे थे। इस संदर्भ में यद्यपि चीनी नेताओं ने जोर दिया कि भारत-चीन संबंध ों का नियमित सुधार दक्षिण एशिया में चीन के मौजूदा संबंध के व्यय पर नहीं होगा।

चीन-पाक संबंध घरेलू शासन में कई बदलावों तथा विभिन्न अंतर्राष्ट्रीय परिस्थितियों के बीच बना रहा तथा फला-फूला। राजनीतिक, सैन्य और आर्थिक स्थापना के बीच सभी उच्चस्तरीय घनिष्ठ संबंध बनाए रखे गए। अफगानिस्तान में सोवियत संघ के सैन्य हस्तक्षेप ने इस संबंध को मजबूत बनाया। अस्सी में दक्षिण एशिया का रणनीतिक समीकरण धीरे-धीरे बदल गया। 1989 तक सोवियत ने अफगानिस्तान से अपनी सेना को वापस बुला लिया और चीन के साथ अपने संबंध सामान्य कर लिए। चीन ने अपनी तरफ से भारत और पाकिस्तान के साथ अपने संबंधों में कुछ प्रकार का संतुलन बनाए रखा। चीन ने दोनों पक्षों से अपने सभी बकाया मामलों जिसमें कश्मीर शामिल है, को शांतिपूर्ण ढंग से सुलझाने का अनुरोध किया।

हालांकि चीन-पाक संबंध का सैन्य आयाम विशेष रूप से मिसाइल और परमाणु हथियार तकनीकी की बिक्री का भारत से सीधा संबंध था। भारत हमेशा चीन-पाक समझौते तथा इसका दक्षिण एशिया में भारत की भूमिका पर असर से चिंतित रहा।

चीन ने भारत के विशाल गुरुत्वीय खिंचाव को आंशिक रूप से संतुलित करने के लिए नेपाल और अन्य दक्षिण एशियाई राष्ट्रों के साथ भी घनिष्ठ संबंध बनाने का प्रयास किया। चीन ने भारत को शामिल करते हुए क्षेत्रीय विवादों के बारे में अत्यंत मुखर स्वर से बोलना शुरू कर दिया। सत्तर में चीन ने नेपाल के शांति क्षेत्र के प्रस्ताव का समर्थन किया। नेपाल में भारतीय सीमा के समीप परियोजनाओं में चीन की सहभागिता ने भारत के लिए गंभीर चिंता खड़ी कर दी। फरवरी 1976 में बांग्लादेश के साथ संबंध विकसित करने के लिए चीन ने फरक्का बांध तथा गंगा के पानी को साझा करने के संबंध में भारत की शासकीय कार्यवाही की निंदा की। भारत से कथित खतरा बांग्लादेश और चीन के बीच संबंध के अभिसरण में मुख्य कारक बन गया। भूटान के साथ चीन की रणनीति उस पर दबाव डालते हुए तवांग के उत्तर पश्चिमी विवादित क्षेत्र पर सीधा समझौता करने की थी। इसी प्रकार श्रीलंका के साथ विकसित होते घनिष्ठ द्विपक्षीय संबंध चीन की दक्षिण एशियाई नीति का एक महत्त्वपूर्ण तत्त्व था। चीन-श्रीलंका का घनिष्ठ संबंध श्रीलंका के भू-रणनीतिक स्थिति को समझते हुए एक रणनीतिक आयाम था।

यद्यपि अस्सी में चीन भारत के विरोध में खड़े होने के लिए नेपाल और अन्य दक्षिण एशियाई राष्ट्रों को लगातार प्रोत्साहित करने से दूर हो गया और इस क्षेत्र में सभी देशों के बीच शांतिपूर्ण संबंध विकसित करने पर जोर देने लगा। इसका एक ठोस उदाहरण 1989 में भारत के साथ नेपाल के व्यापार और परिवहन संधि का मामला गहरा रहा था। नेपाल ने चीन द्वारा बीचबचाव करने की आशा व्यक्त की। लेकिन चीन ने इस मामले में नेपाल नेतृत्व को अपनी मदद प्रदान करने की असमर्थता स्पष्ट करते हुए तथा उसे भारत के साथ अपनी समस्याओं का उपयुक्त समाधान निकालने की राय देते हुए अपनी स्थिति को सँभाला। यद्यपि भारत चीन से हथियार खरीदने की नेपाल की पहल से व्यथित था।

इसी प्रकार चीन जिसने फरक्का मामले पर बांग्लादेश के गतिरोध का समर्थन किया था उसने बाद में बांग्लादेश को इस मामले को सौहार्दपूर्ण ढंग से सुलझाने तथा भारत विरोधी अभियान को कम करने की सलाह दी। श्रीलंका की आंतरिक राजनीति के संबंध में चीनी नेतृत्व ने अपनी उदासीन स्थिति बनाए रखा तथा श्रीलंका नेतृत्व को सैन्य अभियान की अपेक्षा जातीय समस्या के लिए राजनीतिक समाधान ढूँढ़ने की सलाह दी। चीन ने सावधानीपूर्वक तमिल मामले पर भारत-श्रीलंका समझौते को रिपोर्ट किया। श्रीलंका में भारत की शांति सैन्य अभियान पर चीन ने चुप्पी साधे रखी।

कुल मिलाकर चीन ने अपनी नीति में भारत विरोधी तीव्रता को कम किया तथा दक्षिण एशिया में कोई भी विवादास्पद स्थिति को भड़काने में कम रुचि लिया। दक्षिण एशियाई क्षेत्रीय सहयोग संघ (सार्क) को चीन से उत्साहजनक प्रतिक्रिया मिली।

यद्यपि भारत को चीन की भूमिका और दक्षिण एशिया में प्रभाव के बारे में चिंता बनी रही। 1963 से 1991 तक दक्षिण एशियाई क्षेत्र में चीनी प्रभुत्व में ठोस प्रगति दिखी। सामान्य रूप से चीन के साथ अन्य दक्षिण एशियाई राष्ट्रों के संबंधों का नेटवर्क बना लेकिन विशेष रूप से पाकिस्तान के साथ रक्षा संबंध की प्रकृति भारत के लिए सुरक्षा उलझाव थी। अतः भारत ने इस क्षेत्र में चीन को घुसपैठ शक्ति के रूप में माना। चीनी राजनीतिक प्रभाव, सैन्य जुड़ाव और हथियारों के हस्तांतरण ने बड़े पैमाने पर भारत-चीन मैत्री की प्रक्रिया में व्यवधान के रूप में कार्य किया। अतः यह निष्कर्ष निकाला जा सकता है कि दक्षिण एशियाई कारक भारत-चीन संबंध में महत्त्वपूर्ण इनपुट था।

अंतर्राष्ट्रीय राजनीतिक व्यवस्था ने भारत और चीन दोनों को प्रभावित किया। भारत-चीन शीत युद्ध वैश्विक शीत युद्ध के संबंध में अमेरिका-सोवियत-चीन त्रिकोणात्मक संबंधों से उलझा था। वास्तव में पचास के दशक में भारत और चीन दोनों साम्राज्य विरोधी और पैन एशियाई भावना के कारण एक दूसरे के समीप आए थे। भारत ने गुटनिरपेक्ष की नीति का अनुसरण किया तथा चीन ने साम्राज्यवादी अमेरिका के खिलाफ रूस के कम्युनिस्ट शिविर को अपनाया। पचास के अंत तक भारत-चीन संबंध में बिगड़ाव आया जिससे चीन-सोवियत संबंधों के बीच कट्टर विरोधी दरार पड़ गई। चीन ने भारत पर उस समय आक्रमण किया जब दोनों महाशक्तियाँ क्यूबा मिसाइल संकट में व्यस्त थे। चीन-भारत युद्ध के दौरान दोनों महाशक्तियों ने भारत की मदद की; अमेरिका ने एशिया में साम्यवाद को नियंत्रित करने के लिए भारत को हथियारों की आपूर्ति की और सोवियत ने चीन की आलोचना की तथा दोनों देशों से सौहार्दपूर्ण ढंग से समस्या सुलझाने का अनुरोध किया। चीन इस तथ्य को स्वीकार नहीं कर सका कि सोवियत संघ ने भारत के खिलाफ साम्यवादी देश का साथ नहीं दिया। सन् 1962 के चीन-भारत संघर्ष के बाद भारत और सोवियत रूस के बीच संबंध बहुत घनिष्ठ हो गए। इसके परिणामस्वरूप चीन ने भारत की गुट निरपेक्ष नीति और सोवियत शिविर में शामिल होने के कारण निंदा करना शुरू कर दिया।

सन् 1969 में चीन-सोवियत सीमा में स्थित उसारी क्षेत्र में सैन्य संघर्ष के बाद चीन ने सोवियत रूस पर दबाव डालने के लिए अमेरिका के साथ अपना संबंध सामान्य करना शुरू कर दिया। चीन ने सोवियत-भारत संबंध को बराबर करने के लिए अमेरिका-पाक-चीन संबंध को प्रभावित करना शुरू किया जो अगस्त 1971 में

शांति और दोस्ती की संधि द्वारा प्रबलित हुआ। इस विविध संबंध का संयुक्त प्रभाव वैश्विक पैटर्न में दक्षिण एशियाई क्षेत्रीय राजनीति का बंद होना था। सन् 1979 में अमेरिका-चीन मैत्री को दो देशों के बीच सामान्य राजनयिक संबंध स्थापित करते हुए समेकित किया गया। अमेरिका भी भारत-चीन मैत्री में रुचि रखता था क्योंकि उसने समझा कि भारत मास्को के ज्यादा नजदीक है।

भारत ने अपनी तरफ से हमेशा चीन बनाम सोवियत रूस से अपने संबंध में निर्णय का स्वतंत्रता का अनुभव किया। एक ठोस उदाहरण 1969 का है, जब भारत ने ब्रेझेनेव की एशियाई सामूहिक सुरक्षा योजना के प्रति अनुकूल रूप से प्रतिक्रिया नहीं की। सोवियत एहतियात के संबंध में चीन से अपने संबंध सामान्य करना जरूरी था। यद्यपि इस बात से इनकार नहीं किया जा सकता कि भारत की चीन के प्रति अपनी नीतियाँ बदलते हुए वैश्विक संबंधों और सोवियत संघ तथा अमेरिका के साथ अपने संबंधों से प्रभावित थीं।

अस्सी से, अमेरिका-सोवियत संघ मैत्री के बाद और चीन और सोवियत संघ के बीच बातचीत शुरू होने से अंतर्राष्ट्रीय राजनीति में जोर राष्ट्रों के बीच सभी बकाया मुद्दों को सुलझाने के लिए बातचीत शुरू करने पर था। भारत और चीन दोनों ने अब एक विश्व व्यवस्था पर जोर दिया जो निष्पक्ष था और जहाँ अंतर्राष्ट्रीय कुलीनतंत्र नहीं था, स्पष्ट रूप से संदर्भ अमेरिका के लिए था। भारत और चीन के शीत युद्ध के बाद नई विश्वव्यवस्था उत्पन्न करने में अमेरिका के एकतरफ के बारे में चिंतित होने के कारण थे। दोनों देशों ने अंतर्राष्ट्रीय आर्थिक मामलों पर अपने विचारों का आदान-प्रदान किया जिसमें विशेष 301, गेट आदि शामिल थे। अत: यह अनिवार्य था कि कई अंतर्राष्ट्रीय मामलों पर भारत और चीन के हितों की समानता थी जो चीन-भारत संबंधों के मूल्यांकन पर सकारात्मक प्रभाव होने के लिए बाध्य थी।

पूर्वकथन से यह स्पष्ट है कि द्विपक्षीय कारकों, क्षेत्रीय अनिवार्यता और वैश्विक राजनीति की गतिशीलता के संयुक्त प्रभाव अध्ययनरत वर्षों के दौरान भारत-चीन संबंध में बड़े इनपुट थे।

पूर्व के अध्यायों से यह तथ्य स्पष्ट है कि भारत-चीन संबंध जो आवश्यक रूप से द्विपक्षीय प्रकृति के थे, क्षेत्रीय कारकों तथा वैश्विक राजनीति की गतिशीलता द्वारा भी प्रतिबंधित थे।

शीत युद्ध के बाद की अवधि में एशिया के दोनों दिग्गज समकालीन परिस्थितियों तथा समकालीन ऐतिहासिक कारकों द्वारा मैत्री का ढांचा तैयार किया गया। चीन-भारत संबंध का सामान्यीकरण 1980 के दशक से तथा दिसंबर 1988 में भारतीय प्रधानमंत्री राजीव गांधी के ऐतिहासिक चीन यात्रा से गतिशील था। उच्च स्तरीय राजनीतिक

बातचीत की निरंतरता ने दोनों राष्ट्रों के बीच बढ़ी समझ को ज्यादा ठोस तरीके से योगदान किया। 1993 और 1996 के भारत-चीन शिखर सम्मेलन स्तरीय बातचीत के परिणामस्वरूप संपूर्ण द्विपक्षीय संबंधों में हर तरफ सुधार दर्ज हुआ।

द्विपक्षीय संबंधों में दूसरा उल्लेखनीय परिवर्तन दोनों राष्ट्रों की सैन्य स्थापनाओं के बीच पारस्परिक बातचीत को बढ़ाने की दृष्टि से उच्च स्तरीय सैन्य आदान-प्रदान की शुरूआत हुई। सीमा मामले पर 1993 और 1996 के समझौते महत्त्वपूर्ण परिवर्तन थे और दोनों राष्ट्र एक तरफ वास्तविक नियंत्रण रेखा पर शांति सुनिश्चित करने के लिए सहमत हुए तथा दूसरी तरफ विश्वास बहाली उपायों के लिए आगे आए। भारत और चीन सीमाओं के दु:साधय तथा विवादास्पद मामले को सुलझाने के लिए चरणबद्ध दृष्टिकोण का अनुसरण कर रहे थे। द्विपक्षीय संबंधों के आधार को विस्तृत करने के लिए दोनों राष्ट्र अर्थव्यवस्था, व्यापार, विज्ञान और तकनीकी आदि के क्षेत्रों में सहयोग करने के लिए आगे आए। द्विपक्षीय संबंधों में ये सभी परिवर्तन सन् 1997 तक चीन-भारत मैत्री के ढांचे को निर्मित करने के लिए एक हुए।

यद्यपि मैत्री का आधार कमजोर प्लेटफार्म पर खड़ा किया गया था कि दोनों पक्षों के बीच अविश्वास था। इसके अतिरिक्त चीन-भारत मैत्री का संपूर्ण ढांचा भारत की सुरक्षा की हानि पर ज्यादा चीन के पक्ष में झुका हुआ था। इसके परिणामस्वरूप भारत ने यह तथ्य दिया कि चीन-भारत संबंध समानता के बीच का संबंध नहीं था। भारत के रणनीतिक क्षेत्र में विचार की जाने वाली दूसरी उल्लेखनीय प्रवृत्ति सीमा समझौतों की धीमी गति थी और विश्वास बहाली उपायों के कार्यान्वयन में प्रगति भी धीमी थी। इन कमियों के बावजूद भारत ने संलग्नता की नीति का अनुसरण करना तथा परिपक्व तरीके से कार्य करना जारी रखा। विकासशील देश होते हुए भारत को अपनी अर्थव्यवस्था के विकास की चिंता थी तथा उसे अपने महत्त्वपूर्ण पड़ोसी चीन के साथ संबंधों को स्थिर रखना था।

वैश्विक, क्षेत्रीय तथा द्विपक्षीय स्तरों पर कई कारकों ने सन् 1998 में चीन-भारत मैत्री में संक्षिप्त भंग की स्थिति उत्पन्न किया। मार्च 1998 में गठित भारतीय जनता पार्टी और इसके सहयोगियों के नेतृत्व वाली भारत की नई सरकार ने राष्ट्रीय सुरक्षा को प्राथमिकता दी। भारत मैत्री के ढांचे को संतुलित करना चाहता था। इस समय वैश्विक रणनीतिक समुदाय चीन के उत्थान की बात कर रहा था और विश्लेषणों में चीनी खतरा सिद्धांत का भी वर्णन किया गया। क्षेत्रीय स्तर पर चीन दोआयामी नीति अर्थात संलग्नता और शक्ति का संतुलन का अनुसरण कर रहा था।

भारत ने मई 1998 में परमाणु परीक्षण किए जो आंशिक रूप से चीन कारक की प्रतिक्रिया थी और चीन ने दृढ़तापूर्वक भारतीय परमाणु परीक्षण का विरोध किया।

चीन भारत पर सुरक्षा परिषद द्वारा कठिन उपाय करने में सबसे आगे था। ऐसा करते हुए चीन एशिया में साथी प्रतिस्पर्द्धी के उत्थान को रोकने के अपने उद्देश्य को पूर्ण कर रहा था। बीजिंग ने वाशिंगटन के साथ संबंध में नई दिल्ली पर दबाव डाला और चीन-अमेरिका संयुक्त बयान इस तथ्य की वाक्पटु गवाही थी। भारतीय परमाणु परीक्षण की चीनी प्रतिक्रिया के सामूहिक प्रभाव ने चीन-भारत मैत्री पर नकारात्मक असर डाला। चीन ने बीजिंग में नवंबर 1998 में आयोजित होने वाली संयुक्त कार्यकारी समूह की बैठक को भी रद्द कर दिया। दूसरी तरफ भारत ने पूरे साल संलग्नता की नीति के साथ जारी रखने की इच्छा जताई। भारत ने द्विपक्षीय तनावों को कम करने के लिए चीन की असंतोष की भावना को शांत करने के लिए लगातार प्रस्ताव और मैत्रीपूर्ण बयान दिया।

धीरे-धीरे सन् 1999 की शुरूआत से दोनों राष्ट्रों ने ज्यादा ठोस और अर्थपूर्ण ढंग से मैत्री की प्रक्रिया को शुरू किया। इस चरण में आधिकारिक स्तर पर ज्यादा परिपक्व भारत ने चीन-भारत संबंध के लिए एक दोस्ताना ढांचा तैयार किया। इसी प्रकार चीन थोड़ा प्रतिक्रियाशील था और अतीत को पीछे छोड़ देना चाहता था। द्विपक्षीय संबंध को उच्च स्तर पर राजनीतिक बातचीत और द्विपक्षीय क्रियाविधि की बैठकों को शुरू करते हुए बहाल किया गया।

भारत ने ज्यादा स्वीकारात्मक नीति का अनुसरण किया तथा बलों के सहसंबंध को अपने पक्ष में करते हुए कुछ हद तक सफल हुआ। सन् 1999 के परिणामस्वरूप चीन वास्तविक नियंत्रण रेखा के नक्शे को स्पष्ट करने तथा पोखरण के बाद भारत के सुरक्षा मामलों को संबोधित करने के लिए सुरक्षा बातचीत शुरू करने के लिए सहमत हुआ।

राजनीतिक स्तर पर सन् 2002 और 2003 के प्रधानमंत्री शिखर सम्मेलन के परिणामस्वरूप, चीन-भारत द्विपक्षीय संबंध में बढ़ोत्तरी देखी गई। राजनीतिक इनपुट ने बड़े पैमाने पर द्विपक्षीय संबंधों की संपूर्ण गुणवत्ता को बढ़ाया। विशेष रूप से प्रधानमंत्री अटल बिहारी वाजपेयी की चीन यात्रा बहुत ही सफल रही और इसने उतना ही प्रभाव डाला जितना सन् 1988 में राजीव गांधी और सन् 1993 में नरसिम्हा राव की यात्रा से पड़ा था। इसी प्रकार रक्षा संबंध तथा उच्च स्तरीय रक्षा आदान-प्रदान की फिर से शुरू होने से पारस्परिक विश्वास और समझ बढ़ाने के लिए सैन्य स्थापना की गई।

विवादित सीमा मामले पर निम्नलिखित सकारात्मक कदम उठाए गए: शांति बनाए रखना, कई विश्वास बहाली उपायों की शुरूआत करना, क्षेत्रों के अनुसार नक्शों का आदान-प्रदान तथा एक दूसरे की स्थिति पर स्पष्टीकरण माँगना। इसके

अतिरिक्त सीमा मामले पर विशेष प्रतिनिधियों को नियुक्त करते हुए सही दिशा में दूसरा कदम उठाया गया। यह प्रतीत होता है कि राजनीतिक दृष्टिकोण को अपनाने से चीन-भारत संबंध में यह दीर्घकालीन समस्या का समाधान निकलेगा। जून 2003 में चीन की तरफ से सीमा पर घुसपैठ की घटना नकारात्मक प्रकरण था।

भारत और चीन दोनों देशों द्वारा चरणबद्ध दृष्टिकोण अपनाने के बावजूद रणनीतिक समुदाय के कुछ भागों में यह छाप मौजूद है कि चीन कुछ अस्पष्ट कारणों से समय सीमा के अंतर्गत सीमा मामले को सुलझाना नहीं चाहता है। फिर भी एक बड़ी तस्वीर में सकारात्मक प्रगति तथा चीन की समस्या समाधान ढंग से सीमा मामले को संबोधित करने की इच्छा दिखाई देती है।

इसी प्रकार, चीन की रणनीतिक संस्कृति, राष्ट्र की संप्रभुता से जुड़ा महत्त्व और रक्षा नीति में प्रादेशिक अखंडता ने चीन के साथ बातचीत में सावधान रहने तथा अच्छी तरह से तैयार रहने के लिए भारत को सतर्क किया। भारत के राजनीतिक नेतृत्व को शासन कला को एकीकृत करना चाहिए, राजनीति तय करनी चाहिए, आर्थिक विकास को अच्छी तरह से राजनयिक संस्कृति में परिवर्तित करना चाहिए तथा चीन के साथ यथार्थ रूप से रणनीतिक सांस्कृतिक समझौता विकसित करना चाहिए और ज्यादा व्यावहारिक ढंग से सीमा मामले को सुलझाना चाहिए। सन् 1998 तक द्विपक्षीय स्तर पर दोनों राष्ट्रों ने आर्थिक और व्यापार संबंध, संस्कृति, पर्यटन और विज्ञान एवं तकनीकी के क्षेत्र में सहयोग किया। अत: द्विपक्षीय संबंध को संपूर्ण संबंध के आधार को विस्तृत करने तथा चीन-भारत मैत्री के ढांचे को मजबूत करने के लिए जाना जाता है। अंतिम विश्लेषण में सन् 2003 में भारत और चीन के बीच संबंधों तथा व्यापक सहयोग के सिद्धांतों की घोषणा को अपनाते हुए चीन-भारत मैत्री को ज्यादा संतुलित तरीके से फिर से शुरूआत माना जाता है। यह देखना है कि यह प्रभावपूर्ण ढंग से मूर्त रूप में कब आएगा।

भारत-चीन बातचीत का क्षेत्रीय आयाम महत्त्वपूर्ण प्रतीत होता है। चीन-भारत संबंधों में भू-राजनीतिक संघर्ष की प्रबलता के बारे में बहस किया जाता है। शीत युद्ध के बाद की अवधि में चीन ने सूक्ष्म रूप से इस क्षेत्र में शक्ति के संतुलन का अनुसरण करना जारी रखा। शीत युद्ध के समाप्त होने, सोवियत रूस का विघटन होने और चीन-भारत संबंधों में सुधार के बावजूद चीन-पाक संबंधों का महत्त्व खत्म नहीं हुआ। चीन-पाक संबंध को सभी मौसम में दोस्ती के रूप में परिभाषित किया गया। यहाँ तक कि शीत युद्ध के बाद की अवधि में भी चीन पाकिस्तान को सभी आधुनिक हथियारों जिसमें पारंपरिक और डब्ल्यूएमडी आदि शामिल हैं, का मुख्य आपूर्तिकर्ता रहा। महत्त्वपूर्ण संयुक्त परियोजनाओं में एमबीटी अल-खालिद, के-8,

एफसी-1 और खादर बंदरगाह थीं। ज्यादा खतरनाक रूप से चीन की पाकिस्तान को मिसाइल और परमाणु तकनीकी के हस्तांतरण की मदद ने दक्षिण एशिया के रणनीतिक संतुलन को अस्थिर कर दिया। 9/11 के बाद तथा उसके बाद वैश्विक राजनीति में बदलाव से चीन-पाक रक्षा सहयोग विशेष और मैत्रीपूर्ण हो गया।

चीन का पाकिस्तान के साथ रक्षा सहयोग जारी रखना भारत के लिए रणनीतिक चिंता का विषय हो गया। चीन-पाक के अत्यंत घनिष्ठ संबंध ने बड़े पैमाने पर भारत के प्रति पाकिस्तान के अहितकर दृष्टिकोण को बढ़ावा मिला, यह तत्त्व भारत-पाक संघर्षपूर्ण संबंध के जारी रहने में महत्त्वपूर्ण कारक बन गया। एक तरफ क्षेत्रीय संदर्भ संपूर्ण चीन-भारत संबंध में प्रतिस्पर्द्धात्मक तत्त्व की उपस्थिति को भी बताता है।

इसी प्रकार, चीन और म्यांमार के बीच उभरते हुए सैन्य संबंध ने भारत के सुरक्षा माहौल को प्रतिकूल रूप से प्रभावित किया। जीवंत लोकतंत्र होते हुए भारत में चीन का भारत के छोटे पड़ोसियों के साथ जुड़ाव के बारे में कई मत थे। चीन ने अन्य दक्षिण एशियाई राष्ट्रों के साथ सैन्य संबंधों को वैध संबंध के रूप में देखा लेकिन भारत के लिए यह इसकी सुरक्षा के लिए खतरा बन गया। इस प्रकार क्षेत्रीय आयाम पर भारत और चीन के बीच मतभेद थे। 9/11 और अमेरिका की एकतरफा कार्यवाही के बाद चीन ने इस क्षेत्र में संपूर्ण स्थिरता तथा शांति पर जोर दिया।

भारत-चीन बातचीत जो बहुआयामी और बहुपरतीय है, एक तरफ वैश्विक स्तर पर राजनीति की प्रकृति को उभारने तथा दूसरी तरफ भारत और चीन की अभिसारी और विभिन्न हितों तथा रणनीतियों दोनों चीजों द्वारा अनुकूलित थी। शीत युद्ध के बाद की अवधि में चीन ने बहुध्रुवीय विश्व व्यवस्था तथा बहुस्तरीय सहयोगी क्रियाविधि पर जोर दिया। चीन कुछ मायनों में एशिया-प्रशांत क्षेत्र में अमेरिका के इरादों से भयभीत था। इसी पृष्ठभूमि में चीन ने अपने दक्षिण पश्चिमी सीमा में प्रबल शक्ति भारत के साथ अपने संबंधों को सुधारने का प्रयास किया। चीन की भारत के साथ अच्छे पड़ोसी संबंध बनाए रखने की नीति अपने आसपास के क्षेत्रों में शांतिपूर्ण माहौल स्थापित करने की उसकी सचेतन रणनीति का अनुसरण थी। द्विध्रुवीय विश्व के पतन द्वारा उत्पन्न अनिश्चितताओं के बाद दोनों राष्ट्रों ने शीत युद्ध के बाद के विश्व में अवसरों और चुनौतियों के एकसमान बोध को साझा किया। भारत ने 1990 की शुरूआत में अपनी अर्थव्यवस्था को विकसित करने के उद्देश्य से उदारीकरण कार्यक्रम को शुरू किया। माहौल, मानव अधिकार और विश्व में स्वायत्तता की खोज जैसे मुद्दों के लिए विचारों का अभिसरण किया गया।

शीत युद्ध की अवधि के बाद भारत के संदर्भ में बड़ी शक्तियों के साथ अपने संबंधों को आकार देने का बदलाव आया। ज्यादा आत्मविश्वासी और परिपक्व भारत

धीरे-धीरे यथार्थवाद की तरफ मुड़ गया और अब ज्यादा आदर्शवाद से मार्गदर्शित नहीं था। भारत ने ज्यादा स्वीकारात्मक तरीके से अमेरिका, रूस आदि के साथ अपने संबंधों को पुनः निर्मित करते हुए अपने राष्ट्रीय हितों को प्रोत्साहित करने की मांग की। अमेरिका ने शीत युद्ध के बाद की अवधि में ढांचे के लिए भारत के भू-रणनीतिक महत्त्व को महसूस किया। भारत-चीन के बढ़ते हुए संबंधों ने चीन के रणनीतिक क्षेत्रों में चिंता उत्पन्न कर दी। वास्तव में वैश्विक राजनीतिक व्यवस्था में विकास के कारण चीन-भारत संबंधों में कुछ मायनों में प्रतिस्पर्द्धी तत्त्व मौजूद थे। अतः निकट भविष्य में भारत और चीन दोनों को बड़ी शक्ति विशेष रूप से अमेरिका के साथ अपने संबंधों को व्यवस्थित करने में सावधानीपूर्वक कदम रखना होगा।

9/11 के बाद दोनों राष्ट्रों ने आतंकवाद के खिलाफ युद्ध में अमेरिका का सहयोग किया। बाद में अमेरिका में बढ़ते हुए एकतरफावाद विशेष रूप से इराक के खिलाफ सैन्य अभियान के कारण भारत और चीन दोनों ने सेना के प्रयोग पर संयुक्त राष्ट्र की क्रियाविधि को पारित करते हुए अमेरिका की कार्यवाही के खिलाफ रोष व्यक्त किया। अतः प्रधानमंत्री अटल बिहारी वाजपेयी की 2003 में चीन की यात्रा के दौरान दोनों देश वैश्विक स्तर पर बहुध्रुवीय को मजबूत करने तथा वैश्वीकरण के सकारात्मक कारकों को बढ़ाने के लिए सहमत हुए। वैश्विक स्तर पर उल्लेखनीय प्रवृत्ति जिस पर विचार किया जा सकता है, वह निम्नलिखित है: पहला एक स्तर पर चीन-भारत संबंधों का प्रतिस्पर्द्धात्मक तत्त्व उभरते हुए चीन-अमेरिका और भारत-अमेरिका संबंधों के साथ उलझ गया। दूसरे बहुस्तरीय विश्व व्यवस्था को बढ़ाने के लिए चीन-रूस-भारत की प्रारंभिक दौर की बैठकें आयोजित की गईं। सन् 2003 तक स्वयंसिद्ध था कि भारत और चीन दोनों को अमेरिका की तरफ से बढ़ते हुए एकतरफावाद के संबंध में अमेरिका के साथ संबंध बनाए रखना था।

अतः पूर्ववर्ती अध्यायों से यह स्पष्ट हो गया है कि द्विपक्षीय मामलों, क्षेत्रीय संदर्भ और वैश्विक व्यवस्था के विकसित होने की गतिशीलता के विनिमय और संयोग अध्ययनरत वर्षों के दौरान संपूर्ण चीन-भारत संबंध में बड़े इनपुट थे।

12

इक्कीसवीं सदी में मैत्री

विश्व में प्रगति की नित्यता के सफर में भारत और चीनी सभ्यता एवं संस्कृति अद्वितीय स्थान रखती है। आज जब हम भूमंडलीकरण के युग में ज्ञान समाज बनाने का स्वप्न देख रहे हैं, इस अप्रतिम स्वप्न को भारत और चीन के विद्वानों के द्वारा प्राचीन युग में ही देखा जाने लगा था। हजारों वर्षों पुरानी भारत-चीन सांस्कृतिक संबंध के बारे में जब हम बात करते हैं तो इस संबंध के शुरूआत की वजहों को जानना होगा। कुछ तो वजह रही होगी और उसका कुछ न कुछ प्रस्थान बिन्दु रहा होगा। एशिया में खासकर दर्शन एवं धर्म का पक्ष मजबूत तो था ही और बौद्ध धर्म की विकासगाथा ने इसे और ऊँचाइयों में पहुंचा दिया। उस परिवर्तनीय घटना को न आंकते हुए हमने शुरूआत वहां से की जहां से विश्वसनीय ऐतिहासिक अभिलेखीय आंकड़े मिलने शुरू होते थे।

इन अभिलेखों से यह साबित हो गया है कि भारतीय-चीनी संबंध हमेशा से दोतरफा रहा है। इस आदान-प्रदान में दो तत्त्वों को प्रमुखता से वर्गीकृत किया जा सकता है और वे हैं- भौतिक आदान-प्रदान एवं आध्यात्मिक आदान-प्रदान। भारत और चीन का सौभाग्य और दुर्भाग्य करीब-करीब एक जैसा रहा। साम्राज्यवाद के विस्तार के दौरान अंग्रेजों ने भारत और चीन दोनों जगहों को आर्थिक रूप से लूटने के लिए कुचक्र-जाल का सहारा लिया। भारत में पहले अप्रत्यक्ष बाद में प्रत्यक्ष शासन अपने हाथ में ले लिया, वहीं दूसरी ओर चीन में राजा के साथ मिलकर कारोबार के बहाने अप्रत्यक्ष शासन करने लगा। जनता दोनों ओर बराबर की मात्रा में पिस रही थी और विद्रोह की सुगबुगाहट शुरू हो गई। भारत में आजादी की पहली लड़ाई (1857-59) तथा चीन में ताईपिंग उभार (किसान विद्रोह) (1850-1864) के दौरान पहली बार भारतीय तथा चीनी लोगों का उपनिवेशीय व्यवस्था के खिलाफ

साम्राज्यवाद विरोधी आंदोलन के रूप में उभार के रूप में दिखाई दिया। भारतीय एवं चीनी लोगों का अपने संयुक्त शत्रु के खिलाफ एक जैसा बर्ताव रहा।

प्रथम बार चीन में रह रहे भारतीय सिपाहियों ने भी ताइपिंग विद्रोह में अपनी भूमिका बदलकर साम्राज्यवादियों तथा झिंग राजवंश के खिलाफ चीनियों के साथ कंधे से कंधा मिलाकर मुकाबला किया। भारतीय सिपाहियों के ताइपिंग उभार में शामिल होने की खबर झिंग सेना के जनरलों, राजा के अन्य अधिकारियों या इस किसान विद्रोह के उन विदेशी सिपाहियों के लिखे संस्मरण या यादगारियों में दर्ज हुई हैं, जो सीधे तौर पर इस विद्रोह से जुड़े हुए थे। जेंग गुओफान (1811-1872) और ली होंगझांग (1823-1901) इस समय के केन्द्रीय पात्र थे। 1861 ई. में झेंग गुओफान ने राजा के एक स्मारक में दर्ज किया- झेंग वान्ग (राजा जैसा) वेई युशान के नेतृत्व में हेएई (गहरे बादामी रंग के विदेशी- यानि भारतीय) ताइपिंग की सेवा में थे और उनके साथ कंधे से कंधा मिलाकर लड़ रहे थे।

बीसवीं सदी के आरंभिक वर्षों में भारतीय राष्ट्रीय आन्दोलन के दौरान देश के भीतर एवं बाहर दोनों जगहों पर क्रांतिकारी गतिविधियों का सूत्रपात हुआ। इस आन्दोलन का लक्ष्य अंग्रेजी सत्ता से मातृभूमि भारत को आजाद कराना था। इस उग्रविचार वाले दल की सोच-पद्धति कांग्रेस की शांतिपूर्ण आन्दोलन से भिन्न था। उन्हें कांग्रेस के संविधानवादी आन्दोलन एवं अंग्रेजों की न्याय व्यवस्था में कोई विश्वास नहीं रह गया था। 1905 में अंग्रेजों द्वारा बंगाल के विभाजन की घोषणा ने आग में घी डालने का काम किया। उन्होंने कांग्रेस से राष्ट्रीय स्वतंत्रता प्राप्त करने के लिए वैकल्पिक साधनों को खोजने के लिए दवाब बनाना शुरू कर दिया। इसी साल एक और घटना ने क्रांतिकारियों का हौसला बढ़ा दिया और वो था कि जापान जैसे छोटे से देश ने रूस जैसे विशालकाय देश को पराजित कर दिया। आधुनिक एवं स्वाबलंबी जापान से देश एवं विदेश के सारे क्रांतिकारी प्रेरणा लेने लगे। उधर दक्षिण अफ्रीका में अंग्रेजों की रंगभेद नीति से संघर्ष में उलझे महात्मा गांधी इस बात से बहुत प्रभावित हुए और लिखा- जापान के गरीब हों या अमीर, सभी लोग जब आत्मसम्मान के लिए खड़े हो गए, तो देश आजाद हो गया। इसने रूस जैसे जिद्दी देश के मुंह पर जोरदार तमाचा मारा और आज देखिए जापान का झंडा उंचा फहरा रहा है। इसी प्रकार से आज हमें भी अपने आत्मसम्मान की भावना जगानी होगी। पिंजड़े में बंद तोते की तरह सदियों से रहते हुए हमें स्वतंत्रता एवं सम्मान का ज्ञान ही नहीं हो रहा है। इस बीच, इन घटनाओं का लाभ उठाने के क्रम में लाला लाजपत राय, मदन मोहन मालवीय एवं बाल गंगाधर तिलक ने बायकॉट एवं स्वदेशी की वकालत करके देश में क्रांति की भावनाएं भड़कानी शुरू कर दी।

दूसरी ओर चीन में भी जापानी सफलता से प्रभावित होकर डॉ सन यात सेन ने चीनी क्रांतिकारी पार्टी को पुन: गठित किया और बाद में चीनी राष्ट्रवादी पार्टी या झोंगुआओ कोमिंगडांग या केएमटी की नींव रखीं जिसने बाद में जाकर चीन के कुछ हिस्से को स्वतंत्र भी किया। क्रांति के प्रति समर्पित सिपाही डॉ सन यात सेन की कई कोशिशों के बावजूद भारत एवं चीन के बीच बीसवीं शती के प्रथम दो दशकों के दौरान कोई गठबंधन या संघ का निर्माण नहीं हो पाया तो इसमें ऐतिहासिक कारण तो थे ही आम जनों में एक स्वाभाविक सी नासमझी भरी दूरी भी थी। उनके एशियाई देशों की एकजुटता एवं भाईचारा तथा सामंजस्य के लिए किए गए प्रयासों एवं स्वप्नों पर तुषारापात हो गया क्योंकि उनकी दूरंदेशी का किसी ने उस समय अंदाजा नहीं लगाया। 1925 में जब डॉ सन की मृत्यु हुई तो भारत के क्रांतिकारियों ने उनकी मृत्यु पर उनको कृतज्ञता से याद किया और अपनी श्रद्धा सुमन अर्पित की। भारतीय स्वतंत्रता संग्राम में डॉ सन यात सेन के किए गए योगदान को भारत कभी नहीं भूल पाएगा।

1920 के दशक में चीन में साम्यवादी एवं क्रांतिकारी आन्दोलन का माओ जे दौंग एवं झू डे के नेतृत्व में उदय हो रहा था। 1930 के दशक में जापानी आक्रमणकारियों के खिलाफ साम्यवादी उत्साहित होकर और कोमिंगतांग सरकार के साथ मिलकर कृषक समाज को साथ लेते हुए दो-दो हाथ कर रहे थे। जापान के खिलाफ संघर्ष की लड़ाई के दौरान भारत ने चीन की जमकर मदद की। यह कोई पहली बार नहीं था कि भारत ने चीन की मदद की हो। सनद रहे कि भारत में 1925 से 1927 के दौरान चीन को समर्थन आन्दोलन का सूत्रपात किया गया था और इसे जवाहरलाल नेहरू का सक्रिय समर्थन प्राप्त था। न केवल नेहरू का बल्कि जापान के खिलाफ चीनी संघर्ष में कांग्रेस अध्यक्ष सुभाष चंद्र बोस, महात्मा गांधी एवं गुरूदेव रवीन्द्र नाथ टैगोर का समर्थन भी चीनियों के साथ था। जवाहरलाल नेहरू ने 1937 में अंग्रेजों द्वारा भारतीय सैनिकों की टुकड़ी को हांगकांग रवाना करने की जमकर मुखालफत की और इस संबंध में कई लेख लिखे।

कांग्रेस के 52वें सत्र में सुभाष चंद्र बोस की अध्यक्षता में इस विषय का प्रस्ताव पास हुआ कि चीन में एक मेडिकल मिशन भेजा जाएगा और इसके लिए रूपये 32,000 का संग्रह किया जाएगा। इसके लिए एक चिकित्सा दल का चयन किया गया जिसमें इलाहाबाद के डॉ अटल को इस दल का मुखिया बनाया गया। उनके साथ इस मिशन में शामिल होने वाले अन्य डॉक्टरों के नाम थे– डॉ एम. चोलकर, नागपुर, डॉ देवेश मुखर्जी एवं डॉ बिजय बसु, दोनों कोलकाता, डॉ डी.एस. कोटनिस, शोलापुर।

जनवरी 1941 में जापान से लड़ने के बजाय कोमिंगतांग की सरकारी सेना ने घेरकर लाल सेना के न्यू फोर्थ आर्मी के 9000 सैनिकों को मौत के घाट उतार दिया। इस घटना पर चीन एवं भारत में उदासी छा गई। डॉ बसु और डॉ कोटनिस ने चेयरमैन माओ से मिलकर फिर से कहा कि हम घर वापस नहीं जाएंगे और यहीं रहकर चीनी सैनिकों की सेवा करेंगे। डॉ कोटनिस का हृदय चीनी लोगों के हृदय से जुड़ चुका था। दिन-रात की थका देने वाली मेडिकल ड्यूटी ने डॉ कोटनिस को कमजोर बना दिया और वे मिरगी के मरीज बन गए और इसी मिरगी ने मात्र 32 साल की अवस्था में 9 दिसम्बर 1942 को उनकी जान ले ली।

डॉ कोटनिस की याद में 30 दिसम्बर को यानान में आम जनों ने एक श्रद्धांजलि सभा का आयोजन किया। डॉ कोटनिस के साथ माओ के व्यक्तिगत मित्रतापूर्ण संबंध थे और माओ उनसे बहुत ही प्रभावित थे। माओ ने खुद अपनी हाथों से उनकी याद में एक स्मरण पत्र लिखा–हमारे भारतीय मित्र डॉ कोटनिस सुदूर भारत से हमारे देश में हमारे संघर्ष में मदद करने के लिए आए थे। उन्होंने उत्तरी चीन और यानान में पांच वर्षों तक घायल सैनिकों की चिकित्सकीय सेवा की और वे लगातार काम में लगे रहे। उनके निरंतर काम में लगे रहने से कार्याधिक्य के कारण वे बीमार पड़ गए और हमसे बिछुड़ गए। लाल सेना ने अपना सबसे विश्वस्त डॉक्टर और देश ने अपना सबसे भरोसेमंद साथी को आज खो दिया। हमें सदैव उनकी विश्वबंधुत्व की भावना को याद रखना होगा।

अप्रैल, 1943 में डॉ बसु भारत लौट गए। माओ ने अपनी लिखी चिट्ठी उनके हाथों से डॉ कोटनिस के घरवालों को भेजी और उनके भाई को देने के लिए कहा। उस चिट्ठी में माओ ने अपनी कृतज्ञता ज्ञापित की थी। माओ और झू डे ने भारतीय राष्ट्रीय कांग्रेस को भी एक पत्र लिखकर डॉ कोटनिस की मृत्यु पर दुख जताते हुए फासिस्ट विरोधी ताकतों के खिलाफ लड़ाई को जारी रखने की कसम दोहरायी और भारत के प्रति अपनी संवेदनाएं भेजी। झोउ एन लाइ और सोंग क्विंगलिंग ने भी अलग से डॉ कोटनिस के परिवार को चिट्ठी लिखकर दुख और अफसोस जताया। डॉ कोटनिस का बलिदान रंग लाया और जापान की गिरफ्त से चीन 1945 को द्वितीय विश्व युद्ध की समाप्ति पर छूट गया।

साम्राज्यवाद संघर्ष में सफल होने तथा स्वतंत्रता का विहान देखने के बाद भारत ने 1947 में एवं चीन ने 1949 में अपने राष्ट्र निर्माण की प्रक्रिया की शुरूआत की। साथ ही, दोनों राष्ट्रों ने अपनी भू-राजनैतिक स्थितियों को मजबूत एवं अपने पक्ष में करने में जुट गए। एशियाई पुनर्जागरण ने यदि एक ओर दोनों राष्ट्रों के बीच गर्मजोशी का माहौल बनाया, तो दूसरी ओर शीतयुद्ध के तनावों एवं राष्ट्रवाद के हिलोरों ने कुछ

मामले में भारत एवं चीन के द्विपक्षीय संबंधों में खटास पैदा कर दी। साथ ही, तृतीय विश्व का नेतृत्व नेहरू बेहतर रूप से करेंगे या चाउ एन लाई यह तथ्य भी बारीकी से बांडुंग सम्मेलन के दौरान उजागर होने लगा। तिब्बत में चीनी आक्रामक रूख के कारण सरदार पटेल ने जवाहर लाल नेहरू को आगाह भी किया, लेकिन शांतिपूर्ण एवं विकासशील विदेश नीति के पक्षधर नेहरू ने उसे बहुत गंभीरता से नहीं लिया और चीन के प्रति मित्रतापूर्ण नीति का अनुसरण करने में ही भारतीय राष्ट्रीय हित की वकालत की।

इसी दौरान, हमें स्मरण रखना होगा कि सोवियत संघ और चीन के बीच भी संबंधों में दरार पैदा हो रही था और उसी समय भारत-सोवियत संघ आपस में दोस्ताना हो रहे थे। सोवियत संघ ने भारत को विश्व में स्थायित्व एवं शांति का प्रचार करने में अग्रणी भूमिका निभाने के लिए प्रोत्साहित किया। चीन ने भारत के प्रति सोवियत संघ के दोस्ताना रवैये को पसंद नहीं किया और सन् 1959 के चीन-भारत सीमा विवाद के प्रति सोवियत रवैये से नाराज हो गया। इस अंतर्राष्ट्रीय परिप्रेक्ष्य में सीमा-विवाद के प्रश्न पर चीन की स्थिति को कठोर कर दिया। खुद चीनी पक्ष ने इस तथ्य को माना कि "सोवियत नेताओं एवं हमारे बीच सिद्धांतों का एक महत्त्वपूर्ण मतभेद चीन-भारत सीमा मामले पर निर्भर है।"

सोवियत नेता ख्रुश्चेव ने इस धारणा को खारिज कर दिया कि चीन-भारत सीमा विवाद का विचारधारा से कुछ भी लेना-देना नहीं है। उन्होंने इसे राष्ट्रवादी विवाद माना, जिसमें चीन ने संकीर्ण राष्ट्रवादी रवैये का प्रदर्शन किया। इस तथ्य को भी विस्मृत नहीं करना चाहिए कि चीन ने भारत पर अक्तूबर 1962 में आक्रमण ऐसे समय में किया जब संयुक्त राज्य अमरीका और सोवियत संघ क्यूबा मिसाइल संकट पर आपस में उलझे हुए थे। जैसे ही उस संकट का समाधान निकल आया, उसी समय डर के मारे चीन ने भारत के साथ एकतरफा युद्धविराम की घोषणा कर दी और अपने रेड सेना को वापस बैरक में बुला लिया। इस कदम के माध्यम से चीन विश्व समुदाय को यह दिखाना चाहता था कि वह सोवियत नेतृत्व वाले साम्यवादी शिविर से स्वतंत्र है और अपने एशियाई प्रतिद्वंद्वी को हराकर ही तृतीय विश्व में अपना वर्चस्व एवं नेतृत्व स्थापित कर सकता है।

1940, 1950 तथा 1960 के दशक में यह बिलकुल स्थापित हो गया कि भारत-चीन संबंध जितना द्विपक्षीय मुद्दों से प्रभावित था, उतना ही क्षेत्रीय और अंतर्राष्ट्रीय विन्यास से भी प्रभावित था। साथ ही, साठ के दशक में जब चीन सांस्कृतिक क्रांति के उथल-पुथल भरे दौर से गुजर रहा था, तब भी वह भारत के आंतरिक मामले में दखलंदाजी करने से बाज नहीं आ रहा था। उत्तर-पूर्व में नगा तथा मिजो उग्रवादियों को बरगला रहा था और कश्मीर मसले पर पाकिस्तान को खुलेआम

समर्थन दे रहा था। इस दौरान, चीनी मीडिया ने भी भारतीय अर्थव्यवस्था को विदेशी सहायता पर निर्भर अर्द्धऔपनिवेशिक अर्थव्यवस्था तथा आर्थिक व्यवस्था की असफलता का भारतीय प्रयोग के रूप में वर्णन किया गया। चीन का उद्देश्य एशिया, अफ्रीका तथा लैटिन अमरीका में चीनी उदाहरण को अनुकरण करने योग्य एकमात्र प्रारूप के रूप में प्रस्तुत करना तथा शांतिपूर्ण लोकतांत्रिक विधियों से भारत की अर्थव्यवस्था की विकास को चुनौती देना था।

इसके बावजूद भी 1968 में भारतीय राष्ट्रपति ने चीन के साथ संबंधों को सामान्य बनाने पर बल दिया। पुन: 1970 के 20 फरवरी में भारतीय संसद के अपने संबोधन में राष्ट्रपति ने अपनी सरकार की एक दूसरे की संप्रभुता और क्षेत्रीय अखंडता का पारस्परिक सम्मान करने और अहस्तक्षेप के सिद्धांत पर चीन के साथ अच्छे संबंध स्थापित करने की इच्छा को दोहराया। उन्होंने कहा साथ ही हम चीन से अपने घरेलू मामलों तथा विदेशी नीति के लक्ष्य को पूरा करने के हमारे अधिकार का सम्मान करने की अपेक्षा करते हैं। इसी साल मई दिवस पर बीजिंग में मई दिवस परेड के दौरान चेयरमैन माओ जे डौंग ने भारतीय उपराजदूत ब्रजेश मिश्र से हाथ मिलाया। इस दौरान माओ ने कहा- भारत एक महान राष्ट्र है, भारतीय लोग महान हैं। हमें एक दूसरे के साथ मित्रवत् व्यवहार करना चाहिए। इस घटना को माओ की मुस्कान की संज्ञा दी गई। लेकिन, दुख की बात ये रही कि इस प्रसिद्ध माओ की मुस्कान से भारत को कुछ हासिल नहीं हुआ और भारत-चीन संबंध जस के तस बने रहे।

चीन ने अगस्त 1971 के भारत-सोवियत मैत्री संबंध के खिलाफ सावधानीपूर्वक प्रतिक्रिया जाहिर की तथा भारत को नवम्बर में बीजिंग में आयोजित होने वाले एफ्रो-एशियाई टेबल टेनिस टूर्नामेंट में भाग लेने के लिए आमंत्रित किया। अक्तूबर 1971 में भारत अन्य देशों के साथ संयुक्त राष्ट्र संघ में चीनी गणवादी जनतंत्र के वैध अधिकारों को पुन: बहाल करने में शामिल हुआ और चीन के पक्ष में अपना मत दिया। लेकिन, पूर्वी पाकिस्तान में तेजी से बढ़ते हुए हलचल के कारण भारत-चीन संबंध में ज्यादा सुधार नहीं हो पाया तथा चीन ने भारत पर आरोप लगाया कि वह उपमहाद्वीप में शक्तिशाली देश की भांति व्यवहार कर रहा है। चीन ने दिसम्बर 1971 में भारत को तीन विरोधी पत्र भी भेजे।

बांगलादेश संकट ने निसन्देह भारत और चीन के संबंधों की सामान्यीकरण की प्रक्रिया को अवरूद्ध कर दिया। जुलाई 1972 में भारत और पाकिस्तान के बीच शिमला समझौता हुआ तो चीन ने अनुकूल प्रतिक्रिया व्यक्त की। 18 मई 1974 को जब भारत सरकार ने घोषणा की कि भारत ने भूमिगत शांतिपूर्ण परमाणु विस्फोट कर लिया है, तो चीन ने कोई प्रत्यक्ष प्रतिक्रिया नहीं व्यक्त की, बल्कि लाहौर में पाकिस्तान के प्रधानमंत्री के दिए गए वक्तव्य को प्रकाशित किया कि वह भारतीय

परमाणु ब्लैकमेल के समक्ष नहीं झुकेगा। फरवरी 1975 में चीन के तत्कालीन उप प्रधानमंत्री नेपाल के राजा वीरेन्द्र शाह के राज्याभिषेक से वापस लौटते समय कोलकाता में रूके तथा भारत के साथ बातचीत के लिए अपनी सरकार के तैयार होने की घोषणा की। इस तरह हम देख सकते हैं कि 1963 से 1975 के दौरान द्विपक्षीय संबंध अवरूद्ध ही रहे।

15 अप्रैल, 1976 को भारत सरकार ने चीनी जनवादी गणतंत्र के लिए के.आर.नारायणन को भारत के राजदूत के रूप में नियुक्त किया। भारत की इस पहल का सर्वत्र स्वागत किया गया और चीन के साथ संबंध सुधारने के लिए यह एक महत्त्वपूर्ण कदम था। जुलाई 1976 में ही भारत के लिए चीनी जनवादी गणतंत्र के राजदूत के रूप में चेन चाओ युवान को नियुक्त किया गया। सन् 1977 के आम चुनाव में भारत में जनता पार्टी ने सत्ताधारी कांग्रेस पार्टी को पराजित किया। चीनी प्रधानमंत्री हुआ गुओफेंग ने भारतीय प्रधान मंत्री मोरारजी देसाई को बधाई संदेश भेजा और यह आशा व्यक्त की कि चीन और भारत के लोगों के बीच पारस्परिक दोस्ती बढ़ेगी। भारत के विदेश मंत्री अटल बिहारी वाजपेयी ने फरवरी 1979 में चीन का दौरा किया और सीमा की समस्या को भारत-चीन संबंधों को सामान्य करने में मुख्य अवरोध बताया। बदले में चीनी उप प्रधानमंत्री देंग जिआओ पिंग ने कहा कि हमें अपने मतभेदों को दूर करते समय सामूहिक आधार उत्पन्न करना चाहिए। जहां तक सीमा का मामला है, हम इसे शांतिपूर्ण ढ़ंग से विचार-विमर्श करके सुलझा सकते हैं। इस मामले की वजह से अन्य क्षेत्रों में हमारे संबधों को सुधारने में रूकावट नहीं आनी चाहिए। यद्यपि वाजपेयी के दौरे की सकारात्मक गति को उनके चीन दौरे के दौरान ही चीन द्वारा विएतनाम पर आक्रमण करने के कारण विराम लग गया।

जुलाई 1979 में भारत में जनता पार्टी की सरकार का पतन हो गया और 1980 में इन्दिरा गांधी पुन: सत्तासीन हो गई। इन्दिरा गांधी सोवियत संघ की तरफ दोस्ती के झुके हुए पलड़े को संतुलित करते हुए अमरीका और चीन के साथ संबंधों को और सुधारना चाहती थी। चीन भी अब स्वतंत्र विदेश नीति का अनुसरण करते हुए अमरीका और सोवियत संघ के साथ बराबर की दोस्ती एवं बराबर की दूरी वाले सिद्धांत का अनुसरण कर रहा था। इसी बीच बेलग्रेड में महान युगोस्लाव नेता मार्शल टीटो के अंतिम संस्कार में शामिल हुए भारतीय प्रधानमंत्री इन्दिरा गांधी और चीनी प्रधानमंत्री हुआ गुओफेंग में मुलाकात हुई और दोनों पक्षों ने यह मत व्यक्त किया कि एशिया में शांति और स्थिरता के लिए भारत और चीन के बीच बेहतर द्विपक्षीय संबंध आवश्यक है। दूसरा बड़ा कदम जून 1981 को उठाया गया जब चीन के उप प्रधानमंत्री और विदेश मंत्री हुआंग हुआ का दिल्ली आगमन हुआ। दोनों पक्ष इस बात पर सहमत हुए कि मित्रता और गंभीर बातचीत से आपसी समझ बढ़ेगी, मतभेद

कम होंगे तथा पारस्परिक समझौते के बिन्दु बढ़ेंगे। इसके कारण सामान्यीकरण की प्रक्रिया जारी रही, लेकिन यह लंबी और कपटपूर्ण थी। दोनों तरफ से प्रयास होने के कारण भारत-चीन संबंधों के सामान्यीकरण की प्रक्रिया भारत के राजनैतिक नेतृत्व में बदलाव होने के बावजूद भी बाधित नहीं हुई। 17 जनवरी, 1985 में संसद के समक्ष अपने संबोधन में तात्कालीन राष्ट्रपति ने कहा– चीन के साथ हमारे संबंधों में सुधार दिखाई दे रहा है।

चीनी विदेश मंत्री कियान किचेन ने मार्च 1990 में भारत का भ्रमण किया। नब्बे के दशक में अंतर्राष्ट्रीय राजनीति में जबरदस्त परिवर्तन आए। सोवियत संघ का विघटन हो चुका था। और पूर्वी ब्लॉक में साम्यवादी सरकारों का खात्मा हो चुका था। इस कारण भारत और चीन ने अपने संबंधों को बेहतर बनाने के प्रयासों को बरकरार रखा। चीनी प्रधानमंत्री ली पेंग ने दिसम्बर 1991 में भारत का आधिकारिक भ्रमण किया। इस दौरान सीमा व्यापार का पुनर्आरंभ, मुम्बई और शंघाई वाणिज्य दूतावासों को पुनः खोलने तथा अंतरिक्ष विज्ञान के शांतिपूर्ण प्रयोगों में सहयोग हेतु हस्ताक्षर किए गए। दोनों पक्षों का विश्वास था इससे आपसी समझ विकसित होंगी और आपसी सहयोग के मार्ग प्रशस्त होंगे।

लेकिन इस दौरान, दक्षिण एशिया के प्रति भारत और चीन की परस्पर विरोधी भावनाओं से तनाव उत्पन्न हुआ और इससे द्विपक्षीय संबंध ज्यादा खराब हुए। चीन ने भारत, नेपाल और भूटान में लोगों के मंगोल समूह के साथ भौगोलिक समीपता, ऐतिहासिक संपर्क और सामूहिक वंश परंपरा के कारण स्वयं को दक्षिण एशियाई क्षेत्र का हिस्सा माना। इसके परिणामस्वरूप चीन ने दक्षिण एशिया के अंतर क्षेत्रीय मामलों में शामिल होना स्वाभाविक समझा। इसके अतिरिक्त इस क्षेत्र में चीन की रूचि इसकी सुरक्षा स्थितियों और क्षेत्रीय एवं वैश्विक भूमिकाओं की अनुभूति से उपजी। दूसरी तरफ भारत ने चीन को दक्षिण एशिया में एक अनुचित दखल देने वाला राष्ट्र के रूप में समझा गया और यह माना गया कि आर्थिक मजबूरी की वजह से प्रबलित भूगोल, संस्कृति और जातीयता के तथ्य दक्षिण एशियाई राष्ट्रों के साथ भारत की नजदीकी ज्यादा अपरिहार्य है। भारत के पड़ोसियों के साथ चीन की पींगें बढ़ाने को एक शत्रुतापूर्ण कृत्य के रूप में देखा गया।

प्रख्यात प्राचीन चीनी सामरिक विचारक सुंग जू के अनुसार– अपने शत्रुओं को चारों तरफ से घेर लो और उसे मनोवैज्ञानिक रूप से युद्ध से पहले ही भयभीत कर पराजित कर दो। और इस कारण 1962 से ही चीन ने भारत के प्रबलतम शत्रु पाकिस्तान को हरसंभव मदद की। 1980 और 1990 के दशक से ही परमाणु बम की प्रौद्योगिकी, प्रक्षेपास्त्र की प्रौद्योगिकी प्रत्यक्ष एवं अप्रत्यक्ष रूप से तमाम अंतर्राष्ट्रीय संधियों को धता बताते हुए दी। नेपाल में भी सामरिक हाइवे का निर्माण किया और

नेपाल को भारत विरोधी गतिविधियों का केन्द्र बनाया। म्यानमार के माध्यम से उत्तर-पूर्व के अतिवादियों को सहयोग देना जारी रखा गया। यही हाल, बांगलादेश में भी किया गया जब वहां के सैनिक शासन को मजबूत कर उसे भारत विरोधी गतिविधियों को लिए प्रेरित किया। श्रीलंका में भी तमिल मुद्दे पर भारत को घेरने का प्रयास होता रहा।

इसके बावजूद भी अस्सी के दशक के शुरूआत से चीन के दक्षिण एशियाई नीति में कई बदलाव आए। पहला, चीन भारत के साथ अब अपने संबंधों को सामान्य बनाना चाहता था। दूसरा, चीन भारत और उसके पड़ोसियों के बीच लंबित समस्याओं पर द्विपक्षीय समझौते को प्रोत्साहित कर रहा था। उसने उत्साहपूर्वक दक्षिण एशिया क्षेत्रीय सहयोग की प्रक्रिया का सकारात्मक विकास के रूप में स्वागत किया। इसके अलावा, चीन ने भारत को प्रभावहीन बनाने के अपने दीर्घकालीन उद्देश्य से भारत के पड़ोसियों से मित्रतापूर्ण संबंध बनाने की तलाश जारी रखी। इसी उद्देश्य से उसने म्यानमार में भी अपने प्रभाव को बढ़ाया और उसके साथ उसने अक्षुण्ण रूप से सैन्य संबंध बनाए रखा। साथ ही, चीन ने पाकिस्तान को परमाणु हथियारों और मिसाइल निर्माण तकनीक का हस्तांतरण जारी रखा।

शीतेतर युद्ध की अवधि में उच्च राजनीतिक बातचीत के महत्त्वपूर्ण प्रदर्शन के क्रम में मई 1992 में भारतीय राष्ट्रपति आर.वेंकटरमण की चीन यात्रा रही। यात्रा के दौरान पारस्परिक विश्वास बहाली के उपाय करने के लिए ठोस कदम उठाने पर जोर दिया गया। सितम्बर 1993 में प्रधानमंत्री पी.वी. नरसिम्हाराव की चीन यात्रा चीन-भारत मैत्री की प्रक्रिया को समेकित करने का अगला कदम था। दोनों पक्षों के प्रधानमंत्रियों के बीच बैठक की सबसे उल्लेखनीय विशेषता "भारत-चीन सीमा क्षेत्रों में वास्तविक नियंत्रण रेखा पर शांति और सद्भाव बनाए रखने पर समझौता का निष्कर्ष था जिस पर 7 सितम्बर 1993 में हस्ताक्षर किए गए। यह समझौता निसन्देह दोनों एशियाई दिग्गजों के बीच द्विपक्षीय संबंधों के इतिहास में एक महत्त्वपूर्ण मीलस्तंभ था।"

एक तरफ द्विपक्षीय संबंधों को स्थायित्व प्रदान किया गया, तो दूसरी तरफ कई विश्वास बहाली के उपाय किए गए। अगला ठोस कदम नवम्बर, 1996 में उठाया गया जब तत्कालीन चीनी राष्ट्रपति जियांग जेमिन नवम्बर 1996 में भारत के दौरे पर आए। दोनों राष्ट्रों में "भारत चीन सीमा क्षेत्रों में वास्तविक नियंत्रण रेखा पर सैन्य क्षेत्र में विश्वास बहाली उपायों पर समझौता" हुआ जिसपर दोनों राष्ट्रों के विदेश मंत्रियों ने हस्ताक्षर किए। कुल मिलाकर भारत-चीन संबधों की गति में जोश आया और वास्तव में इन दोनों महत्त्वपूर्ण उभरती हुई शक्तियों के बीच स्थायी संबंध बने। यद्यपि भारत में "यह अन्तर्निहित वास्तविकता थी कि यह बराबरी के बीच का संबंध नहीं था"।

मई 1998 में इस बराबरी को वास्तविक धरातल पर संवर्द्धित करने के लिए तथा सामरिक रूप से पाकिस्तान और चीन की भारत विरोधी नीतियों के खिलाफ भारत ने पोखरण में परमाणु विस्फोट कर संतुलन बनाने की भरपूर कोशिश की। चीन अब अमरीका के साथ मिलकर भारत की शक्ति को संतुलित करना चाहता था। अमरीका ने भी भारत पर कई प्रतिबंध लगाए, लेकिन बाद में भारत की स्थिति को सुस्पष्ट करते हुए जसवंत सिंह और स्ट्रैब टालबोट की वार्तालापों ने चीनी मंशा पर पानी फेर दिया। अंततः चीन इस बात पर मजबूर हुआ कि भारतीय सामरिक हितों की अनदेखी करने से मामला बिगड़ सकता है। नब्बे के दशक में भारत ने उल्लेखनीय आर्थिक प्रगति की थी। पूरब की ओर देखो की नीति का सफलतापूर्वक क्रियान्वयन किया जा रहा था और भारत की अंतर्राष्ट्रीय साख में लगातार अभिवृद्धि हो रही थी। सदी के अंत तक आते-आते यह निर्विवाद रूप से सिद्ध हो गया था कि दोनों राष्ट्रों को अपनी अच्छे पड़ोसी की नीति, प्रवृत्ति एवं प्रकृति का अवलंबन करना ही श्रेयस्कर होगा। यदि इक्कीसवीं सदी एशियाई सदी होगी तो दोनों राष्ट्रों को कई मतभेदों को भुलाकर साझा प्रयास करना ही पड़ेगा। यदि चीन विश्व व्यवस्था में एक महाशक्ति के रूप में उभर चुका था तो तीसरी सबसे बड़ी अर्थव्यवस्था बनने को अग्रसर भारत भी एक उभरती हुई महाशक्ति के रूप में गिना जाने लगा था।